ACCESO GRATIS *a la Lectura en la Nube*

Para visualizar el libro electrónico en la nube de lectura envíe junto a su nombre y apellidos una fotografía del código de barras situado en la contraportada del libro y otra del ticket de compra a la dirección:

ebooktirant@tirant.com

En un máximo de 72 horas laborables le enviaremos el código de acceso con sus instrucciones.

MANUAL DE SOCIOLOGÍA

LA SOCIEDAD GASEOSA

Procedimiento de selección de originales, ver página web:
www.tirant.net/index.php/editorial/procedimiento-de-seleccion-de-originales

MANUAL DE SOCIOLOGÍA
LA SOCIEDAD GASEOSA

2ª Edición

Director
RUBÉN TAMBOLEO GARCÍA
Universidad Autónoma de Madrid

tirant lo blanch
Valencia, 2026

En caso de erratas y actualizaciones, la Editorial Tirant lo Blanch publicará la pertinente corrección en la página web www.tirant.com.

EDITA: TIRANT LO BLANCH
C/ Artes Gráficas, 14 - 46010 - Valencia
TELFS.: 96/361 00 48 - 50
FAX: 96/369 41 51
Email: tlb@tirant.com
www.tirant.com
Librería virtual: www.tirant.es
DEPÓSITO LEGAL: V-254-2026
ISBN: 979-13-7021-981-9

Si tiene alguna queja o sugerencia, envíenos un mail a: *atencioncliente@tirant.com*. En caso de no ser atendida su sugerencia, por favor, lea en *www.tirant.net/index.php/empresa/politicas-de-empresa* nuestro procedimiento de quejas.

Responsabilidad Social Corporativa: http://www.tirant.net/Docs/RSCTirant.pdf

Listado de autores por orden alfabético (del primer nombre)

Alejandro Soler Contreras
Alfonso Vázquez Atochero
Bran Barral Buceta
Carlos Juquera Rubio
Coro J-A Juanena
David Del Pino Díaz
David Pac Salas
Diego Gaspar Azparren
Enrique Fernández-Vilas
Esther Clavero Mira
Francisco de los Cobos Arteaga
Francisco Eduardo Haz-Gómez
Francisco Estepa Maestre
Francisco Javier Aroca Cifuentes
J. David Moral-Martín
José David Gutiérrez Sánchez
José Miguel Rojo Martínez
Juan Agustín Franco Martínez
Juan Antonio Illán Frutos
Juan José Labora-González
Juan Ortín
Luís F. Ponce de León Jiménez
Manuel Hernández Pedreño
Marcelo Sánchez Oro
Margarita Calleja Aldana
María Silveria Agulló Tomás
Natalia Simón Medina
Olga Martínez Moure
Rafael Fraguas
Ramiro Cea Moure
Rocío Blanco-Gregory
Rubén Tamboleo García
Salvador Manzanera-Román
Salvador Moreno Moreno
Silvia Giménez Rodríguez

ÍNDICE

I. SURGIMIENTO Y DESARROLLO DEL PENSAMIENTO SOCIOLÓGICO 23
FRANCISCO ESTEPA MAESTRE
JOSÉ DAVID GUTIÉRREZ SÁNCHEZ

1. NOTAS INTRODUCTORIAS 23
2. ¿QUÉ ES LA SOCIOLOGÍA? 25
3. GENEALOGÍA DEL PENSAMIENTO SOCIOLÓGICO 27
4. FUNDAMENTOS DEL PENSAMIENTO SOCIOLÓGICO 28
   4.1. Positivismo 30
   4.2. Influencia del marxismo y las clases sociales 31
   4.3. Emile Durkheim y Max Weber. 33
5. CONSOLIDACIÓN INSTITUCIONAL DE LA DISCIPLINA 34

II. DE LOS 4 PADRES FUNDADORES A UNA SOCIOLOGÍA PROFUNDA: LA SOCIEDAD GASEOSA Y LAS PARADOJAS SOCIALES 37
RUBÉN TAMBOLEO GARCÍA

1. LA SOCIOLOGÍA, UN ESPACIO AMENAZADO 37
2. LOS PADRES FUNDADORES 39
3. ¿POR QUÉ EL MANIFIESTO COMUNISTA NO ES UNA OBRA CLAVE PARA LA SOCIOLOGÍA? 42
4. LA MIRADA SOCIOLÓGICA 43
5. UNA SOCIOLOGÍA DEL AGUACATE 44
6. LA SOCIEDAD GASEOSA 46
7. LAS PARADOJAS SOCIALES 47
8. LOS CAMBIOS ANTROPOGÉNICOS Y LA MIRADA ESCÉPTICA 49
9. LA NECESIDAD SOCIOLÓGICA (NO SOMOS PERIODISTAS) DE DISTINGUIR ENTRE REDES SOCIALES Y MEDIOS SOCIALES 51

III. LAS DIFICULTADES PARA HACER SOCIOLOGÍA HOY EN DÍA: CLAVES PARA ENTENDER LA SOCIEDAD GASEOSA DE LA IV REVOLUCIÓN INDUSTRIAL 55
RUBÉN TAMBOLEO GARCÍA

1. CAMBIOS ESTRUCTURALES PROFUNDOS EN 25 AÑOS: LA SOCIEDAD GASEOSA 55
   1.1. De la sociedad líquida a la sociedad gaseosa ¿qué ha cambiado en este cuarto de siglo y qué debemos investigar? 60
2. ¿POR QUÉ ES TAN DIFÍCIL CONOCER LA REALIDAD SOCIAL HOY EN DÍA? . 62

3. LAS DIFICULTADES DE HACER UNA SOCIOLOGÍA INDEPENDIENTE Y CRÍTICA 64
4. ¿POR QUÉ HAY UNA CONCIENCIA SOCIAL ALTERADA? 66
4.1. La letanía de que es necesaria mano de obra del mercado laboral globalizado porque hay gente que no quiere trabajos 68
5. UN CAPITAL EXTREMO, SIN CAPITALISMO 68
6. ¿POR QUÉ UNA SOCIEDAD SIN PROPIEDAD, ARRAIGO NI CLASES SOCIALES ES MÁS CONTROLABLE POR LA ÉLITE DEL PODER? 72
7. UNA BRECHA GENERACIONAL INÉDITA EN ESPAÑA 74
7.1. ¿Por qué hablamos de una brecha generacional inédita en España? 74
7.2. Quiénes son las generaciones (definición práctica) 74
7.3. Propiedad y vivienda: los mayores poseen, los jóvenes acceden menos 74
7.4. Empleo y salarios: precariedad juvenil persistente 75
7.5. Pensión vs salario joven: una asimetría sorprendente 75
7.6. Pobreza y riesgo de exclusión por generaciones 75
7.7. Formación y paradoja laboral de la Generación Z 76
7.8. Territorialidad y desigualdad: no es igual en toda España 76
7.9. Consecuencias sociales y políticas 76
8. ¿LOS BOOMERS TIENEN EL PODER? BOOMEROCRACIA 77
8.1. ¿Los boomers tienen el poder? Hacia una boomerocracia 77
8.2. La paradoja de las políticas intergeneracionales: bienestar para unos, bloqueo para otros 81
9. ¿LAS SOCIEDADES GASEOSAS PUEDEN EXPLOTAR? 83
9.1. Durkheim: ¿qué sostiene la cohesión social? 83
9.2. Putnam y los límites de la diversidad en la confianza social 84
9.3. Multiculturalismo: reconocimiento sin redistribución 84
9.4. Dónde están los límites y problemas prácticos 85
9.5. Por tanto: ¿pueden explotar las sociedades gaseosas? 85

IV. CULTURA Y SOCIALIZACIÓN: UNA APROXIMACIÓN A LOS PROCESOS SOCIALES 87
David del Pino Díaz

1. INTRODUCCIÓN 87
2. EL CONCEPTO DE SOCIALIZACIÓN: DE LA NORMA AL CONFLICTO 88
3. LA CULTURA: DEL IDEAL A LA ESTRUCTURA SIMBÓLICA 89
4. LA MIRADA FUNCIONALISTA DE LA CULTURA 90
5. LA CULTURA COMO CORAZÓN DE LA DESIGUALDAD: EL CAPITAL CULTURAL 92
6. CONCLUSIONES 95

V. EL MÉTODO CIENTÍFICO Y LA INVESTIGACIÓN SOCIAL 99
Juan José Labora-González
Enrique Fernández-Vilas

1. INTRODUCCIÓN 99

1.1. El método científico: definición y características 102
1.2. La investigación social 104
1.2.1. Definición y características 104
1.2.2. Investigación básica e Investigación aplicada 106
1.3. El proceso de investigación 107
1.3.1. El diseño de investigación y la fase “0” 107
1.3.2. El objeto y los objetivos de investigación 108
1.3.3. El muestreo 109

VI. INVESTIGACIÓN SOCIAL CUANTITATIVA: LA ENCUESTA 113
José Miguel Rojo Martínez
Alejandro Soler Contreras
Salvador Moreno Moreno

1. INTRODUCCIÓN. RASGOS DEFINITORIOS DEL MÉTODO CUANTITATIVO DE INVESTIGACIÓN 113
2. LA ENCUESTA COMO HERRAMIENTA DE INVESTIGACIÓN 118

VII. TÉCNICAS CUALITATIVAS: LA ENTREVISTA, EL GRUPO DE DISCUSIÓN Y LA OBSERVACIÓN 127
Juan José Labora-González
Enrique Fernández-Vilas

1. INTRODUCCIÓN 127
1.1. La entrevista en profundidad 129
1.1.1. Definición 130
1.1.2. Tipos de entrevista 131
1.1.3. Recomendaciones prácticas 132
1.1.4. Usos de la entrevista en profundidad: 133
1.2. El grupo de discusión 134
1.2.1. Precisiones conceptuales 134
1.3.2. El rol de moderador 135
1.2.3. La dinámica de grupo 136
1.2.4. Estrategias de moderación de grupos 137
1.2.5. Usos y ventajas de los grupos de discusión 139
1.3. La observación 140
1.3.1. La observación y la etnografía 140
1.3.2. El rol de observador 142
1.3.3. Tipos de observación 144
1.3.4. Dimensiones y usos de la observación 145
1.3.5. Ventajas y limitaciones de la observación 145

VIII. ESTRUCTURA Y ESTRATIFICACIONES SOCIALES 147
Francisco Javier Aroca Cifuentes

1. ESTRUCTURA Y ESTRATIFICACIÓN SOCIAL 147
1.1. Introducción 147
1.2. Los conceptos de estructura y estructura social 147

1.3. La estratificación social 149
1.4. Los sistemas de estratificación social en la humanidad..... 152
1.4.1. Sistemas comunales primitivos 153
1.4.2. Sistemas esclavistas 156
1.4.3. Sistemas de castas 157
1.4.4. Sistemas estamentales o feudales 159
1.4.5. Sistemas de clases sociales..... 160
1.5. La relevancia de las clases sociales y su cuestionamiento actual..... 162
1.6. La movilidad social en las sociedades avanzadas 165

IX. POBREZA Y DESIGUALDAD SOCIAL 169
MANUEL HERNÁNDEZ PEDREÑO
SALVADOR MANZANERA-ROMÁN

1. INTRODUCCIÓN..... 169
2. POBREZA, DESIGUALDAD Y OTROS CONCEPTOS..... 171
3. TEORÍAS SOCIOLÓGICAS DE LA DESIGUALDAD 172
4. SOCIOLOGÍA DE LA POBREZA 174
5. MEDICIÓN DE LA POBREZA Y LA DESIGUALDAD..... 180
5.1. Medición de la pobreza..... 180
5.2. Medición de la desigualdad y sus tipologías 183
5.2.1. Medición de la desigualdad..... 183
5.2.2. Desigualdades sociales según características sociodemográficas 184
5.2.3. Desigualdades sociales según contextos territoriales..... 186
5.2.4. Desigualdades sociales según ámbitos 186

X. CAMBIOS EN LA ESTRUCTURA SOCIAL DE ESPAÑA 189
JUAN ORTÍN

1. SOCIO-DEMOGRAFÍA DE LAS ESTRUCTURAS SOCIALES..... 189
2. VOLUMEN, TRAYECTORIA, COMPOSICIÓN Y ESTRUCTURA DEMOGRÁFICA DE LA POBLACIÓN ESPAÑOLA 1996-2021 192
3. FORMACIÓN..... 196
4. RELACIÓN CON LA ACTIVIDAD ECONÓMICO-PRODUCTIVA..... 198
4.1. Pirámide de la actividad 199
4.2. Estructura Ocupacional. Censo de 1981/EPA 2020..... 202
4.3. Población Inactiva..... 207
5. HOGAR Y FAMILIA..... 208
6. POBLAMIENTO Y DIFERENCIALES SOCIO-DEMOGRÁFICOS TERRITORIALES..... 211
7. ALGUNAS CONSIDERACIONES FINALES 217

XI. SOCIOLOGÍA DE LA EXCLUSIÓN SOCIAL..... 219
SILVIA GIMÉNEZ RODRÍGUEZ

1. INTRODUCCIÓN..... 219

2. EXCLUSIÓN SOCIAL. REFLEXIÓN ENTORNO A UN CONCEPTO 219
2.1. Concepto de Exclusión Social 219
2.2. Exclusión Social y Pobreza 222
2.3. Proceso y factores de exclusión social 223
2.4. Narrativa de una situación real a modo de ejemplo 226
3. ANÁLISIS SOCIOLÓGICO DE LA EXCLUSIÓN SOCIAL 227
3.1. Análisis descriptivo 227
3.2. Análisis estructural 229
4. CONCLUSIONES 232

XII. DEMOGRAFÍA SOCIAL 235
Juan Ortín

1. INTRODUCCIÓN 235
2. SOCIO-DEMOGRAFÍA GLOBAL 240
3. LA SOCIO-DEMOGRAFÍA-PAÍS Y LA SOCIO-DEMOGRAFÍA DEL DESARROLLO 242
4. CONCLUSIONES 244

XIII. DEMOGRAFÍA SOCIAL: ¿SE EQUIVOCÓ MALTHUS POR SEGUNDA VEZ? 247
Luís F. Ponce de León Jiménez

1. INTRODUCCIÓN 247
2. EL ORIGEN DE LA PREGUNTA 250
3. INVESTIGACIÓN INICIAL. SITUACIÓN Y POSIBLES CAUSAS 252
4. EL SECRETO "INFORME KISSINGER (NIXON)" DE 1974 259
5. EL CAMBIO SOCIAL Y ECONÓMICO EN DISTINTOS PAÍSES 261
6. CONCLUSIÓN 263

XIV. SOCIOLOGÍA DE LAS MIGRACIONES. EL USO DE LA MUESTRA CONTINUA DE VIDAS LABORALES EN EL ESTUDIO DE LA INMIGRACIÓN 265
Olga Martínez Moure
Ramiro Cea Moure

1. INTRODUCCIÓN Y PLANTEAMIENTO DEL PROBLEMA 265
2. HERRAMIENTAS METODOLÓGICAS EN EL ESTUDIO DE LAS MIGRACIONES 266
3. MIGRACIÓN Y MERCADO DE TRABAJO 267
4. DEFINICIÓN Y SISTEMÁTICA DE LA MUESTRA CONTINUA DE VIDAS LABORALES 270
5. LA UTILIDAD DE LA MUESTRA CONTINUA DE VIDAS LABORALES PARA EL ESTUDIO DE LAS TRAYECTORIAS DE TRABAJO 272
6. LA IMPORTANCIA DE ESTUDIAR LAS TRAYECTORIAS PROFESIONALES DE LA POBLACIÓN INMIGRANTE EN EL MARCO DE LA SOCIEDAD 273

7. ALGUNOS DATOS EMPÍRICOS PARA EL ANÁLISIS 275

XV. SOCIOLOGÍA POLÍTICA 285
NATALIA SIMÓN MEDINA

1. INTRODUCCIÓN 285
2. EL ESTADO, LA POLÍTICA Y EL PODER 287
3. DEMOCRACIA E IDEOLOGÍA 291
4. INSTITUCIONES POLÍTICAS, GLOBALIZACIÓN Y MEDIOS SOCIALES 294
5. SOCIALIZACIÓN, CULTURA Y PARTICIPACIÓN 299

XVI. DESVIACIÓN DE LA CONDUCTA SOCIAL Y CRIMEN: INTRODUCCIÓN A LA CRIMINOLOGÍA SOCIOLÓGICA 303
DIEGO GASPAR AZPARREN

1. METODOLOGÍA 303
2. REVISIÓN 304
3. APROXIMACIÓN CONCEPTUAL 305
4. DESVIACIÓN SOCIAL 306
    4.1. Algunos factores que influyen en la desviación 307
    4.2. Algunos tipos de conducta desviada 307
    4.3. Teorías de la desviación centradas en la sociedad 308
        4.3.1. Teoría de la asociación diferencial 308
        4.3.2. Teoría del etiquetaje 309
        4.3.3. Teoría de la anomia 309
        4.3.4. Teoría de las subculturas criminales 309
5. DESVIACIÓN SOCIAL INFANTIL, JUVENIL Y ADULTA 310
    5.1. Desviación social infantil 310
    5.2. Desviación social juvenil 311
    5.3. Desviación social en personas adultas 312
6. TIPOLOGÍAS DELICTIVAS MÁS FRECUENTES 313
    6.1. Violencia 313
    6.2. Robo 313
    6.3. Hurto 314
    6.4. Bandas juveniles 315
    6.5. Crimen organizado 316
7. CLASIFICACIÓN DE LOS CRÍMENES 317
    7.1. Crimen Convencional 317
    7.2. Crimen contra la propiedad 317
    7.3. Crimen político 318
    7.4. Crimen internacional 318
    7.5. Cibercrimen 318
8. DEFINICIÓN DE CONTROL SOCIAL Y TIPOS 318
9. CONCLUSIONES 320

XVII. SOCIOLOGÍA DE LA COMUNICACIÓN: CLAVES PARA COMPRENDER EL VÍNCULO ENTRE SOCIEDAD, MEDIOS Y CULTURA 321
ALFONSO VÁZQUEZ ATOCHERO
CARLOS JUQUERA RUBIO

1. ¿QUÉ ES LA COMUNICACIÓN? DIMENSIONES, FUNCIONES Y ELEMENTOS CLAVE 321
2. NACIMIENTO DE LA SOCIOLOGÍA DE LA COMUNICACIÓN: ORÍGENES Y ENFOQUES CLÁSICOS 324
3. COMUNICACIÓN, SOCIALIZACIÓN Y CONSTRUCCIÓN DE LA REALIDAD 326
4. MEDIOS TRADICIONALES Y TRANSFORMACIÓN DE LA ESFERA PÚBLICA ... 329
5. LA ERA DIGITAL: MEDIOS SOCIALES, ALGORITMOS Y NUEVAS FORMAS DE COMUNICACIÓN 331
6. COMUNICACIÓN, PODER Y CONTROL SOCIAL 334
7. DESIGUALDADES COMUNICATIVAS: ACCESO, ALFABETIZACIÓN Y BRECHAS DIGITALES COMUNICACIÓN, PODER Y CONTROL SOCIAL 336
8. RETOS CONTEMPORÁNEOS DE LA SOCIOLOGÍA DE LA COMUNICACIÓN . 339
9. A MODO DE CONCLUSIÓN… 341

XVIII. SOCIOLOGÍA DE LA GLOBALIZACIÓN 343
ESTHER CLAVERO MIRA
BRAN BARRAL BUCETA

FRANCISCO EDUARDO HAZ-GÓMEZ

1. INTRODUCCIÓN A LA GLOBALIZACIÓN 343
   1.1. Concepto de globalización 343
   1.2. Globalización y riesgo 343
2. GLOBALIZACIÓN ECONÓMICA 344
   2.1. Internacionalización productiva y organizaciones transnacionales 345
   2.2. Mercados financieros globales y la hipermovilidad del capital 346
   2.3. El papel de las ciudades globales: Sitios estratégicos 346
   2.4. La "desnacionalización" de funciones económicas estatales 348
   2.5. Desigualdad y "expulsiones" 349
3. GLOBALIZACIÓN POLÍTICA 350
   3.1. Dos visiones opuestas en el contexto internacional: Globalismo y soberanismo 351
   3.2. El rol cambiante del Estado-nación 352
   3.3. ¿Bipolaridad, unipolaridad o multipolaridad? Transformaciones en la autoridad y la gobernanza global 353
4. GLOBALIZACIÓN CAMBIO SOCIAL Y TECNOLÓGICO 355
   4.1. Migraciones y flujos poblacionales: composición y estructura de los espacios urbanos 355
   4.2. Tecnología y redes 356
   4.3. Organización civil y movimientos sociales 357

XIX. SOCIOLOGÍA DE LA EMPRESA ... 359
CORO J-A JUANENA

1. INTRODUCCIÓN ... 359
2. MÉTODOS DE ANÁLISIS SOCIOLÓGICO DE LA EMPRESA ... 360
3. DE AYER A HOY: CLAVES PARA COMPRENDER EL ESTUDIO DE LA EMPRESA EN SOCIOLOGÍA ... 362
   3.1. La empresa en los orígenes del pensamiento sociológico ... 362
   3.2. Del fordismo a la globalización: la consolidación de la sociología de la empresa en el siglo XX ... 363
4. LA EMPRESA A DEBATE: ENFOQUES EMERGENTES Y DESAFÍOS GLOBALES ... 366
   4.1. Enfoque institucional y del campo organizativo ... 366
   4.2. Redes, digitalización e inteligencia artificial en la sociología de la empresa... 367
   4.3. La empresa sostenible: entre el compromiso real y el discurso ESG ... 367
   4.4. Movilidad social: ¿realmente existe la igualdad de oportunidades? ... 368
   4.5. Bienestar, salud laboral y trabajo de cuidados: una visión crítica contemporánea ... 368
   4.6. Más allá del patriarcado: género y diversidad en la empresa ... 369
   4.7. El enfoque decolonial ... 370
5. CONCLUSIÓN: HACIA UNA SOCIOLOGÍA CRÍTICA Y SITUADA DE LA EMPRESA ... 370

XX. SOCIOLOGÍA DEL TRABAJO ... 373
FRANCISCO DE LOS COBOS ARTEAGA

1. INTRODUCCIÓN. TRABAJO: UNA APROXIMACIÓN A SUS ELEMENTOS ... 373
2. LOS COMIENZOS DEL TRABAJO ASALARIADO ... 376
   2.1. El trabajo en el tránsito del Antiguo Régimen a las sociedades industriales ... 376
   2.2. La fábrica. Vigilar e intensificar los ritmos asociados a una máquina ... 378
   2.3. La división sexual del trabajo y el salario familiar ... 379
3. LAS ORGANIZACIONES CIENTÍFICAS DEL TRABAJO ... 381
   3.1. Taylorismo y fordismo ... 381
   3.2. La construcción del estado de bienestar ... 383
   3.3. La tecnocracia ... 384
   3.4. La sociedad postindustrial ... 385
   3.5. La empresa y la sociedad flexible ... 387
4. PERSPECTIVAS SOBRE EL TRABAJO ... 388

XXI. SOCIOLOGÍA DE LAS ORGANIZACIONES ... 393
J. DAVID MORAL-MARTÍN
DAVID PAC SALAS

1. ¿QUÉ ES Y QUÉ ESTUDIA LA SOCIOLOGÍA DE LAS ORGANIZACIONES? ... 393
2. SUS ORÍGENES. LAS PRIMERAS APROXIMACIONES EN EL SIGLO XIX ... 397
   2.1. Los paradigmas de la Sociología de las organizaciones ... 397
   2.2. Teorías clásicas ... 399
3. LA GRAN TRANSFORMACIÓN EN EL SIGLO XX ... 404

3.1. La Escuela de las Relaciones Humanas 404
3.2. La Escuela de las Neorelaciones Humanas 406
4. PRESENTE Y FUTURO DE LA DISCIPLINA EN EL SIGLO XXI 409
5. LOS ESTUDIOS CRÍTICOS DEL MANAGEMENT: ORÍGENES, DEBATES Y APORTES 412

XXII. SOCIOLOGÍA DEL TURISMO 417
Rocío Blanco-Gregory

1. INTRODUCCIÓN 417
2. ORÍGENES Y DESARROLLO DEL TURISMO DESDE LA PERSPECTIVA SOCIOLÓGICA 418
2.1. Los inicios del interés sociológico por el turismo 418
2.2. La mirada del turista: Un fenómeno social 419
2.3. Nuevos enfoques: Globalización, movilidad, consumo, sostenibilidad 419
2.4. Interdisciplinariedad y especificidad del enfoque sociológico 420
3. ESTRUCTURA SOCIAL, CAMBIO Y DESIGUALDAD EN EL OCIO Y EL TURISMO 420
3.1. Turismo y estratificación social: Clase, género, etnia y edad 420
3.2. Quién puede ser turista: Accesibilidad, capital económico y cultural 421
3.3. Empleo turístico: Condiciones laborales, género y migración 422
3.4. Cambios en el uso del tiempo libre y del ocio en las sociedades modernas 423
4. NATURALEZA Y URBES EN LA SOCIOLOGÍA DEL TURISMO 424
4.1. Turismo rural y natural: Búsqueda de autenticidad y desconexión 425
4.2. Turismo urbano: Patrimonialización, consumo cultural, gentrificación 425
4.3. Conflictos sociales y transformaciones espaciales 426
4.4. Turismo y sostenibilidad socioterritorial 427
5. APROXIMACIÓN A LA INVESTIGACIÓN EN SOCIOLOGÍA DEL TURISMO 428
5.1. Perspectiva crítica y participativa: Turismo y comunidades 428
5.2. Ejemplos de líneas actuales de investigación 429
6. CONCLUSIONES DEL CAPÍTULO 430

XXIII. TRANSFORMACIONES EN EL MUNDO DEL TRABAJO Y EN LA ORGANIZACIÓN EMPRESARIAL A PARTIR DE LA DIGITALIZACIÓN 433
Margarita Calleja Aldana
Marcelo Sánchez-Oro Sánchez

1. INTRODUCCIÓN 433
2. TRABAJO Y SOCIEDAD INFORMACIONAL 434
2.1. La influencia de la nueva infraestructura tecnológica digitalización e inteligencia artificial (IA) 437
2.2. La organización y percepciones sobre el trabajo 440
2.3. El trabajo en el futuro 442
3. NUEVAS ACTITUDES, NUEVOS VALORES HACIA EL TRABAJO 446
3.1. Teletrabajo y formas hibridas 446
3.2. El nuevo paradigma laboral 448

4. CONCLUSIONES 450

XXIV. SOCIOLOGÍA DE LA EDUCACIÓN 451
NATALIA SIMÓN MEDINA

1. INTRODUCCIÓN 451
2. BREVE REPASO A LAS PRINCIPALES TEORÍAS DE LA SOCIOLOGÍA DE LA EDUCACIÓN 453
   2.1. Funcionalismo 453
   2.2. Funcionalismo crítico 454
   2.3. Teoría Credencialista 455
   2.4. Teorías de la Reproducción 455
   2.5. Teoría de la Resistencia 456
3. EDUCACIÓN, ESTRUCTURA Y DIFERENCIAS SOCIALES 456
   3.1. Diferencias sociales en el ámbito educativo 457
      3.1.1. Diferencias culturales 457
      3.1.2. Diferencias sociales y económicas 458
      3.1.3. Diferencias de género 458
      3.1.4. Diferencias por discapacidad 460
      3.1.5. Brecha digital 461
4. ORGANIZACIÓN ESCOLAR 462
   4.1. Clima escolar 463
   4.2. Influencia del contexto familiar 463
   4.3. Un ejemplo de relación familia-escuela a partir de las Comunidades de Aprendizaje 464

XXV. PSICOLOGÍA SOCIAL 467
JUAN ANTONIO ILLÁN FRUTOS
MARÍA SILVERIA AGULLÓ TOMÁS

1. INTRODUCCIÓN: INVITACIÓN AL "BALCÓN" DE LA PSICOLOGÍA SOCIAL.. 467
2. UNA ACTUALIZACIÓN DE LA DEFINICIÓN DE PSICOLOGÍA SOCIAL 469
3. UN BREVE RECORRIDO POR LA HISTORIA/EPISTEMOLOGÍA DE LA PSICOLOGÍA SOCIAL 471
4. PSICOLOGÍA SOCIAL INSTITUCIONAL: ENSEÑANZA, DIVULGACIÓN, INVESTIGACIÓN Y APLICACIONES PRÁCTICAS 476
   4.1. Psicología Social: enseñanza universitaria, y divulgación/impacto 476
   4.2. Psicología Social: Investigación y Aplicaciones Actuales 480
5. A MODO DE CONCLUSIÓN: UNA MIRADA AL HORIZONTE DE LA PSICOLOGÍA SOCIAL 482

XXVI. SOCIOLOGÍA DEL CONOCIMIENTO 485
FRANCISCO DE LOS COBOS ARTEAGA

1. INTRODUCCIÓN 485
2. LAS TEORÍAS CLÁSICAS DEL CONOCIMIENTO EN LAS SOCIEDADES INDUSTRIALES 486

2.1. Marx. El determinismo de la infraestructura de las relaciones de producción ... 486
2.2. Durkheim. La conciencia colectiva en el homo dúplex ... 488
2.2.1. Mauss. "Hechos sociales totales" ... 490
2.2.2. Halbwachs. Memoria colectiva ... 490
2.2.3. Berger y Thomas Luckmann. La construcción social de la realidad ... 491
2.3. Weber. Ética en los medios y racionalidad respecto a fines ... 492
2.4. Mannheim: la ideología como punto de partida de la sociología del conocimiento ... 493
2.5. Gramsci. La lucha por las hegemonías políticas ... 494
2.6. Wright Mills. Adaptarse o ser inadaptado según la racionalidad práctica liberal ... 495
2.7. La Escuela de Frankfurt y la crítica a la racionalidad instrumental ... 496
3. LAS SOCIEDADES POSTINDUSTRIALES Y LOS CONOCIMIENTOS HEGEMÓNICOS ... 498
3.1. El feminismo crítico de la igualdad como teoría del conocimiento ... 498
3.2. Reconocimiento y redistribución: ejes analíticos en la sociología del conocimiento contemporánea ... 500
3.3. El psico capitalismo afectivo y la ideología de hacerse a "sí mismo" ... 501
3.4. La guerra cultural y la manipulación de la opinión pública ... 503

XXVII. LA ALIENACIÓN EN LA ERA DE LA TELEMÁTICA ... 507
Rafael Fraguas

1. INTRODUCCIÓN ... 507
2. AXIOMAS ... 507
3. CONSUNCIÓN ESPACIO-TEMPORAL ... 508
4. ÁMBITO DE SEDUCCIÓN ... 508
5. RITUALES, RUTINAS Y ADICCIONES ... 509
6. INFORMACIÓN/ COMUNICACIÓN ... 510
7. AZAR, SECRETO Y PODER ... 510
8. JUEGOS TECNOLOGIZADOS, APUESTAS ... 511
9. JUEGOS DE ROL, UN PRECEDENTE ... 513
10. LAS DROGAS, UNIVERSO ALIENANTE ... 514
10.1. Introspección ... 515
10.2. El narco-aparato ... 516
10.3. Incomunicación ... 516
11. EL PODER Y EL SECRETO, ÁMBITOS ALIENANTES ... 517

XXVIII. SOCIOLOGÍA DE LA SALUD Y LA ENFERMEDAD ... 519
Enrique Fernández-Vilas
Juan José Labora-González

1. INTRODUCCIÓN ... 519
1.1. La enfermedad como fenómeno social ... 520
1.2. El modelo biomédico y el modelo biopsicosocial ... 521

2. LA MEDICALIZACIÓN COMO PROCESO: CONTROL SOCIAL DESVIACIÓN, DIAGNÓSTICO Y RELACIÓN MÉDICO-PACIENTE 523
3. LA CONSTRUCCIÓN DE LA ENFERMEDAD MENTAL: EL MODELO BIOMÉDICO DE LA «LOCURA» 525
5. DESIGUALDAD, BIENESTAR Y POLÍTICAS SANITARIAS EN LA SOCIEDAD DEL RIESGO 528
6. NUEVOS OBJETOS, NUEVAS TENDENCIAS 531
7. REFLEXIONES FINALES 535

XXIX. SOCIOLOGÍA DE LA DIVERSIDAD 537
Francisco Javier Aroca Cifuentes

1. INTRODUCCIÓN 537
2. LOS CONCEPTOS DE DESVIACIÓN Y DIVERSIDAD 538
   2.1. Desviación y estigma 539
      2.1.1. Desviación primaria o secundaria 541
      2.1.2. Desviación positiva o negativa 542
      2.1.3. Desviación individual o grupal 543
   2.2. Diversidad 543
3. DE LA DIVERSIDAD A LA INTOLERANCIA EN LA ACTUALIDAD 544
4. EL COLECTIVO LGTBIQ+ 545
   4.1. Aproximaciones iniciales y conceptos básicos 546
   4.2. Conceptualizaciones en transformación y orientación sexual 547
   4.3. Luchas por los derechos civiles y el reconocimiento 548
   4.4. De sociedades tradicionales a sociedades plurales y divergentes 548

XXX. SOCIOLOGÍA DEL GÉNERO DESDE LA TEORÍA FEMINISTA 551
Juan Agustín Franco Martínez

1. INTRODUCCIÓN 551
2. DESIGUALDADES DE GÉNERO EN ECONOMÍA 555
3. DESIGUALDADES DE GÉNERO EN EDUCACIÓN 556
4. DESIGUALDADES DE GÉNERO EN POLÍTICA 557
5. DESIGUALDADES DE GÉNERO EN SALUD 558
6. CONCIENCIACIÓN EN IGUALDAD DE GÉNERO 559

XXXI. CÓMO HACER UN BUEN TFG DE SOCIOLOGÍA 563
Rocío Blanco-Gregory

1. INTRODUCCIÓN 563
2. ELECCIÓN Y FORMULACIÓN DEL TEMA 564
3. BÚSQUEDA Y RECOGIDA DE INFORMACIÓN 564
4. ORGANIZACIÓN Y ESTRUCTURA DEL TRABAJO 566
   4.1. Portada, índice, resumen y palabras clave 567
      4.1.1. La portada 567

4.1.2. El índice 567
4.1.3. El resumen 567
4.1.4. Las palabras clave 570
4.2. Introducción 571
4.2.1. La justificación 572
4.2.2. Las preguntas de investigación o hipótesis 572
4.2.3. Los objetivos 572
4.3. Marco teórico o fundamentación teórica 572
4.4. Metodología 573
4.5. Resultados 573
4.6. Discusión de los resultados 574
4.7. Conclusiones 574
4.8. Referencias bibliográficas 577
5. REDACCIÓN Y ESTILO DEL TRABAJO 579
6. PROPUESTAS TEMÁTICAS PARA UN TRABAJO FIN DE GRADO EN SOCIOLOGÍA 580
6.1. Introducción 580
6.2. Elenco de temas sugeridos para el TFG en Sociología 581

REFERENCIAS DE LA OBRA 585

I. SURGIMIENTO Y DESARROLLO DEL PENSAMIENTO SOCIOLÓGICO

FRANCISCO ESTEPA MAESTRE
Universidad Pablo de Olavide

JOSÉ DAVID GUTIÉRREZ SÁNCHEZ
Universidad de Málaga

1. NOTAS INTRODUCTORIAS

El profundo ritmo de transformación que atraviesan las sociedades contemporáneas lleva a que la sociología cobre una relevancia aún mayor como disciplina. Este contexto moderno exige que las personas desarrollen una notable habilidad para comprender y ajustarse a las nuevas realidades que surgen con rapidez en distintos aspectos de la vida social. La aparición simultánea de inéditos modelos de bienestar y pobreza, la redefinición de los espacios culturales y de socialización, la influencia de la tecnología y la irrupción de movimientos sociales o fenómenos políticos diversos, demandan que la sociología aporte respuestas que favorezcan el equilibrio entre la sociedad y el individuo.

Bourdieu (2011) destaca que "la sociología difiere de las demás ciencias al menos en un punto: se exige de ella una accesibilidad que no se le pide a la física, ni siquiera a la semiología o a la filosofía" (Bourdieu, 2011: 23). Por ello, la razón de ser de la sociología se encuentra en el dinamismo continuo tanto de las estructuras sociales como de los sujetos, y en la manera en que ambos interactúan. Hoy, las personas habitan una sociedad donde la hiperconectividad es la norma, gracias a tres avances clave: internet, las redes en línea y la comunicación móvil (Said-Hung et al., 2023). Dichas tecnologías impregnan las actividades humanas y multiplican los modos de relación social, además en la actualidad, fenómenos como las plataformas digitales, la economía colaborativa y los algoritmos de recomendación transforman las relaciones sociales y económicas. Estas dinámicas generan nuevas formas de exclusión digital y desigualdad, a la vez que facilitan redes de solidaridad transnacional. Por ejemplo, movimientos como "Fridays for Future" o el #MeToo muestran cómo la acción colectiva se organiza en entornos digitales, dando lugar a nuevas prácticas políticas y culturales. La sociología contemporánea debe, por tanto, analizar no solo las estructuras clásicas —familia, Estado, mercado— sino también las interacciones en entornos virtuales. En consecuencia, las redes de comunicación adquieren un papel central en la organización social, lo que obliga a la sociología a delimitar continuamente su objeto de análisis, tarea imprescindible para demostrar su capacidad empírica frente al complejo entramado social. Rocher (1990) advierte que el campo de estudio sociológico es particularmente amplio, ya que abarca desde conjuntos sociales extensos hasta unidades de observación limitadas.

El valor de la sociología respecto a otras Ciencias Sociales reside en su esfuerzo por descifrar los motivos detrás del comportamiento humano y cómo la interacción entre sujetos influye directamente en la interpretación y el desarrollo de la sociedad (Bourdieu & Wacquant, 2005). También permite identificar los factores que promueven los procesos de cambio y transformación, posicionando el análisis sociológico y a quienes lo ejercen como referentes fundamentales en la interpretación del devenir social. En este marco, Gurvitch (1961) introduce tres planos conceptuales para clarificar el ámbito de estudio de la sociología: el enfoque macrosociológico, que examina grandes conjuntos sociales como civilizaciones; el nivel de agrupaciones parciales, relacionado con instituciones como la familia, la escuela o los grupos de pares; y el plano microsociológico, centrado en los tipos de relación presentes en comunidades específicas. Mediante estos niveles de análisis, la sociología se propone explicar de manera empírica los procesos de cambio, los reajustes en los paradigmas sociales y el impacto que el entorno produce sobre individuos y grupos. Chuaqui (2012) subraya que para ponderar la relevancia de la sociología como disciplina empírica es imprescindible considerar factores como la historia, la política, la cultura, los comportamientos sociales y psicológicos, así como las renovadas formas de conocer que surgen en sociedades dinámicas. Precisamente, la fortaleza de la sociología radica en su multidisciplinariedad e interdisciplinariedad, claves para captar el fondo de su objeto de estudio.

Asimismo, Sen (1992) recuerda que para comprender de modo riguroso un objeto de estudio tan pluridimensional, es necesario atender todas sus aristas: geográficas, económicas, sociales, políticas, entre otras. Además, estas dimensiones deben ser vistas como abiertas y no como listas cerradas, dada la permanente mutación del contexto global.

En definitiva, abordar la sociología implica tanto la explicación como la comprensión: el paso del saber común al conocimiento científico disciplinar. Por un lado, analizar datos vinculados a aspectos como empleo, pobreza, exclusión social o fenómenos demográficos; por otro, comprender esas cifras mediante una mirada crítica y reflexiva que transforme la información en conocimiento. Pérez y Rodríguez (2011) plantean que los procesos de explicación y comprensión son fundamentales para que la sociología estudie adecuadamente a las sociedades y comprenda la evolución de la acción humana.

2. ¿QUÉ ES LA SOCIOLOGÍA?

La sociología constituye una disciplina fundamental dentro del campo de las Ciencias Sociales y se dedica al análisis tanto de la evolución de las sociedades como de las interacciones entre individuos y grupos (Durkheim, 1895). Se interesa en las dinámicas que surgen del entramado de relaciones humanas y de la acción mutua de la población, abarcando por ello dimensiones microsociales y macrosociales. No existe consenso absoluto sobre el momento exacto en que surgió como disciplina científica, aunque sí se ha configurado un marco histórico y conceptual compartido en torno a sus orígenes. En este sentido, Durand y Weil (1989), al referirse a las obras "Las etapas del pensamiento sociológico" de Aron (1967) y "La tradición sociológica" de Nisbet (1969), destacan cinco ejes fundamentales en torno a los cuales la sociología organiza su objeto de estudio: comunidad y sociedad; autoridad y poder; estatus y clase; lo sagrado y lo profano; así como alienación y progreso.

Se trata de un saber a la vez analítico y normativo, pues no solo interpreta los procesos sociales, sus causas y consecuencias, sino que también plantea orientaciones para la mejora de la vida colectiva. En ese sentido, la sociología se erige en un instrumento esencial al revelar los costos, retos y perspectivas de cada sociedad, orientando así la elección de las acciones más convenientes para su desarrollo futuro (Comte, 1857). Para comprender su consolidación es indispensable situarse en el contexto histórico en el que emergió. El final del siglo XVIII y, de manera más decisiva, el XIX, constituyen la base de su nacimiento. Durante este periodo, Europa experimentó profundas transformaciones económicas, políticas e intelectuales que alteraron de raíz el orden social. La Revolución francesa y las posteriores convulsiones sociales a lo largo del siglo XIX alimentaron el pensamiento de numerosos autores y marcaron los primeros pasos de la teoría sociológica. De acuerdo con García Cotarelo (2012), aquel mundo se percibía como un espacio de conflicto y tensión más que de estabilidad, generando un clima propicio para que las Ciencias Sociales elaboraran reflexiones sobre la nueva sociedad que estaba en proceso de gestación. En este contexto, pensadores como Saint-Simon, Comte o Durkheim defendieron la necesidad de una estructura social ordenada, puesto que concebían a la sociedad como un organismo debilitado y expuesto a patologías. El auge de la industria, la mecanización y la producción a gran escala hicieron visible la llamada "cuestión social", lo cual reforzó la urgencia de contar con una ciencia que, siguiendo la inspiración de las ciencias naturales, analizara estos fenómenos y propusiera soluciones basadas en un método riguroso.

Según Bourdieu (2011), la sociología se afirma como ciencia al poner al descubierto prácticas ocultas y relaciones invisibilizadas dentro de la vida social. Su vinculación inicial con el positivismo del siglo XIX, impulsada por Saint-Simon

(1760-1825) y Comte (1798-1857), dio lugar a la formulación del concepto de "sociología" en el marco de una "física social". Desde entonces, como expone Giddens (1998), la disciplina se convirtió rápidamente en una herramienta clave para diagnosticar las condiciones de las sociedades. Su objeto lo constituyen las colectividades, las instituciones y las organizaciones humanas que moldean la vida social y condicionan el comportamiento.

La sociología, en cuanto rama del saber científico, persigue una comprensión racional del mundo social a través de la aplicación del método científico, apelando tanto a herramientas cuantitativas como cualitativas. Ello la aproxima a la lógica de otras ciencias empíricas, aunque su objeto sea más dinámico y complejo. Tanto la sociología como el conjunto de las Ciencias Sociales centran su atención en fenómenos en constante transformación. Incluso si se reconduce su ámbito de análisis desde las "sociedades" hacia lo "social" en general, subsiste la dificultad de fijar un límite. Esta indeterminación, lejos de ser un obstáculo insuperable, amplía las posibilidades de la disciplina, haciéndola más receptiva a aportaciones de otros campos de conocimiento e impulsando su renovación permanente (Busquet y Medina, 2014). La tarea sociológica exige, además, una mirada crítica sobre los fenómenos sociales. Así lo recuerda Falleti (2006), cuando señala que debe fundamentarse en un enfoque riguroso que permita comprender tanto las estructuras de poder como las desigualdades que condicionan la experiencia social. De esta manera, la sociología no se limita a describir, sino que se convierte en un instrumento para cuestionar y transformar realidades.

En términos prácticos, el conocimiento sociológico resulta esencial para desentrañar los vínculos personales y colectivos, la relación de los individuos con instituciones, y la influencia de la cultura y de las normas sociales. Gracias a ello, constituye una herramienta de valor para mejorar la organización de la vida social y garantizar mayores niveles de cohesión. Su aplicación empírica es clave: el recurso al método científico sitúa a la investigación sociológica en el centro de los procesos de conocimiento y justifica su papel privilegiado en el ámbito académico. Ahora bien, como advierte García Cotarelo (2012), la sociología debe ser concebida en clave holística, dada la amplitud de su objeto. Al abordar fenómenos sociales complejos, es imprescindible recurrir a las contribuciones de otras disciplinas de las Ciencias Sociales como la economía, la ciencia política o la antropología. Ese rasgo transversal constituye, de hecho, una de sus características más representativas. La sociología se distingue por ofrecer múltiples dimensiones de interpretación, lo que le permite captar la complejidad de los procesos que configuran la vida social.

En conclusión, la sociología se orienta al análisis crítico y sistemático de los vínculos e instituciones que estructuran la sociedad. Surgida en un momento de intensas transformaciones, ha mantenido una vocación científica inspirada en el positivismo, a la vez que ha ido ampliando su alcance teórico y metodológico. Su relevancia no radica solo en explicar cómo funciona la sociedad, sino también en señalar las desigualdades y proponer caminos para su superación. Al combinar análisis riguroso, apertura interdisciplinar y espíritu crítico, la sociología se posiciona como una disciplina indispensable para comprender y mejorar la vida colectiva.

3. GENEALOGÍA DEL PENSAMIENTO SOCIOLÓGICO

Durante el siglo XVIII, en el contexto de la Ilustración, tuvieron lugar acontecimientos trascendentales que marcaron un antes y un después en la historia de la humanidad. La Revolución francesa (1789-1819), la independencia de los Estados Unidos (1776-1781) y la Revolución industrial en Inglaterra (1760-1830) fueron procesos históricos que sentaron las bases para el surgimiento de élites intelectuales en distintas áreas del saber —como la filosofía, la economía, la política y la educación— interesadas en comprender los fenómenos sociales y humanos de gran impacto (Castro, 2017). Del mismo modo que otras ciencias, como la biología, la física o las matemáticas, habían consolidado su propio método de análisis (Millán, 1996), las Ciencias Sociales fueron tomando forma, en especial la Sociología, cuyo principal desafío consistía en acercarse a las transformaciones de las sociedades a diferentes escalas —micro y macro— mediante la formulación de teorías, métodos y leyes explicativas.

Siguiendo a Rodríguez-Zúñiga (1984) y a los trabajos de García-Ferrando y Salcedo (1991), los elementos constitutivos del origen de la sociología pueden resumirse en; El reconocimiento de la sociedad como una realidad autónoma, tanto empírica como teórica, donde los actores sociales solo pueden comprenderse dentro de su contexto institucional; Una nueva forma de concebir la relación entre sociedad y ser humano, vinculada a los dilemas emergentes de la Ilustración y al desarrollo del liberalismo y de las ideas democráticas; La identificación de nuevos modelos sociales derivados de la Revolución francesa y la Revolución industrial, que ofrecieron marcos interpretativos diferentes; La conciencia temprana de que la sociología podía incidir en los cambios sociales y en la acción de los poderes públicos.

Estos aspectos se complementan con rasgos propios de la sociedad industrial, los cuales tuvieron profundas repercusiones. Uno de los más notorios es el crecimiento poblacional. Tras la Revolución industrial, la mortalidad se redujo —gracias en buena parte a los avances médicos— y también las tasas de natalidad descendieron, lo que impulsó una transformación demográfica que acompañó la expansión de las ciudades. El paso de una población activa dedicada a la agricultura hacia la industria y los servicios supuso un proceso de urbanización acelerado y el incremento de los movimientos migratorios del campo hacia las grandes urbes industriales (Escudero, 2009). En este escenario cobra relevancia la empresa moderna, entendida como una nueva forma de organizar la fuerza de trabajo y la estratificación social. Las mejoras en transporte y comunicaciones ampliaron las redes comerciales e integraron territorios antes más aislados, facilitando el dinamismo empresarial, la movilidad social y la innovación tecnológica. El reemplazo progresivo de la energía animal o humana por nuevas fuentes como el vapor, el carbón, el petróleo o la electricidad posibilitó la producción en masa y, con ello, un crecimiento del consumo (Chaves, 2004). El consumo se convirtió, así, en un eje central de los estilos de vida, germinando la llamada sociedad de masas. Para Giner (1979), esto significó que la población comenzó a ser percibida como "masa" o "las masas", dando paso a una homogeneización cultural (García-Ferrando y Salcedo, 1991), junto con la influencia alienante de los medios de comunicación (Cruz-Picón y Hernández, 2022; Estefanía, 2011) y la creciente mecanización de las labores laborales (Chacón et al., 2006).

El espíritu ilustrado del siglo XVIII colocó a la razón, la ciencia y la educación en el centro del progreso humano. La confianza en que las leyes naturales podían aplicarse al estudio de la sociedad inspiró la búsqueda de "leyes sociales" universales. Este cambio supuso el paso de visiones teológicas a enfoques científicos de la vida social, sentando las bases para que, en el siglo XIX, la sociología emergiera como disciplina diferenciada de la filosofía política o la moral.

El desarrollo de las empresas y la acción del propio Estado propiciaron también la creación de una estructura administrativa más compleja. Este avance condujo a la expansión de procesos de burocratización, inseparables de las profundas transformaciones de la sociedad moderna.

4. FUNDAMENTOS DEL PENSAMIENTO SOCIOLÓGICO

El trabajo desarrollado por científicos y filósofos, ya fueran racionalistas o empiristas, desde el Renacimiento hasta finales del siglo XVII, ejerció una influencia decisiva sobre los pensadores ilustrados. La base de esta huella radicaba en la convicción de que la razón podía guiar el cambio y generar una mejora constante en la sociedad. Durante la Ilustración, la primacía del pensamiento racional se consolidó, con un claro énfasis en el método inductivo: las conclusiones derivaban de premisas establecidas mediante observación y razonamiento, aunque sin garantía absoluta de verdad. Así, los problemas sociales comenzaron a ser objeto privilegiado de análisis, impulsados por la capacidad de observación y clasificación propia de la época.

En este contexto intelectual, emergieron autores clave que sentaron las bases de la futura sociología. Entre ellos destaca Montesquieu (1689-1755), considerado uno de los principales precursores de la disciplina y pionero en la reflexión liberal y democrática (García-Ferrando y Salcedo, 1991). Su enfoque partía de la idea de que las sociedades podían diferenciarse y clasificarse a partir de la experiencia histórica. Analizó cómo las estructuras sociales y económicas incidían en el Estado, exploró las formas de solidaridad desde las sociedades primitivas hasta la modernidad y reflexionó sobre la división del trabajo. Su intención de construir una tipología de sociedades comparables y descubrir leyes del desarrollo social y político legitiman su influencia como antecedente fundamental, posteriormente reafirmada por los planteamientos de Durkheim. Además, Montesquieu, en su obra "El espíritu de las leyes", estudió cómo factores como el clima, la religión y la economía influyen en las instituciones políticas, abriendo la puerta a explicaciones multicausales. Rousseau, con "El contrato social", introdujo la idea de que la soberanía reside en el pueblo, anticipando los debates sobre democracia participativa. Tocqueville, al observar la sociedad estadounidense, identificó las asociaciones civiles como contrapesos al poder estatal, una noción que hoy inspira estudios sobre capital social. Saint-Simon, por su parte, previó que la industrialización daría un papel central a los científicos y a los productores, anticipando discusiones sobre tecnocracia y planificación económica.

También es imprescindible mencionar a Jean Jacques Rousseau (1712-1778). Sus aportaciones, a través de obras como *El contrato social* y *Emilio o de la educación*, giraron en torno a la relación entre individuo, Estado y educación. Rousseau vinculó la reflexión política con la pedagógica y puso sobre la mesa un tema que aún hoy conserva vigencia: la tensión entre progreso material y progreso moral. Su análisis del lazo individuo-naturaleza y, desde ahí, del vínculo individuo-sociedad, lo posiciona igualmente como un referente temprano en la configuración del pensamiento sociológico.

Por otra parte, Alexis de Tocqueville (1805-1859) constituye otro eslabón clave en este proceso de gestación de la sociología. Tal como indica Ovares (2020), fue uno de los primeros en estudiar la conexión entre democracia y vida asociativa. En su obra *Democracia en América* examinó la expansión de los principios liberales e ilustrados en el contexto estadounidense, describiendo dicho proceso como un movimiento social imparable que transformaba instituciones, costumbres y mentalidades. Para Tocqueville, la igualdad de condiciones representaba el rasgo definitorio de aquella revolución social (Zetterbaum, 1987). Sin embargo, advirtió del riesgo de que el individualismo fortaleciera el poder tiránico del Estado. Su defensa de las instituciones democráticas como contrapeso frente al despotismo, la anarquía o la servidumbre resume su preocupación central (Aguilar, 2008).

Finalmente, una aportación destacada provino de Henri de Saint-Simon (1760-1825), quien situó en el centro de su reflexión a la industria en el contexto posterior a las guerras napoleónicas. Según sus planteamientos, el proceso industrial transformaba de raíz las relaciones sociales. Para él, las clases que no participaban activamente del circuito productivo, del consumo o de la vida científica y cultural eran consideradas "clases inútiles". En contraste, defendió la igualdad de oportunidades, compatible con la propiedad privada, sentando así las bases de lo que más tarde sería catalogado como socialismo utópico, posteriormente desarrollado por Marx y Engels (Ackerley, 2008).

4.1. Positivismo

El positivismo se presenta como una corriente filosófica y científica que sostiene que el único conocimiento válido es aquel que se fundamenta en hechos verificables mediante la experiencia. Generalmente, se atribuye a Auguste Comte (1798-1857) su formulación inicial, especialmente a partir de su obra *Curso de filosofía positiva.* Sin embargo, diversos autores señalan que algunos de sus conceptos encuentran su raíz en pensadores como David Hume y Saint-Simon, este último incluso colaborador directo de Comte, con quien fundó posteriormente el Instituto Politécnico de París. El positivismo de Comte no se limitaba a la afirmación de que el conocimiento debía basarse en hechos. También proponía una "física social" que organizara empíricamente los datos y derivara leyes sobre la evolución de las sociedades. Esta orientación metodológica inspiró los primeros estudios estadísticos sobre suicidio, criminalidad o pobreza, como los de Quetelet y Durkheim, que marcaron la profesionalización de la sociología.

Durante el siglo XIX, el positivismo emergió en paralelo a las corrientes políticas del liberalismo y el conservadurismo, y junto con el organicismo, representó una forma novedosa de entender tanto la sociedad como la historia. El positivismo buscaba explicar los fenómenos sociales sobre una base científica, mientras que el organicismo se mostraba más reticente a los proyectos de transformación social planificada. Aunque Comte mantuvo una postura política conservadora, sus obras no rechazaban del todo la posibilidad de planificar y comprender los cambios sociales mediante leyes. Es en este contexto que la sociología se institucionaliza como ciencia, abriendo paso a una mentalidad académica centrada en la idea de que la realidad existe de manera objetiva y puede ser estudiada científicamente. El problema central era, entonces, encontrar el método capaz de descubrir esa realidad (Dobles, Zúñiga y García, 1998).

Para Comte, el objeto de estudio de la sociología no debía ser el individuo aislado, sino la totalidad de la humanidad considerada en su desarrollo. Bajo la máxima de "Orden y Progreso", la sociología positivista se apoya principalmente en el método histórico y se divide en dos áreas: la *Estática social*, que examina las leyes universales y permanentes del orden social en períodos de estabilidad; y la *Dinámica social*, orientada hacia el análisis de los procesos de cambio y evolución histórica.

Según Dobles, Zúñiga y García (1998), los principios fundamentales del positivismo pueden sintetizarse así:

- El conocimiento es descubierto por el sujeto.
- El acceso a la realidad se realiza a través de los sentidos, la razón y los instrumentos.
- Todo aquello que se percibe a través de los sentidos puede considerarse real.
- El conocimiento solo es válido si es científico.
- La realidad existe y es accesible al sujeto mediante la experiencia.
- La verdad es entendida como correspondencia entre la realidad y lo que el ser humano conoce de ella.
- El único método legítimo es el científico, de carácter descriptivo.
- Existe independencia entre sujeto y objeto; el investigador debe ser neutral frente a su objeto de análisis.

En sus planteamientos sobre la evolución de la humanidad, Comte elaboró la conocida *Ley de los tres estados*. En el primero, el estado teológico o ficticio, el mundo se explica a través de fuerzas mágicas o sobrenaturales; la existencia se subordina a lo que la mente imagina para justificar los fenómenos. En el segundo, el estado metafísico o abstracto, los agentes sobrenaturales son reemplazados por entidades abstractas. Finalmente, en el estado positivo o real, la explicación del mundo se apoya en la observación, en leyes científicas y en relaciones entre variables (García-Ferrando y Salcedo, 1991).

En cuanto al organicismo, esta perspectiva alcanzó gran influencia durante el mismo periodo y se consolidó en Inglaterra a través de Herbert Spencer (1820-1903), considerado otro de los padres fundadores de la sociología. Spencer trasladó al ámbito anglosajón la nueva ciencia social combinando la visión organicista con el evolucionismo social y el individualismo liberal. Para él, la sociedad es comparable a un organismo biológico sometido a leyes de desarrollo. En este proceso, la sociedad evoluciona históricamente desde una simple homogeneidad incoherente hacia una compleja heterogeneidad coherente.

4.2. Influencia del marxismo y las clases sociales

Karl Marx (1818-1883) inició su recorrido intelectual a partir de la filosofía hegeliana, al tiempo que adquiría una sólida formación histórica y se aproximaba tanto a los clásicos de la economía política —como Adam Smith y David Ricardo— como a las propuestas de los socialistas franceses, entre ellos Proudhon y Saint-Simon. Su pensamiento ha generado a lo largo del tiempo tanto adhesiones como críticas. Mientras algunos lo consideran un referente esencial dentro de la sociología, otros lo han cuestionado alegando escaso rigor científico o excesivo dogmatismo. Aun así, resulta innegable la influencia que el marxismo ha ejercido en la sociología y en el pensamiento social moderno.

El desarrollo teórico de Marx puede dividirse en dos grandes etapas. En la primera, que abarca su juventud hasta alrededor de 1848, redacta los llamados escritos marxianos, más filosóficos e ideológicos. Posteriormente, en su madurez, se posiciona como científico social y economista, elaborando su obra más conocida, *El capital*, en la cual analiza las leyes económicas que guían el funcionamiento de la sociedad moderna.

Entre los aportes fundamentales que el marxismo introdujo al análisis sociológico destacan los siguientes (García-Ferrando y Salcedo, 1991; Bottomore, 1980:89):

1. La primacía de la estructura económica para comprender el funcionamiento de la sociedad.
2. La concepción histórica de los fenómenos sociales, entendidos siempre dentro de un contexto concreto.
3. La necesidad de situar los estudios empíricos de hechos sociales particulares en un marco histórico y económico más amplio.
4. El reconocimiento tanto de los procesos evolutivos como de los cambios revolucionarios en las transiciones de una sociedad a otra.

Uno de los ejes centrales del pensamiento marxiano es la teoría de las clases sociales. Según Marx, la infraestructura económica determina globalmente el carácter de las sociedades; los cambios sociales están vinculados a las tensiones que surgen entre el avance de las fuerzas productivas y las relaciones de propiedad que las enmarcan (Olin-Wright, 2018). En este sentido, García-Ferrando y Salcedo (1991:34) destacan que:

"El conflicto de clase entre capitalistas y obreros viene a ser expresión del conflicto objetivo de intereses entre las dos clases. El criterio objetivo de la adscripción a una clase lo constituye la propiedad o no de los medios de producción. Las dos clases básicas del sistema capitalista son los propietarios y los obreros. En dicho sistema es condición inevitable el conflicto de clases, y también es condición objetiva del capitalismo la explotación (extracción de la plusvalía del trabajo del obrero)."

Marx consideraba que el desarrollo del capitalismo conduciría inevitablemente al empobrecimiento de los trabajadores, condición previa a la revolución proletaria que daría paso a otro sistema. En este marco teórico, el Estado en las sociedades capitalistas se concibe como un instrumento al servicio de la clase propietaria, encargado de mantener el orden y la coerción. Frente a ello, el proletariado, ya sea de modo pacífico o violento, debía conquistar el poder político, instaurando la llamada "dictadura del proletariado", concebida como una fase transitoria entre el capitalismo y el comunismo.

El criterio de pertenencia a una clase social, según Marx, se relaciona con la posición de los individuos respecto a los medios de producción. En este orden, cobra relevancia la noción de alienación, es decir, la experiencia de extrañamiento del trabajador que convierte el trabajo en mera herramienta de subsistencia, privándole de su potencial como medio de realización humana. En su diagnóstico, el capitalismo reproduce relaciones de dominación y explotación, donde los propietarios controlan el sistema productivo y los trabajadores, cada vez más sometidos a condiciones de alienación, ocupan el lugar de dominados. La teoría marxista sigue siendo relevante para entender fenómenos contemporáneos como la precarización laboral en plataformas digitales, la concentración de la riqueza en grandes corporaciones tecnológicas o los debates sobre renta básica. Conceptos como "plusvalía" y "alienación" permiten analizar las tensiones entre capital y trabajo en contextos de globalización y automatización.

4.3. Emile Durkheim y Max Weber.

A lo largo del siglo XIX, la consolidación de la sociología como disciplina científica se fue gestando mediante la labor de pioneros cuyas contribuciones individuales y la formación de corrientes y escuelas respondieron a realidades nacionales diversas. En este contexto, Francia ocupó una posición central dentro del desarrollo sociológico, destacando la figura de Émile Durkheim (1858-1917), referencia fundamental cuyas aportaciones resultan todavía vigentes. Durkheim jugó un papel decisivo tanto en la afirmación metodológica de la sociología como en su reconocimiento académico institucional.

Siguiendo las premisas del positivismo, Durkheim propuso que los hechos sociales deben analizarse objetivamente como si de "cosas" se tratara. Concibió los hechos sociales como formas colectivas de actuar, pensar y sentir, dotadas de existencia propia frente a los individuos, es decir, generadas en el entramado grupal más que en experiencias particulares. Asimismo, Durkheim retomó debates previos articulados por autores como Comte y Spencer sobre la evolución social, prestando especial atención a los procesos de diferenciación entre sociedades tradicionales y modernas. Consideró que estas transformaciones emergen principalmente desde la configuración y desarrollo de la división del trabajo, entendida no sólo como asignación funcional sino como factor clave para la solidaridad social. En este sentido, Durkheim teorizó dos tipos de solidaridad: la mecánica, propia de sociedades simples en las que predomina la conciencia colectiva y la pertenencia grupal, sancionando cualquier desviación respecto a la norma, y la orgánica, característica de sociedades complejas donde la especialización funcional resalta los elementos individuales y promueve la interdependencia a través de la complementariedad de roles. La profundización en la división del trabajo advierte Durkheim, puede afectar negativamente la cohesión social, pues una hiper-especialización conlleva riesgos de fragmentación y estados de anomia. Esta última categoría describe situaciones marcadas por la ausencia o vacío de normas sociales claras, lo que propicia conflictos, desorientación moral y, en consecuencia, fenómenos tales como la delincuencia, los enfrentamientos de clase o el suicidio. La "anomia" de Durkheim se hace visible hoy en situaciones de crisis económica, migraciones masivas o colapso institucional, cuando las normas tradicionales dejan de guiar la conducta. Por su parte, la "acción social" de Weber resulta fundamental para interpretar cómo los individuos atribuyen significados a sus actos, por ejemplo, en la economía informal, las redes de voluntariado o las nuevas espiritualidades. Ambos conceptos permiten conectar teoría clásica con problemas actuales.

Por otro lado, Max Weber (1864-1920) representa otra figura clave en la consolidación de la sociología. Aunque compartía con Durkheim la preocupación metodológica, Weber se distanció del positivismo, subrayando la especificidad de los fenómenos sociales, irreductibles a los modelos de explicación propios de las ciencias naturales por su fundamentación en la conciencia y subjetividad humanas. Para Weber, la sociología debía orientarse hacia la comprensión de la "acción social", destacando la intencionalidad y el significado atribuido por los sujetos. En cuanto al método, Weber consideraba insuficiente el enfoque histórico tradicional, proponiendo en cambio una atención preferencial a los agentes y a la elaboración conceptual como herramientas de análisis de la realidad social. Asimismo, examinó las diferencias entre sociedades clásicas y modernas, subrayando que estas últimas tienden hacia la racionalización, materializada especialmente en el desarrollo de la burocracia.

5. CONSOLIDACIÓN INSTITUCIONAL DE LA DISCIPLINA

Tras las contribuciones de Durkheim y Weber, se inicia una nueva etapa en la institucionalización académica de la sociología, tanto en el contexto estadounidense como en el europeo (Brunner, 2009). Durante este periodo, numerosos intelectuales se trasladaron hacia Europa para profundizar en los desarrollos alcanzados, particularmente enfocándose en el caso inglés. No obstante, es en Alemania donde la sociología comienza a consolidarse paulatinamente, destacando la figura de Albion Small (1854-1926), quien establece en 1893 el primer departamento universitario de sociología en la Universidad de Chicago. El modelo de la Escuela de Chicago en Estados Unidos —con su énfasis en el trabajo de campo y la observación participante— renovó profundamente la metodología sociológica. En Europa, tras las guerras mundiales, la reconstrucción social y el auge del Estado del bienestar impulsaron estudios sobre desigualdad, estratificación y movilidad social. Estas experiencias sentaron las bases de paradigmas posteriores como el funcionalismo, el interaccionismo simbólico y, más tarde, la sociología crítica.

En contraste, el proceso europeo de institucionalización se ve retrasado, influido notablemente por las dos Guerras Mundiales y su impacto en las universidades y la vida social (Lamo de Espinosa, 2001). La sociología alemana, aunque de desarrollo más tardío respecto a Francia e Inglaterra, se beneficia de un movimiento intelectual de corte romántico vinculado a los espacios universitarios. En este clima romántico y de transformación política en Alemania, marcado por limitaciones a la plena consolidación del pensamiento liberal, Ferdinand Tönnies (1855-1936) explora las relaciones humanas conceptualizando los modelos de comunidad y asociación (Álvaro, 2010). Las comunidades se caracterizan por vínculos personales intrínsecos, cuyo sentido reside en la propia relación, mientras que las asociaciones articulan relaciones organizadas en función de objetivos externos. Por su parte, Georg Simmel (1858-1918), profesor en Berlín y Estrasburgo, es otro referente central al interrogarse por la delimitación, naturaleza y funciones de la sociología. Simmel subrayó la especificidad de la disciplina a partir de su objeto: la interacción social, diferenciándola así de otras ciencias sociales.

En el paso de la segunda mitad del siglo XIX a las primeras décadas del XX, resulta relevante destacar a Vilfredo Pareto (1848-1923), quien según García-Ferrando y Salcedo (1991), culmina en Italia una importante tradición sociológica que remonta al Siglo de las Luces. Pareto, inserto en la perspectiva positivista, desarrolló la teoría sobre la "circulación de las élites", distinguiendo entre grupos dominados por especuladores o rentistas, lo cual resultaba determinante para la velocidad e intensidad del cambio social (Schumpeter, 1949). Para él, la historia es el escenario de una continua pugna por el poder entre élites alternantes.

Finalmente, en el contexto posterior a la Segunda Guerra Mundial, Estados Unidos experimenta un notable incremento en la demanda de investigación social, hecho que refuerza la posición universitaria de la sociología. Este avance sirvió de modelo de referencia para el desarrollo sociológico en Europa durante las décadas de 1940 y 1950, periodo en el que las universidades europeas comienzan a consolidar la disciplina, influenciadas fuertemente por los paradigmas norteamericanos.

II. DE LOS 4 PADRES FUNDADORES A UNA SOCIOLOGÍA PROFUNDA: LA SOCIEDAD GASEOSA Y LAS PARADOJAS SOCIALES

RUBÉN TAMBOLEO GARCÍA
Universidad Autónoma de Madrid

Una vez que hemos realizado una aproximación y algunas definiciones de qué es la Sociología, su recorrido histórico y algunas de las autorías principales, nos planteamos aquí algunos elementos de obras fundamentales, de cómo obtener una buena mirada sociológica tal y como planteaba Wright Mills (1959) en su célebre obra de cómo ejercitar la imaginación sociológica y de cómo hacer una pequeña sociología de objetos cotidianos o de nuestro entorno cercano para empezar a entender lo que es la construcción social de la realidad citando a los también sociólogos célebres Berger y Luckmann (1966) y finalmente terminamos esta parte con un planteamiento de algunas de las cuáles pueden ser las paradojas de nuestra sociedad actual en el bloque occidental globalizado, que podríamos denominar como sociedad gaseosa, un término que ya ha sido usado anteriormente y que nos sirve de homenaje y de un comienzo de intento de examen si hay un paso más allá a lo que nos planteó con tanta celebridad Zygmunt Bauman (1999) en su obra y su concepto de la sociedad líquida y sus subsecuentes desarrollos como la vida líquida y el amor líquido, la maldad líquida que recomendamos especialmente al lector de la presente obra.

1. LA SOCIOLOGÍA, UN ESPACIO AMENAZADO

La Sociología, como hemos comprobado desde los departamentos universitarios, ha estado perseguida y en constante amenaza, por lo que una buena Sociología debe suponer. Desde los gobiernos de la derecha de Thatcher (con su guerra contra los departamentos de Sociología del Reino Unido de Gran Bretaña e Irlanda del Norte) hasta los gobiernos de izquierda de Sánchez (que proponía eliminar la Sociología de todos los grados de formación de nuestros futuros maestros en España), sufren por la existencia de la Sociología como campo independiente.

Una buena Sociología, aunque no descarte un punto crítico (que ya nace cuando elegimos nuestros temas de trabajo y de investigación —es lo que nos preocupa cuando lo elegimos—) debe ser especialmente neutral y objetiva. Neutral porque consigamos un buen estudio de nuestra sociedad, del conjunto de individuos como seres eminentemente sociales, y que nos distinga de otras aproximaciones, para lo que a nuestros nuevos estudiantes que se decanten por esta apasionante actividad, llena de interrogantes, les deberemos indicar leer *El Político y el Científico* de Weber, e *Ideología y Utopía* de Mannheim. Y objetiva porque nuestro trabajo, precisamente, es buscar la empiria que nos haga huir de opiniones *doxas*, y que por lo tanto nos haga llegar a la *episteme* aristotélica con evidencias y criterios claros, que se puedan reproducir en otras condiciones, para respetar el método científico.

Por lo tanto, debe huir especialmente del propositivismo, del proselitismo y de la normatividad. Los sociólogos no estamos para proponer, para intentar difundir unas ideas o una visión del mundo, y mucho menos para crear nuevas normas sociales. Esta ha sido una tendencia en abuso en los últimos lustros, y lo han hecho profesionales confundidos por alguna ideología cegadora.

Especialmente y como último punto de delimitación de nuestro espacio, debemos huir de la futurología. No podemos leer el futuro, ni siquiera con las *dichosas* encuestas electorales, las cuales como indicaba el maestro Fermín Bouza, son una foto fija, que describe el momento, y no son un instrumento mágico que detenga la propia evolución de la sociedad ni una bola de cristal que permita preveer que va a suceder.

Así, con esta receta de básicos, será muy difícil coincidir con los intereses de otros agentes sociales, ya sean estos un gobierno o las grandes farmacéuticas que operan con cabildeo, presión y marketing para conseguir su máximo poder posible. Esos intereses y especialmente esas agendas (¿qué agente social no tiene una agenda?) serán bien distintos al diagnóstico y estudio empírico de la sociedad, por tanto, no se podrán refrendar desde nuestra área esos otros intereses y agendas en una inmensa mayoría de casos, cuando además chocarán. Ese choque, esa independencia, y ese punto crítico porque a veces miramos donde no quieren que miremos hacen que si estamos vivos y fuertes sigamos en permanente amenaza.

Con estos puntos básicos, después de una introducción a la Sociología desarrollaremos otros puntos de estudio tales como una mirada sociológica, lo que podemos entender como sociedad gaseosa, una sociología del aguacate, las paradojas sociales y los cambios antropogénicos en el capítulo tercero de la presente obra, la cual además es especialmente innovadora.

Así, sin dejar de lado nuestros temas y teorías clásicas que tienen su desarrollo en los primeros capítulos, hemos incorporado capítulos como la Sociología del Género (que no está presente en otros manuales generales), la Sociología de la Salud (cómo puede ser que al borde de una IV Revolución Industrial se den las epidemias como las del VIH/SIDA, la obesidad o los opiáceos sin freno —pero sí con muchas recetas o prescripciones—), el estudio de una sociedad que nos produce una alienación en términos marxistas que ahora es especialmente telemática, en tiempos de medios sociales emergentes con su capítulo respectivo, y una aproximación a la Mediación desde nuestra área, que es superior por su recorrido histórico y fundamentación teórica a las ocupaciones de espacios invasivas de espacios sociales que han hecho otras áreas como Trabajo Social.

2. LOS PADRES FUNDADORES

La comparación entre Marx, Weber y Durkheim es una de las mejores formas de entender cómo se fundan las ciencias sociales modernas (sin dejar de lado la aportación de Comte que delimitó y acuñó formalmente la disciplina).

Paso a paso:

El punto de partida: Marx y el materialismo histórico

Karl Marx (1818-1883) propone que la historia de las sociedades humanas se explica por el modo en que producen y distribuyen los bienes materiales.

Su enfoque es materialista porque parte de las condiciones económicas y tecnológicas (la "base") e histórico porque entiende que esas condiciones cambian con el tiempo, generando conflictos y transformaciones sociales.

❒ Conceptos clave:

- Modo de producción (fuerzas y relaciones de producción)
- Infraestructura / superestructura (la economía determina —aunque no de forma mecánica— la política, el derecho, la ideología, la cultura)
- Lucha de clases como motor del cambio histórico: en todas las etapas de la humanidad que estudió.

En resumen: la estructura económica condiciona la vida social y la conciencia, y la historia es el proceso de cambio impulsado por las contradicciones materiales.

Weber: el "otro lado" — el idealismo interpretativo

Max Weber (1864-1920) critica la idea de Marx de que la economía *determina* la cultura.

Para él, las ideas, valores y significados también pueden tener un papel causal en los procesos sociales.

En *La ética protestante y el espíritu del capitalismo* (1905), Weber muestra cómo una ética religiosa (la protestante) contribuyó a la formación del capitalismo moderno — es decir, las ideas también producen efectos materiales.

❒ Enfoque de Weber:

- Individualista metodológico: el punto de partida son las acciones de los individuos y su sentido subjetivo.
- Acción social: comportamiento con sentido, orientado por las expectativas respecto a otros.
- Comprensión (Verstehen): método interpretativo para entender el significado de las acciones.

Mientras Marx parte de las condiciones materiales, Weber parte del sentido subjetivo y cultural de la acción.

Ambos ven relaciones entre economía y sociedad, pero desde direcciones opuestas, o complementarias analizando casi lo mismo pero desde perspectivas diferentes:

Marx: economía → cultura

Weber: cultura (ideas) → economía

Émile Durkheim (1858-1917) también se distancia de Marx, pero en otra dirección.

Él busca hacer de la sociología una ciencia positiva, como la física o la biología, estudiando los hechos sociales como cosas objetivas.

❒ Conceptos clave:

- Hecho social: toda forma de actuar, pensar o sentir externa al individuo y con poder coercitivo sobre él.
- Solidaridad mecánica / orgánica: tipos de cohesión social (de las sociedades tradicionales y modernas).
- Conciencia colectiva, anomia, integración social (por ejemplo, en su estudio del suicidio).

Para Durkheim, lo que mantiene o desestabiliza a la sociedad no son las clases ni las ideas, sino la cohesión y el orden social.

Su interés está en la estabilidad, no en el conflicto (como Marx).

Cuadro resumen de los tres mencionados

Aspecto	Marx	Weber	Durkheim
Enfoque general	Materialista histórico	Idealista interpretativo	Positivista funcionalista
Unidad de análisis	Clases sociales / estructura económica	Acción individual con sentido	Hechos sociales / estructuras colectivas
Causa del cambio social	Conflicto de clases, contradicciones materiales	Ideas, valores, racionalización	Crisis de integración social (anomia)

Aspecto	Marx	Weber	Durkheim
Método	Dialéctico, histórico	Comprensivo (Verstehen)	Empírico, comparativo
Objetivo	Transformar la sociedad (crítica)	Comprender el sentido de la acción	Explicar el funcionamiento y cohesión social

❒ Cómo se conectan realmente

- Durkheim y Marx comparten la idea de que las estructuras sociales son objetivas y constriñen al individuo, pero divergen en su finalidad:
  - Marx: conflicto y cambio.
  - Durkheim: orden y cohesión.
- Weber y Marx coinciden en que la economía es clave, pero Weber introduce la autonomía de la cultura y la acción individual, abriendo paso al pluralismo causal.
- Durkheim y Weber, a su vez, representan dos formas de consolidar la sociología como ciencia:
  - Durkheim desde lo empírico y normativo.
  - Weber desde lo interpretativo y subjetivo.

Con todo ello decimos finalmente que Marx da por qué estructural, Weber por qué significativo, y Durkheim por qué funcional de la vida social.

Padres fundadores de la sociología y sus obras clave

Autor	Obra (año)	Tema / Aporte fundamental
Karl Marx (1818-1883)	*La ideología alemana* (1846)	Formula el **materialismo histórico**: la base económica determina la superestructura social e ideológica.
	El capital (1867)	Análisis del **modo de producción capitalista**, la explotación y las clases sociales.
	Manuscritos económico-filosóficos (1844)	Desarrolla la idea de **alienación** del trabajador bajo el capitalismo.
Émile Durkheim (1858-1917)	*La división del trabajo social* (1893)	Explica la **solidaridad mecánica y orgánica** como formas de cohesión social.
	El suicidio (1897)	Primera gran investigación empírica; muestra causas **sociales** del suicidio.
	Las formas elementales de la vida religiosa (1912)	Analiza cómo la religión **integra y simboliza** la sociedad.
Max Weber (1864-1920)	*La ética protestante y el espíritu del capitalismo* (1905)	Relaciona la **religión** con el desarrollo del **capitalismo moderno**.
	Economía y sociedad (publicada póstumamente, 1922)	Expone su teoría de la **acción social** y los **tipos de dominación** (carismática, tradicional, legal-racional).

Autor	Obra (año)	Tema / Aporte fundamental
	La política como vocación (1919) Y añado *El Político y el Científico*, como posible cuarta obra fundamental.	Define el **Estado moderno** como quien monopoliza la violencia legítima. Diferenciamos propuesta analítica-científica de la programática. Aplicable a todas estas obras y su aportación intelectual.
Auguste Comte (1798-1857)	*Curso de filosofía positiva* (1830-1842)	Funda el **positivismo** y propone estudiar la sociedad con método científico.
	Sistema de política positiva (1851-1854)	Introduce su **"religión de la Humanidad"** y visión moral del orden social.
	Discurso sobre el espíritu positivo (1844)	Resume su proyecto de una **ciencia social sistemática**: la Sociología.

Comparación minimalista entre los 4 padres fundadores:

- **Marx:** estructura económica y conflicto de clases.
- **Durkheim:** cohesión y hechos sociales.
- **Weber:** acción social, sentido y racionalidad.
- **Comte:** orden, progreso y método científico aplicado a la sociedad.

3. ¿POR QUÉ EL MANIFIESTO COMUNISTA NO ES UNA OBRA CLAVE PARA LA SOCIOLOGÍA?

En sociología, una obra se considera fundamental cuando introduce nuevas ideas o métodos para estudiar la sociedad, explica de forma sistemática cómo funcionan sus estructuras y abre caminos duraderos para la investigación. En este sentido, La ideología alemana (1846) y El capital (1867), escritas por Karl Marx y Friedrich Engels, son consideradas obras fundamentales. La primera desarrolla el materialismo histórico, una teoría que sostiene que las condiciones materiales y económicas determinan las estructuras sociales, políticas e ideológicas, lo cual es clave para entender cómo la economía influye en la cultura. La segunda analiza el capitalismo, el trabajo asalariado y la explotación, y aunque es una obra de economía política, su enfoque sobre las clases sociales, la alienación y el poder económico ha sido central para la sociología del conflicto. Por eso, ambas obras fundan una forma sociológica de interpretar la historia y la sociedad, conocida como marxismo. En cambio, El Manifiesto del Partido Comunista (1848), aunque muy influyente políticamente, no se considera una obra teórica fundamental en sociología, ya que es un texto político con fines de movilización y no introduce un método de análisis nuevo, por lo que se cita más como documento ideológico que como base científica.

4. LA MIRADA SOCIOLÓGICA

Nuestra mirada debe huir del etnocentrimo con el cual examinamos el mundo únicamente con las gafas que nos han dado a lo largo de toda nuestra vida y que deforman la objetividad y una visión clara y nítida de lo que debiera ser la realidad. Esas gafas ideales en un principio, además se han ido rayando con nuestras experiencias favorables, pero también con nuestras experiencias negativas e incluso nuestros traumas, y eso limita aún más nuestra visión, nuestra apertura al mundo, y nuestra capacidad de análisis del entorno que nos rodea. Se deforma especialmente lo que es más o menos importante a lo que damos mayor o menor relevancia según nuestra propia escala de necesidades. Para conseguir o al menos intentar un atisbo de neutralidad en la mirada de aquello que nos rodea en nuestra sociedad, debemos empezar a hacer algunos ejercicios. Uno de ellos, sería simplemente analizar nuestro entorno social más cercano con un entorno social más distante. A más a más, el siguiente ejercicio sería comparar los trazos generales de la sociedad de nuestro país con otro país con unas diferencias y rasgos culturales bien diferenciados como podría ser por ejemplo hacer el ejercicio de comparar la sociedad española y la sociedad turca. Una vez realizados estos ejercicios con una aproximación general el tercer ejercicio sería empezar a romper los gajos de la naranja de nuestra sociedad, escoger uno de ellos y compararlos con uno de esos gajos de otra sociedad, como por ejemplo preguntándonos como son las relaciones amorosas entre los adolescentes en España y como son las relaciones amorosas entre los adolescentes en Turquía en la actualidad. Hoy en una primera aproximación nos preguntaríamos cómo son esas relaciones amorosas en general y luego para avanzar en el ejercicio haríamos preguntas más concretas como por ejemplo si esos adolescentes se dan un beso en los labios en la primera cita o no para examinar cómo son esas relaciones amorosas juveniles. Hoy una vez que realizamos estos ejercicios y profundizamos en ellos, lo que vamos a conseguir es empezar a romper esa mirada etnocéntrica o esa mirada que también identificaba Macionis (2011) que nos limita a nuestra propia existencia porque nuestra sociedad es nuestra prisión. Nuestra sociedad es nuestra prisión es una idea que es también bastante potente e importante y que los estudiantes de primero de cualquier grado de Ciencias Sociales deben de entender de forma adecuada.

Decimos que nuestra sociedad es una prisión porque desde que nacemos nos viene dibujando una especie de camino marcado: lo que debemos hacer, cómo debemos comportarnos y lo que se espera de nosotros. Todo ello, nos viene pautado en diferentes grados por nuestros núcleos de socialización según el proceso que se describe en el siguiente capítulo. Así, lo que tenemos que entender ahora es que tal y como se nos ha ido educando (desde el jardín de infancia y en las siguientes etapas) y según la presión social a la que se nos ha ido sometiendo se nos ha ido dibujando un camino que seguir y además se han establecido unas pautas de lo que se espera y más aún especialmente de lo que no se espera de nosotros. Por ejemplo: hoy no se espera que seamos desleales, infieles o ladrones. Unos rasgos que sí que pueden parecer más fácilmente de ver a simple vista, pero hay rasgos algunos de los cuales están más escondidos que también se han ido configurando y reconfigurando en la sociedad en la que nos insertamos según los diferentes niveles: un nivel más pequeño (más micro), un nivel mediano o meso y un nivel mayor o macro o sociedad en general. Con ello, vemos las diferentes capas o las diferentes barreras de nuestra prisión. Sirva la presión como una metáfora a la hora de entender las limitaciones y las barreras a la hora de desarrollarnos en plena libertad. Un individuo como tal nunca es plenamente libre porque cuenta con todo un sistema de barreras, de limitaciones y de guías que nos llevan por un camino determinado, y que vienen delimitados por el sistema social (nivel macro) nuestro trabajo o institución educativa (nivel medio) y nuestra propia familia y amistades (nivel micro o más pequeño de nuestra sociedad que nos rodea). El ser un humano es social por naturaleza y al insertarse en esa sociedad recibe unas ventajas pareo también esas barreras. Aquí hablamos de estas barreras de forma introductoria para animar al lector a romperlas y para animar al estudiante a preguntarse si lo que le rodea tendría que ser así de forma "obligatoria" o hay otras alternativas o formas de desarrollo posible que a veces ni siquiera se plantean. Así, os animamos a ir haciendo esos estudios y responder a la pregunta de si somos libres o, ¿vivimos en una prisión social?

5. UNA SOCIOLOGÍA DEL AGUACATE

Ahora nos planteamos un nuevo ejercicio, hacer una Sociología del aguacate tal y como Giddens (2000) planteó en su obra hacer una Sociología del café y del té. Para realizar este ejercicio lo que tenemos que plantearnos es el cambio del consumo del aguacate en la sociedad occidental por ejemplo en España. Se trata de un producto que en España apenas era consumido, y que sin embargo ahora está presente en casi todos los supermercados cuando hasta hace escasamente 15 años era difícilmente encontrable. Para que esto sea posible han sido necesarias una serie de excentricidades sociales: al principio que el producto viajase en barco durante dos semanas a través del Atlántico en unas condiciones de conservación muy particulares para poder ser consumido en España, y más tarde se han arrasado cientos y miles de hectáreas de cultivos que eran naturales para España como la naranja y la mandarina porque han dejado de ser rentables y han sido sustituidos por el cultivo de la palta o aguacatero que resulta excéntrico y profundamente *antimedioambiental* por la enorme cantidad de litros de agua que se necesitan para poder mantener estas plantas en las tierras del sureste de España y que además den frutos durante varios meses.

La producción de aguacates requiere una cantidad de agua muy superior a la de cultivos tradicionales como la naranja, lo que genera un impacto ambiental notable en regiones con escasez hídrica. Mientras que producir una tonelada de naranjas necesita alrededor de 500.000 a 600.000 litros de agua, la misma cantidad de aguacates puede requerir entre 1,5 y 2 millones de litros. Esta diferencia implica que sustituir naranjales por plantaciones de aguacate supone triplicar el consumo de agua en zonas donde el recurso ya es limitado, como el litoral mediterráneo español. Además, el aguacate no es un cultivo adaptado al clima seco de estas regiones y exige un riego intensivo que sobreexplota acuíferos y embalses, altera los ecosistemas locales y reduce la biodiversidad agrícola. Por tanto, aunque su rentabilidad económica sea alta, la sustitución de cultivos tradicionales por aguacates es ambientalmente insostenible y contribuye al deterioro del equilibrio hídrico y ecológico del territorio.

Además de estas excentricidades, al propio consumo del aguacate se le ha dotado de toda una de simbología social. A quien consume habitualmente este tipo de alimento hoy se le presupone un estilo de vida más saludable y deportivo. En otros casos, se ha asociado también a algún tipo de alimentación o al surgimiento de nuevos tipos de restaurantes en el centro de las ciudades. También se le ha asignado otro tipo de simbología y de rituales sociales como ocurre en algunos medios sociales con la representación que se hace del aguacate y de su consumo por ejemplo en Instagram o Tik Tok.

Pues bien, proponemos a cada estudiante hacer este ejercicio con otro objeto social que les resulte llamativo o impactante, y que su consumo o participación haya supuesto cambios significativos en los últimos lustros, como por ejemplo ha ocurrido con la celebración de Halloween en España.

Otro ejercicio interesante sería también hacer una Sociología de la persiana. La persiana se ha convertido en un elemento cultural de la realidad española que además es un rasgo diferenciador de otras realidades culturales muy cercanas. Es algo similar a lo que ocurre con la moqueta en Inglaterra que la usan hasta en los baños. La persiana en España tiene su propia simbología y va asociada a uno de los valores simbólicos no tangibles de nuestra realidad cultural: la siesta. Otro de los valores simbólicos que necesitaría de su análisis sociológico separado en la realidad española es el mes de agosto. En la parte negativa, nos encontramos con nuestras propias realidades sociales que necesitan de este análisis, como es el caso del uso de las comisiones que se hace en España. En el país de los ciegos el tuerto es el rey: desde la cúspide social hasta cuando un conductor de autobús pacta en qué restaurante hace la parada a cambio de un buen menú gratuito o de una contraprestación, al igual que en el caso de las comunidades de propietarios con sus administradores y la Ley de Propiedad Horizontal, hay prácticas comunes y otras prácticas más ocultas que se encuentran más arraigadas en nuestra realidad social y que explican fenómenos como el de la fuerte economía sumergida que nos podemos encontrar especialmente en el sur del país De Miguel (1988).

6. LA SOCIEDAD GASEOSA

Después del concepto de sociedad y de modernidad líquida de Bauman que citábamos, y que se desarrolló hace ya más de 25 años, nos hemos encontrado con nuevas realidades que han agitado y que han exacerbado la aceleración y la volatilidad de nuestra sociedad y especialmente lo efímero de nuestras relaciones en Occidente. Esta nueva aceleración vertiginosa junto a la importante emergencia de los medios sociales que Bauman ni siquiera llegaba a imaginar, ha hecho que desde nuestro campo le demos una nueva vuelta de tuerca a esa idea de la liquidez y que ahora nos atrevamos a hablar de la vida gaseosa.

¿Qué significa la vida gaseosa? Significa tal y como vamos a dibujar en el siguiente apartado de paradojas sociales que todo lo que constituye la sociedad se mantiene mucho menos constante y que se transforma mucho más y a mucha mayor velocidad. Hay un cambio social mucho más fuerte, y ese cambio social tan fuerte hace que nuestros pilares sociales sean mucho más inestables, que haya un mayor sentimiento de soledad (importante tener también en cuanta la obra “sólo en la Bolera” de Putnam (2000)) y que nuestros anclajes que nos daban una identidad concreta se hayan visto en un proceso de descomposición. Tanto es así, que las epidemias de los opiáceos y de los ansiolíticos se han hecho comunes no solo en el cinturón del óxido de Estados Unidos, hoy sino también dentro de la Unión Europea y de una sociedad post capitalista que ha entrado un nuevo ciclo cuyo análisis sociológico nos debe hacer huir de adjetivos tales como de decadente o de progreso. Esa nueva realidad lo que nos obliga es a profundizar en el análisis de manera independiente y a establecer los pros y los contras y las mejoras y los retrocesos que en cuanto a la vida social han cambiado tanto según el desempeño de las sociedades del bloque Occidental.

De forma general podemos decir que todas las relaciones humanas duran menos: dura menos el amor, pero también duran menos las relaciones laborales existiendo una mayor precariedad, hay nuevos problemas de salud que antes tampoco se podían imaginar, se han desarrollado nuevas guerras que alimentan una industria armamentística oculta a la opinión pública, nuevas enfermedades cuyo origen ha sido objeto de disputa y de ocultamientos intencionados, nuevas herramientas tecnológicas y una invasión de la privacidad de cada individuo y unas capacidades de control por parte del Estado y de las organizaciones sobre el individuo y otros elementos sociales como nunca antes se habían conocido. Hoy la nueva sociedad gaseosa tiene trazas que pueden hacer que se cumpla la peor de las pesadillas de Orwell (1949) y de Ortega y Gasset (1927).

7. LAS PARADOJAS SOCIALES

Por paradojas sociales entendemos de manera sencilla todo aquello que pueda resultar contradictorio en un escenario en el que se debería de haber desarrollado en su máxima amplitud la segunda cuestión de lo que se plantea es la paradoja, y sin embargo nos encontramos con que aunque nos cueste entenderlo se desarrolla un escenario contrario a veces difícil de analizar. Así, nos encontramos en un momento apasionante de paradojas sociales, lo cual sería una característica añadida a los atributos de la sociedad gaseosa que hemos dado en el apartado anterior.

- La paradoja de estar aislado estando rodeado de gente. Ocurre más en el entorno urbano moderno que en el entorno rural. Las personas están más aisladas, aunque están rodeadas de personas: hoy las encuestas alertan de que incluso aumentan las tendencias suicidas. Existen menos relaciones duraderas y se constata un declive del capital social. Es el síndrome del ascensor de la sociedad moderna: ni siquiera quieres coincidir con tu vecino dentro del mismo porque consideras levantar las barreras con tus más próximos una pérdida de tiempo o algo que no te aporta valor.
- La paradoja de la desinformación en la era de la información. Las personas (aplicando principios de la Psicología Social) buscan información fácil y rápida: no comparan fuentes y se dejan engatusar rápidamente por aquello que más les conviene aplicando el sesgo de auto confirmación. Además, los grandes medios están comprados al servicio de los grandes fondos de inversión y de las principales familias de banqueros del mundo que se pueden contar con los dedos de una mano. Estamos en el paraíso de las sociedades informada cuando más información falsa y verdadera fluye a través del mundo
- La paradoja de la precariedad de la salud con el mayor desarrollo económico y tecnológico. Cuando debiéramos haber construido más seguridad personal, hoy se constata que el individuo se siente más inseguro lo que hace crecer la ansiedad y la indeterminación qué hace que se fomenten nuevas enfermedades psicológicas y mayor dependencia del individuo hacia otros agentes. Otro ejemplo es el aumento de la obesidad en las clases sociales más bajas, y como ocurre esto más en el mundo Occidental.

- La paradoja de la libertad y de la soberanía limitadas. Nuevos poderes de los organismos supranacionales como la Organización Mundial de la Salud y la Unión Europea y nuevas agendas prospectivas tales como la Agenda 2030 o la Agenda España 2050 pretenden decir a la sociedad cómo deben vivir ahora e incluso hipotecar el futuro de las siguientes generaciones dibujando cuanto menos trazos totalitarios, como ya vio Arendt (2006).
- La paradoja del desamor en el mundo hiper sexualizado. Las últimas encuestas advierten de que en países como Estados Unidos y España el número de las relaciones sexuales por año con otra persona han disminuido en los últimos años igual que lo hacen las relaciones amorosas duraderas que construyen un capital social a largo plazo.
- La materialidad extrema y los sesgos de clase (materialismo histórico): se basa en el materialismo histórico, que sostiene que las condiciones materiales —como la propiedad, el trabajo y la producción— determinan las estructuras sociales. Desde esta perspectiva, la sociología moderna observa cómo, a pesar del desarrollo tecnológico y la aparente democratización del consumo, las desigualdades de clase siguen reproduciéndose. Lo paradójico es que cuanto más se acumulan bienes y recursos, más visibles se hacen las barreras sociales: el acceso a la vivienda, la educación o la salud sigue marcado por la posición económica, lo que revela que la abundancia material no elimina los sesgos de clase, sino que puede incluso profundizarlos. Además de todo esto, las políticas medioambientales han demostrado ser un elemento de dominación social que tienen un fuerte y profundo sesgo de clase.
- Los derechos del Derecho y la materialidad: gira en torno a los derechos proclamados por el Derecho y su relación con la materialidad. Aunque las constituciones y leyes reconocen derechos universales —como la igualdad, la libertad o la dignidad—, su cumplimiento efectivo depende de condiciones materiales concretas: infraestructura, recursos, voluntad política. La sociología moderna se pregunta si realmente se ha avanzado, ya que muchas veces los derechos existen en el papel pero no se traducen en prácticas reales para todos. Esta tensión entre lo normativo y lo material muestra cómo el Derecho puede ser una promesa vacía si no se acompaña de políticas que garanticen su aplicación en contextos concretos, especialmente para los sectores más vulnerables.

Como apunte final a lo aquí expuesto, explicaremos la importancia actual de los sesgos de clase: es una forma de desigualdad que ocurre cuando las decisiones, normas, oportunidades o percepciones sociales favorecen sistemáticamente a ciertos grupos según su posición económica o social. En otras palabras, las personas que pertenecen a clases sociales más altas suelen tener ventajas en ámbitos como la educación, el empleo, la salud o la justicia, mientras que quienes están en clases bajas enfrentan obstáculos estructurales que limitan su acceso a esos mismos derechos o recursos.

Este sesgo no siempre es explícito: puede manifestarse en cómo se diseñan las políticas públicas, en los prejuicios que influyen en la toma de decisiones, o incluso en los contenidos culturales que refuerzan estereotipos. Por ejemplo, si un sistema educativo está pensado para quienes tienen acceso a tecnología o apoyo familiar constante, está dejando fuera a quienes no pueden contar con esos recursos. Desde la sociología, estudiar el sesgo de clase permite entender cómo las estructuras sociales reproducen la desigualdad, incluso en contextos que se presentan como neutrales o igualitarios.

8. LOS CAMBIOS ANTROPOGÉNICOS Y LA MIRADA ESCÉPTICA

Para poder hacer sociología, necesitamos una empiria tal y como plantean Mayntz, Holm y Hübner (1969). Esa metodología de la empiria la desarrollamos en la presente obra con dos capítulos centrados en las metodologías cuantitativas y cualitativas para investigar en Sociología, pero antes del desarrollo de esas metodologías, tenemos que hacer hincapié en lo importante que es como veíamos en los apartados anteriores podemos cuestionar aquello que nos rodea y a más a más poder hacer buenas preguntas: que sean disidentes, escépticas y que especialmente cuestionen algo de aquello que nos rodea. Por el contrario, si lo que vamos a intentar es reafirmar aquello que ya es dominante en nuestra sociedad no realizaremos ninguna aportación ni ningún avance significativo, sino que bien al contrario simplemente estaremos contribuyendo a reafirmar a una de las corrientes socialmente dominantes o *mainstream.*

En muchos casos lo socialmente dominante es porque representa una ideología que ciega cualquier visión alternativa, tal y como planteaba Mannheim (2004) o porque la propia sociedad ha caído víctima de cualquier charlatán que la embelesado: para entender esto recomendamos a los alumnos ver al charlatán que consigue vender un Monorraíl para Springfield en el capítulo de los Simpsons (*Marge vs. the Monorail* - temporada 4, episodio 12, 1993) de una forma más animada y divertida, y de una forma más intelectual escuchar al importante divulgador Carl Sagan que nos avisaba de que

> "La ciencia es más que un cuerpo de conocimiento, es una forma de pensar. Una forma escéptica de interrogar el Universo con un fino entendimiento de la capacidad del ser humano de fallar. Si no nos es posible realizar preguntas escépticas para interrogar a aquellos que nos dicen que algo es verdad, ser escéptico de aquellos que detentan la autoridad, entonces estamos a los pies del próximo charlatán político o religioso que venga deambulando hacia nosotros".

Así, debemos abrazar el escepticismo más ahora que nunca para preguntarnos e interrogarnos sobre aquello que nos rodea, y especialmente sobre aquello que nos rodea y que no quieren que nos hagamos preguntas, para no ser víctimas de charlatanes o de agentes económicos poderosos que tienen su propia agenda, y recordemos que, como decía Sun Tzu

> "deja que tus planes sean oscuros e impenetrables como la noche, y cuando te muevas, caiga como un rayo"

Una frase que nos hace recordar que, tal y como se estudia las más importantes escuelas de negocios, las más altas y grandes compañías y corporaciones económicas harán de su estrategia fundamental tener su verdadera agenda oculta como el mejor plan de marketing. A veces estos agentes económicos se presentan como Organizaciones no Gubernamentales o como otro tipo de organizaciones que pueden tener o no ánimo de lucro como tal, pero que sí que tienen unas ambiciones, unos anhelos y unos objetivos determinados. Por ejemplo, pensemos también en la OTAN, la Organización para el Tratado del Atlántico Norte que aunque no busque lucro o diga defender la paz, desde su propia constitución y tras su extraño mantenimiento con la caída del Pacto de Varsovia, ha desarrollado unos planes estratégicos de intervención regional, para intervenir en países de manera dura o de manera suave, como hizo y como tenía preparados antes de lo que se conoció como Primavera Árabe.

Con todo ello, tendremos que preguntarnos por ejemplo en qué medida el cambio climático es un conjunto de modificaciones ante los cuales la incidencia de la humanidad es prácticamente insignificante, o si por el contrario el cambio climático antropogénico (el inducido por la humanidad) es el más significativo y se puede revertir. A más a más, podremos preguntarnos sobre los sesgos de clase que tienen las políticas que dicen luchar contra esto, y quienes o qué agentes han sido los realmente beneficiados de las mismas.

Finalmente, con esa visión escéptica y con la distinción de los impactos antropogénicos, deberemos seguir haciendo preguntas con nuestra metodología científica, porque es más importante todo lo que no sabemos que aquello que acariciamos a saber. Desconocemos cómo funciona nuestro cerebro con sus capacidades ocultas, nuestro sistema hormonal que deja enormes interrogantes, cómo curar las enfermedades más terribles que se llevan por delante a los más jóvenes, cómo se configura el centro de la tierra o que hay más allá de nuestro firmamento. Cualquier verdad absoluta en nuestra sociedad está muy lejos: por ello hazte preguntas y cuestiona a aquellos que dicen tener la verdad, más aún si están en posiciones de autoridad.

9. LA NECESIDAD SOCIOLÓGICA (NO SOMOS PERIODISTAS) DE DISTINGUIR ENTRE REDES SOCIALES Y MEDIOS SOCIALES

A veces, en la sociología contemporánea, da la impresión de que hemos dejado que el vocabulario popular colonice nuestro lenguaje analítico. Y no es un detalle menor. Llamar "red social" a cualquier plataforma digital puede parecer inocuo, pero, en realidad, tiene consecuencias profundas para cómo entendemos la estructura de las relaciones, los mecanismos de mediación y, en última instancia, la forma en que interpretamos la vida social. Como hemos visto en trabajos de Requena y otros, la sociología no puede permitirse la imprecisión conceptual, porque esa imprecisión acaba filtrándose en los métodos, en las hipótesis y en los hallazgos empíricos, generando un círculo de confusiones que se autoperpetúan. Por eso, conviene detenernos un momento y recuperar una distinción fundamental: la que separa redes sociales de medios sociales.

No es una manía terminológica, sino un asunto de rigor científico. Las redes sociales, antes de ser un fenómeno digital, ya existían como objeto de estudio en la antropología británica de mediados del siglo XX. Barnes, Mitchell, Bott y, más tarde, Requena en el contexto español, estudiaban las redes como estructuras tejidas por lazos entre individuos, con sus grados de intensidad, reciprocidad y estabilidad. Eran herramientas para describir cómo se organiza una comunidad, cómo circula la información o cómo se sostienen los vínculos de ayuda mutua. Ninguna de esas redes dependía de un soporte tecnológico: podían ser redes de parentesco, redes vecinales o redes laborales tradicionales. O un gran ejemplo de red social: el Palco del Estadio Santiago Bernabéu (clave para entender la realidad social española y las élites de poder).

Con la llegada de internet surgieron los medios sociales, que son algo muy distinto (y a consecuencia de dinámicas estudiadas en medios tradicionales). Mientras la red se refiere a la arquitectura relacional, el medio alude al dispositivo que facilita (o filtra) la comunicación entre usuarios, y que especialmente **la mediatiza**. Y la diferencia es crucial. Un medio social no existe sin una infraestructura tecnológica y corporativa detrás; una red sí. En términos sociológicos, el medio opera como instancia de mediación, un elemento que no solo canaliza la comunicación, sino que la transforma. Este matiz importa porque, si tratamos al medio como si fuera la red, perdemos la capacidad de analizar cómo las plataformas intervienen, orientan y reorganizan la interacción humana.

Es aquí donde la sociología debe insistir en que no somos periodistas, en el sentido de que no podemos limitarnos a replicar el lenguaje común que simplifica hasta la bobería y la tontería los procesos que estudiamos. Los medios sociales, como venimos indicando, no son un mero entorno neutro donde la gente interactúa libremente; son estructuras con lógicas de visibilidad, algoritmos de selección, mecanismos de monetización de la atención y umbrales de acceso desiguales e incluso fenómenos como censura blanda y *baneos en la sombra* (el caso de los Twitter Files tendría que haber sido un gran escándalo que sin embargo los poderes han muteado). Por eso hablar de ellos como si fueran, simplemente, redes sociales es ocultar su poder de mediación y sus sesgos estructurales.

Y es que, en la práctica, los medios sociales mediatizan la experiencia de relación. No se limitan a permitir el intercambio: deciden qué se muestra, cuándo y a quién. Los algoritmos priorizan contenido que maximiza el tiempo de permanencia, no necesariamente el más relevante o el más veraz. De este modo, moldean preferencias, acotan posibilidades y generan entornos de interacción que no son simétricos ni abiertos. Desde esta perspectiva, la sociología debe hacerse cargo de que la comunicación digital no es una simple prolongación de la interacción cara a cara, sino un entorno donde cada gesto social pasa por un filtro tecnológico opaque que no se puede obviar.

Esta mediatización produce, entre otras cosas, **cámaras de eco**. La lógica de personalización, combinada con la tendencia humana a buscar confirmación de sus creencias, genera burbujas de contenido donde los usuarios acaban expuestos casi exclusivamente a opiniones afines. No es que la sociedad sea homogénea, sino que el medio social la reescribe como homogénea para facilitar el consumo de información. Y, al hacerlo, debilita la deliberación pública y favorece la polarización. Hablar simplemente de "redes sociales", como si estuviéramos ante una estructura horizontal de interacciones libres, invisibiliza la responsabilidad técnica y empresarial detrás de este sesgo.

Frente a esa confusión, conviene volver a los tres tipos de redes del propio proceso de socialización (ampliado en el capítulo de David del Pino). Las redes primarias son las relaciones íntimas y persistentes: familia, amistades cercanas, los lazos que sostienen emocionalmente la vida cotidiana.

Suelen ser pequeñas, densas y de alto compromiso. En sociología, estas redes siguen siendo un pilar de la socialización y del apoyo mutuo. Después están las redes secundarias, más formales, ligadas al trabajo, a las instituciones educativas o a contextos organizados. Aquí la relación no es afectiva, sino funcional: cooperación, intercambio profesional, coordinación de tareas. Y, por último, las redes terciarias, que son amplias, heterogéneas y de baja intensidad emocional. Incluyen vínculos débiles, contactos difusos, interacciones esporádicas o basadas en interés compartido más que en cercanía personal.

Es tentador creer que los medios sociales reproducen simplemente este último tipo de redes, ampliándolas. Pero no es así. Una red terciaria puede existir sin tecnología; lo digital introduce una mediación que altera su lógica. En un medio social, la formación de vínculos está condicionada por sistemas de recomendación, métricas de visibilidad y factores comerciales. La persona no accede libremente a todas las relaciones posibles; accede a un entorno estructurado por algoritmos que predisponen la aparición de ciertos contactos y contenidos. Las redes terciarias tradicionales eran espacios más contingentes y abiertos; las actuales están inscritas en un marco tecnológico que define su velocidad, su amplitud y la fragilidad de sus conexiones.

Además, la propia noción de red se transforma cuando entra en juego la economía de la atención. Las interacciones dejan de ser fines en sí mismos y se convierten en medios para mantener el flujo de datos que sostiene el negocio de las plataformas. La visibilidad se vuelve un recurso escaso, distribuido de forma desigual y constantemente monitoreado. No es casual que los usuarios desarrollen estrategias para optimizar su presencia, medir su impacto o adaptar su discurso a lo que "funciona". La red digital, en este sentido, está atravesada por dinámicas económicas que existían de otra manera en las redes sociales clásicas del análisis estructural.

III. LAS DIFICULTADES PARA HACER SOCIOLOGÍA HOY EN DÍA: CLAVES PARA ENTENDER LA SOCIEDAD GASEOSA DE LA IV REVOLUCIÓN INDUSTRIAL

RUBÉN TAMBOLEO GARCÍA
Universidad Autónoma de Madrid

Vivimos un momento histórico en el que comprender la realidad social se ha vuelto tan urgente como complejo. En apenas una generación, las estructuras que sostenían la vida colectiva —el trabajo, la familia, la educación, la comunidad o la política— se han transformado bajo el impacto de la digitalización, la automatización y la globalización acelerada propias de la IV Revolución Industrial. En este escenario, la sociología se enfrenta a la dificultad de analizar una sociedad que ya no es líquida, sino gaseosa: una realidad en constante mutación, donde los vínculos se desvanecen con la misma rapidez con que surgen, las identidades se multiplican y la estabilidad se convierte en una rareza. Las nuevas tecnologías de comunicación, la economía de los datos y la virtualización de la experiencia humana han desbordado las categorías clásicas de análisis, exigiendo una reflexión crítica y renovada sobre la forma en que vivimos, trabajamos y nos relacionamos. Este trabajo busca explorar precisamente esas dificultades y paradojas, ofreciendo una lectura sociológica de un tiempo caracterizado por la volatilidad, la pérdida de arraigo y el control invisible que ejerce el poder en una sociedad sin anclajes.

1. CAMBIOS ESTRUCTURALES PROFUNDOS EN 25 AÑOS: LA SOCIEDAD GASEOSA

En primer lugar, conviene marcar qué entendemos por "sociedad gaseosa". Si la modernidad líquida describía un mundo en el que las formas sociales, las relaciones, los compromisos y las instituciones perdían rigidez —se volvía líquido lo que antes se consideraba sólido—, la sociedad gaseosa lleva ese proceso un paso más allá: lo que antes era líquido ya no se queda ni siquiera cohesionando como masa, sino que circula como gas: disperso, fragmentado, sin anclajes firmes, con transiciones constantes, múltiples formas de unión fugaz y sin la densidad estructural que caracteriza a formas sociales anteriores. En esa lógica, los pilares de la vida social —familia, comunidad, trabajo, ciudadanía, aprendizaje, amor— se diluyen, se volatilizan y se reformulan con aceleración creciente. Esa aceleración es clave: estamos ante un ritmo de transformación que no solo es más rápido, sino que anticipa y exige cambios en todos los ámbitos de la vida. Durante el último cuarto de siglo hemos asistido a una mutación estructural del sistema social: del mundo líquido de Bauman al gaseoso, donde todo se acelera y se desintegra. Los procesos de digitalización, la automatización laboral, el capitalismo de plataformas y la expansión de la inteligencia artificial han fragmentado los vínculos sociales, laborales y políticos. El resultado es una sociedad donde los pilares tradicionales —familia, trabajo estable, comunidad, ciudadanía— se disuelven en un entorno de inmediatez, movilidad e incertidumbre. La "vida gaseosa" describe esta nueva forma de existencia: relaciones efímeras, estructuras sin peso y una identidad en constante revisión.

Un dato claro que evidencia la volatilidad de las relaciones íntimas lo encontramos en el mundo del encuentro amoroso. Los estudios muestran que para parejas heterosexuales en Estados Unidos, el porcentaje de relaciones que comienzan online ha pasado de apenas un 2% en 1995 a aproximadamente un 39% en 2017, según un estudio de Stanford (Rosenfeld et al., 2019). Esa cifra revela que ya casi **cuatro de cada diez parejas** se forman a partir del entorno digital, lo cual implica un cambio radical en las formas tradicionales de encuentro (familia, vecindad, iglesia, círculo social). Esa transformación no solo es cuantitativa sino cualitativa: las plataformas digitales como primera instancia de vinculación modifica profundamente las expectativas, los tiempos, la consideración del otro, el nivel de elección, la fugacidad del contacto y el consumo relacional. Aunque no todos los estudios concluyen exactamente la misma cifra (otras fuentes apuntan a cerca de un 20% para determinados contextos) (muy especialmente para la Generación Z), la tendencia es unívoca: lo tradicional queda desplazado y lo digital se convierte en norma. En esa "sociedad gaseosa", las relaciones amorosas ya no se forjan tanto en lo estable, sino en lo provisional, en lo transitorio, lo mediatizado.

Esta realidad tiene una serie de consecuencias que valen ser exploradas. Primero: la pérdida de raíces. Cuando los vínculos se construyen —y a menudo se deshacen— en espacios digitales, sin territorio compartido, sin historia común, sin red de apoyo vecinal o familiar cercana, la identidad personal y social se vuelve más difusa. La comunidad local pierde preponderancia, las formas de identidad ligadas a lugar, tradición, vecindad, pertenencia, se diluyen. La volatilidad del vínculo y la omnipresencia de lo intermediado tecnológicamente generan un sentido de soledad o de desnudez existencial: soy "yo" con muchos perfiles en línea, pero con menos anclajes sólidos en el mundo físico. Esa sensación de "flotar" es característica de esta metáfora gaseosa.

En segundo lugar: la inestabilidad laboral y de aprendizaje. Vivimos en la era de la Fourth Industrial Revolution (Industria 4.0), donde la automatización, la inteligencia artificial, el Internet de las cosas, la robotización y la conectividad masiva están transformando los modos de trabajo, producción y conocimiento. Según el análisis de IndustriALL Global Union, esta revolución no solo es tecnológica, sino también social: "El cambio industrial debe llevarse a cabo sin coste para la justicia social... aunque la riqueza se está creando y concentrando a un ritmo récord, el número de puestos de trabajo creados por unidad de riqueza acumulada ha caído de forma catastrófica" (IndustriALL, 2016). De este modo, el empleo se vuelve más precario, temporal, fragmentado, lo que alimenta una estructura de vida menos fija, menos predecible, más flexible —y ello al mismo tiempo menos segura. En esa sociedad gaseosa, el trabajo ya no es un ancla de identidad tan poderosa como en tiempos industriales anteriores, y la formación (o "re-formación") se vuelve un proceso continuo, acelerado, adaptativo, sin el modelo de "una carrera" sino de múltiples cursos, plataformas, certificaciones, aprendizaje perpetuo. Los individuos se convierten en "trabajadores guiados por algoritmos" o "autoaprendices" que deben reinventarse una y otra vez.

Este tránsito al aprendizaje adaptativo está también dominado por la IA: diferentes estudios que hemos podido consultar, nos abren un nuevo espacio de investigación para examinar como los procesos educativos han cambiado en profundidad por la emergencia de la IA: los estudiantes más jóvenes estudian de manera distinta inexorablemente y las estructuras educativas no se han adaptado a un cambio revolucionario tan profundo y ofrecen una respuesta casi ausente, que viene de docentes que estamos estudiando el fenómeno. En ese caso, la educación misma se vuelve gaseosa: las etapas largas de formación tradicional (infancia, secundaria, universidad, trabajo fijo) se sustituyen por micro-etapas, reciclajes constantes, vida laboral y formativa poco delimitada. Esto contribuye a la percepción de no tener "una vida descansada", sino más bien una vida en constante movilidad, cambio, adaptación.

La aceleración social, es decir el fenómeno donde los cambios no solo se acumulan sino se suceden más rápido, es otra variable clave: el sociólogo Hartmut Rosa acuñó el término "aceleración social" para describir cómo la tecnología, la comunicación, la producción transforman la experiencia del tiempo. En la sociedad gaseosa, ese ritmo acelerado no permite asentamientos firmes: las relaciones cambian, los empleos cambian, las ciudades cambian, los modos de consumo cambian. Lo que ayer tardaba décadas hoy tarda años, lo que antes duraba años se reduce a meses o incluso semanas. Esto erosiona la previsibilidad, la continuidad y la confianza en el futuro. Los vínculos se hacen más volátiles: amistades que se desechan, parejas que no duran, trabajos que se terminan sin aviso, comunidades que se disipan y redes tradicionales que se dispersan. Esa volatilidad típica del gas implica que nada permanece mucho tiempo en estado coherente.

El tercer gran eje es la fragilidad de las relaciones duraderas. Si consideramos que según diferentes estudios como algunos de Estados Unidos o España más de la mitad de las nuevas parejas que se forman se conocen a través de internet y sin espacio físico previo, como primer contacto, una situación totalmente inédita e inimaginable en la modernidad líquida o las obras de Beck, de parejas heterosexuales se conocían online (y las formas tradicionales de encuentro han bajado) estamos ante un cambio de paradigma exponencial. Pero además de ese dato, los formatos relacionales actuales favorecen lo efímero: apps de encuentro, algoritmos de emparejamiento, medios sociales, plataformas de interacción instantánea. Todo ello posibilita que las opciones se multipliquen, que la comparación se intensifique, que el compromiso se postergue, que la dispersión sea la norma. Esto no implica que las relaciones se condenen al fracaso, pero sí que las condiciones de una relación estable se complican: mayor movilidad, más expectativas (en clase me gusta explicar la paradoja de la elección en términos de Psicología Social), más cambio. En una sociedad gaseosa, el vínculo amoroso puede no constituir un eje vital estable sino un nodo transitorio entre otros momentos vitales.

La pérdida de raíces se vincula también a la destrucción de anclajes generacionales y territoriales. En épocas previas, la familia, la comunidad, el territorio, la historia intergeneracional, eran estructuras relativamente sólidas que funcionaban como soporte de identidad. Pero en la era del gas, esos soportes han sido erosionados por la movilización geográfica, la migración, la digitalización, la fragmentación del tiempo de trabajo, los contratos por proyectos, la hiper-conectividad global y los desplazamientos sociales forzados por las guerras y el capital extremo del que hablamos. El resultado es que la identidad se vuelve menos "yo perteneciente a un lugar" y más "yo conectado desde muchos lugares". Esa desraización favorece la individualización, pero también la sensación de flotación, de desanclaje, de incertidumbre.

Un cuarto elemento: la vigilancia y la mediación tecnológica omnipresente. La sociedad gaseosa no solo está hecha de relaciones efímeras sino también de flujos de datos, plataformas que mediatizan, algoritmos que perfilan, vigilancia que observa. En el ámbito laboral, educativo o ciudadano, el individuo ya no solo trabaja, aprende o ama, sino que está observado, medido, comparado. Tal medición sistemática produce ansiedad, competitividad, autooptimización permanente, desgaste emocional. Esa lógica intensifica la volatilidad: ser reemplazable, ser redundante, ser obsoleto. Y al mismo tiempo, lo que antes era privado se convierte en público, y lo que era local se vuelve global, lo que era estable se vuelve expuesto. En ese escenario las relaciones sociales pierden el espesor que tenían: el intercambio humano profundo queda amenazado por la superficialidad de la interacción digital rápida, la lógica de "scroll", la lógica de "match", la lógica de "actualización" plataformas como Grinder y Tinder han configurado una nueva cultura muy importante para que estudiemos desde la Sociología: el bloqueo fácil, la no respuesta (dejarte en visto), el ghosting que ahora socializamos como natural en una nueva cultura más dispersa, fría y volátil que nunca ¿como personas haríamos eso a la cara en la misma intensidad y con los mismos significados?

Finalmente, hay que ponderar los pros y los contras de esta nueva realidad. Lo positivo es que la sociedad gaseosa, por su misma naturaleza, permite una mayor flexibilidad: movilidad, cambio, reinvención, pluralidad de formas de vida y vínculos que no están encorsetados por las instituciones tradicionales. Las posibilidades de aprendizaje, de trabajo, de migración, de relación se multiplican. Una persona puede cambiar de ciudad, de carrera, de pareja, de país con más facilidad que nunca. Pero esa ventaja lleva aparejada una carga: la incertidumbre, la ansiedad, la soledad, la pérdida de sentido de continuidad, la precariedad existencial. Cuando todo es fluido, el "yo" se convierte en proyecto, y el proyecto en algo que continuamente se revisa. Esa tensión puede dar lugar a mayores grados de malestar psicosocial, a menos compromiso, a una menor duración de los vínculos, a una mayor dispersión del capital social hay una desestructuralización, un desarraigo y una volatidad como nunca antes: las nuevas posibilidades nos pueden estar debilitando. Es la Gran Paradoja de la Sociedad Gaseosa: aparentemente libres pero puede que como conjunto más débiles que nunca.

En conclusión, la metáfora de la "sociedad gaseosa" trata de captar esa forma emergente del tejido social occidental: un tejido que ya no tiene la solidez de lo sólido, ni siquiera la fluidez de lo líquido, sino la dispersión, la velocidad, la inestabilidad, la fragmentación y la volatilidad del gas. En esa sociedad es más difícil encontrar anclajes firmes, los tiempos prolongados de trabajo y relación se acortan, las formas tradicionales de comunidad se debilitan, y la identidad se vuelve un continuo devenir más que un estado estabilizado. Para el análisis sociológico, esta realidad exige que huyamos de adjetivos como "decadente" o "progreso" sin matices, y que abramos el campo al examen crítico de cómo estos cambios afectan de modo diverso según las clases sociales, las geografías, los géneros y las generaciones. La sociedad gaseosa no es simplemente inevitable, pero sus efectos se manifiestan ya, y comprenderlos es un requisito para pensar políticas de arraigo, continuidad, vínculo, educación y comunidad que puedan contrarrestar el riesgo de dispersión absoluta.

Cuadro de rasgos principales

Dimensión	Características	Consecuencias
Temporalidad	Aceleración extrema	Falta de arraigo, fatiga temporal
Relaciones	Digitales y efímeras	Soledad, menor durabilidad de los vínculos
Trabajo	Precariedad y movilidad	Inestabilidad vital, identidades laborales múltiples
Aprendizaje	Permanente, mediado por IA	Desdibujamiento de etapas vitales
Espacio social	Deslocalizado, virtualizado	Pérdida de comunidad y territorio
Identidad	Fragmentada y mutable. Conciencia alterada	Estrés adaptativo, autoimagen cambiante
Economía emocional	Exposición y vigilancia	Ansiedad social, comparación constante: sociedad escaparate

Resumen de los procesos sociales dominantes

1. **Volatilización de los vínculos**: amor, amistad y trabajo duran menos.
2. **Digitalización del contacto humano**: las redes sustituyen la presencia.
3. **Precariedad y autoexplotación**: la flexibilidad laboral deviene inseguridad.
4. **Desarraigo territorial y emocional**: el individuo es móvil, pero sin pertenencia.
5. **Vigilancia y algoritmización**: el control sustituye la confianza.
6. **Educación continua y fragmentada**: la formación se vuelve una carrera sin meta.
7. Las clases medias mejoran en dictaduras como la China y regímenes híbridos como India y han sufrido un fuerte retroceso y una regresión social en el Mundo Occidental nunca antes vista en tiempos de paz.

Consecuencias socioculturales

- Desaparición de la estabilidad como valor aunque en investigaciones del año 2025 que estamos realizando con estudiantes en la Universidad aparece a nivel de subconsciente como desable (y más en aproximación cualitativa).
- Expansión del individualismo hiperconectado a… ¿la nada?
- Aumento del malestar psicosocial y del consumo de psicofármacos.
- Redefinición del amor, del trabajo y del tiempo libre.
- Emergencia de nuevas formas de comunidad digital (tribus efímeras).

1.1. De la sociedad líquida a la sociedad gaseosa ¿qué ha cambiado en este cuarto de siglo y qué debemos investigar?

De la sociedad líquida a la sociedad gaseosa no hay una ruptura conceptual súbita, sino un desplazamiento histórico verificable empíricamente. Cuando Zygmunt Bauman publica Modernidad líquida en 1999, describe sociedades en las que las estructuras sólidas —empleo estable, identidades duraderas, instituciones previsibles— comienzan a disolverse. Ese diagnóstico era preciso para el cambio de siglo. Sin embargo, los datos acumulados en estos veinticinco años muestran que no estamos simplemente ante una intensificación de la liquidez, sino ante un cambio de estado: una sociedad en la que los vínculos, las trayectorias y las mediaciones sociales ya no solo fluyen, sino que se fragmentan, se enfrían y pierden capacidad de agregación.

El mercado de trabajo es uno de los indicadores más claros. En Europa, la temporalidad laboral alcanzó máximos históricos en la década de 2010: en 2017, el empleo temporal representaba el 13,8 % del total, descendiendo solo ligeramente hasta el 12,1 % en 2022. Esta reducción no implica una vuelta al empleo estable, sino la consolidación de un régimen laboral inédito: niveles de temporalidad estructuralmente altos combinados con trayectorias discontinuas. A ello se suma la expansión del teletrabajo —en torno al 20 % de los trabajadores en países como España lo practican de forma habitual— y el crecimiento de la economía de plataformas, donde millones de personas trabajan sin horarios fijos, con ingresos variables y protección limitada. El trabajo ya no organiza biografías completas; organiza fragmentos.

En paralelo, los indicadores de estructura social muestran una transformación profunda. En la Unión Europea, el 50 % más pobre de la población posee en torno al 4 % de la riqueza total, mientras que el 10 % más rico concentra cerca del 60 %. En Estados Unidos, la mitad inferior apenas alcanza el 2 % del patrimonio. Desde 1980, la participación de los salarios en la renta nacional ha descendido de forma sostenida en la mayoría de economías occidentales, mientras crecen las rentas del capital. Al mismo tiempo, el acceso a la propiedad se estrecha: la tasa de propietarios de vivienda en la UE ha caído del 73 % en 2008 a alrededor del 68 % en la actualidad. El resultado es una desigualdad no solo económica, sino generacional: jóvenes con mayor formación que sus padres, pero con menos patrimonio, más deuda y menor seguridad vital.

Este deterioro estructural convive con una paradoja global clave. A escala mundial, la desigualdad ha disminuido desde los años noventa, impulsada por el crecimiento de las clases medias en China, India y el Sudeste Asiático. Sin embargo, en Europa y el mundo anglosajón la desigualdad interna aumenta. Esta divergencia genera una experiencia histórica inédita: sociedades occidentales que perciben estancamiento o declive relativo en un mundo que, en promedio, mejora. Es un dato fundamental para entender el malestar social contemporáneo.

En el plano de la psicología social, los datos refuerzan la idea de enfriamiento relacional. En países como España, alrededor del 20 % de la población declara sufrir soledad no deseada, y más de la mitad de estas personas lleva en esa situación más de dos años. Entre jóvenes y mayores urbanos, las cifras son especialmente elevadas. Esto ocurre en contextos donde más del 90 % de la población joven utiliza medios sociales de forma intensiva. La hiperconectividad no ha reducido el aislamiento; lo ha transformado. Las relaciones son más frecuentes, pero menos densas; más visibles, pero menos estables. La identidad se gestiona en múltiples espacios digitales, con altos niveles de comparación social y fragilidad subjetiva.

La demografía confirma que no se trata de cambios coyunturales. En 2023, España registró poco más de 322.000 nacimientos, la cifra más baja desde 1941. La tasa de fecundidad se sitúa muy por debajo del nivel de reemplazo y el 20 % de la población supera ya los 65 años. Procesos similares se observan en gran parte de Europa. El crecimiento natural es negativo y solo se compensa mediante migración. Nunca antes sociedades desarrolladas habían sostenido durante tanto tiempo una combinación de baja natalidad, envejecimiento acelerado y dependencia estructural de flujos migratorios.

En el ámbito político, los datos muestran una pérdida de densidad institucional. En encuestas recientes, solo alrededor del 35-40 % de la ciudadanía declara confiar en el gobierno nacional, y menos del 20 % en los partidos políticos. La participación electoral se mantiene, pero la identificación y la implicación se debilitan. Al mismo tiempo, decisiones clave en materia fiscal, monetaria o presupuestaria se desplazan hacia instancias supranacionales o mercados financieros. La soberanía no desaparece, pero se vuelve difusa, difícil de localizar.

La globalización económica aporta otro rasgo gaseoso. La deuda pública supera el 100 % del PIB en numerosos países europeos, mientras el poder financiero se concentra de forma extrema. A nivel global, el 1 % más rico controla una proporción creciente de la riqueza mundial, y grandes gestoras de activos influyen indirectamente en políticas públicas sin pasar por mecanismos democráticos clásicos. El poder se ejerce cada vez más desde espacios intangibles.

Finalmente, educación y territorio muestran la misma lógica. El tiempo frente a pantallas ha aumentado más de diez horas semanales en pocos años entre menores, y el aprendizaje se mediatiza por plataformas digitales e inteligencia artificial. El espacio social se virtualiza: se trabaja, se compra y se interactúa sin presencia física. El territorio pierde centralidad como organizador de la vida social.

Todo ello obliga a desplazar la agenda de investigación. Ya no basta con estudiar flexibilidad o individualización. Hay que analizar discontinuidad vital, enfriamiento relacional, desigualdad generacional, pérdida de mediaciones y poder difuso. La sociedad gaseosa nombra ese nuevo estado: menos cohesionada que la líquida, más volátil, más fría. Comprenderla exige datos, pero también nuevas preguntas sociológicas.

2. ¿POR QUÉ ES TAN DIFÍCIL CONOCER LA REALIDAD SOCIAL HOY EN DÍA?

La dificultad de conocer la realidad social hoy día radica en que los conceptos centrales que antes se daban por fijos —como «paro», «crimen», «capitalismo» o «democracia»— están siendo redefinidos constantemente por agentes sociales, instituciones políticas y la tecnología, lo que complica enormemente la tarea sociológica de análisis y diagnóstico. Por ejemplo, lo que se entiende por desempleo ya no es simplemente la persona que no tiene trabajo y lo busca activamente; muchas políticas públicas incorporan fórmulas de "activación" (workfare) que realizan una redefinición de la categoría para incorporar personas en "trabajos de transición" o participaciones formativas, lo cual transforma el indicador tradicional de paro y altera su valor comparativo en distintas épocas e instituciones (Deeming, 2016). De igual modo, la definición de crimen o delito se construye como categoría social: no es un atributo natural sino que depende de quién tiene la autoridad para definirlo, cuándo, en qué contexto, y contra quién se aplica; la criminología afirma que «el crimen no es una categoría universal o fija sino que es moldeada por procesos sociales, culturales y políticos» (Becker, 1963).

En esta línea, cuando instituciones políticas y sociales cambian la definición de democracia —por ejemplo, pasando de un modelo de sufragio universal al de gobernanza tecnológica, participación digital, algoritmos de opinión o pseudoparticipación— se altera el sentido de la categoría y la realidad que pretende describir. Lo mismo ocurre con el capitalismo: ya no es sólo el sistema industrial de producción y acumulación definido en el siglo XX, sino que se habla de "capitalismo de plataformas", "capitalismo de datos" o "capitalismo extremo", lo que modifica los indicadores, las relaciones de clase, las formas de trabajo y riqueza, y con ello los objetos que la sociología pretende conocer. Esa redefinición constante de categorías significa que los marcos de medida y análisis pierden fiabilidad, porque lo que cuenta como «empleo», o «trabajo precario», o «desigualdad» varía según la normativa institucional, la tecnología vigente o la presión política.

Por tanto, la sociología se encuentra con que los indicadores clásicos ya no son estables: los datos oficiales pueden medir algo diferente dependiendo del país, de la política social o del momento histórico. Por ejemplo, una persona que realiza un micro-trabajo digital podría no aparecer como «empleada» en los registros tradicionales de paro, generando una sub-estimación aparente del desempleo real. Asimismo, la dinámica de lo que se considera delito o problema social puede cambiar rápidamente gracias a los medios, los discursos públicos y los procesos de construcción social de riesgos (como la «moral panic») donde ciertas conductas son tipificadas, reguladas o penalizadas según agendas políticas, no únicamente por daño objetivo. Esto significa que la realidad social ya no es simplemente algo que se mide y se describe, sino algo que está en permanente construcción y negociación.

Además, la tecnología de la era de la información y la red (los medios sociales de los que hablábamos en el capítulo anterior y eje doctrinal de este libro) genera nuevos flujos de datos, nuevas formas de vigilancia, nuevos actores que definen la realidad social (plataformas, algoritmos, big data) y con ello contribuyen a que lo que se entiende por "participación ciudadana", "trabajo", "privacidad" o "relación social" cambie muy rápido. En ese contexto, la sociología tiene que operar en un terreno cambiante: los marcos teóricos, los métodos, los indicadores y los sujetos mismos se transforman, lo que implica que las defensas epistémicas tradicionales (por ejemplo, las diferencias del enfoque sociológico entre trabajo y empleo a las que sumamos la manipulación o reconstrucción de las estadísticas de empleo) ya no valen, y obliga a replantear las definiciones, lo cual hace más difícil "conocer" la realidad social con la precisión deseada.

En consecuencia, conocer la realidad social hoy significa también desentrañar quién define los conceptos, cómo cambian las definiciones institucionales y qué intereses están en juego cuando se redefine una categoría. La sociología no puede asumir que "paro", "desigualdad", "democracia" y "crimen" significan lo mismo que hace veinte años; ya no son categorías estáticas sino brutas de interpretación, mediadas por poder, tecnología y comunicación. En ese sentido, la dificultad de conocer la realidad social reside en que el terreno que se estudia se mueve, se redefine y se reformula mientras se realiza el análisis, lo que impone a la sociología un doble desafío: uno, metodológico, para captar procesos fluidos y mutable; y otro, crítico, para cuestionar las definiciones y las fuerzas que las producen.

Los medios de comunicación tradicionales y los nuevos medios sociales son agentes sociales con una agenda propia más lejos que nunca de la verdad y la independencia: las nuevas y los nuevos graduados en periodismo no son funcionalmente periodistas, son voceros y altavoces de agendas sociales concretas que revisten sus argumentos de propaganda de estadísticas, datos y encuestas que representan una muy pequeña verdad al servicio de unos pocos.

3. LAS DIFICULTADES DE HACER UNA SOCIOLOGÍA INDEPENDIENTE Y CRÍTICA

La sociología contemporánea se enfrenta a un poder económico y político que **absorbe o neutraliza la crítica**.

Las universidades dependen de financiación externa (hay semanas que tenemos más actores de Netflix —al alquilar las facultades como platós— que estudiantes), las agendas de investigación se orientan a la productividad cuantitativa y el discurso crítico es fácilmente etiquetado como ideológico. El sociólogo pierde autonomía frente a la tecnocracia de los datos (cuantitavistas que no revisan conceptos en profundidad ni crean nuevas teorías) y las demandas del mercado. Hacer sociología hoy implica resistir la tendencia a medir todo en métricas, rankings y "impacto" inmediato, cuando el verdadero conocimiento necesita lentitud y profundidad.

La sociología contemporánea atraviesa una crisis silenciosa de independencia y profundidad. Nuestra disciplina corre el riesgo de convertirse en otro instrumento más del poder en vez de una herramienta independiente para comprenderlo en su total profundidad (o que al menos hayamos intentado conseguirlo). La dificultad central radica en que el conocimiento sociológico, que nació como una ciencia crítica y emancipadora, se desarrolla hoy dentro de estructuras económicas, políticas y culturales que condicionan su autonomía. Las universidades, cada vez más dependientes de fondos privados y de políticas de evaluación cuantitativa, orientan su investigación hacia resultados medibles y aplicables a corto plazo, lo que deja poco espacio para la reflexión profunda y la crítica estructural. En este entorno, la sociología se ve empujada a producir informes, indicadores y estudios que sirvan al mercado, en lugar de generar pensamiento que cuestione sus fundamentos.

Uno de los problemas más graves es que muchos investigadores parten ya de hipótesis cerradas, buscando en la realidad únicamente las pruebas que confirmen su marco teórico o su visión ideológica. En lugar de dejar que la investigación los confronte o los contradiga, diseñan metodologías que les devuelven una validación de sus prejuicios iniciales. Este fenómeno, conocido como **sesgo de confirmación**, no es nuevo, pero hoy se ve amplificado por la presión institucional de publicar con rapidez y demostrar resultados "útiles" o "impactantes". Así, la investigación sociológica se convierte con frecuencia en un ejercicio de autojustificación: se empieza sabiendo lo que se quiere demostrar. El conocimiento deja de ser exploración y se convierte en argumento político o moral.

El riesgo no se limita a los sesgos individuales. También se manifiesta en la **colonización ideológica** del pensamiento sociológico. Muchos campos de investigación quedan subordinados a una única causa o narrativa dominante, como el cambio climático, la diversidad o la innovación tecnológica, que aunque son cuestiones de enorme relevancia, tienden a absorber toda la atención académica y mediática. Esto produce una especie de **reduccionismo temático**, donde los problemas sociales son leídos desde una sola lente moral o política. De ese modo, las estructuras de poder, las desigualdades económicas o las transformaciones culturales más profundas quedan relegadas. La sociología se transforma entonces en un coro de legitimación, más preocupado por alinearse con discursos de moda que por descubrir relaciones sociales ocultas.

Además, la expansión del **imperativo cuantitativo** —la obsesión por el dato, la cifra, el ranking— ha alterado el modo mismo en que se concibe el conocimiento. Lo que no se puede medir, parece no existir. Los sistemas de evaluación científica y los algoritmos de reputación académica imponen una lógica que recompensa la productividad sobre la reflexión, y la visibilidad sobre la verdad. Frente a ello, la sociología crítica, que necesita tiempo, perspectiva propia y profundidad interpretativa, queda marginada. En lugar de analizar procesos sociales complejos, muchos investigadores se ven obligados a fragmentar su objeto en variables manejables, reduciendo la realidad a lo estadísticamente posible.

Hacer sociología independiente hoy exige, por tanto, un esfuerzo de resistencia intelectual. Implica recuperar el sentido del oficio: mirar la realidad sin miedo a sus contradicciones, aceptar que el conocimiento auténtico puede incomodar y que la verdad social puedo no ser cuantificable. La independencia no consiste en negar toda ideología, sino en ser consciente de ella y ponerla a prueba en cada hipótesis. Una sociología libre no es aquella que elude los conflictos (la sociología no es mala por apuntar los conflictos sociales, será mala si se calla ante estruendosos silencios marcados por las élites del poder que quiere mantener su statu quo porque les beneficia), sino la que los revela, aunque eso signifique enfrentarse a los intereses de las instituciones, del mercado o del propio investigador. En una época que premia la velocidad y la complacencia, la sociología crítica solo podrá sobrevivir si reivindica la lentitud, la duda y la complejidad como los únicos caminos hacia la comprensión real de la sociedad.

4. ¿POR QUÉ HAY UNA CONCIENCIA SOCIAL ALTERADA?

Vivimos en una época en la que la conciencia social se encuentra profundamente alterada, fragmentada y desorientada. Este fenómeno no es fruto del azar, sino el resultado de una compleja ingeniería cultural y política que ha logrado distorsionar la percepción que los individuos tienen de su posición dentro del sistema. En las últimas décadas, la clase trabajadora ha sido progresivamente despojada de su identidad de clase, hasta el punto de que buena parte de ella ya no se reconoce como tal. La mayoría se autodefine como clase media, aunque sus condiciones materiales —inseguridad laboral, salarios estancados, falta de vivienda asequible y pérdida de derechos sociales— la sitúan claramente en los márgenes del trabajo precario. Este espejismo de pertenecer a una clase media casi inexistente actúa como un anestésico ideológico: genera conformismo, desactiva el conflicto y debilita cualquier conciencia colectiva de desigualdad estructural. La "clase media" funciona así como una ilusión útil al poder, una ficción de ascenso y estabilidad que encubre la precarización generalizada.

Paralelamente, las nuevas formas de identidad social —feminismo, veganismo, ecologismo, nacionalismos, entre otras— aunque nacen de causas legítimas y necesarias, son instrumentalizadas por los medios y el discurso político hasta convertirse en **microbatallas culturales** que dividen a la población y sustituyen el análisis de clase por el enfrentamiento simbólico. El resultado es una sociedad hiperfragmentada donde los individuos se agrupan en tribus ideológicas y morales que compiten por visibilidad, pero no por transformación estructural. Mientras los debates giran en torno a las guerras culturales, el poder económico concentra recursos, precariza el trabajo y reconfigura las reglas del juego político representativo. La conciencia social se disuelve en identidades parciales y emocionales, más preocupadas por la representación simbólica que por las condiciones materiales de existencia. En este sentido, el conflicto de clase no ha desaparecido, sino que ha sido recodificado en un lenguaje moral que desvía la atención de su origen económico. Estamos ante otra paradoja: identidades grupales más fuertes disuelven la identidad social superior: como la perspectiva obrera o la perspectiva nacional.

A ello se suma el papel determinante de los **poderes supranacionales** —instituciones financieras, corporaciones tecnológicas y organismos internacionales— que toman decisiones cruciales sobre políticas económicas, energéticas o sociales sin control democrático directo. Los gobiernos nacionales han perdido buena parte de su soberanía real, pero el ciudadano medio sigue creyendo que vota por quienes dirigen su destino. Esta desconexión entre poder formal y poder efectivo produce un fenómeno de alienación: se mantiene la forma de la representación política, pero se vacía su contenido. Las grandes decisiones se imponen desde arriba, mientras la ciudadanía se entretiene discutiendo temas laterales. La conciencia social alterada es, en este sentido, una conciencia desplazada: se moviliza por símbolos, pero no por estructuras.

Los **medios de comunicación tradicionales**, lejos de actuar como mediadores críticos, han asumido un papel central en la fabricación de esta confusión colectiva. Su función ya no es informar, sino **orientar la atención**, fijar las agendas y determinar qué temas merecen debate y cuáles deben permanecer invisibles. Así, se exageran controversias culturales o se fabrican enemigos internos —los hemos visto de todo tipo en los últimos 10 años— para mantener a la población distraída mientras los procesos decisivos, como la pérdida de soberanía y representatividad que hace menguar la posición de ciudadanos, la agenda neomalthusiana o malthusiana de tercera generación de reducción, decrecimiento y empobrecimiento; la pérdida del poder adquisitivo o la subordinación a los intereses financieros globales, se desarrollan sin resistencia. El ruido mediático actúa como un velo ideológico que cubre la erosión de la soberanía popular. La emoción sustituye al análisis, y la indignación al pensamiento crítico (los árboles no te dejan ver el bosque).

La consecuencia de todo ello es una ciudadanía cada vez más vulnerable a la manipulación, que vive con la sensación de elegir, pero sin poder real de decisión. Las categorías sociales que antes articulaban la conciencia colectiva —clase, trabajo, comunidad— han sido disueltas por una combinación de precariedad económica y saturación informativa. Vivimos en un ecosistema donde el exceso de estímulos impide comprender lo esencial: que el deterioro de las condiciones materiales y la pérdida de derechos democráticos son procesos estructurales, no accidentales. Recuperar una conciencia social lúcida exige volver a mirar la realidad sin los filtros de las identidades parciales ni las distracciones mediáticas; implica reconstruir el lenguaje de la desigualdad y entender que la división entre ciudadanos no es horizontal, sino vertical. Mientras discutimos entre nosotros, la cúspide del poder económico y político continúa moldeando el mundo a su conveniencia. La verdadera tarea sociológica consiste en devolver coherencia a esa conciencia fragmentada y recuperar la capacidad colectiva de nombrar las cosas por lo que realmente son.

4.1. La letanía de que es necesaria mano de obra del mercado laboral globalizado porque hay gente que no quiere trabajos

Se dice continuamente desde el poder mediático, que hace falta mano de obra del mercado laboral globalizado (sin importar los enormes costes personales de esto ni otros factores) porque hay gente que no quiere trabajos: ¿cuáles trabajos?, ¿los que ofrecen las peores condiciones y estatus? En muchos países, tener trabajadores dispuestos a aceptar salarios más bajos reduce el coste laboral. Esto beneficia a empresas y al capital financiero (el capital extremo del que hablamos después), porque se aumenta el margen de beneficio.

No siempre se trata de "falta de trabajadores", sino de presión competitiva en el mercado laboral globalizado, beneficiándose de un mercado masivo producto de la globalización donde las demandas de la clase trabajadora quedan reducidas a la mínima expresión porque son sustituidos rápidamente por un nuevo ejército industrial de reserva con muchas menos expectativas materiales, y que puede satisfacer las ansias de devorar aún más capital para sí, por parte de ese poder económico en el que el poder político se somete dócilmente puesto que no representa intereses de clase (trabajadora).

Con esto, vemos el beneficio para el poder financiero: si los salarios y condiciones laborales se mantienen bajos, el capital concentra más riqueza. Esto puede afectar desde la vivienda hasta servicios públicos: los trabajadores con menos ingresos consumen menos, lo *que mantiene la economía en un ciclo controlado de consumo y endeudamiento.* Algunos analistas llaman a esto "estructuras de dependencia económica": *se busca que la población sea flexible y económicamente dependiente.* Con lo que a la postre la socialdemocracia, que ni es socialismo ni es democracia, se presta al juego de poder de manera clara pero sutil. Luego nos encontramos a los Ferreras de turno con titulares enlatados: "caos por el Brexit". La masa trabajadora aprovechó su oportunidad (negada por la Globalización) ante el cierre del mercado laboral, y ejerció presión con huelgas que causaron desabastecimiento para efectivamente conseguir importantes mejoras laborales.

5. UN CAPITAL EXTREMO, SIN CAPITALISMO

Imagina una tortilla de patatas: si sólo pones patata y olvidas el huevo, deja de ser tortilla; si sólo pones huevo y no hay patata, tampoco. La metáfora sirve para distinguir **mucho capital** de **capitalismo**: puede existir una enorme concentración de capital —mucho huevo— sin que funcione ya el capitalismo clásico —la tortilla equilibrada que mezcla patatas (producción, competencia, tejido social) y huevo (finanzas, acumulación)—. El capitalismo originario, el que se consolidó en la revolución industrial y luego en el capitalismo competitivo del siglo XIX y XX, combinaba producción material, mercados relativamente competitivos, empleos estables, negociación colectiva y un peso importante de la sociedad civil en la regulación económica, además de una buena movilidad social. Era un sistema estructurado sobre la producción y la competencia, donde la riqueza se creaba mayoritariamente mediante fábricas y empresas que competían en mercados (Smith, 2012). Ahora incluso esa competencia se ha reducido más que nunca (queremos bancos fuerte dice la UE) y se fomentan oligopolios de poder y monopolios de facto escondidos bajo pluralidad de marcas distintas que tienen detrás a las mismas 7 familias de siempre que llevan funcionando como dinastías los últimos 3 siglos: apuntamos a los Rockefeller, los Dupont, Morgan y por supuesto el elefante en la habitación: los Rothschild.

Hoy, sin embargo, el "huevo" —el capital financiero concentrado— ha crecido hasta dominar la sartén. Un puñado de grandes gestores globales (BlackRock, Vanguard, State Street y Fidelity) administra trillones de dólares y tiene posiciones accionarias tan extendidas que aparecen como propietarios —directa o indirectamente— en la mayoría de las grandes empresas cotizadas; esa escala les da un poder real para influir en estrategias, nombramientos y gobernanza corporativa. Por ejemplo, BlackRock declaró más de 11 billones de dólares en activos bajo gestión a cierre de 2024, cifra que ilustra su capacidad de influencia sobre mercados y empresas. Vanguard, State Street y Fidelity presentan también volúmenes de activos bajo gestión que los sitúan entre los actores más determinantes de la arquitectura financiera global (BlackRock, 2025), (Vanguard, 2024).

Ese dominio financiero actúa de modos nuevos: la inversión pasiva masiva (ETFs e índices), la compra de activos privados e infraestructuras, y el posicionamiento como "mayordomos" que votan en juntas y negocian con consejos de administración hacen que el capital se reproduzca sin pasar por la competencia productiva clásica. A esto se suman los nombres en consejos y en medios de comunicación que se repiten en supuestas empresas competidoras sin el más mínimo rubor, para intentar simular una falsa independencia de los medios de comunicación (desinformación) masivos (Segovia y Quirós, 2006). Además, la economía del dato y la plataforma —lo que Shoshana Zuboff denomina "surveillance capitalism"— añade otra fuente de valor desvinculada de fábricas y salarios: información sobre conductas, hábitos y perfiles que se monetiza (Zuboff, 2019). Hemos avanzado así hacia una **plutocracia global** (a la que llaman democracia y desde luego que no lo es).

El dominio financiero y su control también se ve en la riqueza discreta que atesoran en países que actúan como auténticos paraísos fiscales y con estructuras de empresas y subempresas que actúan como matrioshkas para ocultar que están detrás los mismos operadores, para lo que también utilizan subsidiarias y distintas marcas. Las leyes que hacen que no sea obligatorio reverlas los dueños cuando tienen menos del 5 por ciento actúan a su favor, porque luego o son los mismos o sus subsidiarias.

Los Estados, por su parte, han terminado en muchos casos facilitando este proceso: políticas fiscales favorables (las SOCIMIs y las SICAVs de las que nadie habla), rescates, desregulación y marcos legales que favorecen la inversión a gran escala transforman al regulador en interlocutor frecuente del capital global. Cuando los gobiernos dependen de la financiación y del flujo de capital internacional, la autonomía política se erosiona y las decisiones públicas acaban ajustándose a la lógica del gran inversor; la torta —la economía— se reparte cada vez más conforme a la preferencia de quien controla el huevo. Ejemplos de movimientos estratégicos (adquisiciones de activos de infraestructura por gestores de activos) muestran cómo estas firmas pasan de gestores a propietarios de activos reales.

Desde la tradición marxista, ya se describieron transformaciones hacia la predominancia del capital financiero: Hilferding habló del "capital financiero" como fusión entre banca e industria, y Lenin desarrolló la idea de que el imperialismo era la fase monopolista del capitalismo, donde la financiación y la partida del capital habían modificado las reglas del juego. Es decir, la literatura clásica ya advertía sobre etapas en que la concentración transforma la dinámica del sistema —y las interpretaciones contemporáneas señalan que hoy ese proceso ha evolucionado hacia una forma en que el capital financiero y los activos intangibles (datos, plataformas, rentas) ocupan el centro, debilitando la competencia productiva y la capacidad regulatoria democrática (Hilferding, 1910).

En resumen: si la tortilla requiere un equilibrio entre patata y huevo, hoy la sartén está dominada por el huevo financiero. Hay muchísimo capital concentrado, pero menos capitalismo en su forma equilibrada y distributiva: la acumulación opera a través de mercados financieros, datos y rentas monopólicas, mientras la sociedad civil, el empleo estable y la competencia productiva pierden peso. Entender esa distinción es clave para explicar por qué la riqueza creciente no se traduce automáticamente en bienestar social ni en democracia económica por la operación plutocrática a nivel global de los 4 grandes fondos de inversión *(Bebchuk & Tallarita, 2023).*

Gráfico conceptual: "Mucho capital ≠ Capitalismo"

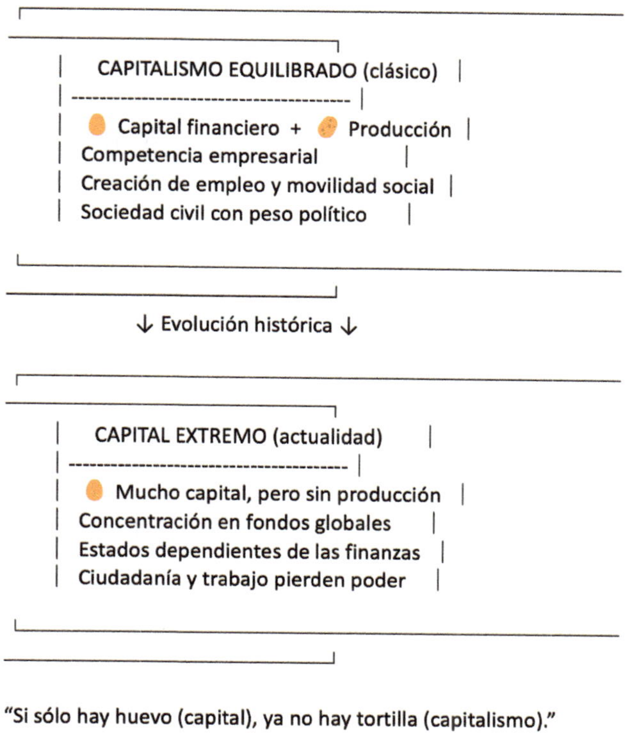

"Si sólo hay huevo (capital), ya no hay tortilla (capitalismo)."

Cuadro: Las 4 grandes gestoras financieras del mundo (2024)

Gestora	Activos bajo gestión (AUM)	Porcentaje estimado del total mundial	Poder e influencia económica
BlackRock	**≈ 11,5 billones USD**	~10%	Principal accionista en más de 80% de las empresas del S&P 500; asesor clave de bancos centrales y gobiernos.
Vanguard Group	**≈ 9 billones USD**	~8%	Accionista de referencia en las mismas grandes corporaciones que BlackRock; promueve inversión pasiva (ETF).
Fidelity Investments	**≈ 4,5 billones USD**	~4%	Importante fondo estadounidense, con presencia en pensiones, seguros y fondos privados.
State Street Global Advisors	**≈ 4 billones USD**	~3,5%	Tercer gran operador de fondos indexados; gestiona reservas de múltiples bancos centrales.

Fuente: informes anuales de las gestoras (2024) y Financial Times / Bloomberg 2025.

Cómo interpretarlo

- Entre las cuatro administran **más de 28 billones de dólares**, una cifra superior al PIB combinado de EE. UU. y la UE.
- No son empresas productivas, sino **propietarios parciales del mundo corporativo**: poseen acciones en energía, tecnología, defensa, banca, alimentación, etc.
- Su poder es **estructural, no visible**: no necesitan competir, porque poseen simultáneamente partes de las empresas que supuestamente compiten.
- Este modelo sustituye la dinámica del capitalismo competitivo por una lógica **oligopólica, financiera y postproductiva**.

Como apunte final, esta enorme concentración de poder nunca antes vista, se está también produciendo en el mundo y las pocas corporaciones de la Inteligencia Artificial, de lo que alerta el fundador de Twitter Jack Dorsey (García, 2025).

6. ¿POR QUÉ UNA SOCIEDAD SIN PROPIEDAD, ARRAIGO NI CLASES SOCIALES ES MÁS CONTROLABLE POR LA ÉLITE DEL PODER?

La falta de propiedad y de arraigo convierte a los individuos en **sujetos móviles, endeudados y dependientes**.

Quien no posee vivienda, tierra ni empleo estable carece de margen para oponerse o resistir; depende del sistema para sobrevivir. La clase media tradicional, anclaje de equilibrio democrático, se disuelve en una masa precarizada y vigilada digitalmente.

La élite controla no solo los medios de producción, sino los de conexión y de sentido: los datos, la información, la identidad. Sin propiedad ni comunidad, el individuo libre se transforma en consumidor obediente.

Las ciencias sociales del siglo XX, especialmente la sociología y la ciencia política clásicas, descubrieron una relación fundamental entre **propiedad, clase media y democracia**. Alexis de Tocqueville ya observó en *La democracia en América* que una sociedad con amplias capas medias propietarias tiende a ser más participativa y menos vulnerable al autoritarismo. Décadas después, estudios empíricos como los de Lipset, Dahl o Almond y Verba confirmaron que el **desarrollo de una clase media amplia y estable** era la mejor garantía de pluralismo, control del poder y exigencia de políticas públicas de calidad. La razón es sencilla: quienes poseen cierta seguridad económica y un lugar en la estructura social tienen tiempo, recursos y conciencia para participar políticamente, organizarse y fiscalizar a las élites. En cambio, cuando la propiedad, el empleo o la estabilidad se pierden, el ciudadano se convierte en un sujeto precario y dependiente, más preocupado por sobrevivir que por exigir justicia o transparencia.

La actual **erosión de la clase media** supone, por tanto, una amenaza directa a la autonomía ciudadana. La pérdida de arraigo material —vivienda propia, ahorros, empleo estable— y simbólico —comunidad, pertenencia, memoria colectiva— produce una población flotante, sin anclajes duraderos ni poder de negociación. La sociología del siglo XXI muestra que esa "movilidad forzada" no implica libertad, sino **fragilidad estructural**: quien no posee nada no puede resistirse a quien lo posee todo. La deuda, el alquiler, la temporalidad o la dependencia tecnológica crean un individuo que se adapta, que calla, que no se organiza. Sin propiedad ni estabilidad, el sujeto se vuelve moldeable, móvil, gestionable.

En este contexto, las **élites económicas y políticas** —ahora transnacionales— encuentran más sencillo consolidar su poder. Ya no necesitan represión abierta ni censura visible; basta con una arquitectura social y económica que disperse y aísle a las personas. La precariedad laboral, la fragmentación identitaria y la dependencia tecnológica cumplen la función de control que antes ejercía el miedo político. La antigua burguesía nacional, con intereses ligados a su país y con un sentido de responsabilidad cívica, ha sido reemplazada por un capital financiero global que no necesita ni arraigo ni legitimidad democrática. El resultado es una ciudadanía que vota, pero sin capacidad real de decisión, porque las grandes políticas —energéticas, financieras, laborales— se diseñan en espacios supranacionales donde la deliberación pública no existe.

Los estudios clásicos demostraron también que el **arraigo y la propiedad fomentan la virtud cívica**: quien tiene algo que perder, pero también algo que cuidar, defiende el Estado de derecho, exige servicios públicos y participa en la vida colectiva. Hoy, esa virtud se ve sustituida por la ansiedad y la desafección. Una sociedad compuesta por trabajadores temporales, arrendatarios sin estabilidad y consumidores vigilados por algoritmos no produce ciudadanos activos, sino usuarios pasivos. Al desaparecer las clases sociales como estructuras visibles —porque la mayoría se autodefine como clase media aunque viva en condiciones de proletariado flexible— se destruye la conciencia de intereses comunes. Sin identidad de clase, no hay solidaridad; sin solidaridad, no hay política colectiva.

La élite contemporánea no sólo controla los **medios de producción**, como en la era industrial, sino también los **medios de conexión y de sentido**: plataformas digitales, flujos de información, narrativas culturales e identidades de consumo. A través de ellas, modela los deseos, las percepciones y hasta los valores de la ciudadanía. En lugar de coerción directa, el control se ejerce mediante el entretenimiento, la deuda y la dependencia tecnológica. Es una forma de dominación suave, casi invisible, que sustituye la fuerza por la distracción. Y mientras tanto, la estructura material del poder —propiedad, concentración de capital, control de datos— permanece intacta.

En suma, una sociedad sin propiedad, arraigo ni clases sociales definidas es **más controlable porque carece de sujetos colectivos conscientes**. Sin base material ni sentido de pertenencia, los individuos no pueden organizar resistencia ni exigir redistribución. Las ciencias sociales ya sabían que el constitucionalismo necesita cimientos económicos compartidos; hoy esos cimientos se desmoronan bajo el peso del capital global y de la precariedad permanente. Lo que se pierde no es sólo bienestar, sino la posibilidad misma de la ciudadanía activa. Un sistema constitucional sin clase media es, en realidad, un sistema constitucional sin músculo: formalmente viva, pero políticamente domesticada.

7. UNA BRECHA GENERACIONAL INÉDITA EN ESPAÑA

7.1. ¿Por qué hablamos de una brecha generacional inédita en España?

La expresión responde a una conjunción de hechos objetivos: generaciones mayores (los 'boomers') concentran patrimonio, empleo estable y pensiones relativamente altas; generaciones jóvenes (millennials y sobre todo la generación Z) acumulan mayor formación formal pero mayor precariedad laboral, menor acceso a la vivienda y mayor riesgo de pobreza. El resultado no es solo económico: es una fractura en seguridad vital, expectativas y capacidades para participar políticamente.

7.2. Quiénes son las generaciones (definición práctica)

- **Baby Boomers (boomers):** nacidos aproximadamente entre 1946 y 1964.
- **Generación X:** nacidos entre 1965 y 1980.
- **Millennials (Generación Y):** nacidos entre ≈1981-1996.
- **Generación Z (Gen Z):** nacidos desde ≈1997 hasta 2012 (jóvenes adultos actuales).

(Estas clasificaciones las usa la mayoría de los informes demográficos y sociológicos contemporáneos; ver definiciones de organismos como Pew/OCDE para marcos comparativos.)

7.3. Propiedad y vivienda: los mayores poseen, los jóvenes acceden menos

Los datos del INE muestran que la probabilidad de que la persona de referencia del hogar sea propietaria crece con la edad: los hogares con persona de referencia de 45-64 y de 65+ años tienen tasas de tenencia en propiedad mucho más elevadas que los hogares cuyos referentes son jóvenes (16-29). Es decir: la propiedad está concentrada en generaciones mayores; los jóvenes residen mucho más en alquiler o en la vivienda familiar. Esto agrava la capacidad de los jóvenes para acumular patrimonio y participar de la estabilidad que da la vivienda propia.

7.4. Empleo y salarios: precariedad juvenil persistente

Aunque España mejoró en empleo desde la recuperación post-crisis, la tasa de paro juvenil volvió a ser muy alta: en 2023 la tasa de paro entre 16-24 años alcanzó valores en torno al 28-29% (INE), y aunque ha descendido en 2024-2025, sigue por encima de la media UE; muchos primeros empleos son temporales y de baja remuneración para personas con grados o másteres. El Banco Mundial y la EPA confirman que la inserción laboral juvenil en España sigue siendo problemática en comparación con la UE (Instituto Nacional de Estadística, 2025).

7.5. Pensión vs salario joven: una asimetría sorprendente

Los mecanismos de cálculo de pensiones y las carreras de cotización de generaciones mayores hacen que, en muchos casos, la pensión media de un jubilado supere el salario inicial de un trabajador joven. Los informes de la OCDE y del Banco de España muestran que las tasas de reemplazo proyectadas y las bases máximas de cotización mantienen a generaciones retiradas con ingresos relativos más estables, mientras los jóvenes sufren salarios más bajos y trayectorias laborales discontinuas. Esto crea la percepción —y en muchos casos la realidad— de que las pensiones actuales son más altas que los ingresos medios de muchas incorporaciones recientes al mercado laboral (OECD, 2023).

7.6. Pobreza y riesgo de exclusión por generaciones

La Encuesta de Condiciones de Vida (INE) y los informes AROPE muestran que el riesgo de pobreza no está distribuido uniformemente: si bien la AROPE global ha variado recientemente (alrededor del 25-26% en 2023-24), los menores de 16 años y los jóvenes a menudo presentan mayores tasas de exposición a la pobreza relativa en ciertos territorios y hogares monoparentales, de estos temas no se habla casi nada cuando precisamente el problema de la nueva generación es que tienen este riesgo de exclusión altísimo habiéndose invertido la tendencia cuando hasta ahora los en riesgo de exclusión eran tradicionalmente los mayores, y la brecha de género se ha reducido en las dos nuevas generaciones muy significativamente, para ser más pobres por igual. Paralelamente, la severidad de la carencia material ha aumentado en algunos subgrupos; la reducción de la AROPE entre mayores contrasta con el estancamiento o empeoramiento relativo en segmentos jóvenes en determinadas comunidades (Instituto Nacional de Estadística, 2024).

7.7. *Formación y paradoja laboral de la Generación Z*

La generación Z es la más formada de la historia española en términos de acceso a la educación superior: las tasas de titulación entre 25-34 han crecido significativamente (OCDE/EAG datos recientes muestran subidas en posgrados y másteres). Sin embargo, su primer trabajo suele ser de baja cualificación y salario reducido: la oferta de empleos estables y bien remunerados no crece al mismo ritmo que la demanda de titulados, y la segmentación laboral les empuja a contratos temporales, prácticas mal pagadas o 'gigs'. Así, la promesa meritocrática —más formación = mejor empleo— no se cumple en términos generales para esta cohorte (OECD, 2025).

7.8. *Territorialidad y desigualdad: no es igual en toda España*

Cuando dicen que España se va a romper es mentira, porque España socialmente hace mucho que se rompió: la brecha es más aguda en regiones con menores oportunidades laborales y mayores tasas de pobreza (Andalucía, Castilla-La Mancha, Extremadura, Murcia), donde la precariedad juvenil y la falta de vivienda asequible profundizan el divorcio entre generaciones. En cambio, en Euskadi, Navarra o Illes Balears los indicadores son relativamente mejores. Esto muestra que la brecha generacional tiene componente territorial además de cohortes demográficas. La Brecha Norte Sur es España es ineludible: por lo tanto no se puede romper lo que socialmente ya está roto, porque hace mucho que se rompió socialmente, si separamos el Sur de España sería el país con mayor riesgo de exclusión de la Unión Europea con una buena diferencia.

7.9. *Consecuencias sociales y políticas*

Todo ello produce consecuencias: (1) desafección política y menor capacidad de futuro de amplias capas jóvenes; (2) tensiones intergeneracionales en torno a pensiones, vivienda y empleo; (3) percepción de injusticia que puede traducirse en volatilidad electoral, migración de talento o protestas sociales. La fractura no es sólo económica: es un problema de reparto de oportunidades y de sostenibilidad del contrato intergeneracional.

La brecha generacional en España es «inédita» porque combina: (a) concentración de patrimonio y estabilidad en las generaciones mayores; (b) elevada formación juvenil que choca con empleos bajos y precariedad; (c) pensiones y protección social que, por diseño y trayectoria, favorecen a quienes ya las reciben; (d) diferencias territoriales que agravan la desigualdad. Para revertirla hacen falta políticas integradas: acceso a vivienda (para comprar y emanciparse), empleo de calidad para jóvenes, medidas de transición educativa-laboral reales y un rediseño sostenido del pacto intergeneracional en pensiones y protección social.

8. ¿LOS BOOMERS TIENEN EL PODER? BOOMEROCRACIA

8.1. ¿Los boomers tienen el poder? Hacia una boomerocracia

❒ **Qué significa "boomerocracia"**

El término **boomerocracia** describe una forma de poder estructural en la que la **generación del "baby boom"** (nacidos entre 1946 y 1964) concentra simultáneamente **el poder económico, político, patrimonial y simbólico** de una sociedad.

No se trata solo de que los boomers sean muchos —aunque lo son—, sino de que sus intereses y su visión del mundo **dominan las instituciones**, el sistema político, las políticas públicas y hasta el relato cultural.

España, con una de las poblaciones más envejecidas de Europa (edad media: 45,1 años en 2025 según el INE), es un caso paradigmático.

❒ **El poder demográfico y electoral**

Los boomers son la **cohorte más numerosa del país** (aprox. 9 millones de personas). Representan más del **40% del electorado efectivo** y presentan la **tasa de participación electoral más alta**: votan más, de forma más constante y con preferencias más conservadoras en lo económico y más cautelosas ante el cambio.

Esto significa que **la política española se diseña pensando en ellos**:

- Revalorización de pensiones,
- Nuevas políticas que profundizan en el diseño de dar más ventajas a los mayores (su diseño original era para evitar su cierta exclusión social del momento): medicinas gratis, transporte extremadamente barato, viajes subvencionados, cine gratuito, etc.,
- Políticas sociales que priorizan estabilidad sobre innovación.

Mientras tanto, los jóvenes —que votan menos y con más fragmentación— tienen **poca capacidad de condicionar la agenda pública**.

El resultado es un sistema constitucional **capturada por la estabilidad intergeneracional**, donde el peso político de los mayores actúa como freno a reformas profundas en vivienda, empleo, educación o transición ecológica.

❒ **El poder económico: quién posee qué**

El **Banco de España (2024)** muestra que los mayores de 55 años concentran **más del 65% del patrimonio neto nacional**, incluyendo vivienda, ahorro y activos financieros.

En contraste, los menores de 35 años apenas superan el **6%**.

A ello se añade un sistema de pensiones en el que la **pensión media supera los 1.430 € mensuales**, mientras que el **salario medio de un joven menor de 30 años ronda los 1.215 €**, según el INE.

Esa **asimetría de renta estable frente a renta precaria** define el poder material: quien tiene propiedad, ahorros y tiempo posee poder estructural, porque no depende del mercado ni del Estado para sobrevivir.

❒ **El poder simbólico y mediático**

Los medios de comunicación tradicionales (televisión, prensa, radio) están diseñados para el público boomer, que sigue siendo su base principal.

La narrativa pública —el sentido común político y moral— se produce, por tanto, **desde esa generación y para esa generación**.

Ejemplo:

- Se habla de "ayudar a los jóvenes" pero no de "redistribuir privilegios".
- Se apela a la "experiencia" de los mayores, pero raramente a la "invisibilidad" de los jóvenes.

En términos de Pierre Bourdieu, los boomers han monopolizado el **capital simbólico**: definen qué es el éxito, la responsabilidad, el mérito y la madurez. Todo el sistema cultural refuerza la idea de que "lo que ellos lograron" fue mérito individual, sin considerar el contexto histórico: pleno empleo, vivienda asequible y Estado del bienestar en expansión mientras que legitiman la desigualdad con un marco narrativo de dominación, culpando a los jóvenes "porque se lo gastan en Netflix...".

❒ **El poder institucional**

En los niveles de representación política, empresarial y sindical, la edad media de quienes toman decisiones ronda los **55-60 años**.

Los parlamentos, consejos de administración, universidades y medios están dirigidos por quienes **vivieron el auge del bienestar, no su declive**.

Por eso, las políticas públicas reflejan su experiencia vital:

- Seguridad antes que riesgo,
- Ahorro antes que inversión,
- Protección antes que innovación.

Esta hegemonía genera **una desconexión histórica** entre quienes diseñan el futuro (boomers) y quienes lo habitarán (millennials y generación Z).

❒ **El mito del mérito y la invisibilidad juvenil**

Los boomers crecieron en un contexto de expansión: escolarización pública, acceso a empleo industrial o funcionarial estable, vivienda asequible y crecimiento económico continuo.

Hoy, esas condiciones han desaparecido. Sin embargo, el discurso dominante mantiene el **mito del mérito individual**, culpando a los jóvenes de su precariedad ("no ahorran", "no se esfuerzan", "no aceptan cualquier trabajo").

Esa narrativa, repetida en medios y política, **neutraliza la crítica estructural**: convierte una desigualdad sistémica en un fallo moral de las nuevas generaciones.

❒ **Boomerocracia y parálisis del cambio**

En términos sociológicos, la boomerocracia no es un poder intencionado, sino **una consecuencia de la estructura demográfica y del sistema de incentivos políticos**.

El resultado es un modelo de país que protege el pasado, no el futuro:

- Un Estado de bienestar que prioriza pensiones sobre vivienda o conciliación.
- Un sistema laboral que mantiene rigideces para proteger a los mayores y precariza a los nuevos.
- Una economía basada en rentas del patrimonio (vivienda, ahorro) en lugar de innovación productiva.

Esa configuración explica por qué España, pese a ser un sistema constitucional, **presenta una de las brechas generacionales más profundas de Europa** (OCDE, Eurostat, 2024).

❒ **Boomerocracia y la deuda esclavizante para las nuevas generaciones.**

Si tomamos la **deuda pública agregada de la Unión Europea** y la repartimos de forma simple entre todas las personas (deuda per cápita = deuda total ÷ población), obtenemos una aproximación útil para ver la carga "teórica" por persona —incluidos los miembros de la Generación Z y los recién nacidos—. Usando datos oficiales y recientes: la deuda consolidada de la UE se situó en torno a **≈14,8 billones de euros** (valor absoluto citado por Eurostat / prensa especializada para 2024/2025) y la población de la UE ronda ≈450,4 millones de habitantes (estimación Eurostat/Reuters para 2024-2025). Dividiendo 14,82 billones € entre 450,4 millones de personas da una deuda pública media por persona de ≈ 32.900 € (El País, 2025).

Para la Generación Z (aprox. edades 13-28 en 2025) podemos estimar su tamaño usando los datos por cohortes: el grupo 15-29 años en la UE suma alrededor de ≈71,7 millones de personas (Eurostat señala que 15-29 representa ese orden de magnitud). Si multiplicamos la deuda per cápita (~32.900 €) por esos ≈71,7 millones, la "porción" agregada de deuda atribuible simbólicamente a la Generación Z sería de ≈2,36 billones de euros (esto es: 32.900 € × 71,78 millones ≈ 2,36 × 10^12 €). En términos prácticos, cada miembro de la Generación Z, de media, "cargaría" con unos 32.900 € de deuda pública bajo esta forma de reparto aritmético (Eurostat, 2025).

Respecto a los nacidos este año (los recién llegados a la cohorte que inicia la llamada Generación Alpha), la lógica aritmética es la misma: la deuda per cápita media para cada recién nacido sería también del orden de ≈32.900 €. Es decir, si la sociedad decidiera repartir la deuda pública actual homogéneamente entre todas las personas, un bebé nacido hoy "heredaría" una carga teórica de deuda de ~32,9k € según hemos contemplado en diversas fuentes. Con las cifras agregadas más recientes, la carga contable de deuda pública por persona en la UE ronda **≈33 000 €**; ese importe es el que, aritméticamente, correspondería de media tanto a cada miembro de la Generación Z como a cada recién nacido de 2025. Las cifras concretas utilizadas: deuda UE ≈ 14,82 billones € y población UE ≈ 450,4 millones.

❒ **¿Es posible el auténtico relevo?**

No se trata de culpar a los boomers, sino de **reconocer que su hegemonía estructural bloquea el relevo generacional**.

Un sistema político sano requiere que cada generación tenga capacidad de definir su propio horizonte.

Hoy, sin embargo, el poder político, mediático y económico de los boomers convierte a los jóvenes en **súbditos del pasado**, herederos de un sistema que ya no pueden reformar ni sostener.

La *boomerocracia* no es una ideología: es el reflejo de una sociedad envejecida que, por miedo a perder lo conseguido, **renuncia a imaginar el futuro**.

Así, con determinadas políticas —aunque parezcan socialmente justas— funcionan como mecanismos simbólicos que **refuerzan la desigualdad estructural** entre generaciones.

Tabla: Brecha generacional en España (2023-2025)

Indicador	Baby Boomers (1946-1964)	Millennials (1981–1996)	Generación Z (1997–2012)	Fuente
Tasa de propiedad de vivienda	86% son propietarios	63% son propietarios	35% son propietarios	INE, *Encuesta Continua de Hogares* (2024)
Empleo estable (contrato indefinido)	79%	54%	32%	EPA – INE (2024)
Salario medio anual neto (€)	28.600 €	22.500 €	16.800 € (primer empleo)	INE, *Encuesta de Estructura Salarial* (2023)
Nivel de estudios superiores	22%	38%	49% (titulación universitaria o FP superior)	OCDE, *Education at a Glance* (2024)
Riesgo de pobreza o exclusión (AROPE)	17,3%	27,8%	31,6%	INE / Eurostat (2024)
Pensión media de jubilación (€)	1.430 €/mes	—	—	Ministerio de Inclusión, Seguridad Social y Migraciones (2024)
Salario medio de menores de 30 años (€)	—	—	1.215 €/mes	INE (2024)
Porcentaje que vive de alquiler o en casa de los padres	11%	34%	58%	Observatorio de la Juventud (2024)

Los mayores (boomers) concentran propiedad, pensiones y estabilidad; los jóvenes (Z y parte de los millennials) concentran precariedad, sobreformación, dependencia residencial y riesgo de pobreza.

8.2. La paradoja de las políticas intergeneracionales: bienestar para unos, bloqueo para otros

En España se ha construido una narrativa de justicia social que, en apariencia, protege a los sectores más vulnerables —en especial, a las personas mayores—. Sin embargo, cuando se observa en términos estructurales y generacionales, muchas de estas políticas **refuerzan una desigualdad ya consolidada**.

❒ **Políticas universales con sesgo etario**

Medidas como la medicación gratuita, el transporte subvencionado o gratuito, los viajes del IMSERSO o la revalorización automática de las pensiones son conquistas sociales legítimas y necesarias para proteger a los mayores. Pero en el contexto actual, estas políticas se sostienen sobre una base fiscal aportada mayoritariamente por generaciones jóvenes con salarios más bajos, contratos inestables y escasas perspectivas de mejora.

El resultado es una redistribución regresiva entre generaciones: los jóvenes pagan, directa o indirectamente, por beneficios de los mayores que ya están fuera del mercado laboral y que además poseen más patrimonio y poder político. No es una política social "injusta" en su intención, pero sí asimétrica en su efecto.

Por ejemplo, los mayores de 65 años concentran cerca del 70% de la riqueza neta privada en España, según el Banco de España (2024), mientras que los menores de 35 apenas poseen un 6%. A pesar de ello, los programas de gasto público están más orientados a las rentas fijas de jubilación que al acceso juvenil a vivienda o empleo estable.

❒ El Mecanismo de Equidad Intergeneracional (MEI): justicia aparente, carga real

El MEI, introducido en 2023, pretende reforzar la sostenibilidad del sistema de pensiones con una cotización adicional del 0,6% (posteriormente ampliada al 1,2%) aplicada a todos los salarios y empresas. En la práctica, esto aumenta las cotizaciones de los trabajadores activos —en su mayoría jóvenes y de clase media— para sostener las pensiones presentes, no las futuras.

El MEI se presenta como un pacto solidario, pero es, en términos sociológicos, una "construcción simbólica de equidad": transmite la idea de corresponsabilidad mientras refuerza un modelo donde los jóvenes financian prestaciones que probablemente no recibirán en la misma cuantía. Es decir, el sistema se legitima moralmente en nombre de la solidaridad, pero materialmente refuerza una estructura desigual y poco sostenible.

❒ La hegemonía política de los mayores

El peso electoral de los boomers —más del 40% del censo activo— condiciona las decisiones políticas: los partidos orientan sus programas a un electorado estable, propietario y envejecido. Las políticas sociales se diseñan para **no excluir a los mayores**, aunque eso implique marginar a quienes más lo necesitan. Esto genera un "constitucionalismo gerontocrático": estable, pero inmóvil.

❒ Medios y legitimación moral

Los medios tradicionales refuerzan esta narrativa con mensajes que **culpabilizan a los** jóvenes ("no ahorran", "no se esfuerzan", "no quieren trabajar") y presentan las ventajas de los mayores como derechos intocables. Así se oculta la injusticia estructural: la transferencia intergeneracional inversa, donde los más pobres y precarios sostienen el bienestar de quienes ya fueron protegidos por un Estado social más sólido.

Por todo esto, La brecha generacional en España no es una simple diferencia de edades, sino una **reconfiguración del contrato social**.

La clase media, motor histórico de la representación política (como demostraron Tocqueville, Lipset o Dahl), se ha vuelto intergeneracionalmente desigual: sólida entre los mayores, evaporada entre los jóvenes.

Las políticas que se presentan como "de bienestar universal" encubren una redistribución regresiva y perpetúan una estructura en la que la estabilidad está en retirada y la precariedad es hereditaria.

En definitiva, España ha construido un **Estado del bienestar conservador**, que protege el pasado más que el futuro, y que legitima su equilibrio moral a costa de una generación entera sin vivienda, sin patrimonio y sin horizonte.

La sociología hoy enfrenta su mayor desafío: comprender un mundo que cambia más rápido que su capacidad de análisis. La sociedad gaseosa de la IV Revolución Industrial exige una mirada crítica, empírica y ética, capaz de rastrear lo que permanece bajo la niebla de la velocidad. Si en el siglo XX el reto era entender las estructuras, hoy lo es entender la disolución de esas estructuras. Solo una sociología libre, interdisciplinar y consciente de su propio contexto podrá evitar evaporarse junto con la realidad que intenta estudiar.

9. ¿LAS SOCIEDADES GASEOSAS PUEDEN EXPLOTAR?

Conviene explicarlo con calma y con los marcos clásicos y contemporáneos de la teoría social: por un lado, las ideas de cohesión de Émile Durkheim (mecánica vs. orgánica) nos dicen qué tipo de vínculos sostienen una sociedad; por otro, los trabajos de Robert Putnam y de teóricos contemporáneos sobre multiculturalismo y justicia (Kymlicka, Fraser, Modood) delimitan los efectos y límites de la diversidad sobre la confianza social. A partir de ahí podemos localizar dónde y cómo aparece la explotación en sociedades gaseosas —y cuáles son los peligros de confundir pluralidad cultural con justicia social.

9.1. Durkheim: ¿qué sostiene la cohesión social?

Durkheim distinguió dos formas de solidaridad que sostienen la integración social. En sociedades tradicionales, la **solidaridad mecánica** se basa en la semejanza: normas, creencias y rutinas compartidas que cohesionan a los individuos (Durkheim, 1893). En sociedades complejas y modernas predomina la **solidaridad orgánica**, que se funda en la interdependencia funcional entre roles diferenciados; la cohesión se logra porque las personas se necesitan entre sí a pesar de la diferencia (Durkheim, 1893; 1897).

En una sociedad gaseosa la "masa" coherente de relaciones tiende a evaporarse: las formas de interdependencia están fragmentadas, los vínculos son transitorios, y las instituciones de mediación (sindicatos, asociaciones vecinales, redes estables) pierden densidad. Durkheim ya avisaba que cuando la solidaridad orgánica no está bien regulada por normas morales compartidas y por instituciones que articulen la reciprocidad, aparece la anomia —una disolución de las normas que conduce a inseguridad, pérdida de sentido y vulnerabilidad (Durkheim, 1897). En ese hueco institucional y moral es donde la explotación encuentra terreno fértil: la desregulación relacional y laboral facilita que agentes poderosos capten renta, externalicen costes y reduzcan la capacidad de respuesta colectiva.

9.2. Putnam y los límites de la diversidad en la confianza social

Robert Putnam, con datos comparativos, mostró que **la diversidad étnica y cultural puede tener un efecto a corto plazo de reducción de la confianza social y del capital cívico**: en su famosa formulación, en lugares más diversos la gente "tiende a volverse hacia dentro" (bonding) y la confianza generalizada baja (Putnam, 2007; Putnam, 2000). Es decir, la diversidad sin instituciones integradoras puede debilitar la confianza interpersonal y la cooperación. Putnam no afirma que la diversidad sea en sí mala; su advertencia es empírica: sin políticas deliberadas de inclusión, la pluralidad puede erosionar la solidaridad necesaria para defender intereses comunes.

Ese descenso de confianza y de redes horizontales constituye un mecanismo por el que las sociedades gaseosas se vuelven más explotables: cuando la gente no confía, no se organiza, no participa en colectivos ni reivindica derechos, el poder económico encuentra menos resistencia. Las élites (financieras, corporativas, tecnológicas) operan con mayor facilidad en contextos donde el tejido social está debilitado y la ciudadanía fragmentada.

9.3. Multiculturalismo: reconocimiento sin redistribución

La discusión teórica sobre multiculturalismo (Kymlicka 1995, Modood 2013) enfatiza la importancia del **reconocimiento cultural** —respetar diferencias, derechos de minorías, representación—. Sin embargo, políticos y mercados a veces convierten la multiculturalidad en una **oferta simbólica** (visibilidad, celebraciones culturales, cuotas simbólicas) que no toca la **redistribución material** ni las condiciones estructurales de vida. Nancy Fraser ha insistido en que el reconocimiento cultural sin medidas de redistribución puede profundizar la injusticia: la lucha por el respeto (reconocimiento) debe complementarse con la lucha por la justicia económica (redistribución) (Fraser, 2000).

En sociedades gaseosas, la fragmentación identitaria puede derivar en micropolíticas de identidad que compiten entre sí (y que son explotadas mediáticamente), mientras que las cuestiones de poder económico —propiedad, salarios, acceso a vivienda— permanecen intactas o empeoran. El resultado: multiculturalismo mediático + precariedad material = legitimación de desigualdades estructurales.

9.4. Dónde están los límites y problemas prácticos

- **Confusión de reconocimiento por transformación estructural.** Celebrar diversidad cultural no sustituye políticas redistributivas; puede incluso distraer.
- **Paralización de demandas colectivas.** La fragmentación identitaria y la competencia por visibilidad erosionan sentimientos de solidaridad de clase o interés general, dificultando huelgas, alianzas intergrupales y coaliciones redistributivas.
- **Desigualdad y falta de mediación institucional.** Sin sindicatos fuertes, redes comunitarias o instituciones públicas inclusivas, la diversidad no genera capital social sino atomización.
- **Manipulación política y mercado de identidades.** Actores políticos y empresariales pueden instrumentalizar identidades para dividir y neutralizar demandas económicas (la "política de reconocimiento" que no redistribuye).
- **Efectos diferenciales:** las minorías económicamente vulnerables sufren doble carga: discriminación cultural y exclusión económica.

9.5. Por tanto: ¿pueden explotar las sociedades gaseosas?

Es posible, especialmente si se dan tres condiciones: (a) **baja cohesión normativa/institucional** (anomia durkheimiana), (b) **diversidad no mediada por instituciones públicas fuertes** que promuevan confianza y justicia, y (c) **concentración de poder económico** (finanzas, plataformas) que aprovecha la atomización. La lección teórica-práctica es clara: la pluralidad cultural por sí sola no garantiza ni protege contra la explotación; lo que importa es **cómo** la diversidad se articula con políticas de redistribución, mecanismos de inclusión democrática y estructuras de mediación social que reconstruyan confianza y capacidad colectiva.

IV. CULTURA Y SOCIALIZACIÓN: UNA APROXIMACIÓN A LOS PROCESOS SOCIALES

DAVID DEL PINO DÍAZ
Universidad Nebrija

1. INTRODUCCIÓN

El objetivo principal de este capítulo es ofrecer una explicación clara y concisa de dos conceptos centrales en ciencias sociales: la cultura y la socialización. Ambas nociones, íntimamente ligadas, actúan como un "pegamento social" que permite a los individuos integrarse en sociedades cada vez más complejas. No obstante, como veremos a lo largo del texto, estos procesos también pueden ser un mecanismo para la reproducción de las relaciones de poder y la desigualdad de clase, según perspectivas críticas como las propuestas por el sociólogo francés, Pierre Bourdieu.

Aunque abordar el concepto de cultura resulta una tarea sumamente compleja, puede entenderse, ante todo, como una de las facultades esenciales del ser humano: la capacidad de comunicarse y comprenderse con los demás. Hay un hecho capital que separa de manera tajante la sociedad animal de la humana: la cultura. Tal disposición natural para el lenguaje y el intercambio simbólico está estrechamente vinculada a la creación de estructuras culturales que, en distintos momentos históricos —desde los magos, pasando por los sacerdotes y hasta las burocracias modernas— han tejido marcos de referencia moral, aportado certidumbre y posibilitado experiencias de trascendencia. Gracias a ello, se hace posible enfrentar la tensión permanente entre individuo y sociedad, una cuestión central en el pensamiento de autores como Durkheim, Weber o Simmel.

Para dar respuesta a este objetivo se adopta una estructura organizada según cuatro epígrafes. En un primer momento, se clarificará el concepto de socialización. En segundo lugar, se aportarán claves interesantes para comprender el concepto de cultura. Posteriormente, se especificará el rol que tiene el proceso de socialización y el concepto de cultura para una de las corrientes sociológicas más importantes del siglo XX: el funcionalismo de Talcott Parsons, Robert Merton y Niklas Luhmann. Por último, se tratará de explicar estos dos conceptos según la perspectiva de Pierre Bourdieu y Jean-Claude Passeron.

2. EL CONCEPTO DE SOCIALIZACIÓN: DE LA NORMA AL CONFLICTO

El concepto de socialización, en términos sociológicos, hace referencia al proceso por el cual los individuos se transforman de seres biológicos a seres sociales, un conjunto de movimientos que los modelan para su integración en la sociedad (Lahire, 2007). Para Émile Durkheim (1976), la educación y la socialización eran esenciales para generar el lazo social. Durkheim sostenía que la sociedad no se mantiene únicamente por los intereses individuales, sino que necesita una cohesión basada en la "semejanza de conciencias" y la "división del trabajo social". Desde su punto de vista, la socialización es el mecanismo indispensable para que las nuevas generaciones se adapten a los parámetros de la sociedad, evitando su desintegración. Por su parte, Max Weber (2014) se centró en la socialización desde la perspectiva del individuo, definiéndola a través de la acción social, es decir, el sentido que las personas le dan a sus actos. En las sociedades modernas, esta acción socializada se basa en relaciones asociativas que pueden ser racionales o afectivas.

De este modo, el proceso de socialización explica cómo el individuo queda atrapado por las redes culturales de su sociedad. Consiste en un continuo aprendizaje donde nos adaptamos a los grupos humanos de los que formamos parte, nos adecuamos a sus normas, reglas y estándares sociales. Este proceso es especialmente intenso en los primeros años de la vida de un ser humano. En la infancia es el momento donde más claro se observa el proceso de aprendizaje, donde se produce con mayor intensidad.

La sociología clásica distingue entre la socialización primaria (a cargo de la familia) y la socialización secundaria (influencia de la escuela, amigos, etc.). Sin embargo, la perspectiva de Pierre Bourdieu introduce una crítica fundamental, al argumentar que la socialización perpetúa la dominación social y las asimetrías de clase. Según Bourdieu, el orden social se reproduce mediante la interacción entre estructuras objetivas (la escuela, la familia) y las disposiciones subjetivas de los individuos. Para el pensador francés, la socialización primaria, basada en el capital económico y cultural de la familia, es el punto de partida que marca la trayectoria social de un sujeto. En esta visión, la escuela no es un espacio de igualdad, sino un mecanismo que reproduce las desigualdades al validar y recompensar un capital cultural que ya ha sido adquirido por las clases privilegiadas en sus entornos familiares.

Continuando con esta línea, el proceso de socialización dentro de una sociedad no es uniforme, pues varía según criterios como la clase social, el sexo, el espacio geográfico o el capital cultural. Por ejemplo, las niñas sufren un proceso de socialización diversa a los niños, lo que condiciona la subordinación de las mujeres a lo largo de la historia, pues este rol de subalternidad fundamentalmente se absorbe en la socialización diferenciada. El principal agente de socialización primaria para un ser humano es la familia. Sin embargo, este agente prontamente es sustituido por el sector público o instituciones privadas como el sistema escolar, la Iglesia o las asociaciones deportivas. El crecimiento de los agentes de socialización está estrechamente ligado a la edad del individuo. Con cada año que se suma existe la posibilidad de verse afectado por más agentes que influyen en la identidad personal.

En las sociedades avanzadas, paulatinamente se han sumado otros agentes de socialización de gran importancia como son la radio, el cine, la televisión, la prensa escrita o los medios sociales.

3. LA CULTURA: DEL IDEAL A LA ESTRUCTURA SIMBÓLICA

El concepto de cultura ha experimentado una notable evolución. En los siglos XIX y XX, autores como Thomas Carlyle o Matthew Arnold la veían como un ideal elitista, un bien que debía ser protegido de la "barbarie" y las "masas incultas". Esta visión profundamente elitista, entendía la cultura como un ambiente reservado a las élites, separado de la vida de las masas y la clase trabajadora. Edmund Burke, por ejemplo, asociaba la cultura con la defensa de lo civilizado frente a los excesos de la Revolución Francesa; Thomas Carlyle la concebía como vía de perfección para la aristocracia; Nietzsche la contraponía a la figura del bárbaro o el salvaje; Matthew Arnold la veía como fuerza espiritual frente a la homogeneización del industrialismo; Gustave Le Bon caracterizaba a las masas como incultas, coincidiendo en parte con Ortega y Gasset; y Frank Raymond Leavis, ya en 1930, marcaba la línea entre la "cultura culta" y la cultura de masas vinculada a las fábricas y a la clase obrera.

En este marco, la cultura fue imaginada como un espacio puro, ajeno al contacto con la masa, y asociada a la búsqueda de la perfección humana. Sin embargo, durante el siglo XX surgieron lecturas alternativas que transformaron radicalmente el concepto. Los antropólogos Bronislaw Malinowski, Clifford Geertz y Claude Lévi-Strauss ofrecieron visiones más inclusivas y funcionales, que desplazaron la cultura del terreno elitista hacia una comprensión social y simbólica.

Para Malinowski (1981), la cultura no era patrimonio de unos pocos, sino el conjunto integral de instituciones, costumbres, herramientas y normas que permiten a un grupo humano organizarse y sobrevivir. Desde las sociedades llamadas primitivas hasta las complejas, la cultura era un sistema que otorgaba cohesión y resolvía problemas colectivos.

Clifford Geertz (2006), influido por Max Weber, enfatizó el carácter simbólico de la cultura. Para él, los seres humanos están naturalmente predispuestos a crear y asumir sistemas de significados que otorgan sentido a la vida. Así, la religión, los ritos o los tótems no solo representan creencias, sino que actúan como marcos simbólicos que mantienen unido al grupo social. Geertz destacó que los símbolos son los que convierten la experiencia humana en algo comprensible, compartido y estable.

Por su parte, Claude Lévi-Strauss (1964, 1987) entendió la cultura como un sistema de signos que funciona de manera similar al lenguaje. Los mitos, las reglas de parentesco o las leyes sociales son estructuras de intercambio simbólico que permiten ordenar la vida y dar forma al entendimiento humano. Aunque este sistema sigue siendo en parte un misterio, su fuerza radica en la capacidad de crear puentes de comunicación y cohesión entre las personas.

Así pues, mientras que los autores del XIX veían la cultura como un criterio de distinción entre civilización y barbarie, los antropólogos del XX la replantearon como un entramado de prácticas, símbolos y signos que atraviesa a toda la humanidad. Este giro permitió concebir la cultura no como una barrera elitista, sino como el lenguaje común que sostiene la vida social y posibilita el entendimiento entre grupos diversos.

Resumiendo todo lo comentado, la cultura alude al conjunto de pautas y comportamientos que han sido colectivamente aceptado, aprendido y transmitido. Por ello, la cultura requiere de un proceso sistemático de aprendizaje, que siempre será social, como no puede ser de otro modo. La cultura sistematiza patrones comunes en una colectividad. La cultura en sí misma, y este es uno de los rasgos más llamativos, es en muchas ocasiones intangible y abstracta, pero sus resultados son visibles y perimetrados en el espacio y el tiempo. No podemos hablar de una única cultura, pues existen culturas, que varían según el tipo de sociedad y el tiempo histórico que tratemos. La esencia humana es la misma en todos los lugares, pero se presenta de modos muy diferentes según la historia del lugar y su expresión cultural.

En suma, la cultura está compuesta por creencias, signos, valores, gustos y modos de conducta. Toda cultura contiene elementos cognoscitivos que explican qué es la naturaleza y la sociedad. Sin estos códigos mínimos de convivencia ninguna sociedad podría sobrevivir en el tiempo. Es una condición indispensable para la supervivencia de cualquier pueblo.

4. LA MIRADA FUNCIONALISTA DE LA CULTURA

El funcionalismo es una de las grandes corrientes de la sociología del siglo XX. Su punto de partida se encuentra en la tradición positivista de Auguste Comte y Herbert Spencer, para quienes la sociedad podía estudiarse con el mismo rigor que la naturaleza. Desde este enfoque, la realidad social es una estructura organizada que asigna a los individuos determinados roles con el fin de asegurar la armonía y la cohesión, lo que Émile Durkheim llamaba el "lazo social". La idea central era clara: si descubrimos las leyes que rigen la vida social, podremos entender cómo se mantiene unida la sociedad.

Talcott Parsons, considerado el gran representante del funcionalismo, publicó en 1937 su obra *La estructura de la acción social*. Allí recogió elementos de Max Weber y los tradujo a una teoría que concebía la sociedad como un sistema compuesto por subsistemas relativamente autónomos, pero que no podían existir sin el todo (Mattelart, 1993). Para Parsons, la cultura era el pegamento que mantenía unido este entramado: transmitida de generación en generación, aprendida y compartida, la cultura integraba las distintas esferas sociales sin anular su autonomía. De este modo, el conflicto quedaba reducido a algo marginal, y el sistema tendía hacia el equilibrio (Parsons, 1984).

Robert Merton (2002), sin embargo, introdujo matices. Aunque siguió dentro del funcionalismo, criticó la visión excesivamente armónica de Parsons. Según él, la sociedad no era un todo estable, sino un espacio de tensiones y disputas que podían alterar el sistema. Su propuesta buscó dar bases más empíricas y científicas a la sociología, señalando que la sociedad funciona como una red de partes interrelacionadas que tienden al equilibrio, pero que al mismo tiempo se transforman. En sus postulados, destacó cuatro principios: la interdependencia de las partes, el equilibrio dinámico, la tendencia de las acciones hacia la estabilidad y la necesidad de ciertos elementos funcionales para que el sistema subsista. Para Merton, algunas instituciones o prácticas culturales eran indispensables para la supervivencia del sistema, lo que lo acercaba a Parsons, aunque reconociendo la posibilidad del conflicto.

En paralelo, Berger y Luckmann (2005) aportaron otra dimensión clave: la construcción social de la realidad. Para ellos, la vida cotidiana está llena de significados previamente objetivados que se transmiten a través del lenguaje y la cultura. Así, lo que consideramos "realidad" no es simplemente algo dado, sino una construcción simbólica, compartida de manera intersubjetiva. Esta perspectiva ayudó a entender que la cultura no solo cohesiona, sino que también estructura la experiencia cotidiana.

Por su parte, Niklas Luhmann (1996) llevó el funcionalismo a un nivel más complejo. Retomando la idea de Parsons, propuso que la sociedad está formada por múltiples sistemas "autopoiéticos", es decir, capaces de producirse y reproducirse a sí mismos. Estos sistemas funcionan en relación con su entorno, y la clave de su supervivencia es la comunicación. La diferencia entre sistema y entorno se resuelve mediante flujos comunicativos que filtran lo que puede integrarse y lo que debe excluirse. En este sentido, la cultura cumple un papel esencial como mediadora entre lo interno y lo externo, como un vaso comunicante que mantiene abierto el diálogo y permite que el sistema se adapte sin desintegrarse.

Luhmann coincidía con Parsons en que el sistema es cerrado y autorreferencial, pero a diferencia de él, otorgaba un lugar central al conflicto. La tensión entre sistema y entorno no era un problema para erradicar, sino una condición inevitable de la vida social. Así, mientras Parsons veía la cultura como un elemento integrador que reduce las diferencias, Luhmann la situaba en el corazón de la dinámica entre orden y conflicto, comunicación y exclusión.

En conjunto, Parsons, Merton y Luhmann representan distintas etapas del funcionalismo. El primero lo concibió como una teoría de la cohesión y el equilibrio; el segundo lo reformuló para reconocer el peso del conflicto y buscar mayor objetividad científica; y el tercero lo complejizó al introducir la idea de sistemas autopoiéticos y comunicación como principio organizador. Todos, sin embargo, mantuvieron la centralidad de la cultura: ya sea como tradición compartida, como requisito funcional para el equilibrio o como red de significados y flujos simbólicos que hacen posible la existencia misma de la sociedad.

De este modo, el funcionalismo ofrece una mirada que, pese a sus diferencias internas, concibe la cultura como elemento indispensable para comprender cómo se mantiene unida la vida social. Lejos de ser un mero adorno, la cultura aparece como el lenguaje común, el conjunto de símbolos, normas y valores que integran los sistemas sociales, reducen o gestionan los conflictos y permiten la continuidad de la sociedad en medio del cambio.

5. LA CULTURA COMO CORAZÓN DE LA DESIGUALDAD: EL CAPITAL CULTURAL

Pierre Bourdieu es uno de los pensadores más influyentes del siglo XX y, a la vez, uno de los más críticos con la tradición funcionalista. Frente a la visión de Émile Durkheim y de los funcionalistas que concibieron la sociedad como un todo armónico, donde los conflictos eran secundarios o residuales, Bourdieu sostiene que la realidad social, lo que él denomina el mundo social, no es uniforme ni estático. Al contrario, está conformado por campos sociales, espacios relativamente autónomos como la política, la economía, la educación, el arte o la ciencia, donde los agentes luchan por recursos, reconocimiento y poder. A diferencia de los subsistemas de Parsons, los campos no son piezas que encajan en un sistema equilibrado, sino realidades históricas y conflictivas que se desarrollan en la lucha entre los agentes y también en la confrontación entre distintos campos. Cada campo tiene reglas propias, jerarquías internas y capitales específicos que definen la posición de los actores, de modo que el conflicto no es una anomalía que deba resolverse, sino el motor mismo de la vida social. El campo, como lo describe Bourdieu, es un espacio de fuerzas en tensión donde los ocupantes buscan mantener o mejorar su posición e imponer los principios de jerarquización más favorables para sus intereses (Bourdieu y Wacquant, 2012).

El pensamiento de Bourdieu combina elementos de Durkheim, Weber y Marx, aunque estos autores fueran en muchos aspectos irreconciliables. De Durkheim hereda la idea de que todo hecho social es susceptible de ser estudiado científicamente; de Weber, la importancia de la diferenciación de las esferas de acción en las sociedades modernas; y de Marx, la centralidad de la lucha de clases como característica inconfundible de las sociedades complejas. Gracias a esta síntesis, Bourdieu logra articular un enfoque original que supera los límites del funcionalismo y abre nuevas vías de análisis en sociología.

Una de sus grandes contribuciones se encuentra en el estudio de la cultura y la educación, realizado junto a Jean-Claude Passeron en obras como *Los herederos* (2009) y *La reproducción* (2001). En *Los herederos*, Bourdieu y Passeron muestran que el éxito o el fracaso escolar no depende únicamente del esfuerzo individual o de las aptitudes naturales de los alumnos, sino que está estrechamente vinculado con el origen social. La familia, el barrio, los hábitos cotidianos, el capital económico y cultural heredado, todo esto marca profundamente la trayectoria educativa. Lo que suele interpretarse como mérito personal, como obtener buenas notas o tener inquietudes intelectuales, es en gran medida el resultado de una socialización previa que dota a los individuos de herramientas culturales desiguales. Los estudiantes de familias con alto capital cultural parten con ventaja porque han crecido rodeados de libros, conversaciones intelectuales y prácticas que facilitan la comprensión de los códigos escolares. En cambio, quienes provienen de clases populares llegan a la escuela con menos recursos simbólicos, y esa carencia es interpretada por la institución como falta de capacidad, cuando en realidad responde a desigualdades estructurales.

Este fenómeno, que los autores llaman reproducción cultural, muestra que la escuela, lejos de ser un espacio neutral que garantice igualdad de oportunidades, refuerza las diferencias sociales al legitimar como mérito lo que en realidad es herencia cultural. Así, sanciona las desigualdades mientras aparenta ignorarlas, contribuyendo a perpetuar las distancias entre clases. Para comprender cómo se produce esta reproducción, Bourdieu introduce el concepto de capital cultural, que puede presentarse en tres formas: incorporado, como los hábitos, disposiciones y competencias adquiridas en la familia; objetivado, como los bienes culturales, los libros o las obras de arte; e institucionalizado, como los títulos y credenciales académicas que certifican competencias. Este capital cultural no está distribuido de manera igualitaria en la sociedad, sino que las clases dominantes lo acumulan y lo transmiten a sus descendientes, asegurando de este modo la reproducción de su posición social.

A la vez, Bourdieu desarrolla la noción de *habitus*, entendida como un sistema de disposiciones prácticas, percepciones y hábitos que guían la acción de los individuos en la vida cotidiana. El *habitus* se forma en los procesos de socialización, especialmente en la familia, y hace que ciertas prácticas y elecciones parezcan naturales, cuando en realidad son el producto de la historia social interiorizada. De este modo, las desigualdades no solo se transmiten en el ámbito económico, sino también en los modos de vida, en las formas de hablar, de moverse, de vestir, en las preferencias culturales y en los gustos.

En *La reproducción*, Bourdieu y Passeron profundizan en el papel de la cultura como mecanismo de dominación. Lo que se presenta como cultura legítima, como el patrimonio común de la humanidad, es en realidad el resultado de luchas históricas y relaciones de poder que se han naturalizado y olvidado. La escuela, la universidad y los aparatos del Estado consolidan esa cultura como si fuera universal y neutral, cuando en realidad refleja los intereses de las clases dominantes. Por eso, los estudiantes que poseen ese capital cultural desde el inicio se sienten cómodos en el espacio educativo, mientras que quienes carecen de él enfrentan obstáculos que tienden a ser sancionados como fracasos individuales. La cultura, que parece patrimonio compartido, se convierte en instrumento de exclusión y distinción social.

Esta reflexión conecta con la obra de Edmond Goblot, *La barrera y el nivel* (2003), donde se mostraba cómo la burguesía se distingue del resto de la sociedad mediante prácticas simbólicas (Alonso, 2021). La barrera separa a los que pertenecen y los que no, a través de signos visibles como la vestimenta, la forma de hablar o los modales. El nivel, en cambio, marca grados de sofisticación dentro de la propia burguesía: no es lo mismo quien necesita exhibir constantemente su posición que quien ya no siente la necesidad de demostrarla. Bourdieu retoma esta intuición y la lleva a su máxima expresión en *La distinción. Criterio y bases sociales del gusto* (2017). En este trabajo sostiene que los gustos culturales no son elecciones libres, sino productos de las condiciones sociales y del *habitus*. Las obras culturales elevadas, como la música clásica, la pintura moderna o la literatura erudita, no solo son objetos de disfrute, sino también instrumentos de diferenciación social. Solo quienes poseen el capital cultural necesario pueden descifrar los códigos que permiten apreciarlas, de modo que el gusto funciona como un marcador de clase.

Con ello, Bourdieu muestra que la cultura legítima no es un bien universal, sino un instrumento de dominación simbólica. Las clases dominantes definen lo que cuenta como buen gusto y lo imponen como norma general, reforzando así su posición y distinguiéndose de las demás clases. La aparente universalidad de la cultura esconde un trasfondo de exclusión y jerarquización. En este punto se evidencia con claridad la diferencia entre el funcionalismo y la sociología crítica de Bourdieu. Para Parsons, la cultura cumplía una función integradora que permitía mantener unido el sistema social. Para Bourdieu, en cambio, la cultura es un terreno de luchas simbólicas donde se reproducen y legitiman las desigualdades. La cohesión aparente de la sociedad no es el resultado de valores compartidos, sino de mecanismos de dominación que se presentan como neutrales.

El pensamiento de Pierre Bourdieu obliga, entonces, a repensar la relación entre cultura, educación y sociedad. Más que un patrimonio común, la cultura es un campo de batalla en el que se disputan significados, recursos y posiciones sociales. Su teoría del capital cultural, del *habitus* y de los campos sociales ofrece herramientas fundamentales para entender cómo las desigualdades se transmiten y legitiman de generación en generación. Mientras el funcionalismo veía en la cultura un pegamento que mantenía la cohesión social, Bourdieu la interpreta como un mecanismo de distinción y dominación. En esta diferencia se encuentra la potencia crítica de su sociología: mostrar que lo que parece natural y universal es, en realidad, el producto de luchas históricas y sociales que, lejos de haberse superado, siguen estructurando el presente.

6. CONCLUSIONES

En las ciencias sociales, los conceptos de cultura y socialización son entendidos como realidades móviles y dinámicas, atravesadas por tensiones entre cohesión y conflicto. Ambos procesos no son estáticos ni universales, sino que dependen de la estructura social y de los cambios históricos que marcan a cada sociedad. Cuando hablamos de aculturación —ese proceso de apropiación, transformación y transmisión de la cultura—, nos situamos en el corazón de la sociología: la relación entre las prácticas sociales, los símbolos compartidos y las estructuras de poder que organizan la vida en común. La Modernidad, con su manera particular de organizar la sociedad, es el escenario donde estas categorías adquieren un papel fundamental.

Para comenzar, conviene detenernos en la socialización. Émile Durkheim y Max Weber, dos de los padres fundadores de la sociología, la vieron como un proceso esencial para garantizar la cohesión social. Aunque lo hicieron desde perspectivas diferentes, ambos coincidieron en que sin socialización no hay sociedad posible. Durkheim la entendió como el mecanismo a través del cual los individuos interiorizan normas, valores y creencias que permiten mantener unida a la comunidad. Weber, en cambio, puso el acento en la acción social y en cómo los sujetos, a través de la interacción, dan sentido al mundo y reproducen esquemas de comportamiento. Hoy solemos distinguir dos grandes tipos de socialización: la primaria, vinculada a la familia y a las primeras experiencias vitales, y la secundaria, relacionada con el colegio, los amigos o el entorno laboral. Estos espacios van moldeando al individuo, otorgándole disposiciones prácticas que lo preparan para ocupar un lugar en la sociedad.

Sin embargo, Pierre Bourdieu introduce una mirada más crítica. Inspirado en algunas ideas de Marx, sostiene que los procesos de socialización no son neutros, sino que están atravesados por asimetrías de clase. La familia y la escuela no solo transmiten conocimientos o valores, sino que reproducen relaciones de dominación. Así, los hijos de familias con mayor capital cultural parten con ventaja en la escuela, mientras que quienes provienen de entornos populares encuentran más dificultades. De este modo, lo que parece un simple proceso de aprendizaje es en realidad un mecanismo que garantiza la reproducción de las desigualdades sociales.

La importancia de estas reflexiones se entiende mejor si consideramos el papel que la cultura desempeña en la Modernidad. En sociedades medievales, la cultura estaba fuertemente ligada a la tradición y a la religión. Con la llegada del capitalismo industrial y el crecimiento de las ciudades, la cultura se convirtió en un espacio de lucha y disputa simbólica. En el siglo XIX y parte del XX, muchos autores la concibieron como un bien puro que debía mantenerse alejado de la "masa" o del "pueblo". Era vista como patrimonio exclusivo de las élites, un símbolo de distinción frente a la barbarie o la vulgaridad de las clases populares.

Otros pensadores, sin embargo, ofrecieron miradas distintas. Antropólogos como Bronislaw Malinowski, Clifford Geertz o Claude Lévi-Strauss defendieron que la cultura debía entenderse como un sistema de símbolos, mitos y prácticas compartidas que permitían a las sociedades —ya fueran llamadas primitivas o complejas— funcionar con un cierto orden y cohesión. Para Geertz, por ejemplo, la cultura es una red de significados en la que los seres humanos están inmersos, y a través de la cual interpretan y organizan su mundo.

Desde el funcionalismo, Talcott Parsons, Robert K. Merton y Niklas Luhmann también ofrecieron interpretaciones relevantes. Parsons concibió la sociedad como un sistema compuesto por subsistemas interrelacionados, donde la cultura funcionaba como un pegamento que aseguraba la integración. Merton introdujo una visión más matizada al reconocer que podían surgir disfunciones y tensiones dentro de ese sistema. Luhmann, por su parte, desarrolló una teoría más compleja basada en la distinción entre sistema y entorno. Para él, la sociedad es un sistema autopoiético, es decir, capaz de autorregularse y de incorporar pequeñas dosis de conflicto sin desestabilizarse. En su planteamiento, la comunicación es el elemento central que garantiza la continuidad del sistema, incluso en contextos de tensión.

La sociología crítica de Bourdieu, especialmente en su trabajo con Jean-Claude Passeron, se distancia de estas perspectivas al subrayar que la cultura y la socialización no son solo mecanismos de cohesión, sino también instrumentos de dominación. La llamada "cultura legítima", aquella que se enseña y se transmite en las instituciones educativas, funciona como un filtro que reproduce las distancias de clase. Los estudiantes que heredan un capital cultural elevado encuentran en la escuela un espacio de confirmación y ascenso, mientras que los demás quedan en desventaja. Esta desigualdad se traduce en lo que Bourdieu y Passeron llaman "desposesión cultural": un proceso mediante el cual las clases populares quedan excluidas de los beneficios simbólicos y materiales asociados al acceso a la cultura legítima.

En última instancia, los conceptos de cultura y socialización, lejos de ser estáticos, se revelan como procesos históricos y dinámicos. Durkheim y Weber los pensaron como fundamentos de cohesión; los funcionalistas los integraron en una visión sistémica; los antropólogos los entendieron como redes de símbolos y prácticas; y Bourdieu los resignificó como mecanismos de reproducción de las desigualdades. Al mirarlos en conjunto, comprendemos que la cultura y la socialización no solo garantizan la continuidad de la vida social, sino que también son escenarios donde se juegan las luchas por el poder, la legitimidad y la distinción entre grupos sociales.

V. EL MÉTODO CIENTÍFICO Y LA INVESTIGACIÓN SOCIAL

JUAN JOSÉ LABORA-GONZÁLEZ
Universidad de Santiago de Compostela

ENRIQUE FERNÁNDEZ-VILAS
Universidad de Valladolid

1. INTRODUCCIÓN

En este capítulo, que abre el Bloque destinado al estudio de la metodología en este manual, vamos a realizar un recorrido por los fundamentos metodológicos que comparten las ciencias sociales.

Es necesario que partamos de la idea de que vamos a explorar uno de los tipos de conocimiento que, a lo largo de los siglos, ha desarrollado el ser humano; nos estamos refiriendo a la ciencia. Es decir, a lo largo de las páginas de este Bloque se explicará qué pasos debemos seguir para generar conocimiento que podamos asegurar que el resultado de lo que estamos haciendo es científico, en otras palabras, conocimiento que viene avalado por los estándares típicos de toda ciencia y que se caracteriza, por lo tanto, por reunir una serie de características que afectan, en especial, a su rigor y veracidad.

Si comenzamos por echar un rápido vistazo a la evolución histórica del surgimiento de la ciencia y su método, en primer lugar, hemos de tener en cuenta que en la Grecia clásica no se diferenciaba la ciencia de la filosofía. Todo era conocimiento επιστέμη (*epistéme*). Pero se empezó a enfatizar la necesidad de utilizar un proceso riguroso (método) y racional, apoyado por el uso de la experimentación y la observación (Aristóteles, ca. 384-322 a.n.e.). Pero, hemos de esperar a Francis Bacon, en el siglo XVII, para encontrar una reflexión teórica explícita sobre el método científico en su obra *Novum organum* (1621/1984). Aún así, no será hasta Galileo Galilei que se da un enfoque operativo a la reflexión sobre el método. Aunque como él mismo reconoce el método que aplica ya era usado por Aristóteles en sus investigaciones: "Creo que es cierto que él [Aristóteles] obtenía, por medio de los sentidos, gracias a los experimentos y a las observaciones, tanta seguridad como es posible sobre las conclusiones, y que después buscaba los medios de demostrarlas" (Galileo citado a través de Navarro Cordón y Calvo Martínez, 1988, p. 205).

Galileo consideraba que el universo está escrito en lenguaje matemático y que para acceder a él hemos de usar un método que él prediseñó con tres fases: 1. La medición de los fenómenos a estudiar, 2. Formulación de hipótesis, 3. Verificación o prueba (cimento) de la hipótesis formulada y 4. Formulación de modelos. Este es el esquema básico que ha dado lugar a la formulación del método científico que usan todas las ciencias y que comentaremos un poco más adelante.

En cualquier caso, será en el siglo XIX cuando surgen los/as grandes referentes que dotan a las ciencias sociales de estatuto científico: Emile Durkheim, Max Weber, Tonnies, Parsons, Harriet Martineau, Jane Addams, Marianne Weber y otros/as (Corbetta, 2010). En esos momentos, se suele intentar garantizar la legitimidad de las nacientes ciencias sociales a través del intento del uso en las disciplinas sociales de los mismos instrumentos y herramientas que se usan en las ciencias naturales, es decir, se utiliza el paradigma positivista, a veces denominado nomotético. Y que, con el tiempo, se ha vuelto el predominante en la metodología cuantitativa. Se parte, pues, de una cuantificación de los fenómenos sociales, cuyo proceso debe de estar garantizado por el uso de una correcta estadística que, a su vez, garantiza la generalización de los resultados basados en esa misma estadística.

Paralelamente, a este proceso, una serie de autores/as buscan comprender los fenómenos sociales con un mayor nivel de complejidad. Para conseguir esto, pasan una serie de meses viviendo con los sujetos de investigación. Esto por ejemplo es lo que hace Frédéric Le Play en 1879 (Garrigós Monerris, 2003), y cuyos resultados contará en *Le méthode de la science sociale,* que afianza un método de investigación en el que se realizaban encuestas sobre las condiciones de vida de la población (metodología cuantitativa) para, a renglón seguido, hacer etnografías de las familias, basadas tanto en la observación como en la técnica de entrevista (metodología cualitativa). Eso mismo hace, por ejemplo, Charles Booth para publicar *Life and Labour of the People of London* [Vida y trabajo de la población de Londres], una investigación —realizada entre 1892 y 1902—, en la que inicia la misma con una encuesta (metodología cuantitativa) para, a continuación, realizar entrevistas en profundidad (metodología cualitativa). En realidad, estos tanteos para definir los procesos típicos de lo que hoy denominamos metodología cualitativa, empiezan a adquirir forma metodológica explícita, y rigurosa, a través de la primera, y segunda, generación de la Escuela de Chicago. Albion Small en 1892 pasa a dirigir el primer Departamento de Sociología existente en el mundo, puesto que ocupa hasta 1920 (Bulmer, 1984). En este momento, una serie de precursoras de lo que acabará siendo el Trabajo Social entra en contacto con el grupo de hombres que estaba poniendo en funcionamiento el Departamento de

Sociología en la universidad[1]. Estas desarrollan toda una serie de investigaciones de campo, cuyos resultados serán aprovechados por los académicos para formular sus famosas teorías. Así, Robert Burgess insigne representante de la Escuela de Chicago dice:

> Los estudios sociales de permanente importancia estaban hechos, no por departamentos de Sociología, sino por individuos o por grupos de trabajadores sociales. Ejemplos de estos son los trabajos de Booth, Life and Labour of the People of London (Vida y trabajo de la gente de Londres), Rowntree's Poverty. A Study of Town Life (La pobreza en Rowntree. Un estudio de la vida urbana); y Hull House: Maps and Papers (Mapas y Documentos de la Hull House) de Jane Addams (1916, p. 492).

Llegado este punto, se han ido desarrollando las dos grandes metodologías que se usan en ciencias sociales. La metodología cuantitativa que, como su propio nombre indica, cuantifica los fenómenos sociales y adquiere validez a través del uso de la estadística, es decir, explica los fenómenos, o siguiendo la interpretación de Jesús Ibáñez (1986, 2015), los distribuye. Y la metodología cualitativa que estudia los significados asignados a los hechos sociales, estudiándolos en su complejidad y que solemos decir que comprende los fenómenos (Ver Tabla 1).

Tabla 1. Diferencias entre la metodología cuantitativa y cualitativa

CUANTITATIVA	CUALITATIVA
Busca explicar los hechos o causas de los fenómenos sociales	Busca comprender los fenómenos sociales desde el propio marco de referencia de quién actúa
Cantidad	Cualidad
Comportamientos	Significados
Diseño prefijado desde el inicio	Diseño cambiante o emergente
Validez	Credibilidad Calidad: Transferibilidad Dependibilidad y otros
Deductiva	Inductiva
Explicación	Comprensión
Orientada a la comprobación	Orientada al descubrimiento

Podemos pasar, pues, a estudiar qué es el método científico y cómo informa las tareas a llevar a cabo a la hora de realizar una investigación social.

---

1 Incluso, dentro del Departamento de Sociología Deegan (1990, 1997, 2014) viene reivindicando desde hace tiempo la labor de distintas mujeres. Algo que también se ha reivindicado por parte de otros autores/as (Álvarez-Uría y Varela, 2004; Lengermann y Niebrugge, 2019; Plummer, 1997).

1.1. El método científico: definición y características

El método científico se puede decir que es un conjunto de normas y estrategias que adquieren forma de procedimiento secuencial en la investigación, es decir, orienta el que sigamos una serie de fases por las que hay que ir transitando para generar un determinado resultado. En otras palabras, el método científico es un procedimiento de actuación general seguido para obtener conocimiento científico (Pérez Latorre, 2006a). No es posible hablar de investigación científica sin referirnos a él puesto que la investigación es el proceso que, mediante la aplicación del método científico, obtiene nuevos conocimientos sobre la realidad que son válidos y carecen de sesgos.

A partir de aquí, la razón de ser del método científico consiste, fundamentalmente, en establecer unas reglas o procedimientos generales que aseguren una investigación científicamente significativa. Estos pasos operativos pueden resumirse en el siguiente proceso:

1. Formulación del problema a investigar.
2. Proponer una tentativa de explicación verosímil (formulación de hipótesis[2] y/o objetivos de investigación).
3. Aplicación de alguna/s técnicas y recopilación de datos.
4. Análisis de datos.
5. Confirmación (validación) o rechazo de las hipótesis o de los planteamientos previos (falsación).

Como se ha podido ver, el método científico es lo suficientemente general como para que pueda acoger el funcionamiento de cualquier ciencia. A partir de ahí, cada disciplina —en función del objeto que estudia—, desarrolla sus métodos y metodologías específicos. Es decir, nos movemos en el llamado pluralismo metodológico (Beltrán, 2015), eso significa que se puede hablar de distintos métodos: el histórico, el descriptivo, el explicativo, el sincrónico, el diacrónico, y otros (Fernández García y Ponce de León Romero, 2012). Estos métodos son grandes estrategias a seguir a la hora de organizar el diseño de un proyecto que nos permita llevar a cabo una determinada investigación.

A su vez, a la hora de poner en marcha el proceso investigativo el método científico hasta hace unos años solía usar dos estrategias para la generación del

---

2 En investigación cualitativa es posible la incorporación de hipótesis al diseño de una investigación, pero es más habitual que éstas sean sustituidas por preguntas de investigación y/o objetivos (tanto generales, como específicos). En cualquier caso, una hipótesis se puede definir como una conjetura explicativa plausible de un fenómeno concreto (Pérez Latorre, 2006b).

conocimiento: la inducción y la deducción. Ambas se retroalimentan, a través de un proceso dinámico. Ambos procesos ya fueron definidos por Aristóteles (1988). La deducción implica partir de formulaciones teóricas (hipótesis y/o teorías) que se intentan validar acudiendo a los casos particulares a través de la investigación. Por su parte, la inducción parte de los casos particulares, y a través de su estudio directo, y el análisis de los datos empíricos, intenta formular generalizaciones que acaben dando origen a una teoría. Actualmente se considera que el método científico hace uso de ambas concepciones por lo que el método se denomina hipotético-deductivo. El método hipotético-deductivo

> *es un método científico que permite, a partir de una teoría previa, elaborar una serie de hipótesis que posteriormente serán contrastadas con el comportamiento de ciertas variables. Cuando estas hipótesis no son falseadas con los hechos, se reconvierten en proposiciones empíricas que darán lugar a la generalización y la elaboración de leyes capaces de explicar y predecir los acontecimientos sociales (Fernández García y Ponce de León Romero, 2012, p. 328).*

Finalmente, en el siglo XX el semiótico Charles Sanders Peirce introdujo la tercera estrategia: la abducción. Ésta sería una mezcla de las anteriores ya que se elige un marco teórico general (abstracto), luego acudimos a la obtención de datos de la realidad, y los resultados de ésta (casos concretos), modelan e influyen en el marco teórico que estamos usando. Se entra, pues, en un proceso de carácter circular y que puede llegar a ser recursivo.

De este modo, el proceso de adquisición del conocimiento científico se configura como un *feed-back*, o retroalimentación, de carácter continuo, es decir, el método es circular lo que quiere decir que los pasos descritos se pueden seguir tantas veces como sea necesario. Y, por otro lado, en el método científico la teoría y los datos empíricos se condicionan, y retroalimentan, mutuamente mediante dos operaciones metodológicas esenciales:

a) la inducción que va de los datos a la teoría, de los casos particulares a los principios generales.

b) la deducción que evoluciona de la teoría a los datos, de lo general a lo concreto.

Existen, además, una serie de características que se suman a la circularidad y que definen al método científico:

a) Es fáctico: debe ceñirse a los hechos, es decir, tiene una referencia empírica (parte siempre de un hecho). Generalmente, en ciencias sociales hablamos de hechos sociales.

b) Sus resultados son generalizables. El científico pretende generalizar la información sobre un hecho a otros similares. Esto se puede comprobar fácilmente mirando como un investigador/a para hacer una encuesta selecciona una serie de sujetos en lo que llamamos muestra, pero no le pasa la encuesta a todo el universo de sujetos que cumplen la característica investigada.

c) Hace uso de la verificación empírica: Un científico/a hace investigaciones que permiten la verificación empírica para formular respuestas a los problemas planteados y para apoyar sus propias afirmaciones; toma sus datos y fundamenta sus conclusiones en la observación ordenada y sistemática de la realidad. Es decir, hay que ir a la realidad a contrastar los hechos.

d) Es autocorrectivo y progresivo. La permanente confrontación con los hechos permite ir rechazando, corrigiendo o ajustando las propias conclusiones. Así pues, es progresivo ya que, al no tomar sus conclusiones como infalibles y finales, está abierto a nuevos aportes y a la utilización de nuevos procedimientos y de nuevas técnicas; así como al descarte de teorías o conocimientos que se demuestren falsos o sesgados.

e) Es abstracto. Los aspectos en particular, o el hecho singular, interesan en la medida en que éste es miembro de una clase o caso de una ley; más aún, presupone que todo hecho es clasificable. Si estudia la realidad, distinguiendo y separando cada uno de sus elementos, es con el fin de poder profundizar mejor en los diversos aspectos de la misma, que luego reúne y reestructura de nuevo para adoptar una visión global y conjunta.

1.2. La investigación social

1.2.1. Definición y características

Una vez definido el marco general de actuación en ciencia a través del método científico, hemos de especificar el camino a seguir a continuación dentro de lo que se conoce como investigación. En concreto, esto es especialmente relevamente en lo que atañe a las ciencias sociales debido al tipo de objetos que estudiamos. La sociedad es muy diversa, en ella encontramos relaciones sociales, un universo simbólico (creencias, prejuicios, representaciones sociales, etc.), comunicaciones, y demás. Además, es cambiante. Es decir, esta diversidad —y volatilidad— requiere de muchos métodos, y técnicas, y que en ocasiones se articulen entre ellas —y den cuenta de la idiosincrasia de los hechos sociales (Sierra Bravo, 2001). En el ámbito sociológico (Wallace, 1971), se ha dicho que el método científico se articula a partir de cuatro componentes esenciales del conocimiento (teorías, hipótesis, observaciones y generalizaciones empíricas) y mediante cuatro procesos cognitivos distintos (la deducción, la operacionalización, la interpretación y la inducción)

Así pues, para iniciar el camino que nos permita estudiar un determinado aspecto, o fenómeno social, debemos introducirnos en el campo de la investigación, en concreto de la investigación social. Esta ha sido definida como: "un proceso formado (...) por un conjunto de fases de actuación sucesivas, orientadas (...) a descubrir la verdad en el campo social" (Sierra Bravo, 2001, p. 27). En este sentido, el método está constituido por normas y reglas de carácter general, mientras que la investigación social se basaría en una sería de fases que implican una serie de actuaciones de carácter más específico (Sierra Bravo, 2001).

A partir de la definición, se pueden rastrear en la literatura una sería de notas características de la investigación social (Sierra Bravo, 2001; Trigueros Guardiola et al., 2001):

- Relevancia: Es decir, una investigación es una indagación o búsqueda de algo para recoger nuevos conocimientos que permitan enriquecer una ciencia o disciplina. No tiene sentido estudiar algo ya conocido y sobre lo que la comunidad científica ya tiene suficiente evidencia acumulada.
- Contrastación: Exige comprobación y verificación del hecho o fenómeno que se estudia mediante la confrontación empírica, para generar lo que conocemos como evidencia científica (aspectos sobre los que existe un acuerdo en la comunidad científica sobre su validez y veracidad, dado que están demostrado por la investigación).
- Generalizable: Trasciende las situaciones o casos particulares para hacer inferencias de validez general.
- Sistema conceptual: Es una exploración sistemática a partir de un marco teórico en el que encajan los problemas o las hipótesis como encuadre referencial. Es decir, las teorías de una ciencia forman un sistema coherente de ideas y conceptos que sirven de base a la propia investigación.
- Hace uso de la metodología científica: Utiliza una serie de instrumentos metodológicos para obtener datos, registrarlos y comprobarlos.
- Comunicable: la investigación se registra y comunica en un informe final debidamente documentado al que puede, y debe darse publicidad al resto de la comunidad científica en forma de artículo, capítulo de libro, comunicación en un congreso, o de otra manera.

Así pues, la investigación social busca conocer los fenómenos sociales, proponer alternativas de solución, así como, producir teorías que vayan siendo validadas o falsadas (De la Red, 1993) y que pueden ser acumuladas, es decir, forman la ciencia definida como "un conjunto de conocimientos sobre la realidad observable, obtenidos mediante el método científico" (Sierra Bravo, 2001, p. 15).

1.2.2. Investigación básica e Investigación aplicada

Cuando se habla de investigación, suele establecerse la diferenciación de dos tipos en función de la finalidad con que se aborda un problema científico:

- para aumentar los conocimientos.
- para aplicar los conocimientos.

En el primero de los casos se habla de investigación básica, denominada también pura o fundamental; en el otro se habla de investigación aplicada, constructiva o utilitaria. Esta distinción se originaría de una clasificación previa que diferencia entre la ciencia básica, es decir, aquella que no se puede aplicar directamente; y la ciencia aplicada, que sería aquella que se puede aplicar directamente a la realidad para entenderla o modificarla.

La investigación básica o pura es la que se realiza con el propósito de acrecentar los conocimientos teóricos para el progreso de una determinada ciencia, sin interesarse directamente en sus posibles aplicaciones o consecuencias prácticas; es más formal y persigue formular generalizaciones con vistas al desarrollo de una teoría basada en principios y leyes. Su objetivo es fundamentalmente cognitivo; no es su propósito inmediato resolver problemas prácticos; Es decir, desde esta forma de análisis de la realidad, se investiga para conocer y explicar antes que para aplicar.

Por su parte, la investigación aplicada guarda íntima relación con la anterior, pues depende de los descubrimientos y avances de la investigación básica y se enriquece con ellos, pero se caracteriza por su interés en la aplicación, utilización y consecuencias prácticas de los conocimientos; le preocupa la aplicación inmediata sobre una realidad concreta.

Se ha de reconocer que esta clasificación, como casi todas cuando se las examina a fondo, no siempre opera a la hora de distinguir los tipos de investigación ya que, frecuentemente, la investigación tiene ambas finalidades. Se puede decir que

> *Teoría-práctica no son casos separados, configuran una unidad ya que, siendo la realidad altamente compleja, ninguna en particular puede explicarla.*
>
> *La teoría guía a la práctica a partir de centros de interés, y explica los hechos o hallazgos que la práctica descubre al científico. La práctica, a su vez, verifica la teoría y, sistematizada produce nueva teoría (Trigueros Guardiola et al., 2001, p. 70).*

Así pues, se ha de reconocer que dado el carácter circular del método científico teoría e investigación se condicionan mutuamente y establecer una diferenciación estricta entre teoría y práctica no es posible (Bryman, 1988; Cea D'Ancona, 2001; Marshall y Rossman, 1989). Desde este punto de vista, según Merton (1967, 1984), las funciones de las teorías en investigación social serían:

formular hipótesis, ayudar a construir —y manejar— el objeto de investigación, analizar conceptos sociológicos, sugerir interpretaciones tras las investigaciones y ayudar a generalizar los resultados de investigación.

1.3. El proceso de investigación

En este apartado se irán desgranando las distintas fases que dan forma al proceso de investigación para guiar el diseño de un proyecto de investigación viable a una persona sin mucha experiencia investigadora.

1.3.1. El diseño de investigación y la fase "0"

El diseño es el proceso que nos permite planificar y llevar a cabo una investigación concreta. Ragin y Amoroso definen el diseño metodológico como el "plan para la recolección y análisis de evidencias que harán posible que la persona investigadora responda a cualquier pregunta que se haya planteado" (2011, p. 28).

El tipo de diseño, general, usado en la metodología cualitativa y cuantitativa es distinto. La metodología cuantitativa usa diseños avalados por la estadística (cálculo de probabilidades y la ley de los grandes números). Eso implica un diseño que se suele hacer antes del inicio del trabajo de campo y que una vez cerrado no suele modificarse. En cambio, la metodología cualitativa usa un tipo de diseño llamado emergente. Este tipo de diseño se caracteriza por ser de carácter totalmente abierto, no se cierra nunca. Esto permite a la persona investigadora modificarlo en cualquier momento.

El diseño de investigación suele comenzar por labores de revisión bibliográfica sobre el objeto de estudio. También puede implicar el realizar pretest sobre la validación de algún instrumento (por ejemplo, pasar varios cuestionarios de los que vayamos a usar para hacer una encuesta para ver si los sujetos de investigación entienden las preguntas u otras cuestiones), o gestionar el acceso a determinadas instituciones que facilitarían la implementación de determinadas técnicas durante el trabajo de campo. Todas estas tareas llevadas a cabo antes del trabajo de campo también forman parte de investigación y se denominan: fase "0".

En cualquier caso, mediante el diseño debemos dar respuesta a una serie de preguntas (Verd y Lozares, 2016):

El qué: Se debe decidir qué objeto de investigación vamos a estudiar, o lo que es lo mismo, qué tipo de información (datos) vamos a recoger.

El quién: Decidir cuáles serán nuestras unidades de análisis (personas, cartas, capítulos de series, etc.). Después se deben de definir las variables, o los marcadores estructurales, a utilizar y se llevará a cabo el muestreo, para definir la muestra como se explicará un poco más adelante.

El cómo: Decidir cómo se van a obtener los datos para el estudio (método, estrategia, técnica e instrumento), así cómo la manera en que se va a analizar.

El dónde: Decidir el campo de análisis, es decir, los límites espaciales y temporales a los que se va a circunscribir la investigación y asegurarnos de tener acceso a los mismos y que se ajusten a las condiciones del contexto de la investigación.

1.3.2. El objeto y los objetivos de investigación

La investigación social se inicia en el momento que un investigador/a decide estudiar un determinado fenómeno. Ahora bien, a la hora de decidir el objeto de estudio es importante utilizar una serie de criterios que aumenten su calidad (Ruíz Olabuénaga, 2012):

- El tema debe de ser relevante: es decir, oportuno y actual.
- Puede presentar implicaciones prácticas (ciencia aplicada).
- Afectar a un sector amplio de la población.
- Afectar a un sector estratégico de la población.
- Llena una laguna de la investigación existente hasta ahora.
- Puede ayudar a clarificar un concepto ambiguo.
- Puede servir para perfeccionar un instrumento de investigación.
- Puede dar acceso a datos imposibles (Datos secundarios).
- Aplica técnicas de otros campos o disciplinas.
- Puede permitir un avance teórico en un determinado tema (ciencia básica).

Es además, importante tener en cuenta que el objeto esté bien delimitado, es decir, que sea lo suficientemente pequeño —y específico—, como para que la investigación no se alargue indefinidamente. Esto ayudará, además, en contextos en los que ya tenemos predeterminado un plazo de entrega de los resultados que supone un límite cronológico que no podemos superar.

Una vez formulado, y diseñado, un objeto de investigación, podemos decidir los objetivos de nuestro estudio. Los objetivos se dividen en generales y específicos. Se presentan en forma de frases cortas, explicativas y que van encabezadas por un verbo en infinitivo. Así, por ejemplo: "Estudiar la influencia de la publicidad en el consumo de moda", no es un objetivo viable. Este objetivo es inabarcable. Habría que "recortarlo" haciéndole una serie de especificaciones que pueden asumir forma de pregunta, por ejemplo: ¿la publicidad de algún tipo de producto concreto?¿emitida por algún medio concreto: radio, prensa escrita, tv, etc.?¿La publicad presente en internet?¿Qué tipo moda: zapatos, pantalones, etc.?¿La investigación tiene como población diana sólo a la mujer o también al hombre?¿Moda de cuándo?¿Moda de dónde? Etc.

El proceso de "recorte" de un objeto de investigación puede llevarse a cabo aplicando diferentes criterios:

- El sector de población: Un sector de población es un grupo de personas que comparten una característica concreta. Por ejemplo, se podría investigar el objeto de estudio: en la juventud (edad), la mujer (género), población rural (tamaño de hábitat), etc.
- Dimensiones o temas del objeto de investigación.
- Tipos del objeto de investigación.
- Recorte geográfico: en Europa, en España, en Galicia, etc.
- Recorte temporal: el último quinquenio, el último siglo, el año pasado, etc.
- Soporte de los datos: internet, libros, películas, personas, etc.
- Tipos de datos: narrativos (texto), visuales, auditivos, etc.

Señalar que estos criterios de recorte no son excluyentes, así que en un mismo objetivo se pueden utilizar varios a la vez. E insistir en que esto no es baladí ya que "Cuanta menor sea la claridad con la que se formule una pregunta de investigación, mayor es el peligro de que los investigadores se encuentren al final ante montañas de datos intentando en vano interpretarlos" (Flick, 2004, p. 61).

Además, advertir que es importante recordar que los objetivos deben de suponer la meta a la que se quiere llegar al final de una investigación, así pues, las conclusiones del informe de investigación siempre tienen que responder a los objetivos/preguntas de investigación/hipótesis que se fijaron al inicio de la misma.

1.3.3. El muestreo

Generalmente en investigación social el trabajo de campo no se realiza con la totalidad de la población que cumple la característica, o se ve afectada por el fenómeno que vamos a estudiar, sino que mediante un proceso (el muestreo) reducimos esa población inicial llamada universo. Así pues, partimos de una serie de nociones:

a) **Universo,** población o colectivo: es el grupo o la totalidad de los elementos que cumplen la característica o se ven afectados por el fenómeno que queremos estudiar. En metodología cuantitativa se diferencian: Universos finitos (hasta 100.000 unidades) e infinitos (de más de 100.000 unidades);

esto implicaría el uso de distintas fórmulas a aplicar para la obtención de la muestra.

b) **Base o Marco** de la muestra: es el estrato material que puede dar soporte al universo o población (censo, padrón, listado...).

c) **Unidad de la muestra:** es cada uno de los elementos que integran la muestra. Puede ser simple (una unidad de algo, por ejemplo, una persona) o colectiva (familias, ciudades, trabajadores/as de una empresa...).

Si comenzamos por dar unas nociones básicas de muestreo cuantitativo. Para que una muestra tenga validez estadístico-matemática Ander-Egg (1980) señala los requisitos que debería de cumplir la muestra:

a) Debe de ser representativa.

b) Su tamaño debe de ser estadísticamente proporcionado a la magnitud del universo.

c) El error muestral se debe de mantener dentro de los límites prefijados.

En este sentido, toda investigación social de tipo cuantitativo tiene un nivel de error fijado en la fase de diseño previo al inicio del trabajo de campo. Este, junto al nivel de confianza del estudio, hablan de la veracidad y rigor con que se pueden interpretar los resultados. El nivel de confianza habitual suele ser del 95,5% (lo que se conoce como 2 sigmas, a partir de su distribución en un gráfico llamado campana de Gauss), ya que de querer aumentarlo el número de cuestionarios a aplicar sube exponencialmente y eso encarecería, y alargaría en el tiempo, la investigación. Por otro lado, el nivel de error suele oscilar entre un 2% y un 6%. Si una investigación sube del mencionado 6% la confianza que se puede tener en los resultados es relativamente baja. A partir de aquí, se aplican una serie de fórmulas al universo, según sea finito o infinito, y se pasan a seleccionar por azar a los sujetos de investigación, de ahí que este tipo de muestreo se llame probabilístico.

En la tradición de la metodología cualitativa, a diferencia de lo expuesto hasta ahora, el tipo de muestreo utilizado es de carácter no probabilístico, es decir, las unidades de la muestra no se eligen al azar. De hecho, uno de los muestreos más usados en la metodología cualitativa es el intencional, es decir, es la persona investigadora la que elige a los sujetos a los que se aplicará la técnica que se esté utilizando para llevar a cabo la investigación que se esté implementando. Así pues, uno de los artefactos metodológicos que se está usando para realizar el muestreo en cualitativa son los llamados marcadores estructurales (Castro Nogueira y Castro Nogueira, 2001). Como señalan Castro Nogueira y Castro Nogueira "La representatividad cualitativa consiste en la reproducción en la muestra de aquellas relaciones y estructuras pertinentes para una comprensión de la organización estructural de la población-objeto"(2001, p. 176). Esto, siguiendo a estos autores, exigiría reproducir los elementos y las relaciones presentes en la estructura social; en palabras de los autores que venimos mencionando se trata de alcanzar "una representación intensiva y por pertinencia" (Castro Nogueira y Castro Nogueira, 2001, p. 176). Se deben encontrar, pues, los "marcadores estructurales que vertebran ese espacio-tiempo social y cuya combinación da lugar a un conjunto de perfiles estructurales específicos" (Castro Nogueira y Castro Nogueira, 2001, p. 177). Estos perfiles no se identifican con individuos concretos, se conciben al modo de los tipos ideales weberianos elegidos debido a la posición —estructural—, que ocupan en su red de relaciones en la estructura social/institución que se investigue. Más allá de la precisión de manejar "perfiles" y no "individuos" a la hora de diseñar las muestras en cualitativa, en este tipo de investigación la realidad psicosocial se concibe como un conjunto de elementos: roles, conductas, expectativas, criterios, imágenes, opiniones, percepciones, representaciones, estereotipos, etc. Elementos que se presentan organizados en un sistema de relaciones que mantiene cierta objetividad y estabilidad, conformando una estructura (Castro Nogueira y Castro Nogueira, 2001). En este sentido, las unidades de la muestra en cualitativa no serían individuos, personas, átomos sociales, sino "posiciones estructurales".

Estas posiciones estructurales vendrían "definidas por un conjunto de rasgos que adquieren su condición de pertinencia con relación al objeto de estudio que se considere y bajo ciertos supuestos teóricos y metodológicos que deben ser explicitados en cada investigación"(Castro Nogueira y Castro Nogueria, 2001, p. 178).

Estos criterios estructurales de pertinencia son los marcadores estructurales, que responden a posiciones/relaciones sociales y discursivas en un contexto, un espacio y un tiempo concretos. Los marcadores responden a la homogeneidad que genera la recreación y reproducción constante de imaginarios y representaciones sociales.

Los marcadores estructurales responden, en definitiva, a la combinación de una serie de rasgos pertinentes a una posición estructural y que delimitan un cierto perfil social al que pueden ser adscritas las personas que forman parte de una comunidad, un grupo, una institución, etc. Estos rasgos se pueden organizar en dos grupos (Castro Nogueira y Castro Nogueira, 2001):

1. **Rasgos sociodemográficos**: estos permiten situar a los individuos en la estructura social y demográfica. Ejemplos de esto son: la edad, la clase social, la ocupación, el nivel de renta, el grado de formación, etc.
2. **Rasgos categoriales**: son aquellos que permiten definir la relación existente entre los individuos y el objeto de estudio
   - **2.1. Rasgos categoriales factuales**: aquellos en los que la relación sujeto-objeto-situación se expresa a través de la determinación de un hecho.

Por ejemplo, haber perdido un hijo el último año, haber sufrido abusos sexuales en la infancia, haber sufrido un accidente invalidante, tener una hermana que haya sido víctima de violencia de género, haber tenido cáncer, etc.

2.2. Rasgos categoriales conductuales: aquellos en los que la relación sujeto-objeto-situación se expresa mediante una conducta o la repetición de la misma. Por ejemplo, asumir cualquiera de las labores típicas de cuidadora principal de una persona, recoger habitualmente a los hijos/as en el colegio, prescribir medicación psiquiátrica a la población, operar a personas con determinadas enfermedades, etc.

2.3. Rasgos categoriales actitudinales: aquellos en los que la relación sujeto-objeto-situación se expresa mediante una actitud. Por ejemplo: adolescentes que muestran actitudes violentas tras la separación de la unidad parental, mujeres que muestran actitudes de rechazo a mantener relaciones sentimentales tras sufrir violencia de género, profesionales que muestran actitudes favorables/desfavorables a reducir/mantener el esfuerzo terapéutico, etc.

Así, frente a la posición tradicional que aseguraba que en la investigación cualitativa no era posible la generalización, surgen voces (Bertaux, 1993; Mejía, 2000) que defienden que una muestra bien elegida en cualitativa "permite obtener resultados generalizados para el universo de estudio, dentro de los límites de la representatividad socioestructural"(Caparrós y Raya, 2015, p. 81).

En este sentido Martínez-Salgado (2012) señala que en la investigación cualitativa

> *la posibilidad de generalizar los resultados obtenidos en determinado contexto a otro cuyo significado sea similar al del contexto estudiado se fundamenta en lo que se denomina transferibilidad, la cual sólo puede darse a partir de la descripción rica y profunda de cada fenómeno en su contexto, y no tiene como fundamento el número de casos estudiados (p. 615).*

VI. INVESTIGACIÓN SOCIAL CUANTITATIVA: LA ENCUESTA

JOSÉ MIGUEL ROJO MARTÍNEZ
ALEJANDRO SOLER CONTRERAS
SALVADOR MORENO MORENO
Universidad de Murcia

1. INTRODUCCIÓN. RASGOS DEFINITORIOS DEL MÉTODO CUANTITATIVO DE INVESTIGACIÓN

Para investigar la realidad social, contamos con diferentes métodos que van a condicionar las preguntas de investigación a formular y la manera de abordarlas. Ningún método tiene mayor valor científico que el otro, pues todos desarrollan un proceso sistemático y riguroso, pero sí es importante comprender que cada método sirve para responder a un tipo de problema específico. Así, distinguimos tres grandes métodos de investigación social —a los que podría añadirse el método comparado—:

i) El método cuantitativo, cuyo objetivo es medir los fenómenos sociales y describirlos a partir de muestras representativas que permiten realizar ejercicios de inferencia estadística (generalización de resultados, validez externa). Ejemplo de aplicación: estadística descriptiva por medio de encuestas, aunque a veces también puede aplicarse una metodología cuantitativa con un enfoque estadístico mediante encuestas de finalidad exploratoria o causal.

ii) El método cualitativo, cuyo objetivo es adentrarse en profundidad en los razonamientos de los sujetos para lograr comprender procesos subyacentes no fácilmente observables desde la medición estadística. Ejemplo de aplicación: grupos de discusión o entrevistas en profundidad.

iii) El método experimental, cuyo objetivo es determinar las relaciones de causalidad que se sitúan tras los fenómenos (qué variables causan qué efectos), exponiendo a los sujetos a condiciones de tratamiento (sometimiento a estímulos o manipulaciones). Ejemplo de aplicación: experimentos de laboratorio.

Además de estos tres métodos, los investigadores cuentan con técnicas y herramientas que permiten materializar sus propósitos. Métodos, técnicas y herramientas son conceptos que van de mayor a menor grado de abstracción. Si las metodologías pueden ser entendidas como el marco que inspira el enfoque general de la investigación y el procedimiento usado, las técnicas permiten obtener hallazgos a partir de los datos recogidos con las herramientas.

Tomando el caso de los barómetros de opinión que realiza de forma mensual el Centro de Investigaciones Sociológicas (CIS) en España —los barómetros son encuestas de opinión pública de periodicidad fija—, constatamos que se trata de una metodología cuantitativa, de enfoque estadístico-descriptivo, porque quiere medir y relatar, a través de indicadores cuya información puede tratarse en forma de frecuencias numéricas, las posiciones, comportamientos políticos y actitudes de los ciudadanos españoles, valiéndose para ello de una muestra representativa de su universo de estudio (la población española mayor de edad). La herramienta usada es el cuestionario, donde se incluyen las preguntas que se harán en iguales términos a toda la muestra. Estas preguntas permiten operacionalizar, es decir, hacer medibles, las variables de interés. Una vez que se hayan producido y recogido los datos empleando el cuestionario, los investigadores podrán descargar un fichero y aplicar técnicas de análisis estadístico (univariado, bivariado o multivariante) que les servirán para describir inicialmente la observación realizada y, más tarde, para comprobar hipótesis, o lo que es lo mismo, demostrar relaciones entre variables o propuestas de explicación empírica de un fenómeno.

Como se mencionó anteriormente, el fundamento más importante de la metodología cuantitativa es la comprobación de hipótesis por medio de la inferencia estadística, algo que se logra cuando la muestra de la que parten nuestros datos es "representativa" de la población estudiada. A partir de este requisito, entendemos por inferencia estadística la capacidad de generalizar nuestros resultados a una población mayor dentro de unos márgenes de error. Imaginemos que un grupo de sociólogos hace una encuesta a 3900 personas, tamaño muestral resultado de aplicar una fórmula que les garantiza que es un número adecuado para representar con precisión a la población española con derecho a voto[3], y afirman, resultado también de la aplicación de otra fórmula, que con un error muestral del ±1,57%[4], sus datos sobre los parámetros poblacionales considerados pueden estimarse asimilables a obtener la información de todas las personas del

---

3 Para poblaciones infinitas (más de 100.000 casos), la fórmula de cálculo del tamaño muestral es: $n= Z^2pq/e^2$ (n=tamaño muestral; Z =puntuación asociada a diferentes intervalos de confianza, para un nivel de confianza del 95%=1.96; 1-p=0.5=q).

4 La determinación del margen de error muestral (e) depende del tamaño de la muestra (n). El error muestral se calcula para poblaciones infinitas siguiendo esta fórmula:

$$\varepsilon = \pm Z\sqrt{\frac{p(1-p)}{n}}$$

(Z =puntuación asociada a diferentes intervalos de confianza, para un nivel de confianza del 95%=1.96; n=tamaño muestral; 1-p=0.5=q).

universo de estudio. En la investigación cuantitativa, el tamaño de la muestra importa, porque de él va a depender el margen error y la calidad de la generalización (nivel de validez externa). Eso sí, llegados a un punto, añadir casos deja de tener impacto notable en la reducción del error. Por el contrario, en la investigación cualitativa, no importa tanto la cantidad de participantes, sino la "calidad" de sus perfiles (representatividad tipológica frente a representatividad estadística).

En definitiva, con la metodología cuantitativa observamos la realidad recogiendo una gran cantidad de datos, de forma no flexible (uso de cuestionarios estructurados que se repiten a todos los sujetos participantes con independencia de lo que nos respondan o de sus características), a muestras representativas de nuestra población objeto de estudio. Así, tratamos de confirmar de manera deductiva nuestras hipótesis (hay planteamientos generales previos que se contrastan con unos datos particulares), limitando al máximo la intervención del investigador sobre el sujeto investigado y su interacción con el mismo.

Las bases del enfoque cuantitativo se remontan al positivismo, cuyo mayor referente, junto a Émile Durkheim, es el francés Auguste Comte, uno de los padres fundadores de la Sociología. Para Jordi de Cambra Bassols, el cientifismo positivista se basa en la "búsqueda de la objetividad científica" aplicada a la descripción de los mecanismos y regularidades que explican la acción social, un ideal de rigurosidad que se consigue tomando para las ciencias de lo social el método propio de las ciencias naturales (Cambra Bassols, 1982: 53-54). Eso sí, con algunas adaptaciones, pues ante las limitaciones de la experimentación con seres humanos, se acepta la estadística como aproximación cuasiexperimental. En la actualidad, no son pocas las críticas al positivismo, entendiendo que las características del objeto observado y del observador hacen imposible cumplir con esa pretendida rigurosidad. Es más, por el camino de intentar imitar a las ciencias naturales, los investigadores sociales perderían capacidad de interpretación, conocimiento y crítica. Por otra parte, podría considerarse utópico que se ejerza una acción totalmente aséptica a la hora de investigar. Cuando cuantificamos también introducimos elementos subjetivos y sesgos, entre otras cosas, a la hora de diseñar los instrumentos de medición o incluso siendo conscientes de que, con los mismos datos, diferentes técnicas y diferentes vías de interpretación pueden llevarnos a conclusiones disímiles.

No hay diseño de investigación infalible ni ley general en lo social, sin perjuicio de que podamos aproximarnos a un conocimiento sistemático de algunas regularidades, explicaciones y asociaciones mediante técnicas y modelos. Por eso, lo más conveniente es apostar por la triangulación metodológica y técnica, una estrategia de investigación que combina en un mismo diseño dos o más métodos y técnicas, aprovechando las fortalezas de cada uno de ellos (Figura 1) y reduciendo sus debilidades (Figura 2). Supongamos un diseño de investigación que quiere conocer las opiniones de los electores españoles de izquierdas: ¿por qué limitarnos a una encuesta cuando, además, podemos hacer un grupo de discusión para hablar con personas que respondan a ese perfil? La triangulación siempre enriquece la calidad de los resultados.

Figura 1. Fortalezas de los tres métodos de investigación (cuantitativo, cualitativo y experimental)

Metodología cuantitativa	Metodología cualitativa	Metodología experimental
Permite conmensurar los hechos sociales: facilita su descripción	Permite comprender las razones profundas y sus significados: facilita la interpretación de los hechos sociales y los discursos que se sitúan tras ellos	Permite establecer relaciones causales: facilita el fortalecimiento de modelos teóricos y la validez interna
Permite conocer lo que opina una gran población: inferencia estadística. Fuerte validez externa	Permite adentrarse en el pensamiento de determinados colectivos, sean o no prevalentes a nivel poblacional	Permite reproducir situaciones más allá de la observación, genera condiciones de interés que no siempre se pueden captar con una encuesta
Reduce la subjetividad y puede establecer controles estadísticos para tratar de aislar efectos (con menos exactitud que el método experimental)	Capacidad de adaptación del diseño conforme avanza la investigación. Es flexible y creativa. Aprovecha las dinámicas de interacción para enriquecer el conocimiento	Al garantizar que los sujetos han sido distribuidos aleatoriamente en el grupo de control (sin manipulación) y en el grupo de tratamiento (con manipulación), maximiza las posibilidades de aislamiento de la relación causal y de control. Fuerte validez interna
Mayor lejanía entre objeto de estudio e investigador (introducción aparente de menos sesgos)	Mejora la capacidad de integración del contexto y de la dimensión humana no medible como factor de explicación	Avanza en la capacidad explicativa de la metodología cuantitativa usando sus fortalezas de base: mide, explica y propone mecanismos que permiten la predicción y la evaluación. Puede realizarse partiendo de muestras representativas como un ejercicio de triangulación metodológica (*survey experiments*)
Es posible contrastar hipótesis: comprobar la existencia de relaciones, asociaciones y modelos de explicación. También es posible replicar los resultados obtenidos	Menor requerimiento de costes económicos por muestras más reducidas. Constitución más fácil de las muestras (no hay criterios estrictos de representatividad estadísticas: uso de mecanismos de conveniencia). Puede usarse para orientar otros diseños	Es posible contrastar hipótesis. También es posible replicar los resultados obtenidos

Fuente: elaboración propia.

Figura 2. Debilidades de los tres métodos de investigación (cuantitativo, cualitativo y experimental)

Metodología cuantitativa	*Metodología cualitativa*	*Metodología experimental*
No logra captar razonamientos complejos ni definir la dirección de las relaciones observadas (causalidad). Reduce sobremanera las explicaciones de los hechos sociales en favor de una eficaz medición de actitudes y comportamientos (simplificación de la realidad)	Sus resultados no pueden considerarse generalizables. Las muestras no parten de supuestos probabilísticos ni siquiera dentro de las cuotas (no se busca representatividad estadística). Tienen profundidad interpretativa, pero carecen de alcance (orientación micro)	Problemas de validez externa. Los experimentos normalmente no permiten realizar inferencia estadística (a esta limitación tratan de responder parcialmente los *survey experiments)*
Sesgos introducidos por la operacionalización de las variables (efectos de la redacción de las preguntas) y por el modo de administración de las encuestas (*mode effects*)	Introducción de sesgos por parte de los investigadores al entrar en contacto de forma estrecha con el objeto de estudio. Falta de estandarización de las herramientas y problemas de sistematización en el análisis de los datos cualitativos	Genera contextos excesivamente artificiales que no tienen que darse de esa forma en la realidad. La manipulación ficticia limita la aplicación al mundo real de los resultados obtenidos
Limitaciones muestrales. Dificultades de acceso a determinado tipo de población y problemas con los marcos muestrales	Dificultad para controlar variables que afectan a los discursos manifestados o a los comportamientos observados	Límites éticos de la manipulación
Presencia de margen de error en las estimaciones de parámetros. Abuso de prácticas de *p-hacking* (la aparente significatividad no lo es todo). Relaciones espurias presentadas como resultados fiables	Los resultados no son reproducibles	Reactividad de los sujetos ante contextos tan artificiales que les hacen saber que están siendo investigados (no se comportan de forma natural)

Fuente: elaboración propia.

Una vez que hemos caracterizado los diferentes métodos con los que cuenta un investigador social para llevar a cabo su trabajo, conviene repasar cuáles son las fases del proceso de investigación cuantitativo, según un ciclo ordenado y no flexible que avanza de la siguiente forma:

i) Primer paso: establece los límites de tu estudio. ¿Qué ámbito, qué tema, qué caso o casos?

ii) Segundo paso: determina tus preguntas de investigación y tus objetivos (formulación del problema). ¿Qué quiero descubrir? ¿Por qué es relevante esto? Los verbos en infinitivo que fijan tus objetivos tienen que dar cuenta de forma plausible de los resultados que las técnicas usadas te van a permitir extraer. Para investigaciones cuantitativas, suelen usarse verbos como: analizar, cuantificar, describir, medir, examinar, explicar, relacionar, comprobar, establecer o identificar. Distingue, además, entre objetivo general y objetivos específicos —los segundos son estadios que te permiten cumplir con el objetivo general—.

iii) Tercer paso: revisa la teoría (bibliografía disponible), enmarca tu problema y precisa tus conceptos. Apóyate en motores de búsqueda especializados como *Google Scholar* o *Web of Science*. ¿Qué han escrito otros autores hasta ahora sobre este ámbito, tema o caso? ¿Han sido ya respondidas las preguntas de investigación que te has planteado?

iv) Cuarto paso: como derivación de la fase de revisión teórica, formulación de hipótesis a verificar (qué quiero demostrar) y operacionalización de los conceptos (cómo hago medibles mis conceptos teóricos). En esta fase, resulta especialmente importante evaluar la viabilidad de la investigación: ¿realmente puedo llegar a comprobar lo que quiero? En ciertas ocasiones, no contamos con los recursos suficientes para estudiar ciertos problemas de investigación. Esto no implica necesariamente que debamos renunciar a realizar nuestra investigación, pero sí que debemos tratar de reducir el alcance y dirigirla hacia preguntas más fáciles de abordar.

v) Quinto paso: diseño de la investigación. ¿Qué datos voy a usar, de qué forma los voy a obtener y cómo los voy a tratar? ¿Qué recursos necesito para obtener y tratar esos datos? En esta fase se incluyen cuestiones tan importantes como la preparación de las herramientas de recogida de datos (el cuestionario), la organización de equipos y presupuestos, la concreción de la muestra, el desarrollo del plan de campo (aplicación de las herramientas) y el establecimiento de un plan de explotación (técnicas de análisis y gestión de datos obtenidos).

vi) Sexto paso: preparación y depuración de las bases de datos, análisis y explotación inicial de los datos (informes descriptivos con tabulaciones).

vii) Séptimo paso: comprobación de las hipótesis, elaboración de informes de resultados (de acuerdo con las preguntas, objetivos e hipótesis) y comunicación pública de resultados. ¿Cuáles son mis hallazgos, qué suponen en relación con la teoría previa y qué nivel de cumplimiento de objetivos he alcanzado?

2. LA ENCUESTA COMO HERRAMIENTA DE INVESTIGACIÓN

La encuesta se ha convertido en una de las herramientas más importantes para la producción y recogida de datos relacionados con fenómenos sociológicos o políticos. Es la herramienta más destacada de la investigación cuantitativa, aunque no la única (véase el análisis de contenido cuantitativo). Uno de los nombres que sobresale en la historia de las encuestas es el de George Gallup (1901-1984), un estadístico estadounidense que saltó a la fama en 1936 por pronosticar los resultados de las elecciones presidenciales norteamericanas de aquel año valiéndose de una muestra representativa relativamente reducida, inferior a las 6.000 personas. Es la primera vez que se aplicaron técnicas de muestreo que consiguieron reproducir "en pequeño" la compleja realidad de la estructura social del país y obtuvieron resultados más precisos que estudios alternativos con muestras mucho más amplias, pero diseñadas al margen de criterios de representatividad. Siguiendo el ejemplo de Gallup, el núcleo central del diseño científico de una investigación por encuesta pasa por una correcta definición de la muestra. Si no se es capaz de construir muestras representativas, se invalida cualquier ejercicio de estimación —adviértase que con el método cuantitativo siempre estimamos, nunca predecimos—.

Considerando esto, la mayor parte de las encuestas construyen su muestra mediante mecanismos de afijación proporcional que garantizan una distribución óptima de los encuestados entre diferentes unidades territoriales y usando cuotas sociodemográficas para la selección final del entrevistado (ver Figura 3). No son muestras probabilísticas ni aleatorias en puridad (no todos los individuos del universo tienen la misma probabilidad de ser seleccionados), pero tampoco responden a criterios de conveniencia o representatividad tipológica propios de otros métodos de investigación. Según la teoría estadística, el muestreo aleatorio simple (la selección totalmente aleatoria de las personas encuestadas), da como resultado una muestra representativa de la población estudiada. En la práctica, no obstante, las distintas formas de acceder a los encuestados introducen sesgos que imposibilitan que el muestreo aleatorio simple cumpla el efecto estipulado en la teoría. Por eso, usamos cuotas y mecanismos de afijación proporcional.

En España, sería tremendamente preocupante estimar lo que opinan todos los ciudadanos del país concentrado las entrevistas solo en tres provincias o no garantizando que en la muestra existan los mismos porcentajes de sexo y edad que entre la población general. Junto a esta idea de la afijación proporcional y las cuotas, los diseños muestrales suelen aplicar un procedimiento bietápico estratificado por conglomerados. El procedimiento bietápico estratificado por conglomerados garantiza un doble refuerzo a las exigencias de representatividad al constituir estratos que resultan del cruce de dos criterios, por ejemplo, el tamaño del hábitat con una unidad territorial (normalmente la comunidad autónoma). Dentro de cada estrato se reparte el número total de entrevistas previstas según la mencionada afijación proporcional. La selección de los individuos a entrevistar (unidades últimas) se realiza atendiendo a cuotas de sexo y edad —también pueden añadirse otros criterios de cuota—. ¿Dónde está la aleatoriedad entonces? En la forma en la que se accede a las unidades primarias de muestreo (los domicilios, los teléfonos, las direcciones de email...). A estas unidades primarias se llega a través de criterios plenamente aleatorios, pero la selección del individuo al que va a entrevistarse en ellas dependerá de su adecuación a las cuotas que, sumadas, permiten que el total de la muestra reproduzca el mismo equilibrio estructural que hay en nuestro universo de interés.

Tras todos estos criterios, que se especifican en las llamadas "fichas técnicas" (consulte siempre este documento para corroborar la credibilidad científica de una encuesta), subyace la idea de que las características sociodemográficas de los individuos influyen en sus opiniones, actitudes o comportamientos. Por tanto, si tenemos una muestra cuyas características son iguales a las de nuestro universo, sus opiniones se considerarán —dentro de los márgenes de error— asimilables a las del universo. Con todo, a pesar de que nuestro diseño muestral logre reproducir inicialmente la estructura poblacional, hay dos importantes fuentes de sesgo:

i) Problemas de cobertura derivados del marco muestral. Las bases de datos que tomamos como referencia para seleccionar a los individuos, por ejemplo, listas de teléfonos, pueden no incluir a todas las personas que forman el universo (sesgo respecto a los que están y los que no en el marco y qué criterios se han seguido para que estén o no).

ii) Problemas de representatividad derivados de la forma de administración. Incluso aceptando que el marco muestral incluye a todos los elementos del universo (buena cobertura), la forma en la que se produce la encuesta (vía telefónica, presencial o web) puede influir en el tipo de individuos que finalmente participarán y afectar a la composición de la muestra. Cuando la muestra se desvía de la estructura ideal que se trata de alcanzar, es posible reconstruir posteriormente la composición ideal de la población mediante coeficientes de ponderación que recuperen los pesos que deberían presentar determinados grupos. Ponderar significa corregir desviaciones con un coeficiente que, al multiplicarse por los datos, garantiza que los mismos se ajusten al peso que les corresponde.

Figura 3. Ejemplo de descripción del procedimiento de muestreo incluido en una ficha técnica. Encuesta del CIS

Con los teléfonos fijos se lleva a cabo un muestreo bietápico estratificado, con selección de las unidades primarias de muestreo (hogares) a través de una selección aleatoria de teléfonos y de las unidades últimas (individuos) según cuotas cruzadas de sexo y edad y cuota de actividad (ocupado, parado y resto). Con los teléfonos móviles se procede al marcado aleatorio de números (RDD) aplicándose en la selección de los individuos las mismas cuotas que en los teléfonos fijos. En caso de contactar con personas que tengan también teléfono fijo, se incorporan a la muestra de fijo + móvil.

Los estratos se han formado por el cruce de las 17 comunidades autónomas junto con las ciudades autónomas de Ceuta y Melilla, con el tamaño de hábitat de los municipios dividido en 7 categorías: menor o igual de 2.000 habitantes; de 2.001 a 10.000; de 10.001 a 50.000; de 50.001 a 100.000; de 100.001 a 400.000; de 400.001 a 1.000.000; y más de 1.000.000 de habitantes. Los cuestionarios se han aplicado mediante entrevista telefónica personal.

Fuente: Estudio 3396 del Centro de Investigaciones Sociológicas, dedicado al Índice de Confianza del Consumidor (ICC) del mes de febrero de 2023.

Junto a la cuestión del diseño muestral, restan cinco grandes asuntos por señalar en lo relativo a la encuesta como herramienta de investigación social: el modo de administración, los tipos de diseño de encuesta, la escala de medición de las variables, el tipo de preguntas y la codificación de los datos[5].

Respecto al modo de administración, distinguimos inicialmente y de forma genérica entre las encuestas que administra un entrevistador y las autoadministradas, bien sea en papel o por Internet, donde el entrevistado no recibe las preguntas por parte de nadie, sino que las responde él solo cuando quiere. Junto a esta distinción inicial, señalamos los tres grandes modos de administración: CAPI (*Computer-Assisted Personal Interviewing*), CATI (*Computer-Assisted Telephones Interviewing*) y CAWI (*Computer-Assisted Web Interviewing*). En las encuestas CAPI, la entrevista se produce de forma presencial y se recogen los resultados en una tablet, *smartphone* o cuestionario en papel. Hasta el estallido de la pandemia de la COVID-19, el Centro de Investigaciones Sociológicas (CIS) realizaba sus barómetros y estudios de esta forma. Se presupone que las entrevistas CAPI añaden menos sesgos de selección y problemas de cobertura, puesto que se desarrollan a partir de rutas aleatorias para la elección de las viviendas dentro de las secciones censales de los municipios que forman parte de los estratos. A su vez, las entrevistas CATI, desarrolladas por medio de llamadas telefónicas desde un *call-centre,* han tenido una gran extensión en el ámbito de las encuestadoras privadas por su menor coste frente a las CAPI y por la reducción del tiempo del trabajo de campo. Sin embargo, considerando que las CATI usan listados telefónicos a partir de números fijos o móviles, existen importantes debates sobre la validez de su marco muestral. Finalmente, las encuestas CAWI están en auge, aunque todavía se desconfía de su capacidad de llegar a los grupos de población de mayor edad o menos recursos. En los Estados Unidos, donde están muy extendidas, los investigadores comienzan a usar plataformas como *Amazon Mechanical Turk* (MTurk) para conseguir entrevistados.

El modo de administración de nuestra encuesta no solo tiene implicaciones sobre la muestra, también es un factor a tener en cuenta a la hora de diseñar el cuestionario (longitud de las preguntas, tipo de preguntas, posibilidad de incluir apoyos visuales, temas tratados…). Para superar los sesgos inherentes a cada modo de administración, algunas voces apuestan por implementar modelos mixtos (MM) que combinen sobre todo los sistemas CATI y CAWI para reducir los efectos de selección no deseados en cuanto a la composición de las muestras (véase al respecto el interesante artículo de Vannieuwenhuyze y Loosveldt, 2012).

---

5 Para ampliar la información sobre todas las fases del diseño de una encuesta, se recomienda leer en profundidad: Crespo, I., V. Martínez, A. Mora, C. Moreno y R. Rabadán (2016). *Herramientas para la Investigación de la Opinión Pública.* Valencia: Tirant lo Blanch.

En cuanto a los tipos de diseño de encuesta, en buena parte, esta cuestión va a depender de la periodicidad temporal del trabajo de campo o de los objetivos de la investigación a alcanzar. Podemos tener encuestas con relativa especialización temática o encuestas ómnibus (se unen temas muy diferentes en un mismo cuestionario para compartir costes). También podemos tener encuestas panel (estudio longitudinal en el que los participantes son siempre los mismos y lo que se estudia la evolución de sus opiniones a lo largo del tiempo), encuestas *tracking* (encuestas dinámicas donde las mediciones diarias conforman resultados por sí solas, evidenciando los cambios "en directo" en el comportamiento, típicas de las campañas electorales) o barómetros, que como ya se ha mencionado son estudios de periodicidad fija, que no parten de un mismo panel de participantes.

Pasamos ahora a tratar la escala de medición de las variables. Este es un concepto básico para cualquier tipo de investigación cuantitativa pues, de la escala de medición de cada variable va a depender el tipo de pruebas estadísticas que podremos usar para comprobar hipótesis con ellas, así como la forma de tratar e interpretar sus resultados. Las variables pueden presentar los siguientes niveles de medición:

i) Variables nominales o categóricas. Sus valores no son numéricos y no guardan entre sí un orden, sino que se corresponden con etiquetas cualitativas. Un ejemplo de esta variable sería el estado civil de una persona, en tanto que sus categorías (casado/a, soltero/a, viudo/a, separado/a...) no pueden jerarquizarse ni tratarse como valores cuantitativos.

ii) Variables ordinales. Sus valores representan una jerarquía lógica de comparación (mejor, peor, mayor, menor). Cuando preguntamos por la percepción de la situación económica del país (muy mala, mala, regular, buena, muy buena), estamos desarrollando una variable ordinal. Son variables que pueden tratarse de forma métrica cambiando los valores ordinales por una escala numérica.

iii) Variables métricas discretas (número finito con o sin decimales) o continuas (número infinito), de intervalo o de razón. Estas variables incluyen una escala numérica que puede expresarse en número natural o real, incluyendo o no el 0. Aquellas que incluyen el 0 se denominan variables cuantitativas de razón, mientras que las que no lo hacen se denominan de intervalo. La edad de una persona, su autoubicación ideológica o los ingresos mensuales de un hogar serían ejemplos de variables métricas.

Junto al nivel de medición de las variables, es importante conocer la tipología de preguntas que podemos encontrarnos en una encuesta:

i) Preguntas abiertas: no se sugieren opciones de respuesta a los entrevistados (pueden plantear una alta tasa de no respuesta).

ii) Preguntas cerradas: se da a elegir a los entrevistados entre diferentes opciones de respuesta. En cierto tipo de preguntas cerradas, cuando se sugieren por el entrevistador las opciones de respuesta, se recomienda rotar el orden para evitar el sesgo de primacía (elegir lo primero que se les ha dicho) o el sesgo de inmediatez (elegir lo último que se le has dicho y, por tanto, lo que tienen más reciente en la memoria).

iii) Preguntas semiabiertas o semicerradas: dan a elegir entre una serie de opciones predeterminadas y una opción de respuesta abierta. Normalmente, son preguntas cerradas a las que se añade la opción de responder "otro", dando al entrevistado la oportunidad especificar de forma abierta el contenido de dicho "otro".

iv) Preguntas dicotómicas: solo hay dos posibilidades de respuesta (A favor/En contra; Sí/No).

v) Preguntas multirrespuesta o preguntas de opción única: los entrevistados pueden seleccionar dos o más categorías como respuesta (multirrespuesta) o solo se puede responder con un categoría (opción única).

vi) Preguntas filtro: dependiendo de la respuesta, el entrevistado es redirigido a una u otra pregunta. Imaginemos que se incluye una pregunta para saber a quién votó una persona en las últimas elecciones, primero necesitamos una pregunta filtro para ser si acudió a votar porque tal vez se abstuvo o no tenía la mayoría legal de edad.

vii) Preguntas según temática: sociodemográficas (relacionadas con el sexo, la edad, el municipio, el nivel de estudios alcanzado, la ocupación o la clase social subjetiva, entre otras), de valoración, actitudinales o de expresión de comportamientos.

También podemos distinguir tipos de preguntas según el instrumento de operacionalización que utilizan para medir la variable: uso de la escala de Likert (muy útil para expresar grados de acuerdo o desacuerdo usualmente bajo la lógica de 5 elementos: muy de acuerdo, algo de acuerdo, ni de acuerdo ni en desacuerdo, algo en desacuerdo, muy en desacuerdo), preguntas matriz o batería (que utilizan las mismas categorías ordinales sobre una multiplicidad de asuntos que constituyen individualmente una variable) o preguntas de escala de diferencial semántico (similares a las Likert, pero aportando exclusivamente el significado de los dos extremos de la escala y el individuo debe situarse dentro de ella), solo por mencionar las más usuales.

Dentro de estos tipos de preguntas, siempre hay que recordar que su redacción no puede dirigir o condicionar la respuesta (evitar preguntas capciosas o que activen marcos de deseabilidad social), que la forma en la que se presentan o redactan las opciones de respuesta también puede incluir sesgos —acabamos de ver en qué consisten los sesgos de primacía e inmediatez, pero también existen otros como el de posición central (tendencia a situarse en el medio como postura menos comprometida)— y que el orden en el que se formulan las preguntas es importante. Clásicamente, se utiliza la metáfora del "embudo" para explicar en qué consiste la importancia del orden de las preguntas en las encuestas sociopolíticas. Primero, hay que plantear temas generales que sean escasamente sensibles o comprometedores para generar un ambiente de confianza. Seguidamente, nos vamos acercando a nuestro objeto de estudio y dejamos para el final las cuestiones más íntimas, como podría ser el voto, los ingresos o el nivel de estudios. Si nada más empezar el cuestionario le preguntamos a una persona lo que cobra o a qué partido votó, es posible que nos cuelgue o nos invite a salir de su casa, por considerar que la entrevista se ha convertido en una intromisión ilegítima en su privacidad[6]. No podemos olvidar, asimismo, que de la redacción de las preguntas va a depender nuestra "validez de constructo" (elemento clave de un estudio junto a su validez interna y externa). La validez de constructo considera hasta qué punto medimos aquello que deseamos medir, hasta qué punto la operacionalización de los conceptos es válida en relación con nuestro modelo teórico. Para contrastar la validez de constructo de diferentes indicadores, especialmente cuando trabajamos con índices que agregan indicadores o cuando factorizamos una variable considerando varios ítems, usamos el coeficiente Alpha de Cronbach para valorar la consistencia interna o confiabilidad del constructo.

Para finalizar este epígrafe, haremos referencia a la codificación de los datos y a los principales organismos de referencia en materia de elaboración de encuestas, donde estudiantes e investigadores tienen un amplio repertorio de datos que poder explotar. La codificación de los datos de una encuesta es un procedimiento que asigna a las diferentes opciones de respuesta de las variables categóricas, una serie de números que permitirán su lectura y tratamiento en los programas estadísticos informáticos (ver Figura 4).

La codificación suele realizarse al mismo tiempo que se desarrolla el cuestionario, así, la grabación de los datos (almacenamiento de las respuestas por medio de un sistema de administración de encuestas como *Survey Monkey*) se

---

6 Todas las encuestas están sujetas a la regulación prevista en la Ley Orgánica 3/2018 de Protección de Datos Personales y garantía de los derechos digitales. De estos extremos ha de informarse al entrevistado antes del comienzo del proceso, para que conozca los derechos que le asisten y pueda ejercerlos libremente. Asimismo, para las encuestas tipo CATI, se deberá avisar al individuo en caso de que la entrevista vaya a ser grabada para posteriores controles de calidad del campo (comprobaciones sobre el transcurso de la entrevista y su correcta administración). La confidencialidad es un elemento esencial en la investigación por encuestas. Las bases siempre han de anonimizarse evitando que la unión de varias variables permita conocer o intuir quién es la persona que ha respondido, algo que se vuelve crucial cuando el universo es pequeño.

lleva a cabo ya en relación con estos códigos numéricos. Si la grabación no se produce habiendo vinculado las categorías a números, siempre pueden sustituirse los mismos una vez que tengamos una hoja de Excel con todos los registros, por ejemplo, o mediante la sintaxis del *software* estadístico. Cuando finalizamos la codificación, en nuestra base de datos solo veremos códigos numéricos, pero informaremos al programa estadístico sobre cuáles son las etiquetas de los valores (qué significa cada número en términos cualitativos), para que al solicitar informes de resultados se nos presenten los datos con un formato de fácil lectura.

Existen algunas convenciones a tener en cuenta a la hora de codificar datos: cuando las preguntas son abiertas pueden precodificarse —prever una serie de categorías en las que podrán subsumirse las respuesta de los entrevistados— o analizar las respuestas dadas y generar códigos de manera inductiva; las categorías "No sabe" y "No contesta" suelen codificarse con los números 8-9/98-99, dependiendo de si el resto de categorías alcanzan o no el número 10 (en caso de que lo hagan, NS y NC serán 98 y 99) y se consideran "valores perdidos" (*missing*); cuando se trata de variables métricas, no procede la codificación más allá del NS y NC porque el valor numérico ya es un código en sí; a la hora de construir variables tipo *dummy* para poder incluir, por ejemplo, ciertas variables no métricas dentro de una regresión, utilizamos la dicotomía 0-1 con una categoría de referencia (la que tiene más casos).

Figura 4. Ejemplo de codificación ya incluida en la maquetación de un cuestionario de encuesta

P3. Refiriéndonos a la situación económica general de España actualmente, ¿cómo la calificaría Ud.: muy buena, buena, mala o muy mala?
[ECOESP]

Muy buena ***1***
Buena ***2***
(NO LEER) Regular ***3***
Mala ***4***
Muy mala ***5***
N.S. ***8***
N.C. ***9***

Fuente: Estudio 3388 del Centro de Investigaciones Sociológicas, Barómetro diciembre de 2022. Nota: cuando en un cuestionario aparece la indicación "No leer" para los entrevistadores significa que, salvo esas categorías que no se desean sugerir y se espera que salgan espontáneas, el resto se le mencionan explícitamente a los participantes como opciones de respuesta.

Concluimos este epígrafe haciendo referencia a algunas de las principales fuentes accesibles de datos sobre encuestas:

i) El Centro de Investigaciones Sociológicas (CIS). En su web, el apartado "Banco de Datos" permite acceder a los microdatos (ficheros listos para trabajar en SPSS o cualquier otro programa) de centenares de barómetros y estudios, tanto de carácter político como de carácter social y económico.

ii) Los grupos de investigación o centros regionales de opinión pública asimilables al CIS: el CEO en Cataluña, el CEMOP en la Región de Murcia, el Euskabarómetro en el País Vasco o el CENTRA en Andalucía.

iii) El Latinobarómetro, que anualmente realiza unas 20.000 entrevistas en 18 países de América Latina.

iv) El Eurobarómetro, sondeos de opinión elaborados por el Parlamento Europeo.

v) La Encuesta Social Europea (ESS), nacida en el año 2001 y de periodicidad bianual, centrada en cuestiones como las condiciones de vida, los valores políticos o los cambios en la estructura social.

vi) La Encuesta Mundial de Valores (WVS), iniciativa impulsada por el profesor Ronald Inglehart y centrada en aspectos de cultura política (actualmente se encuentra en su séptima ola).

vii) El Instituto Nacional de Estadística (INE), que pone en marcha estudios de gran interés como la Encuesta de Población Activa (EPA), la Encuesta de presupuestos Familiares o la Encuesta Anual de Servicios, además de encargarse de otras estadísticas no vinculadas con las encuestas como el padrón de habitantes, el cálculo del índice de precios de consumo (IPC) o el cálculo del Producto Interior Bruto (PIB).

VII. TÉCNICAS CUALITATIVAS: LA ENTREVISTA, EL GRUPO DE DISCUSIÓN Y LA OBSERVACIÓN

JUAN JOSÉ LABORA-GONZÁLEZ
Universidad de Santiago de Compostela

ENRIQUE FERNÁNDEZ-VILAS
Universidad de Valladolid

1. INTRODUCCIÓN

Tras haber establecido el marco general metodológico en un capítulo precedente y después de haber realizado un recorrido por las principales técnicas de investigación cuantitativas; nos disponemos, en este capítulo, a hacer un breve recorrido por los fundamentos de algunas de las principales técnicas de investigación usadas en la investigación cualitativa.

En este sentido, como se explicó en el capítulo que introduce este Bloque, la metodología de las ciencias sociales se organiza en niveles que se caracterizan por la presencia de distintos elementos metodológicos. Si los presentamos de más generales, y abstractos, a menos estos serían: el método científico, los métodos, las metodologías, las técnicas y los instrumentos. Los dos primeros, se corresponderían con el nivel estratégico de diseño, es decir, en estas fases lo que se decide son las grandes líneas o estrategias, en las que se debe de enmarcar una investigación concreta (a la hora de programar suele dar como resultado un Plan). A continuación, tenemos las metodologías que se sitúan en el nivel táctico; ya estamos en un nivel intermedio de diseño que es más específico e implica otro tipo de decisiones (suele adoptar la forma de un Programa). Finalmente, encontramos las técnicas y los instrumentos que se incardinan al nivel operativo. Es el nivel más concreto, y más apegado a la realidad social; en él se operativizan las grandes estrategias y/o táctica de diseño y acción (suele adoptar la forma de un Proyecto).

Podemos, pues, empezar este capítulo revisando la definición de técnica de investigación. Una técnica es un conjunto de conocimientos (saber) y procedimientos (hacer) que permiten obtener los datos de una realidad para conocerla (lo que suele tomar la forma de un Proyecto de investigación) o modificarla (lo que, habitualmente, adopta la forma de un Proyecto de intervención). Las técnicas, entonces, son procedimientos de actuación concretos y particulares (Sierra Bravo, 2001), que deben de ser coherentes con el nivel estratégico y táctico elegido para la investigación concreta que se quiera llevar a cabo. En definitiva, las técnicas son los artefactos metodológicos que nos permiten extraer los datos de la realidad social, para analizarlos y aumentar nuestro conocimiento sobre la sociedad y los fenómenos, y hechos, que la articulan.

Frente al predominio mayoritario de la encuesta como técnica mayoritaria en la metodología cuantitativa. En la investigación cualitativa existe toda una serie de técnicas que nos permiten bucear en la complejidad de lo social. Además, de las que trataremos a lo largo de este capítulo podemos mencionar: la recopilación documental, o revisión bibliográfica, el análisis de contenido, el análisis del discurso, el estudio de caso, las Historias de vida, el Relato de vida, entre otras.

Dada esa variedad de técnicas existentes para estudiar la realidad social, a la hora de realizar el diseño de un proyecto de investigación concreto se debe de tener en cuenta las diversas características del objeto de estudio que estemos investigando para que estas nos ayuden a decidir cuál es la técnica, o técnicas, más adecuadas en función del objeto, y los objetivos, que hayamos formulado.

En cualquier caso, en el contexto de las llamadas sociedades posmodernas contemporáneas, que se corresponderían con las existentes en Europa, Asia, Norteamérica, y muchas de las existentes en Sudamérica y en muchos de los países en vía de desarrollo, se comparten una serie de características y procesos sociales que afectan a la manera en que se puede llevar a cabo la investigación social.

Podemos comprobar cómo, en los últimos años, las concepciones de la esfera pública, del espacio público, de la digitalización, de los medios sociales o de la comunicación de masas se fueron ampliando, teniendo en cuenta la aparición, expansión y uso de medios sociales digitales en el marco de la *Sociedad Red* (Castells, 2006) y *Sociedad Informacional* (Castells, 1990). En el mismo sentido, Castells entenderá la estructura social como "aquellos acuerdos organizativos humanos en relación con la producción, la experiencia y el poder" (2006, p. 27). Por tanto, hablamos de un drástico cambio en torno a los conceptos de comunicación, tiempo y espacio. A esto se suma el que, desde hace tiempo, en la literatura se destacan las posibilidades de conexión constante que permiten los medios sociales y —en general—, las nuevas tecnologías de información, produciendo la posibilidad de la hiperconexión y la saturación de la información.

Además, en los últimos tiempos surgen nuevos fenómenos ligados a la comunicación. Con la caída del proyecto ilustrado los grandes relatos basados en la racionalidad humana y la noción de progreso han sido puestos en cuestión hasta perder su sentido. Las llamadas sociedades posmodernas utilizan nociones de verdad de carácter perspectivista o construccionista. Esto últimamente ha provocado la aparición de nuevos fenómenos comunicacionales como las denominadas *Fake-news*. A su vez, discurso político de está polarizando en función de las posturas ideológicas de los distintos grupos sociales y/o partidos. Esto sumado a las nuevas formas de participación social y de comunicación, ha provocado que surjan nuevas maneras de comunicar y que se empiece a analizar el posible papel que tienen las emociones en estos procesos sociales.

Asimismo, las nuevas formas de comunicación se considera que habría que analizarlas en función de: las características sociodemográficas de algunos sectores de población (edad, género, etc.), aplicando análisis interseccionales de los sujetos, o desde el punto de vista de la comunicación llevada a cabo por los llamados Nuevos Movimientos sociales.

Finalmente, en las últimas décadas, a partir de la aparición de la *Web 2.0* (y *Web Semántica* y *Web 3.0* continuadamente), se da una comunicación en un plano diferente y que responde a dos características principales: multidireccionalidad y descentralización.

Todas estas características de las sociedades contemporáneas requieren que repensemos qué es lo público y lo privado, o cómo afecta a los contextos de investigación. En este sentido, Ibáñez recoge la consideración de la vinculación de la entrevista a la confesión de Foucault (2017, 2021) cuando dice que:

> *La confesión se transforma en técnica de investigación social en forma de entrevista en profundidad. Su antecedente inmediato es la sesión individual de psicoanálisis o su análogo clínico. Introducida por Merton —focused interview— para analizar las motivaciones de un comportamiento, tiene amplia utilización (...) proliferará, bajo la impulsión de Dichter, en los llamados estudios de motivación en investigación de mercados. Pero en seguida se escindirá en dos técnicas: la entrevista en profundidad y el grupo de discusión (que ya no será propiamente una confesión* (1992, pp. 113-123).

Esta idea, hoy día, goza de una amplia aceptación (Gubrium y Holstein, 2002; Valles, 2014). Es decir, hablamos de una técnica que, como veremos, bucea en la intimidad de las personas.

1.1. La entrevista en profundidad

La entrevista en profundidad (*In-Deepth Interview*), también conocida como entrevista cualitativa, es uno de los procedimientos más utilizados en la investigación social hoy en día, aunque como técnica profesional no es privativa del investigador/a social. El uso de la entrevista está tan generalizado que algunos autores han llegado a definir nuestra sociedad como la sociedad de la entrevista (Atkinson y Silverman, 1997; Fontana y Frey, 2015; Ibáñez, 1992; Silverman, 1997; Valles, 2007).

Se suele citar a Mayhew como el primero que hizo uso de la entrevista en el ámbito de la investigación cuando en 1851 —*London Labour and the London Poor*—, hizo una investigación sobre la calidad de vida de las personas que vivían en Londres (Valles, 2014); en 1886 la retoma Charles Booth (Fontana y Frey,

2015). A partir de ahí, históricamente hablando, primero existió un auge de la entrevista estructurada de tipo cuantitativo que alcanzó su culmen con el trabajo de Paul Lazarsfeld y Robert Merton en los años 50. Este predominio se alargó durante 30 años. A partir de los años 80 del siglo XX con el auge de la metodología cualitativa, se introduce con fuerza la entrevista en profundidad en la investigación social.

1.1.1. Definición

Según Gubrium y Holstein (2002), en realidad, la entrevista en profundidad estaría ligada a la sociedad entrevista ya que "las propiedades confesionales de la entrevista no solo construyen la subjetividad individual sino que, cada vez más, profundizan y amplían las verdades experienciales del sujeto" (p. 11).

En cualquier caso, si empezamos a ajustar la definición de la técnica de la entrevista en profundidad, en palabras de Johnson, mediante el uso de la entrevista buscamos un conocimiento más profundo ("asuntos muy personales (...), experiencia vivida, valores y decisiones, etc" (2002, p. 104) que el buscado con las encuestas informales o los grupos focalizados.

La entrevista puede ser entendida como una conversación del investigador/a con el sujeto investigado. Una conversación que construye conocimiento (Kvale, 2011). Este fenómeno de la construcción durante la entrevista es explicado por Alonso cuando dice que

> *La entrevista en profundidad es (...) un constructo comunicativo y no un simple registro de discursos que "hablan al sujeto". Los discursos no son así preexistentes de una manera absoluta (...), sino que constituyen un marco social de la situación de entrevista. El discurso aparece, pues, como respuesta a una interrogación difundida en una situación dual y conversacional (...), cada uno de los interlocutores (entrevistador y entrevistado) co-construyen en cada instante ese discurso (1999, p. 230).*

Además, las entrevistas en profundidad llevadas a cabo en contextos de investigación, suelen tener como tema principal "el mundo cotidiano vivido por el entrevistado (...). El entrevistador cualitativo anima a los sujetos a describir con la mayor precisión posible lo que experimentan y sienten, y cómo actúan (...) Se obtienen descripciones de situaciones y acciones específicas, no opiniones generales" (Kvale, 2011, p. 34).

En este sentido, y continuando con el rol del entrevistador/a, hemos de tener en cuenta que a diferencia del contexto cuantitativo en el que se suelen llevar las preguntas previamente decididas y se le hacen a todos los sujetos en el mismo orden. El enfoque cualitativo requiere apertura en la conversación que se mantenga durante la entrevista, lo que impide llevar las preguntas decididas con anterioridad a la aplicación de la técnica. Lo que se puede llevar es lo que se conoce como una Guía de entrevista que consiste en un listado de las categorías de investigación, es decir, de las dimensiones del objeto de estudio que se deben explorar a fin de que a la hora del análisis se puedan comparar los datos obtenidos de los distintos sujetos que forman parte de la muestra de nuestra investigación. Esto significa que la entrevista en profundidad es más exigente para el investigador/a, sobre todo si no tiene mucha experiencia previa. Ya que

> *Una entrevista debería ser informal y deshilvanada, como una conversación, pero en una entrevista, la otra persona es la que habla. Tú eres la que escucha. Tu conocimiento y tu voz deberían permanecer en segundo plano, primordialmente para proporcionar apoyo y ánimo. Una entrevista debería tener un empiece claro (...). Una entrevista te permite también hacer preguntas con más detalle que en una conversación normal. Una entrevista tiene un modo propio que permite, por un lado, mucha más profundidad y por otro, una explicación de lo obvio (Atkinson, 1998, p. 32).*

Esto requiere de la persona investigadora un rol que motive a la persona que tiene delante, pero que silencie sus propios posicionamientos; manteniendo, además, una actitud de neutralidad y de respeto hacia la persona que tiene delante, sus vivencias y opiniones.

1.1.2. Tipos de entrevista

En este texto dejaremos fuera de las tipologías que se comentarán a continuación las entrevistas que no sean de investigación (como la entrevista clínica, la entrevista de orientación o asesoramiento).

Dentro de la entrevista de investigación se han establecido dos clasificaciones principales a lo largo del tiempo.

Desde el punto de vista del grado de directividad las entrevistas se pueden clasificar en:

6. Entrevistas dirigidas: Esta modalidad implica que la entrevista es conducida enteramente por el entrevistador/a, siendo este/a quien selecciona los temas y plantea las preguntas.
7. Entrevistas no dirigidas: El informante tiene completa libertad para expresar sus sentimientos y opiniones, el entrevistador/a tiene que animar a hablar de un determinado tema y orientarlo. Se trata de invitar y alentar a un sujeto a que hable en torno a una cuestión que se le ha planteado, comenzando por donde quiera y diciendo lo que estime oportuno.

Por otro lado, las entrevistas en función de su nivel de estructuración pueden ser:

1. La Entrevista Estructurada Se realiza con un cuestionario de preguntas previamente establecidas, que se plantean siempre en el mismo orden y se formulan con los mismos términos. Esta entrevista se realiza sobre la base de un formulario previamente preparado con una serie limitada de categorías de respuesta. Las preguntas suelen ser cerradas, proporcionando al sujeto las alternativas de respuesta que debe seleccionar, ordenar o expresar según el grado de acuerdo o desacuerdo. Sería la entrevista típica de la metodología cuantitativa, o lo que se suele llamar administrar un cuestionario.

2. *La Entrevista No Estructurada o desestructurada* Deja una mayor libertad a la iniciativa de la persona entrevistada y al investigador/a, tratándose en general de preguntas abiertas que son respondidas dentro de una conversación teniendo como característica principal la ausencia de una lista estandarizada de preguntas. En el contexto de la investigación etnográfica la entrevista no estructurada suele denominarse entrevista informal. A pesar de lo dicho suele utilizarse una Guía de entrevista que consiste en un listado de las categorías o dimensiones de entrevista a explorar.

1.1.3. Recomendaciones prácticas

Steinar Kvale define al investigador/a ideal para realizar entrevistas en profundidad como:

> *Un experto en el tema de la entrevista tanto como en interacción humana (...) debe hacer continuamente selecciones rápidas de qué preguntar y cómo; qué aspectos de la respuesta de un sujeto seguir —y cuáles no; qué respuestas interpretar— y cuáles no (...) debería tener un sexto sentido para los buenos relatos y ser capaz de asistir a los sujetos en el despliegue de sus narrativas (1996, pp 147-149).*

Así pues, se pueden formular las siguientes recomendaciones a seguir en la realización de una entrevista en profundidad por parte de la persona investigadora:

- Usar la guía de entrevista de manera informal. No se debe dar la sensación de que la entrevista es un examen o interrogatorio. Impedir, en las palabras o en los gestos, todo aquello que implique crítica, sorpresa, censura, y en general, aprobación o desaprobación.
- Utilizar un tono de voz natural, y de conversación, de tipo agradable.
- Las preguntas deben cubrir las categorías de la investigación, así pues, se deben sondear las mismas categorías con todos los entrevistados/as para que se puede producir la comparación a la hora del análisis.
- La conversación debe fluir con naturalidad.
- Dar a la persona entrevistada el tiempo suficiente para pensar en sus respuestas. Esto implica manejar los silencios y no apurar al sujeto de investigación.

- Es conveniente utilizar frases de transición, o enlace, al cambiar de tema en las preguntas. Incluso se le puede anunciar a la persona entrevistada que abandonamos un tema de conversación y empezamos otro.
- Han de hacerse breves comentarios que ayuden a mantener la comunicación, siempre sin expresar aprobación o desaprobación.

1.1.4. Usos de la entrevista en profundidad:

Los principales usos que podemos dar a las entrevistas en profundidad son (Alonso, 1999):

1) Reconstrucción de acciones pasadas: uso de métodos biográficos, análisis retrospectivos de acciones o conductas, rutas y trayectorias vitales individuales, etc.
2) Estudio de representaciones sociales: sistemas de normas y valores, imágenes y creencias prejuiciosas, códigos y estereotipos cristalizados, etc.
3) Estudio de la interacción entre constituciones psicológicas personales y conductas sociales específicas: agresividad, violencia, y, en general, el estudio de todo tipo de conductas desviadas, etc.
4) Campos semánticos, vocabulario y discursos arquetípicos de grupos y colectivos: profesiones, sectores de población, etc.

Por su parte, Verd y Lozares consideran que las entrevistas en profundidad serían también adecuadas para la investigación de "hechos no directamente observables, ya sea porque transcurrieron en el pasado, ya sea porque se trate de representaciones, imaginarios u opiniones" (2016, p. 150).

Estos autores también recomiendan el uso de la entrevista para investigar temas delicados o muy personales. Así como para obtener la información de informantes clave. En definitiva, cuando "se desea obtener información relativa a la interpretación y sentido que para las personas tienen unos determinados acontecimientos" (Verd y Lozares, 2016, p. 151).

En palabras de Alonso: "La entrevista (...) se instituye y desenvuelve a partir de su capacidad para dar cuenta de la vivencia individual del informante (manifiesta o latente) del sistema de "marcadores sociales" que encuadran la vida social del individuo específico" (2003, p. 91). Es decir, la persona entrevistada a través del "espejo" de la persona entrevistadora se ve a sí misma, así como "el sistema de etiquetas sociales que lo enmarcan" (Alonso, 2003, p. 91).

1.2. El grupo de discusión

1.2.1. Precisiones conceptuales

Hasta la tesis doctoral de Jesús Ibáñez se puede considerar que existía el Grupo Focalizado (“*Focus Group*”), pero no los grupos de discusión. Es en esta obra titulada *Más allá de la sociología. El grupo de discusión: técnica y crítica* (1992), donde se dota de base, y justificación epistemológica, al grupo de discusión. Ibáñez logra esto usando la teoría marxista, el psicoanálisis, el estructuralismo, la lingüística de Saussure. A diferencia de los grupos de discusión, los grupos focalizados son reuniones de personas (entre 5 y 9, como media) en las que el investigador, o investigadora, propone un elemento motivador para que sea el centro de conversación. Así, por ejemplo, si una empresa que se dedica a la venta de yogures, una vez tiene un producto que quiere testar, se monta un grupo focalizado y se le pide a las personas que comenten: el sabor, la textura, el color, el precio, así como otros elementos que caracterizarían al mencionado producto. Así pues, el grupo focalizado está mucho más cerrado, como veremos, que el grupo de discusión.

Por otro lado, un grupo de discusión es una conversación cuidadosamente planeada, diseñada para obtener información de un área definida de interés, en un ambiente permisivo, no directivo (Krueger, 1991). Si buscamos una definición un poco más técnica podemos decir que el grupo de discusión es un “Dispositivo analizador cuyo proceso de producción es la colisión de los diferentes discursos y cuyo producto es la puesta de manifiesto de los efectos de la colisión (discusión) en los discursos personales (convencimiento) y en los discursos grupales (consenso)” (Ibáñez a través de Suárez Ortega, 2005, p. 22). Es decir, el grupo de discusión permite extraer el discurso social de las personas que los forman. Frente a la entrevista que extrae discursos, más de tipo individual, el grupo permite obtener discursos de grupos sociales a través de la posibilidad del consenso que ofrece la propia técnica durante su celebración. Así pues, la entrevista permite obtener universos simbólicos (prejuicios, significados, imaginarios sociales) más ligados a la individualidad, frente a los grupos de discusión que nos posibilita el acceso a los universos simbólicos sociales que legitiman los marcos de significado de una determinada sociedad.

Si presentamos las principales características de un grupo de discusión, podemos concluir, de forma resumida, que las características generales de un grupo de discusión son:

Duración aproximada: una hora, hora y media. No se recomienda hacer grupos de más de dos horas debido al cansancio que provocan en los/las asistentes.

Participantes: entre seis y quince.

Entorno: cómodo (temperatura, acústica, colocación, privacidad, etc.). Se debe prestar atención al contexto como un elemento más de la investigación.

Muestreo: homogeneidad intragrupal (es decir, no podemos mezclar discursos sociales dentro de un grupo de discusión), heterogeneidad intergrupal. Así, generamos la heterogeneidad de discursos diseñando grupos en los que cada uno de ellos contenga un grupo de personas caracterizadas, o afectadas, de una manera determinada por el objeto de investigación que tengamos en cada momento.

1.3.2. El rol de moderador

En un momento determinado Gutiérrez Brito defiende que el grupo de discusión:

> *tiene la aspiración de provocar, en situación de observación controlada, el discurso que los participantes podrían reproducir informalmente de forma espontánea y natural. Obviamente esta meritoria aspiración es sólo un ideal que nunca se llega a cumplir (...). En términos estrictos, el discurso nunca llega a ser natural porque siempre aparece cierto control influyente (intervención del moderador) producto de la situación social (grupal) donde se crea (2014, p. 49).*

Teniendo en cuenta este comentario, nos podemos plantear, o cuestionar, cuál es entonces el rol del investigador que tiene que moderar un grupo de investigación, es decir, ¿cómo se tiene que comportar? ¿qué debe hacer y qué no debe hacer?, es decir, qué papel deberíamos asumir durante la implementación de una técnica como es el grupo de discusión.

En este sentido, la estrategia general que enmarca siempre la investigación cualitativa sería la de aspirar a "*retirar* en vez de *poner*" (Gutiérrez Brito, 2014, p. 45), es decir, tender a "crear *situaciones neutrales, naturales y espontáneas* donde el hecho de observar dependa en la mayor medida posible del propio sujeto observado, y no tanto de la influencia del observador. Ahora bien, el lector sabe que no hay observación *in absentia*" (Gutiérrez Brito, p. 45).

Para ayudar a manejar la paradoja comentada en los anteriores párrafos Gutiérrez Brito (2014) propone la definición de cuatro situaciones discursivas que implicarían cuatro tipos de moderación de los grupos:

1. Situación discursiva dirigida: en este caso no se aspira a un discurso libre, sino a una situación que permita orientar y canalizar el discurso que se produzca. El control se ejercería por parte del moderador/a para evitar que la conversación se aleje demasiado del objeto de interés de la investigación que estemos llevando a cabo.
2. Situación discursiva cerrada: en este caso el grupo se somete a las preguntas y directrices del moderador/a. La situación comunicativa se alejaría de un diálogo y se acercaría a la de un monólogo. Es el caso de una entrevista grupal o en el uso frecuente de preguntas cerradas por parte del moderador/a.

3. Situación discursiva abierta: en este caso se utiliza como horizonte regulativo la consecución de un discurso libre por parte de los/las participantes en el grupo. A resultas de esto, el moderador/a adopta una posición de mínima intervención —de carácter no directivo—, a favor del diálogo grupal. Se fomenta, pues, la espontaneidad discursiva.
4. Situación discursiva ordenada: en este caso el moderador/a busca la aplicación de un guion de grupo, y esto es lo que adquiere mayor importancia en relación a la dinámica del grupo. Ahora bien, eso no significa que se busque un discurso racionalizado y falto de espontaneidad típico de una situación discursiva cerrada.

Evidentemente, la elección de un enfoque u otro dependería siempre del objeto de investigación que tengamos en cada caso y el tipo de sujetos de investigación; cruzando ambos criterios, con la norma general de siempre intentar formular las situaciones de investigación del tipo más abierta que se pueda en una metodología como la cualitativa caracterizada por ser una metodología que huye de las imposiciones de presupuestos previos durante el proceso de obtención de datos (Verd y Lozares, 2016).

1.2.3. La dinámica de grupo

Un grupo de discusión, de una forma muy simplista, se puede decir que es un grupo de personas que mantienen una conversación a partir de la moderación y supervisión de una persona investigadora. Es un grupo de personas que, no se conocían entre ellas, y que pasan a relacionarse entre sí durante un instante en el tiempo. Eso hace que, como casi siempre sucede en contextos sociales, se puedan definir una serie de fases, o etapas, por las que pasará el grupo de discusión. A modo de metáfora, podemos decir, que el grupo de discusión tiene una biografía constituida por una serie de pasos que constituyen los que se conoce como la dinámica de grupo. Así pues, haremos un breve recorrido por esas fases para saber cómo se inicia, cómo se consolida y cómo se termina un grupo de discusión.

1. Presentación: Gutiérrez Brito (2014), de manera gráfica, dice que es el momento del "despegue" del grupo. Alonso (2003), por su parte, caracteriza esta como la fase en que se explicita un determinado contrato comunicativo. En esta fase las principales tareas son: se presentan el moderador/a —e invitados/as, de ser el caso—, se identifica la institución/organismo/entidad/empresa/etc. de pertenencia, se identifican los roles a desempeñar, se le explican a los miembros del grupo qué es lo que se espera de ellos/as, se les informa de que van a ser grabados y se les insiste en el cumplimiento de la ley de protección de datos y la garantía de anonimato y, a continuación, se presenta el tema de investigación, y —si existe—, se introduce el primer tema de discusión, o se plantea la primera pregunta.

2. Consolidación: esta es la fase en la que debe de consolidarse un mínimo afianzamiento de la relación entre los sujetos de investigación; y, a su vez, de la relación del moderador/a con los/las participantes en el grupo. De no existir esa mínima "alianza" o empatía entre las distintas personas el grupo puede verse en peligro. Gutiérrez Brito explica los objetivos de esta fase de la dinámica de grupo diciendo que "el moderador debe llegar a formar, controlar y dirigir al grupo; y (...) el grupo debe poder controlar y dirigir las interrogantes del moderador" (2014, p. 53). Para ello es muy importante que durante la fase de presentación se halla realizado un buen encuadre, es decir, que se delimite y estandarice la situación comunicativa propuesta proporcionando las "marcas de contexto" adecuadas.
3. Conducción: en esta fase se debe producir el acercamiento, y profundización, a los temas de investigación/categorías seleccionadas.

   Las elaboraciones discursivas del grupo deben de estar suficientemente elaboradas, permitiendo así el planteamiento de aspectos que produzcan aproximaciones de carácter específico al objeto de investigación.

   Es el momento en que deberían de hacer aparición elaboraciones discursivas de cuestiones esenciales, o centrales, para la investigación; éstas deberían de ser seguidas por reelaboraciones de las mismas.
4. Cierre o punto final: Es el momento de finalización del grupo. Esto se puede aprovechar para:
   - Recapitular los argumentos/discursos.
   - Validar la comprensión/interpretación de los discursos.
   - Realizar preguntas específicas, aclaraciones, etc.
   - Hacer requerimientos adicionales: cumplimentar cuestionarios complementarios, pedir datos sociodemográficos, solicitar nuevos contactos, etc.
   - Despedida y agradecimientos. En ocasiones, se aprovecha el momento final para dejar abierta la posibilidad de realizar nuevos contactos (sean personales o vía correo, teléfono, etc.), para llevar a cabo tareas adicionales.

1.2.4. Estrategias de moderación de grupos

Ya que, como vimos, el rol del investigador consiste en hacerse cargo de grupo y moderar la participación de las personas que forman parte del mismo, en la literatura se pueden encontrar toda una serie de estrategias que nos ayudarán a realizar esta tarea en la práctica. Así pues, se mencionarán algunas de estas estrategias que se consideran especialmente útiles para investigadores/as noveles, o sin mucha experiencia en trabajo de campo.

1. Complementaciones: son intervenciones del moderador/a que tratan de comprender o matizar lo que el grupo ha estado diciendo. Por ejemplo, el moderador puede repetir, con sus propias palabras, lo que se ha estado diciendo. También se pueden deducir, o inferir, alguna idea a partir de lo escuchado.

   Esta estrategia puede implicar el riesgo de que el grupo se sienta "agredido" o molesto, al interpretar que el moderador/a ha usurpado sus funciones o se ha extralimitado en sus capacidades. Además, también puede ocurrir el que el grupo —o determinada persona—, desautorice el resumen o la interpretación llevada a cabo. En ese caso, debemos reaccionar con rapidez.

2. Interpretaciones: en este el moderador/a puede testar una determinada hipótesis interpretativa del discurso grupal.

   Este tipo de estrategia puede implicar el mismo riesgo que se comentaba para las complementaciones. Pero, además, pueden suponer:

   - Un cambio, modulación y/o modificación del discurso grupal, sobre todo si tenemos en cuenta que el moderador/a suele ostentar una posición de poder en los grupos.
   - La inhibición del discurso, al menos, de las líneas interpretativas que no se correspondan con la introducida por el moderador/a.

3. **Reiteraciones:** también llamadas repeticiones, espejos o ecos, consisten en la repetición, lo más literalmente posible, de lo dicho por el grupo.

   En este caso, el riesgo puede provenir del abuso de este tipo de estrategia ya que alguna persona/s se pueden llegar a sentir molestas, o interpretar que no se están explicando bien y que se les echa en cara a través de la continua repetición de lo que dicen.

   La ventaja de esta estrategia es que no añade nada nuevo a lo que el grupo ya está diciendo.

   Por otro lado, en un momento en el que se nota que los/las participantes requieren la participación del moderador/a y si no se considera adecuada la participación, se consigue participar sin romper el discurso o argumentación que se está llevando a cabo.

Por otro lado, aunque no existen recetas que se puedan aplicar en todos los grupos, ya que todos ellos son distintos, Gutiérrez Brito (2014) realiza las siguientes recomendaciones:

1. Evitar acotar y/o imponer los temas/reflexiones/interpretaciones hasta el punto de impedir que no puedan ser abordados o descartados por los/las participantes tal como ellos/as lo harían.
2. Evitar aportar o contribuir a formar contextos y/o conceptos referenciales que no sean los aportados por los sujetos participantes y que pueden ser ajenos a sus intereses.
3. Evitar discutir las opiniones, razones, etc. De las personas participantes especialmente cuando son incoherentes o aparentemente sin sentido.
4. Evitar justificar o invalidar puntos de vista o manifestaciones salvo que sea necesario por motivos que hacen referencia al propósito de no privilegiar determinadas voces, ya sean, expertas, preferentes, etc.
5. Evitar incitar al diálogo mediante el uso de preguntas cerradas o demasiado específicas.
6. Evitar desviar la conversación a otras experiencias o ideas que no sean las que en principio se ajusten a las propias vivencias o intereses de las personas participantes.
7. Evitar las rupturas y/o transiciones bruscas de un tema a otro.
8. Pedir ampliaciones y complementos de información en relación a los conceptos y/o contextos que los sujetos de investigación citen a lo largo de la conversación.
9. Estimular las situaciones de digresión, y los comentarios relacionados, directa o indirectamente, con los temas de conversación, animando a tratar los temas colaterales que le parezcan oportunos a los/las participantes.
10. Facilitar el tiempo necesario para que los temas puedan ser tratados con suficiente detalle, y al ritmo o cadencia que requiere la conversación.
11. Promover la idea de que todo lo conversado importa, y todo se vuelve significativo para el investigador/a.
12. En el caso de hacer reiteraciones o cualquier tipo de referencia a lo dicho ser lo más riguroso y literal posible en relación a lo mencionado.

1.2.5. Usos y ventajas de los grupos de discusión

El grupo de discusión, como se ha mencionado anteriormente, proporcionaría sus mejores resultados cuando es usado para explorar el universo simbólico de un sector de población determinado. Si especificamos esto un poco más, se puede decir que los grupos de discusión sirven “para la captación y análisis de los discursos ideológicos y de las representaciones simbólicas que se asocian a cualquier fenómeno social (...) Su objetivo fundamental es el estudio de las representaciones sociales (sistemas de normas y valores, imágenes asociadas a instituciones, colectivos u objetos, tópicos, discursos estereotipados…" (Alonso, 2003, p. 94).

En este sentido, como ha señalado David Morgan "Los grupos de discusión son útiles cuando se trata de investigar qué piensan los participantes, pero son excelentes para descubrir por qué los participantes piensan como lo hacen" (1988, p. 25). Con lo cual, los grupos no serían tan adecuados para investigar conductas o identidades individuales. Sino que, son más eficaces para estudiar imaginarios sociales o identidades sociales.

Finalmente, para terminar esta sección de este capítulo, podemos señalar que las principales ventajas de los grupos de discusión son (Verd y Lozares, 2016):

- Escasa reactividad: el discurso se ve menos marcado por la intervención del investigador/a.
- Información holística y contextualizada: los grupos recrean de manera muy cercana las situaciones reales (cotidianas) de producción de los discursos.
- Escasa autocensura de la información.
- Posibilidad de contrastar opiniones y comportamientos diferenciados.
- Eficiencia.

1.3. La observación

1.3.1. La observación y la etnografía

La etnografía es: "Investigación inductiva-iterativa (cuyo diseño evoluciona a través del estudio) basada en una serie de métodos…que reconoce la función de la teoría y la del propio investigador, y que considera que los seres humanos son en parte objetos y en parte sujetos" (O'Reilly, 2005, p. 3).

Hoy día con el replanteamiento de los espacios se habla de etnografía digital o netnografía. Esta nació hacia el año 2000 con el libro *Etnografía virtual* de Cristine Hine, aunque antes de ella ya había algunos autores/as que le sirvieron de precedente (Pink et al., 2019).

La etnografía digital o netnografía, se puede entender que se aplica a cuatro tipos de prácticas (Lupton, 2014):

1. Las nuevas prácticas profesionales que lleva a cabo la persona investigadora.
2. El estudio del uso que hacen las personas de medios, e instrumentos, tecnológicos y digitales.

3. El uso de los medios tecnológicos para llevar a cabo el análisis de los datos obtenidos en el trabajo de campo.
4. El análisis crítico del uso, y las consecuencias, de los medios digitales. Es decir, las implicaciones de lo digital para la experiencia y cómo esta determina lo digital.

Frente a esta caracterización contemporánea de la etnografía esta, en sus inicios, se dijo que tenía como objeto de investigación la cultura. Hoy en día ese objeto se ha desplazado a la investigación de la experiencia y sus escenarios (Lupton, 2014):

1. Entender la personalización y la intimidad a través de los escenarios de uso, por ejemplo, el móvil.
2. El estudio de la comunicación y el cuidado en los nuevos tipos de familias transnacionales.
3. El "mundo" de los videojuegos. Es decir, los videojuegos on-line, la gamificación, y la construcción social de la identidad mediante estos.
4. Las relaciones, e interacciones humanas. Es decir, entender cómo se forman las relaciones en y a través de los medios y la tecnología digital.

En cualquier caso, como se ha señalado al inicio de estas palabras dedicadas a la etnografía, esta es un método. Es decir, un método para poderse aplicar directamente al trabajo de campo dado que es una gran estrategia metodológica necesita la mediación de una técnica. En el caso de la etnografía, la técnica que se suele utilizar más habitualmente es la observación.

Podemos empezar diferenciando dos conceptos de observación. Uno de ellos es un concepto amplio, desde este punto de vista la observación se correspondería con cualquier tipo de obtención de datos llevada a cabo en contextos de investigación social (aplicación de técnicas). Desde otro punto de vista, la observación puede ser definida desde un punto de vista más restringido como una técnica de obtención de datos.

Con la observación en contextos de investigación hay que tener una prevención, ya que, esta se corresponde con una de las actividades que desarrollamos en nuestra vida cotidiana; pero para ser utilizada en contextos de investigación se le añaden una serie de requisitos (Ruiz Olabuénaga e Ispizua, 1989):

- Debe de orientarse a la búsqueda de un objeto de estudio.
- Debe ser planificada (metodología).
- Debe ser controlada (encaje teórico).
- Debe ser sometida a controles de veracidad, fiabilidad, objetividad y precisión.

En cualquier caso, mediante la observación investigamos a las personas —o grupos sociales— en su contexto real, lo que se suele denominar natural, donde desarrolla normalmente sus actividades, para captar aquellos aspectos que son más significativos de cara al fenómeno o hecho a investigar y para recopilar los datos que se estiman pertinentes.

La observación sería, pues, una de las competencias de la vida diaria que se sistematiza metodológicamente y se aplica en investigación. Dentro de ella se integran no solo las percepciones visuales sino también las basadas en la audición, el tacto y el olfato (Adler y Adler, 1998). De ahí la necesidad de que se haga de una manera sistemática y controlada y la exigencia de formación por parte de la persona investigadora de elementos de comunicación no verbal. Todo ello se lograría a través de los requisitos metodológicos que se le exigen.

Así pues, partimos de un concepto de observación, encajada en hormas de carácter metodológico, que implicaría centrar nuestra atención en una serie de elementos:

a) el observador.

b) el fenómeno o hecho observado.

c) el papel (rol) o modo de participar del observador.

d) la información o dato que se busca.

e) los instrumentos o medios de observación.

Dado el interés, y la importancia del rol de observador, dedicaremos la siguiente sección de este capítulo a definir este concepto y a distinguir las distintas tipologías establecidas a lo largo del tiempo.

1.3.2. El rol de observador

El rol de observador viene a responder del papel que debe de asumir el investigador, o investigadora, durante la realización del trabajo de campo en una determinada investigación. Como veremos a continuación se distinguen varias tipologías que podríamos colocar en un continuo que avanzase desde la mayor implicación, y participación, del investigador con los sujetos de investigación durante el trabajo de campo; a la falta de participación de la persona investigadora durante el mismo.

Gold (1958) estableció una clasificación, utilizando como criterio de clasificación la impliación, que se ha hecho clásica y que distingue los siguientes roles de observador dentro de la observación:

1. El rol de *observador completo*: el investigador/a se mantiene lo más distante posible del entorno que estudia. Los observadores **no** se ven ni se notan.

Este rol se concebía como representación de un tipo de ideal de objetividad. Aunque goza ya de bastante poco prestigio debido a que se presta a engaños y suscita problemas éticos que los investigadores/as tratan de evitar.

2. El rol de *observador-como-participante*: es el que correspondería al investigador/a que lleva a cabo observaciones durante breves períodos de tiempo, quizá para establecer el contexto para las entrevistas u otros tipos de investigación (observación como técnica propedéutica, preparatoria o contextual). El investigador/a es alguien conocido y reconocido, pero se relaciona con los "sujetos" de estudio únicamente en calidad de investigador.

3. El rol de *participante-como-observador*: el investigador/a se integra de manera más plena en la vida del grupo que estudia y está más comprometido con las personas; es tanto un amigo como un investigador neutral. Sin embargo, sus actividades como investigador/a se reconocen todavía.

4. El rol de *participante completo*: el investigador/a se funde del todo con el entorno y se implica por entero con las personas y sus actividades, quizá incluso hasta el extremo de no reconocer en ningún momento su propio orden del día de investigación. En el lenguaje antropológico tradicional se hace referencia a esta postura con la expresión "volverse nativo".

Es una paradoja que puedan plantearse problemas éticos en relación con prácticas que buscan supuestamente la tan ansiada objetividad como la postura de investigadores/as que se funden con el entorno, es por ello que los investigadores/as suelen colocarse en algún lugar del continuo entre estos últimos dos roles.

Más adelante Adler y Adler (1994) establecieron otra clasificación desde del punto de vita de la pertenencia del investigador. Desde este punto de vista, el rol a adoptar puede ser:

- Investigadores/as periféricos: se observa a las personas objeto de estudio y se interactúa íntimamente con ellas, pero no participan en actividades que constituyen la esencia de la pertenencia al grupo.
- Investigadores/as activos: sí se implican en las actividades esenciales aunque intentan evitar comprometerse con los valores, metas y actitudes del grupo.
- Investigadores/as con pertenencia completa: estudian entornos de los que son miembros activos e implicados y, a menudo, son también defensores de las posiciones adoptadas por el grupo.

1.3.3. Tipos de observación

A lo largo del tiempo se han distinguido distintos tipos de observación en función del uso de diferentes criterios para poder clasificar esta técnica (Ver tabla 1). En este capítulo nos centraremos en la observación en función del grado de participación que ejerce el investigador/a.

Desde este punto de vista podemos distinguir, en primer lugar, la observación no participante. Esta consiste en la toma de contacto del observador/a con la comunidad, el hecho o grupo a estudiar, pero permaneciendo ajeno a la situación que observa. El carácter externo y no participante no quita que sea consciente, dirigida y ordenada. También se le denomina «observación-reportaje» (Duverger). Merkens (1989) la caracteriza como aquel tipo de observación en la que el observador trata de no perturbar, o molestar, a las personas en el campo esforzándose por hacerse lo más invisible posible. Sus interpretaciones de lo observado se producen desde este horizonte. El observador construye significados por sí mismo que él supone que dirigen las acciones de los actores en la manera en que los percibe (p. 15).

Tabla 1. Tipos de observación

Criterio	Tipos de observación	Descripción
Según los medios usados	Estructurada No estructurada	Según se usen documentos de registro y su nivel de estructuración
Según el número de observadores	Individual Grupal	La observación puede llevarse a cabo por parte de un investigador o un equipo de personas
Según el lugar de realización	Natural Artificial	La observación natural es efectuada en la vida real (trabajo de campo). La observación artificial es efectuada en laboratorio, es decir, en ambientes controlados

Fuente: elaboración propia.

Frente a este tipo de observación, también existe la observación participante. Esta consiste en la observación directa o inmediata del observador/a en cuanto asume uno o más roles en la vida de la comunidad.

Se distinguen dos formas de observación participante:

- de participación *natural*, cuando el observador pertenece a la misma comunidad o grupo que se investiga.
- de participación *artificial*, cuando el observador se integra en el grupo con el objeto de realizar una investigación.

La observación participante es denominada por Duverger (1962) observación antropológica por su semejanza con los procedimientos utilizados por los antropólogos/as en el estudio de las llamadas «sociedades primitivas».

1.3.4. Dimensiones y usos de la observación

A la hora de hacer uso de la observación como técnica de investigación Spradley (1980) establece que hay una serie de dimensiones que son susceptibles de ser observadas y que deberían de atraer nuestra atención. Las dimensiones de la observación serían: El espacio (el lugar o lugares), los actores (las personas implicadas), las actividades, los objetos, los actos, los acontecimientos, el tiempo (la secuencia que adopta el fenómeno o el proceso observado), las metas y los sentimientos de los sujetos de investigación.

Todas estas dimensiones, pueden ser consideradas como elementos de investigación desde el punto de vista de los distintos usos que le podemos dar a la observación. Como técnica para el estudio de fenómenos, o procesos, sociales esta puede ser usada para investigar (Angrosino, 2012):

- Entornos específicos: Un centro comercial, un colegio, una iglesia, etc.
- Acontecimientos: Una elección de presidente/a de un país, el tratamiento/intervención con mujeres víctimas de violencia de género, cómo se reparten las tareas de cuidado de los hijos/as en una familia, etc.
- Factores demográficos: Tipo de vivienda, tipo de distribución de la población en un barrio, distribución espacial del alumnado de un colegio en función del género, etc.

Además, la observación podría utilizarse para estudiar:

- Fenómenos muy profundos o dispersos (Valles, 2007).
- Fenómenos cuyos sujetos de estudio se muestran muy reticentes a proporcionar información.
- Fenómenos con muchas influencias contextuales.
- Fenómenos sobre los que se sabe poco (Jorgensen, 1989).
- Fenómenos "ocultos a la luz pública" (fenómenos estigmatizados, fenómenos delictivos, etc.) (Jorgensen, 1989).
- Fenómenos en los que se da una gran diferencia entre el punto de visto de los miembros (*emic*) y de los grupos ajenos (*etic*) (Jorgensen, 1989).

1.3.5. Ventajas y limitaciones de la observación

Finalmente, para cerrar este capítulo, vamos a recoger algunas de las principales ventajas y limitaciones que puede presentar el uso de una técnica de investigación como es la observación.

En cuanto a las ventajas de la observación, una de las más destacadas, es el hecho de que se puede usar para obtener información independientemente del deseo de proporcionarla de los sujetos participantes. Así, por ejemplo, aunque alguien no quiera participar en una investigación yo podría llevarla a cabo siempre que esta pueda ser llevada a cabo en contextos públicos, en los cuales yo pueda tener reconocida el derecho de acceso. Por otro lado, los fenómenos se analizan con un carácter de totalidad, permitiendo esto estudiar los hechos o fenómenos dentro de una situación contextual. Además, los hechos se estudian en lo posible «sin intermediarios», con lo que se evitan posibilidades de distorsión debido a la intervención de mediadores. A esto se suma el que la observación puede no ser una técnica adecuada para estudiar fenómenos demasiado profundos o que por su dispersión pueden requerir una observación extensiva (Valles, 2007), lo que sería muy dificultoso si se intenta llevar a cabo mediante el uso de otra técnica. Finalmente, los hechos se estudian en el momento en que ocurren, lo que puede apoyar el rigor en los resultados y reducir la posibilidad de distorsión de los mismos.

Por otro lado, la observación —dadas sus características—, presenta una serie de limitaciones, entre las que podemos destacar:

a) La subjetividad de sus resultados, lo que algunos denominan la «ecuación personal», o sea la proyección del observador/a sobre lo observado.

b) Posible influencia del observador en los hechos observados.

c) Peligro de generalización a partir de observaciones parciales.

VIII. ESTRUCTURA Y ESTRATIFICACIONES SOCIALES

FRANCISCO JAVIER AROCA CIFUENTES
Universidad de Castilla-La Mancha

1. ESTRUCTURA Y ESTRATIFICACIÓN SOCIAL

1.1. Introducción

En este capítulo se aborda la estratificación social, un concepto indispensable en Sociología. Aunque, a pesar de la importancia de este término y de existir un elevado nivel de consenso académico, parece no estar del todo cerrada su definición. Pero esta relativa indefinición no es un caso aislado, sucede de forma similar con otros conceptos fundamentales en Ciencias Sociales. No obstante, esto no debe considerarse como un aspecto necesariamente negativo. Sino que, dicha continua revisión siempre contribuye a que se desarrolle un avance compartido en el conocimiento, donde entran en juego diferentes concepciones y escuelas de pensamiento, que posibilitan un mayor enriquecimiento de la producción teórica. Este compendio favorece que se produzcan nuevos enfoques o desarrollos a partir de la confrontación o el consenso de distintas perspectivas dialécticas.

La exposición de contenidos se inicia con la clarificación de conceptos clave.

Este abordaje se realiza desde un criterio eminentemente teórico, aunque predomina un lenguaje sencillo y accesible para facilitar su asimilación por parte de lectores/as neófitos/as en la materia. Por lo tanto, se presentan de forma introductoria los principales conceptos. Por consiguiente, conceptos como: estructura, estructura social, estratificación, estratificación social y movilidad social son desarrollados. Posteriormente, se exponen los sistemas de estratificación social en la humanidad y se dedica un apartado específico a determinar la vigencia actual del concepto de clases sociales. Finalmente, el último epígrafe se centra en explicar la movilidad social.

1.2. Los conceptos de estructura y estructura social

Conceptualizar ayuda a clarificar ideas, sistematizar y evitar posibles confusiones *a posteriori*. Así, clarificar en un principio determinados contenidos clave, nos va a permitir conocer mejor el sentido que tienen dichas acepciones y su justificación. El proceso expositivo se desarrolla desde la sencillez hacia un mayor nivel de complejidad, a medida que se avanza en la argumentación. Inicialmente, vamos a definir dos conceptos fundamentales, que son estructura y estructura social.

De entrada, es oportuno conocer el origen etimológico de la palabra estructura, así como su definición genérica. En cuanto a su procedencia, es originaria del latín, del vocablo "*structura*", que hace referencia a: construcción, edificio, edificación. Mientras que, actualmente el diccionario de la Real Academia Española (2023), incluye entre las dos primeras definiciones de la palabra estructura las siguientes acepciones: 1) Disposición o modo de estar relacionadas las distintas partes de un conjunto; 2) Distribución y orden de las partes importantes de un edificio. Por lo tanto, observamos que prevalecen de forma subyacente las ideas de orden y de vinculación de partes con respecto a una totalidad. Este es un planteamiento que cuenta con un doble significado, tal y como se desarrolla más adelante.

Este esbozo conceptual previo respecto al razonamiento de estructura queda vinculado con la arquitectura, siendo una cuestión argumental esencial. Ya que, cuando pensamos en el concepto de estructura en términos arquitectónicos, de forma prácticamente inconsciente nos puede llegar a nuestro cerebro la imagen de los elementos que componen un edificio que se encuentra en proceso de construcción o sobre un plano. Percibimos así unas formas verticales y horizontales que representan respectivamente los pilares y las bases o pisos de la futura edificación, siendo todos estos elementos necesarios para sostener dicho armazón y evitar así su desmoronamiento. Se traduce este símbolo en una evidente organización y también apunta a una funcionalidad diferenciada. En consecuencia, el elemento jerárquico es un factor principal al intentar comprender el significado de la palabra estructura (Perelló, 2019).

Sin embargo, también podemos partir de un acercamiento al concepto de estructura desde un enfoque naturalista. Ya que, existen numerosas estructuras en la propia naturaleza, donde se percibe un tránsito desde formas simples hasta otras compuestas, más complejas a medida que evolucionan y se desarrollan. Sirvan en este caso, como ejemplos de estructura: una colmena de abejas, un termitero o incluso nuestro propio esqueleto. Todos estos ejemplos presentan unas estructuras muy bien definidas; en las que hay diferentes partes o actores implicados que cumplen unas funciones específicas y que además, componen un todo. Destaca la prevalencia sustancial de la funcionalidad. Asimismo, el concepto de estructura tiene implícita la idea de estabilidad. Se trata de algo que podría ser calificado como "sólido", que permite representar las regularidades vigentes.

Aclarados estos aspectos preliminares, es el momento de dar un salto cualitativo al adentrarnos al concepto de estructura social. Al añadir el calificativo de social, vamos a aproximarnos a la cuestión que realmente nos interesa comprender, ¿Cómo nos organizamos socialmente? Asumimos de una forma adaptada esa visión arquitectónica de horizontalidad y verticalidad, pero esta vez aplicada al ámbito social. Nuevamente, aquí percibimos un todo que es más que la suma de las partes que lo componen, siendo un conjunto que se organiza y que consta de unos elementos claramente diferenciados.

Según Durkheim, somos autómatas movidos por causas sociales (Feito, 1995). Es decir, estamos condicionados por los elementos sociales. Entonces, podemos definir la estructura social como la forma en que los elementos de un sistema social —individuos, grupos, organizaciones, etc.—, se vinculan entre sí y forman un todo (Beltrán, 2001). Otra definición complementaria a la anterior de estructura social, hace referencia a las relaciones, posiciones y cantidad de personas que forman una organización social (Calhoum et al., 2000). Por tanto, podríamos hablar de estructura de edad, estructura familiar, estructura empresarial, estructura poblacional, etc.

Pese a todo, desde cualquier prisma, el concepto de estructura social implica coherencia. Al tiempo que transmite la idea ya señalada de estabilidad y de quietud. Aunque, las estructuras sociales son estables, no son eternamente inmutables, sino que están sujetas a posibles modificaciones, hablaríamos entonces del cambio social (Ramírez, 2022). Puesto que la realidad social no es algo totalmente inamovible o estático, sino que está condicionada por las transformaciones que puedan llegar a realizarse. De este modo, estaríamos ante el paso de una estructura a otra nueva, que viene determinada por un proceso de cambio concreto, tal y como proponía Vilfredo Pareto. Aunque este tipo de evoluciones son difíciles de apreciar en muchas ocasiones, debido a la lentitud con que se producen.

1.3. La estratificación social

Tras una aproximación a los conceptos de estructura y estructura social, es el turno de arrojar luz sobre la noción de estratificación social. Al igual que en el apartado anterior, comenzaremos partiendo del concepto básico para después complementarlo con el calificativo de social. Para ello, recurrimos al igual que en el primer caso, a la utilización de una analogía para facilitar su comprensión.

La palabra estratificación se refiere a capas o estratos superpuestos unos sobre otros. Por ende, podemos pensar en las distintas secciones que encontraríamos al observar el corte realizado por una excavadora en una montaña o incluso en el propio suelo. En cualquiera de los casos, visto desde frente, se perciben unos niveles diferenciados horizontalmente, en los que se aprecian distintos tipos de sedimentos dependiendo de cuándo fueron depositados, así como disímiles tonalidades de la tierra. Tras una descripción tan visual de la estratificación, queda claro que este concepto implica esencialmente la idea de un orden bien diferenciado de partes. Ante todo, predomina un factor, la jerarquía. Así, unas capas se sitúan sobre otras, lo que propicia una ordenación horizontal y sistemática de dichos elementos.

Ante esta concepción de departamentos estanco, cuando realizamos el traslado al ámbito social, podemos apreciar ciertas similitudes. Es decir, la estratificación social se refiere a grupos de personas que pertenecen de forma única y exclusiva a un grupo social determinado. La permanencia o cambio respecto a dicho segmento, está en relación con las posibilidades existentes de movilidad social que permita el tipo de sociedad al que nos refiramos en cada momento. Siendo factible en algunos tipos de sociedades y totalmente improbable en otras, tal y como se desarrolla más adelante al tratar los sistemas de estratificación social.

En Sociología, utilizamos el concepto de estratificación social para plasmar las desigualdades sociales vigentes, tanto entre personas como entre grupos sociales. Desde una concepción clásica, Sorokin (1953) considera que la estratificación social incluye a toda la población en clases jerárquicas, ordenadas en inferiores y superiores, donde existe una desigualdad en la distribución de poder, derechos, influencia, etc. Al partir de esta premisa, es fundamental establecer la siguiente pregunta, que incluye una doble vertiente: ¿A qué se deben las desigualdades en una determinada sociedad y qué implican? Para dar respuesta a la primera parte del enunciado de la pregunta, hay que poner de manifiesto que las personas de cualquier sociedad tenemos un acceso desigual a los recursos que existen en dicha sociedad, siendo evidentemente limitados dichos recursos.

Además, todas las personas somos diferentes en cuanto a capacidades y respecto a nuestra forma de ser. No todas las personas tienen el mismo nivel de ambición o motivación. Mientras que, para dar respuesta a la segunda parte de la pregunta es preciso atender a las consecuencias de la desigualdad señalada. Es decir, accederemos a diferentes recompensas sociales en función de nuestra posición dentro de la estructura social, que mayoritariamente viene marcada por nuestro posicionamiento respecto al empleo. Sintentizándolo sustancialmente, podríamos considerar de una forma sencilla, que entendemos la estratificación social en base a las desigualdades estructurales que existen entre los distintos grupos de personas que pertenecen a una sociedad concreta. Es más, sin desigualdad no existiría estratificación social. De forma aclaratoria, Giddens y Sutton (2018) consideran que son tres las características que prevalecen en todos los sistemas estratificados:

1. La categorización se establece en base a las tipologías sociales de las personas que comparten un rasgo común. Por ejemplo: hombre/mujer, rico/pobre, nacional/extranjero, etc. Son categorías notoriamente diferenciadas y excluyentes. Por esa razón, el hecho de pertenecer a una de ellas im-

posibilita la asignación a otra u otras de forma simultánea. Aunque puedan existir cambios longitudinales en algunos casos, donde un sujeto pasa de pertenecer de una categoría a otra, a lo largo del tiempo. Sirva como ejemplo, el que una persona rica llegue a ser pobre y a la inversa; ya sea puntualmente o durante distintos momentos de su existencia. Lo fundamental es que las categorías perduran, nunca van a desaparecer.

2. Las oportunidades vitales de los individuos vienen condicionadas en gran medida por la categoría social a la que están vinculadas en origen. Esto significa que no están en el mismo punto de partida las personas que pertenecen a una clase social alta o privilegiada, frente a otras que están ubicadas en una clase media o posicionadas más abajo en la escala social. Ya que, la potencialidad de optar a más o menos oportunidades en su vida es de partida diferente, desigual. Aunque pueden existir factores que favorezcan la reducción de esos desfases iniciales, al ofrecer cierta igualdad de oportunidades a la ciudadanía. Es decir, a través de mecanismos que compensen esas diferencias de origen. Tal y como puede garantizar en teoría una educación básica universal y gratuita en una sociedad determinada.
3. Los estratos sociales cambian muy lentamente. Esto hace referencia a la estabilidad o consistencia de dichos posicionamientos. Pueden servir como ejemplos los siguientes casos: la mejora social de la mujer en las sociedades industrializadas y el ascenso social de algunos grupos étnicos minoritarios en países desarrollados. Son dos ejemplos en los que se percibe la lentitud con que se han alcanzado derechos educativos, laborales, sociales, de estatus e incluso de ciudadanía en los casos más extremos. Mientras que, algunos de estos derechos todavía siguen lastrados para esos colectivos en sociedades poco desarrolladas.

Tras aclarar estas cuestiones previas, vamos a proceder a explicar en el siguiente apartado los cinco sistemas de estratificación social de los que se tiene constancia que han existido a lo largo de toda la historia de la humanidad. Un período extraordinariamente extenso en el que se han llevado a cabo distintas formas de organización social en diferentes culturas, zonas geográficas o períodos históricos, en base a sus sistemas de producción, reparto de tareas y formas de consumo. Aunque todos ellos quedan recogidos en estas cinco opciones posibles. Así, comprendemos que, en la medida en que los grupos sociales se han desarrollado y se han enfrentado a nuevos retos evolutivos, en ocasiones se han propiciado cambios en la forma en que se relacionan entre sí los individuos, se organizan socialmente los grupos y se redistribuyen los recursos existentes, dando lugar a su vez estos aspectos a diferenciadas estructuras sociales.

1.4. Los sistemas de estratificación social en la humanidad

Antes de describir en qué consisten cada uno de estos sistemas, es absolutamente necesario presentar y exponer el significado de otros conceptos clave. Comencemos con dos de ellos: adscripción y logro. Siendo ambos términos significativos por determinar la posición social de los individuos en una sociedad. No obstante, dependiendo del tipo de sistema de estratificación al que nos refiramos, tendrá más o menos relevancia uno de ellos.

En primer lugar, al hablar de adscripción nos referimos a aquellas características específicas de los individuos que les vienen dadas. De modo que, son esos factores sobre los que no tenemos capacidad alguna de elección. Sirvan como ejemplos de adscripción los que podemos encontrar en variables como: etnia, sexo, nivel socio-económico de la familia de origen, etc. Estas cuestiones son de una gran importancia y pueden tener una influencia decisiva sobre la posición social inicial que ocupan las personas. E incluso condicionarlas durante toda su existencia. Pero escapan totalmente de nuestra voluntad.

En segundo lugar, el concepto de logro se vincula con los elementos de posicionamiento sobre los que el individuo sí que tiene cierta capacidad de influencia, donde tiene presencia el mérito individual. No son aspectos que nos vengan dados externamente. Sino que los podemos alcanzar mediante nuestro trabajo o como resultado del esfuerzo realizado. Por tanto, son los triunfos que alcanza la persona en las distintas etapas de su vida. En nuestra sociedad actual podríamos ejemplificar el logro con: la obtención de un título educativo, ser seleccionado en un puesto de trabajo, promocionar en nuestro empleo, alcanzar el éxito económico, etc.

De entrada, adelantamos que la gran mayoría de los sistemas de estratificación social presentan una combinación de ambos elementos, incluyendo tanto la adscripción como el logro. Aunque, en algunos modelos concretos están más claramente determinadas la posiciones sociales por el factor adscriptivo, quedando altamente limitada la influencia del propio individuo en el cambio. Aquí nos referimos a sistemas emblemáticos en los que la adscripción es muy determinante, siendo poco o nada relevante el papel del logro en la posición social. Tal y como puede ser el caso de las sociedades esclavistas y especialmente en el sistema de castas.

Otros términos vinculados con el estudio de los sistemas de estratificación son los rangos y la legitimación social. Los rangos pueden ser abiertos o cerrados en mayor o menor medida. Entendemos por rango la mayor o menor apertura en cuanto al cambio en las posiciones sociales. Así, los rangos totalmente abiertos posibilitan y en cierta medida promueven la movilidad social, mientras que los rangos totalmente cerrados la imposibilitan por completo. Por su parte, la legitimación social hace referencia a la forma en que la población asume las desigualdades. Es decir, aceptamos las desigualdades por muy injustas que sean, y entendemos que son en cierto modo normales. Esto, en ocasiones viene impuesto a través de la tradición o la cultura, por dispositivos legales o incluso por ideología.

En la exposición de cada uno de los sistemas que trataremos, por una parte; vamos a comprobar cómo estos modelos constan de unos estratos organizados, en los que se aprecia un nivel de diferenciación social y de jerarquía evidente. Así, quedan ubicados los grupos sociales mejor posicionados en la parte superior. Mientras que los individuos incluidos en los grupos que tienen un menor nivel de recursos, estatus o privilegios se sitúan más abajo en dicha escala. En el punto intermedio de ambos extremos se incluiría el resto de la población. De modo que, sobresale la idea fundamental de organización social en base a una disposición clasificatoria de arriba hacia abajo. Se organizan así los grupos sociales secuenciados, de forma sistemática, en unas capas superpuestas sobre otras en función de su relevancia social.

A continuación, se presentan ordenadamente estos sistemas, desde los más antiguos hasta los más modernos. Aunque algunos puedan llegar a solaparse en el tiempo en base al desarrollo socio-económico de unas partes u otras del planeta. Son estas las cinco tipologías:

- Sistemas comunales primitivos
- Sistemas esclavistas
- Sistemas de castas
- Sistemas estamentales o feudales
- Sistemas de clases

Son cinco modelos completamente diferenciados, teniendo cada uno sus propias características generales así como peculiaridades, que los diferencian del resto y los hacen únicos. Además, son modelos que en ocasiones están significativamente vinculados con determinados momentos históricos o contextos geográficos muy específicos, lo que permite identificarlos con mayor precisión. Tal y como explicábamos previamente, el concepto de desigualdad es fundamental al estudiar la estratificación social. Principalmente, nos centraremos en las desigualdades perceptibles entre las élites —grupos privilegiados— y la mayoría de la población. Ya que de este modo se perciben mejor las diferencias.

1.4.1. Sistemas comunales primitivos

El modelo comunal primitivo es un sistema que se sitúa históricamente en épocas previas al dominio de la agricultura. Aquellas sociedades muy antiguas que practicaban el nomadismo o semi-nomadismo debido al agotamiento de los recursos naturales necesarios que implica esta forma de subsistencia. Se trataba de grupos sociales bastante reducidos, de escasas decenas de individuos. Aquí, cabe recalcar que a nivel organizativo, los grupos reducidos permanecen más cohexionados que otros más extensos y son más operativos. En este sistema, casi todos los miembros del colectivo, a partir de cierta edad, contribuyen al éxito de la supervivencia grupal. Son sociedades muy colaborativas, en las que predominan unos lazos de unión consistentes y donde prevalecen unos sentimientos de unidad y de pertenencia al grupo muy potentes.

En las sociedades comunales primitivas existe una división del trabajo en base al sexo, pero es un factor que no genera una elevada desigualdad *per se*. La principal desigualdad existente en los sistemas comunales primitivos es de estatus, aunque su importancia es relativa. Las élites en este sistema son las personas que tienen mayor peso en algún ámbito importante para la supervivencia o el funcionamiento diario del grupo, como pueden ser: el mejor cazador, la mejor recolectora, etc. O bien, las personas que asumen un rol de liderazgo o que gozan de más elevado prestigio en la comunidad por diferentes aspectos: líder espiritual, hechicero/a, persona más sabia o longeva, etc. Por lo demás, prácticamente no existe una gran diferenciación ni entre individuos, ni por el valor real o simbólico de las tareas desempeñadas por parte de unos miembros con respecto a otros del clan o la tribu. En este sentido, hablamos de sociedades en las que la posición social se basa primariamente en el logro o mérito individual. Ya que los roles más importantes y la posición de liderazgo en este modelo no son hereditarios, quedando el componente adscriptivo claramente fuera de este sistema.

Además, los recursos a los que accede la tribu son compartidos de una forma notablemente equitativa entre todos sus miembros. Constituyen grupos que viven el día a día, sin un gran apego a bienes materiales que no les sean realmente útiles. Esto tiene una relación directa con la estratificación social en este sistema. Puesto que, existe una vinculación evidente entre el hecho de tener la obligación de cambiar su ubicación frecuentemente, con la incompatibilidad de tener y por tanto desplazar abundantes posesiones. De este modo, en estas sociedades el nivel de desigualdad entre unas personas y otras no es muy elevado. Además, aunque parezca una obviedad, es preciso señalar que no existe todavía el dinero en este período tan antiguo. Todos estos aspectos ayudan a entender que este sistema es el más equitativo entre la élite y el resto de la población de todos los sistemas que vamos a tratar.

Como anécdota en relación con este sistema, indicar que han sobrevivido algunos reductos grupales que practicaban esta forma de vida primitiva. Durante mediados del siglo XX se ha sabido de la existencia de algunas "tribus perdidas", que se daban por desaparecidas en zonas muy remotas. Se trata de grupos que presentaban unas características muy similares con este tipo organizativo. Aunque, la supervivencia de estos colectivos aislados es tremendamente frágil, al tener una relación de estrecha dependencia con un medio natural que cada vez está más controlado, sometido y explotado en todo el planeta. Por tanto, tribus como: los Awá, los Akuntsu, los Kanoé, o los Yanomami, entre otras están en grave peligro de extinción.

Una vez ya definido este sistema, es oportuno destacar un hecho de gran trascendencia en la historia de la humanidad, que tiene vinculación con algunos de los sistemas que más adelante analizamos. Se trata del descubrimiento de la agricultura, que ocurrió hace aproximadamente 10.000 años, tal y como evidencian los restos arqueológicos conocidos hasta la fecha. Con este hito comienza la revolución neolítica. Y aunque el calificativo de revolución tendemos a asociarlo con una transformación vertiginosa, este no es el caso. Puesto que, consiste en un proceso de cambio significativamente lento, que está condicionado a los desarrollos vinculados con la actividad agrícola: mejoras en los utensilios de labranza, que originariamente eran muy básicos o rudimentarios. Posteriormente, le siguen el descubrimiento y desarrollo de los sistemas de riego, rotación de cultivos, utilización de animales de tiro, etc.

Todos estos aspectos, con el paso del tiempo fueron perfeccionándose y se tradujeron en mejores cosechas, con las implicaciones que esos hechos tienen a nivel de generar un mayor desarrollo. En añadidura, afianzarse al territorio es más beneficioso, ya que se está menos expuesto que en condiciones de nomadismo a unos entornos hostiles. Además, esta evolución supone una transformación importante en las formas de vida de las poblaciones e implica profundos cambios sociales puesto que es necesaria una nueva forma de organización, en la que entran en juego nuevos roles vinculados al trabajo. En este contexto, la mayoría de las personas de la comunidad no dedican la mayor parte de su tiempo a conseguir alimento y son necesarias otras actividades para la sociedad. En definitiva, todos estos cambios en el *modus vivendi* posibilitan que las poblaciones sean mucho más numerosas. De manera que, se produce un crecimiento demográfico notable. De forma más o menos paralela, también se produce otro desarrollo importante, al incrementar la ganadería como forma adicional y controlada de alimento.

Es a partir de este momento cuando los grupos itinerantes se vinculan de una forma estable con el territorio. En cierto modo, podríamos utilizar una metáfora relativa a que la agricultura también contribuye a que las personas "echen raíces". Puesto que se afianzan a un espacio geográfico concreto y permanecen en él de una forma más permanente, sin la necesidad de desplazarse continuamente para subsistir. Este acontecimiento supone alcanzar un mayor nivel de estabilidad y también acumular excedentes de alimentos, así como de otras posesiones. Pero, llegados a este punto, comienzan a aumentar las diferencias entre unos individuos y otros. Al tiempo que surgen nuevos roles sociales, se establecen también diferenciados niveles de estatus. Siendo preciso hacer referencia a que el reparto de los bienes en estas sociedades se torna más desigual. Esto sucede especialmente en los sistemas agrícolas más tardíos, donde las diferencias entre los grupos privilegiados y la gran masa social han crecido hasta alcanzar unas cotas abismales, que generan un elevado grado de descontento popular.

1.4.2. Sistemas esclavistas

Los sistemas esclavistas se basan esencialmente en que algunas personas puedan ser propiedad de otras. Existiendo un amparo legal que posibilita ese hecho, la esclavitud. Esto lleva implícito el hecho de que unos sujetos determinados —privilegiados— puedan comprar seres humanos, como si se tratase de cualquier otro tipo de mercancía. Este sería el rasgo definitorio y principal de este sistema. Aunque, como veremos más adelante, los sistemas basados en la esclavitud no son totalmente homogéneos. En algunos casos, las personas esclavas eran bien tratadas e incluso podían llegar a comprar su propia libertad, pagando el precio estipulado a su dueño. Esta peculiaridad evidencia de base que el sistema esclavista se sustenta en una relación eminentemente económica.

En lo referente a cómo una persona llega a ser esclava, depende de si se trata de un factor adscriptivo o adquirido. El adquirir la condición de esclavo/a, puede materializarse a través de distintos procesos: captura o rapto y posterior venta, prisioneros/as de guerra o venta directa entre esclavistas. Mientras que el elemento adscriptivo se vincula con el nacimiento en una familia esclava. Puesto que, los dueños de personas esclavas no solo poseen a las personas que compran, sino que también pasa a formar parte de su propiedad la descendencia que tengan éstos.

Aunque el sistema esclavista comparte determinados elementos comunes ya expuestos, también presenta notables diferencias entre unas sociedades esclavistas y otras sobresaliendo una cuestión, el tipo de trato que se dispensa a la persona esclava. Porque, en algunas culturas clásicas como la romana o la griega existía un sistema esclavista, pero su figura era altamente valorada socialmente. A esas personas se les otorgaban derechos reconocidos y en algunos casos podían desempeñar roles de gran responsabilidad y relevancia. Pero, en el polo opuesto se encuentra por ejemplo el sistema esclavista estadounidense. Un modelo en el que el trato a la persona esclava es radicalmente distinto. Esto viene condicionado claramente por el componente étnico, al tratarse exclusivamente de población negra que era capturada en África y trasladada a Estados Unidos para ser vendida como mano de obra en el campo.

Para este colectivo, su destino era primordialmente trabajar la tierra y ofrecer servidumbre a sus dueños —personas blancas—, desempeñando normalmente unas duras tareas que para nada eran reconocidas o compensadas económicamente. Bajo este sistema en concreto, a la persona esclava apenas se le otorgan unos derechos básicos. Y en la mayoría de los casos sus condiciones de vida eran realmente deplorables, prevaleciendo un factor racista en buena parte de las relaciones establecidas. De ahí que el trato dispensado estuviese en relación con el nivel de humanidad o compasión de sus dueños. Además, en este caso concreto, se intentan modificar los sistemas de creencias religiosas y las costumbres de las personas esclavizadas, prohibiéndoles hablar su lengua materna e incluso practicar sus ritos ancestrales. En añadidura, son físicamente castigados si no cumplen con las reglas estipuladas o no alcanzan los niveles de trabajo determinados en las plantaciones. Es más, incluso pueden ser ejecutados si trasgreden las normas más importantes o intentan escapar. Esos actos de ajusticiamiento sirven como ejemplo del peligro que implica el no cumplir con los mandatos establecidos para el resto de los esclavos de esa plantación.

De forma general, la esclavitud es muy relevante en muchos imperios agrarios debido a que supone un sustancial aporte a sus economías, cuestión que contribuye a generar un mayor nivel de riqueza, que va a parar a unas élites cada vez más poderosas. Aunque, es la población esclava la que desarrolla el trabajo más extenuante a un coste ínfimo: básicamente a cambio de la manutención y el alojamiento. No obstante, la esclavitud pasó a ser considerada como moralmente injusta hasta el punto de llegar a ilegalizarse, desapareciendo esa justificación legal que la permitía tras su abolición.

En el caso concreto de Estados Unidos, esto sucedió en la segunda mitad del siglo XIX. Sin embargo, en pleno siglo XXI hay casos vigentes de lo que se denomina como esclavitud moderna. Estos hechos suceden en algunas partes del mundo, aunque sean muy poco conocidos y escasamente visibilizados mediáticamente. Pero, todavía persisten actualmente prácticas de explotación laboral extrema. Ya sean asociadas al empleo doméstico, al trabajo textil u a otros sectores profesionales extremadamente precarizados. Tampoco hay que pasar por alto, como otra forma flagrante de abuso, la trata de personas con finalidad de explotación sexual. En casi todos estos casos, son las mafias organizadas las que trafican con seres humanos y de algún modo, la globalización y las extremas desigualdades entre países desempeñan un papel notorio en la persistencia de este tipo de prácticas delictivas.

1.4.3. Sistemas de castas

El modelo de sistema arquetípico de castas es el asociado con La India. Aunque, algunos autores consideran que también se puede hablar de sistema de castas en los casos del Japón preindustrial (Kerbo, 2003) o el apartheid en Sudáfrica (Giddens y Sutton, 2018). Siendo el rasgo principal y definitorio de estos tipos, la extrema rigidez de sus rangos.

Nos vamos a centrar en el caso hindú por ser el más importante y representativo de este sistema de estratificación social. Este tipo se basa en que las personas pertenecen a una u otra casta según la familia de origen, siendo hereditarias las posiciones sociales. Consecuentemente, es un modelo donde prima esencialmente el componente adscriptivo. Al mismo tiempo, las castas llevan aparejadas una vinculación con el estatus y los diferentes tipos de roles o trabajos que pueden desempeñar las personas según su grupo de pertenencia. En el caso de La India, existen cuatro castas principales, que se subdividen en muchas subcastas. Estas principales categorías son las siguientes, según orden de importancia. En primera posición, están los brahmanes (intelectuales y líderes espirituales), siendo la posición social más reconocida socialmente.

En segundo lugar, se encuentran los ksyatriyas (gobernantes y guerreros). Los vaisyas (mercaderes y agricultores) se ubican en tercera posición. Mientras que, en cuarto y último lugar están los shudras (artesanos y jornaleros). Permanecen al margen de esta clasificación un grupo social muy significativo, el de los intocables —personas repudiadas por la sociedad, con las que se evita todo tipo de contacto—. Se trata de un grupo que realiza las tareas más deplorables. Tal y como se plantea el sistema de castas en este país, se trata de una división realizada en vinculación con el trabajo y que lleva aparejado un determinado nivel de prestigio social (Requena et al., 2013).

Por lo tanto, el estatus asignado en las castas es para toda la vida del individuo, ya que no hay posibilidad de cambio en la posición social. La religión justifica este sistema y sólo se cree en la reencarnación como única opción de movilidad social en vidas futuras, quedando imposibilitado cualquier tipo de cambio real y efectivo en el mundo terrenal. Como resultado, la persona no puede cambiar de una casta a otra a lo largo de su existencia, son asignaciones inamovibles. Ni tan siquiera se permite el contraer matrimonio con personas de otra casta diferente. De ahí la importancia que ha tenido el hecho de concertar matrimonios en esta sociedad, tradición que incluso perdura hasta fechas recientes y sigue contando con gran capacidad de influencia. Aunque es tremendamente rechazado por parte de las generaciones más jóvenes.

En definitiva, este modelo es tremendamente desigual entre las personas ubicadas en los niveles más extremos. Así, se percibe que las élites gozan de grandes privilegios y riquezas. Mientras que, las personas que están posicionadas en las castas más bajas están sujetas a unas condiciones de vida de miseria, sin posibilidad de remisión. Debido a esta condición de extrema desigualdad social discriminatoria fue prohibido este sistema en 1949, aunque todavía sigue vigente su capacidad de influjo en determinadas zonas de dicho país, especialmente en las áreas rurales o menos desarrolladas.

1.4.4. Sistemas estamentales o feudales

Realicemos una aclaración en relación con la doble nomenclatura de este modelo antes de desarrollar la exposición. El sistema feudal se corresponde histórica y geográficamente con la Edad Media en el territorio europeo. Aunque, el sistema estamental también ha tenido vigencia en otras sociedades agrarias tradicionales, como es el caso de Japón o China (Giddens y Sutton, 2018). Todos estos casos señalados tienen en común que la actividad agrícola es la base principal de sus economías.

El sistema feudal se caracteriza por un hecho: la propiedad de la tierra se encuentra principalmente en poder de los señores feudales, constituyendo prácticamente dicha posesión la mayor fuente de poder y riqueza en este modelo. Por tanto, en el feudalismo se establece una gran división de la población entre terratenientes y campesinos —sin tierras—. Aunque, es un sistema en el que coexisten tres estamentos: Clero, Nobleza y Plebeyos. El clero es el estamento vinculado con el poder eclesiástico, ocupa el primer estamento y cuenta con una posición de estatus altamente privilegiada. Sin embargo, las personas que se circunscriben en él, presentan diferentes niveles de estatus según sus ocupaciones, existiendo una distinción clave entre el alto clero —altos cargos— y el bajo clero —sacerdotes—. El segundo estamento es la nobleza, un grupo privilegiado que cuenta con la mano de obra de sus vasallos para trabajar los campos de los señores feudales y también les apoyan en las campañas bélicas que llevan a cabo. El último estamento carece tanto de estatus como de riqueza de forma generalizada. Por su parte, son personas que trabajan a cambio de protección frente a posibles ataques externos y reciben una pequeña parte de las cosechas para subsistir. No obstante, al efectuarse una producción elevada de excedentes y un reparto notoriamente desequilibrado, son las élites quienes quedan siempre más claramente beneficiadas, acumulando la mayoría de la fortuna y ostentando mayores niveles de poder.

Como matización aclaratoria, el período feudal no es completamente uniforme y se divide en dos fases bien diferenciadas. Inicialmente, en este sistema existía una estratificación social menos rígida y los niveles de desigualdad entre las élites y el resto del población no eran en exceso preocupantes. Pero, posteriormente fueron ampliándose las distancias sociales. De modo que, el pueblo llano vivía sumido en un estado de pobreza tan extremo que en ocasiones dio lugar a revueltas por parte de los grupos sociales más bajos en algunos países. Esto contribuiría en cierto modo al declive del sistema estamental, siendo ese cambio un proceso bastante complejo, que varía en función de dónde se produce.

1.4.5. Sistemas de clases sociales

Durante la segunda mitad del siglo XVIII y comienzos del XIX se inicia en algunos países de Europa un nuevo sistema de producción marcado por la revolución industrial. Aunque, implica un fenómeno de gran calado por su poder transformador, no tiene un desarrollo homogéneo ni en el tiempo ni en el territorio. De este modo, en base a aspectos políticos, económicos, culturales y sociales, hay potencias que se desarrollan con rapidez, mientras que otras se ven lastradas durante décadas. Desde nuestra perspectiva expositiva, nos interesa la revolución industrial, ya que inicia un nuevo sistema de estratificación social, el denominado sistema de clases. Se trata de un modelo que ha tenido una gran trascendencia, no solo en los países donde se origina con la revolución industrial, sino también más tarde a una escala planetaria. Además, la revolución industrial significa por sí misma un fenómeno de gran relevancia, constituyendo el detonante que da origen al surgimiento de la propia Sociología. Puesto que, otras disciplinas académicas no terminaban de captar y explicar en esencia esos cambios profundos y trascendentales que se estaban produciendo a nivel social. Se necesitaba un nuevo enfoque, una nueva área del conocimiento capaz de comprender realmente todo ese complejo proceso.

Durante el inicio de las primeras fases de la revolución industrial se produce una ruptura clara respecto a épocas anteriores en numerosos aspectos. Supone un período que implica grandes transformaciones. Por una parte, en el ámbito demográfico se lleva a cabo un rápido trasvase de un gran volumen de población, que se traslada del medio rural a zonas urbanas para trabajar principalmente en la industria. Pero, la llegada de muchos efectivos de población a las grandes ciudades genera serios problemas en los orígenes del desarrollo industrial. Puesto que, dichas ciudades son espacios que no están preparados para absorber a una población en constante y atropellado crecimiento. Esto deriva en que buena parte de la población viva hacinada y en malas condiciones de habitabilidad. Aunque, la incursión de esta población cumple con un papel importante; ya que garantiza una abundante mano de obra barata, que es necesaria en este sistema productivo en un primer momento. Por otra parte, se produce un cambio brutal en las formas de producir y consumir en este tránsito del entorno rural al medio urbano. Hasta entonces, generalizadamente la familia constituía en el ámbito rural, una unidad de producción y consumo vinculada con la tierra —labores agrícolas y ganaderas principalmente—. Pero, con el cambio de escenario al entorno fabril, la producción se realiza en un espacio impersonal, sobre el que no se tiene ningún tipo de control.

En el inicio de la revolución industrial, la sociedad estaba dividida en dos grandes grupos: las personas que disponen de los medios de producción y/o el capital —capitalistas, burguesía— y las personas trabajadoras que solamente cuentan con la fuerza de su trabajo —proletariado, clase obrera—. Se trata de dos colectivos que según Marx están sumidos en relaciones antagónicas, avocadas al conflicto. Ya que, se benefician considerablemente de esta situación descompensada los primeros, unos pocos privilegiados. Mientras que queda sometida la mayoría de la población, debido a una relación desigualitaria de poder y recursos existente. Dicha posesión o carencia del capital y de los medios de producción es el componente diferencial entre un grupo y otro. Aspecto que, según Marx genera conflictos y daría origen a la lucha de clases, que es considerada desde su punto de vista como el motor de la historia.

En un primer momento, la población trabajadora estaba escasamente cualificada y llevaba a cabo tareas esencialmente mecánicas. Aunque, con el posterior desarrollo del proceso de industrialización, se evidencia la necesidad de que existan perfiles más cualificados y especializados, así como de mandos intermedios que supervisen los procesos productivos. Esta cuestión es de gran relevancia, puesto que los factores meritocráticos ganan peso con respecto a etapas previas en la historia de la humanidad. Siendo menos adscriptivo el posicionamiento social que en otros sistemas de estratificación previos.

Llegados a este punto, podríamos preguntarnos lo siguiente: ¿Por qué puede considerarse relevante el sistema de clases? En primer lugar, por su capacidad de traslado a diferentes sociedades, en la medida en que progresan económicamente. En segundo lugar, porque es un sistema que conforme se desarrolla, contribuye a disminuir el nivel de desigualdad entre las élites y la mayoría de la población, garantizando mejores condiciones de vida para el conjunto de la sociedad. Ya que, la ciudadanía participa del desarrollo económico y también de las posibilidades de consumo que el capitalismo ofrece. No siendo una cuestión puramente altruista, sino porque el modelo necesita del consumo tanto para expandirse, como para seguir funcionando. De ahí procede el fomento del consumo de masas. Porque, sin un consumo sostenido o en aumento, el sistema cae según esta lógica de funcionamiento. En tercer lugar, a diferencia de otros modelos, las clases son sistemas menos cerrados que el de castas, el estamental o la esclavitud. Existe la posibilidad de cambio de un grupo social a otro, puesto que presenta unos rangos bastante abiertos. Como colofón, se puede considerar que las personas con un similar nivel de recursos económicos ocupan una misma posición de clase social.

Una vez expuestos los cinco modelos, es oportuno establecer una comparativa en base a sus diferencias principales que permita una visión de conjunto. La siguiente figura recoge de forma sintentizada los factores identificativos básicos que persisten en los modelos expuestos.

Figura 1. Principales características de los sistemas de estratificación social

Tipo de sistema	Rangos	Forma de legitimación	Ubicación social	Fundamento de la desigualdad
Comunal primitivo	Abiertos	Tradición / Cultura	Logro	Estatus / Honor
Esclavista	Mayoritariamente cerrado	Disposición legal	Adscripción / Nacimiento	Economía / Propiedad
Castas	Cerrado	Cultura	Empleo / Religión	Estatus / Honor
Feudal o estamental	Mayoritariamente cerrado	Disposición legal	Mayoritariamente adscripción	Economía / Propiedad
Clases sociales	Mayoritariamente abierto	Tradición / Cultura	Adscripción y Logro	Economía / Propiedad / Estatus

Fuente: Adaptación a partir de Kerbo (2003) y Requena et al. (2013).

1.5. La relevancia de las clases sociales y su cuestionamiento actual

Debido a la gran importancia de las clases sociales en la historia más reciente, aquí se les dedica un breve apartado específico para determinar en cierto modo cuál es el estado actual del debate acerca de la pertinencia del concepto. De este modo, se plantea si sigue siendo significativo y es efectivo el hablar de clases sociales en nuestras sociedades desarrolladas. O si por el contrario, ya no es una categoría explicativa que cuente con la misma utilidad de antaño. Esta distinción, da lugar a una confrontación de posturas entre partidarios y detractores de mantener la relevancia analítica de este término, al menos, tal y como se venía empleando.

No obstante, de entrada no cabe duda de los cambios trascendentales a nivel político y social que ha supuesto en la historia de la humanidad la expansión de la clase media. De base, es un grupo muy significativo numéricamente, por incluir a la mayoría del entramado social y que ha prosperado socialmente gracias a un desarrollo económico generalizado. Además, la clase media ha sido auspiciada significativamente por el desarrollo de los estados de bienestar (Marshall y Bottomore, 1998).

Por otra parte, Touraine y Bell en los años setenta del siglo pasado apuntaban a que se estaba produciendo una reorganización económica y social en algunos países hacia unas sociedades postindustriales. El auge de este nuevo modelo posibilita el ascenso de unos perfiles más técnicos. De ahí, se deduce que autores como Bauman o Beck consideren que no vivimos en una sociedad de clases al no tener los perfiles obreros la importancia numérica de épocas pasadas y que además, su rol simbólico haya disminuido significativamente.

En general, las autorías que cuestionan abiertamente o dudan sobre la validez explicativa actual de las clases sociales sostienen como argumentos principales dos aspectos. En primera instancia, que la clase media ha disminuido su número de forma significativa. Respecto a esta cuestión, hay que atender a las realidades de los mercados laborales en las sociedades avanzadas, que presentan mecanismos tendentes a la temporalidad, las jornadas a tiempo parcial y la precarización, que derivan en un aumento de la vulnerabilidad de buena parte de las personas trabajadoras (Beck, 2003). Así, quedan amplias capas de personas trabajadoras al margen del empleo estable y/o de calidad durante períodos importantes de sus vidas. Mientras que, por otra parte afirman que el concepto de clase ya no obedece a su función esencial de diferenciación entre grupos sociales, siendo las clases un concepto más difuso de lo que era previamente.

Puesto que, ahora existen factores intervinientes de mayor profundidad que establecen unas diferenciaciones más complejas o difíciles de cuantificar, como puedan ser: el capital social y cultural, las brechas digitales, etc. En consonancia con este planteamiento, autores como Paulski y Waters (2001) sostienen que los cambios sociales acaecidos en nuestras sociedades, cuestionan el seguir denominándolas sociedades de clases. Esto, lo argumentan justificando que la variable "clase" ya no tiene un peso determinante en aspectos como por ejemplo, la decisión de voto a nivel político. En contraste, establecen que es el estatus el elemento diferencial, el que tiene una mayor importancia en estas sociedades. Más allá de esta cuestión relativa a la política, también existen otros argumentos que ponen en tela de juicio esta categoría a día de hoy. Por tanto, desde esta perspectiva contraria a mantener la relevancia pretérita de las clases sociales, se sostiene que son actualmente los estilos de vida los que marcan las verdaderas distinciones entre los grupos sociales.

Mientras que, otros autores consideran que las clases sociales todavía tienen una capacidad clasificatoria importante, en la medida en que permiten estratificar a la población. Sin embargo, también apuntan a que la complejidad social actual dificulta el discernir los límites existentes entre las distintas clases sociales respecto a períodos previos, cuando eran mucho más claros. Tengamos en consideración cómo ha evolucionado la propia concepción del sistema de clases.

Tradicionalmente, se nos ha transmitido que la sociedad estaba dividida en unos grandes grupos bien diferenciados y se representaba según una forma piramidal, que atendía al perfil de sociedades industriales incipientes. En dicha representación, existe una pequeña élite en la parte superior; seguida de una importante y amplia clase media, que a su vez se subdivide en clase media alta, media y media baja. Al tiempo que queda en su parte inferior una reducida clase baja. De ahí, hemos transitado por otros modelos figurativos hasta llegar a los nuevos esquemas actuales, correspondientes con las denominadas sociedades tecnológicamente avanzadas, sociedades informacionales o posindustriales.

Aunque, los autores Giddens y Sutton (2018) establecen un modelo de clases intermedio, acorde a unos cambios sociales transformadores producidos en las últimas décadas, en el contexto de las sociedades industriales desarrolladas.

Desde su perspectiva, la percepción ya no es exactamente piramidal, sino que la imagen podría ser similar a la de una gota de agua, una lágrima como la definen ellos realmente. Según su planteamiento, hay muy pocas personas ubicadas en los estratos superiores. Así, la clase media es la más amplia e incluye a personas de estratos medio y medio bajo, quedando un menor número de individuos en la parte inferior.

Mientras que Tezanos (2022) propone una visión más dual en las sociedades actuales. Según su enfoque, la imagen sería semejante a una seta sobre un sustrato. En esa estampa, quedan ordenadas las clases medias de una forma meritocrática en la mitad superior, con una élite en su punto más álgido. Mientras que, en la parte inferior se sitúan las personas excluidas y las infraclases. El tallo del hongo constituiría un estrecho nexo de unión entre ambas partes, siendo complejo el ascenso social de quienes se encuentran más abajo, debido a las características actuales de los mercados laborales en cuanto a temporalidad, precariedad, bajos salarios, etc. En comparación con el modelo tradicional, en estos dos últimos casos se percibe que la clase media ha perdido un peso relativo notable. Pero, se sigue otorgando importancia a las clases como un componente clasificatorio, que de algún modo refleja bastante fielmente el orden social.

Figura 2. Perfiles de estratificación en sociedades industrializadas

Fuente: Adaptación a partir de Tezanos (2022) y Giddens y Sutton (2018).

En definitiva, a pesar de la existencia de voces críticas en relación con la pertinencia actual de emplear el concepto de clases sociales, que prefieren utilizar el término de estratos, sigue siendo patente la importancia que tienen las clases sociales por su capacidad de esquematización y jerarquización. Puesto que, a día de hoy es todavía relevante el origen social y la pertenencia a una clase social, en un sentido amplio. Porque, las probabilidades de ser "nini", fracasar en el sistema educativo o quedar al margen del mercado laboral durante más o menos tiempo, están condicionadas por la pertenencia a una clase social u otra (Martínez, 2013).

1.6. La movilidad social en las sociedades avanzadas

Ya hemos comprobado que no todas las organizaciones sociales a lo largo de la historia de la humanidad han permitido la existencia de cierta movilidad social, siendo muchas de ellas cerradas en cuanto a sus rangos. Pero, las sociedades de clases sí que contemplan que dicha movilidad sea factible e incluso la consideran deseable. Hacemos referencia al contexto evolucionado de sociedades industriales, donde se tienen en consideración aspectos clave, como son la creciente innovación tecnológica y la necesidad de una mano de obra más cualificada. Ante este nuevo escenario, cobran mayor protagonismo los procesos de selección social meritocráticos (Echevarría, 2008).

Desde esta perspectiva de apertura de rangos, se posibilita la movilidad, lo que da lugar a ascensos o descensos en los estratos sociales. Dicho de otro modo, las personas pueden mejorar o empeorar su posición social en base a determinados factores. Tienen a priori, o en teoría, menor peso en estas sociedades los elementos adscriptivos —posición socioeconómica familiar, etnia o sexo—. Aunque algunas de estas variables señaladas pueden influir de algún modo en las posiciones de clase. Esto se ve plasmado en el caso de las diferencias salariales entre hombres y mujeres que realizan un mismo trabajo. O bien, cuando se manifiesta cierta segregación étnica en determinados empleos poco cualificados —labores agrícolas, empleo doméstico, etc.— que ocupan principalmente algunas nacionalidades determinadas. En contraste, las clases mejor posicionadas disponen de mayores niveles de riqueza, estatus y poder; factores que contribuyen a disponer también de unos mecanismos privilegiados —más o menos perceptibles— para transmitir recursos de todo tipo a su descendencia.

De una forma genérica, se podría definir la movilidad social como los cambios que se efectúan en la estructura social por parte de individuos, familias o grupos sociales. Concretamente, hablaríamos de tres tipos de movilidad. Por un lado, se encuentran la ascendente y la descendente —ambas comparten una cualidad, el desplazamiento vertical—, y por otro lado estaría la movilidad horizontal.

Cuando hablamos de movilidad social ascendente entendemos que se produce una mejora en el nivel de vida del individuo respecto a su posición social de partida. Esto puede deberse a diferentes factores, destacando cuestiones relevantes como pueden ser el alcanzar un mayor nivel educativo, que podría posibilitar el optar a mejores empleos; o directamente el conseguir un mejor empleo, la plasmación efectiva del ascenso social. En el otro extremo, se encuentra la movilidad social descendente. Es decir, cuando se produce un descenso en la escala social. Se podría ejemplificar esta situación con un cambio de empleo con peores condiciones económicas o menor nivel de prestigio que el que se tenía anteriormente, de modo que quedaría devaluado el nivel de vida del individuo.

Aunque, en este caso también habría que atender a factores de tipo macro, que pueden incidir en un tránsito generalizado de buena parte de la población hacia una movilidad social descendente. Aspectos como las crisis económicas, los despidos masivos, el aumento de la inflación, etc.; pueden incidir en este empeoramiento colectivo. Sin obviar, otro tipo de factores como pueden ser de tipo relacional, familiar o incluso personal, que también pueden desencadenar en procesos que conduzcan hacia una movilidad social descendente.

A esta relación entre movilidad social ascendente o descendente, se le ha denominado coloquialmente con el término del "ascensor social" y se tiende a vincular generalmente con respecto a la generación anterior. Tratándose entonces de una movilidad intergeneracional. En este caso, seríamos capaces de considerar si mejora o empeora nuestra posición social con respecto a nuestros progenitores. Aquí subyace la importancia de conocer si aspectos como, por ejemplo, unos niveles educativos superiores en el conjunto de la población se traducen en un ascenso significativo de las clases más humildes hacia posiciones más elevadas en el mercado laboral. Esto último, tiene su traslado hacia el logro de mejores posiciones económicas. Sobre esta cuestión, se han realizado numerosos trabajos que reflejan la importancia de la educación como factor que posibilita la movilidad social respecto a unos progenitores que no contaban con dicho nivel de estudios (Carabaña, 2004). Aunque también puede plantearse la movilidad social desde otra perspectiva, con respecto a la propia generación. En este ámbito se trata de la denominada movilidad intrageneracional. Ya que un mismo sujeto puede experimentar ascensos y descensos en su posición socioeconómica a lo largo de toda su vida.

El tercer tipo de movilidad social es la horizontal. En este caso, se produce un cambio en la vida de la persona, pero no implica una modificación significativa en cuanto a la ubicación social del individuo. Podemos poner como ejemplo de esta movilidad horizontal un cambio en el tipo de empleo, pero que no implica una alteración en la posición económica del individuo o en su nivel de estatus.

Para concluir, observamos cómo los elementos adscriptivos y meritocráticos se pueden combinar y dar lugar a diferentes posibilidades en cuanto a la movilidad social en nuestra sociedad presente. Se puede haber nacido en una clase alta o media alta, en el seno de una familia acomodada que ha provisto de suficientes recursos a sus descendientes y de este modo se podría experimentar una mejora respecto a sus predecesores en su posición social, la denominada movilidad social ascendente. Del mismo modo que, puede darse el caso de que otra persona en esa misma familia no haya sabido o no haya sido capaz de aprovechar esas ventajas y haya empeorado su posición de clase, experimentando un descenso respecto a su posición social de partida. Con estos ejemplos, se pone de manifiesto las posibilidades de movilidad social que también se podrían localizar en otros grupos sociales. Por tanto, la movilidad social es un elemento de gran relevancia en las sociedades avanzadas, por su capacidad para indicarnos si existen mayores tendencias generalizadas hacia la movilidad ascendente o descendente. Ya que de este modo, seremos capaces de atisbar hacia dónde nos dirigimos. Es decir, si nos encontraremos inmersos en unas comunidades más equilibradas en cuanto a la distribución de recursos, o si por el contrario tenderemos más hacia unas mayores cotas de desigualdad.

Adicionalmente, en el momento histórico actual es relevante plantear también cuáles serán los influjos de la robotización y de la inteligencia artificial en el empleo de la población a corto y medio plazo. Puesto que, estos fenómenos propulsarán nuevos cambios seguramente y por tanto lleguen a incidir en una reorganización del trabajo. En consonancia, también podrían influir de alguna manera en la movilidad social futura, aunque esas transformaciones están todavía por llegar.

IX. POBREZA Y DESIGUALDAD SOCIAL

MANUEL HERNÁNDEZ PEDREÑO / SALVADOR MANZANERA-ROMÁN
Universidad de Murcia

La pobreza no puede definirse en sí misma como un estado cuantitativo, sino sólo según la reacción social que se produce ante determinada situación (Simmel, 1908).

1. INTRODUCCIÓN

La desigualdad social refiere un reparto asimétrico de los recursos (materiales, poder, prestigio, derechos) y depende de las características de la organización social en su conjunto, pues cada sistema social da lugar a una estructuración de las desigualdades o sistema de estratificación social. El estudio de la pobreza parte de la desigualdad existente en la sociedad de referencia medida a través de la distribución de la renta. La relación pobreza y desigualdad subraya que la pobreza es un fenómeno social, enraizado en la estructura y dinámica social. La acción frente a la pobreza implica acciones dirigidas a los mecanismos sociales que producen desigualdad y generan discriminación social (Renes, 1993: 25). "La desigualdad mata", nos decía Therborn (2015), aludiendo a las distancias existentes entre países ricos y pobres y sus múltiples consecuencias: muerte prematura, mala salud, humillación, subyugación, discriminación, exclusión del conocimiento o de la vida social, pobreza o inseguridad. La desigualdad, por tanto, no es exclusivamente una cuestión de dinero.

La pobreza es la carencia de unos mínimos para sobrevivir con dignidad. El Banco Mundial marca esos mínimos para los países en desarrollo, tomando como referencia el porcentaje de personas de un país que sobrevive con menos de dos dólares al día. Se trata entonces de pobreza absoluta y se realizan estimaciones para poder verificar que se va reduciendo a nivel mundial. Sin embargo, la pobreza no es exclusiva de ciertos países africanos o latinoamericanos, también en Europa tenemos población pobre, en este caso medida de forma relativa, es decir, teniendo en cuenta la renta mediana del país y calculando qué población se aleja de ella. En concreto, la Unión Europea propone considerar pobre a todo aquel individuo u hogar que perciba menos del 60% de la renta mediana nacional, que en el caso de España se situaría en torno a los 795€/mes y que alcanzó, en 2021, al 21,7% de los españoles.

El término desigualdad refiere un proceso social holístico, inclusivo de todos los grupos sociales que, en su interacción, se dividen y separan entre sí en función de la distribución diferenciada de bienes, servicios y oportunidades entre los diferentes grupos de población (Béjar Navarro y Hernández Bringas, 1993: 9 y 10). Como señala Anderson (2014: 191) se estudia la desigualdad por una diversidad de razones: para identificar sus fuentes, sus consecuencias, el grado en el que la desigualdad es deseable, los vínculos dinámicos entre desigualdad y pobreza, o tratando de discernir las grandes fuerzas estructurales que la impulsan. Los sociólogos tendemos a suponer que la desigualdad importa debido a que viola los principios de justicia social, el contrato social, o porque socava los fundamentos de una sociedad humana coherente y funcional. Por su lado, algunos economistas opinan que no importa, aludiendo que la desigualdad genera incentivos en mercados competitivos; mientras para otros, sí importa, porque afecta al crecimiento económico que es el cimiento del progreso social.

El estudio de la desigualdad es complejo. Como señala Reygadas (2004:7) en él confluyen diferentes enfoques y dimensiones. Por un lado, aquellos que inciden en la distribución de capacidades y recursos entre los agentes; por otro, los que se centran en las interacciones e intercambios entre ellos; y, por último, las teorías holísticas, que reflejan las características asimétricas de las estructuras sociales. Además, un enfoque multidimensional de la desigualdad implica analizar sus aspectos económicos, políticos y culturales, así como tomar en consideración los diferentes tipos de desigualdades (étnicas, de clase, de status, de género, por desconexión, etc.).

Autores clásicos de la sociología (Tocqueville, Simmel, Marx, Weber, Durkheim, etc.) incidieron en la necesidad de relacionar la pobreza con la estructura social, destacando su reconocimiento como categoría social, económica y cultural. De este modo, se confirma su relación con la posición social y laboral, y su aceptación como un hecho social por los estratos sociales superiores. Los orígenes teóricos se pueden vincular, por tanto, con varias sociologías: sociología de la estratificación social, sociología de la desviación, sociología de la desigualdad, sociología del conflicto y también con la antropología de la cultura, que considera la pobreza como una subcultura con características y modalidades propias (Hernandez Pedreño, 2008: 43).

Como se verá más adelante, este análisis de la desigualdad y de la pobreza, abordado tempranamente por los pioneros sociales, ha sido también objeto de reflexión para numerosos autores contemporáneos al respecto, incorporando nuevos factores que inciden en la desigualdad. Así, a modo de ejemplo, Pierre Bourdieu (1988) acuñó el concepto de capital simbólico para mostrar la relevancia de los aspectos simbólicos en la construcción de las diferencias de clase, adquiridos por los individuos mediante la socialización, e incorporado en sus esquemas de percepción y pensamiento. Por su lado, Erwing Goffman (1986) estudia los estigmas, que marcan de manera profunda a quienes los sufren, al tiempo que definen la estructura de las relaciones con ellos.

2. POBREZA, DESIGUALDAD Y OTROS CONCEPTOS

Desde la Sociología se han acuñado términos como marginación, desviación, inadaptación o segregación para referirse a las conductas o estilos de vida de aquellos, que activa o pasivamente, se sitúan, o son situados, en el imaginario colectivo, al margen de las pautas predominantes de la sociedad (Rubio, 2002: 23).

Otro concepto a considerar sería el de *subclase, underclass o nueva pobreza.* En Estados Unidos, desde los años ochenta del S. XX, se explica la pobreza urbana como un problema de infraclase, descubriendo una concentración de problemas económicos y conductuales entre las minorías raciales. Abrahamson (1997: 124), afirma que se ha caracterizado la infraclase como una segregación urbanística en guetos, de grupos sociales marginales, sobre todo raciales, y donde existe una elevada concentración de personas y de hogares desestructurados, así como de conductas delictivas. Además, el término anglosajón infraclase hace más hincapié en variables étnicas y raciales (Tezanos, 1999: 30). Como señalan Gomà y Subirats (2003: 20), en este país se habla de infraclase urbana, pues principalmente se trata de bolsas de pobreza en las grandes ciudades, mientras en Europa se habla de nueva pobreza y se vincula con el desempleo y la ineficacia de las políticas del Estado de Bienestar keynesiano, siendo las figuras más representativas los obreros cualificados expulsados de su trabajo por las reconversiones industriales y los cambios tecnológicos. Sin embargo, el término no encajó del todo y sufrió duras críticas (Estivill, 2003: 12), teniendo mayor aceptación el término exclusión social.

Por otro lado, se puede relacionar el término infraclase con el de *marginación* (Bauman 2000: 103): "la expresión clase marginada o subclase (underclass) corresponde a una sociedad que ha dejado de ser integral, que renunció a incluir a todos sus integrantes". De esta forma, la clase marginada es una categoría que está por debajo de las clases, fuera de toda jerarquía, sin posibilidad siquiera de ser readmitida en la sociedad organizada. La marginación indica discriminación en la integración, supone la exclusión de determinados individuos o grupos respecto a los ámbitos de poder e interacción social, que se consideran normalizados y más apreciados en el contexto social donde viven. Entendida como lo contrario a la normalización, implica una cierta desviación respecto a las normas (Laparra, Gaviria y Aguilar, 1997: 17).

Otro concepto a relacionar con la pobreza y la desigualdad es la *precariedad,* que alude al subempleo y a la subprotección social; se expresaría por los bajos salarios, por la eventualidad, por el acceso a las pensiones más bajas o por el acceso a viviendas inadecuadas; en definitiva, por una relativa inadecuación respecto a los estándares medios, pudiendo asociarse a la pobreza relativa que define la Unión Europea.

Desde los años ochenta hay una tendencia a la sustitución del término pobreza por el de *exclusión social*. La Unión Europea, influida por las propuestas de algunos teóricos, como Lenoir, va a desempeñar un papel fundamental en la incorporación del término exclusión social en la literatura científica, académica e institucional (Hernández Pedreño, 2008). No obstante, el término exclusión social convive en el debate social europeo con el de pobreza, no existiendo aún un claro consenso sobre la sustitución formal de uno por otro. De hecho, para varios autores, sigue habiendo una gran conexión, a veces entendida como evolución conceptual. Es el caso de Subirats y Gomà (2003: 28) para los que precariedad y marginación se encuentran dentro de la exclusión, como dimensiones específicas de tipo material (precariedad laboral, formativa, de vivienda, etc.) y relacional (marginación, entendida como rechazo social secundado por una debilidad en los medios sociales de apoyo). En esta línea, Tezanos (1999: 14-21) insiste en que el concepto de exclusión social cumple una función integradora y de síntesis conceptual de éstos. En este sentido, la introducción del concepto de exclusión en el análisis social puede suponer un importante avance en la síntesis de diferentes teorías sociológicas y de perspectivas de análisis distintas, aunando la dimensión económica (pobreza), cultural (marginación, desviación), política (ciudadanía), social (aislamiento, segregación), así como la dinámica del empleo (precarización) Laparra y Aguilar, (1999: 190).

3. TEORÍAS SOCIOLÓGICAS DE LA DESIGUALDAD

La desigualdad social, entendida como un reparto asimétrico de los recursos materiales, el poder, el prestigio o el acceso a derechos, es uno de los temas centrales y de mayor relevancia para las ciencias sociales, pues no hay que olvidar el hecho de que el nacimiento de estas se produjo en un contexto de crecimiento de las desigualdades sociales como consecuencia de la ruptura de la sociabilidad primaria propia de las sociedades tradicionales.

Las aproximaciones que se han hecho a tal concepto desde la Sociología han sido múltiples, partiendo de diferentes fuentes que han favorecido un amplio y rico debate al respecto de la explicación del fenómeno y de las mejores acciones para la consideración de los problemas sociales generados por la desigualdad social. Los padres fundadores de la Sociología reflexionaron sobre la desigualdad social y dieron lugar a diferentes perspectivas de análisis, si bien todas ellas partían de la idea de que las sociedades son desiguales.

Émile Durkheim, al ser un reformador social alejado de conservadurismos y radicalismos de finales del siglo XIX, consideró que los problemas sociales eran circunstanciales (Ritzer, 1993), de forma que en modo alguno cuestionó las desigualdades sociales estructurales (Silva, 2010). El autor francés pensó el problema de la desigualdad social como una situación anómica de las sociedades industriales o modernas (Cadenas, 2012) dominadas por la solidaridad orgánica y una débil conciencia colectiva. De hecho, pensó la exclusión social como un hecho social generado por una división social del trabajo de carácter coactivo que impide la creación de solidaridad y provoca la lucha de clases. Las explicaciones de Durkheim permiten pensar que las sociedades, y no sólo las modernas, se caracterizan por un sistema de estructuras de posiciones sociales con un reparto asimétrico de recursos que, en definitiva, facilita la adaptación al medio y su supervivencia. Por tanto, se puede decir que la desigualdad es un fenómeno estructural inherente a los grupos socialmente organizados.

Karl Marx analizó la desigualdad social desde una perspectiva eminentemente económica, teniendo en cuenta la tenencia de los medios de producción como factor determinante, en primera instancia, del control y dirección del proceso de trabajo y, por ende, de las posiciones sociales. Es decir, puso toda su atención sobre el lugar ocupado por cada grupo social en el modo de producción o las relaciones de producción que constituyen o dan forma a la estructura social, siendo fuente de toda desigualdad.

Por otro lado, Max Weber desarrolló una visión de la desigualdad social más amplia al considerar que ésta tiene manifestaciones diferentes como son la económica, la social y la política, aunque todas ellas ligadas a la distribución del poder. El autor alemán fundamentó las desigualdades sociales desde varias perspectivas: a) como el resultado de las posiciones relativas ocupadas por las personas en el ejercicio de control del poder en el plano económico, generándose una jerarquía en torno a las clases sociales y las distintas posibilidades de adquisición de bienes e ingresos económicos que ofrecen; b) en relación con la jerarquía social a través del status social o estamentos; y, c) finalmente, una última vinculada con la jerarquía política visible en los partidos políticos. En este sentido, Weber habló de la existencia de estrategias definidas como procesos o sistemas de cierre que limitan la competencia y la ostentación del poder, recursos y privilegios derivados de una determinada posición social. De hecho, la restricción del acceso se impone a través de características definidas o fijadas por el grupo social que ostenta la mejor posición, permitiendo la creación o perpetuación de las desigualdades sociales (Silva, 2010).

Las distintas perspectivas de análisis de los teóricos clásicos de la Sociología sirvieron de inspiración para que otros muchos pensadores más contemporáneos basaran en ellas sus explicaciones sobre la desigualdad social.

Dando continuidad o basándose en las explicaciones de Émile Durkheim, autores como Talcott Parsons o Davis y Moore, entre otros, reconocieron que la desigualdad en las sociedades modernas está basada en la existencia de estratos (y no clases sociales). Éstos son reflejo de los diferentes roles ocupacionales desempeñados por las personas de acuerdo a una serie de criterios de clasificación interrelacionados como son el logro económico y la reputación que, además, se encuentran institucionalizados y contribuyen a mantener el orden, la integración y estabilidad del sistema social. El modelo funcionalista de estratificación social adopta, por tanto, una visión determinista del acceso a las posiciones sociales y entiende las desigualdades en términos individuales, abandonando la noción de clase social. Considera, al mismo tiempo, que las posiciones sociales son ocupadas o asignadas a aquellas personas más cualificadas que, a su vez, reciben una mejor y mayor recompensa, sin tener en consideración la existencia de barreras económicas, sociales y culturales a la libre competencia que facilite el acceso en condiciones de igualdad a todas las posiciones sociales. En definitiva, la desigualdad es vista, bajo la perspectiva o enfoque funcionalista heredero de Émile Durkheim, como un hecho social estructural útil para la distribución de las recompensas que contribuyen al óptimo funcionamiento del sistema social, siendo un producto derivado de las desigualdades personales (Requena, Salazar y Radl, 2013).

El desarrollo de las teorías clásicas no se limitó a la durkheimiana propia del estructural-funcionalismo, de modo que tanto el pensamiento de Karl Marx como de Max Weber tuvo eco en otros pensadores más actuales. En relación con el primero, autores neomarxistas como Erik Olin Wright se mantuvieron en la idea de que las clases sociales determinan la distribución de las personas en las posiciones sociales, adoptando una perspectiva relacional por la que las clases sociales son definidas a partir de su relación con otras. Sin embargo, otros autores como Althusser plantearon que el análisis basado en las superestructuras económicas debía complementarse con la consideración de aquellas de carácter político e ideológico (Silva, 2010), de manera que se pudiera abandonar la visión unidimensional de la desigualdad social.

Por otro lado, autores neoweberianos como Ralf Darehndorf o Parkin insistieron en la importancia que el propio Max Weber dio al poder y a la autoridad en la formación de las desigualdades (Silva, 2010) por encima de otros factores como la propiedad de los medios de producción (Requena, Salazar y Radl, 2013). Por tanto, Dahrendorf consideró que la distribución asimétrica del poder y de la autoridad es el origen de las clases sociales, así como del cambio social a través del conflicto, a pesar de que sean dos categorías de análisis diferentes y que sólo de manera esporádica aparecen unidas en la realidad empírica (Requena, Salazar y Radl, 2013).

4. SOCIOLOGÍA DE LA POBREZA

El interés por el estudio y análisis de la pobreza en la Sociología no se ciñe a una somera identificación y descripción del colectivo menos favorecido de una sociedad. Va más allá, pretende "poner en relación el fenómeno objeto de estudio con la estructura y la dinámica social" (Casado, 1976: 9). Se trata, en definitiva, de conocer las "leyes que regulan" el fenómeno de la pobreza, las estructuras que la generan. La pobreza, en tanto fenómeno social debido a los mecanismos y las estructuras que la producen, es un hecho sociológico que puede describirse y explicarse causalmente a partir de diferentes variables (Renes, 1993: 30).

El interés sociológico y explícito por la pobreza estuvo ya presente en las obras de los teóricos clásicos de la Sociología. Uno de los más interesados fue Simmel, que en su obra "Soziologie" (1908), incorpora un capítulo denominado "El pobre", considerado como punto de partida de la Sociología de la pobreza (Fernández, 2000; Paugam, 2007). Simmel elige el caso del pobre para ilustrar su concepción de la Sociología como ciencia de la interacción social y de las formas de socialización. La pobreza es una forma de interacción y no el simple hecho material de ser pobre, es construida socialmente. En palabras del propio Simmel (1986: 517): "El pobre como categoría sociológica, no es el que sufre determinadas deficiencias y privaciones, sino el que recibe socorro o debiera recibirlo, según las normas sociales".

A diferencia de las aproximaciones descriptivas y sustanciales de los pobres, la Sociología de la pobreza da preferencia al análisis de las formas de construcción de esta categoría social y a caracterizar las relaciones de interdependencia entre ella y el resto de la sociedad. Esta perspectiva analítica nace ya a mitad del siglo XIX en el marco de la reflexión del pauperismo (Hernández Pedreño, 2008: 19). Los análisis de Tocqueville y Marx marcan una primera etapa en la Sociología de la pobreza, como precursores de ésta, siendo sin duda Simmel su fundador, como señala Paugam (2007: 31-62), a la vez que distingue las principales aportaciones realizadas por estos teóricos:

- De Simmel se puede destacar la definición de Sociología de la pobreza, que sigue siendo aún hoy la más acabada. Al igual que sus predecesores, Simmel no pretendió definir la pobreza en sí misma, sino en relación a lo que le confiere el estatus específico en la sociedad. En su opinión, la asistencia tiene una función de regulación en el sistema social. Aunque los pobres, por el hecho de recibir asistencia, sólo puedan tener un estatus devaluado que les descalifica, siguen siendo miembros de pleno derecho de la sociedad de la que constituyen el último estrato.
- Respecto a Tocqueville, Paugam destaca dos aportaciones: la primera es que la pobreza tiene un sentido diferente dependiendo del nivel de desarrollo económico e industrial de un país o de una región. Constituye un primer paso hacia la reflexión sobre la dimensión subjetiva de la pobreza, la relatividad de las necesidades, sobre la integración de la pobreza en la vida colectiva. La segunda idea fundamental descansa en la dialéctica de la asistencia: en las sociedades democráticas la ayuda a los pobres se impone

como una necesidad imperiosa, que sólo puede conducir a la constitución de una categoría de asistido con un estatus social desvalorizado.

- El análisis de Marx sobre el pauperismo remite a dos dimensiones complementarias. La primera tiene que ver con la explotación de la clase obrera por parte de los propietarios de los medios de producción. La pobreza extrema de los primeros es una condición para los beneficios conseguidos por los segundos, y por consiguiente, para la acumulación capitalista. Este esquema analítico se completa con una explicación de la pobreza por la ley de la sobrepoblación relativa. La existencia de un ejercito industrial de reserva y, por tanto, de una categoría de pobres empleada de forma episódica en las fábricas no es un defecto del sistema, sino más bien una dimensión elemental de su funcionamiento. Esta masa de pobres no es fija. Este análisis introduce en el seno de la Sociología de la pobreza la noción de ciclo industrial, que supone según sus fases una trasformación de la relación de los pobres con la colectividad (mayor dependencia en las fases de contracción de la actividad, mayor empleabilidad en las fases de expansión).

Como se observa, Simmel, a diferencia de Marx, no hace hincapié en los mecanismos económicos de la constitución de la categoría de asistidos, sino que interpreta la pobreza como una forma de regulación del sistema social en su conjunto. Para Marx, todo grupo que no se pueda incorporar en el modo de producción capitalista, por no ser propietario de los medios de producción, ni proletarios propietarios de su fuerza de trabajo, sería marginal y quedaría fuera del antagonismo social derivado de la explotación laboral. En definitiva, para Marx la pobreza es una consecuencia de la estructura capitalista y del proceso de acumulación; es esencialmente una categoría económica, resultante del efecto del desarrollo económico y del mercado de trabajo y que se enmarcaría en las teorías de la coerción como modo de estratificación social en clave de conflicto (Hernández Pedreño, 2008: 19).

Pedro Cabrera (1998: 96), sostiene que en el estudio sociológico de la pobreza confluyen dos tradiciones teóricas: la Sociología de la estratificación social y la Sociología de la desviación, aunque tradicionalmente han coexistido como especialidades separadas. Por un lado, se abordan los temas relacionadas con las clases sociales y, por otro, los relativos a grupos y colectivos marginales. El estudio de la pobreza se sitúa, por tanto, en la intersección en que se cruzan los grupos de menor estatus en la estructura social con las conductas de las denominadas clases marginales. Desde la estratificación social estarían las posturas de Marx, para el que la pobreza es esencialmente una categoría económica, y la de Weber, que además de económica (situación en el mercado, tener) es una categoría cultural (ser). Desde la teoría de la desviación, estaría Durkheim para el que la pobreza es una categoría social y moral, ya que el pobre marginado es una forma particular de conducta anómica, que indica los límites (éticos) entre la conducta individual y el sistema de posiciones sociales. También Raya (2006: 22), enfatiza que para Weber el hecho diferencial de la posición de clase era la posición en el mercado de trabajo, es decir, la capacidad de rentabilizar los bienes o el trabajo en el mercado. En consecuencia, al funcionalismo le resultará difícil combinar el estudio de la desigualdad y de la marginación, ya que al no poder asignarle una posición social de clase, los pobres serían la manifestación de una conducta desviada.

La visión dual de Weber (tener y ser) influirá en los desarrollos posteriores que reciben su legado, generando dos enfoques distintos. Por un lado, desde la consideración económica se propicia el desarrollo de la Sociología de la pobreza, estableciendo umbrales según nivel de ingresos. Por otro lado, cuando se contempla la pobreza como realidad social y cultural que impone restricciones y limites a la relación social, acaba dando lugar a los estudios de corte etiológico que se concretan en la llamada antropología de la pobreza (Harrington, 1963; Lewis, 1961, 1972). Así, la relación pobreza-estructura social dio lugar a la denominada cultura de la pobreza, que considera a los pobres como una subcultura, con características y modalidades propias.

Una de las primeras obras sobre la pobreza desde la antropología es la realizada por Lewis, en su "Antropología de la pobreza" (1961), analizando la trayectoria de varias familias y su éxodo rural hacia la Ciudad de México, donde observa que a pesar de haber alcanzado cierta posición social, éstas mantienen costumbres de su anterior forma de vida. En esta obra Lewis (1961: 17) afirma que puede hablar de la cultura de la pobreza, ya que tiene sus propias modalidades y consecuencias distintivas sociales y psicológicas para sus miembros: "La cultura de la pobreza rebasa los límites de lo regional, de lo rural y urbano y aún de lo nacional". Más adelante, en su obra "La cultura de la pobreza" (Lewis, 1972: 13), atribuye a ésta una serie de deficiencias económicas, educativas, residenciales o de participación, entre otras. En definitiva, Lewis entiende la cultura de la pobreza, no como un cuadro de penuria material, sino como una cultura (o subcultura) en el sentido antropológico tradicional (Casado, 1976: 32).

Mientras en Estados Unidos cabe referir la obra de Harrington "La cultura de la pobreza en Estados Unidos" (1963), en España, es clave destacar dos importantes obras de Casado: "Introducción a la Sociología de la pobreza" (1971) y "La pobreza en la estructura social de España" (1976). En la primera, Casado realiza una tipología de los pobres, desde el punto de vista socioeconómico, en trabajadores pobres, pobres inútiles y pobres voluntarios. Además, define la pobreza como un estado carencial, un estado de necesidad y un fenómeno de marginación. El autor destaca la relación de la pobreza con la estructura social ubicándola en un sistema de estratificación en el que los pobres ocupan las posiciones más bajas, una situación de penuria relativa respecto al nivel considerado como mínimo, una conciencia de pobreza por parte de los habitantes de las áreas pobres y un reconocimiento por parte de la sociedad central (Casado, 1971: 74). Así, para Casado (1971, 1976 y 1990) el trabajo sería lo opuesto a la pobreza; al tiempo que contempla un análisis multidimensional de la pobreza (1971) analizando las áreas de educación, vivienda, ingresos, consumo y movilidad social, a la vez que relaciona la pobreza con la con la marginación y con la desviación.

En esta línea encontramos otras voces que señalan que la noción de pobreza ha ido evolucionando y que se acepta cada vez más una nueva concepción de la pobreza. De esta forma, se trasciende el ámbito meramente económico y la pobreza se entiende como un fenómeno multidimensional (Arriba, 2002: 10; Fundación Luís Vives, 2007: 9; Raya, 2006: 28; Rubio, 2002: 23). Así, como ha señalado López-Aranguren (2005: 171), una de las primeras concepciones de la pobreza como fenómeno multidimensional fue la aportada por Townsend (1979: 31) en Reino Unido:

> *Se puede decir que están en la pobreza los individuos, familias y grupos de población cuando carecen de los recursos para conseguir la ración de alimentos, para participar en actividades, y para tener las condiciones de vida y comodidades que son habituales, o por lo menos, generalmente incitadas o valoradas, en las sociedades a las que pertenecen.*

La multidimensionalidad de la pobreza ha sido reiterada también por Renes (1993: 31). Asimismo, Estivill (2004: 80) señala que "la pobreza no sólo se define en términos de ingresos, sino también en términos de consumo y de recursos no materiales (nivel de escolarización, vivienda, salud, ocio y participación social)". Para Estivill (2003: 22 y ss.) la pobreza y la exclusión no son análogos, ni sinónimos, han nacido y se han desarrollado en contextos diferentes, se les ha dado una acepción distinta e incluso a veces opuesta, pero también se han enriquecido mutuamente.

Como ha destacado Abrahamson (1997: 118), las ciencias sociales han ido adoptando progresivamente el concepto de exclusión social, aunque sin abandonar el de pobreza, privación o marginación. Así es, son varios los científicos sociales que siguen hablando de pobreza, siguiendo la línea conceptual europea de los años ochenta, que en lugar de exclusión social alude a la nueva pobreza, destacando entre ellos Paugam, que en su obra "Las formas elementales de la pobreza" (2007), establece una tipología de formas básicas de pobreza en Europa: pobreza integrada, pobreza marginal y pobreza descualificante. Cada una de ellas se remite a una configuración social distinta, siendo tres los factores que contribuyen a su mantenimiento: el desarrollo económico y del mercado de trabajo, la forma e intensidad de los vínculos sociales y la naturaleza del sistema de protección social.

- La *pobreza integrada* implica una configuración donde los pobres son muy numerosos, por lo que no se les estigmatiza. Su situación es habitual y remite a un problema generalizado de una región o localidad que siempre ha sido pobre. Es más probable en sociedades tradicionales que en sociedades modernas, es decir, en sociedades preindustriales o con retraso económico. Geográficamente se ubicaría en ciertas regiones de los países del sur de Europa, especialmente en las que predomina el sector agrícola.

- La *pobreza marginal* se refiere a una configuración social poco numerosa de la población. Estos pobres suelen ser vistos como inadaptados al mundo moderno y, por tanto, estigmatizados. A pesar de ser un grupo residual, éste suele ser objeto de atención de las instituciones de acción social. Es más probable esta relación social con la pobreza en las sociedades industriales avanzadas y en expansión, sobre todo en las que consiguen limitar la importancia del desempleo y garantizar un alto nivel de protección social. Si bien esta forma de pobreza pertenece en gran medida al pasado, no ha desaparecido en todos los países europeos, aunque en muchos casos sea negada.
- Por último, la *pobreza descalificadora* conlleva una configuración social en la que los que se denominan pobres son cada vez más numerosos y se les expulsa en su mayoría de la órbita productiva. No se refiere a un estado de miseria estable, sino a un proceso que puede afectar a capas de la población hasta entonces perfectamente integradas en el mercado de trabajo. Este proceso atañe a personas que se enfrentan a situaciones de precariedad, tanto en lo referente a ingresos, condiciones de vivienda y salud, como a la participación en la vida social. Este fenómeno afecta al conjunto de la sociedad y tiene mayor probabilidad de desarrollarse en las sociedades postindustriales, especialmente en las que se enfrentan a un fuerte aumento del paro y de situaciones de precariedad en el mercado de trabajo.

La denominada por Paugam pobreza descalificadora se asemeja en su caracterización al cada vez más generalizado concepto de exclusión social, tanto por el contexto de ubicación, como por la potencial generalización a la sociedad en su conjunto y por su multidimensionalidad.

Como se ha visto, para muchos teóricos sociales la distinción entre pobreza y exclusión social no es sólo una cuestión terminológica, a pesar de reconocerse en muchos casos el uso de exclusión social debido a la insuficiencia del término pobreza para explicar los procesos y situaciones de desventaja social en las sociedades actuales. Así, parece que el concepto de pobreza resulta insuficiente ante los nuevos mecanismos generadores de desigualdad, siendo necesario ubicar la pobreza en un escenario más complejo. En este nuevo marco social el término exclusión social puede ser más preciso, ya que la exclusión social incluye colectivos que antes quedaban fuera de la pobreza.

5. MEDICIÓN DE LA POBREZA Y LA DESIGUALDAD

Aunque pobreza y desigualdad están intrinsicamente unidos, en este epígrafe se ofrecen las diferentes formas de abordar la aproximación empírica a ambos fenómenos.

5.1. Medición de la pobreza

Desde sus inicios el análisis económico se ha ocupado de la pobreza ligada a la desigualdad en la distribución de la renta y, en particular, de los grupos de población con menor participación en dicho reparto. Sin embargo, en las últimas décadas, el estudio de la pobreza ha ampliado sus límites conceptuales. El enfoque de las capacidades de Amartya Sen impulsó una visión multidimensional de la pobreza, permitiendo ir más allá del análisis referido únicamente a la renta o el gasto. Desde esta perspectiva, la pobreza aparece unida a las condiciones de vida de la población y se convierte en un fenómeno complejo, dinámico y relacional. No obstante, el análisis unidimensional de la pobreza, ligado a la insuficiencia de renta, sigue siendo el más extendido, quizá por su mayor sencillez e inmediatez en su cálculo (García y Hernández, 2011: 14).

Abordar la medición de la pobreza requiere el establecimiento de unos criterios previos con los que identificar al grupo de personas pobres para poder realizar, a continuación, algún tipo de agregación o cuantificación del mismo. En ambos procedimientos, identificación y agregación, hay un buen número de decisiones metodológicas que adoptar que condicionan de forma notable los resultados y el poder compararlos.

Una primera opción, que suele plantearse en el análisis unidimensional de la pobreza, es la elección entre la renta o el consumo. El uso de la variable renta está más extendido, otorgando una mayor comparabilidad internacional a los resultados. Sin embargo, la transitoriedad de ciertos ingresos y los problemas derivados de su ocultación, más frecuentes para determinados tipos de rentas y que afectan a los extremos de la distribución (como las rentas del capital o algunas prestaciones sociales), son sus principales inconvenientes. Frente a ellos, el gasto en consumo muestra una menor subestimación y también una menor fluctuación a lo largo del ciclo vital del individuo, permitiendo una mejor aproximación al concepto de renta permanente que el nivel de ingresos de un momento determinado.

Otra cuestión relevante es la elección de la unidad de referencia, el individuo o el hogar. La información estadística suele provenir del hogar, donde los individuos comparten flujos de renta y muchas decisiones económicas personales se toman de forma conjunta. Los problemas aparecen al asignar a cada individuo su participación en la renta del hogar.

Por otro lado, la identificación de la pobreza, suele requerir el establecimiento de un umbral o línea de pobreza que separe al grupo de pobres de aquellos que no lo son. Esta operación puede incorporar información sobre las percepciones subjetivas de los individuos sobre su bienestar (enfoque subjetivo, "sentirse pobre") o no (enfoque objetivo, "ser pobre"). No obstante, las mayores dificultades de aplicación del método subjetivo hacen que el enfoque objetivo sea el más extendido, a pesar de la arbitrariedad que supone el establecimiento de umbrales de pobreza por parte del investigador.

Dentro del enfoque objetivo, la discusión sobre el establecimiento de líneas de pobreza no está zanjada, ya que éstas pueden ser absolutas o relativas y, a su vez, ser estimadas con métodos directos o indirectos. La pobreza absoluta remite a un conjunto de necesidades básicas no satisfechas, habitualmente ligadas al concepto de subsistencia y que, por tanto, requiere identificar los recursos (método indirecto) o los consumos (método directo) mínimos necesarios para la vida humana. En cambio, la pobreza en términos relativos se define por comparación con el estándar en una sociedad determinada, fijando umbrales en función de alguna medida representativa (media, mediana, percentiles) de la distribución de los ingresos, o de algún indicador más complejo de las condiciones de vida. Amartya Sen trata de reconciliar ambas visiones de la pobreza, fijándola en términos absolutos en el espacio de las capacidades, si bien, en el ámbito de los medios o bienes adquiere carácter relativo:

> *Algunas posibilidades iguales (importantes para poseer un nivel de vida mínimo) requieren más renta real y opulencia, en forma de posesión de artículos de consumo, en una sociedad rica que en las sociedades pobres (Sen, 2001).*

El uso de líneas de pobreza absolutas es más usual en los países en desarrollo, donde los problemas de subsistencia son más acuciantes, que en el grupo de países más desarrollados, en los que se ha ido imponiendo el uso de líneas de pobreza relativas. No obstante, algunos países desarrollados, como Reino Unido o Estados Unidos, cuentan con umbrales oficiales de pobreza: ingresos mínimos necesarios para percibir asistencia social. En España, algunos gobiernos autonómicos al gestionar los programas de rentas mínimas también están usando, aunque de forma implícita, una línea de pobreza absoluta (García y Losa, 2008: 320).

Una vez se han identificado las personas pobres, según las diversas opciones metodológicas adoptadas, queda abordar su cuantificación. En particular, la Unión Europea establece el umbral de pobreza en el 60% de la renta mediana equivalente, asumiendo que "la pobreza es, por tanto, un concepto relativo definido en relación con el nivel general de prosperidad de cada país y expresado con referencia a un valor central de la distribución de la renta, teniendo en cuenta el tamaño de los hogares" (Comisión Europea, 2004). El uso de la mediana, en lugar de la media, obedece a la menor sensibilidad de esta medida a los valores extremos (Losa y García, 2008). En la Unión Europea la fuente estadística empleada para la medición de la pobreza relativa es la Statistics on Income and Living Conditions, denominada en España Encuesta de Condiciones de Vida (ECV), que se viene realizando desde el año 2004.

Figura 1. Dificultades para llegar a fin de mes y tasa de pobreza, por autonomía, 2008, 2014, 2019 y 2021 (ranking 2021)

Dificultades para llegar a fin de mes (% población)					Tasa de pobreza por autonomía				
Autonomía	2008	2014	2019	2021	Autonomía	2008	2014	2019	2021
País Vasco	18,4	25,4	15,7	11,2	Navarra	5,9	11,9	7,7	9,8
Rioja	28,0	33,8	7,3	12,4	País Vasco	9,1	10,2	10,0	12,2
Aragón	12,8	25,6	10,7	13,6	Cataluña	12,3	15,8	13,9	14,8
Navarra	19,0	17,1	13,6	14,7	Madrid	14,9	14,7	15,0	15,2
Galicia	27,4	41,4	18,4	16,0	Cantabria	14,3	20,6	17,3	15,4
Cantabria	34,0	33,6	28,5	16,2	Aragón	14,9	16,9	17,9	15,8
Asturias	13,6	27,1	18,3	17,4	La Rioja	16,2	16,2	12,3	16,1
Madrid	32,5	35,0	18,3	17,5	Baleares	18,1	17,9	12,0	17,6
Castilla - León	24,3	29,2	12,4	17,6	Castilla y León	17,5	20,4	12,9	17,9
Baleares	28,2	32,2	19,7	18,7	Galicia	20,9	15,4	20,0	20,2
Cataluña	32,2	32,2	26,7	20,6	Asturias	13,2	16,7	20,7	20,4
C. Valenciana	36,3	48,1	19,9	20,8	España	19,8	22,2	20,7	21,7
España	31,9	39,1	22,0	20,9	C. Valenciana	23,6	26,2	23,7	25,1
Castilla-La Mancha	33,8	28,5	14,3	22,6	Castilla-La Mancha	26,4	28,4	26,2	27,4
Extremadura	31,4	44,9	28,0	22,8	R. Murcia	24,5	37,2	27,7	27,7
Andalucía	38,4	53,2	28,3	27,3	Canarias	30,7	27,6	28,5	28,4
Melilla	26,3	31,7	30,9	29,3	Melilla	17,7	19,2	35,7	30,1
R. Murcia	36,4	48,1	34,4	29,4	Andalucía	27,3	33,3	31,3	32,3
Canarias	44,3	47,2	26,1	33,3	Ceuta	40,1	44,3	40,6	32,3
Ceuta	41,1	55,5	37,9	35,9	Extremadura	35,3	33,1	31,5	32,3
Distancia autonómica	31,5	38,4	30,6	24,7	Distancia autonómica	34,2	34,1	32,9	22,5

Fuente: INE, Encuesta de condiciones de vida

La determinación de la pobreza, tanto si se refiere únicamente a la insuficiencia de ingresos como si se define en términos de privación de las condiciones de vida, requiere el establecimiento de un umbral o línea de pobreza que separe al grupo de pobres de aquellos que no lo son. Esta operación puede incorporar información sobre las percepciones subjetivas de los individuos sobre su bienestar (enfoque subjetivo, "sentirse pobre") o no (enfoque objetivo, "ser pobre") (García Luque y Losa Carmona, 2008: 319). En la figura 1 se incluyen los rankings de ambos indicadores de pobreza (objetiva y subjetiva) y su evolución reciente a nivel territorial, al tiempo que se destaca importante brecha autonómica en materia de pobreza.

Por otro lado, en los modelos de medición multidimensionales, el concepto tradicional de pobreza se amplía dando lugar al uso de nuevos términos, como el de privación material o múltiple. Estas estimaciones remiten a un conjunto de necesidades insatisfechas en el ámbito de las condiciones de vida extensamente disfrutadas por la población. La medición multidimensional de la pobreza es cada vez más usual; prueba de ello es el Índice de Pobreza Multidimensional (IPM), del Programa de Naciones Unidas para el Desarrollo (PNUD) en su Informe sobre el Desarrollo Humano:

> *"Los indicadores basados en el dinero obviamente son importantes, pero también es necesario tener en cuenta las distintas privaciones y su superposición, en especial por la alta probabilidad de que los hogares que enfrentan múltiples carencias se encuentren en una situación peor de lo que sugieren las medidas de pobreza por ingresos"* (PNUD, 2010).

La medición de esta pobreza permite realizar análisis entre países de contextos con diferentes desarrollo, como España y México (Hernández Pedreño, García Justicia y García Luque, 20021: 5). La medición oficial de la pobreza en México adopta un enfoque de derechos humanos, estando a cargo del Consejo Nacional de Evaluación de la Política de Desarrollo Social (CONEVAL). Dicha institución ha desarrollado un método propio para estimar la población en situación de pobreza multidimensional, que contempla un umbral de pobreza por ingreso (basado en el coste de una canasta de bienes y servicios de consumo) y seis ámbitos de derechos sociales (relacionados con la educación, el trabajo, la salud o la vivienda) en los que la población puede presentar carencias.

5.2. Medición de la desigualdad y sus tipologías

La inevitabilidad de la diversidad humana impone la necesidad de admitir la existencia de diferencias profundas entre las personas que se manifiestan no sólo en dimensiones económicas, educativas, laborales u ocupacionales, entre otras, sino también en las características personales o sociodemográficas (López, Sánchez y González, 2019).

En este epígrafe se hace una consideración de los diferentes tipos de desigualdades, atendiendo a las vinculadas con las características sociodemográficas de las personas, a las relacionadas con los contextos espaciales o territoriales y, por último, a las propias de los diferentes ámbitos o dimensiones de la exclusión social.

5.2.1. Medición de la desigualdad

La medición de la desigualdad se presenta como necesaria, en primer lugar, por la propia definición del concepto de desigualdad, ya que la asimetría en el reparto de los recursos materiales implica el establecimiento de unidades de análisis útiles a la comparación; y, en segundo lugar, por la posibilidad de acción o intervención social sobre la situación de desigualdad social identificada.

Los indicadores del nivel o grado de desigualdad son múltiples y su elección depende de las necesidades de la investigación. A continuación, se detallan dos indicadores referidos a la desigualdad de renta cuyo uso es generalizado al existir un consenso amplio sobre su alta capacidad descriptiva y analítica. En primer lugar, el indicador S80/S20 que mide la desigualdad a través de ratios entre el percentil de renta medio más alto y el más bajo una vez pagados los impuestos y añadidas las prestaciones sociales en efectivo. Esta ratio es la más usual, pues ofrece la desigualdad entre los polos de la escala de ingresos; no obstante, también son posibles otras ratios si se quieren medir las distancias o desigualdades de otros percentiles. En segundo lugar, el Coeficiente de Gini que mide la desigualdad de los ingresos en una escala entre 0 y 100, siendo el valor nulo indicador de la menor desigualdad posible (iguales ingresos) y el 100 todo lo contrario. Su cálculo se realiza comparando "la renta de cada individuo de la distribución con la de cada una de las demás rentas y la suma total de estas comparaciones se divide entre tamaño de la distribución y la renta media total" (Requena, Salazar y Radl, 2013: 122). La evolución en España de ambos indicadores se ofrece en la figura 2, observándose cierto estancamiento.

Figura 2. Indicadores de desigualdad de ingresos en España (2012-2021)

Año de la encuesta	2012	2013	2014	2015	2016	2017	2018	2019	2020	2021
Ingresos del año	2011	2012	2013	2014	2015	2016	2017	2018	2019	2020
S80/S20	6,5	6,3	6,8	6,9	6,6	6,6	6,0	5,9	5,8	6,2
Índice de Gini	34,2	33,7	34,7	34,6	34,5	34,1	33,2	33,0	32,1	33,0

Fuente: INE, Encuesta de condiciones de vida.

5.2.2. Desigualdades sociales según características sociodemográficas

El reconocimiento de la existencia de diferencias y desigualdades basadas en características sociodemográficas hace pensar que las personas disponen, a priori, de un mayor margen de acción en las posiciones sociales que ocupan en las estructuras sociales, pudiendo poner en marcha estrategias de adaptación y protección de las influencias de las estructuras sociales. Entre estas estrategias cabría mencionar los mecanismos clásicos de reivindicación colectiva que, no obstante, parecen haber sido erosionados o desactivados en las últimas décadas (Zafra, 2017).

Atendiendo las desigualdades según *etnia o nacionalidad*, se pueden indicar algunas claves identificadas tras décadas de proceso migratorio. En primer lugar, cabe decir que la distribución ocupacional y en el mercado de trabajo de la población inmigrante en relación con la población nativa es asimétrica. La mayoría de las personas inmigrantes han ocupado los empleos de la parte más baja de la estructura ocupacional, dando lugar al fenómeno de la llamada concentración étnica de las ocupaciones, debido a motivos como el déficit en capital humano, el funcionamiento de los propios medios sociales y el escaso tiempo de permanencia de parte de la población inmigrante (Requena, Salazar y Radl, 2013). En segundo lugar, este fenómeno ha contribuido fuertemente a la polarización del mercado de trabajo y, por ende, de las posiciones sociales, que son su reflejo. Por tanto, el fenómeno de la inmigración no ha sido neutro para la distribución de las clases sociales en el caso de España (Requena, Salazar y Radl, 2013), habiendo contribuido al incremento de la polarización o segmentación de la estructura de clases.

En relación con las desigualdades de *género*, cabe decir que la brecha de género ha aumentado en la última crisis económica experimentada en España, pues el deterioro ha sido mayor en los hogares que reciben el ingreso principal de una mujer (Fundación FOESSA, 2022). Además, se pueden señalar algunas claves que pueden ayudar a su comprensión. En primer lugar, tras el proceso de expansión educativa que se dio en los países occidentales y más tardíamente en España, persisten las desigualdades de oportunidades de las mujeres respecto de los hombres. A pesar de que está comprobada una pauta de mayor logro educativo femenino (Requena y Salazar, 2022), se observan diferencias según género teniendo en cuenta el tipo de enseñanzas, siendo más propias de hombres que de mujeres las llamadas STEM (Rodríguez, 2020). En segundo lugar, estas desigualdades en el ámbito educativo tienen su reflejo en el ámbito laboral de manera persistente (Torns, 2012), de forma que se observa una segregación ocupacional, dado que existe una feminización de las ocupaciones elementales, de servicios, administrativas y de oficina en las que las condiciones de trabajo son más precarias; igualmente, se identifica una segregación según tipo de jornada laboral, pues existe una feminización de los empleos a tiempo parcial (Ortiz, 2014) que reciben salarios más bajos (de la Rica, Gorjón y Romero, 2022), explicando en parte, la brecha salarial existente entre hombre y mujer; de igual manera, se comprueba un proceso de feminización del teletrabajo como forma de empleo a partir de la pandemia por Covid-19. En tercer lugar, las desigualdades en los ámbitos educativo y laboral se manifiestan en la estructura social, ya que la mujeres se encuentran en una situación de mayor vulnerabilidad y exclusión social.

Considerando las desigualdades según *edad*, se comprueba la existencia de una división o brecha intergeneracional que se está ampliando en la última década. La incorporación de los jóvenes (de entre 16 y 29 años) al mercado de trabajo con unas condiciones peores en los modelos de contratación explican parte de este fenómeno, ya que se sitúan entre el grupo etario con mayores tasas de riesgo de pobreza en 2021 tras la población de personas menores de 16 años, a quienes se les transfiere la precariedad social. Por el contrario, parece haberse producido una mejora relativa de la situación de las personas mayores en España desde 2008.

5.2.3. Desigualdades sociales según contextos territoriales

La desigualdad global se vio incrementada de manera notable a partir de la I Revolución Industrial, especialmente (Requena, Salazar y Radl, 2013). Desde entonces, la tendencia fue creciente hasta mediados del siglo XX y los último análisis parecen indicar que desde principios del siglo XXI se está produciendo una reducción tímida de las diferencias de renta entre países (Milanovic, 2016).

Siendo España un país en el que la desigualdad crece más en las recesiones de lo que se reduce en las expansiones económicas (Ayala y Cantó, 2022), la consideración de las desigualdades entre las regiones de España, indica la existencia de una brecha norte-sur persistente. Así, los menores niveles de renta media por unidad de consumo y los mayores niveles de pobreza se concentran en regiones como Extremadura, Andalucía, Castilla-La Mancha o Región de Murcia y, por el contrario, los mayores niveles de renta media por unidad de consumo y los menores niveles de pobreza se da en regiones como País Vasco, Navarra y Comunidad de Madrid.

La reducción de las desigualdades territoriales y la convergencia de los modelos sociales autonómicos pueden darse con la adopción de diversas medidas como la ampliación del marco básico común de protección social a través de la armonización normativa; la revisión del modelo de financiación autonómica dirigiéndolo hacia una mayor equidad; la mejora de la gestión de los recursos; el fomento de la coordinación interterritorial; y el aumento del tamaño y progresividad del sistema fiscal y extensión de la protección no contributiva (Hernández, 2019).

5.2.4. Desigualdades sociales según ámbitos

Las desigualdades sociales pueden ser analizadas teniendo en cuenta diversos ámbitos o dimensiones de la exclusión social: educación, ingresos, empleo, vivienda o salud, entre otros.

En relación con el ámbito de la *educación*, se observa que las desigualdades educativas no se han reducido, si se atiende al caso español en las últimas décadas, a pesar de la universalización y expansión del sistema educativo. Así, se observa una polarización o segmentación del sistema educativo, dado que conviven las altas tasas de abandono escolar temprano con el incremento del número de matrículas en educación superior, mayor en el caso de las mujeres. En relación con el primero de los fenómenos, los datos indican que existe correspondencia entre los estatus socioeconómicos elevados y las tasas reducidas de abandono educativo temprano (Requena y Salazar, 2022). La expansión o universalización del sistema de educación en el caso de España ha permitido la existencia de una movilidad educativa de carácter ascendente que, en términos generales, ha sido mejor aprovechada por las mujeres. No obstante, el acceso a los niveles superiores del sistema educativo viene determinado tanto por el estatus como por el nivel de estudios de la familia de origen (Requena y Salazar, 2022). La relación entre el origen social y el logro educativo ha sido más patente durante la pandemia por Covid-19, ya que las desigualdades sociales que determinan el tipo de equipamiento y preparación propios de la familia, centros y docentes ensanchan las brechas digitales de aprendizaje que existían antes de la pandemia, situando en una posición de desventaja al alumnado de familias más vulnerables (Fundación COTEC, 2020).

En cuanto al ámbito *económico*, estudios como el de Goldthorpe y McKnight (2006) indicaron que las diferencias o desigualdades entre diferentes clases sociales no se dan en el punto de partida sino a lo largo de la trayectoria laboral. Los autores mencionados observaron que las curvas de las clases trabajadoras relativas a los ingresos se estabilizan muy rápido, ocurriendo lo contrario en el caso de las clases de servicio, pues no dejan de aumentar durante prácticamente toda la trayectorial laboral. Al igual que en otros ámbitos, en el económico también se observa una polarización significativa con la reducción de las rentas medias (Requena y Salazar, 2022) y con el menor crecimiento de los salarios en los percentiles más bajos (Hidalgo, 2022). Esta tendencia creciente de las desigualdades de renta entre clases sociales puede tener continuidad en los próximos años con el cambio tecnológico implantado por las nuevas tecnologías de la IV Revolución Industrial (Hidalgo, 2022).

En relación con el ámbito del *empleo*, se comprueba la existencia de amplias desigualdades en un mercado de trabajo caracterizado por la precariedad. Los niveles de contratación temporal y de empleos a tiempo parcial han sido elevados durante décadas a pesar de las medidas legislativas del mercado de trabajo (Ortiz, 2013; 2014), habiendo sido incentivadas por la regulación laboral (Hidalgo, 2022) o bien por las políticas públicas del mercado de trabajo (Manzanera-Román, 2018). Igualmente, los niveles de desempleo han sido elevados en los períodos de recesión económica, especialmente. La baja intensidad laboral es la clave para entender parte de las desigualdades sociales, pues existe una correlación positiva entre ambos fenómenos, de manera que la desigualdad en el empleo tiene un reflejo claro y evidente en la estructura social.

En cuanto al ámbito *residencial* o de la vivienda, los datos indican que el porcentaje de hogares españoles en exclusión residencial entre los años 2007 y 2018 se ha mantenido estable (Fundación FOESSA, 2019), pero ha crecido a partir de esa fecha y hasta 2021 (Fundación FOESSA, 2022). Los altos costos de la vivienda en alquiler incide, especialmente, sobre los hogares socioeconómicamente más vulnerables, convirtiéndose en inasumibles (Fundación FOESSA, 2019). Por tanto, la mayoría de los hogares en alquiler con menores ingresos realizan un sobreesfuerzo económico para cumplir con el pago de la vivienda (Módenes, 2022), a lo que se debe unir los problemas de dichos hogares para satisfacer las necesidades energéticas domésticas. La precariedad residencial se da, en mayor medida, entre los jóvenes y personas menores de 45 años en las regiones más urbanizadas (Módenes, 2022).

En relación con la esfera de la *salud*, se debe apuntar la existencia de una relación bidireccional entre las desigualdades sociales y salud, de forma que "los ingresos y el nivel educativo son claramente relevantes para explicar el gradiente socioeconómico en la salud" (Fundación FOESSA, 2022: 260). Así, se observa que el estado de salud es más deficiente entre las personas que se encuentran en situación de vulnerabilidad o exclusión social (EAPN, 2019).

Por último, también se pueden considerar las desigualdades sociales generadas por la llamada *brecha digital* que afecta en diversos ámbitos a diferentes grupos de edad. Tal es el caso de la infancia en el ámbito educativo, viéndose afectados en mayor medida quienes sus familias de origen son más vulnerables (Fundación COTEC, 2020), así como las personas mayores en el ámbito de las relaciones socio-familiares y de la participación ciudadana, limitando el ejercicio de sus derechos (Manzanera-Román y Haz-Gómez, 2021; 2022). La brecha digital por razones de edad ha ido reduciéndose paulatinamente en el tiempo, aunque lo hace a un ritmo demasiado lento para que la distancia entre jóvenes y mayores pueda reducirse a corto plazo.

X. CAMBIOS EN LA ESTRUCTURA SOCIAL DE ESPAÑA

JUAN ORTÍN
Universidad de Murcia

1. SOCIO-DEMOGRAFÍA DE LAS ESTRUCTURAS SOCIALES

Una de las formas a través de las cuales la Sociología hace visibles las Estructuras Sociales de una sociedad es mediante la definición, descripción y análisis de las características socio-demográficas generales de la población. Caracterizaciones socio-demográficas del tipo:

- volumen y composiciones de la población, nacionales/residentes extranjeros; trayectoria y Estructura Demográfica de género y edades,
- nivel de formación general de la población y de cualificación profesional,
- relación con la actividad económico-productiva de la población, estructura productiva/ocupacional y composición del mercado laboral,
- formación de unidades socio-económicas celulares como son las tipologías familiares y de los hogares,
- poblamiento y diferenciales socio-demográficos territoriales.

Unas caracterizaciones que, desde un punto de vista socio-demográfico, son construidas analíticamente como agregados estadísticos de características socio-demográficas individuales, pero en cuya fundamentación (causas y efectos) sociológica se apreciaría que son el resultado de procesos sociales (políticos, económicos, culturales, ...), de decisiones y acciones individuales y colectivas, formalizaciones en instituciones sociales de gestión de lo común y fundamentadas también en referentes e institucionalizaciones culturales, sobre el modo de vida social constituido. Tanto como estas características se constituyen en condicionantes socio-demográficos a partir de los cuales se construye la permanencia —reproducción— o la transformación potencial —cambio— social de las Estructuras Sociales.

Resumimos en el cuadro que continua (Figura 1), algunos referentes demográficos y sus correspondencias sociológicas que serán objeto de tratamiento y consideración en las páginas siguientes.

Figura 1

Característica	Referentes demográficos:	Referentes sociales y sociológicos (de estructuración social) relevantes:
Volumen/ Composición/ Estructura	Volumen/Trayectoria Presencia inmigratoria/emigración Género/Edades/población en edades intermedias Grado Juventud/Envejecimiento; ...	Diferenciales culturales de género, edad, origen/ destino de la inmigración; prácticas, costumbres, hábitos, etc. diferenciales; políticas de integración social; ... Asistencia intergeneracional, fecundidad, mortalidad, ... Formación, empleabilidad, pensiones, ...
Formación	Nivel de instrucción por niveles y general/medio de la población; niveles de cualificación profesional de la población; ...	Organización del sistema formativo/cualificativo y accesibilidad social al sistema; ... Capacitación intelectual y profesional general (Capital Humano); integración socio-económica de colectivos, ... Productividades: tecnológicas, innovativas, organizacionales, ...; ...
Actividad económico-productiva	Población potencialmente activa; composición de género, edad, nacionales/ extranjeros; ...	Mercado laboral y sistema de Relaciones Laborales; estructura productiva/ocupacional; empleabilidades; ... Nivel desarrollo; nivel de vida; capacidad productiva; riqueza material interna y competitividad internacional; ...
Familia y Hogar	Tamaño, estructura/composición y tipología de las unidades celulares	Funcionalidad social y económica de las unidades; ...
Poblamiento	Localizaciones geo-administrativas territoriales; Ejes demográficos; tamaños medios municipales; conglomerados urbanos existentes; ...	Densificaciones; modos de vida rural/urbano; estrechez/difusión de las relaciones sociales comunitarias; institucionalizaciones socio-culturales diferenciales; ...

Para el tratamiento de estas caracterizaciones, España cuenta con una larga tradición al respecto, pudiendo acudir para su conocimiento y seguimiento histórico al menos desde 1900 a través de los Censos de Población —y de algunas Encuestas Sociodemográficas que los han acompañado, como es de relevancia la de 1991 y la ECEPOV del de 2021—, el Padrón Municipal de Habitantes y el Movimiento Natural de la Población. La mayor parte de ellas, dada su relevancia sociológica, poseen fuentes socio-métricas y demoscópicas que permiten un seguimiento informativo más continuado siendo de relevancia las que siguen (Figura 2):

Figura 2

Fuente		Específicamente: información sobre indicadores de:	Todas, indicadores de:
EPA	Encuesta de Población Activa	Situación laboral de los individuos y hogares	Nivel formativo Situación económica Actividad profesional Familia Vivienda Hogar
EcH	Encuesta continua a Hogares	Tipología y tamaño de los hogares y de las unidades familiares	
ECV	Encuesta de Condiciones de Vida	Situación socio-económica de los hogares	
EcPF	Encuesta de Presupuestos Familiares	Estructura de consumo/gastos de los hogares	
...	...		

Por demás, la emergencia de estos rasgos socio-demográficos estructurales y estructuradores se hace todavía más patente en una comparativa temporal, evolutiva. Para el desarrollo de este apartado se ha elegido una comparativa entre los datos al respecto aportados por el Censo de Población y Vivienda del año 1981 y aquellos otros correspondientes procedentes de estas fuentes socio-métricas mencionadas, para años de referencia recientes, 2020, 2021.

La comparación abarcaría pues unos 40 años, y la elección de 1981 (además de ser considerado un Censo bien elaborado), no es casual. Podemos considerar tal año un momento de partida de significativos cambios en nuestra estructura social que podríamos resumir en los que siguen:

1. 1981 puede ser considerado el inicio de la verdadera Transición Demográfica hacia el modelo definitivo actual de nuestros valores demográficos generales (especialmente los referidos a la fecundidad). En 1981 el denominado desde un punto de vista demográfico *reemplazo generacional* (promedio anual de hijos por mujer o Índice coyuntural de Fecundidad, se situaba justo en el considerado punto de inflexión del mismo: 2,1 hijos por mujer. A partir de ello comenzaría un sostenido descenso de la fecundidad/natalidad en España hasta conducir al valor mínimo del 1,13 en 1998, iniciando después una recuperación hasta el valor máximo de 1,44 en 2008, en una parte sustancial aportadas por la inmigración (casi el 20% de los nacimientos totales entre 2000-2021 ha procedido de madres residentes extranjeras, siendo su diferencial de fecundidad medio en el periodo de 0,4 puntos superior al de madres españolas). Un aporte apreciable también en el rejuvenecimiento de la Estructura Demográfica de edades (no afectando a los diferenciales de género al ser bastante igualitaria por género la inmigración), y una significativa segunda generación de residentes extranjeros que constituyen en sí un relevante cambio en la Estructura Social de España al suponer en su conjunto los residentes extranjeros el 11,5% de la población total; 25 años antes, éstos apenas representaban el 1,4%. Actualmente, este índice de fecundidad se sitúa de nuevo en valores de 1,19 hijos por mujer, en el contexto

de una atenuación del proceso inmigratorio (y de menor fecundidad de la mujer inmigrada), consolidación del envejecimiento demográfico (en torno al 20% del total de la población tiene 65 y más años) y de franca regresión vegetativa de la población (más fallecimientos que nacimientos consecuencia del envejecimiento demográfico y la baja fecundidad en este lustro final).

2. 1981, por otra parte, comienza reflejar un cambio estructural fundamental que afecta a la formación en general y a la mujer en particular: la extensión del sistema educativo básico que representa la ordenación de la enseñanza Básica (E.G.B.), Secundaria y de la Formación Profesional de la Ley General de Educación de 1970, pero en mayor medida el impulso formativo representado por la LRU (Ley de Reforma Universitaria) de 1983, y su impulso de la extensión del Sistema Educativo Superior (gratuidad, becas y, en especial, la creación y expansión de nuevos Centros y Universidades, Titulaciones y accesos en todo el territorio nacional), y que supondría la duplicación de la presencia de universitarios en el sistema educativo, pasando en apenas un decenio de 650 mil a 1,3 millones de estudiantes. Dentro de ellos pasando de una presencialidad de las mujeres del 45% al 55/56% actual.

Lógicamente pasar por el sistema educativo, en el caso especial de las mujeres, suponía situarse en el mercado laboral, iniciando con ello una transformación social que no sólo afecta al déficit histórico formativo que al respecto existía, sino situar a la población en perspectivas de cambios ulteriores como: independencia económica de la mujer; planificación de la fecundidad (edad 1er nacimiento y tamaño de las descendencias) y conformación de nuevos tipos de formaciones familiares y de los hogares; desruralización, afianzamiento de la *Sociedad de Consumo de Masas* en consonancia con el acceso a nuevas y mayores rentas, lógicamente en consonancia con los niveles y calidades del empleo existentes. Referencia ésta última en la que el marcado laboral español muestra diferenciales de brecha laboral y salarial jóvenes/adultos, varones/mujeres, empleos centrales/periféricos; etc., de importancia.

2. VOLUMEN, TRAYECTORIA, COMPOSICIÓN Y ESTRUCTURA DEMOGRÁFICA DE LA POBLACIÓN ESPAÑOLA 1996-2021

Un cambio estructural de relevancia socio-demográfica ha sido el relacionado con el cambio migratorio: el dejar de ser una población emigratoria a una claramente inmigratoria.

Tomando como referencia la escasa población residente extranjera en España, que apenas representaba los 350 mil efectivos (en su gran mayoría residentes europeos) en 1981 y en 1991, en un contexto ya de no salida de españoles y de cierto retorno de éstos procedentes de Europa, lo acontecido desde 1996 hasta nuestros días ha de considerarse un cambio estructural de enorme relevancia demográfica social y económica y también cultural (multi-convivencia). Por tanto, de nuestra estructura social general.

Analizamos los principales aspectos socio-demográficos a partir de los datos que aporta el cuadro que continua (Figura 3).

Figura 3

PMH, años	Población	Res. Extranj.	%Población	%mujeres Extj.	referentes demográficos
1981/1991					Escasa inmigración/residentes nacionales en el extranjero
1996	39.980.816	542.314	1,36	50,38	residentes europeos (mayores)
2001	41.116.842	1.370.657	3,33	47,7	inmigración marroquí y laboral/recuperación de la fecundidad
2006	44.708.964	4.144.166	9,27	46,54	regularizaciones extraordinarias
2011	47.190.493	5.751.487	12,19	47,86	máximo inmigratorio/reducción de la fecundidad
2016	46.557.008	4.618.581	9,92	49,3	des-inmigración laboral
2021	47.385.107	5.440.148	11,48	49,91	recuperación inmigratoria
Variación Demográfica 1996-2021	7.404.291				
%Variación Demográfica periodo	18,52				
Tasa Variación anual media periodo	0,74				
Var.Demográfica Res. Extj.		4.897.834			
%VD Res.Extj./VD Total		66,15			
Nacimientos periodo1996-2021	10.955.620				
N.Madre Extranjera		1.702.915			
%N.Madre.Extj.		15,54			

Fuente: Elaboración propia e ine.es: Estadística del Padrón continuo y Fenómenos Demográficos.

Como se indica en el cuadro (figura 3), en la comparativa 1996-2021, España ha pasado de tener apenas 40 millones de residentes a 47,4. Lo relevante de esa variación demográfica es que mayoritariamente se ha debido a la incorporación de casi 5 millones de residentes extranjeros desde 1996 a la actualidad, un

66,15% de la variación demográfica poblacional total acontecida, incluido en ello la mayor parte de la fecundidad aportada por ella: un 15,54% de la natalidad total.

España, para 1996, contaba con unos 540 mil residentes extranjeros, en su mayoría europeos y residentes mayores en pareja. Los datos para 2001 ya reflejarían la consolidación de los inicios de la inmigración laboral hasta los valores máximos para 2011 de 5,75 millones de residentes y constituir el 12,3% de la población total. Los valores actuales se sitúan en el entorno del 11,5% de la población total y 5,44 millones de residentes extranjeros. Esta presencialidad en nuestra estructura social sería todavía mayor —hasta el 15,31% del total de la población—, si se tienen en cuenta las nacionalizaciones acaecidas (en torno a 1,9 millones según el diferencial residentes extranjeros/nacidos en el extranjero que aporta el ine según resultados del Censo 2021 y el Censo anual de Población que a partir del primero se viene desarrollando y que puede apreciarse en la figura que continua —figura 4—).

Figura 4

Censo de Población y Censo anual de Población 2021	.	%
Población	47.400.798	
Nacionalidad española	40.146.001	84,69
Nacidos en el extranjero	7.254.797	15,31
Nacionalizados	1.852.095	3,91
Residentes extranjeros	5.402.702	11,40

Fuente: Elaboración propia e ine.es: Censo de Población de 2021 y Censo anual de Población 2021.

La referencia al cambio estructural socio-demográfico ha de computar lo relevante que resultan ya las segundas generaciones de nacidos de madre extranjera, en términos de integración educativa, social y económica. Sin dejar de mencionar necesarias referencias a la incorporación cultural de nuevas prácticas religiosas, familiares, etc., que acompañan a colectivos inmigratorios específicos.

El proceso ha implicado también cambios en la Estructura Demográfica por cuanto las edades mayoritarias de inmigración se sitúan entre los 20 y 45 años (inmigración laboral). No obstante esto, su aporte natalista, los reagrupamientos familiares y la presencia de residentes extranjeros mayores, distribuye su presencia a lo largo de toda la pirámide de edad. En lo respecta al género, aunque con mayor presencia de varones, los diferenciales no han resultado relevantes, por cuanto por razones de reagrupamiento familiar o por direcciones hacia el mercado laboral en actividades más masculinizadas unas y más feminizadas otras, han derivado en un significativo equilibrio de género en la inmigración.

Esta visión de expansión y reaporte demográfico general no debe, no obstante, hacer perder de vista otro rasgo estructural ya de la socio-demografía nacional: los cambios generales en la Estructura Demográfica; es decir, en la composición por género y edades (Figura 5).

Figura 5

Años	Población	P. 0-14 años	P.15-64 años	P.65 y +años	P.85 y +años	P.100 y+años	mujeres	Mujeres 85y+años
1981	37683362	9.685.704	23.760.889	4.236.740	263171	3.266	19.191.622	181.612
2021	47.385.107	6.689.607	31.384.672	9.310.828	1.568.564	18.020	24.162.154	1.039.852
1981		25,7	63,05	11,24	0,7	0,01	50,93	69,01
2021		14,12	66,23	19,65	3,31	0,04	50,99	66,29

Fuente: Elaboración propia e ine.es: Censo de Población de 1981 y Estadísticas del Padrón continuo.

En lo que respecta a género, los diferenciales generales comparativos no resultan significativos, pero en lo que respecta a los grandes grupos de edad —y aun debiendo contemplar el cierto rejuvenecimiento de la población que las edades inmigratorias generales y el aporte natalista referido han representado ya referido—, ha de tenerse en cuenta que la falta reiterada de reemplazos generacionales por desnatalidad, ha derivado en un retroceso de nuestro grado de juventud de manera que la población menor de 15 años representa el 14,12% de la total (10 puntos menos que en 1981), mientras que la población de 65 y más años está cercana al 20%. Dentro de ella resulta de mencionar la de 85 y más años, pues ha multiplicado por casi 6 su presencia estructural, representando en la actualidad, con 1,56 millones de residentes, el 3,3% de la población total. De entre ellos, 18 mil superan los 100 años, en especial mujeres que a partir de los 85 años suelen representar en torno al 66% de los que están en ese rango de edades. Los valores estadísticos distan considerablemente de los de 1981.

En referencia al cambio estructural socio-económico (y político) que ello representa, basten algunas consideraciones relativas a cuestiones como las pensiones, la atención social y familiar de los mayores, el potencial de empleo que representan sus requerimientos de atención domiciliaria (servicio doméstico y a domicilio), de ocio y consumo específicos (sanidad/salud, por ejemplo), etc., de la población mayor. Sin dejar de hacer mención a las necesidades formativas de los jóvenes y de empleo en las edades intermedias.

Todo ello ha afectado también a la ocupación territorial, dadas las dinámicas migratorias diferenciales entre el mundo rural y el urbano, que analizaremos posteriormente.

3. FORMACIÓN

El sistema educativo español actual, por decir mejor, sus resultados, muestra importantes aspectos susceptibles de mejora e intervención. Al objeto del presente apartado:

- mejora de los indicadores de abandono escolar temprano (hasta 16 años y en especial de 14 a 18 años),
- mejora de los rendimientos competenciales (Informe PISA),
- mejora de la Formación Profesional en sus diferentes niveles hacia una oferta amplia de cualificaciones profesionales, adaptada y previsora a las necesidades de los mercados de trabajo subsidiarios y desarrollada en esquema Dual (prácticas en empresas),
- orientación de la formación universitaria de manera más transversal, con títulos hibridados, complementarios, orientados hacia un mercado laboral más versátil; etc.

De lo que no cabe duda es de su trascendencia socio-económica general:

1. a nivel general: empleo, riqueza, rentas; productividad de los factores tecnológicos, organizacionales y de I+D+i; competitividad internacional; integración social: por estratos sociales, de género, colectivos desfavorecidos, inmigración, etc.

2. a nivel personalizador: promoción personal y familiar (movilidad social); capacidad de empleabilidad y de acceso a rentas de mayor valor añadido; reconocimiento profesional; etc.

Como tampoco cabe duda del papel jugado en gran parte de los aspectos mencionados con anterioridad en lo acontecido en España en estos últimos 40 años, especialmente en el capítulo género.

La imagen del Nivel de Instrucción general —alcanzado— de la población mayor de 10 años en el Censo de 1981, era la que continua en el cuadro siguiente (Figura 6):

Figura 6

Nivel	Varones	%	Mujeres	%	%Mujeres	Totales	%
Analfabetismo	551.818	3,63	1.439.763	8,96	72,29	1.991.581	6,37
Sin estudios	2.875.634	18,94	3.227.316	20,08	52,88	6.102.950	19,53
Primer Grado	5.582.351	36,77	5.961.156	37,10	51,64	11.543.507	36,94
Segundo Grado	4.896.549	32,25	4.465.066	27,79	47,70	9.361.615	29,95
Tercer grado	1.276.551	8,41	976.162	6,07	43,33	2.252.713	7,21
	15.182.903		16.069.463		51,42	31.252.366	

Fuente: Elaboración propia e ine.es: Censo de Población y Vivienda de 1981.

Es decir, el analfabetismo y Sin Estudios terminados abarcaba a no menos del 20% de la población y se tiene en cuenta aquellos todavía en edad de obtenerlo en el momento censal. Los porcentajes de ambos aspectos ítems variaban considerablemente entre varones y mujeres, siendo el del analfabetismo el de mayor relevancia por ser un verdadero indicador de un rasgo de estructura social de género de las épocas pretéritas: las menores opciones educacionales formales (escolarización) e informales (trabajo), de adquirir unas mínimas opciones de lectura y escritura de las mujeres. En sucesivos Censos, el analfabetismo entraría en un proceso de reducción —consecuencia de la escolarización obligatoria hasta los 16 años— que, no obstante, seguiría mostrando los efectos de esta herencia entre mujeres mayores hasta, por así decirlo, su desaparición natural.

La formación superior, universitaria, se concentraba en un 7,2% de media de la población, y siendo en torno a 2,4 puntos inferior en las mujeres que en los hombres.

En la formación primaria y secundaria los indicadores de género se mostraban más equilibrados, atisbando con ello los efectos de la Ley General de Educación de 1970 y los efectos anteriores de los planes de Escuelas Rurales de los años 60s.

La LGE y la LRU (Ley de Reforma Universitaria de 1983), supusieron un cambio cuantitativo, cuanto menos, de enorme relevancia asociado al diseño estructural de los Planes de Estudio, incluida la Formación Profesional; la extensión territorial de las infraestructuras educativas, en especial en el nivel universitario; la política de Becas, y evidentemente el incremento de las rentas familiares con las que poder acometer la inserción universitaria de las descendencias, esta vez ya sin distinciones de género, a tenor de la superación del 50% de presencialidad de las mujeres en la Universidad en pocos años.

Los datos más relevantes al respecto serían (Figura 7):

Figura 7

	1981	Curso 20-21	Campus	No presenciales
Universidades	33	84		11
U. Públicas	28(+UNED)	50(+UNED)	281	6
U. Privadas	4	34	68	5
Campus	138		349	
Alumnos	649098	1589092		
%mujeres	44,01	55,9		

Fuente: Elaboración propia y EDUCABase

Y siendo el perfil académico de género en los Grados por áreas de Conocimiento actual el que reflejan los datos siguientes (Figura 8):

Figura 8

Curso 2020-21, Grados	Ambos	%	Varones	Mujeres	%mujeres
Ciencias Sociales y Jurídicas	620.256	46,43	245.277	374.979	60,46
Ingeniería y Arquitectura	233.010	17,44	173.281	59.729	25,63
Artes y Humanidades	140.573	10,52	52.974	87.599	62,32
Ciencias de la Salud	257.318	19,26	73.418	183.900	71,47
Ciencias	84.852	6,35	41.805	43.047	50,73
totales	1.336.009		586.755	749.254	56,08
% inserción población 18-24 años en Universidad		32%			

Fuente: Elaboración Propia y EDUCABase

Es decir: existe un claro predominio de los Grados Sociales y Jurídicos, seguidos por los de Ciencias de la Salud. En ambos predomina la presencia de la mujer, pero se hace destacar esta última Área con un 71,5% de mujeres. En su conjunto, la presencia femenina entre el alumnado de Grados es del 56,1%. En su contra, en la denominadas Técnicas es del 25,6%. Porcentaje similar —e incluso más elevado—, al que se produce en las Universidades de nuestro entorno europeo.

En general, los efectos acumulados de la presencialidad de la mujer en el sistema educativo, ha supuesto que en apenas una generación (30 años), el nivel de éstas sea superior al de los varones, dentro de un alto porcentaje general puesto que el conjunto de la población española mayor de 15 años con estudios superiores ronda el 31,8%, siendo de 3 puntos ya superior en las mujeres (Figura 9):

Figura 9

Nivel Instrucción Universitario	1981 (población 10 y + años)	2001 (población 16 y + años)	Censo 2021 (Población 15 y + años)
varones	8,41	13,21	30,3
mujeres	6,07	13,87	33, 1

Fuente: Elaboración propia e ine.e: Censos —de Población y Vivienda— de 1981, 2001 y 2021 —primeros resultados—.

4. RELACIÓN CON LA ACTIVIDAD ECONÓMICO-PRODUCTIVA

En correlación con el acceso de la mujer al sistema educativo se ha producido su incorporación al sistema productivo extradoméstico. No sólo ello, claro está, también aquellas transformaciones en las demandas de empleo que han traído inmigración laboral masculina y femenina a nuestra economía.

Todo ello, junto a las transformaciones tecnológicas y especializaciones productivas, compone un nuevo marco con reflejo en la composición del empleo/actividad, en la denominada Estructura Ocupacional (CNAE) de significativa importancia. Como también resultan ser los problemas estructurales que viene reflejando, en especial lo que se refiere al desempleo estructural territorial y coyuntural/cíclico de sectores como la construcción y las actividades ligadas al turismo.

La función socio-económica del empleo, tanto a nivel individual como colectivo, representa uno de los mayores activos con los que cuenta la capacidad productiva, de generar riqueza, de una sociedad en su conexión con la macrofunción del consumo en las sociedades desarrolladas, y de la que se deriva la capacidad adquisitiva y de nivel de vida de personas y hogares. También constituye una referencia a la Estratificación Social que los niveles de renta, patrimonio, movilidad social, desarrollo de proyectos personales y familiares, profesionales y vitales, de formación de hogares y descendencias, que la empleabilidad, en sentido amplio, implica.

De ahí la importancia de su medición y de lo que trimestralmente, desde 1965, se ocupa la EPA. No obstante esto, resulta evidente que su medición plena es poco menos que imposible pues en todos los países aparecen porcentajes, de distinta consideración bien es cierto, de informalización en las relaciones productivo-laborales en el mercado laboral. El elenco de situaciones de irregularidad es tan sumamente amplio (incumplimiento de cotizaciones, pagos en B, economía sumergida, etc.) que su mera contemplación, que no cuantificación, realmente al lugar al que nos conduce es a considerar que el grado de informalización del mismo es en sí mismo es un rasgo de cada Estructura Social, en función de su incidencia y del grado de control institucionalizado que pueda existir, ya que en el fondo pone de manifiesto las culturas —las prácticas sociales— laborales institucionalizadas al respecto.

Resulta evidente que su mismo carácter de informal escapa al tratamiento que permiten los datos oficiales. Nos obstante esto, al menos, los datos oficiales resultan de gran utilidad en el reconocimiento de los aspectos macro relativos al empleo y a cierta caracterización general de la actividad productiva y de los cambios (tendencias) de relevancia que se producen.

4.1. Pirámide de la actividad

Comenzaremos el análisis de la denominada relación población/actividad económico-productiva con una referencia comparativa a las pirámides (género y edades) de actividad de la población española 1981-2020.

Una mirada al gráfico de la de 1981 (Figura 10), nos advierte de aspectos tan relevantes como:

- el diferencial de la actividad varones y mujeres resulta notable, tanto en lo que a actividad, ocupación y desempleo se refiere, de manera que para los hombres el vínculo a la actividad se produce a edades tempranas y le acompaña hasta edades cercanas a los 65 años. No es ese el caso de las mujeres, que no sólo comienzan algo más tarde, sino que conforme se asciende en la edad se produce un abandono de la actividad ante las dificultades de acceso al empleo,
- el desempleo acompaña en todo momento con mayor intensidad a las mujeres que a los hombres y acaba constituyéndose en un factor desmotivador.

Figura 10

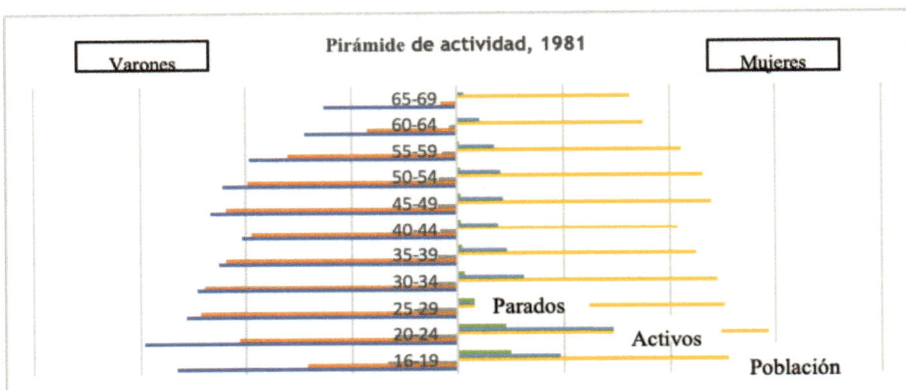

La pirámide de actividad en 2020 (Figura 11) muestra una imagen muy distinta:

Figura 11

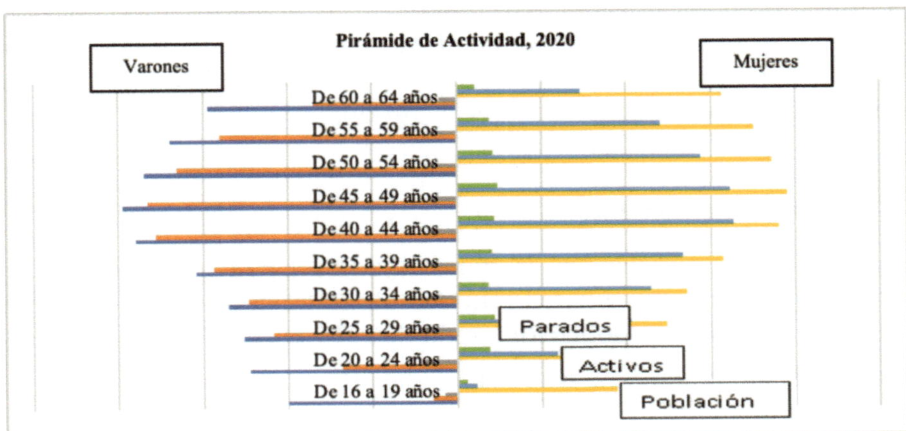

En general, como consecuencia del proceso/contexto general de aproximación de los valores correspondientes a varones y mujeres en cuanto a actividad se refiere, tal y como puede apreciarse en todos los tramos de la pirámide. Aunque el desempleo acompaña en mayor medida a las mujeres que a los hombres, éste no parece ser ya óbice para abandonar el mercado laboral por parte de las mujeres. Antes al contrario, ha de contemplarse que su presencialidad se ha visto incrementada con la llegada de la abundante inmigración laboral, prácticamente inexistente en 1981 y que según EPA 2020 supone entorno al 16% de la ocupación total (un 15,2% varones y un 16,4 mujeres).

Más en particular, la imagen muestra la simetría de género que presenta la misma en los tramos de hasta los 25 años consecuencia de la equidad en la inserción varones/mujeres en el sistema universitario ya referida. Una inserción que otorga a España tasas netas de inserción a los 24 años del 32% y que sitúa a nuestro país entre las más altas de la OCDE (Informe anual 2022).

Para 1981, la imagen estadística (Figura 12) de los principales indicadores de actividad era:

Figura 12

T.Actv.G.	51,92	T.Paro.G.	16,26	T. Paro<25 años	37,23
T.Actv.V.	79,44	T.Paro.V.	14,74	T. Paro<25 años V.	36,02
T.Actv.M.	24,72	T.Paro.M.	20,90	T. Paro<25 años M.	38,96
%Mujeres	24,72		31,75		42,94
% <25 años	12,04		53,08		

Fuente: Elaboración propia e ine.es: Censo de Población y Vivienda de 1981.

Para 2020 ha sido la siguiente (Figura 13):

Figura 13

T.Actv.G.	56,65	T.Paro.G.	15,53	T.Paro<25 años	38,26
T.Actv.V.	62,12	T.Paro.V.	13,87	T.Paro<25 años V.	37,08
T.Actv.M.	51,48	T.Paro.M.	17,43	T.Paro<25 años M.	39,72
%Mujeres	46,73		52,44		46,32
% <25 años	6,30		15,51		

Fuente: Elaboración propia e ine.es: Encuesta de Población Activa.

Esto es:

- La tasa General de Actividad se ha incrementado por integración de la inmigración laboral, también de mujeres inmigrantes, pero sobre todo debido a la incorporación al mercado de las mujeres nacionales, ya que el porcentaje de mujeres en activo se ha duplicado, pasando del 24,7 al 46,7% de los activos totales.

- La Tasa General de Paro, aún contemplando los ciclos de mejora expansionistas y los de empeoramiento de crisis, muestra valores equivalentes si bien con respecto a una población activa y ocupada que se ha duplicado. No obstante esto, el cambio viene por cuenta del acercamiento en las tasas de desempleo de varones y mujeres pues ya no son prácticamente del doble como en el pasado, aunque sigan siendo superiores.
- Mención especial requiere el tratamiento del colectivo de menores de 25 años por presentar ciertos rasgos de comportamiento estructural. El colectivo sigue mostrando importantes problemas de inserción en el mercado laboral, al menos a lo que primer empleo se refiere, pues las tasas de desempleo se muestran en el entorno del 30% pese a que el volumen de población relativa es menor debido tanto a su descenso por natalidad como a su mayor incorporación al sistema educativo postobligatorio.

El análisis de lo que acontece entre los menores de 25 años es que si bien se ha constituido en el colectivo generacional que mejor nivel de instrucción han alcanzado, su inserción en el mercado laboral, tanto cuantitativamente sí cualitativamente, resulta deficiente. No sólo por lo lento de su incorporación sino que también por la precarización general en cuanto a tipos de contratos y salarios iniciales se refiere, hablándose incluso de una sobre-cualificación profesional pues desempeñan empleos cuya formación sería posible adquirir en una FP de mayor nivel. En todo ello, no obstante, no es menos cierto que por abandono escolar y por no seguimiento de estudios de los 16 a los 18 años, existe un amplio colectivo de jóvenes cuyas dificultades de acceso son todavía mayores al carecer de cualquier tipo de cualificación inicial.

Todas estas cuestiones determinan ciertamente un retraso en el calendario laboral (tiempos de empleo, tipos de contratos, salarios, ...) de los jóvenes hasta los 30 años, lo que significa retrasos en su calendario vital en cuanto a emancipación del hogar de origen, formación de nuevos hogares en pareja y, consecuentemente, de las fecundidades deseadas (ver al respecto las Encuestas de fecundidad del INE, la última de 2018), se refiere.

4.2. Estructura Ocupacional. Censo de 1981/EPA 2020

El cuadro (figura 14) y el gráfico (figura 15) que continúan constituyen una referencia a la Estructura productiva, a través de los datos que ofrecen las estructuras ocupacionales (ocupaciones por Sectores y Ramas de Actividad principales CNAE). Sin duda quedan claramente reflejada la significativa relevancia de los cambios acaecidos entre 1981 y 2020.

Figura 14

(miles ocupados)	1981					2020				
Ramas de Actividad	**ambos**	**%**	**varones**	**mujeres**	**%mujeres Rama**	**ambos**	**%**	**varones**	**mujeres**	**%mujeres Rama**
Agricultura, ganadería, silvicultura y caza	1605,6	14,97	1375,3	230,3	14,34	723,9	3,77	556,9	167,0	23,07
Pesca	80,5	0,75	78,8	1,7	2,16	41,4	0,22	37,0	4,4	10,63
Extrac., preparación, comb. sólidos, petróleo, gas	84,0	0,78	79,0	5,0	5,96	23,4	0,12	17,4	6,0	25,64
Electricidad, gas y agua	91,4	0,85	84,5	6,9	7,57	233,9	1,22	175,9	57,9	24,75
Extracción de minerales y su transformación	313,8	2,93	287,0	26,7	8,52	30,4	0,16	25,5	4,9	16,12
Industria química	182,2	1,70	143,3	38,9	21,33	215,7	1,12	129,0	86,7	40,19
Metalurgia, maquinaria, material eléctrico e instrumentos de precisión	679,0	6,33	599,8	79,2	11,67	580,9	3,03	480,5	100,5	17,30
Material de transporte	256,6	2,39	241,3	15,3	5,97	299,3	1,56	234,4	64,9	21,68
Alimentación, bebidas y tabaco	367,2	3,42	285,0	82,2	22,39	521,6	2,72	320,3	201,3	38,59
Textiles, confección y cuero	479,8	4,47	239,3	240,4	50,11	147	0,77	69,1	77,8	52,93
Madera, corcho y fabricación de muebles de madera	231,3	2,16	215,4	15,9	6,88	154,5	0,80	128,3	26,3	17,02
Papel, artes gráficas y edición	161,7	1,51	133,6	28,1	17,38	126,8	0,66	92,7	34,0	26,81
Caucho y plásticos. Otras. indus. Manufactureras	127,7	1,19	100,9	26,8	20,97	252,4	1,31	185,3	67,1	26,58
Construcción	926,7	8,64	906,6	20,0	2,16	1244,1	6,48	1142,2	101,9	8,19
Comercio y reparaciones	1452,2	13,54	1039,5	412,6	28,41	3100,9	16,15	1598,8	1502,0	48,44
Restaurantes, cafés y hostelería	409,4	3,82	296,3	113,0	27,62	1432,1	7,46	692,9	739,2	51,62
Transporte y actividades anexas	554,6	5,17	517,2	37,3	6,73	992,1	5,17	788,7	203,4	20,50
Comunicaciones	121,2	1,13	94,6	26,6	21,95	613	3,19	415,8	197,2	32,17
Inst. financieras, seguros, activid. inmobiliarias	322,8	3,01	264,5	58,3	18,07	596,8	3,11	282,1	314,7	52,73
Servicios a las empresas. Alquiler	146,2	1,36	107,5	38,7	26,47					
Admón. pública, defensa nacional, seguridad social	588,9	5,49	459,0	129,9	22,06	1356	7,06	774,6	581,3	42,87
Educación, investigación y servicios culturales	540,5	5,04	256,4	284,1	52,57	1322,9	6,89	451,1	871,8	65,90
Sanidad y asistencia social	391,6	3,65	162,7	228,9	58,46	1769,3	9,21	418,9	1350,4	76,32
Otros servicios	430,4	4,01	114,1	316,2	73,48	3424	17,83	1412,0	2012,1	58,76
Actividades no bien especificadas	179,6	1,67	132,9	46,6	25,97					
Total	10724,6		8214,5	2510,0	23,40	19202,4		10429,4	8772,8	45,69
					%mujeres Sector					%mujeres Sector
%Primario	15,72		17,70	9,24	13,76		3,99	5,69	1,95	22,40
%Industria	27,74		29,33	22,53	19,01		13,47	17,82	8,29	28,13
%Construcción	8,64		11,04	0,80	2,16		6,48	10,95	1,16	8,19
%Servicios	47,90		41,93	67,43	32,95		76,07	65,53	88,59	53,21

Fuente: Elaboración propia e ine.es: Censo de Población y Vivienda de 1981.

Figura 15

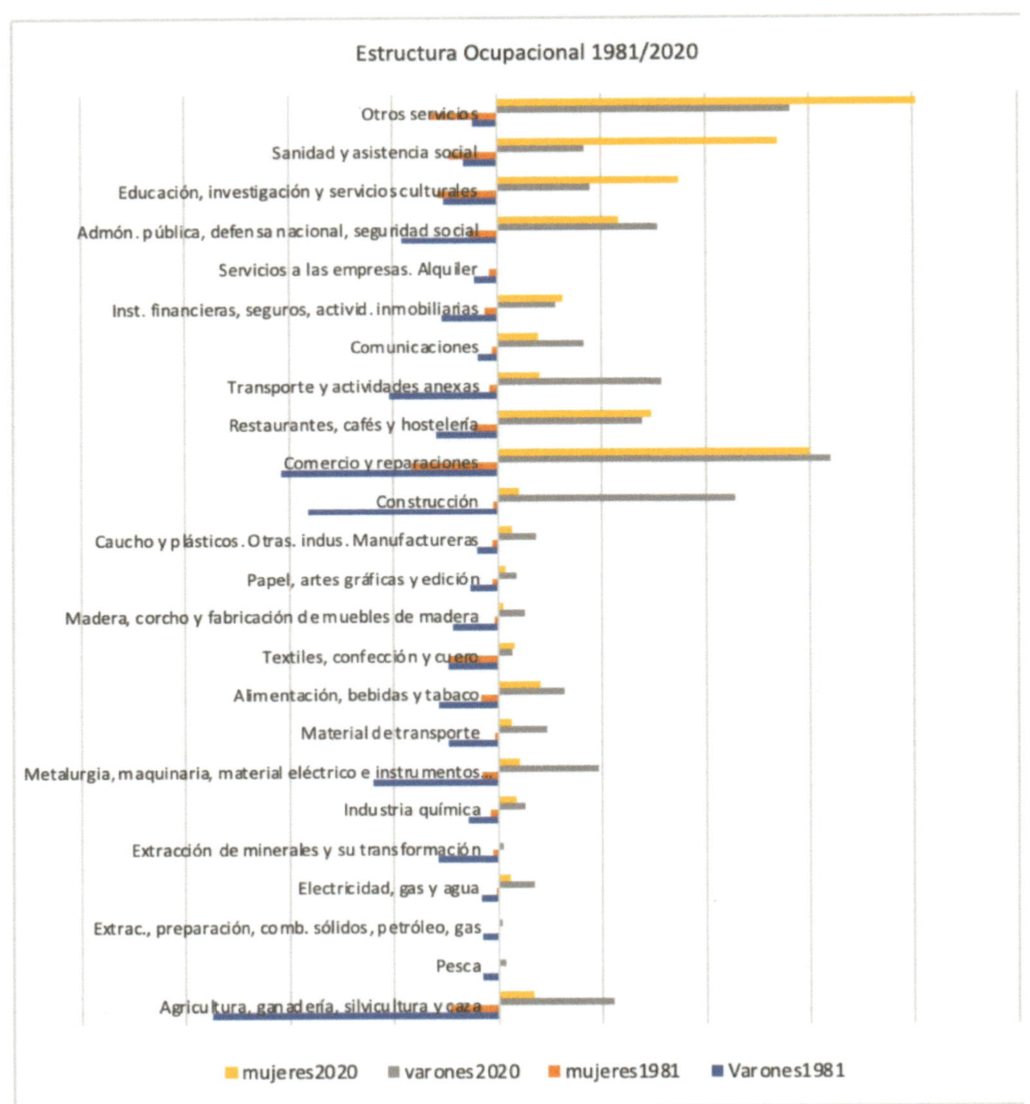

La estructura ocupacional de 1981 presentaba una distribución sectorial próxima a suponer valores de terciarización de la estructura productiva de nuestra economía ya que el porcentaje de ocupados en el Sector Servicios estaba cercano al 50% de los totales. Casi el 16% se ocupaba en el Primario y un 36,5 en Industria y Construcción, subsector este caracterizado por la presencia prácticamente total de hombres.

El porcentaje de mujeres en la agricultura y pesca era prácticamente la mitad de la de los varones, siendo la tasa de feminización del sector del 13,8% en Industria, sólo del 2,2% en Construcción y del 33% en Servicios, si bien este sector representaba el 67,5% del total de la ocupación de las mujeres, estando más equilibrado el porcentaje en el sector industrial como consecuencia de la inserción laboral de la mujer en Ramas de Actividad como la Textil y la Alimentaria, frente a la Metalúrgica y Mecánica y la de la Automoción y el Transporte de los varones.

Por Ramas de Actividad, dentro del Sector Servicios se harían destacar: Sanidad, Educación y Otros Servicios (el doméstico, por ejemplo), además con porcentajes de mujeres superiores al 50%, y Administración Pública. Otras actividades dentro del sector con preponderancia son las ligadas al Comercio y a la Restauración y Hoteles, en consonancia con ser destino turístico y con significativa presencia también de las mujeres, aunque no llegan a representar por entonces —1981— el 30% del empleo correspondiente a la Rama.

Entre los cambios acaecidos (para 2020), es necesario computar como más relevantes:

1. Los relativos a la consolidación de nuestra estructura ocupacional-productiva como estructura plenamente terciarizada puesto que más del 75% de los ocupados lo hace en Sector Servicios. Un 65% los varones y 88,6% las mujeres, siendo este sector el verdadero receptor del empleo femenino, en la parte pública en actividades educativas, sanitarias y de atención social, y en la parte privada en el comercio, hostelería y restauración, servicio domiciliario y servicios profesionales a empresa y personas.

Las ramas de actividad que mayor crecimiento ocupacional han representado en su conjunto son las actividades relacionadas con servicios a empresas y personas en el contexto de lo que podríamos denominar "externalización". En el caso de las empresas, como consecuencia de que muchas actividades (asesoramiento jurídico, financiero, logística, mantenimiento, etc.), son prestadas por profesionales liberales o autónomos. En el caso de a personas en general lo mismo, pero mención especial requiere el de las empleadas de hogar (empleadas porque son en su mayoría mujeres), dedicadas a las tareas que cónyuges que trabajan ambos, familias monoparentales y de mayores, requieren.

2. Relevancia de las actividades comerciales y de las ligadas a los hoteles y la restauración como consecuencia de la consolidación de nuestro país como destino turístico internacional, pero también a nivel interno como consecuencia del incremento de las rentas y el destino de una parte significativa de las mismos a ocio, y también derivadas del cambio estructural que implica un modo de vida más urbanizado, que requiere de realizar comidas extradomésticas, además de nuestra instalación plena en la sociedad de consumo de los nuevos formatos comerciales.

3. El incremento del empleo público derivado de la implantación de las administraciones Autonómicas y el crecimiento del empleo público en la Educación, la Sanidad y la Asistencia Social, han continuado la senda de feminización que la implantación y crecimiento de estas actividades han experimentado de la mano de las actividades serviciales destinadas a ellos. Para varones y mujeres han experimentado un gran crecimiento las actividades ligadas a la prestación de servicios a personas y empresas, como actividades privadas, empresariales o prestadas como autónomos.

4. Cierta desindustrialización de las actividades de base (industria pesada en general —Reconversión Industrial—), ha producido un detrimento del trabajo industrial directo (por no mencionar el carácter cíclico del empleo, masculinizado, de la construcción y de sus industrias subsidiarias), si bien continuando siendo relevantes la metal-mecánica y del transporte y automoción y auxiliar, y la alimentaria, las primeras con mayor presencia masculina y la última femenina. No obstante, también ha de computarse en el proceso la reconversión tecnológica en general, así como la logística de interconexión entre actividades industriales que, por procesos de externalización, ha ido saliendo de ese ámbito para integrar otros ubicados en el Sector Servicios.

5. Finalmente una referencia a una aparente desagrarización de la estructura productiva y perdida de relevancia agricultura y ganadería. Lo es desde el punto de vista del empleo directo (prácticamente 4 veces menos, en términos porcentuales y la mitad de empleos —unos 750 mil en la actualidad— que en 1981). Pero se tendría una imagen distorsionada de la pérdida de importancia económica de estas actividades, puesto que lo que se ha producido es un proceso de intensificación (nuevo regadío, industrias ganaderas, …) de la misma conservando la relevancia que se deriva de su destino comercial exterior y de su ligazón a la importante industria agro-alimentara española. Ciertamente con mayores cotas de necesidades de empleo estacional que en el pasado.

Por su parte, la presencialidad de la ocupación de residentes extranjeros (es necesario recordar también en la pirámide de actividad), se eleva al 12,10% de la total (Figura 16).

Figura 16

EPA 2020	total ocupados	Extranjera: Total	% Extranjeros	Varones Extj. Sector	Mujeres Extj. Sector	%Ocup. Mujeres/ Ocup.Extj.
Total	19.202,40	2.321,10	12,09			45,87
Agricultura	765,3	161,3	21,08	10,58	2,66	17,54
Industria	2.698,20	250,6	9,29	14,46	6,48	27,53
Construcción	1.244,10	203,3	16,34	15,75	0,51	2,66
Servicios	14.494,80	1.705,90	11,77	59,21	90,35	56,40

Fuente: Elaboración propia e ine.es: Encuesta de Población Activa.

Por sectores y por género los datos indican lo relevante de la presencia de los varones residentes extranjeros en sectores como la Agricultura y la Construcción y de las mujeres en el Sector Servicios, pues para ellas representa el 90% de las ocupaciones y el 56,4% de la ocupación de los residentes extranjeros.

4.3. Población Inactiva

Una última referencia que nos permita evaluar diferenciales estructurales de interés, especialmente de los de género, referida a la composición de la Población Inactiva en 1981 y en 2020 (Figuras 17 y 18).

Figura 17

Inactivos 1981	AMBOS	%	VARONES	%	MUJERES	%	%mujeres
Total	14.243.863		3.247.292		10.996.571		77,20
Retirados, jubilados y pensionistas	4.082.522	28,66	2.167.836	66,76	1.914.687	17,41	46,90
Rentistas	59.364	0,42	27.917	0,86	31.447	0,29	52,97
Escolares y estudiantes	1.538.343	10,80	769.557	23,70	768.786	6,99	49,97
Labores del hogar	8.088.425	56,79	.		8.088.425	73,55	100,00
Incapacitados permanentemente para ejercer trabajo	330.628	2,32	211.191	6,50	119.337	1,09	36,09
Otros inactivos	144.681	1,02	70.790	2,18	73.890	0,67	51,07

Fuente: Elaboración propia e ine.es: Censo de Población y Vivienda de 1981.

Figura 18

Inactivos 2020	Ambos	%	Hombres	Mujeres	%mujeres
Total	16.845,50	17,35	7.133,00	9.712,50	57,66
Estudiante	2.923,40	38,51	1.416,10	1.507,30	51,56
Jubilado	6.486,50	23,32	4.018,80	2.467,70	38,04
Labores del hogar	3.929,00	7,43	519	3.410,00	86,79
Incapacitado permanente	1.251,90	9,80	618	633,9	50,64
Percibiendo una pensión distinta de la de jubilación	1.650,20	0,03	183,2	1.466,90	88,89
Realizó sin remuneración trabajos sociales o actividades benéficas	5,4	3,56	2,3	3,1	57,41
Otra	599,3	0,00	375,6	223,6	37,31

Fuente: Elaboración propia e ine.es: Encuesta de Población Activa.

La comparativa tendría como referente los cambios en las ponderaciones de las diferentes subcategorías de la inactividad derivadas en especial de la menor dedicación de las mujeres a tareas domésticas con exclusividad (la mitad que en 1981), también al incremento de los perceptores de pensiones (también las mujeres) y a la duplicación de la población estudiantil por encima de los 16 años en todos los tramos aunque en reducción hasta los 18 años como consecuencia de la existencia de menor número de jóvenes en el tramo, pero en incremento como consecuencia del crecimiento de la universitaria ya referido.

5. HOGAR Y FAMILIA

La familia y el hogar constituyen dos cédulas sociales de primer orden jurídico y socio-económico para las Estructuras Sociales.

Sobre la base de las mismas se construyen aspectos estructurales tan relevantes para las sociedades cómo:

- ser unidad de ingresos y gastos, por tanto, una unidad económica de gestión presupuestaria bajo la que se determinan aspectos tan relevantes como la estructura de consumo a desarrollar (gastos básicos/ordinarios, estructurales, gastos habituales, esporádicos/extraordinarios, ...), la gestión de priorizaciones en la misma (educación, sanidad, ocio, ...), el patrimonio, las decisiones de inversión, formación, etc.
- el potencial de movilidad social y de asistencia intergeneracional (cuidado de mayores, por ejemplo), ...
- por supuesto el afecto, y debiendo tener en cuenta en todo ello las diferentes culturas familiares que suponen ámbitos territoriales, colectivos religiosos, étnicos e inmigratorios, al respecto (hábitos, costumbres, valores, etc.).

El tratamiento estadístico de esta unidad, su asociación a un domicilio/vivienda, además del surgimiento de nuevas tipologías de agrupamiento familiar (parejas no casadas aunque en convivencia, en registro de parejas de hecho o no), reconstituidas, con descendencias de diferentes parejas anteriores, etc., ha derivado en la centralidad del tratamiento de la cuestión más desde el punto de vista del concepto hogar que de el de familia en sí mismo, aunque en una tipología básica puedan distinguirse conceptos como hogar familiar, de convivientes, colectivos (estudiantes, mayores, hogares habitacionales, etc.), lo que nos permite observar los numerosos cambios estructurales y de significación sociológica que se han producido y continuarán haciéndolo (parejas del mismo género con descendencias, etc.).

Tomando como referencia los datos relativos a la cuestión y en perspectiva comparada (Censo de Población de 1981/Encuesta continua a Hogares 2020 del INE), el cuadro que continua evidencia los significativos cambios acaecidos (Figura 19).

Figura 19

Tipología	1981	%	2020	%	de 65 y + años	% sobre total
Tamaño medio hogar	3,5		2,5			
Unipersonales	1085078	10,25	4889900	26,07	2131400	11,36
1 núcleo familiar	7713984	72,87	12866800	68,61		
+ de 1 núcleo	361608	3,42	430500	2,30		
sin núcleo	1425770	13,47	567600	3,03		
totales	10586440	100,00	18754800	100,00		
Monoparentales	752077	7,10	1944800	15,11		

Fuente: Elaboración propia e ine.es: Censo de Población y Vivienda de 1981 y Encuesta continua a Hogares 2020.

Comenzando por el tamaño medio de los hogares (el número de miembros que integran un domicilio habitual), la comparativa registra el descenso en 1 miembro (de 3,5 a 2,5). En el cómputo del mismo sería significativo contemplar el descenso de la natalidad ya advertido, pero debe considerarse de mayor relieve lo asociado al ámbito de las tipologías.

Otras referencias son:

– La reducción del modelo de familia extensa, dos o más núcleos familiares se muestra acorde con hechos como la desruralización y el cambio en el modelo de asistencia intergeneracional familiar. No obstante esto, ha de contemplarse que las dificultades laborales y de acceso a vivienda representan un cierto sostenimiento del modelo en el caso de dos núcleos familiares de nacionales y extranjeros. Y tanto más en de núcleos no emparentados como los hogares de convivencia entre parejas independientes desplazadas por motivos laborales o de la inmigración en particular.

– De relieve resulta lo acaecido en el tipo de hogar monoparental. Aunque siguen siendo mayoritariamente integrados en 3 de cada 4 casos por mujeres con descendencia (la proporción no obstante está en transformación como consecuencia de la asignación a un padre de la descendencia por separación/divorcio), ya no se trata de viudas, sino de mujeres separadas/divorciadas o de madres con descendencia desarrollada al margen del establecimiento de pareja domiciliaria, o simplemente que la pareja establecida conserva su domicilio. En número significativo de ellos, las descendencias siguen permaneciendo en el domicilio paterno/materno como consecuencia de las dificultades de acceso a empleos estables o que permitan rentas que destinar a alquiler o compra de vivienda. También ha de contemplarse en ello el retraso en la emancipación hasta el momento de establecerse en pareja en hogar independiente, o hasta que se ha conseguido el ahorro inicial necesario para ello y ante la alternativa de compartir domicilio con otras personas no familia.

- Finalmente: se ha producido un significativo crecimiento de los hogares unipersonales, que han pasado de 1 a casi 5 millones de representados, suponiendo el 26% de los hogares totales en 2020. De mayor relieve, a los efectos de cambios estructurales se refiere, ha sido la variación representada por los integrados por personas de 65 y más años, constituidos en la actualidad por algo más de 2 millones (el 11,4 de los totales y el 43,5% de los unipersonales). El cambio lo es de orden cualitativo respecto del cambio social general, puesto que la convivencia y asistencia intergeneracional, la familia extensa, no sólo está en desaparición, sino también su sentido sociológico en la medida en que éste se asociaba a un tipo de sociedad tradicional, de familias más numerosas, en la que los ancianos no poseían ingresos pensionales como en la actualidad y en entornos en los que las descendencias vivían en proximidad entre hogares. La desrularización de los jóvenes, las distancias domiciliarias, e incluso el cambio en el modelo asistencial hacia formas de cuidados externos (residencias de mayores y asistencia domiciliaria contratada), está derivando en la consolidación de este tipo de hogar, en el que no obstante a menudo no se computa que en el domicilio del mayor viva la persona contratada para su asistencia. El modelo resulta más abundante entre las mujeres que entre los varones derivado de su mayor esperanza de vida/longevidad.

Sobre relevantes aspectos relacionados con la condición/situación socio-económica de los hogares, el INE, a través de la Encuesta de Condiciones de Vida (ECV), proporciona una útil información sobre rasgos estructurales y coyunturales relacionados con los mismos, tales y como son los relativos a situación laboral y económica del hogar, indicadores de pobreza estructural, etc., lógicamente estableciendo estratos y perfiles sociológicos de situación de enorme interés analítico.

También lo hace la Encuesta continua de Presupuestos Familiares (EcPF), pues junto a la Cesta General de compra/gastos media de los hogares por capítulos estándares de productos y volumen de gastos medio de los hogares, también provee de información relativa a los ingresos y el endeudamiento de los hogares en relación al nivel de vida que éstos pueden o desean desarrollar. Información también estratificable sociológicamente.

A este respecto, y retomando la cuestión de los hogares unipersonales de personas de 65 y más años, tener en consideración algunos de sus condicionantes nos permite realizar cierta extrapolación comparativa hacia otros colectivos así:

- en cuestiones de ingresos, resulta evidente que la mayor parte de los asociados a este tipo de hogar proceden de las pensiones. Caraterizables en

España por su baja cuantía media (unos 1.100 euros), si bien polarizadas entre las bajas pensiones procedentes del capítulo no contributivo, en especial de viudas, y las superiores a los 2.000 euros procedentes de nuevos retiros laborales asociados a la modernización del sistema.

- en cuestión de gastos, estos pasan por estar claramente mayoritariamente asociados a los capítulos básicos de alimentación y gastos asociados al hogar como es el consumo de energía y agua, por lo que su coste tiene una elevada repercusión en su capacidad adquisitiva restante (puede serlo también el de la contratación de cuidadores/as). Tiene una menor o baja repercusión el capítulo mismo de coste de la vivienda en sí, pues en cierta consonancia con los principales rasgos estructurales sobre la vivienda principal (uso habitual) en España, 76% en propiedad, 18% en alquiler, lo que ocurre en este tipo de hogares es que la vivienda es ya propiedad (el 89,2% entre los de 65 y más años, según las estadísticas del ine para 2017) y está ya pagada, siendo bajo el porcentaje de hogares en alquiler. Esto, a diferencia de lo que en materia de gastos ocurre en el resto de los hogares medios de España, donde los capítulos con mayor presencia son los relativos a vivienda, transportes y comunicaciones, ocio, gastos personales, etc.

6. POBLAMIENTO Y DIFERENCIALES SOCIO-DEMOGRÁFICOS TERRITORIALES

Hablar aquí, como referente socio-demográficos de las Estructuras Sociales (EESS), de la ES de España, del poblamiento y de los diferenciales socio-demográficos territoriales, no es un mero ejercicio de situar a la población en un mapa de distribución geo-política-administrativa de Comunidades Autónomas, Provincias e incluso Municipios. Antes bien, su ubicación en zonas de poblamiento, tipos de municipios y de los procesos socio-demográficos diferenciales de unas zonas y tipos de municipios, de unas unidades frente a otras, es una referencia a la esencial al modo de vida diferencial que en los espacios es llevado a cabo. De manera muy especial en lo que a la distinción rural/urbana en sus diferentes manifestaciones se refiere.

Una distinción que resulta apreciable en todos los indicadores anteriores: diferenciales demográficos en los procesos y las estructuras demográficas; diferenciales en los niveles de instrucción; en las relaciones población/actividad económico-productivas; diferenciales en las estructuras-composiciones de las unidades familia-hogar.

1. En primer lugar, estos diferenciales permiten distinguir en la actualidad, como proceso general:

- una España en vaciamiento, caracterizada por el envejecimiento demográfico, la desnatalidad, la emigración de jóvenes y la no incorporación inmigratoria en valores que mitiguen el proceso de práctica extinción natural al que parece abocada (Figura 20).

Figura 20

Indicadores	España	Eje Mediterráneo	España vaciada	Madrid
Nº Provincias	52	15**	17*	1
Provincias		Almería Alicante Baleares Barcelona Cádiz Castellón Girona Granada Hueva Málaga Murcia Tarragona Valencia Ceuta y Melilla (Sevilla, 16 ¿?)	Asturias Ávila Badajoz Burgos Cáceres Ciudad Real Cuenca Huesca Jaén León Lugo Orense Palencia Salamanca Soria Teruel Zamora	-
Nº Municipios	8131	2041	3314	179
%Municipios		25,10	40,76	2,20
Población 2021	47379739	20.358.254	6.086.748	6751251
%Población		42,97	12,94	14,25
Ratio P/Munic.	5827	9975	1837	37716
Res. Extranj.	5440148	2.977.133	324.614	955122
%Extranjeros	11,48	14,62	5,33	14,15
Tasa Variación 1998-2021	18,89	27,51	-4,52	32,60
%Res. Extj. Eje Med.+Madrid	72,28			

*: La relación Provincial lo es de aquellas que en este análisis comparativo: I. han experimentado decrecimiento demográfico; II. Apenas han recibido inmigración; III. poseen altos porcentajes de envejecimiento demográfico.
**: No se ha incluido en el Eje a la Provincia de Sevilla por la no vinculación física directa de su espacio al Mar Mediterráneo, aunque cierta lógica podría llevar a su integración en el eje.

Fuente: Elaboración propia e ine.es: Estadística del Padrón continuo.

Sobre el grado de envejecimiento referido, hemos reflejado en la Figura que sigue (Figura 21), las provincias con grados de envejecimiento mayores, por encima del 23% de la población total; es decir: prácticamente 1 de cada 4 residentes, si bien algunas Provincias superan el 30%. En su conjunto, estas Provincias agregan al 16,5% de la población total de 65 y más años en España. Por otro lado, si se tiene en cuenta la población longeva (85 y + años), las provincias superan con creces —incluso duplican— la media nacional del 3,3%.

Figura 21

2021	%P.65 y+ años	%P.85 y+ años
33 Asturias	26,46	4,98
05 Ávila	25,72	5,78
09 Burgos	24,2	4,97
15 Coruña, A	25,19	4,69
24 León	27,42	6,23
27 Lugo	29,41	6,83
32 Ourense	31,56	7,13
34 Palencia	25,99	5,44
36 Pontevedra	23,2	4,14
37 Salamanca	26,8	6,00
42 Soria	25,19	6,35
44 Teruel	24,08	5,89
47 Valladolid	23,58	3,98
49 Zamora	30,91	7,17
media zona	26,41	5,68

Fuente: Elaboración propia e ine.es: Indicadores de la estructura de Población.

– de una España periférica integrada por el arco mediterráneo y las Islas Baleares (eje Mediterráneo), y la centralidad de Madrid, con mayor grado de juventud, habiendo experimentado rejuvenecimiento natalista al ser receptora del grueso inmigratorio (la laboral, aunque también ha de computarse la residencial de mayores en las urbanizaciones costeras mediterráneas), con variaciones demográficas y vegetativas —aunque no de reemplazo generacional— positivas, al menos en lo que respecta al ciclo inmigratorio 2000-2021 (Figura 20). Eje Mediterráneo y Madrid concentran el 72,3% de la inmigración total.

2. Y en segundo lugar, un proceso de concentración-agrupamiento urbano, fundamentado en la existencia de una tipología de Municipios en expansión demográfica enormemente representativas del proceso interno *(éxodo rural moderno¿)* y externo (inmigración laboral y residencial, de mayores europeos), acaecido.

Un proceso general con base en un primer proceso de expansión demográfica de las Capitales de Provincia y de los 6 grandes municipios mayores de 500.000 habitantes, a su vez Capitales de Provincia y aún subregionales. Proceso que ha tenido continuidad con el crecimiento demográfico experimentado por significativo número de Municipios que integran las diversas coronas metropolitanas de estos focos de atracción de las migraciones del éxodo rural interno continuo y de la localización de la inmigración laboral del presente siglo, danto lugar a Áreas Metropolitanas (AAMM), conurbaciones, regiones urbanas incluso, por expansión y continuidad entre ciudades medias de las mencionadas coronas metropolitanas. Sería el caso de ciudades como Barcelona y Bilbao durante la expansión industrial y de Madrid en la actualidad.

La imagen estadística comparativa de los principales cambios acaecidos en los parámetros anteriormente señalados queda reflejada en el cuadro siguiente (Figura 22):

Figura 22

Tamaño Municipal	1981				2021			
	Nº Municp.	%	Residentes	%	Nº Municp.	%	Residentes	%
TODOS LOS TAMAÑOS (absolutos)	8022		37746260		8131		47385107	
Hasta 2.000 habitantes	5893	73,46	3246009	8,60	5871	72,21	2690463	5,68
De 2.001-10.000 habitantes	1589	19,81	6868725	18,20	1500	18,45	6898984	14,56
De 10.001 - 50.000 habitantes	437	5,45	8246785	21,85	611	7,51	12731808	26,87
De 50.001 - 100.000 habitantes	53	0,66	3521466	9,33	86	1,06	6178689	13,04
De 100.001 - 500.000 habitantes	44	0,55	8420510	22,31	57	0,70	11216339	23,67
De más de 500.000 habitantes	6	0,07	7442765	19,72	6	0,07	7668824	16,18
Capitales de Provincia			13826923				15041697	
%				36,7				31,7

Fuente: Elaboración propia e ine.es: Censo de Población y Vivienda 1981 y Estadística del Padrón continuo 2021.

Los datos para 1981 venían reflejando los cambios que afectarían a la tipología de los municipios españoles: el crecimiento demográfico de unos en detrimento de otros, en general en los más rurales cuyas poblaciones se habrían dirigido hacia los municipios mayores, acelerando con ello exógenamente su proceso de expansión, como también ha sucedido con la inmigración 2000-2015, aunque ésta se habría dirigido en especial hacia los entornos metropolitanos de las principales urbes españolas. Es decir: los municipios en general con 50 mil y más residentes, rango en el que también se ubican las 52 Capitales de provincia, que por sí mismas concentran al 31,7% de la población nacional. Es decir también: en tan solo 63 de los 8131 Municipios existentes en España se concentra el 40% de la población. Pero también hacia los Municipios de entre 10 y 50 mil residentes de los cinturones metropolitanos y de no pocos agro-pueblos y residenciales costeros.

No obstante, el verdadero efecto concentración se aprecia mejor si se computa lo acontecido en las coronas próximas de las principales áreas metropolitanas de los principales Municipios españoles, de forma que si tomamos como referencia las principales 10 AAMM españolas, los Municipios de cabecera de las mismas suponen casi el 20% del total de la población de España. El conjunto de las 10 AAMM, casi el 40% de la misma (Figura 23).

Figura 23

Nº Orden Municipios	Municipio	Población	%España	%acumulado	P. Área Metropolitana	%España	%acumulado	Nº Orden Área M.
1	Madrid	3305408	6,98	6,98	6302995	13,30	13,30	1
2	Barcelona	1636732	3,45	10,43	5227851	11,03	24,33	2
3	Valencia	789744	1,67	12,10	1581057	3,34	27,67	3
4	Sevilla	684234	1,44	13,54	1316591	2,78	30,45	4
5	Zaragoza	675301	1,43	14,97	1001680	2,11	32,56	5
6	Málaga	577405	1,22	16,18	761850	1,61	34,17	7
7	Murcia	460349	0,97	17,16	672773	1,42	35,59	8
8	Palma de Mallorca	419366	0,89	18,04	570908	1,20	36,80	9
9	Las Palmas de Gran Canaria	378675	0,80	18,84	540742	1,14	37,94	10
10	Bilbao	346405	0,73	19,57	909557	1,92	39,86	6
	Subtotales	9273619	19,57	148	18886004	39,86		

Fuente: Elaboración propia e ine.es: Estadística del Padrón continuo.

Respecto a las Capitales de Provincia ha de señalarse que gran parte del grueso del éxodo rural de los años 60 y 70s del ya pasado siglo, por localizaciones industriales, polos de desarrollo, localización de servicios centrales (administración, sanidad, educación, ...), y también debido a la interconexión entre ellas vía Red de Carreteras Nacionales, ferrocarril, servicios públicos de transporte por carretera, etc., vino a acentuar su papel de concentración demográfica desarrollista. Veámoslo en las Figuras siguientes (Figuras 24 y 25):

Figura 24

Año	Población	P.Cap.Pv.	% CP/P	Variación Población	1900 = 100
1900	18618086	3154396	16,94		100
1910	19995686	3539236	17,70	384840	112,20
1920	21389842	4159724	19,45	620488	131,87
1930	23677794	5201469	21,97	1041745	164,90
1940	25877971	6453372	24,94	1251903	204,58
1950	27976755	7834531	28,00	1381159	248,37
1960	30528539	9522404	31,19	1687873	301,88
1970	34040657	12323237	36,20	2800833	390,67
1981	37683363	13826923	36,69	1503686	438,34
1991	38872268	13692691	35,22	-134232	434,08
1996	39669394	13654455	34,42	-38236	432,87
2001	41116842	13926117	33,87	271662	441,48
2006	44708964	14695472	32,87	769355	465,87
2011	47190493	15064533	31,92	369061	477,57
2016	46557008	14805668	31,80	-258865	469,37
2021	47385107	15041697	31,74	236029	476,85

Figura 25

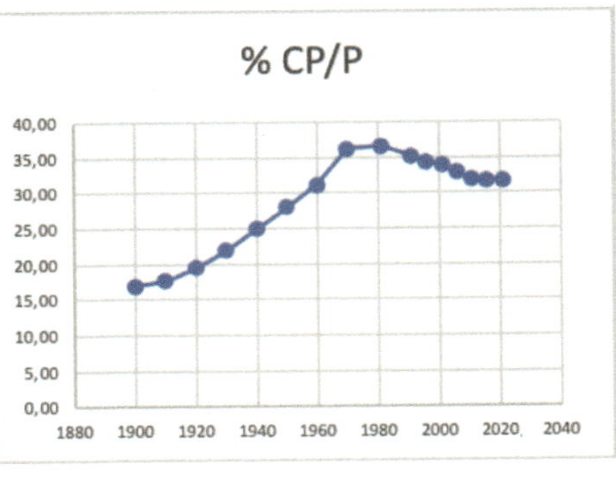

Fuente: Elaboración propia e ine.es: Estadísticas históricas y Estadística del Padrón continuo.

Entre 1960 y 1981, las Capitales de Provincia (CCPP) experimentaron un crecimiento de 4,3 millones de residentes, llegando a concentrar al 36,7% de la población total en 1981. Después su ritmo de crecimiento se ha atenuado debido, por un lado, a la pérdida de peso demográfico de las CCPP de las Provincias que conforman la *España vaciada*. Por otro lado, como consecuencia de que los municipios que más han crecido han sido los ya mencionados de las coronas de municipios subsidiarios próximas a dichas Capitales provinciales.

Por su parte, los municipios de más de 500 mil habitantes concentraban en 1981 a unos 7,44 millones de residentes (el 19,7% de la población total), y en la actualidad a 7,66 (el 16,2%). Debido al crecimiento experimentado por sus AAMM entorno, resulta evidente que el mayor crecimiento demográfico lo han experimentado sus entornos metropolitanos en tanto que municipios subsidiarios de estos; esto es, como integrantes de sus coronas metropolitanas de expansión residencial de la inmigración interna y externa. La proliferación de zonas residenciales, ciudades dormitorio y demás oferta urbanística, traspasa incluso las fronteras provinciales limítrofes.

En una última referencia a este apartado y retomando para ello la relevancia de la inmigración, podemos observar en la Figura 26 los porcentajes de presencialidad de los Residentes Extranjeros en cada tramo de tamaño municipal:

Figura 26

Res.Extranjeros por tramo municipal, 2022	Población	Res. Extranjeros	% sobre tramo	% sobre total	% acumulado
Total	47.475.420	5.542.932	11,68		
Municipio capital	15.159.670	1.865.939	12,31	33,66	
Municipio no capital hasta 100 residentes	77.156	3.423	4,44	0,06	0,06
Municipio no capital de 101 a 500	648.063	40.581	6,26	0,73	0,79
Municipio no capital de 501 a 1.000	714.747	54.918	7,68	0,99	1,78
Municipio no capital de 1.001 a 2.000	1.242.491	95.888	7,72	1,73	3,51
Municipio no capital de 2.001 a 5.000	3.019.971	273.562	9,06	4,94	8,45
Municipio no capital de 5.001 a 10.000	3.884.569	362.064	9,32	6,53	14,98
Municipio no capital de 10.001 a 20.000	4.897.392	527.132	10,76	9,51	24,49
Municipio no capital de 20.001 a 50.000	7.762.320	974.329	12,55	17,58	42,07
Municipio no capital de 50.001 a 100.000	5.168.765	731.687	14,16	13,20	55,27
Municipio no capital de 100.001 a 500.000	4.900.276	613.409	12,52	11,07	66,34

Fuente: Elaboración propia e ine.es, Padrón Municipal de Habitantes.

Queda evidenciado en ello, también, el diferencial demográfico que ha representado la inmigración según tramos municipales y en la propia tipología de los mismos: más rurales/más urbanos. Bajo la consideración además que ha sido en gran parte la inmigración la que ha retroalimentado los procesos de concentración urbana y de mayor dinamismo de los mismos. Por sí solas, las Capitales de Provincia agregan a algo más de 1/3 de los residentes extranjeros.

7. ALGUNAS CONSIDERACIONES FINALES

El espacio necesariamente limitado de este capítulo ha tenido que dejar de lado el tratamiento de características socio-demográficas igualmente relevantes de nuestra Estructura Social. Dos al menos que referenciar y sobre las que al menos queremos dejar constancia son las que siguen

La primera de ellas hace referencia al ámbito geo-político-administrativo de las regiones, de las Comunidades Autónomas. Cuanto menos para dar cuenta que los diferenciales demográficos en materia de natalidad/mortalidad, emigración/inmigración, juventud/envejecimiento, empleo/desempleo, etc., cuentan con diferenciales demográficos y socio-económicos de gran significación estructural. Así, un norte, corona interna central y oeste peninsular, vienen mostrando claros referentes demográficos negativos (desnatalidad, no inmigración, decrecimiento demográfico, envejecimiento), pero menor presión sobre los mercados laborales y, consecuentemente, menos desempleo. Por su contra, Madrid, arco Mediterráneo y las Islas han mostrado mejor dinamismo demográfico en todos los sentidos, aunque soportan una mayor presión sobre el mercado laboral, pese haber sido capaces de absorber una significativa población laboral inmigrada.

Diferenciales que no sólo se basan en el empleo, en la inserción laboral de jóvenes (empleabilidad y 1er. empleo), también en diferenciales salariales y de rentas, de tipos de contratos, de temporalidad y de interinidad en el empleo público, de formación (general, ocupacional, continua, ...) y de cualificaciones profesionales/laborales, de precariedades laborales como también sociales de nivel de vida y de pobreza relativa salud, atención social, brechas tecnológicas, etc., en ámbitos territoriales, que es lo mismo que decir de gestión político-administrativa subsidiarias.

El segundo de los referentes es el de género. Hemos realizado en las páginas anteriores relevantes y necesarias referencias a este transversal aspecto de la Estructura Social como es la socio-demografía de género, pero serían necesarias muchas más de índole cualitativa referentes a las brechas salariales y de promoción dentro de las empresas, por ejemplo. También a cuestiones como la Situación y las Categorías Profesionales diferenciales entre mujeres y hombres.

Para estas y otras cuestiones remitimos al lector a la presentación que realiza el INE con el nombre de Mujeres y hombres en España, desde 2006 (ya con actualizaciones continuas de algunos indicadores consultables en su web). Compendio de Indicadores en perspectiva de Género relativos a: Empleo, Salarios, Educación, Salud, Conciliación trabajo y familia, Ciencia, tecnología y Sociedad de la Información, Delito y violencia en España, y Poder y toma de decisiones.

XI. SOCIOLOGÍA DE LA EXCLUSIÓN SOCIAL

SILVIA GIMÉNEZ RODRÍGUEZ
OEX-Universidad Rey Juan Carlos

1. INTRODUCCIÓN

El término exclusión social se entiende en polaridad al concepto inclusión social. En los últimos tiempos proliferan los planes, estrategias programas que abordan un enfoque hacia la integración e inclusión social. Sin embargo, para que no se queden en políticas e intervenciones a modo de parche conservador que no influyan en la raíz de las circunstancias que lo generan, es necesario poner el foco en las causas y desencadenantes que originan la necesidad de este abordaje de inclusión social. Para ello es fundamental reflexionar sobre la causa que los que genera, es decir, la exclusión social.

Si consiguiéramos como sociedad evitar, o en su caso reducir los desencadenantes de la exclusión social, los planes de inclusión serían solo necesarios para paliar la exclusión ya existente y no un instrumento instalado como gestor de lo aceptado como inevitable. Este capítulo reflexiona sobre el concepto de exclusión social, los factores que lo generan y los modelos de análisis descriptivos o estructurales: los primeros generadores de abordajes de inclusión de lo excluido, los segundos generadores de abordajes de prevención de la exclusión.

2. EXCLUSIÓN SOCIAL. REFLEXIÓN ENTORNO A UN CONCEPTO

2.1. Concepto de Exclusión Social

Si bien es cierto que históricamente se puede considerar que ya se hacía alusión al concepto de exclusión por extensión en la reflexión de la dicotomía dentro-fuera, con las aportaciones teóricas de clásicos de la Sociología como Marx, Engels, Durkheim, Tönnies, Bourdieu y Parkin (Jiménez, 2008:174). Sin embargo, el término se empieza a emplear en Francia en los años 60 para referirse a los pobres del momento tal como manifiesta Silver (1994) y será atribuido como referente de unidad de análisis al periodista francés René Lenoir en su obra pionera *Les exclus: Un Française sur dix* (1974), donde calculaba que uno de cada diez franceses quedaban al margen de los resultados económicos y sociales y fuera de las oportunidades de su época. Pretendía dar visibilidad a la incapacidad que tenía una economía expansiva para incorporar a determinados colectivos, discapacitados físicos, psíquicos y sociales. (Stivill, 2003: 6). Por lo tanto hay consenso en considerarle como el primer autor que hace referencia al concepto como un mecanismo estructural de expulsión en un momento coyuntural concreto tras la crisis del petróleo en 1973. Así pues, se empieza a popularizar el término exclusión al considerarse un vocablo que conceptualiza de manera estructural los efectos de las crisis cíclicas del sistema capitalista.

Silver (1994) rescata en una Resolución del Consejo de Ministros de Asuntos Sociales de Comunidad Europea de 29 de septiembre de 1989 cuando se introduce por primera vez en un texto comunitario la referencia a la noción de exclusión social y para hacer referencia a su carácter estructural (Jiménez, 2008:175).

La exclusión social es un término que se entiende en relación a los otros, en relación a una comunidad. Ya sea porque uno se auto excluya de los otros, porque la comunidad le excluya o porque, los mecanismos sustentadores del sistema global (socio-económico-político) vigente le expulse de las mínimas oportunidades vitales. En palabras de Vidal (2009) se trata de la violación de la alteridad. De la misma manera que el término *pobre* (privado), se diferencia del *empobrecido* (ha sido privado por otros) y en el caso de este último, la terminología delimita la causa de la pobreza, en el término *exclusión social* se sobreentiende un mecanismo de expulsión: autoexpulsión o expulsión social. Es probable que muchas personas se hayan sentido excluidas alguna vez de su entorno, en una percepción individual y subjetiva de la exclusión. Sin embargo, sociológicamente se entiende como un proceso en el que es la sociedad la que te expulsa a través del sistema político, del sistema económico organizativo o de los valores que lo sustentan. Es por ello difícil que esta sea evitada de forma autónoma por el grupo que no cumple el perfil de inclusión, por lo que el interés estaría en evitar que se produjera desde la propia estructura que la genera.

Catells (2001:98) define *la exclusión* como: "el proceso por el cual a ciertos individuos y grupos se les impide sistemáticamente el acceso a posiciones que les permitirían una subsistencia autónoma dentro de los niveles sociales determinados por las instituciones y valores en un contexto dado". Cabrera (1998; 2007:12) la define como: "un proceso de carácter estructural que en el seno de las sociedades de abundancia termina por limitar sensiblemente el acceso de un considerable número de personas a una serie; de bienes y oportunidades vitales fundamentales, hasta el punto de poner seriamente en entredicho su condición misma de ciudadanos". Estivill (2003:20) la entiende como: "una acumulación de procesos confluyentes con rupturas sucesivas que, arrancando del corazón de la economía, la política y la sociedad, van alejando e «inferiorizando» a personas, grupos, comunidades y territorios con respecto a los centros de poder, los recursos y los valores dominantes". En este sentido la exclusión social implica exclusión política y económica, por lo que es interesante hacer referencia conceptual a ambas. Se entiende como *exclusión política*, el no acceso y disfrute de derechos de ciudadanía: civiles, políticos y sociales, y barreras que se oponen a ella.

Esta aproximación terminológica podría abarcar a personas con diferentes circunstancias vitales que ven vulnerados sus derechos, como podría ser el caso de personas migrantes en situación irregular, quienes, al no estar registradas en un país, no son contempladas como parte de la ciudadanía de pleno derecho. Algunos ejemplos son referidos a continuación: en el caso de un inmigrante en situación irregular que fallece al ser atropellado por un camión, sin llevar identificación con él, y sin que nadie le reclame, no quedaría registrado su fallecimiento; Aquella mujer inmigrante irregular que es agredida sexualmente por su jefe (empleo sumergido), probablemente no lo denunciaría por temor a ser descubierta su condición de ilegalidad administrativa ante las autoridades, con el riesgo de ser deportada; No tiene el mismo derecho a circular por el territorio español un ciudadano estadounidense que uno de un país de África, sin convenio entre estados, aunque ambas personas sean profesionales de la ciencia que pretendan acudir a un congreso de Medicina. Estamos hablando del veto de derechos civiles: como libertad personal, derecho a la libre circulación etc; de derechos políticos como el de reunión, libertad de expresión, asociación, participación etc, o derechos sociales como puedan ser de protección social, inserción o derechos básicos a vivienda o mantener una vida en condiciones de dignidad.

Una encuesta sociológica a personas presas de España fue vetada por Instituciones Penitenciarias por considerar que tales personas no tenían derecho a expresarse sobre las condiciones generales de la cárcel pues desde su posición solo las criticarían, finalmente los diferentes Juzgados de Vigilancia Penitenciaria y hasta el Defensor del Pueblo tuvo que intervenir por reclamación de los investigadores dando carta blanca a la realización de la encuesta (Ríos y Cabrera, 1998: 5-10).

A continuación, se apunta una definición de exclusión económica como "los procesos que apartan a los individuos, grupos y territorios de los centros productivos y de consumo" (Estivill, 2003:17) lo que hace referencia a la expulsión del mercado laboral de determinados individuos, grupos y territorios y por lo tanto del acceso a ingresos y por consiguiente al consumo necesario para mantener un digno nivel de vida. Ello genera unas infraclases itinerantes y en la cuerda floja entre la inclusión y exclusión dependiendo de su empleabilidad en el mercado laboral y que correspondería a la llamada pobreza descalificadora de Paugam (2007), aquella en la que la cantidad de pobres es cada vez mayor y producto de la expulsión de los centros de producción, lo que conlleva más pobreza al no poder trabajar, viviendo situaciones de precariedad cada vez más graves en cuanto a ingresos, vivienda, salud y participación en la vida social. Esta circunstancia se instala en una cada vez mayor dependencia de la asistencia social. Tal situación no solo atañe a las personas afectadas directamente, sino a toda la sociedad en general pues la inseguridad genera percepción de vulnerabilidad y angustia (Huesca y Grimaldo, 2018) La pobreza descalificadora o exclusión, se convierte en un cúmulo de desventajas que llevan al aislamiento. Este tipo de pobreza se suele observar en sociedades postindustriales con problemas de paro y precariedad laboral. (Paugam, 2007: 224-228).

Por lo tanto entenderemos que la exclusión social obedece a una serie de procesos que van alejando e inferiorizando a las personas, grupos, comunidades (mujeres, discapacitados, jóvenes, inmigrantes, etc) y territorios (países empobrecidos, en conflicto, ámbito rural) con respecto a los centros de poder, los recursos y los valores dominantes.

2.2. *Exclusión Social y Pobreza*

Estamos acostumbrados a utilizar terminologías varias indistintamente, sin reparar si definen o no con exactitud el concepto que estemos concretamente tratando, quizá herencia del lenguaje periodístico que bautiza realidades según el término que le parece más aceptable, aunque que no el más riguroso desde su significado lingüístico o sociológico. En este sentido, es muy habitual considerar que la *pobreza* y *la exclusión social* sean palabras sinónimas, cuando no es el caso (Hernández Pedreño, 2008). De esta manera en ocasiones se alterna referirse a la situación con un vocablo u otro dependiendo de la coyuntura que va variando, generalmente, según la orientación ideológica dominante. Sociológicamente, se establecen diferencias significativas entre lo que llamamos pobreza y lo que llamamos exclusión social, por lo que se considera interesante profundizar en ellas.

El término pobreza históricamente ha precedido al de exclusión social, deriva de "pobre" del latín pauper-eris. La palabra pobre expresa tres tipos de carencias: tener poco, valer poco, tener poca suerte. Esta carencia puede ser estructural, ser pobre; circunstancial, estar pobre; excluyente, no ser rico; voluntaria, hacerse pobre; fingida hacerse el pobre. (Stivill, 2003: 10). El término exclusión social no es tan antiguo como el de pobreza, aunque la historia está llena de ejemplos de expulsión por temas políticos, religiosos, ideológicos, culturales o étnicos.

Si bien el concepto de *pobreza* habla de privación, el concepto de *exclusión* se refiere a expulsión. No todos los pobres son expulsados de la sociedad, excluidos, ni todos los expulsados son pobres. Una persona puede ser pobre, sin ingresos, pero colaborar en tareas de su comunidad y sentirse integrada y querida, sentirse incluida. Sería el caso por poner un ejemplo, de una mujer mayor con una pensión no contributiva insuficiente para vivir dignamente, si no fuera porque vive con su familia, ayuda al cuidado de los menores de la casa y es querida en tanto abuela y madre. Asimismo, podríamos observar el caso de una persona homosexual con un trabajo estable, acomodada y por lo tanto no pobre, pero expulsada de los círculos relacionales de su entorno si su condición se manifiesta, y despojada de los derechos civiles y políticos por las legislaciones de determinados países.

La exclusión social es un concepto diferente a pobreza porque puede ser desencadenante o predictor de la misma. La condición de pobre te expulsa del disfrute de determinados derechos y oportunidades que te pueden aventurar en un proceso de exclusión económica, política y social, y a la vez puede ser el proceso de exclusión el que aboque a una situación de carencia y privación económica, es decir, de pobreza. Como se refleja en la Figura 1, los conceptos de pobreza y excusión social, sociológicamente no son sinónimos.

Figura 1. Diferencias entre las nociones de pobreza y exclusión social

POBREZA		EXCLUSIÓN
estado	SITUACIÓN	proceso
personal	CARÁCTER	estructural
individuos	SUJETOS AFECTADOS	grupos, territorios
unidimensional	DIMENSIÓN	multidimensional
sociedades industriales	ÁMBITO HISTÓRICO	Sociedades posindustriales y tecnológicas avanzadas
sociología de la desviación	ENFOQUE ANALÍTICO	Sociología del conflicto
culturales y económicas	VARIABLES FUNDAMENTALES	laborales
pauperización	TENDENCIAS SOCIALES	dualización
marginación social	RIESGOS AÑADIDOS	crisis de nexos sociales
fracaso, pasividad	DIMENSIONES PERSONALES	desafiliación y resentimiento
residual-estática	EVOLUCIÓN	en expansión
Arriba-abajo	DISTANCIAS SOCIALES	dinámica dentro-fuera
Liberalismo no asistencial	VARIABLES IDEOLÓGICAS	neoliberalismo resregulador

Fuente: elaboración propia a partir de Tezanos (2001: 167)

2.3. Proceso y factores de exclusión social

La exclusión Social, como hemos comentado con anterioridad, es un proceso dinámico que conduce al sujeto desde las zonas de integración hacia las zonas de exclusión (Castel, 1997; García Roca, 1995; Tezanos, 1998). Rober Castel (2007) introduce en el análisis concepto de *desafiliación* como sinónimo de *exclusión,* tal como se muestra en la figura 2 que adapta Cabrera (1998:151) a modo de vectores, la situación de exclusión pasa por la intersección del eje laboral y el sociofamiliar-relacional que a modo de proceso avanza de integración laboral y sociorelación a una zona de vulnerabilidad marcada por el desempleo y la no estabilidad de lazos sociales lo que introduce el proceso en el riesgo de exclusión, hasta llegar a una zona de desafiliación marcada por el desempleo y la falta de apoyo sociofamiliar que le lleva al aislamiento y al extremo de exclusión social.

Figura 2. Diferencias entre las nociones de pobreza y exclusión social

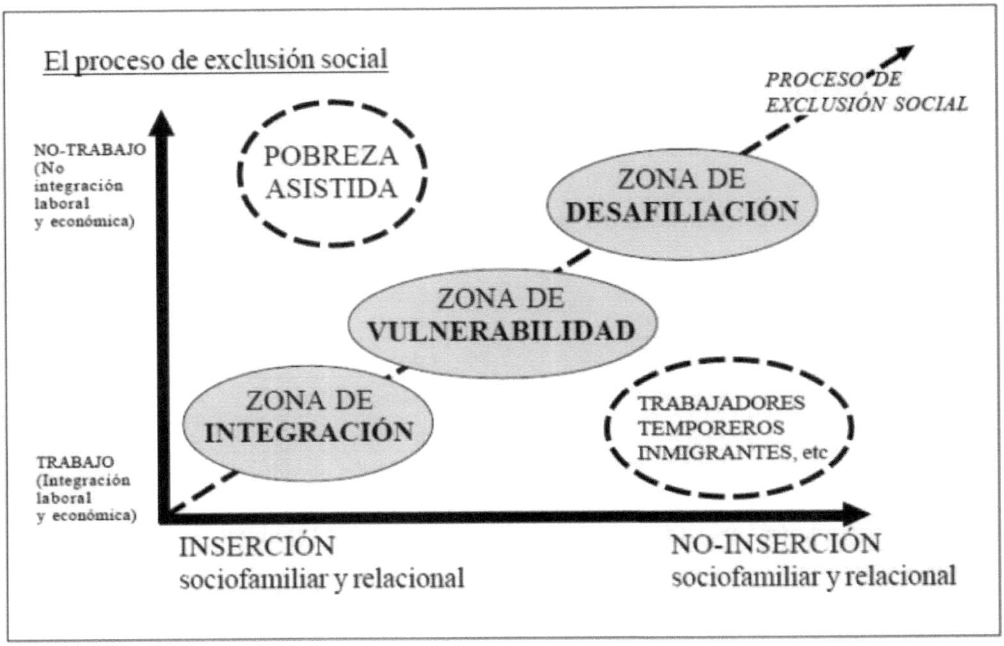

El proceso de exclusión social
PROCESO DE EXCLUSIÓN SOCIAL
NO-TRABAJO (No integración laboral y económica)
POBREZA ASISTIDA
ZONA DE DESAFILIACIÓN
ZONA DE VULNERABILIDAD
ZONA DE INTEGRACIÓN
TRABAJADORES TEMPOREROS INMIGRANTES, etc
TRABAJO (Integración laboral y económica)
INSERCIÓN sociofamiliar y relacional
NO-INSERCIÓN sociofamiliar y relacional

Fuente: Cabrera, 2007: 13

Al hilo de lo anterior García Roca (1995:15) manifiesta que este proceso se convierte en un círculo vicioso:"el camino que va de la integración a la exclusión laboral es el mismo que va de la exclusión laboral al aislamiento relacional y éste de la ausencia de motivaciones y sentidos para vivir; y éste laberinto es tan radicalmente perverso que se reproduce a la inversa: la debilidad de los dinamismos vitales fragiliza las vinculaciones sociales y estas alimentan de nuevo la exclusión laboral".

Se ha señalado con anterioridad la multidimensionalidad del concepto que aglutina diferentes ámbitos causales intermedios, propiciados por el engranaje estructural del sistema. Desde estos ámbitos laborales, económicos, culturales, formativos, sociosanitarios, residenciales, sociorelacionales y de participación y ciudadanía se sistematizan una serie de factores de exclusión que se desmarcan de la única dimensión clásica a la que hacía referencia durante siglos la pobreza. (Subirats, 2005) Existe un abanico de posibilidades donde la persona puede verse arrebata de derechos tal como se muestran a continuación en la figura 3.

Figura 3. Principales factores de equilibrio "exclusión-integración

Ámbitos	Factores de exclusión	Factores de integración
Laboral	• Desempleo. Empleo sumergido. • Temporalidad. • Precariedad laboral. • Falta de experiencia laboral. • Sin cualificación laboral.	• Empleo indefinido o fijo • Estabilidad en el empleo • Experiencia laboral • Cualificación laboral
Económico	• Ingresos insuficientes • Carencia y/o dependencia de Seguridad • Social y prestaciones sociales • Ingresos irregulares (economía sumergi- • da) • Carencia de ingresos Endeudamiento	• Buen nivel de ingresos • Ingresos regulares • Diversas fuentes de ingresos • Cobertura de la Seguridad Social
Cultural	• Pertenencia a minorías étnicas • Migrantes y refugiados • Pertenencia a grupos de "rechazo" • (cultural, político y religioso) Elementos de estigma	• Integración cultural • Perfiles culturales "aceptados" e integrados
Formativo	• Barrera idiomática • Analfabetismo o baja instrucción • Analfabetismo tecnológico • Sin escolarización • Fracaso escolar • Abandono del sistema educativo sin titulación básica	• Conocimiento y dominio de lenguas ex- • tranjeras • Alto nivel de instrucción, posesión de cua- • lificaciones demandadas Formación continua Dominio de las Nuevas Tecnologías de la Información y la Comunicación
Sociosanitario	• No acceso al sistema y a los recursos so- • ciosanitarios básicos • Adicciones y enfermedades relacionadas • Enfermedades estigmatizantes Problemas de salud mental, discapacidades u otras enfermedades crónicas que provocan dependencia	• Cobertura de servicios sanitarios • Buen estado de salud, sin enfermedades ni adicciones, autonomía personal.
Residencial	• Carencia de vivienda particular • Dificultad para acceder a la vivienda • Vivienda con infraestructuras deficientes • Malas condiciones de habitabilidad • (hacinamiento...) • Viviendas en barrios marginales y zonas urbanas y/o rurales en desventaja social. Entorno residencial decaído	• Vivienda propia • Vivienda con infraestructuras adecuadas • Domicilio en zonas de desarrollo cultural • y social Residencia en zonas de expansión
Social y relacional	• Carencia y/o deterioro de vínculos fa- • miliares (conflictos o violencia intrafa- • miliar) • Debilidad de redes familiares (familias monoparentales) Escasez, debilidad y/o carencia de medios sociales de apoyo Aislamiento	• Apoyo familiar • Intensa red social, amistosa y de relacio- • nes • Pertenencia a asociaciones Integración territorial

Ámbitos	Factores de exclusión	Factores de integración
Ciudadanía y participación	• No acceso a la ciudadanía • Acceso restringido a la ciudadanía • Privación de derechos por proceso penal • No participación política y social	• Participación de los derechos y libertades básicas de las personas que tienen que ver con su bienestar

Fuente: elaboración propia a partir de la adaptación de Jiménez (2008:182) sobre Tezanos (2001:172) y Subirats y otros (2002:22)

2.4. Narrativa de una situación real a modo de ejemplo

Las personas por lo general se encuentran integradas en un entorno, desde el punto de vista laboral al tener un empleo, desde el punto de vista económico al tener unos ingresos suficientes para el desarrollo personal con cierta calidad de vida, desde el punto de vista social, al tener unos grupos de referencia que les acogen, protegen, quieren y con los que se identifican. Estarían en un punto llamado de afiliación o integración social. En ocasiones, circunstancias varias hacen que estas personas entren en un estado de vulnerabilidad que puede avanzar o remitir.

Imaginemos una familia corriente compuesta por un padre varón de 47 años con un trabajo estable en la misma fábrica desde hace 25 años, una madre de 45 con estudios medios y dos hijos en los últimos niveles de escolarización obligatoria. La madre ha estado haciéndose cargo de las tareas de ama de casa, con ingresos intermitentes como freelance autónoma, en el ámbito de la costura. El padre que pierde su empleo como consecuencia de una reconversión industrial que afecta a su fábrica y es víctima de un expediente de regulación de empleo, por lo que se encuentra de repente en una situación de vulnerabilidad, menor o mayor según tenga o no subsidio de desempleo.

Los primeros dos años lo tiene, pero a su edad el mercado no le ofrece trabajo. La crisis afecta también al poco trabajo de la esposa. Los ingresos son mínimos y las ayudas se acaban, se va avanzando en el proceso de exclusión al agravarse la situación de vulnerabilidad previa. La casa donde vivían está hipotecada y se las ven y las desean para poder pagar la mensualidad, entran en una espiral de deudas de todo tipo para poder hacer frente a este pago. Tres mensualidades sin pagar, el banco le requiere toda la cantidad al padre o procederá al embargo de la vivienda. Los hijos terminan el colegio y pensaban ir a la universidad, parece que esta opción no se va a poder materializar, no hay dinero para ello.

Los padres entran en un estado de desesperación, lo que les producen irritación, discuten, la familia se tambalea. El empleo sigue sin aparecer… seguimos avanzando en el proceso de exclusión social. La casa es embargada, ya no quedan ahorros pues casi todos se habían invertido en la compra de la vivienda, se van a un piso pequeño de alquiler en un barrio más barato. La convivencia se endurece, la desesperación se acumula, el padre empieza a beber, la pareja se rompe. La mujer con los hijos va a vivir al domicilio de sus padres, el varón ya no tiene padres, un hermano vive fuera de España y el otro en la otra punta de la geografía española con su familia y al margen del problema. El padre de nuestra familia se va a la calle, la asistencia social le recoge en un albergue, intensifica su práctica de beber para olvidar. Ha perdido el control de su vida. Nuestro personaje se encuentra en un lugar muy avanzado del proceso de exclusión social. La desesperación le llevó a la depresión y a la bebida, perdió a su familia definitivamente desde que ha caído en el alcoholismo sin control. Se encuentra en un estado de desafiliación, en el extremo del proceso de exclusión social, nos encontramos con una persona sin hogar, sin trabajo, sin ingresos, don deudas, sin medios sociales.

En cualquiera de los puntos de este proceso, la situación de vulnerabilidad podría haber remitido, al encontrar un empleo él, o su pareja, al poder vivir en casa de algún familiar o amigo, al poder ser ayudados por estos para encontrar tan deseado empleo. Va a depender de las circunstancias externas, del nivel de desventaja social de la zona en la que se viva, de las estructuras que lo generan. Puede remitir o no la situación, pero si avanza, se va minando la autoestima de la persona de manera progresiva, sin dejar lugar a la esperanza. Y sin esperanza, no hay salida. Si este proceso avanza en estas circunstancias, acabamos de otorgar a la sociedad el poder del determinismo social. Justo lo que desea el sistema para paralizar a las sociedades.

. ¿Y qué pasa con el individuo? ¿No tiene nada que hacer? Es cierto que el ejemplo descrito tiene su origen en una situación económica estructural que genera una situación de exclusión a su vez estructural. Es cierto que el entorno condiciona mucho nuestras vidas, pero si dejamos el poder en manos de las circunstancias vitales, si nos abandonamos a los acontecimientos sin más, habremos perdido toda la capacidad para ejercer nuestra libertad esencial, aquella que no depende más que de uno mismo. (Frankl, 1946)

3. ANÁLISIS SOCIOLÓGICO DE LA EXCLUSIÓN SOCIAL

3.1. Análisis descriptivo

Es fundamental acceder a datos empíricos sobre las personas, colectivos y territorios en riesgo o proceso de exclusión social. Es la manera fiable de no politizar discursos sino de acercar realidades. A nivel internacional El Programa de Naciones Unidas para el Desarrollo (PNUD) elabora anualmente un Índice de Desarrollo Humano entre casi 190 países del mundo, que se clasifican en 4 grandes grupos: Los países de desarrollo humano muy alto (66 países); los países de desarrollo humano alto (48 países); países de desarrollo humano medio (43 países) y los países de desarrollo humano bajo (31 países). Por destacar, en el Informe de 2021, Estados Unidos ocupa la posición 21, y España la 27, siendo el décimo país de la Unión Europea por delante de países como Francia (28) o Italia (30). No obstante, sorprende que en una clasificación de cuatro categorías haya dos con connotación de alto desarrollo y solo una con bajo. Sociológicamente sería interesante que el reparto fuera en categorías simétricas como ocurría hasta 2009 que se clasificaban en desarrollo alto, medio y bajo. Estos son los índices más importantes que este organismo implementa:

a) Índice de Desarrollo Humano (IDH): índice compuesto que mide el resultado promedio en tres dimensiones básicas del desarrollo humano: una vida larga y saludable, el conocimiento y un nivel de vida decente.

b) IDH ajustado por la Desigualdad (IDH-D): valor del IDH ajustado teniendo en cuenta las desigualdades existentes en tres dimensiones básicas del desarrollo humano.

c) (IDH-D) Índice de Desarrollo de Género: relación entre los valores del IDH de mujeres y hombres

d) Índice de Desigualdad de Género Índice de Pobreza Multidimensionala: porcentaje de la población que sufre pobreza multidimensional, ajustado según la intensidad de las privaciones.

e) Recuento de personas en situación de pobreza multidimensional: población con una puntuación de privación de, al menos, un 33%. Se expresa en porcentaje de la población en el año de la encuesta, el número de personas que sufren pobreza multidimensional en el año de la encuesta y la proyección del número de personas en situación de pobreza multidimensional en el recuento anterior.

f) Índice de Desigualdad de Género: índice compuesto que refleja la desigualdad en los resultados de mujeres y hombres en tres dimensiones: salud reproductiva, empoderamiento y mercado de trabajo

En España, en 1965 Cáritas puso en marcha la *Fundación Fomento de Estudios Sociales y de Sociología Aplicada* (FOESSA), quien desde el año 1995, decide especializarse en el desarrollo y la exclusión social continuando con el rigor y amplitud de sus investigaciones en la línea que su historia había marcado; En el año 2006 marca un nuevo hito en la investigación al desarrollar la Encuesta sobre Integración y Necesidades Sociales (EINSFOESSA), que pasa a convertirse en una de las fuentes más relevantes para el análisis de la integración y la exclusión social en España. En todos ellos, queda recogido de una manera u otra la situación de la población más vulnerable y en exclusión social. En el VI informe FOESSA desarrolló el *índice sintético de exclusión social* (ISES) compuesto por un sistema de 35 indicadores basado un eje económico otro político y otro social, de los cuales se desprenden varias dimensiones con sus correspondientes aspectos, para abordar el carácter multidimensional de la exclusión. A partir de entonces se empieza a operativizar la medición de la pobreza desde distintos índices que se van afinando entre teoría y campo.

En el contexto europeo, para superar las meras mediciones económicas, desde el año 2004 se aplica la llamada tasa "AROPE" (At Risk Of Poverty and/or Exclusion). Este indicador que se propone desde la Unión Europea tiene en cuenta 3 factores para la medición del riesgo de pobreza y exclusión social de los Estados miembros (registra el número de personas que se ven amenazas por la pobreza y/o viven en la pobreza material y/o viven en hogares con desempleo alto): la renta, la privación material y la intensidad del trabajo. (Contreras-Montero, 2020: 19)

Si bien la sociología reflexiona sobre el concepto de exclusión e inclusión e investiga sobre sus determinantes. El trabajo social es la profesión de referencia que trabaja con las personas y colectivos en exclusión, en su camino de empoderamiento hacia la recuperación de los derechos vulnerados para su inclusión de nuevo en la sociedad. Los ámbitos en los que se trabaja hacen referencia, entre otros: a la infancia con menores en riesgo y desamparo y guarda y tutela; a las intervenciones con menores extranjeros no acompañados y con la adolescencia y juventud vulnerable; personas mayores vulnerables; violencia contra las mujeres; exclusión residencial y personas sin hogar; personas vulnerables con discapacidad; seguimiento y recuperación de la población reclusa; prostitución y trata de personas, fundamentalmente con fines sexuales; intervención con personas refugiadas o migrantes económicos; barrios en desventaja social que componen un cuarto mundo, a través del trabajo social comunitario. (Pérez, Lorenzo, García-Castilla, 2022).

3.2. Análisis estructural

Un análisis estructural de un fenómeno nos ayuda a buscar explicaciones al mismo, que con voluntad y políticas adecuadas podrían revertirlo. Es por ello tan necesaria una aproximación comprensiva y no solo descriptiva sobre la exclusión social. Existe un consenso sobre el carácter estructural de la exclusión social entre los expertos, solo se diferencian matices más o menos económicos como causales, en línea con la misma evolución de Marx de la estructura económica a la superestructura política que sostiene la anterior. A continuación, se expone una narrativa explicativa de la aparición de las primeras bolsas de esta nueva pobreza estructural, denominada exclusión social.

Siguiendo a Tezanos (2001) antes del comienzo de la II Guerra Mundial, Europa se encontraba sumida en una gran crisis económica, que la guerra contribuyó a agravar. Tal situación generó un consenso en el eje occidental para asumir los modelos económicos de inspiración en Bismark y Keynes (1956). Se establece una filosofía de protección económica de la ciudadanía, concepto acuñado por Marshall (1964), para que no se paralizase el consumo y de esta manera se garantizara la producción. Es así como se estabiliza la lógica de protección a la ciudadanía por parte del Estado a través de servicios sociales públicos como la sanidad y la educación, prestaciones sociales frente a las incertidumbres como son las prestaciones por desempleo, enfermedad, viudedad, discapacidad y jubilación. Lo que generó una dinámica social que dio lugar al llamado Estado de Bienestar. De esta manera era el estado y no la sociedad civil quien garantizaba tal protección a sus ciudadanos, por ley.

Otras sociedades como la norteamericana planteaban un sistema de protección social desde la sociedad civil y no desde el estado, en lo que se denomina la Sociedad del Bienestar. En estos modelos de corte neoliberal, el papel del estado se centra en la garantía de la empleabilidad de sus ciudadanos para que ellos mismos a través de unos ingresos económicos garantizados se hagan cargo de las circunstancias vitales que les circunden. De esta manera, aquellas personas vulnerables serían atendidas de manera voluntaria y residual por la sociedad civil según modelos de beneficencia. Sin embargo, el modelo de Estado de Bienestar centraba su foco en la garantía de derechos, cuyo reconocimiento acabó formando un modelo de ciudadanía social avanzada, en un contexto socioeconómico en el que prácticamente se garantizaba el pleno empleo. Era un momento de postguerra caracterizado por la subida de los salarios anuales por encima del IPC lo que propiciaba una gran cohesión social entre los agentes sociales. El Estado de Bienestar se financiaba con los impuestos fundamentalmente de las clases medias que aceptaban bien su contribución, siendo una época próspera, estable y con un clima de paz social, hasta mediados de los años 70 donde el modelo entró en crisis.

Una de las explicaciones más compartidas sobre la crisis del Estado de Bienestar es la que considera su origen en la crisis del petróleo de 1973, por los efectos inflacionistas generados en las sociedades. Los países productores de petróleo se unieron para fijar sus propios precios y no someterse a los que les venían impuestos por las multinacionales explotadoras de los yacimientos. De esta manera subieron los carburantes en Europa y América y con ellos se elevaron los precios de fabricación de los diversos productos. La legitimidad social del Estado de Bienestar construido bajo el consenso comenzó a desestabilizarse, asistiendo al abandono de esta filosofía por parte de empresarios y gobiernos. Esto hizo que la mayoría de los empresarios fueran abandonando la filosofía del pacto social donde todos parecían ganar, pues el cambio de circunstancias encarecía la producción, por lo que se incrementaron los precios finales sin incrementos salariales proporcionales. A menos posibilidad de consumo, era menor la necesidad de producción y por lo tanto disminuía la empleabilidad. Los círculos de empresarios reclamaban desregulaciones laborales, para adaptarse y evitar el cierre de empresas, en un marco económico cada vez más global. Uno de los efectos del paro fue el incremento de las necesidades financieras del Estado de Bienestar para poder cubrir las prestaciones entre otras por desempleo, lo que iba aparejado a presiones fiscales importantes. Es por ello que el descontento de las clases medias se tornó en apoyo a políticas conservadoras de tendencia al desmantelamiento del Estado de Bienestar. La influencia de los enfoques neoliberales en la interpretación de la crisis alcanzó su grado culminante en el momento en que las naciones más poderosas del planeta tuvieron gobiernos neoliberales y que influenciaron a los organismos internacionales, dominando el diseño de la política económica mundial (Reagan, Thatcher, Kohl) como abanderados de lo que Fukuyama (1992) había denominado "pensamiento único". Esta hegemonía liberal hizo posible que en los 90 se potenciara una dinámica de modernización tecnológica de los procesos productivos que en otras condiciones políticas no se hubieran logrado. Las inversiones en nuevas tecnologías procedían de las ganancias de las desregulaciones laborales, permitiendo una sustitución de trabajadores por robots y sistemas automáticos de trabajo en el sector servicios. A la par que se ganaba en competitividad y adaptabilidad a los sectores productivos, se perdía en empleabilidad, en seguridad y calidad de los empleos. Los llamados "Nuevos modelos productivos" necesitaban de recualificaciones de los trabajadores, que fueron seleccionados en sus perfiles más rentables económicamente para las empresas. Y es de esta manera como determinados sectores de la población como, mayores de 45 años, mujeres, personas discapacitadas, estigmatizadas, inmigrantes quedaban fuera del nuevo marco. Las empresas preferían gastarse el dinero en cualificar activos seguros y duraderos: los mayores de 45 eran demasiado viejos para aprender, las mujeres eran vistas con el triple rol de trabajadoras y amas de casa, y procreadoras, lo que suponía una amenaza de absentismo laboral, etc. (Tezanos, 2001: 151-158)

Los Nuevos Modelos Productivos, la crisis del Estado de Bienestar, y la falta de solidaridad de las clases medias, hartas de pagar impuestos sin ser los principales beneficiarios directos de ellos, dio lugar a que determinados perfiles vulnerables fueran expulsados del sistema englobando densas bolsas de exclusión social. Este sistema capitalista neoliberal carecía de mecanismos compensadores para prevenir efectos sociales negativos de la espiral del desempleo, desigualdad y exclusión social. Carecía y carece en la actualidad, al comprobarse que las medidas reformistas son insuficientes y que las crisis cíclicas del capitalismo repiten expulsiones hasta la fecha, diferenciadas exclusivamente por la definición distintos de perfiles que varían según la coyuntura del momento. Es por ello por lo que podemos decir que el fenómeno actual de la exclusión social presenta una fuerte raíz estructural.

De la misma manera, a nivel internacional los datos que nos proporciona el mismo PNUD, hacen referencia a cómo un gran número de países se encuentran entre la semiperiferia y periferia y lejos de los centros de poder, por lo que se encuentran ajenos a las oportunidades productivas y de consumo, al tener muchos de ellos unas economías orientadas a la exportación, lo que les anula la autonomía y les mantiene en una posición de dependencia, tal como señala Wallerstein en su teoría del Sistema Mundo. (Wallerestein, 2005)

4. CONCLUSIONES

En este capítulo nos hemos aproximado al concepto de *exclusión social*, entendido como un proceso estructural (debido a las nuevas formas de crecimiento de la economía, cambio de valores, cambios demográficos y migratorios) multidimensional (intervienen factores laborales, económicos, culturales, personales y sociales) y creciente (porque los procesos causales están en pleno desarrollo). Este proceso está relacionado con criterios de ciudadanía, lo que supone en algunos casos ausencia de derechos. Está ligado a la pobreza que se mide con criterios de desigualdad y genera marginación, entendida con criterios de discriminación. (Giménez, 2006: 522)

Si bien en necesario cuantificar a modo descriptivo el fenómeno, para saber a qué personas, colectivos y/o territorios afecta y con que intensidad. Si bien es necesario localizarlos para saber dónde se encuentran y qué necesitan, el objetivo de este análisis descriptivo de la exclusión social es atender a sus víctimas, cuidarlas y en la medida que la financiación lo permita garantizar sus derechos. Pero lo que necesita la sociedad mundial es erradicarla, a nivel glocal (global y local). En este sentido, el único planteamiento que queda ya después de múltiples indicios de revisionismo del sistema, es transformarlo desde sus estructuras sustentadas en valores. Uno de los principales valores enraizados en el propio centro de operaciones de este, es la mercantilización de la oferta y la demanda de casi todo. Todo es susceptible de comprarse y venderse, hasta la dignidad del ser humano. Desde esta lógica vigente, se entiende un modelo que genere exclusión y no consiga revertirla, pero esta reflexión lanza otra pregunta, ¿acaso es si quiera aceptable?

Si a modo de símil, una persona (excluida) se encuentra tumbada en el suelo, paralizada sin capacidad de reacción, tendríamos dos opciones desde la perspectiva del cuidado, el paliativo asistencial que acerca alimento, bebida, cama y vestido o el promocional para el empoderamiento, que tiende la mano e indica como conseguir fuerzas para levantarse y alcanzarla. Una vez la persona (excluida) esté erguida en pie, será el mejor agente de transformación del entorno capaz de llegar a transformar estructuras. Si antes hemos apuntado a la profesión del trabajo social como la referente en la atención a la exclusión social, y en el caso del empoderamiento el trabajo social clínico en particular (Giménez, 2022), somos conscientes que su trabajo se queda a nivel personal, grupal y comunitario, pero no tiene muchas opciones de dar el salto al estructural. Esa es tarea de la sociedad al completo.

XII. DEMOGRAFÍA SOCIAL

JUAN ORTÍN
Universidad de Murcia

1. INTRODUCCIÓN

Hablar de demográfica social constituye, sin duda, una más que adecuada forma de imbricar procesos demográficos y sociológicos.

Si algo distingue a la Sociología de la Población o de las Poblaciones de una Geografía Humana o del análisis Económico Aplicado, que serían las áreas de conocimiento con mayor convergencia analítica dentro de las denominadas Ciencias Sociales, es el hecho no sólo de poner a la población en el epicentro del análisis socio-económico si no en convertirla en sujeto activo de los procesos geográficos y los socio-económicos.

La población no sólo responde a procesos socio-económicos, si no que cuestiones cómo:

Volumen	En referencia tanto a la población general como a la densidad sobre el espacio
Composición	En referencia a la composición nacionales/nacionalizados/extranjeros, componentes étnicos, etc.
Trayectoria/Determinantes Demográficos	En referencia a los comportamientos en el tiempo y las intensidades de la natalidad, la mortalidad y las migraciones en la dirección que se produzcan
Estructura Demográfica	En referencia a la estructura de sexo y edad por ella misma y a los efectos estructurales que ésta tiene sobre los propios determinantes
El poblamiento	En atención al grado de concentración urbana o dispersión poblacional existente y/o en proceso
...	

No sin dejar de hacer referencia a características socio-demográficas generales tan relevantes como son:

- el grado de inserción formativa por niveles educativos y el nivel de instrucción/formación/cualificación profesionalizadora medio de la población,
- el potencial y el real de la relación de la población con la actividad económico-productiva, actividad, inactividad, desempleo, estructura ocupacional y profesional, etc.

Todo ello también advertible respecto a los grados de equidad de género, brechas de edad, colectivos desfavorecidos, inmigración, etc.[7]

Y que condicionan la política[8], la economía[9], la estructura social y aún la cultura[10].

Baste tomar como referentes algunas cuestiones de política social que se están adoptando o forman parte de la preocupación política, social, económica y cultural al respecto, en diferentes zonas-países del mundo y respecto de algunos procesos demográficos:

Respecto de la natalidad/fecundidad	Políticas de Familia y de Conciliación de la vida Familiar y Laboral	Países Nórdicos
Respecto al envejecimiento demográfico	Asistencialidad social gerontológica a hogares unipersonales de mayores	"
Inmigración	Legislación inmigratoria y de Integración Social de la Inmigración	UE
Poblamiento	Red pública de transporte centro-periferias urbanas Acceso a la vivienda	Aglomeraciones mundiales
	Adecuación en la prestación de servicios generales y específicos al mundo rural	*España Vaciada*

Aunque podrían seguir siendo de referencia para todo ello los planteamientos de la denominada Teoría de la Transición Demográfica. En su origen formulada por W. Thompson en 1929 y con continuidad en figuras como F. Notestein, K. Davis y R. Easterling, que fueron aportando mejoras explicativas al modelo interpretativo inicial de Thompson acerca de la transición entre *regímenes* demográficos (de *antiguo* a *moderno*) debido a los cambios tecno-económicos (en especial la Revolución Industrial) y en la demografía de la mortalidad (mejoras

---

7 Constitutivos de inclusión como parámetros socio-demográficos comparativos en el Índice de Desarrollo Humano (IDH) que elabora el Programa de Naciones Unidas para el Desarrollo (PNUD).

8 Baste tomar como referencia el papel electoral que un colectivo que como una inmigración creciente y asentada tiene en los procesos electorales como sería el caso particular de EEUU.

9 Pensemos en la cuestión del sostenimiento del sistema de pensiones en los países desarrollados.

10 Pensemos en este caso en dualizaciones socio-económicas, y la realidad multicultural misma, que la inmigración puede presentar entre tipos de empleos entre autóctonos y alóctonos cuando los procesos de integración socio-económica se producen sin regulación.

alimentarias y de salubridad), y con consecuencias en una fecundidad decreciente como respuesta a la mejora en la supervivencia infantil.

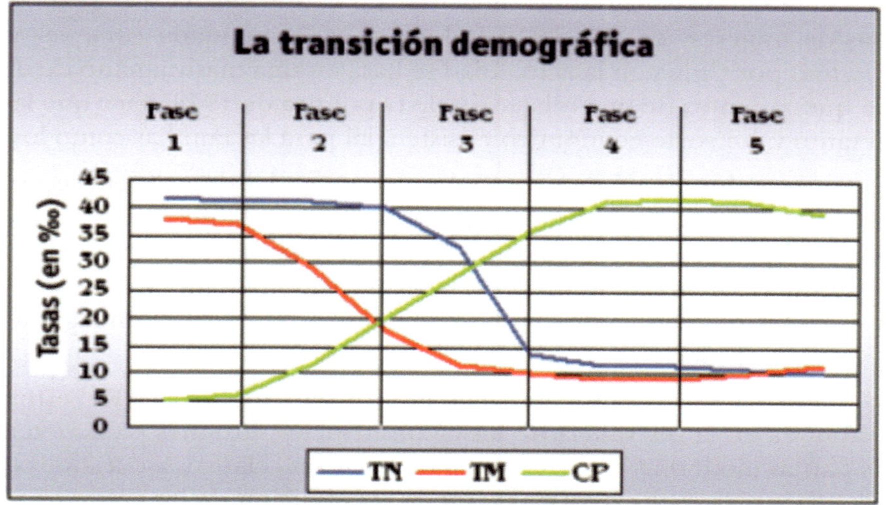

Más allá de ello, en el valor de referencia de esta aportación general estarían otras cuestiones socio-culturales cómo:

- el nuevo modo de vida asociable a los procesos de concentración urbana de la población —y de desruralización paralelo—, donde el medio de vida depende del acceso a salarios de la unidad doméstica (trabajo extradoméstico, en especial con la incorporación progresiva de la mujer pasando con el desarrollo a ser incluso la sustentadora principal). Es decir, el paso de una concepción de la familia-hogar como una unidad de producción a una de consumo.
- cambios en la tipología y funciones intergeneracionales de las unidades familia-hogar, que tenían como referencia en la familia extensa tri-generacional la viabilidad vital de los mayores dependientes en ausencia de sistema de pensiones o capacidad de ahorro (*doméstic system*). La familia-hogar postindustrial es en lo económico una unidad de ingresos y consumo con arreglo al nivel de vida y preferencias de gasto-consumo que son de referencia contextual o deseo particular de la unidad. El modelo es a lo máximo uninuclear, pero en creciente presencia de hogares unipersonales (de mayores en significativa presencia), monoparentales, reconstituidos y, en perspectiva, compartidos debido a la escasez de vivienda urbana.

En otro orden de cuestiones, pudiera pensarse que se trata de planteamientos generales ya superados, pero podrían ponerse como ejemplos lo acontecido en China y en India.

En China, la política del hijo único de 1978 implicó la práctica selectiva hacia el hijo varón, continuador del patrimonio delegado, de la hacienda sustentadora y de la atención asistencial de los mayores. La consecuencia son generaciones perdidas de mujeres. La transición industrial experimentada (una vez más el *factory system*) por China en la actualidad se basa en una masiva mano de obra femenina que, y dentro de una relajación de la política de 1978, hace que las hijas tengan tanto valor socio-económico y asistencial para las familias como los hijos.

Este mismo valor económico y social representan las descendencias en la India. La asistencia social sigue recayendo en la asistencia intergeneracional familiar, tan sólo que la mortalidad infantil de la India ha descendido notablemente y ya no son necesarias grandes proles para que, simplemente, sobrevivan los suficientes. La fecundidad ha descendido de manera significativa en alguna zonas como Kerala en Especial.

Una nueva Segunda Transición Demográfica (D. van de Kaa y R, Lesthaeghe, 1987), abunda en la relevancia de los factores socio-culturales en la determinación de pautas modernas de la fecundidad. Factores relativos a cuestiones como la individuación, la realización personal, la redefinición de los roles de género, los cambios en los modelos familiares, etc. Es decir, una visión sobre la fecundidad en especial en la que priman nuevos valores al respecto como consecuencia de la supeditación de la misma a cuestiones generales como la situación económica general, la formación de hogares, la posibilidad de conciliar vida familiar y laboral, pero también la supeditación de la misma, en los países desarrollados en especial, al desarrollo profesional y personal, de ciertos niveles de vida y consumo deseados (R. Easterling). Sin olvidar los cambios funcionales en los roles intergeneracionales padres/descendencias pues el acceso a pensiones o a recursos de ahorro futuro (incluida la vivienda: hipoteca inversa, por ejemplo), hace menos relevante el papel asistencial de los mayores por parte de sus descendencias, entre otras cuestiones porque ni siquiera habitan en el mismo entorno.

Estas cuestiones hacen de especial relevancia tener en cuenta lo cultural en lo que a comportamientos demográficos se refiere. La cultura de fecundidad/familia, de movilidad territorial, serían dos claros referentes de lo que prácticas culturales arraigadas al respecto inciden en el comportamiento demográfico final y de grupo social.

Si la referencia es la movilidad/migraciones, resulta evidente que hay demografías más propensas que otras a la movilidad espacial ya se trate interna o externa. Pero resulta evidente que, en el contexto de la globalización, la mejora de los medios de trasferencia y comunicación significa un incremento de los flujos migratorios desde y hacia.

Por su parte, la mayor parte de las migraciones se están dirigiendo hacia los entornos urbanos. El auge y crecimiento de las grandes ciudades y áreas metropolitanas correspondientes es ya un hecho en todo el mundo y el que en su gran mayoría abandonar el mundo rural lo es hacia entornos urbanos.

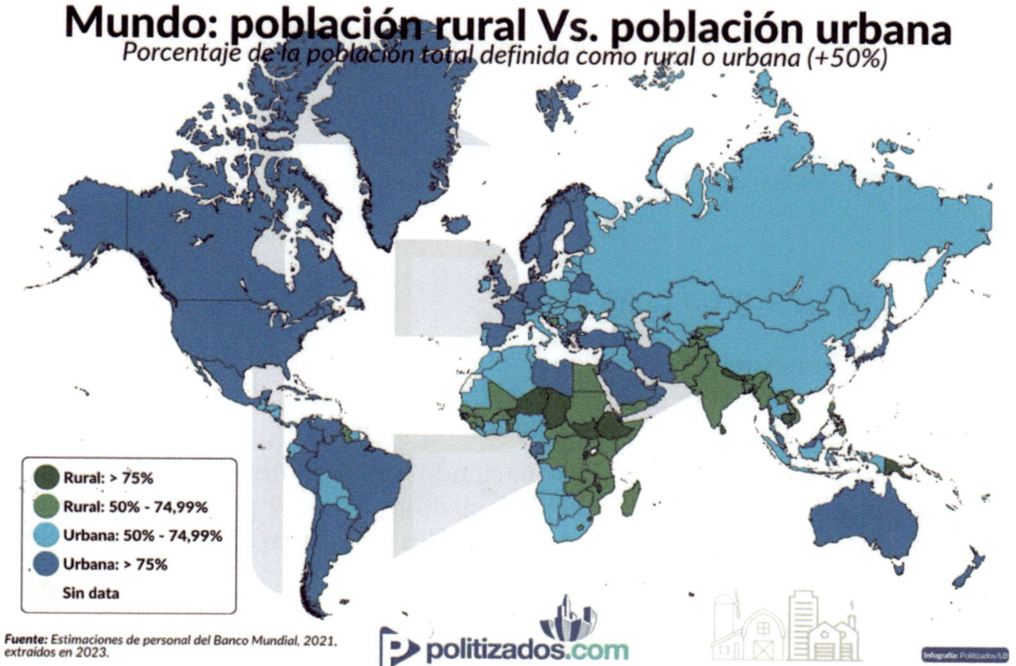

La movilidad no sólo significa transferencia de efectivos si no el asentamiento de otras culturas. Significa, cuanto menos, convivencia multicultural en distinto grado según zonas debido a los cambios en la composición nacionales, nacionalizados, residentes extranjeros que en la demografía social de los países receptores.

Respecto de la cultura de la familia/fecundidad sus efectos resultan aún más evidenciables. La influencia de lo religioso, la cultura de la fertilidad, etc., se evidencia en fecundidades familiares y de país superiores en algunas culturas que en otras.

Frente a un norte global en declive de la fecundidad (de no reemplazo generaciones, por debajo de 2,1 hijo/as por mujer), el sur global aporta fecundidades superiores al reemplazo generacional. No obstante, en ajuste debido a la menor mortalidad infantil general.

Y quizás el ajuste no sea mayor como consecuencia de la difusión de medios anticonceptivos más eficaces, caros o, simplemente, no aceptables culturalmente, No obstante ello, no conviene olvidar el papel asistencial de las descendencias en el cuidado de unos mayores en contextos socio-económicos en los que no existe un bienestar formalizado en sistemas de pensiones o se tiene capacidad de ahorro para ello. Los hijos no son sólo un lujo cultural (a veces un límite al potencial familiar si las descendencias son excesivamente abultadas), son una necesidad socio-demográfica y socio-económica.

En otro orden de cuestiones, desde mi punto de vista, la imbricación sociedad-demografía tendría, por así decirlo, dos escalas generales en su tratamiento: la que tiene que ver con el tratamiento de la demografía a escala mundial/global; la que se dimensiona a nivel de demografía-país o a nivel de nivel de modelos socio-económicos de desarrollo económico y nivel de vida.

2. SOCIO-DEMOGRAFÍA GLOBAL

La población mundial la componen en la actualidad en torno a 8.500 millones de habitantes. Los diferenciales demográficos entre países son recurrentemente considerables. También sus ritmos demográficos.

Todo ello ha generado —y sigue haciéndolo— un intenso y siempre complejo debate en torno a la sostenibilidad demográfica del planeta, bajo el que podemos distinguir posicionamientos generales —teórico/ideológicos— como los reflejados en el cuadro siguiente:

Potenciales	Críticos
Entre los que se suelen encontrar a los podríamos denominar de forma genérica *tecnólogos*:	En general, también, a los que denominaríamos de forma genérica *ecólogos*:
Las aplicaciones tecnológicas en los campos de la agricultura (Variedades de Alto Rendimiento —VAR— de la denominada Revolución Verde de los años 60s del pasado siglo y de los Organismos Modificados Genéticamente —OMG— del presente siglo); del agua (depuración y desalinización), junto al empleo de energías renovables (viento y sol), permiten un abastecimiento local que si se desarrollan, implantan y se emplean, también contemplando lo ecológico, implican aumentar las posibilidades de sostenimiento demográfico.	Estos planteamientos, en asociación al análisis de las tendencias demográficas, son catalogados generalmente como de *Neomalthusianos*. De referencia sería el histórico Informe del MIT para el Club de Roma de los Meadows y equipo sobre los Límites del crecimiento, de los años 70s del pasado siglo. Se trata de los límites de la naturaleza, de sus capacidades en términos de recursos agua, tierra, energías no renovables, etc., para sustentar un crecimiento demográfico en expansión por aquel entonces.[11]

[11] En este sentido resulta inexcusable el visionado del Documental de la BBC: ¿Cuánta gente cabe en el planeta tierra?, del naturalista Sir Richard Attemborough, de 2009. El documental replantea la cuestión de la sostenibilidad ecológica de una población en expansión. No obstante esto, la expansión no es tanto demográfica en sí (aunque ello resulta de cierta preocupación en países del África subsahariana), como una referencia a la sostenibilidad de un modo de vida general del tipo de los países desarrollados, si en las condiciones actuales de demanda de energías no renovables, agua y tierra, se extendiese a toda la humanidad.

Potenciales	Críticos
Grandes experiencias ingenieriles tanto en infraestructuras (de riego, de depuración de aguas residuales y desalinización, por ejemplo) y bio-tecnológicas (como las señaladas anteriormente), abundarían tener en cuenta como tierras casi desérticas procuran aprovechamientos sostenidos y sostenibles (véase el ejemplo de Israel). A todo ello se está añadiendo la compra transcontinental de tierras (fondos de inversión mundiales, China, ...) que dado su desarrollo tecnológico podría suponer capacidades de abastecimiento globales a la par que desarrollo del empleo local. Por otro lado, se advierte de la existencia de grandes zonas del planeta con relevante potencial de recursos prácticamente despobladas (¿Canadá, por ejemplo?). De interés resulta mencionar aquí el manejo de información demográfica de algunos analistas acerca del imparable proceso de concentración urbana y peri-urbana de la población en grandes ciudades, áreas metropolitanas y conurbaciones urbanas en todo el mundo, también en los países en vías de desarrollo, lo que tendría como contrapartida una menor presión sobre el medio rural. ...	Un sector del ecologismo, y dentro del denominado paradigma del *Desarrollo Sostenible*, inciden en que la depredación sistemática de los recursos no renovables y de la propia naturaleza (deforestación, sobrepesca, por ejemplo), plantea un futuro de no retorno y recuperación de otrora masas forestales vírgenes y recursos marinos sobre explotados. También está la cuestión del acceso y tratamiento del recurso agua. Por su parte, los analistas del denominado *Cambio climático global*, insisten también en los desajustes de los ciclos climáticos zonales y en el calentamiento global, y advierten consecuentemente sobre la sostenibilidad demográfica, o cuanto menos que la presión demográfica implica dificultades en el sostenimiento/incremento de la mejora de las condiciones de vida de cada vez más sectores del planeta. ...

Desde mi punto de vista las reflexiones al respecto deberían encaminarse hacia posicionamientos más realistas basados en hechos demográficos documentados:

– diferenciales demográficos: mientras que en el sur demográfico global predomina un alto grado de juventud (en torno a 1/3 de la población tiene menos de 15 años), en el norte global la población de 65 y más años supera el 20% de la total e incluso de acerca al 25%. Esto pasa incluso en las zonas rurales de países teóricamente del norte como España.
La respuesta: presión emigratoria en el sur (factores *push —de empuje—*) y necesidades (ordenadas) de inmigración en el norte para reposición demográfica y laboral (factores *pull —de atracción—*),
– la demografía mundial general: según indicadores ONU, está mostrando síntomas de atenuación general (salvo en países y zonas concretables) que sitúan en valores de crecimiento anuales del entorno o por debajo del 1% anual. Los dos gigantes demográficos Mundiales, China e India, el 38% de la población mundial, muestran indudables cambios: China está ya en decrecimiento vegetativo y la India muestra una reducción del número de hijos por mujer en cada vez mayor parte de su territorio,
– una otra cuestión de cierta transversalidad en la lectura de lo demográfico es que se está dando un proceso ya no de crecimiento sino de expansión del poblamiento/hábitat urbano en todo el mundo consecuencia tanto de las migraciones globales (los migrantes se dirigen mayoritariamente hacia entornos urbanos del desarrollo), y de lo éxodos rurales internos de país y de zonas próximas. Ciertamente ello supone un crecimiento de los entornos miseria urbanos de las principales aglomeraciones urbanas del mundo en desarrollo, pero una menor presión aparente sobre el hábitat rural/natural, pero ha sido entendido por las poblaciones como el acceso a entornos que procuran un mínimo vital de abastecimiento, en no pocas ocasiones cuanto menos incierto en los entornos rurales sobreexplotados y con ciclos climáticos también inciertos.
– ...

3. LA SOCIO-DEMOGRAFÍA-PAÍS Y LA SOCIO-DEMOGRAFÍA DEL DESARROLLO

La demografía del desarrollo tiene ya componentes de *Segunda Transición Demográfica* prácticamente irreversibles.

La *desnatalidad* (el *invierno demográfico*), la reducción voluntaria de la fecundidad de las familias/hogar, general del mundo desarrollado, no deja de ser un factor de preocupación política que llama a la práctica, con más o menos acierto, de políticas familiares y de conciliación de la vida familiar y laboral. De cierto éxito de referencia son los países nórdicos al respecto. Lógicamente con mercados laborales muy integrados, con alta participación de la mujer, riqueza, nivel de vida, sistemas de impuestos progresivos para financiar el Estado de Bienestar existente, pero también con políticas sociales coherentes, precisas y con la participación implicada de la toda la sociedad civil; y que también sus volúmenes de población pueden permitir de manera más eficaz.

Cuestiones como el envejecimiento demográfico afectan a las dinámicas económicas de las sociedades donde, como consecuencia de la implantación de los Estados del Bienestar del desarrollismo económico y los cambios en las funcionalidades de los hogares, la asistencia a los mayores fue por lo general transferida del ámbito privado doméstico —en el que siguen en el mundo menos desarrollado— al institucional público.

Un grado de juventud de la población atenuado suele suponer un redimensionamiento de los recursos que destinar a educación-formación aparentemente con mejores resultados para las poblaciones autóctonas (y aún como un mecanismo de integración social esencial para las descendencias de la inmigración). Pero a la larga plantea problemas de reemplazo de las generaciones demográficas y laborales (de la población potencialmente activa), y con ello, al sostenimiento mismo del Bienestar.

En principio, este es el papel asumido por la inmigración laboral de escalas ya globales, aunque sigan existiendo itinerarios generales establecidos (ver imagen siguiente).

La cuestión está en qué tipo de inmigración hablamos: resultaría óptimo poder ejercer una regulación como la que en general pueden ejercer los países nórdicos: demanda regulada a necesidades estructurales, integración laboral (empleo) y social (vivienda, formación, derechos socio-económicos, ...). Esto implica, por lo común, la acogida de países con los que suele existir acuerdos preferenciales o de acogida de refugiados. Pero está claro que no resulta posible poner cerco a todas las posibles fronteras ni a los flujos migratorios en su totalidad.

Una parte de esa inmigración, están impulsadas por las mafias de captación y transferencia, están por encima de la posibilidad de ordenamiento total al respecto. La emigración-inmigración irregular supone enormes posibilidades para las economías informales o para la parte de ella que también existe en el desarrollo (trabajos no cualificados, economía sumergida, atención doméstica de los mayores desregulada, etc.), pero lógicamente conlleva formas de marginalidad y de creación de guetos y posibles conflictos, especialmente de las segundas y terceras generaciones no plenamente integradas en el sistema socio-económico de acogida.

En la medida en que esto no es así, tampoco el papel que una emigración-inmigración integrada puede representar, a través del ahorro/remesas que éstos pueden aportar a sus familias/países de origen y que en los tiempos del desarrollismo europeo, en especial, servían para la creación de nuevos negocios, la educación/formación de los hijos, la atención a los ancianos, las inversiones estatales, ... en los países de origen.

4. CONCLUSIONES

La trayectoria, composición nacionales-extranjeros, la Estructura Demográfica de edades, el comportamiento de los determinantes natalidad, mortalidad, migraciones, el modelo disperso/concentrado de ocupación del territorio, etc., son fruto de las decisiones y acciones individuales y colectivas humanas, por tanto intencionales y aunque constituyendo agregados estadísticos cuantitativos sin duda relevantes en la caracterización de las poblaciones, tal y como suelen emplearse descriptivamente en Geografía o instrumentalmente en Economía, otorgan al análisis sociológico una posibilidad de mejor conocimiento de la realidad demográfica al menos en aspectos cómo:

- el desarrollo de estudios cuantitativos (Encuestas, como la de la Fecundidad del ine) y cualitativos que van más allá del empleo descriptivo de indicadores socio-demográficos en el conocimiento de las razones que los actores aducen para explicar sus comportamientos,
- la relevancia cultural (valores, creencias, prácticas, tradiciones, modernizaciones, ... (véase al respecto el reciente —2024— estudio de campo del CIS, 3475/0: Fecundidad, familia e infancia) en la toma de decisiones socio-demográficas que no solo afectan a lo demográfico (descendencias, migraciones), sino también a lo socio-demográfico (formación, empleo, formación de familias/hogares...)
- lo substancial de las políticas (políticas demográficas y socio-económicas) directas e indirectas hacia las familias/hogares y de Conciliación de la vida familiar y laboral que se ponen a disposición de una población, ...

Todo ello está marcando unos diferenciales relevantes en cuanto a visiones sobre a una aplicación de la denominada Teoría de la Transición Demográfica a escala mundial.

Por otro lado, resultaría de enorme interés la sectorialización del análisis población/recursos, desde un punto de vista:

Demográfico	Volumen y trayectoria demográfica; comportamiento de la natalidad y la mortalidad, en especial la infantil. Estructura de sexo y edad de la población. Presiones inmigratorias/emigratorias. ...

Económico	Riqueza natural/productiva. Nivel básico/medio de vida de las personas. Consumo sostenible, desarrollo sostenible, etc. ...
Tecnológico	Capacidad de generación, incorporación, uso y difusión social de las tecnologías de base en los campos de la agricultura y la intercomunciación física e informativa. ...
Político	Gestión adecuada y social de los recursos propios y externos generados. Políticas de convergencia y no de enfrentamientos de zona geográfica entre países. ...
Poblamiento/ hábitat	Concentración —urbana—/dispersión —rural— de la población. Infraestructuras de comunicación física e informativa; nivel de acceso a servicios públicos básicos de la población. ...
Cultural	Valores, creencias, prácticas, etc., institucionalizadas relacionadas con la fecundidad, la mortalidad, la enfermedad, la familia, la comunidad, ... Respeto a la diversidad étnica, religiosa, ...
Ecológico	Naturalismo y preservación de espacios ecológicos únicos. Adaptación al medio de prácticas de explotación de recursos de sostenibilidad. ...

Lo que permitiría una aproximación del tipo ya señalado en atención a los diferenciales demografía/hábitat que supone una desigual ocupación de los espacios planetarios tal y cómo puede apreciarse en el mapa de densificaciones demográficas de referencia común que sigue:

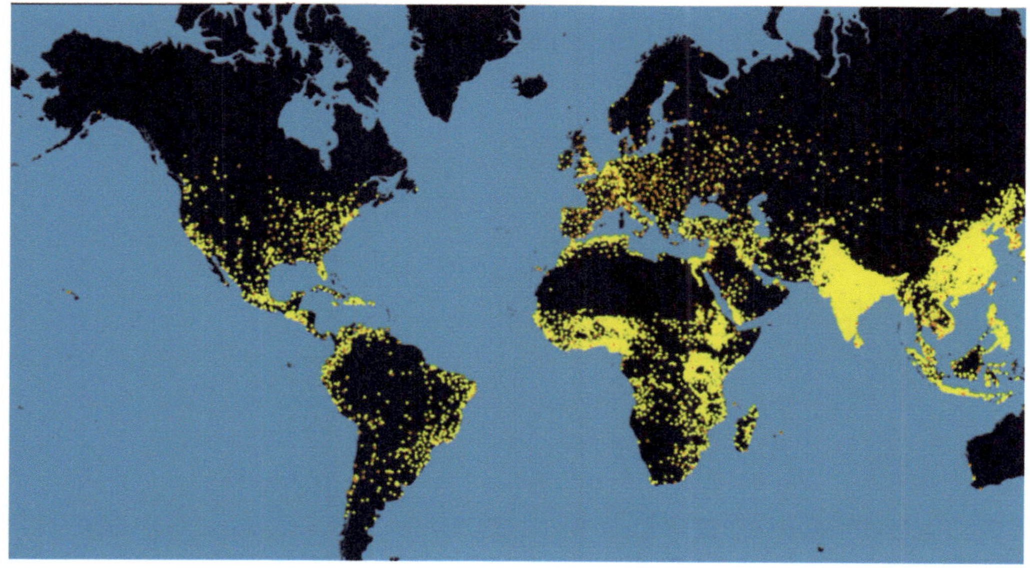

Sólo unas reflexiones generales, pues, para llamar la atención sobre lo que deben ser posicionamientos realistas en los que, no obstante, no pueden faltar referencias al ecologismo, entendiendo evidentemente que atentar contra la naturaleza (deforestación, agotamiento de los recursos locales como el agua, contaminación atmosférica —superindustrialización de China, por ejemplo, etc.—; pero también los conflictos internos y de zona, constituyen también importantes desastres humanísticos que afectan al futuro de la demografía mundial, al igual que ésta afecta a la economía globalizada, y en no pocos casos fundamentados en un desarrollismo local interno y externo depredador (extractivista), sin reparto social de la riqueza, más que en el propio límite natural del entorno.

XIII. DEMOGRAFÍA SOCIAL: ¿SE EQUIVOCÓ MALTHUS POR SEGUNDA VEZ?

LUÍS F. PONCE DE LEÓN JIMÉNEZ
Universidad Autónoma de Madrid

1. INTRODUCCIÓN

El tema de la población ha estado en la mente del humano probablemente desde que pudo cuestionar, ponderar expectativas, buscar soluciones a sus necesidades, a sus peligros. Siendo la vida algo inicialmente sorprendente, un misterio, tomó generalmente el rumbo de lo sagrado. En todas las filosofías y religiones se trata de una forma u otra. En el principio de la Biblia se encomienda a la criatura humana "Creced y multiplicaos y llenad la tierra"[12] . En otras, las opiniones varían ampliamente, la planificación familiar es tratada por las religiones de todo el espectro como un bien moral, derecho y responsabilidad, pero las posiciones son muy variadas[13]. Como ejemplo, en China las religiones y filosofías de vida enfatizan el equilibrio y la armonía en el individuo, la familia y la sociedad. En el transcurso de la historia el tema demográfico no despertó inquietudes especiales, sólo preocupaba en el caso de guerras o ciertas crisis, como en las epidemias. En el entorno privado los individuos y familias ejercían un cierto control según las culturas, métodos conocidos y necesidades.

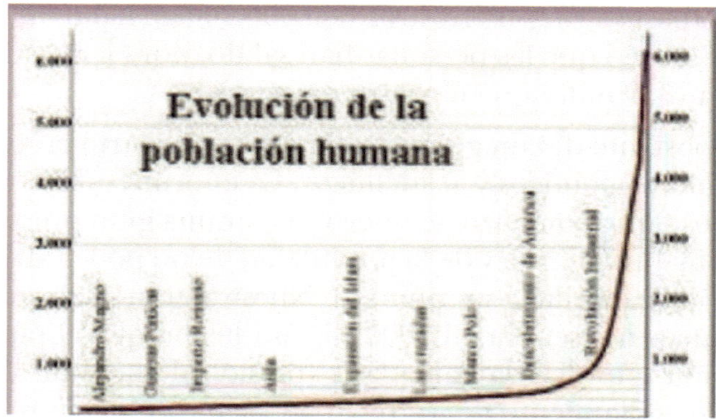

12 Génesis 1:28

13 Ver Web: https://es.amenajari.org/articles/sexual-health/what-do-religions-say-about-birth-control-and-family-planning.html

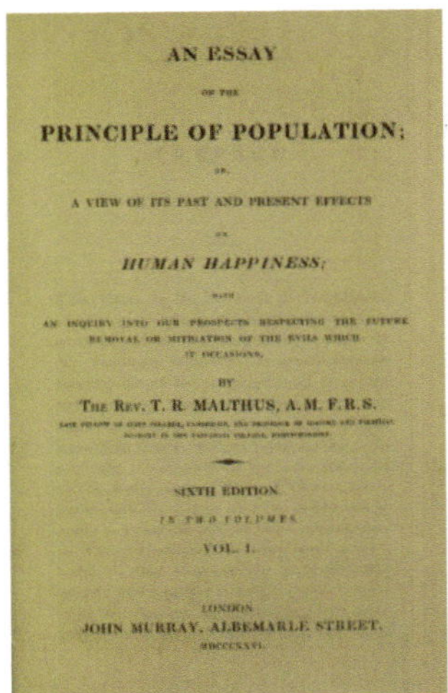

AN ESSAY

PRINCIPLE OF POPULATION;

A VIEW OF ITS PAST AND PRESENT EFFECTS

HUMAN HAPPINESS;

BY

THE REV. T. R. MALTHUS, A.M. F.R.S.

SIXTH EDITION

VOL. I.

JOHN MURRAY, ALBEMARLE STREET.

Figura 2

Fue en 1798 cuando Thomas Robert Malthus, británico, publicó en forma anónima el libro *An Essay on the Principle of Population* (Ensayo sobre el principio de la población) que tuvo seis ediciones ya con su nombre y cada vez más documentadas (Fig. 2).

Malthus fue un erudito, economista, muy apreciado, relacionado e influyente personaje, distinguido como miembro de la Royal Society. Gran observador entendió que la pobreza que sufrían los trabajadores en donde él trabajaba era provocada por el crecimiento de la población, elaboró una teoría económica, maltusianismo, partiendo del problema creado por la disparidad entre las posibilidades de crecimiento de los recursos de todo tipo, en especial los alimentos, y el crecimiento demográfico. Dicho problema, de no encontrar alguna solución, condenaba a la humanidad a una serie de ciclos de penurias y hambrunas[14].

A la vista de la gráfica aquí incluida (Fig. 1) "Evolución de la población humana" no son sorprendentes las observaciones e inferencias de Malthus, y si hubiese visto la evolución posterior a 1800, se hubiese aterrado. Afortunadamente se equivocó: el incremento de la población mundial, aunque diferente según los países, era importante pero no tenía el ritmo que predijo. Además, tras la revolución industrial el crecimiento de recursos, de producción y de riqueza creció aún más. De tal forma que a pesar de la grave injusticia de la desigual distribución, la situación mundial es mucho mejor que en su época. Como ejemplo, la población china ha crecido hasta alcanzar casi los 1.500.000.000 de habitantes, pero su nivel de vida no es peor sino que las personas han salido, por cientos de millones, del nivel de pobreza (850 millones en cuatro décadas).

Malthus, no obstante dio un golpe de aldabón y despertó la sensibilidad de la sociedad y sus lideres políticos y académicos. La enorme subida de la población de los últimos dos siglos comenzó de nuevo a crear una gran preocupación. Se ha hablado de Neomaltusianismo y de la posibilidad de no poder afrontar el peligro de una población desbordada en número. Nuestra gran profesora y demógrafa Concepción Camarero escribía en 2002: "Es un hecho que el rápido crecimiento de la población mundial, la llamada "explosión demográfica", y su relación con un potencial agotamiento de los recursos es un problema real, que hay que afrontar, que está en la base de la mayoría de los problemas ambientales y que ha generado importantes cambios en el volumen, composición y dirección de los

14 Malthus, R. (1979). *Primer Ensayo sobre la Población, Alianza Editorial,* Madrid

flujos migratorios. Es, asimismo, un problema complejo, con múltiples caras, que no es posible solucionar de una forma simple y mecánica como en su momento se pensó: la solución pasaba por frenar drásticamente el crecimiento demográfico por los métodos que fuese, sin actuar sobre los factores no biológicos causantes del mismo. De ahí buena parte de las durísimas campañas de control de la fecundidad llevadas a cabo en algunos países del Tercer Mundo"[15].

Camarero describe en este párrafo dos problemas importantes: La realidad del rápido crecimiento poblacional junto al potencial agotamiento de los recursos, y la falta de visión al no analizarse adecuadamente la mejor línea de actuación para afrontarlo.

Aquí vamos a tratar de describir los factores que están actuando en la sociedad de forma compleja, al mismo tiempo que confirmamos lo que Camarero describe como "las durísimas campañas de control de la fecundidad llevadas a cabo en algunos países del Tercer Mundo"[16].

Introducimos (Fig. 3) un fenómeno demográfico que de forma algo silenciosa ha ido apareciendo en algunos países desarrollados primero, pero que va avanzando hacia el resto de los países del mundo. Se trata de la espectacular disminución simultánea en distintos y numerosos países del **índice de fertilidad** de las mujeres, a partir de mediados del siglo anterior (hacia la década de 1970)[17].

Figura 3

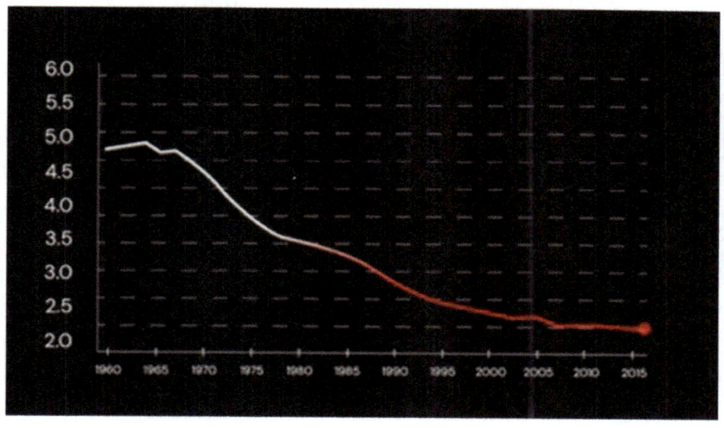

---

15 Camarero, C. (2002), p. 1.

16 Ponce de León, L. (2023), *La intervención del "Poder" e Instituciones Internacionales en el control de la población mundial (Crímenes de lesa humanidad contra comunidades indígenas y grupos marginados)*, sin publicar.

17 Todas las fotos y diagramas incluidos en el trabajo son de dominio público o de confección propia.

Figura 4. Índice de fertilidad mundial

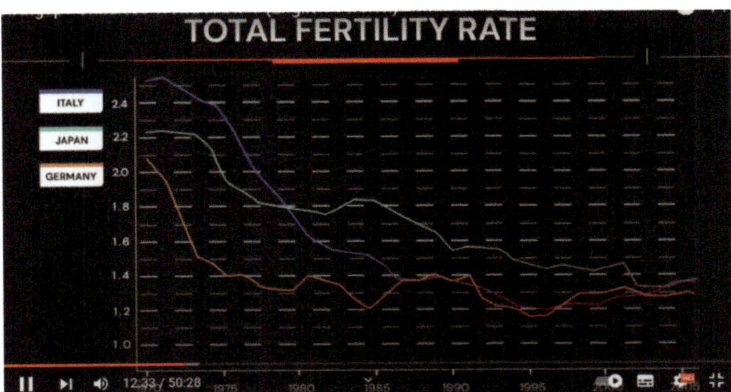

2. EL ORIGEN DE LA PREGUNTA

Figura 5

Fundamentalmente la información recibida en dos experiencias llevaron al autor del presente trabajo a interesarse por el tema que nos ocupa. La primera fue la constatación de que la sociedad actual estaba cambiando de forma evidente con relación al número de niños en las calles de nuestras ciudades así como en el decrecimiento paulatino del número de alumnos pequeños, en las primeras etapas de las escuelas (soy familiar de profesores en estos primeros grados). La idea que tenía hasta ese momento era que la población estaba creciendo de forma muy rápida, como se observa de forma tremendamente clara en la gráfica *Evolución de la población humana* incluida en la página 2 (Fig. 1). Esto último me había hecho pensar que tal vez Malthus se equivocó en su época y en la evolución de los 170 años siguientes ya que no hubo la disparidad que predijo entre la población y la disponibilidad de recursos y riqueza, pero que tal vez después sí que se había producido un crecimiento extraordinario en la población mundial. Pero ¿y mi experiencia personal? ¿contradecía a la información de la gráfica?

Sucedió que una primera investigación me llevó a encontrar algo sorprendente que ya avancé en el apartado anterior: los datos para las últimas decenas de años, desde 1970, habían experimentado un cambio profundo. Esto se refleja en la gráfica de esta página (Fig. 4), **la fertilidad estaba decreciendo de forma sor-**

prendente —Esta gráfica da la evolución del ratio de fertilidad combinado para todo el mundo y la gráfica de la página 4 da el mismo índice pero para países individuales—.

Lo más sorprendente es que este cambio no parecía motivado por alguna circunstancia especial de sólo algunos países sino que, como un fenómeno global y casi simultáneo, había estado teniendo lugar, y lo seguía estando, en prácticamente todos los países y de una forma similar. Ya lo indiqué al hablar de la figura de la página 4, que muestra la evolución sincrónica de la fertilidad en varios países, **¿significaba esto que Malthus volvía a equivocarse** y que, llegado el momento, la humanidad por ciertos factores había reaccionado y comenzaba una disminución de su población? ¿Por qué? ¿Qué factores estaban influyendo?

Figura 6

Otra experiencia que viví fue más directa y personal. Estaba cursando el grado de Estudios Orientales en esta misma universidad y junto con algunas compañeras habíamos formado un simpático grupo de amigos. De vez en cuando salíamos a comer y charlar juntos. A lo largo de estas conversaciones abordábamos diferentes temas con confianza. Ocurrió que en una de estas reuniones/comidas estábamos siete personas, seis chicas y yo.

En un momento de la conversación, hablando de la sociedad, sus cambios, las distintas visiones sobre la vida, el futuro, etc. de repente una de ellas se dirigió a mi y me dijo: "Sabes Luis, ¿tú ves las chicas que estamos alrededor de la mesa?, pues ninguna de nosotras va a tener hijos". Eran seis.

Me sorprendió lo tajante de la frase y la seguridad con la que se expresó, pero sobre todo el que hablara de una decisión de todas ellas. Parecía que habían conversado entre sí sobre el tema en ocasiones anteriores y habían constatado la coincidencia de dicha decisión para sus vidas futuras.

Evidentemente, pensé, algo estaba pasando en nuestra sociedad y en muchas otras. No quise indagar sobre los motivos de mis compañeras, no era la ocasión oportuna, pero mi curiosidad e interés aumentaron considerablemente. Este es el origen de elegir este trabajo en la asignatura de Sociología y de su título.

3. INVESTIGACIÓN INICIAL. SITUACIÓN Y POSIBLES CAUSAS

A vuela pluma indico una serie de factores involucrados en la evolución demográfica de una sociedad. La mayoría son, en mi opinión, causas, pero al mismo tiempo efectos para los que los investigadores encontrarán, a su vez, causas más profundas.

Factores que influyen en la demografía

- Tasas de fecundidad
- Aumento de la longevidad
- Formas de las Pirámides de Población y sus cambios
- El proceso de urbanización
- Migración internacional
- Situación económica y expectativas
- Situación política
- Crisis y problemas nacionales y globales
- Cultura y filosofía de vida
- La posición de la mujer ante la maternidad
- Políticas sociales
- Políticas demográficas
- Intervenciones de las instituciones y organizaciones internacionales

De estos factores y de sus efectos trataremos a los largo del presenta documento aunque, dado el espacio previsto, no se analizarán todos ellos.

Algunos datos de la evolución demográfica

Las dos gráficas contenidas en la figura siguiente (Fig. 7) nos dan una visión clara y de conjunto del crecimiento o decrecimiento de la población mundial. Se dan para los años del 1800 hasta el 2021 con información disponible y desde el 2021 al 2100 como una proyección.

Estas informaciones son: La **tasa de crecimiento anual** y la **población total humana** en cada momento. Se aprecia como la población mundial sigue desde 1800 un crecimiento acelerado (la tangente de la curva se acrecienta más y más hasta los años 1970's, a continuación la pendiente se mantiene constante, indicando un crecimiento constante de la población y, llegando al año 2000, la pendiente comienza a disminuir mostrando que se ha llegado a un punto de inflexión en el crecimiento. El crecimiento comienza a ser más lento, aunque el total sigue creciendo. La tendencia indica que, hacia el año 2100, se alcanzará el ápice de la curva, la población máxima que tendrá la población mundial en la historia, y después comenzará a decrecer a un ritmo difícil de predecir siendo tantos los factores que se conocen, y los que desconocemos, que pueden influir en el próximo siglo.

Figura 7

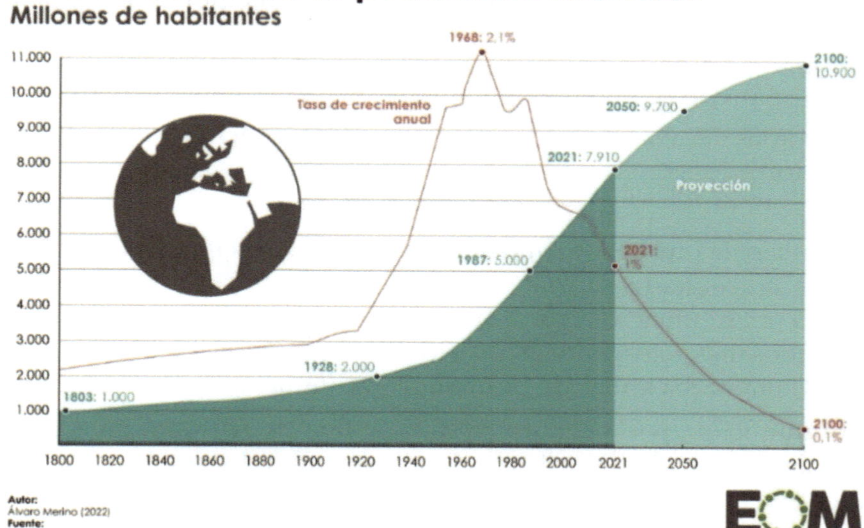

Esta segunda gráfica (Fig. 8) nos da la sorprendente información de que un gran número de países, casi de forma sincrónica, comienzan en la década de 1970 a experimentar una disminución muy similar en el **índice de fertilidad** de sus mujeres.

Figura 8

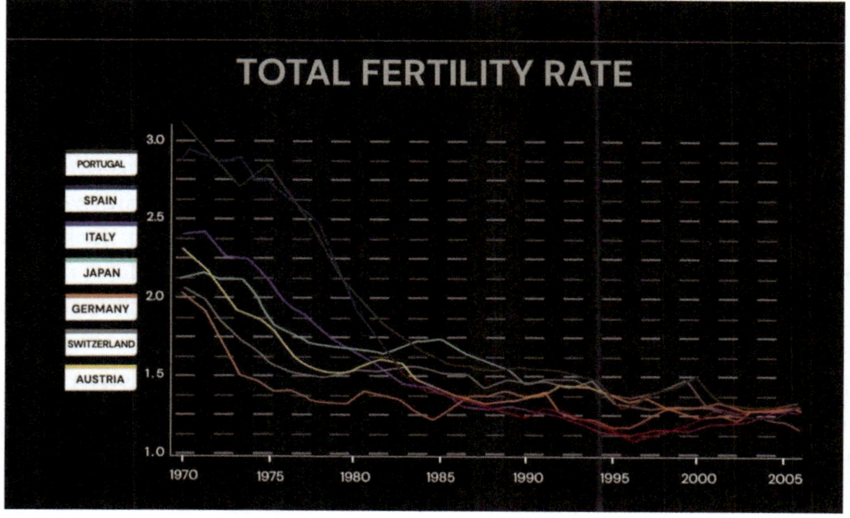

La figura muestra, junto a Japón, un conjunto de seis países europeos. Se ve de forma dramática como en treinta y cinco años el índice de fertilidad va cayendo hacia valores muy inferiores al necesario para el reemplazo de la población. Este índice debería ser igual o superior a 2.1 pero las curvas van buscando un valor inferior al 1,5. Y aquí no estamos hablando del año 2100 sino de la actualidad, antes del 1980 todos habían cortado la frontera del valor 2. El fenómeno, pues, lleva varias décadas de existencia. Como hemos dicho en otros lugares una serie de factores confluyeron hacia los años 60's y 70's para lograr un efecto muy apreciable y continuo en un aspecto tan importante.

Los agoreros de que la humanidad iba derecha al precipicio ya anunciado por Malthus: un crecimiento enorme, sin fin, de la población humana, incapaz de tener los recursos suficientes para su sustento y origen de todas las calamidades que podríamos imaginar en un escenario de horror, parece que de nuevo no iba a suceder. Comenzaba ahora un periodo de disminución de la población.

Esta disminución, por una parte motivo de una cierta tranquilidad al reconocerse, ha empezado a levantar la alarma de otro tipo de problemas, al tener en cuenta los efectos y dilemas consecuentes para unas sociedades cuya organización económica y política están basadas en un tipo de pirámides poblacionales que se daban por relativamente estables. Sucede que las pirámides se tambalean por su base, realmente dejan de ser pirámides, creando problemas preocupantes.

A continuación veremos este efecto y comenzaremos a analizarlo con más detalle, para después abordar cuales podrían ser las causas de un cambio demográfico tan sorprendente. Un cambio cuya investigación va descubriendo distintas razones tanto en las actitudes de los poderes como de la sociedad y los individuos, en sus motivaciones materiales, en sus situaciones socio económicas, en sus convicciones y filosofías de vida.

Las dos figuras siguientes (Fig. 9) muestran dos instantáneas de un documental que se puede ver en YouTube. (Véanse en las Referencias los tres primeros enlaces a la Web, (Web (23) …).

En la primera de las dos figuras se da, para el **año 1913**, aquellos países con un mayor número de nacimientos por mujer y en su segunda columna aquellos con un menor número de nacimientos por mujer. Se puede comprobar que en la primera columna los países tienen valores altos, llegando algunos a acercarse al valor 8. Los países de la segunda columna, occidentales y desarrollados presentan valores inferiores, acercándose algunos al valor de equilibrio 2 pero no quedando aún ninguno por debajo.

En la segunda figura el escenario ha cambiado. Es el **año 2023**. Ha habido cambios en los países y en sus valores, pero se observa en todos una notable disminución en los valores de los índices.

Figura 9

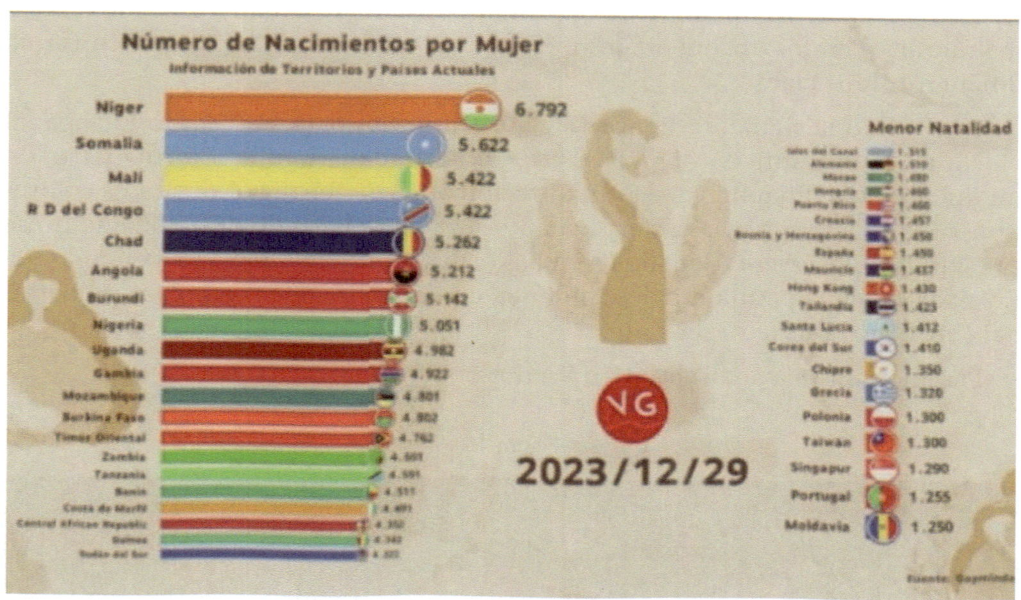

Lo que es de destacar sobre todo es que en la segunda columna, la de los países con un número menor de nacimientos por mujer aparecen muchos más países y todos ellos han entrado en la senda de la disminución de su población, alcanzando unos valores inferiores a 2. Nuestro vecino Portugal aparece en penúltimo lugar con una valor de 1,255, pero España no está muy lejos con un valor de 1,450.

Esta información coincide con las bajadas generalizadas que hemos explicado de los índices de fertilidad. Está ocurriendo en prácticamente todos los países del mundo y en los documentales indicados se muestra el fenómeno, en forma dinámica y muy clara.

Por último la siguiente figura (Fig. 10) muestra, para el caso de Europa, el efecto de la disminución de los índices de fertilidad. También forma parte de un documental dinámico de la organización *birthgap* (birthgap.org). Los colores van pasando a más y más oscuros, cuanto más en peligro de despoblamiento se va estando (Obsérvese Alemania, Italia, Portugal y España, pero en general toda Europa está en la pendiente descendente, con un déficit de reemplazo poblacional (birthgap) fuerte y creciente).

Pasemos ahora a analizar las pirámides poblacionales.

Figura 10

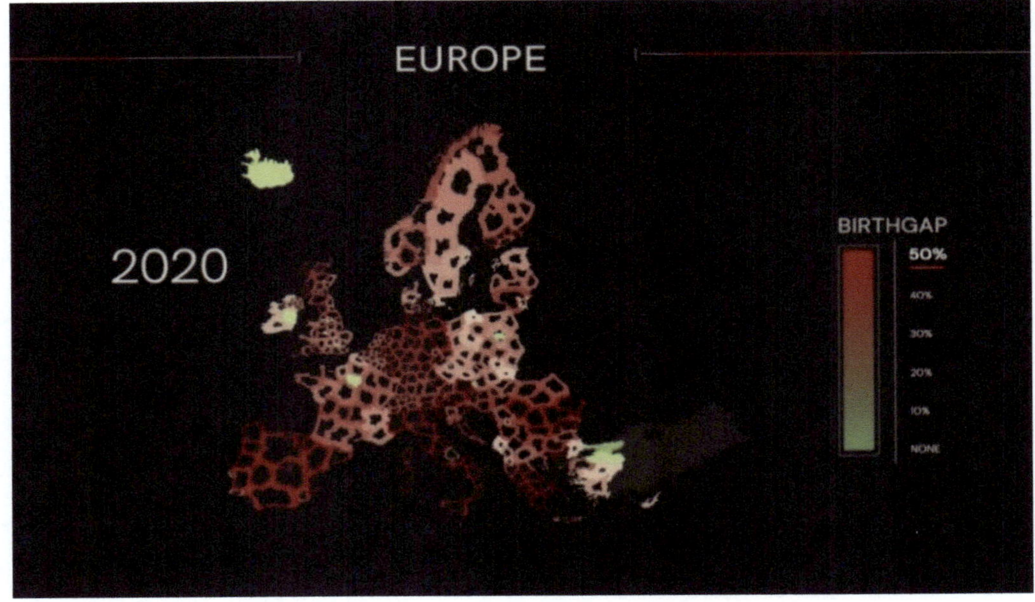

Evolución de las pirámides de población

Veamos tres países como ejemplo de situaciones con bajo índice de fertilidad: Corea del Sur, Japón y España, en tres momentos de su historia (Fig. 11):

Figura 11

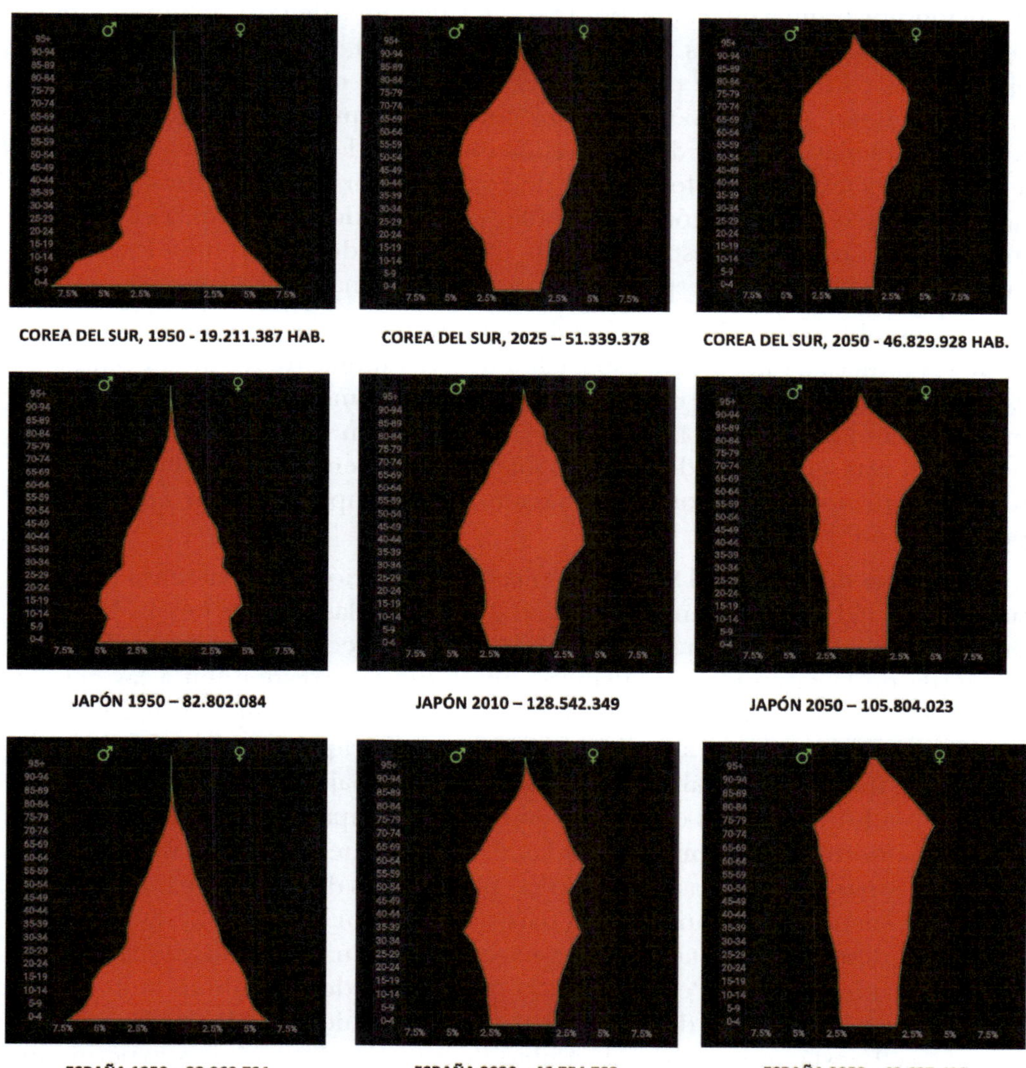

Las imágenes que observamos contienen bastante información sobre la demografía del país que representan y, si vemos su evolución histórica de forma dinámica, nos dan una visión de los eventos graves por los que el país ha pasado y la evolución paulatina en tiempos menos azarosos.

Comparando las instantáneas de tres momentos de la historia contemplamos de golpe los cambios habidos entre ellos.

Aspectos generales de cada pirámide son: La población total del país; su distribución por tramos de edad y por sexos; los periodos de crisis manifestados en las hendiduras simultáneas en dos periodos de edad, en dos generaciones, por ejemplo los padres que se perdieron en un periodo de guerras y la hendidura correspondiente más abajo en los hijos potenciales que nunca llegaron en consecuencia; el mayor grosor de la pirámide en su mitad derecha, correspondiente a las mujeres, excepto en los tramos de edad inferior de los primeros años, los hombres mueren más en todas las edades y sobre todo conforme la edad va aumentando, ello se manifiesta en la falta de simetría de las dos mitades; la edad media de la población; la esperanza de vida; la máxima edad alcanzada…

Cuando observamos **la evolución de la pirámide con los años** vemos el impacto de los índices de natalidad, especialmente si el índice de fertilidad cambia su valor; cómo los tramos de edad van cambiando y cómo suben las generaciones mientras van apareciendo las nuevas generaciones en los primeros tramos; si la población está envejeciendo, está estable o se rejuvenece; lo sostenibilidad de una estructura social y económica basada en la composición por edades de la población, etc. etc.

En el caso de Corea del Sur se aprecia una población relativamente pequeña hacia 1950, debido a una menor calidad de vida y vidas no muy largas. El efecto de las guerras en la primera mitad del siglo XX aparece claramente en la mitad izquierda de la pirámide, las sucesivas hendiduras corresponden a las generaciones de hombres que murieron en ellas. Conforme el tiempo avanza y el país pasó por dos efectos contrarios, el crecimiento de la riqueza de la segunda mitad del siglo e índices de natalidad aún no demasiado bajos y por otra los cambios sociales y culturales de los que hablaremos en otros apartados. El resultado es la pirámide intermedia, deformada, en la que parece que el globo se va hinchando desde las zonas intermedias, los años más productivos de las personas que favoreció enormemente a la economía del país, ayudada por los EE. UU., la población total subió desde 1950 hasta 2025 (estimada hacia el final) pasando de 19.211.387 habitantes a 51.339,378. Pero se aprecia que ha habido un cambio radical en la contribución del número de hijos: la base de la pirámide ha adelgazado notoriamente, y ello está anunciando el cambio demográfico que el país experimenta y seguirá experimentando. Ello se ve en la tercera pirámide, que acrecienta lo dicho en la segunda, el globo sube y sube, la población envejece, la esperanza de vida aumenta considerablemente, llegando a edades cada vez más altas. Sin embargo el efecto de la baja natalidad se aprecia en el adelgazamiento de la zona intermedia y en la delgadez de la zona de niñez. La población total ha bajado y ahora, tras solo 25 años, es de 46.829.928 habitantes, una disminución de casi 5 millones. Este efecto no es pasajero, es acumulativo: menos hijos serán menos padres en unos años que a su vez tendrán aún menos hijos, y así sucesivamente.

Los casos de Japón y de España, como el de otros países que analizásemos, son análogos, cada uno con sus vicisitudes, como las guerras en las que participó Japón o la guerra civil de España y sus consecuencias. El caso de Japón es paradigmático por las cifras mucho mayores: Japón, entre la pirámide del 2010 (128.542.349 habitantes) y la prevista para 2050 (105.804.023 habitantes), muestra una pérdida de unos 23 millones de habitantes) que nos sorprende[18].

España tiene una evolución parecida a menor escala. Pueden analizarse las triadas de pirámides, y sacar conclusiones: poblaciones envejecidas, ausencia de niños, y una tendencia a seguir dicha evolución si no se encuentran soluciones adecuadas.

Occidente y medio mundo se suicidan demográficamente (Macarrón, A. (2017))[19], Europa se suicida, nos dice Douglas Murray (Murray, D. (2017)[20] y lo mismo advierten otros autores, como Stephen J. Shaw[21].

Pasamos a analizar distintas causas de esta evolución.

4. EL SECRETO "INFORME KISSINGER (NIXON)" DE 1974[22]

Figura 12

18 Información para este apartado tomada de: https://worldlifeexpentamcy.com/es/

19 Macarrón, A. (2017). *Suicidio demográfico en Occidente y medio mundo: ¿A la catástrofe por la baja natalidad?*

20 Murray, D. (2017). *The strange death of Europe*

21 Véase la Web de Birthgap.org

22 Kissinger, H. (1974). NSSM-200

En 1974 (diciembre, 10), fue editado el documento, clasificado como altamente confidencial, NSSM 200 (National Security Study Memorandum 200) conocido como El Informe Kissinger (The Kissinger Report) (Fig. 12). El origen fue el Consejo de Seguridad Nacional de los Estados Unidos, el organismo de mayor nivel en toma de decisiones del gobierno de dicho país. Kissinger fue el alma de la investigación que llevó a la publicación de dicho documento subtitulado *Implications of worldwide population growth for U.S. security and oversees interests.* El informe quedó desclasificado en 1989.

En el informe se indica que hay que controlar aquellos países de alta natalidad y con recursos importantes para los EE. UU. especialmente minerales, de los que USA escasea, y que son vitales para las nuevas tecnologías, así como energías de todo tipo. Hace hincapié en los pueblos indígenas y países del tercer mundo.

Figura 13

Si esos países siguen creciendo será inevitable su crecimiento industrial y con ello el uso de los recursos deseados, impidiendo así que EE. UU. los aprovechase, ello supondría un riesgo económico, político e incluso un problema de seguridad nacional para este país. La solución propuesta fue impulsar **todos los medios posibles** de control de natalidad, incluyendo el aborto voluntario o secretamente forzado o incluso esterilizaciones forzadas a numerosas mujeres. Se dice explícitamente que "Ningún país ha logrado bajar la natalidad sin el uso del aborto". Unos 6 años antes, Johnson y McNamara, después de un informe análogo al de Kissinger, habían puesto en marcha la estrategia de controlar igualmente la natalidad, utilizando en ambos casos organizaciones no gubernamentales de médicos, que actuarían por ejemplo en Bolivia, con el objetivo de realizar esterilizaciones de la población, utilizando para ello la excusa de llevar a cabo un programa de revisiones ginecológicas gratuitas como falsa ayuda. Cientos de miles de mujeres sufrieron estas intervenciones (la película "Sangre de cóndores"

narra lo sucedido y la reacción de los hombres bolivianos de la zona matando a los culpables).

Otro objetivo de estas administraciones norteamericanas, sería el control de la educación de esas poblaciones evitando que fuesen los padres los que educasen a sus hijos al no estar cualificados para hacerlo, de la misma manera lograr un cambio en la cultura de reproducción de alta natalidad que asustaba al gobierno norteamericano por las razones expuestas, convencerles de que tenían superpoblación, aunque no fuese cierto, ofrecer mayor información sexual a los jóvenes y un cambio de mentalidad para sus relaciones y respecto al matrimonio y la familia, también se habla de aprovechar la oportunidad que ofrece la salida de las mujeres del hogar para trabajar. Países inicialmente elegidos fueron: Brasil, India, Bangladesh, Colombia, Perú, Bolivia y Paraguay. Nunca se pensó en eliminar la pobreza sino eliminar a los pobres. “Depopulation should be the highest priority of foreign policy towards the third world” (H. Kissinger, (Fig. 13)).

Instituciones internacionales como la ONU, UNESCO, UNICEF, Fondo de las Naciones Unidas para la población, OMS, OPS, ONGs, IPPF, Comités de Ayuda Internacional de USA, ... son mencionadas como agentes que pueden colaborar en la estrategia del informe.

En mi opinión, las acciones y programas impulsados por los contenidos del Informe NSSM-200 fueron factores de peso en el fenómeno que analizamos. Cuanto menos, resulta curioso que el decrecimiento detectado en los índices de natalidad a que ya nos hemos referido se iniciase en esta década.

Entre las referencias relacionadas con los hechos se han incluido varios documentos en la Web sobre acciones en países no desarrollados:

- Web: (54) Yawar Mallku (Sangre de cóndores) de Jorge Sanjinés 1969 (fragmentos) - YouTube (esterilizaciones en Bolivia)
- Web: (25) Histerectomías forzosas en la India | DW Documental - YouTube
- Web: (25) Esterilizaciones forzadas en Perú: la historia no contada - YouTube

5. EL CAMBIO SOCIAL Y ECONÓMICO EN DISTINTOS PAÍSES

En las últimas décadas del siglo XX confluyeron **procesos de urbanización** en países de población rural importante, como China. Estos procesos van en general acompañados de disminución o atraso de los matrimonios y sobre todo de los nacimientos. Las circunstancias de las grandes ciudades, los tipos de trabajos, el alcance de los salarios, las dificultades de lograr viviendas adecuadas a precios asequibles, todo esto influye en limitar de forma drástica el número de hijos. Por otra parte, la acción de gobiernos como el indio y el chino. Con sus campañas de hijo único o de limitar los nacimientos mediante campañas agresivas de control de natalidad, afectó considerablemente a las zonas rurales.

Figura 14

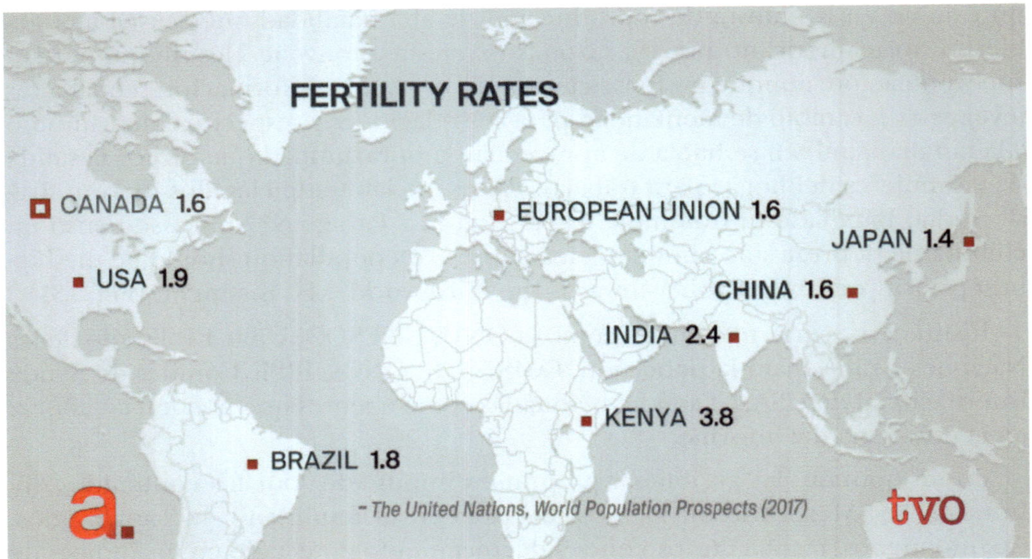

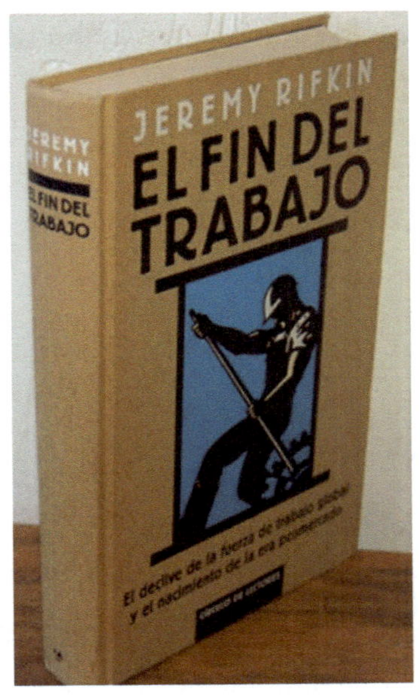

Figura 15

Este tipo de dificultades también las encontraron los protagonistas de las **grandes migraciones**. La mayoría personas jóvenes, hombres y mujeres, en edad de procrear que se desplazan solas a lugares con entornos muy distintos y se enfrentan a problemas serios de adaptación junto con dificultades económicas hasta lograr una estabilidad suficiente. Esto redunda en un atraso considerable en el encuentro de la pareja adecuada y aún más en el nacimiento del primer hijo. El resultado es un aumento de personas sin pareja estable, y de parejas sin hijos o de hijo único, que son las que hacen bajar el índice de fertilidad por debajo del valor 2,1 necesario para lograr el reemplazo poblacional.

A los **habitantes urbanos no emigrantes**, la mayoría de los ciudadanos, los cambios sociales y económicos también les afectan aunque de otras formas. Las dificultades que la juventud encuentra para decidir establecer relaciones estables y más aún para decidirse a aceptar la responsabilidad de tener descendencia, han aumentado por varias razones. La sociedad actual ha crecido con una visión individualista, materialista y hedonista de la vida, la escala de valores ha cambiado en las generaciones de la sociedad moderna y posmoderna. Esto, de por sí suficiente para cambiar los planes de vida, se ve incrementado por las dificultades económicas que encuentran los jóvenes: falta de puestos de trabajo, sueldos insuficientes, carestía incluso de los productos básicos, notable subida de los precios de la vivienda que la hace inasequible para un gran porcentaje de la población. De nuevo se repiten los efectos: disminución del número de parejas estables, imposibilidad de adquirir responsabilidades a largo plazo. El compromiso, las incomodidades y sufrimientos de tener hijos, las renuncias a otro tipo de vida no parecen poder compensarse. El nacimiento del primer hijo no llega nunca, y si llega es tarde para que le sigan algunos más.

A todo lo anterior habría que añadir que la situación mundial no es alentadora, problemas de convivencia, guerras por motivos espurios, la economía, los desastres en sanidad, el ecosistema, ... Es difícil asirse a la esperanza, a la buena voluntad, a los avances tecnológicos de doble filo, a la capacidad de la humanidad.

Disminución de matrimonios, aumento de separaciones desilusionadas, parejas sin hijos o con uno sólo. Ese es el escenario de los países más desarrollados y el futuro de los demás.

Los gobiernos de los distintos países parecen no ser conscientes del problema que se avecina cuando pasen unas generaciones: población envejecida, enorme número de personas solitarias, gastos médicos y de cuidados difíciles de soportar, incapacidad de las nuevas generaciones de aportar al erario los suficientes ingresos... La sociedad precisa cambios sustanciales.

6. CONCLUSIÓN

Se ha expuesto el problema, dando datos estadísticos y enfatizando la importancia de la tendencia al decrecimiento de la población mundial y de Occidente en particular; se ha vislumbrado un número de factores y causas. De estos se han destacado los que, a juicio del autor, tienen una mayor incidencia, haciendo un primer análisis. Contrarrestar dichas causas es evidente que sería lo deseable, pero son muy variadas y de muy distinta índole: unas están en manos de los gobiernos, cambiar ciertos inconvenientes estructurales, promulgar leyes eficaces y ayudar con planes adecuados; otras están imbricadas en la evolución experimentada por la sociedad en los últimos 60 años, la propia sociedad puede que encuentre el camino de paliar sus efectos negativos, la humanidad tiene inteligencia y capacidad para hacerlo, pero ha de concienciarse de su necesidad, sería muy conveniente crear programas de información y formación; Otras afectan a decisiones intimas y los cambios o son imposibles o desde luego pertenecen a la esfera inviolable de la libertad individual.

XIV. SOCIOLOGÍA DE LAS MIGRACIONES. EL USO DE LA MUESTRA CONTINUA DE VIDAS LABORALES EN EL ESTUDIO DE LA INMIGRACIÓN

OLGA MARTÍNEZ MOURE
UCM

RAMIRO CEA MOURE
Universidad de Alcalá

1. INTRODUCCIÓN Y PLANTEAMIENTO DEL PROBLEMA

España se configura como un destino internacional de grandes flujos migratorios, conformándose como lugar de recepción maduro. Adicionalmente, desde las últimas décadas cuenta con un "renovado dinamismo de los flujos migratorios", en palabras de Finotelli y Rinken (2025). Por este motivo, estos autores consideran esencial conocer los datos detalladamente de la situación, tanto administrativa como ocupacional, de la población inmigrada. De lo más general a lo más particular los flujos migratorios en España son los responsables del incremento de la población de nuestro país. Además, estos mismos autores inciden en la importancia creciente que tiene la inmigración en las cifras de trabajo, como se verá en el presente estudio. Diversos informes de la Seguridad Social señalan que, "en los últimos años, el empleo de los extranjeros ha crecido más rápido que el de los nacionales, lo que ha incrementado su participación en el mercado laboral. A finales de 2024, la proporción de extranjeros sobre el total se situaba en el 13,5%, un porcentaje que era del 10,4% en 2018" (Ministerio de Inclusión, Seguridad Social y Migraciones, 2025a). De esta coyuntura se desprende que estamos ante trabajadores jóvenes, lo que adicionalmente supone un factor de alivio demográfico, en una población española hiperenvejecida.

La importancia de las corrientes migratorias implica tomar en consideración una serie de perspectivas teóricas, que van desde los orígenes de la teoría migratoria y las teorías clásicas explicativas de los factores determinantes de las migraciones internacionales, hasta las aproximaciones teóricas más recientes, que intentan analizar los nuevos factores que se han ido añadiendo, entre las que cabría resaltar la teoría de los medios sociales, la perspectiva de la acumulación causal, el transnacionalismo, el giro de la movilidad y la relación movilidad e inmovilidad y la teoría poscolonial y decolonial. Todo ello ha ido fraguando la institucionalización de la sociología de las migraciones, como campo tradicional y permeable a las aportaciones más recientes, que pasan por entender el fenómeno migratorio como parte esencial de las democracias y de la gobernanza mundial. En suma, tanto las aportaciones clásicas como las más actuales entienden que resulta absolutamente prioritario entender y ahondar en las características sociodemográficas de los inmigrantes internacionales, puesto que se configuran como un factor fundamental del cambio social (Arango, 2005: 52-73), especialmente en los momentos de crisis (Fasani y Mazza, 2020 a y b). Para ello, es preciso analizar los tipos de migraciones según las categorías de análisis de la movilidad. Así, tendríamos las categorías de migraciones según la dimensión espacio temporal, las tipologías de migraciones según sus causas y la clasificación de los migrantes por estatutos legales, según estemos ante una migración regular o una migración irregular. Son varios los sistemas migratorios existentes, pudiendo señalarse como sistemas de importancia decisiva en el mundo actual el sistema migratorio latinoamericano y el espacio migratorio del sur de Europa, como subsistema y como cruce de sistemas migratorios (Oso et al., 2023). Para el análisis desde la perspectiva del empleo de nuestro país en el marco de estos sistemas migratorios resulta de gran utilidad la Muestra Continua de Vidas Laborales. Para el análisis concreto del empleo asalariado de la emigración latinoamericana en España en base a la Muestra Continua de Vidas Laborales se remite al lector al trabajo de Contreras Dávila (2016: 167-189)

2. HERRAMIENTAS METODOLÓGICAS EN EL ESTUDIO DE LAS MIGRACIONES

La necesidad de contar con una interpretación interconectada de la realidad de las migraciones implica contar con un importante instrumental metodológico. Así, desde la sociología de las migraciones se dispone de diferentes herramientas metodológicas, entre las que cabría destacar las fuentes de registro administrativo, las encuestas, los estudios de vignette, la etnoencuesta y las encuestas de flujo en frontera, las entrevistas en profundidad, las técnicas de investigación grupales y el método biográfico, entre otras.

Ante una realidad tan compleja como las dinámicas migratorias se exige combinar las metodologías tradicionales con las de transvanguardia, como lo son las herramientas audiovisuales y digitales. Pongamos por caso los big data, que se configuran como datos anonimizados generados por usuarios de plataformas de internet y de móviles o por imágenes de satélite. Los denominados "rastros digitales" son un sensacional complemento de las fuentes tradicionales y para el trabajo de campo. Así, es necesario seguir caminando sobre la senda de ampliar los conocimientos y las implicaciones teóricas y prácticas de las migraciones, no solamente para seguir avanzando hacia la consecución plena de las metas de los Objetivos de Desarrollo Sostenible (ODS) relacionadas con la migración y de los objetivos de las agendas internacionales, sino también para conseguir una sociedad más justa, cohesionada e integrada socialmente. Para ello, en el marco de la sociología de las migraciones se analizan, entre otros datos, las expectativas y los resultados educativos de los hijos y las hijas de los inmigrantes.

Los esfuerzos metodológicos para conocer las diversas realidades de la migración suponen un doble reto, en primer lugar, porque es preciso seguir avanzando en la dimensión ética de los análisis y, en segundo lugar, porque resulta necesario complementar las metodologías tradicionales con las más novedosas, pero siempre considerando que éstas últimas traen consigo diversas y crecientes dificultades. Cítese las innovaciones que trajo consigo el Censo del año 2021, el censo oficial número 18 realizado en España, que, a diferencia de los anteriores, no se ha elaborado recopilando información a partir de la entrevista a los hogares, sino que por primera vez se ha realizado a través de la combinación de decenas de registros administrativos, por tratarse del método más eficiente. Como es sabido, la operación censal ha arrojado un conjunto de ficheros con datos individuales (un fichero completo de personas formado por tantos registros como habitantes a 1 de enero de 2021, un fichero completo de hogares con información sobre el tamaño y la composición del hogar, un fichero completo de establecimientos colectivos y un fichero completo de viviendas). En suma, el producto final contiene microdatos que recogen información sobre toda la población (INE, 2023). El Instituto Nacional de Estadística, consciente de la utilidad de utilizar el conjunto de datos masivos ha realizado todos los esfuerzos para incorporar una metodología novedosa, que incorpora el denominado Big Data, lo que permite, por ejemplo, establecer tipologías de viviendas de acuerdo con el consumo eléctrico (INE, 2019). En todo caso, aunque se ha citado en este momento el caso del nuevo censo, es preciso enfatizar que el Instituto Nacional de Estadística está constantemente estableciendo mejoras en el estudio y presentación final de la información (Segovia y Durán, 2008: 228-231).

3. MIGRACIÓN Y MERCADO DE TRABAJO

Entender las conexiones entre el fenómeno migratorio y el mundo del empleo implica tomar en consideración la regulación de las migraciones laborales desde la segunda mitad del Siglo XX (Godenau, 2007: 91-106) y el marco teórico de las Teorías del mercado de trabajo (el capital humano y su procedencia y la estructura del mercado laboral), que marcarían, ya desde el inicio, una senda muy necesaria para el estudio de las migraciones laborales en el seno de las sociedades industriales (1979). Además, resulta esencial tomar en consideración la estructura de la movilidad social de los migrantes en el marco de una sociedad (Gamlen, 2020). Asimismo, el impacto de la inmigración sobre la sociedad de acogida implica afianzar los debates teóricos en torno al nexo entre migración y desarrollo, el desarrollo translocal y los denominados corredores de desarrollo.

Para ello, es preciso el estudio de la movilidad social en forma de U y de las distintas estrategias familiares de movilidad social. Todo ello nos llevará a la posibilidad de estudiar pormenorizadamente la migración menos cualificada (el sector de los cuidados, agricultura y construcción, a menudo tamizados por dinámicas de precariedad —Broquetas Callejo y Moreno Fuentes, 2015: 139-151—) y la migración más cualificada. Esta clasificación implica repensar la importancia que han tenido los flujos migratorios en las diferentes crisis, tanto la financiera como la del Covid 19 (Basok et al., 2023: 68-90) y también la dimensión de género (Foley y Piper, 2020). Este enfoque de género resulta prioritario en el análisis, no solamente por haber asistido al tránsito desde la invisibilidad de la migración femenina al discurso sobre la feminización de la migración, sino también por la importancia que tiene el estudio de las migraciones femeninas en los modelos de provisión del bienestar de los países del primer mundo. Este trabajo en muchas ocasiones podría ser definido utilizando la expresión de Moré (2020), "el trabajo invisible que sostiene la vida" (Moré, 2020: 737-745)

No en vano en las cadenas globales de cuidados parece que existe un segmento ocupacional casi siempre protagonizado por mujeres. Ello implica realizar un análisis, no solamente desde la sociedad receptora, sino también desde las diferentes sociedades de origen, en donde se empiezan a desarrollar las familias transnacionales, con la consecuente maternidad a distancia. Por ello, la circulación de cuidados y la protección social transnacional resulta ser uno de los temas de debate internacional más importantes, del que ya se está ocupando la literatura técnica de los últimos años, sobre todo desde la mirada interseccional, poscolonial y de economía feminista. Al no podernos extender demasiado en estas cuestiones se remite al lector al trabajo de Oso et al. (2023), cuidadosamente detallado en la bibliografía.

En suma, se requiere un desarrollo social más amplio de la gobernanza de las migraciones, el establecimiento de modelos conectados con la realidad, el fortalecimiento de la sociedad y el desarrollo de políticas migratorias que impliquen al contexto estatal y a la ciudadanía todos los sectores sociales. Los análisis enmarcados en este contexto necesitan de las herramientas metodológicas antes señaladas y, de manera muy particular, de la Muestra Continua de Vidas Laborales, base de datos de extraordinaria riqueza de contenido (Durán, 2007: 231-240), por lo concerniente a la capacidad de observación de las trayectorias laborales, conformada con información administrativa de toda la vida activa de trabajadores y pensionistas de nuestro país. En el siguiente epígrafe nos centramos de manera pormenorizada en la citada muestra.

En el gráfico que se expone a continuación aparece representado el número más elevado del total de personas extranjeras que cotizan a la Seguridad Social, tanto en la serie de datos original, como en la desestacionalizada de un mes de febrero.

Gráfico nº 1. Afiliación media de los trabajadores nacionales y trabajadores extranjeros desde diciembre del año 2023 hasta febrero del año 2025

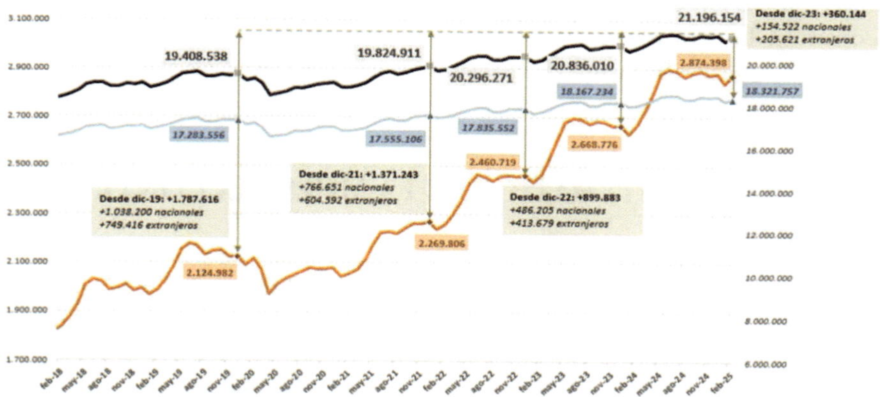

https://www.lamoncloa.gob.es/serviciosdeprensa/notasprensa/inclusion/paginas/2025/170325-afiliados-extranjeros-seguridad-social.aspx

En el siguiente gráfico se observan las contribuciones de los autónomos (RETA + SETA) a la tasa de variación total en promedio anual.

Gráfico nº 2. Trabajadores autónomos (RETA + SETA) por nacionalidad

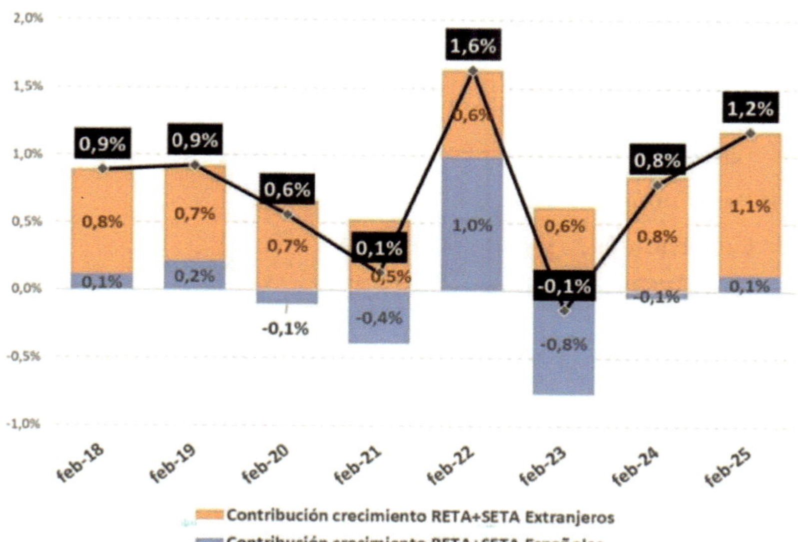

https://www.lamoncloa.gob.es/serviciosdeprensa/notasprensa/inclusion/paginas/2025/170325-afiliados-extranjeros-seguridad-social.aspx

Como se puede observar en los gráficos expuestos (números 1 y 2), la contribución del trabajo inmigrante resulta esencial en la prosperidad de España, tanto utilizando el criterio de afiliación media de los trabajadores durante un período dado como en la evolución de los trabajadores autónomos (RETA +SETA) por nacionalidad —contribuciones a la tasa de variación total en promedio anual).

4. DEFINICIÓN Y SISTEMÁTICA DE LA MUESTRA CONTINUA DE VIDAS LABORALES

La Muestra Continua de Vidas Laborales (en adelante MCVL) se configura como un extracto de datos de carácter individual, anónimos, procedentes de las distintas bases de datos de la Seguridad Social. A efectos de completar la información a estos datos se le añaden otros tomados del Padrón Continuo Municipal (INE) y del resumen anual de retenciones e ingresos a cuenta del IRPF —Modelo 190 de la AEAT— (Seguridad Social, 2025). Esos datos corresponden a una muestra de afiliados o pensionistas de la Seguridad Social seleccionados al azar durante el último año natural finalizado. La riqueza de la muestra reside en que para cada individuo se incluyen datos de afiliación a la Seguridad Social en dicho año y en clave longitudinal —datos históricos—. Este dinamismo de la serie permite observar el fenómeno con todas sus fluctuaciones, que siempre es más rico que una foto fija.

La información se organiza en seis tablas, de acuerdo con la siguiente estructura:

- Tabla 1: Personas
- Tabla 2: Afiliación (vida laboral)
- Tabla 3: Bases de Cotización
- Tabla 4: Pensiones
- Tabla 5: Convivientes
- Tabla 6: Datos Fiscales (retenciones IRPF)

Tabla nº 1. Campos comunes en las tablas de la MCVL

CAMPOS COMUNES EN LAS TABLAS DE LA MCVL

TABLA 1: PERSONAS
1.001 IDENTIFICADOR DE LA PERSONA FÍSICA (IPF)
...

TABLA 2: AFILIACIÓN
2.001 IDENTIFICADOR DE LA PERSONA FÍSICA (IPF)
...
2.010 CÓDIGO DE CUENTA DE COTIZACIÓN (CCC)
...
2.019 IDENTIFICADOR (NIF/CIF) ANONIMADO DE LA ENTIDAD PAGADORA
...

TABLA 3: BASES DE COTIZACIÓN
3.001 IDENTIFICADOR DE LA PERSONA FÍSICA (IPF)
3.002 CODIGO DE CUENTA DE COTIZACION (CCC)
...

TABLA 4: PENSIONES
4.001 IDENTIFICADOR DE LA PERSONA FÍSICA
...

TABLA 5: CONVIVIENTES
5.001 IDENTIFICADOR DE LA PERSONA FÍSICA (IPF)
...

TABLA 6: DATOS FISCALES
IDENTIFICADOR DE LA PERSONA FÍSICA (IPF)
...
IDENTIFICADOR (NIF/CIF) ANONIMADO DE LA ENTIDAD PAGADORA
...

Fuente: MCVL

Para la selección de la muestra, los individuos que se incluyen en la MCVL de un año dado deben cumplir las condiciones que se mencionan a continuación:

1. Tener de un documento identificador de persona física, como el DNI o el NIE —Número de Identificación de Extranjero—, cuyo número esté incluido en un **conjunto de carácter permanente** de cuatro mill. de números seleccionados al azar, de entre los primeros cien mil. de números naturales (4%).

2. Haber formado parte de la población de referencia en el año considerado.

La MCVL facilita la elaboración de estudios de ámbito provincial o territorial. Las variables que permiten la localización geográfica son el "domicilio de residencia habitual" —o residencia administrativa de quienes están empadronados en el instante de la extracción de la muestra—; el "domicilio de actividad de la cuenta de cotización"; la "provincia de gestión de la prestación"; la "provincia de nacimiento" y, por último, la "provincia de primera afiliación". La MCVL se publica cada año en dos versiones, una, denominada MCVL SDF, que engloba las tablas de personas, afiliación, bases de cotización, pensiones y habitantes en el hogar y otra que, bajo la nomenclatura MCVL CDF, es confeccionada por la Agencia Estatal de la Administración Tributaria y arroja información sobre datos fiscales (Ministerio de Inclusión, Seguridad Social y Migraciones, 2025b).

5. LA UTILIDAD DE LA MUESTRA CONTINUA DE VIDAS LABORALES PARA EL ESTUDIO DE LAS TRAYECTORIAS DE TRABAJO

La trayectoria de trabajo o laboral se puede definir como ese conjunto de procesos y circunstancias basadas en el empleo que perfilan un camino con diversas posibles direcciones. En la publicación del Centre d'Estudis Sociològics sobre la Vida Quotidiana i el Treball (2011) titulada "Trayectorias laborales de los inmigrantes en España" este constructo sociológico se define como "*el conjunto de circunstancias, con base en el trabajo, que trazan un itinerario que puede ser considerado de avance, retroceso o estancamiento. Por tanto, incluye importantes connotaciones de carácter subjetivo, de posición social en el trabajo y de reconocimiento social. Desde una perspectiva social, la trayectoria laboral puede ser un indicador bastante completo de las oportunidades que la sociedad ofrece a sus miembros mientras están trabajando*" (Centre d'Estudis Sociològics sobre la Vida Quotidiana i el Treball, 2011). De ello se desprende su carácter multidimensional, puesto que encierra diversas cuestiones, todas ellas entrelazadas, como salario, inserción o seguridad en el empleo. Para Dombois (1998), el análisis de la trayectoria profesional "*permite reconstruir el proceso de asignación de personas a posiciones sociales relacionado con el tiempo de vida de estas, y con una determinada perspectiva del tiempo histórico*" (Muñiz, 2002 y Centre d'Estudis Sociològics sobre la Vida Quotidiana i el Treball, 2011).

Por todo ello, este concepto está alineado sobre el constructo de la sociología industrial y del trabajo "Movilidad laboral". Para Giddens (1991) el término, directamente relacionado con la estratificación social, se refiere a los movimientos de las personas y de los grupos entre las diversas "posiciones socioeconómicas". (Giddens 1991). Existiendo en la literatura técnica sociológica dos tipos de movilidades, la vertical y la horizontal, para este capítulo nos interesa, más particularmente, la vertical por dos motivos bien diferenciados, en primer lugar, porque concierne a los tránsitos de carácter ascendente o descendente —por renta, salario o estatus socioprofesional— en la escala socioeconómica y, en un segundo término, porque su estudio pormenorizado nos puede llevar a conocer el grado de apertura social de una sociedad, esto es, el nivel de fomento de las carreras profesionales de las personas. Señálese brevemente que la movilidad horizontal, por su parte, está siendo muy fomentada a día de hoy, tanto por los países de la OCDE como de la Unión Europea, como base para fomentar el empleo (Gagnon, 2009). Esta tipología también es muy recurrente en el marco de la sociología de las migraciones.

Otra tipología de movilidad muy estudiada también en este campo es la que distingue entre la intrageneracional —modalidad explicativa de los ascensos y descensos profesionales, que toma como referencia el último trabajo del inmigrante en la sociedad de origen y el primer empleo en el país receptor— (Green, 1999: 49-79, Centre d'Estudis Sociològics sobre la Vida Quotidiana i el Treball,

2011) y la intergeneracional, que se fija en el logro profesional de la segunda generación de migrantes, para observar los ascensos y descensos con respecto a la generación inicial. Así, se va construyendo la historia de vida, de acuerdo con el tránsito entre las posiciones (Chiswick Y Barry, 2005: 332-353, Green, 1999: 49-79, Centre d'Estudis Sociològics sobre la Vida Quotidiana i el Treball, 2011). Esto supone un interesante indicador los distintos procesos de inserción laboral de los inmigrantes (Henríquez y Uribe-Echevarría 2002) en el marco de la sociedad receptora, inserción que, en ocasiones, está claramente marcado por la precariedad y por la vulnerabilidad (Pumares Fernández y Jolivet, 2011: 205-256).

6. LA IMPORTANCIA DE ESTUDIAR LAS TRAYECTORIAS PROFESIONALES DE LA POBLACIÓN INMIGRANTE EN EL MARCO DE LA SOCIEDAD

En el estado actual de conocimiento la importancia de estudiar las trayectorias profesionales de la población inmigrante pasa por reconocer el papel decisivo que tuvo en el marco de las últimas crisis acontecidas en España, a saber, la crisis financiera (2008-2014) y la pandemia (Domínguez-Rodríguez et al., 2024: 1-24), con los diversos procesos de transformación socioestructural que corrieron parejos a las mencionadas crisis (Foley y Piper, 2020). En esta última, un sector muy representativo se dedicó a las actividades denominadas esenciales (Triandafyllidou y Nalbandian, 2020; Anderson et al. 2021; Domínguez-Mujica y Montanari, 2022 y Domínguez-Rodríguez et al., 2024).

Para el presente trabajo se han revisado diferentes estudios, a los efectos de observar las trayectorias laborales de la mano de obra migrante y reflexionar, de acuerdo con estos datos, sobre el contorno de la gobernanza de las migraciones contemporáneas (Ambrosini, 2022; Koinova et al., 2023; Domínguez-Rodríguez et al., 2024). No en vano el empleo de mano de obra migrante en sectores clave, como la agricultura, fue lo que permitió a la economía española seguir manteniendo la producción a niveles óptimos, como, de hecho, arrojan los datos de la MCVL (Domínguez-Rodríguez et al., 2024), incluso en momentos de crisis (López-Sala, 2022: 1-14; Molinero-Gerbeau y López-Sala, 2022; González Benson, 2021: 186-192 y Corrado y Palumbo, 2021: 145-166), configurándose, en muchas ocasiones, como trabajadores esenciales, pero también olvidados (Torres Pérez y Pérez Alonso, 2022). Por su parte, un reciente estudio elaborado por el Parlamento Europeo señalaba que el futuro del campo durante la década 2020-2030 corría un importante peligro, como consecuencia del progresivo abandono de tierras agrarias —se señala que 56 millones de hectáreas aproximadamente serán abandonadas hacia el año 2030—, por lo que resulta prioritario establecer todos los mecanismos posibles para el logro de una política agrícola sólida (Parlamento Europeo, 2025). Por su parte, la Organización Agraria Unión de Uniones se alinea con este mismo argumento, habida cuenta de que está en entredicho el relevo generacional en el agro (AGROCLM, 2025). Esto mismo lo refrendan sendos estudios del Ministerio de Agricultura, Pesca y Alimentación (2025), cuando señalan que España dispone de una proporción de agricultores en franjas productivas de la pirámide de población de las más reducidas de la Unión Europea, cuestión que se alinea con una preocupación común de la Unión Europea, que ha llevado a la Comisión Europea (2025) a accionar la denominada "Estrategia para el relevo generacional de la agricultura" (Comisión Europea, 2025).

Mediante los estudios de las trayectorias laborales de los migrantes, apoyados en la MCVL, se observa que la mano de obra migrante ha constituido parte de la solución de este problema, evitando los posibles desequilibrios sociales en la ruralía, como se desprende de los análisis de variación interanual de la afiliación de extranjeros en el sector agrario (Ministerio de Inclusión, Seguridad Social y Migraciones, 2025a).

Gráfico nº 3. Incremento de la afiliación de extranjeros en el sector agrario —variación interanual—

La afiliación de extranjeros en el sector agrario aumenta un 6,31% interanual en junio

Afiliación de extranjeros en el sector agrario. Mes de junio de 2025

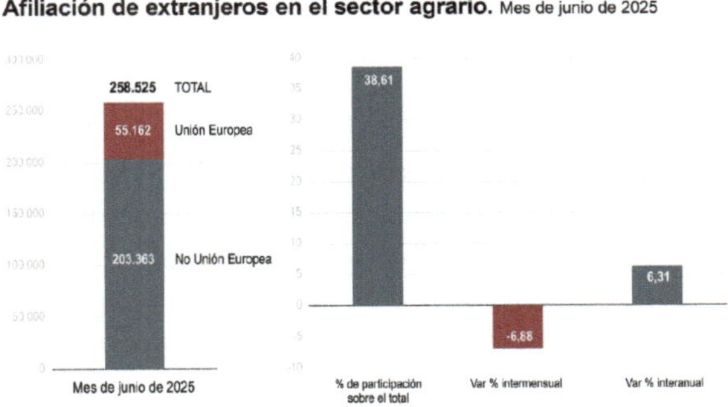

Afiliación de extranjeros por nacionalidades de origen

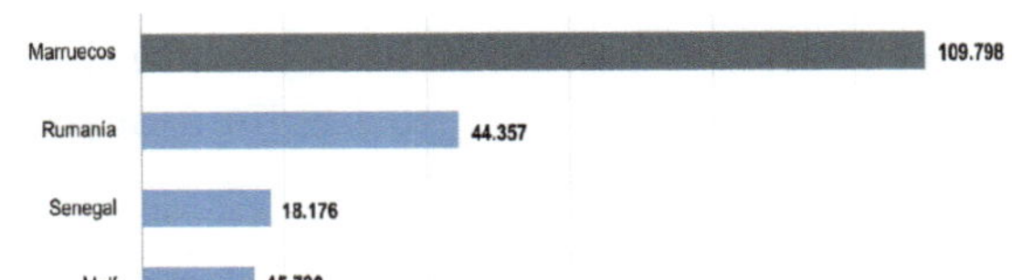

Fuente: Ministerio de Inclusión, Seguridad Social y Migraciones (2025a)

Como se puede observar, Marruecos ocupa el primer puesto en la afiliación de extranjeros por nacionalidades de origen en el sector agrario (Ministerio de Inclusión, Seguridad Social y Migraciones, 2025a). Esta primera posición en el año 2025 puede derivarse de la esencialidad que adquirieron durante la crisis económica (Capote Lama, 2015). Este es uno de los múltiples ejemplos empíricos de que la población inmigrante, a través de las trayectorias laborales permite el relevo generacional, sobre todo, de sectores cuya renovación está en entredicho, por diferentes casuísticas sociales. Este hecho se alinearía con el emprendimiento extranjero, que permite, igualmente, la renovación generacional de sectores esenciales y es clave para la supervivencia empresarial (Bellido-Jiménez et al.: 2021). Según ATA, Autónomos (2025) desde el mes de marzo del año 2021 al mes de marzo del presente año 2025, el Régimen Especial de Trabajadores Autónomos, conocido por sus siglas como RETA, sumó un total de 108.155 autónomos, de los cuales 104.338 son emprendedores extranjeros, lo que representa en términos porcentuales el 96,5% del global del crecimiento (ATA, Autónomos, 2025). Esta tendencia de relevo generacional de pequeños negocios y negocios medios que, tras la jubilación del empresario toma las riendas del negocio un emprendedor inmigrante ha adquirido unos contornos sociales dignos de ser estudiados en profundidad. Además, este dinamismo social se produce en múltiples sectores, comercio, construcción, manufactura, hostelería, TICS, comercio y agricultura, como se ha señalado con detalle en líneas anteriores. De hecho, para el año 2025, de acuerdo con el contexto explicado y tomando como punto de partida los informes del Ministerio de Inclusión, Seguridad Social y Migraciones (2025a) la cifra de autónomos extranjeros alcanzó un récord histórico en el año 2025, que asciende a 486.894, con importantes incrementos en el sector de la Información y Comunicaciones (cuyo peso porcentuales de 30,6%) y de las Actividades Científicas y Técnicas (con un peso porcentual del 17,6%), con lo que cabe resaltarse la importancia creciente que tiene la mano de obra foránea en actividades económicas de alto valor añadido y altamente cualificados. En suma, la mano de obra extranjera adquiere cada vez más peso en el Régimen Especial de Trabajadores Autónomos Ministerio de Inclusión, Seguridad Social y Migraciones (2025a).

7. ALGUNOS DATOS EMPÍRICOS PARA EL ANÁLISIS

Siguiendo, en parte, la metodología de Jimeno Serrano (2009: 5-9) para el análisis del impacto laboral de la inmigración en España se expone en esta parte más aplicada del trabajo algunos resultados empíricos de la evolución del trabajo de los extranjeros en España por grandes sectores económicos y de acuerdo con los datos que ofrece el Instituto Nacional de Estadística.

Gráfico nº 4. Población masculina extranjera (U.E.)

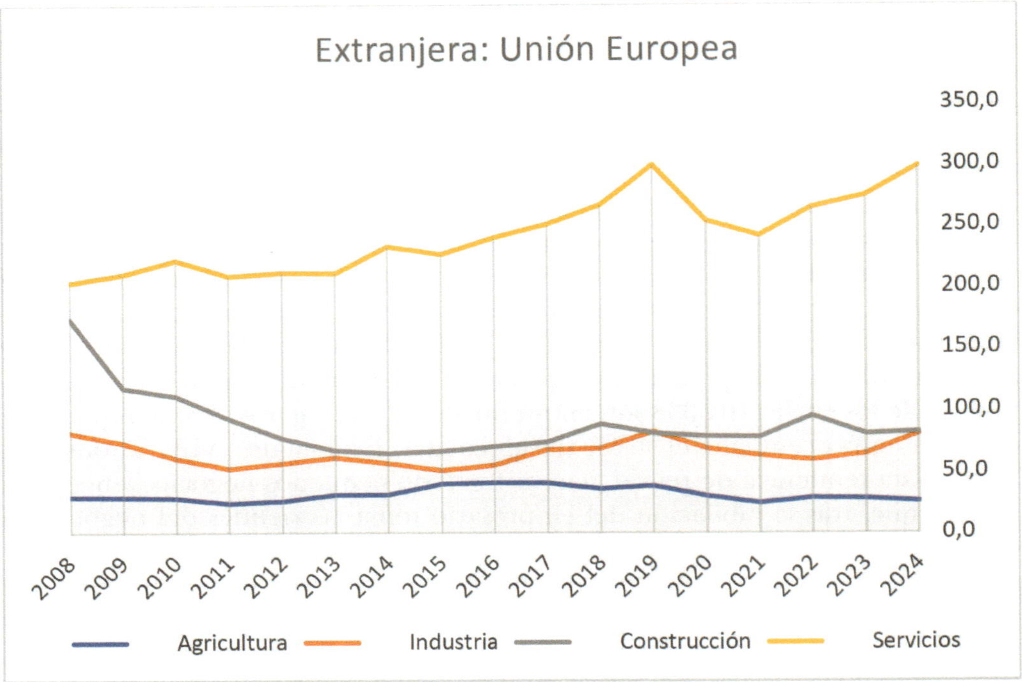

Fuente: Elaboración propia con los datos del INE
(https://www.ine.es/jaxiT3/Tabla.htm?t=65992)

A lo largo del periodo 2008-2024, los varones procedentes de la Unión Europea han arrojado una evolución decididamente tamizada por las fluctuaciones del ciclo económico, con un predominio muy importante del sector servicios y un paulatino descenso de la construcción.

En el caso de la agricultura, a la que hacíamos referencia en la parte más teórica del trabajo, las cifras y los datos han permanecido relativamente estables/constantes, con ligeras variaciones, evidenciando una estabilización en la contratación agrícola, en parte por los factores señalados en la sección teórica de la investigación.

El sector de la industria, tras una caída continuada desde las fluctuaciones al alza del cohorte temporal 2008-2010, ha recuperado cierto dinamismo, que se hace notar de manera particular a partir del año 2021 y alcanzando en el año 2024 niveles (81 mil) parejos a los de actividad industrial máxima. Esta recuperación apunta a una alineación con el sector manufacturero europeo, posiblemente impulsada por la relocalización de algunas actividades y la mayor demanda interna.

En el sector de la construcción se observa una tendencia volátil, puesto que los niveles extremadamente elevados del marco temporal 2010-2011 (por encima de 110 mil) se redujeron y, por lo tanto, cayeron durante la crisis, estabilizándose en valores cercanos a los 80 mil. Esto implica un mercado decididamente más ajustado. Los servicios, por su parte, concentran el grueso del empleo y arrojan una trayectoria sostenida con pequeñas fluctuaciones al alza y a la baja, manteniendo desde el año 2021 un crecimiento constante hasta los 298,5 mil en 2024.

Gráfico nº 5. Población masculina extranjera (resto de Europa)

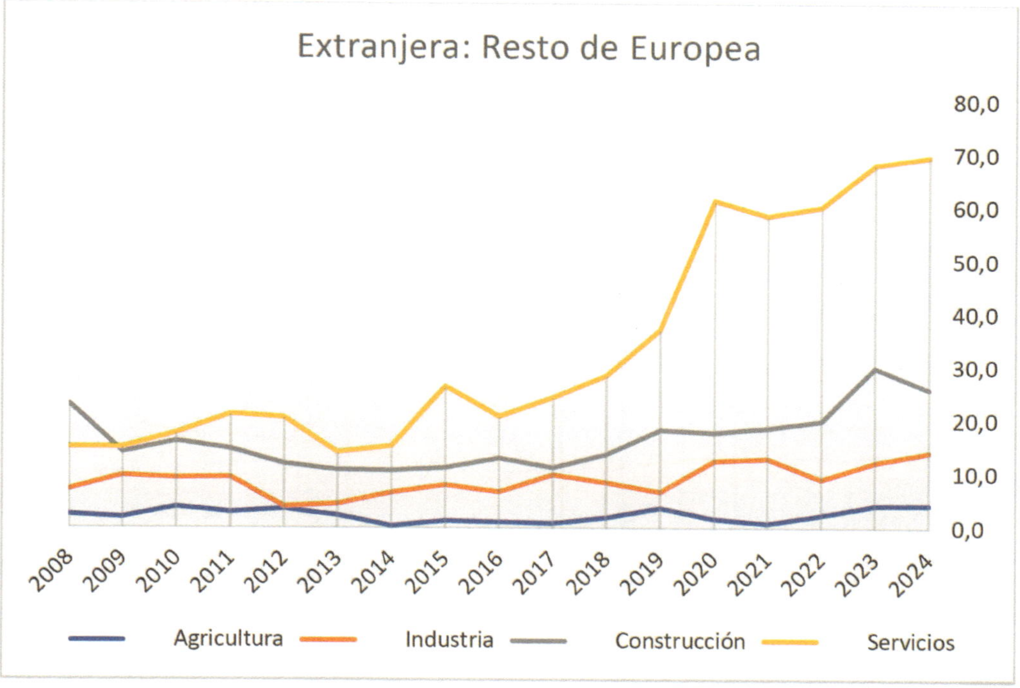

Fuente: Elaboración propia con los datos del INE (https://www.ine.es/jaxiT3/Tabla.htm?t=65992)

En este grupo a estudio, las trayectorias laborales sectoriales presentan tendencias irregulares y sensibles a los cambios coyunturales. En el sector de la agricultura, por ejemplo, la presencia es muy reducida hasta el año 2020, cuando comienza una leve recuperación. La industria mantiene un perfil cíclico. En la construcción las fluctuaciones son notables, puesto que tras máximos en el intervalo temporal que va desde el año 2009 hasta el 2010 el sector cayó hasta la mitad y solamente a partir de 2021 se observa un cierto repunte, que es la consecuencia del incremento de obras públicas y rehabilitaciones.

El sector servicios, por su parte, presenta un crecimiento de carácter sostenido a lo largo de la década de 2010, consolidándose desde el año 2020 por encima de los 60 mil empleos. En suma, la tendencia general dibuja un desplazamiento progresivo hacia los servicios y una menor dependencia de la construcción. Ello trae consigo un mercado con trayectorias laborales diversificadas y, por lo tanto, menos vulnerable a las fluctuaciones de los ciclos inmobiliarios.

Gráfico nº 6. Población masculina extranjera (América Latina)

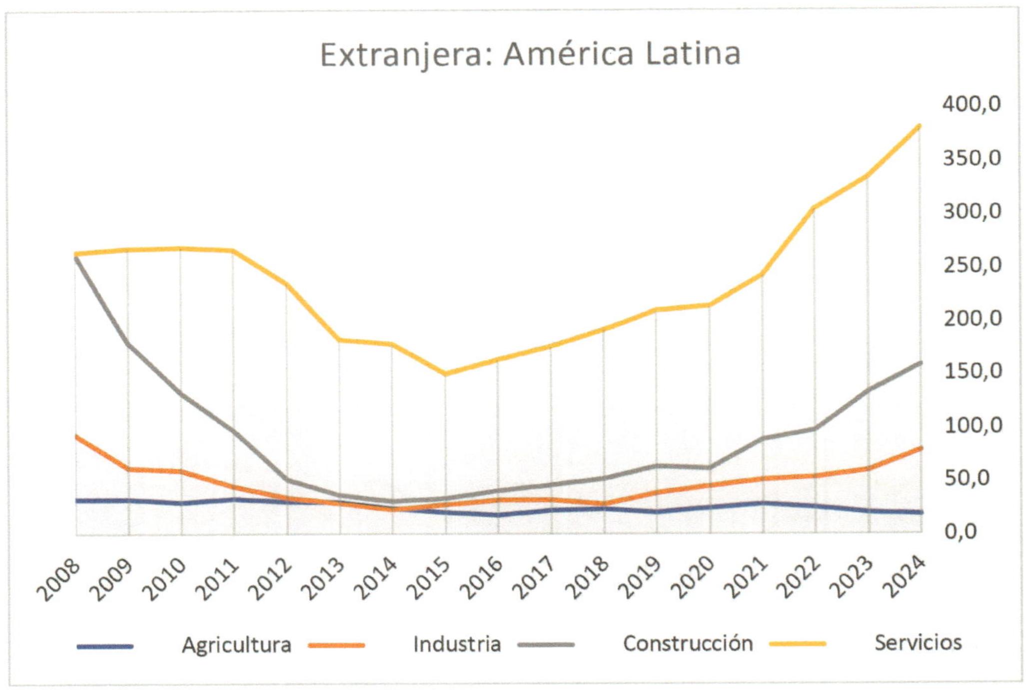

Fuente: Elaboración propia con los datos del INE (https://www.ine.es/jaxiT3/Tabla.htm?t=65992)

Llegados a este punto, cabe señalar que la evolución de los hombres latinoamericanos en el marco del mercado español es una de las más dinámicas de las señaladas. La agricultura arroja ciertas fluctuaciones, pero tiende a estabilizarse desde el año 2018, manteniéndose en torno a los 19-25 mil trabajadores.

En la industria se produce una importante recuperación, que va desde los mínimos presentados en el año 2016 hasta cifras próximas a 80 mil en el año 2024. Se trata, como se puede observar de una muestra de la reinserción progresiva en sectores manufactureros y logísticos.

El sector de la construcción, recuérdese que había sido el gran motor de empleo hasta el año 2008, sufre una caída importante durante la década siguiente, aunque vuelve a recobrar el dinamismo desde el año 2020, situándose en 158,6 mil empleos en 2024. Como se puede observar, nos encontramos con una recuperación estructural del sector.

Los servicios han mostrado un crecimiento sostenido y regular. En el año 2015 mostraron cifras muy bajas, pero después mantienen un ascenso constante hasta el año 2024, con 380,8 mil trabajadores.

Gráfico nº 7. Población masculina extranjera del resto del mundo y apátrida

Extranjera: Resto del mundo y apátrida

Agricultura — Industria — Construcción — Servicios

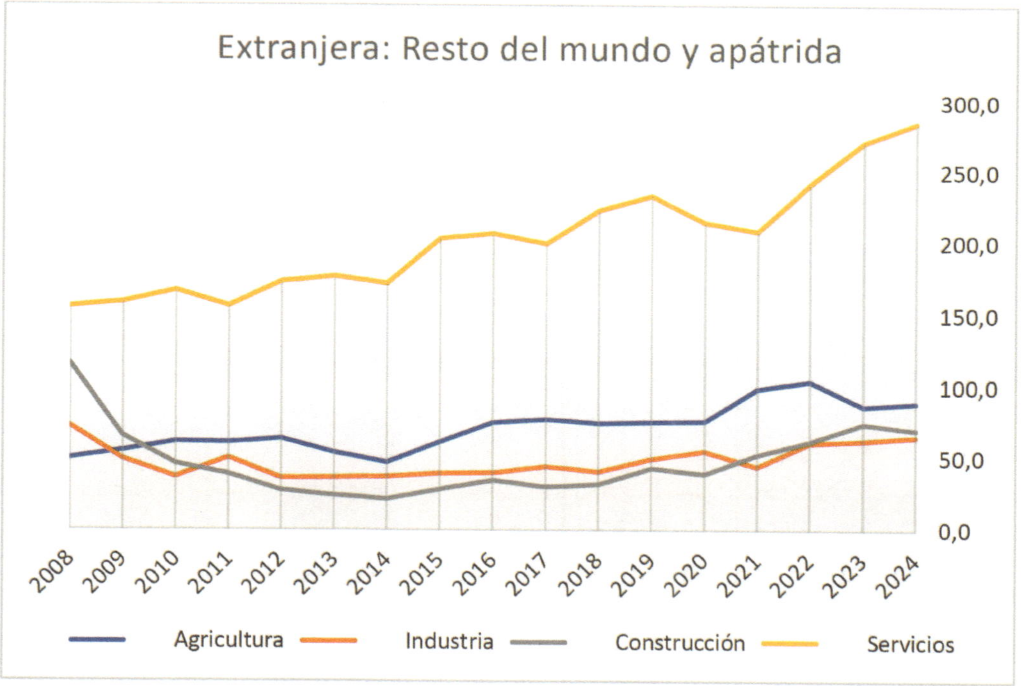

Fuente: Elaboración propia con los datos del INE (https://www.ine.es/jaxiT3/Tabla.htm?t=65992)

Este grupo presenta un comportamiento equilibrado entre los distintos sectores, aunque, ciertamente, existe un predominio de los servicios. En agricultura, por ejemplo, las cifras se mantienen elevadas a lo largo del periodo. La industria mantiene una tendencia estable sostenida en un rango medio (entre 40 y 65 mil trabajadores), lo que nos da idea de una resistencia frente a los ciclos.

La construcción, que, recuérdese, había alcanzado niveles muy elevados antes del año 2009, experimenta una larga etapa de descenso hasta el año 2020, seguida de una ligera recuperación, que culmina con 69,9 mil en 2024. Por último, los servicios constituyen el sector dominante, quizás por la existencia de una dependencia creciente del sector terciario, que previsiblemente seguirá marcando las tendencias laborales en los próximos años.

Gráfico nº 8. Población femenina extranjera (Unión Europea)

Extranjera: Unión Europea

450,0
400,0
350,0
300,0
250,0
200,0
150,0
100,0
50,0
0,0

2008 2009 2010 2011 2012 2013 2014 2015 2016 2017 2018 2019 2020 2021 2022 2023 2024

Agricultura Industria Construcción Servicios

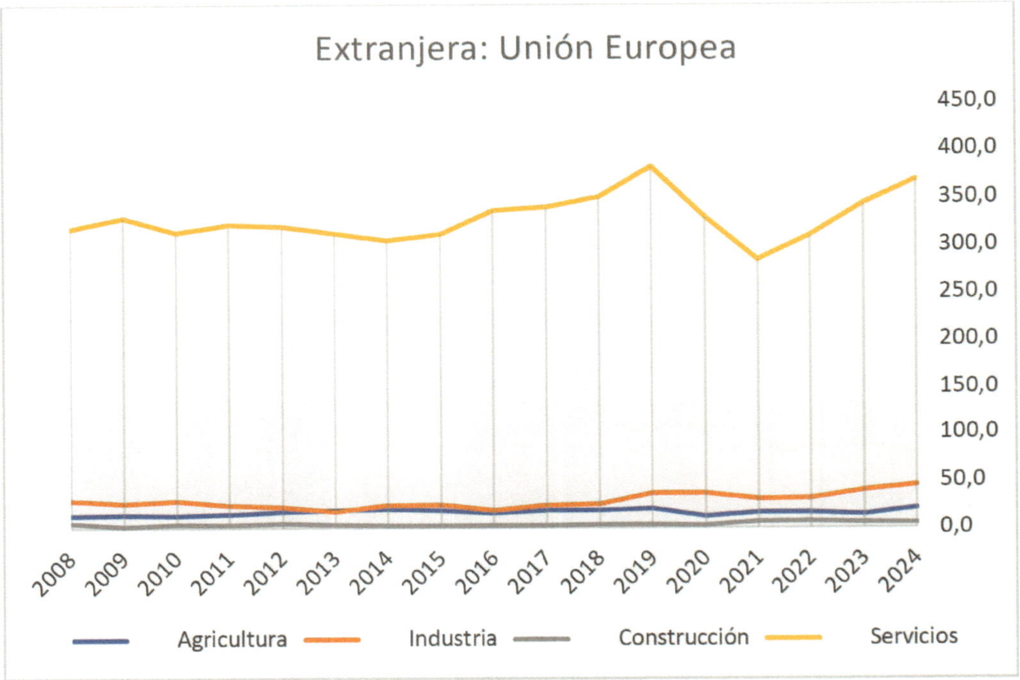

Fuente: Elaboración propia con los datos del INE (https://www.ine.es/jaxiT3/Tabla.htm?t=65992)

La presencia femenina comunitaria muestra un patrón más estable que el presentado por la población masculina, con un peso dominante del sector servicios. La agricultura se mantiene en niveles bajos, aunque se observa un cierto repunte en los primeros años de la década de 2020. En la industria la evolución es positiva. La construcción ocupa un espacio marginal. El sector servicios absorbe la inmensa mayoría de la ocupación femenina. Existe una clara resiliencia del empleo en hostelería, en el sector de los cuidados y en el comercio, ámbitos en los que la población femenina de la Unión Europea mantiene una posición sólida.

Gráfico nº 9. Población femenina extranjera (resto de Europa)

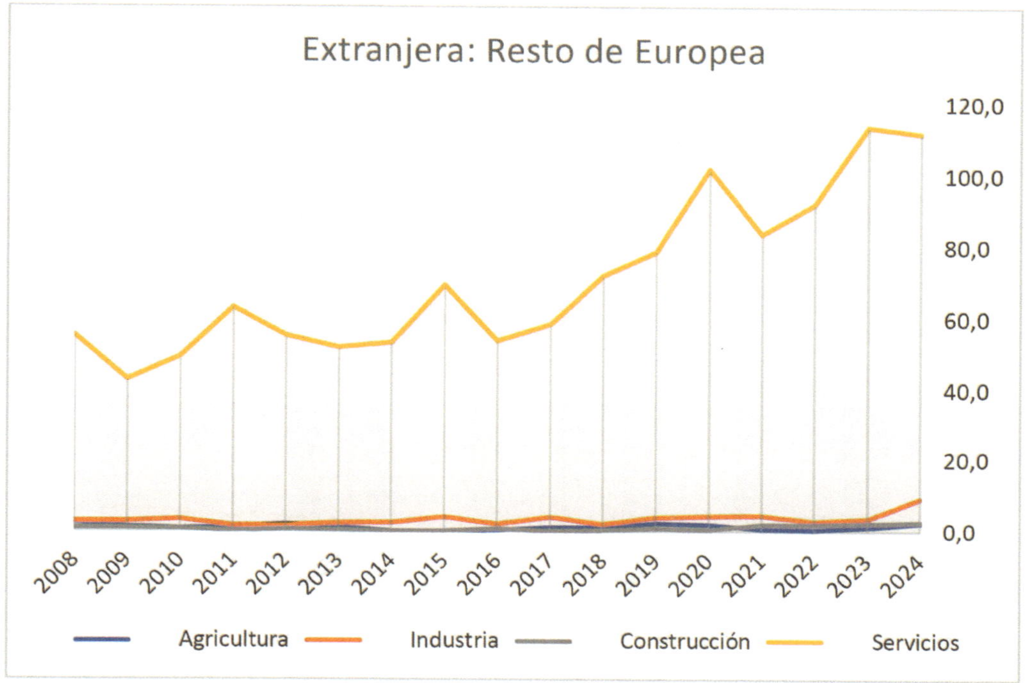

Fuente: Elaboración propia con los datos del INE (https://www.ine.es/jaxiT3/Tabla.htm?t=65992)

La población analizada en este grupo tiene niveles de empleo bastante reducidos. La agricultura apenas tiene peso. La industria, por el contrario, ha mostrado una recuperación, lo que refleja una presencia de la mano de obra femenina cualificada de Europa del Este hacia sectores manufactureros. En la construcción la participación podríamos decir que es simbólica, aunque se aprecia cierta fluctuación al alza en los últimos años. En los servicios la tendencia dibujada es la siguiente: desde el año 2013 nos encontramos con una expansión sostenida.

Gráfico nº 10. Población femenina extranjera (América Latina)

Fuente: Elaboración propia con los datos del INE (https://www.ine.es/jaxiT3/Tabla.htm?t=65992)

El colectivo latinoamericano femenino es, con diferencia, el colectivo más numeroso y con mayor crecimiento sostenido. En el sector de la agricultura, la participación es muy reducida, pero con tendencias constantes. En la industria y la construcción tienen escasa relevancia. El gran motor de ocupación es el sector servicios.

Gráfico nº 11. Población femenina extranjera (Resto del mundo y apátrida)

Fuente: Elaboración propia con los datos del INE (https://www.ine.es/jaxiT3/Tabla.htm?t=65992)

La evolución de este grupo es más moderada, pero tiene una tendencia constante, con un patrón que combina al mismo tiempo estabilidad y diversificación. En agricultura la participación se ha mantenido entre 7 y 11 mil trabajadoras. En la industria el crecimiento es bastante importante desde el año 2015. La construcción sigue siendo marginal, aunque con picos ocasionales asociados a años de repunte económico. El sector servicios se configura como el eje central de este colectivo. Además, la tendencia general apunta a una consolidación en trayectorias laborales de base urbana y de servicios.

Observando en conjunto todos los datos podemos decir que el sector servicios absorbe la práctica totalidad del empleo. A diferencia de los hombres, la participación femenina en agricultura, industria y construcción es limitada.

A modo de conclusión de las tendencias analizadas podemos decir que la evolución conjunta de la población extranjera en España entre el año 2008 y el 2024 ha traído consigo la transformación estructural del mercado laboral, donde el peso del sector terciario se ha hecho más sólido y más robusto, en detrimento de la construcción y la agricultura. La población extranjera, con sus diferentes trayectorias laborales, ha sabido adaptarse a las crisis y ha mostrado una tendencia hacia la estabilidad y la especialización.

XV. SOCIOLOGÍA POLÍTICA

NATALIA SIMÓN MEDINA
Universidad de Castilla-La Mancha

1. INTRODUCCIÓN

La sociología política es una rama fundamental de la sociología que se ocupa del estudio del poder y de las complejas relaciones entre las sociedades, los Estados y los conflictos políticos. Se trata de un subcampo amplio y multidimensional que dialoga estrechamente con la ciencia política, incorporando perspectivas tanto macro como micro para comprender los fenómenos políticos en toda su complejidad (Manza, 2011).

Desde una aproximación macro, la sociología política se ha centrado en el análisis de los Estados-nación, el desarrollo de las instituciones políticas y las dinámicas del cambio social y político. En este marco, se ha prestado especial atención a procesos como los movimientos sociales de gran escala y otras formas de acción colectiva que generan transformaciones estructurales. Una de las preguntas clave que se plantean los investigadores en este ámbito es cómo y por qué las instituciones políticas adoptan determinadas formas, así como en qué condiciones históricas y sociales experimentan cambios significativos.

Por su parte, el enfoque micro se ocupa de analizar cómo las identidades sociales, como la clase, el género, la etnia o la religión, y los grupos sociales influyen en el comportamiento político individual. Esto incluye fenómenos como el voto, la formación de actitudes políticas o los diferentes modos de participación en la vida pública. Este nivel de análisis permite entender la política no solo como un asunto institucional, sino también como una experiencia vivida y situada en contextos sociales específicos.

Los orígenes intelectuales de la sociología política se encuentran en los trabajos de pensadores clásicos, cuyas reflexiones sentaron las bases para el análisis sociológico de la política. Sin embargo, no fue hasta después de la Segunda Guerra Mundial cuando la sociología política comenzó a consolidarse como un subcampo autónomo dentro de la disciplina sociológica.

Aunque no se centró específicamente en la política, el enfoque sobre la cohesión social y la función de las instituciones de Émile Durkheim es esencial para entender como las estructuras políticas mantienen el orden social, entendiendo que el Estado es un órgano de la sociedad que encarna la conciencia colectiva y regula los conflictos. Para Durkheim, la sociología política sirve como fundamento para una intervención pública que el sociólogo, en tanto intelectual, puede y debe efectuar en nombre de la razón (Lorenc, 2014).

Otro autor de referencia sería Karl Marx, para el que las instituciones políticas son superestructuras que reflejan las relaciones económicas de producción, siendo la lucha de clases el motor de la historia y el Estado el garante de los intereses de la clase dominante, haciendo de la sociología política el equivalente al estudio de la estructura social, a la macrosociología, como se ha venido a llamarla (Janowitz, 1966).

También hay que destacar a Max Weber como una figura clave en la comprensión de la sociología política. Este autor define la política como la influencia sobre la dirección de una asociación política, es decir, sobre un Estado (Weber, 2011), introduciendo, además, las tipologías de dominación legítima, fundamentales para el análisis sociológico del poder político.

Y el análisis de Alexis de Tocqueville, pilar fundamental entre las primeras contribuciones al estudio de la interacción entre las instituciones políticas y las trayectorias de desarrollo económico y social (De Tocqueville, 2018) sentando las bases de la sociología política comparada, al no limitarse a descripciones históricas sino a la búsqueda de la identificación de regularidades y diferencias significativas en los procesos de transformación social.

A su vez, es importante destacar a otros autores más contemporáneos como Pierre Bourdieu, que amplía el análisis del poder a los campos simbólicos, considerando que el poder político no se reduce al monopolio de la violencia, sino también a la capacidad de imponer una visión legítima al mundo, así, la sociología política conllevaría el estudio de cómo se construye la autoridad y la credibilidad del discurso político (Bourdieu, 2015); Norbert Elias, que desde una perspectiva procesual, analiza el desarrollo del Estado moderno como un proceso de concentración del poder y de monopolización de funciones, introduciendo, además, la noción de configuraciones de poder (Elias, 1989); o Giovanni Sartori, que define la política como el conjunto de procesos de toma de decisiones colectivas, especialmente cuando hay conflictos de intereses (Sartori, 2005) y la sociología política como un híbrido interdisciplinario.

Esta sociología política contemporánea, al examinar la contestación y transformación de las identidades de los sujetos en su interacción con las instancias de poder estatal y global, favorece el estudio de los derechos humanos, coincidiendo con un contexto histórico en el que los sujetos sociales buscan discursos para organizarse colectivamente y reivindicar intereses frente al Estado-nación y los sitios de poder supranacionales, de forma más incluyente y a nivel transnacional e internacional (Estévez, 2019).

La sociedad y la política son dos dimensiones profundamente interrelacionadas. La política no existe ni puede comprenderse al margen de la estructura social, del mismo modo que toda sociedad se organiza y regula mediante sistemas y procesos políticos que configuran el poder, las normas y los mecanismos de resolución de conflictos. Por ello, la sociología política se ocupa de analizar cómo las estructuras sociales condicionan las dinámicas políticas y, a su vez, cómo el poder político incide en la organización y transformación de la vida social.

Es importante comenzar ordenando nuestros conocimientos sobre la política ya que, si bien todos nos mostramos relativamente familiarizados con términos de corte político, no siempre somos capaces de comprenderlos. Conocer los conceptos políticos, y comprenderlos, nos permite interpretar determinados fenómenos de la escena política, e intervenir en ella con mejor conocimiento de causa, independientemente de si somos ciudadanos comunes o profesionales, en este sentido, el objetivo de la reflexión sistemática sobre la política no se reduce a la acumulación de conocimiento, sino que es también un instrumento para la acción (Vallés, 2007).

2. EL ESTADO, LA POLÍTICA Y EL PODER

El Estado representa la forma institucional más desarrollada y autónoma de organización del poder político. Según Frutos et al. (2025) sus principales características son las siguientes:

1. Delimitación del ámbito político

El Estado define la política como un ámbito específico, diferenciado de otras esferas sociales como la familia, la economía o la religión. Este proceso de institucionalización de la relación política le otorga capacidad de mando basada no en vínculos personales o tradicionales, sino en normas impuestas por el propio sistema. Así, el fundamento del poder no reside en los atributos del gobernante, sino en reglas impersonales y legalmente establecidas que determinan quién puede tomar decisiones vinculantes y quién debe acatarlas. Esta formalización confiere legitimidad al ejercicio del poder político y propicia la profesionalización de los actores políticos, en un sentido amplio del término.

2. Monopolio legítimo de la coacción

El Estado adopta el uso exclusivo de la coacción dentro de su territorio. Para ello, articula dos elementos esenciales: la producción normativa (el derecho como conjunto de reglas obligatorias) y la administración de la violencia legítima, ejercida mediante instituciones como el ejército, la policía o el sistema penitenciario. Como señaló Weber (2011), esta capacidad de combinar derecho y coacción constituye uno de los pilares fundamentales del Estado moderno.

3. Territorialización del poder

El Estado ejerce su autoridad sobre un territorio claramente delimitado por fronteras. Este espacio geográfico no solo es el marco operativo de su soberanía, sino también una forma de visualizar la existencia concreta del Estado como entidad política. El control del territorio implica tanto la regulación de la población que en él habita como la defensa frente a amenazas externas o internas.

En el marco de la modernidad, la mayoría de los Estados han adoptado la forma de Estado-nación, en la que los ciudadanos se reconocen como parte de una misma comunidad nacional, comparten símbolos, lengua, historia e instituciones, y se identifican como titulares de derechos y deberes comunes. Esta identidad nacional compartida refuerza la legitimidad del Estado y consolida su capacidad para generar cohesión social dentro de sus fronteras.

Desde una perspectiva general de la sociología política, es posible reflexionar sobre la política atendiendo a dos grandes enfoques interpretativos. En primer lugar, se puede entender la política como lucha, el poder permite a determinados individuos o grupos sociales ejercer su dominación sobre el conjunto de la sociedad y beneficiarse de esa posición de privilegio. En este marco quienes carecen de poder tienden a resistirse, oponiéndose a las estructuras de dominación establecidas. Así, la política aparece como un campo de conflicto, orientado a la defensa o a la transformación de un orden desigual. En esta visión crítica, la política serviría para mantener los privilegios de una minoría frente a una mayoría subordinada.

Este enfoque lleva a identificar el poder como un recurso controlado por individuos, grupos, clases sociales, élites o bien como algo delegado o concentrado en instituciones, como el Estado o la burocracia. A menudo, se le atribuye un carácter exclusivo y monopolizable, lo que implica que un solo actor, la clase dominante, el aparato estatal, la élite política o económica, detenta el poder, lo instrumentaliza y lo ejerce sobre otros para obtener determinados fines (Vallés, 2007).

Tales concepciones han orientado múltiples corrientes teóricas que centran su análisis en quién posee el poder y dónde reside estructuralmente. Estas perspectivas han sido fundamentales en el pensamiento político moderno, destacando autores como Thomas Hobbes, que entendía el poder como algo que debía concentrarse en el soberano para evitar el caos; Karl Marx, que lo vinculó estrechamente con la dominación de clase y el control de los medios de producción; Gaetano Mosca, teórico de las élites; o C. Wright Mills, que analizó la estructura de poder en las sociedades contemporáneas como el resultado del control ejercido por un pequeño grupo de dirigentes político-económicos y militares.

Cuando el poder se concibe como un recurso, suele entenderse como algo que se posee o se acumula, es decir, como una "cosa" que está en manos de una persona, un grupo social o una institución. Desde esta perspectiva, el poder político se presenta como un bien escaso que puede ser apropiado, gestionado o disputado. En consecuencia, las principales preguntas en política se orientan hacia cómo conquistar el poder y, una vez alcanzado, cómo administrarlo o conservarlo.

Si aceptamos que el poder político está vinculado al acceso diferencial a determinados recursos, cabe preguntarse: ¿de qué tipo de recursos hablamos y cómo operan en la configuración de las relaciones de poder?

1. Recursos económicos

Los recursos económicos hacen referencia a la capacidad de ofrecer recompensas o imponer sanciones materiales. El control sobre bienes, capital o medios de producción otorga a ciertos actores la posibilidad de influir en las decisiones ajenas mediante incentivos o penalizaciones, generando relaciones de dependencia o subordinación. Como señaló Karl Marx, el poder de las clases dominantes se funda en su control sobre los medios de producción, lo que les permite moldear no solo la economía, sino también las superestructuras políticas e ideológicas (Marx K., 2008).

2. Recursos coercitivos

Los recursos coercitivos comprenden los instrumentos que permiten restringir, condicionar o anular la libertad de acción de los demás. Incluyen el uso legítimo o ilegítimo de la fuerza, el control de los aparatos represivos o la capacidad para imponer sanciones físicas o legales. Esta dimensión está estrechamente vinculada a la concepción clásica del Estado propuesta por Max Weber, quien lo define como una comunidad humana que, dentro de un determinado territorio, reclama con éxito para sí el monopolio de la violencia física legítima (Weber, 2007). En este sentido, la coacción constituye uno de los pilares fundamentales del poder político moderno.

3. Recursos simbólicos

Los recursos simbólicos engloban elementos como la información, la cultura, la religión o el derecho, que permiten construir marcos de interpretación de la realidad social. Quien detenta estos recursos posee la capacidad de definir lo que es legítimo, justo o verdadero, imponiendo visiones del mundo que favorecen sus propios intereses. Bourdieu (1991) se refiere a esta forma de dominación como violencia simbólica, entendida como aquella que se ejerce con la complicidad de quienes la sufren, al interiorizar y naturalizar las categorías impuestas desde el poder. Asimismo, Gramsci (1992) subraya la centralidad de la hegemonía cultural como forma de liderazgo político sostenido en el consenso y no solo en la fuerza.

En segundo lugar, la política puede concebirse como un esfuerzo orientado establecer el orden y la justicia. Desde esta perspectiva, el ejercicio del poder no se limita al control o a la dominación, sino que se entiende como un medio para garantizar el interés general y proteger el bien común frente a la fragmentación que generan los intereses particulares. En este enfoque normativo, la política actúa como mecanismo de integración social, articulando formas de convivencia, cooperación y resolución pacífica de los conflictos dentro de comunidades pluralistas y diversas (Duverger, 1981).

Este enfoque contrasta con una visión posesiva del poder y se alinea con una concepción relacional del mismo. Aquí, el poder no se concibe como una propiedad que se posee, se transfiere o se arrebata, sino como una dinámica que emerge de las relaciones sociales. No se trata tanto de una sustancia, un objeto acumulable o una capacidad estática, sino de una posición relativa que otorga a ciertos actores la posibilidad de influir sobre otros en función de su situación en una red de relaciones (Wrong, 2017). Quien desea poder, desde esta perspectiva, no necesita apoderarse de algo tangible, sino ocuparse estratégicamente de su posición en el entramado social.

Desde esta óptica, el poder no se almacena ni se concentra exclusivamente en instituciones o individuos, sino que circula como un flujo que atraviesa las prácticas cotidianas, las normas sociales, los discursos y los cuerpos. Este enfoque ha sido desarrollado de forma paradigmática por Michel Foucault, quien rechaza la idea de un poder centralizado y lo concibe como un conjunto de relaciones múltiples y cambiantes que configuran lo que se puede hacer, decir o pensar en cada contexto (Foucault, 1979). El poder, por tanto, no se impone simplemente desde arriba, sino que se ejerce a través de múltiples puntos de contacto en el tejido social.

Cada individuo y grupo debe, así, identificar las oportunidades que surgen en su entorno para mejorar su situación relativa, maniobrando estratégicamente dentro del campo de fuerzas en el que se encuentra. El poder es aquí más que un recurso, es una oportunidad emergente, una probabilidad de que determinados resultados favorables se produzcan a partir de las relaciones que un actor mantiene con los demás (Weber, 2002).

En este sentido, el poder no puede entenderse únicamente como imposición, sino también como aceptación y consentimiento. Las relaciones de poder implican no sólo la acción de quien domina, sino también el acatamiento, consciente o no, de quien se somete. Esta visión permite comprender el poder como una construcción social en la que todos los actores, de un modo u otro, participan, aportando recursos, legitimidad o resistencia.

Desde este enfoque relacional, la pregunta fundamental ya no es únicamente ¿quién tiene el poder?, sino ¿qué posiciones permiten ejercer influencia y por qué son aceptadas o reproducidas por otros? Esta preocupación ha nutrido las llamadas concepciones estratégicas y pluralistas del poder, centradas en el análisis de las dinámicas interactivas y del equilibrio entre actores en contextos concretos. Autores como Maquiavelo, con su realismo político, Tocqueville, con su atención a las condiciones sociales de la democracia, Dahl, con su enfoque pluralista del poder en sociedades democráticas, y Foucault, con su análisis del poder disperso y productivo, ofrecen referencias clave para pensar el poder como algo que se ejerce más que se posee, y que se configura más por relaciones que por estructuras fijas.

Sin embargo, ambas concepciones de la política no se excluyen, sino que reflejan las tensiones constitutivas del fenómeno político, la dialéctica permanente entre dominación y legitimidad, entre el conflicto social y los mecanismos de integración. Estas dimensiones coexisten y se entrelazan, dando forma a una realidad política compleja y en constante negociación.

3. DEMOCRACIA E IDEOLOGÍA

Aunque etimológicamente democracia significa el poder del pueblo, en la práctica se trata de un concepto complejo y multidimensional. Existen tantos modelos distintos de gobierno democrático en el mundo que, a menudo, resulta más esclarecedor definir la democracia por contraste con lo que no es. Así, no es una autocracia o dictadura, donde el poder se concentra en una sola persona, ni una oligarquía, donde gobierna una élite restringida. Incluso, bien entendida, la democracia no debería reducirse a una mera regla de la mayoría, si ello implica ignorar los derechos o intereses de las minorías.

En su concepción más robusta, la democracia es un sistema político que busca representar a todo el pueblo y actuar conforme a su voluntad colectiva, asegurando al mismo tiempo el respeto a la pluralidad, los derechos individuales y los principios de justicia e inclusión (Bobbio, 1986). Como afirma Sartori (2005), la democracia moderna no se reduce a votar, sino que implica también una cultura cívica, una arquitectura institucional garantista y una ciudadanía activa.

Siguiendo la formulación teórica de Dahl (1998), uno de los politólogos más influyentes en el estudio de la democracia, es posible identificar cinco criterios normativos que todo régimen democrático debería cumplir para garantizar una participación política auténtica y equitativa. Estos principios no solo definen un ideal democrático, sino que también sirven como referencia para evaluar el grado de democratización de las instituciones políticas en la práctica.

1. Participación efectiva

Todos los miembros de la comunidad política deben disponer de oportunidades reales e igualitarias para expresar sus opiniones e influir en la toma de decisiones colectivas. Es decir, antes de que se adopte una política, cada persona debe poder dar a conocer su punto de vista con la misma eficacia que los demás.

2. Igualdad en el voto

En el momento de tomar decisiones vinculantes, cada individuo debe contar con una oportunidad equitativa y efectiva de emitir su voto. Además, todos los votos deben tener el mismo peso, sin privilegios ni jerarquías que alteren su valor.

3. Comprensión ilustrada

La ciudadanía debe tener acceso a la información necesaria para comprender las distintas opciones políticas y sus posibles consecuencias. Esto implica condiciones de equidad en el acceso a la información, así como un entorno que fomente el debate informado y el pensamiento crítico.

4. Control de la agenda

Los miembros de la comunidad política deben poseer la capacidad exclusiva de determinar los asuntos que se incluyen en la agenda pública. De este modo, se garantiza que las cuestiones relevantes puedan ser abordadas, revisadas o transformadas por la voluntad colectiva, manteniendo abierto el proceso democrático.

5. Inclusión de los adultos

Todos los adultos residentes de manera permanente en una comunidad deben tener garantizados los derechos políticos fundamentales, incluyendo el derecho al voto y a la participación plena. Este criterio busca evitar la exclusión de sectores de la población que históricamente han sido marginados del ejercicio de la ciudadanía

En los modelos contemporáneos de democracia, especialmente en las democracias liberales representativas, estos cinco criterios propuestos por Dahl funcionan más como estándares ideales que como realidades plenamente consolidadas. Si bien muchas sociedades democráticas han institucionalizado mecanismos de participación, sufragio universal y acceso a la información, persisten tensiones estructurales que comprometen la calidad democrática. Por ejemplo, la concentración mediática y la desinformación erosionan la comprensión ilustrada; la desafección política y la apatía electoral ponen en cuestión la participación efectiva; y la desigualdad económica tiende a traducirse en desigualdad política, afectando el principio de igualdad de voto y el control de la agenda. A ello se suman desafíos más recientes, como el populismo, la polarización ideológica o la influencia de algoritmos y medios sociales en la opinión pública, que reconfiguran las formas de deliberación y distorsionan el acceso equitativo a los espacios de decisión. Así, repensar la democracia hoy, implica no solo medir el grado de cumplimiento de estos principios, sino también explorar formas innovadoras de ampliar y revitalizar la participación ciudadana en contextos crecientemente complejos y digitalizados.

Otro concepto central para la sociología política es el de ideología. Aunque se trata de un término controvertido y objeto de numerosos debates, puede definirse de forma general como un conjunto estructurado de ideas, valores, creencias y representaciones que orientan el comportamiento político de los individuos y legitiman determinados órdenes sociales. A diferencia de la filosofía, cuyo propósito es la especulación, o de la teoría, que busca la demostración, la ideología se orienta hacia la acción, moviliza, organiza, comunica intereses, ofrece sentido y justificación, y guía la praxis política (Pastor, 1994).

Las ideologías forman parte del entramado cultural de las sociedades, desarrollándose a lo largo de periodos históricos prolongados. Una vez interiorizadas las nociones socialmente aceptadas sobre lo justo y lo injusto, es frecuente que las personas cuestionen su situación personal, pero no necesariamente el conjunto de creencias dominantes. De este modo, las ideologías contribuyen a la reproducción simbólica del orden social y a la legitimación de las desigualdades existentes (Macionis & Plummer, 2011).

Desde distintas perspectivas teóricas se han propuesto diversas concepciones de ideología. Desde una óptica crítica, como la marxista, la ideología dominante es la de la clase dominante, y su función principal es la de encubrir las verdaderas relaciones de explotación, operando como una falsa conciencia que impide reconocer las causas materiales de la desigualdad (Marx & Engels, 1974). En cambio, una visión más matizada y dinámica, como la de Gramsci (2000), considera la ideología como un campo de disputa hegemónica en la que las clases dominantes deben alcanzar una posición hegemónica haciendo que sus intereses particulares aparezcan como intereses generales compartidos.

Desde una perspectiva estructuralista, Althusser (1974) define la ideología como una representación imaginaria de la relación de los individuos con sus condiciones reales de existencia, y destacan el papel de los aparatos ideológicos del Estado, como la escuela, la religión o los medios de comunicación, en la reproducción de esas representaciones. Por su parte, desde una visión funcionalista, Mannheim (1993) subraya que las ideologías cumplen una función imprescindible al ofrecer marcos de sentido para la acción política, construir identidades colectivas y permitir la comprensión del mundo social.

Si bien se distinguen conceptualmente, la democracia y la ideología están ligadas en su expresión y en su papel dentro de la vida política. Toda democracia requiere ideologías que la nutran, la disputen y le den contenido, del mismo modo que las ideologías necesitan estructuras, democráticas o autoritarias, que canalicen su expresión. La democracia precisa de una pluralidad ideológica que permita opciones diferenciadas para el debate público y la representación política, de hecho, esta diversidad ideológica es uno de sus pilares fundamentales.

Sin embargo, también es necesario advertir que las ideologías pueden convertirse en instrumentos de polarización, exclusión o manipulación, especialmente cuando se absolutizan o se transforman en dogmas que niegan la deliberación y la pluralidad. Por ello, la sociología política analiza críticamente cómo determinadas ideologías pueden sostener, erosionar o desafiar el orden democrático.

Investigaciones recientes muestran que en contextos de polarización ideológica intensa, los votantes pueden tolerar violaciones de los principios democráticos con tal de proteger a su grupo o partido (Graham & Svolik, 2020). Este fenómeno convierte la división ideológica en una fuerza que debilita la resistencia ciudadana frente al autoritarismo emergente.

Por otro lado, los estudios sobre el populismo autoritario subrayan cómo líderes que se postulan como representantes del pueblo verdadero (pueblo puro y homogéneo frente a las élites corruptas) y construyen enemigos internos, utilizan estrategias comunicativas simplificadoras y fomentan climas de exclusión y confrontación. Estas prácticas erosionan los valores democráticos al manipular símbolos y apelaciones emotivas (Akgemci, 2022).

En contraste, ideologías progresistas o igualitarias tienden a promover la ampliación de derechos, la inclusión política y formas participativas, contribuyendo así a fortalecer la democracia. Estas formas ideológicas buscan transformar las estructuras sociales existentes y generar movilización ciudadana sobre la base de la justicia social y la equidad.

Finalmente, en un contexto de globalización y revolución digital, las ideologías ya no se articulan únicamente a través de partidos políticos tradicionales, sino que emergen y circulan en una multiplicidad de espacios, movimientos sociales, plataformas digitales, medios de comunicación, entornos culturales, etc. Este nuevo escenario desborda los marcos clásicos de mediación ideológica y exige repensar el vínculo entre ciudadanía, ideología y democracia en clave transnacional, intergeneracional y digital.

4. INSTITUCIONES POLÍTICAS, GLOBALIZACIÓN Y MEDIOS SOCIALES

Las instituciones políticas constituyen uno de los pilares centrales de la organización del poder en las sociedades modernas. En sociología política, se entienden como estructuras estables de normas, prácticas y organizaciones que regulan el ejercicio del poder, la toma de decisiones colectivas y la resolución de conflictos. Más allá de su dimensión formal o legal, las instituciones políticas son también construcciones sociales y moldean el comportamiento político.

Las instituciones, entendidas como las reglas del juego en una sociedad, o más formalmente, como las restricciones humanas ideadas que estructuran la interacción política, económica y social (North, 1990), no son solo organizaciones, sino marcos normativos que condicionan lo que es posible, deseable o legítimo en el ámbito político. No solo organizan el poder político, sino que también moldean los comportamientos y expectativas de los actores dentro del sistema, proporcionando marcos de referencia estables que facilitan la gobernabilidad democrática (Peters, 2019).

Las instituciones políticas desempeñan un papel fundamental en el funcionamiento del sistema social, ya que cumplen diversas funciones esenciales que aseguran la cohesión, la regulación y la continuidad del orden político. En primer lugar, tienen una función de integración social, al permitir canalizar los conflictos y articular consensos dentro de una comunidad política. En segundo lugar, ejercen una función normativa, al establecer las reglas, procedimientos y límites que regulan el acceso al poder y su ejercicio legítimo. En tercer lugar, cumplen una función de legitimación, pues contribuyen a que el poder político sea aceptado por la ciudadanía al operar dentro de marcos normativos reconocidos como justos o válidos. Por último, poseen una función de estabilidad, ya que ofrecen continuidad, previsibilidad e institucionalización al sistema político, incluso en contextos de transformación o crisis.

Desde un enfoque histórico-institucionalista, se considera la evolución en el tiempo y no la estructura estática de las instituciones. Dicha evolución consideraría la interacción con los actores sociales y con los cambios del entorno, mediante mecanismos de persistencia institucional y procesos de adaptación que permiten la transformación sin ruptura (Steinmo et al., 1998).

Es importante distinguir entre instituciones políticas formales e informales. Las primeras están legalmente codificadas y reguladas por normas jurídicas, el parlamento, la presidencia del gobierno, el sistema electoral, los partidos políticos, el poder judicial, etc. Estas instituciones garantizan el funcionamiento visible del sistema político, articulando la representación, la gobernanza y la rendición de cuentas. Un ejemplo clásico es la separación de poderes propuesta por Montesquieu, característica de las democracias liberales modernas.

Montesquieu identificó tres poderes fundamentales en el estado, el legislativo, el ejecutivo y el judicial, y subrayó la importancia de su separación e independencia mutua como garantía de la libertad política. El poder legislativo tiene la función de elaborar y promulgar las leyes, a través de una asamblea de representantes elegidos que expresan la diversidad y los intereses del conjunto de la sociedad. El poder ejecutivo se encarga de aplicar y hacer cumplir esas leyes, y debe actuar dentro de los límites establecidos por la legalidad, ya sea en manos de un monarca o de un órgano colegiado. El poder judicial tiene la misión de interpretar las leyes y administrar justicia de manera imparcial, funcionando como un contrapeso esencial que protege los derechos de los ciudadanos frente a posibles abusos de los otros poderes.

Para Montesquieu, la libertad solo puede preservarse si estos poderes se mantienen separados y equilibrados entre sí (Montesquieu, 1993).

Las instituciones informales, en cambio, no están escritas ni reguladas legalmente, pero desempeñan un papel decisivo en la práctica política. Incluyen hábitos, convenciones, redes clientelares, lealtades personales, o culturas políticas particulares. Como señalan Helmke y Levitsky (2004), estas instituciones informales pueden complementar, competir o incluso subvertir a las formales. En muchos contextos, especialmente en democracias frágiles, las instituciones informales tienen más peso que las formales en la determinación de las decisiones políticas reales.

En los regímenes democráticos consolidados, el diseño institucional busca crear un equilibrio entre los distintos poderes del Estado, mediante pesos y contrapesos. El sistema electoral, los partidos, los tribunales constitucionales o las agencias de control son instituciones que intentan garantizar que el poder no se concentre en una sola instancia, permitiendo la alternancia política y el pluralismo.

Sin embargo, desde la teoría crítica, autores como Bourdieu han puesto de relieve cómo las instituciones, incluso en contextos democráticos, pueden reproducir estructuras de dominación y desigualdad. Las instituciones no son neutrales, están atravesadas por relaciones de poder y por intereses sociales específicos. Así, la escuela, los medios de comunicación o el derecho funcionan como aparatos ideológicos del Estado (Althusser, 1974), en tanto contribuyen a la reproducción del orden social existente.

Desde una mirada constructivista, March y Olsen (1984) introdujeron el concepto de lógica de la adecuación para explicar el funcionamiento de las instituciones políticas. En este sentido, en lugar de actuar con base en un cálculo racional de intereses, los individuos actúan conforme a lo que consideran apropiado según su rol institucional. Las instituciones, entonces, configuran identidades, normas de comportamiento y expectativas compartidas, contribuyendo a dotar de sentido y legitimidad a las prácticas políticas.

Finalmente, el análisis institucional no puede desligarse de las transformaciones actuales del poder político en el contexto de la globalización y de la crisis de legitimidad de muchas democracias contemporáneas. La confianza ciudadana en las instituciones políticas tradicionales ha disminuido, mientras emergen nuevas formas de organización y participación, algunas de ellas informales y descentralizadas, que desafían los modelos institucionales clásicos, como vimos anteriormente.

En el contexto contemporáneo, las instituciones políticas nacionales enfrentan un proceso de transformación y desbordamiento debido al fenómeno de la globalización. Este proceso, entendido como el conjunto de interconexiones crecientes entre distintas regiones del mundo en términos económicos, políticos, sociales y culturales, ha desafiado la soberanía de los Estados-nación y ha generado nuevas dinámicas en la articulación del poder político. La globalización no solo implica una intensificación de las relaciones transnacionales, sino también una crisis del marco estatal-nacional como unidad de referencia exclusiva para la política (Beck, 2002).

Tradicionalmente, el Estado-nación fue considerado el espacio natural para la institucionalización del poder político, con sus fronteras claramente delimitadas, su población identificada como ciudadanía, y su monopolio legítimo de la coacción (Weber, 2011), constituía el escenario privilegiado de la acción política moderna. Sin embargo, la globalización ha erosionado varios de estos pilares. Por un lado, las decisiones políticas ya no se toman exclusivamente dentro del territorio estatal, por otro, los efectos de muchas decisiones políticas trascienden las fronteras nacionales.

Sin embargo, el Estado no desaparece con la globalización, sino que se reconfigura (Sassen, 2006), de tal manera que, parte de sus competencias son externalizadas hacia organismos internacionales, como el Fondo Monetario internacional (FMI) o la Organización Mundial del Comenrcio (OMC), otras se descentralizan hacia gobiernos locales o regionales, y muchas se privatizan mediante la participación de actores no estatales como empresas, ONGs, o las think tanks. Este proceso ha generado lo que algunos autores denominan una desnacionalización de las funciones estatales, que debilita el control soberano sobre el territorio y la población.

Como se observa, la globalización ha dado lugar a la emergencia de actores transnacionales con una creciente capacidad de influencia sobre las decisiones políticas, organizaciones internacionales, empresas multinacionales, movimientos sociales globales, agencias de calificación financiera o redes tecnológicas ejercen presión sobre las políticas públicas sin estar sometidos a los mismos mecanismos de control democrático que los actores institucionales tradicionales. Este fenómeno plantea un problema de déficit democrático, ya que muchas decisiones que afectan directamente a las poblaciones no se toman en espacios deliberativos abiertos ni responden a mecanismos de rendición de cuentas (Held, 1995).

En paralelo, se han desarrollado nuevas formas de gobernanza multinivel, que distribuyen competencias y responsabilidades entre actores situados en diferentes escalas, local, nacional, regional y global. La Unión Europea, por ejemplo, constituye un caso paradigmático de este tipo de institucionalización supranacional, donde el Parlamento Europeo, la Comisión y el Consejo Europeo coexisten con los parlamentos nacionales en un sistema de competencias compartidas.

Desde la sociología política, se ha analizado cómo esta gobernanza multinivel no elimina el poder estatal, sino que reconfigura su función como nodo dentro de una red más compleja de relaciones políticas. El Estado actúa como mediador entre lo local y lo global, entre lo público y lo privado, entre lo nacional y lo transnacional (Jessop, 2002). Este rol más dinámico y adaptativo lo transforma en un Estado estratégico relacional.

Así, las instituciones políticas se ven así obligadas a reformular sus estructuras y procedimientos para adaptarse a una realidad más fluida e interdependiente. En muchos países, se observa una tendencia hacia la flexibilización institucional, que puede manifestarse en reformas constitucionales, cambios en los sistemas electorales, mecanismos de participación directa o reestructuración de las burocracias públicas. No obstante, esta flexibilización no está exenta de riesgos. Una de las consecuencias de la globalización es la fragmentación del poder político, que puede debilitar la capacidad de los Estados para intervenir eficazmente en la economía o garantizar derechos sociales (Bauman, 2001). Los gobiernos, atrapados en un espacio territorial limitado, ven menguada su autoridad frente a actores globales extraterritoriales que operan más allá del alcance del poder político nacional. Esta asimetría entre el poder globalizado y la política territorializada genera tensiones que las instituciones políticas tradicionales no siempre están en condiciones de resolver.

Uno de los efectos más visibles de estos procesos es la crisis de legitimidad de las instituciones políticas. La distancia creciente entre las decisiones políticas y la voluntad popular, unida al debilitamiento de la capacidad estatal para garantizar bienestar y seguridad, ha generado procesos de desafección ciudadana, desconfianza institucional y crecimiento de movimientos contestatarios. En este contexto, los partidos políticos, los parlamentos o los gobiernos, instituciones centrales de la democracia representativa, pierden capacidad de movilización y representación. Nos adentramos en una fase de posdemocracia, donde las formas democráticas siguen vigentes, pero el contenido participativo y deliberativo se reduce a favor de dinámicas tecnocráticas o populistas (Crouch, 2020). Las instituciones políticas se enfrentan así al desafío de renovar su legitimidad y su capacidad de generar confianza, no solo mediante reformas administrativas, sino también promoviendo mayor transparencia, inclusión, deliberación y corresponsabilidad ciudadana.

Por otro lado cabe destacar, como la globalización ha venido acompañada por una revolución tecnológica que ha transformado radicalmente la esfera pública y las formas de participación política. Las redes sociales digitales (medios sociales), las plataformas de deliberación en línea, las campañas descentralizadas y el activismo digital han dado lugar a nuevas formas institucionales, más líquidas, horizontales y efímeras, que compiten o interactúan con las instituciones tradicionales del sistema político (Castells, 2013).

En este nuevo escenario, la Inteligencia Artificial (IA) emerge como un actor clave con una creciente capacidad para modelar la opinión pública, personalizar discursos políticos, automatizar decisiones administrativas e incluso influir en los resultados electorales. Algoritmos diseñados para maximizar la visibilidad de ciertos contenidos pueden generar burbujas de información, reforzar sesgos ideológicos y polarizar el debate público (O'Neil, 2016). Además, los sistemas de IA están siendo utilizados por gobiernos y grandes plataformas tecnológicas para vigilar, segmentar y dirigir el comportamiento político de la ciudadanía, lo que plantea nuevas amenazas para la transparencia, la equidad y la deliberación democrática (Eubanks, 2018).

Estas nuevas tecnologías y formas de institucionalidad emergente, aunque carentes de una estructura jurídica estable, cumplen funciones políticas cruciales, generan discurso público, articulan demandas sociales, promueven la movilización colectiva y ejercen presión sobre los poderes establecidos. El reto actual para la sociología política consiste en analizar cómo estas tecnologías se articulan, o no, con los marcos institucionales preexistentes y qué implicaciones tienen para el futuro de la democracia, la representación y el ejercicio del poder en la era digital.

5. SOCIALIZACIÓN, CULTURA Y PARTICIPACIÓN

Paralelamente al proceso de socialización general, que comienza en la infancia y se prolonga a lo largo de toda la vida, los individuos aprenden, a través de la interacción con otras personas y con su entorno, las normas culturales, los valores fundamentales, o los códigos simbólicos del grupo social al que se pertenece. En este contexto se desarrolla la socialización política, entendida como el conjunto de aprendizaje político, tanto formal como informal, deliberado o no, que tiene lugar a lo largo de todo el ciclo vital. Esta forma de socialización incluye no solo el aprendizaje político explícito, sino también aquellos conocimientos y experiencias que, aun no siendo nominalmente políticos, influyen de manera significativa en el comportamiento y las actitudes políticas de los individuos (Greenstein, 1977).

Desde una perspectiva integral, Benedicto (1995) identifica varios rasgos clave que permiten comprender la complejidad de la socialización política:

1. Es un proceso dinámico y continuo que se produce a lo largo de toda la vida. Si bien ciertas etapas, como la infancia, la adolescencia o la juventud, pue-

den tener un peso particular, no existe un único momento decisivo. Esta visión sustituye la concepción tradicional y estática, centrada en la mera transmisión de actitudes desde los padres hacia los hijos, por una más abierta que reconoce la coexistencia de múltiples generaciones, grupos sociales y orientaciones ideológicas en cada momento histórico. En consecuencia, la trayectoria vital de cada individuo combina elementos de permanencia y cambio, de refuerzo de actitudes previas y de resocialización en nuevos valores y creencias políticas.

2. Debe entenderse como un fenómeno plural, en el que confluyen diversos procesos que no siempre son armónicos, y que a menudo se desarrollan de forma conflictiva o contradictoria. La pluralidad de agentes, medios y contextos genera trayectorias diversas y, a veces, tensiones entre valores opuestos.

3. Es un proceso de aprendizaje, aunque este no debe reducirse a la simple acumulación de información o conocimientos. Lo esencial en la socialización política no es solo el contenido, sino el modo en que este se organiza cognitivamente, es decir, el esquema interpretativo que permite al sujeto dar sentido a la realidad política y responder a sus transformaciones.

4. Una parte considerable de este aprendizaje es informal y latente, lo que implica que no se puede circunscribir únicamente al componente cognitivo. También intervienen dimensiones efectivas y evaluativas, como los sentimientos hacia las instituciones, las simpatías ideológicas o la percepción de justicia e injusticia.

5. Por último, cualquier proceso de socialización política está profundamente condicionado por el contexto social, político y cultural en el que se desarrolla. Factores como el régimen político, los medios de comunicación, los movimientos sociales o las experiencias generacionales son determinantes clave en la configuración de las actitudes y comportamientos políticos.

En cualquier caso, la política no puede entenderse al margen de los contextos en los que se produce. Lejos de ser una abstracción, está siempre situada en marcos concretos que condicionan tanto las formas de organización del poder como los modos de vida cotidiana. Estos marcos se suelen clasificar en dos grandes categorías, los marcos físicos y los marcos sociales. Aunque la distinción entre ambos es fundamentalmente analítica, ya que en la práctica actúan de forma interrelacionada, permite identificar distintas dimensiones que inciden en la acción política.

Los marcos físicos incluyen factores como la geografía, el territorio o la demografía, es decir, aquellos elementos más próximos a las condiciones naturales en las que se desarrolla la vida política. Por su parte, los marcos sociales abarcan aspectos como las instituciones, las normas, las creencias, las técnicas o las culturas políticas, todos ellos productos de la acción humana y de la historia colectiva. Comprender cómo interactúan estos marcos permite a la sociología política analizar con mayor profundidad el funcionamiento del poder, sus formas de legitimación y sus efectos sobre la sociedad.

A su vez, cabe destacar el concepto de cultura política, que se define como el conjunto de actitudes, valores, creencias y normas compartidas por un grupo social que configuran su orientación hacia la política y el poder (Almond & Verba, 1963).

La cultura política articula la relación entre los ciudadanos y el sistema político, determinando el grado de legitimidad, confianza y participación política. Los autores clásicos han diferenciado entre culturas políticas parciales, sujetas y participativas en función del nivel de conciencia política y compromiso cívico. Las transformaciones sociales contemporáneas han puesto en debate la homogeneidad y estabilidad de la cultura política, resaltando la coexistencia de múltiples culturas políticas dentro de un mismo espacio social, influenciadas por factores como la identidad, la educación o la clase social (Inglehart, 1997).

Finalmente, las formas de participación política, que constituyen los modos a través de los cuales los individuos y los colectivos expresan su implicación en la vida pública y buscan influir en las decisiones políticas. Tradicionalmente, esta participación se ha asociado a mecanismos formales e institucionalizados, como el voto, la afiliación a partidos políticos, la asistencia a manifestaciones autorizadas o el desempeño de cargos públicos (Verba et al., 1995).

Sin embargo, desde finales del siglo XX, se ha producido una notable diversificación de los repertorios de acción política. La llamada participación emergente engloba nuevas prácticas menos estructuradas, como el activismo digital, el consumo ético con carga política, las movilizaciones espontáneas, el voluntariado social con fines políticos o la creación de comunidades virtuales orientadas al cambio (Castells, 2012). Estas formas tienden a ser más flexibles, intermitentes y descentralizadas, y suelen atraer especialmente a los sectores más jóvenes y conectados digitalmente. Además, han abierto espacio a la expresión política de colectivos tradicionalmente excluidos o invisibilizados, como las mujeres y las disidencias sexuales.

Desde esta perspectiva, la irrupción del feminismo contemporáneo ha sido clave para ampliar los márgenes de lo político, cuestionando la división clásica entre lo público y lo privado, y poniendo en el centro de la agenda temas como los cuidados, la violencia machista o la autonomía corporal. Las movilizaciones feministas globales han demostrado cómo las nuevas formas de participación no solo diversifican los actores, sino también los lenguajes, los cuerpos y los espacios desde los que se ejerce la ciudadanía política (Fraser, 2010).

Este desplazamiento ha generado un intenso debate académico sobre la supuesta crisis de la participación política tradicional y la emergencia de modelos alternativos que, aunque menos visibles o medibles desde las herramientas clásicas, pueden reflejar un compromiso político igual o más intenso. En lugar de un retroceso de la participación, algunos autores sugieren que estamos asistiendo a un proceso de reconfiguración del compromiso cívico, que responde a las transformaciones culturales, tecnológicas y generacionales de las sociedades contemporáneas (Dalton, 2008).

Estas tres dimensiones, socialización política, cultura política y formas de participación, están profundamente interrelacionadas en el estudio de la sociología política. La socialización política transmite esquemas interpretativos y valores que moldean la cultura política; esta, a su vez, establece el marco simbólico y normativo que orienta las formas de participación. Por su parte, las experiencias participativas pueden reforzar o transformar tanto los procesos de socialización como las culturas políticas predominantes, generando dinámicas de continuidad o cambio social y político.

XVI. DESVIACIÓN DE LA CONDUCTA SOCIAL Y CRIMEN: INTRODUCCIÓN A LA CRIMINOLOGÍA SOCIOLÓGICA

DIEGO GASPAR AZPARREN
Universidad Pública de Navarra

La desviación de la conducta social se puede dar en todas las etapas de la vida. Por un lado, en la infancia, los maltratos físicos o psicológicos, los abusos sexuales o la ausencia de los padres es determinante para que el infante genere una conciencia de la sociedad diferente a la común. Por otro lado, en la adolescencia y juventud, los grupos de pares o iguales son determinantes para generar la personalidad de los individuos. En algunos informes se ha abordado el porcentaje de menores que ha cometido acciones ilícitas siendo estas de entre el 80 y el 98% aproximadamente. Por último, en la edad adulta, el inicio de la carrera criminal desde su juventud ligado a los factores externos, alcohol, drogas, falta de metas laborales o educacionales... es un caldo de cultivo idóneo para que la persona que realiza estos actos delictivos termine privado de libertad. El lector de este capítulo, podrá sumergirse en algunos conceptos importantes para la estructura de este trabajo, conocerá algunos factores que contribuyen a la desviación, cuáles son las tipologías delictivas más relevantes, cómo se manifiesta la desviación en la infancia, adolescencia y edad adulta, qué teorías sociológicas y criminológicas se pueden aplicar y qué es y qué tipos de control social existen. Para finalizar, se abordarán unas conclusiones finales acerca de los aspectos que se han tratado en este trabajo.

1. METODOLOGÍA

Para la inmersión en este estudio de investigación, se ha decidido usar un enfoque explicativo. Con este enfoque, lo que se pretende es conocer cuáles son las conductas sociales que están cambiando para polarizar nuestro pensamiento del cumplimiento de las normas al quebrantamiento de las mismas; cuáles son las tipologías delictivas y en qué esferas se mueven y sobre todo qué edades son importantes para asimilar lo qué está bien y que no y cuándo se forma la personalidad y el carácter.

Para ello, se ha pretendido realizar una revisión bibliográfica profunda acerca de lo que otros autores e instituciones han escrito sobre los temas que se han mencionado en el párrafo anterior, las conductas sociales, las tipologías delictivas y la importancia del carácter y la personalidad.

Para comenzar, se revisaran algunos conceptos y se realizará una clarificación conceptual que se presume que puedan ser importantes para el desarrollo y entendimiento de la investigación. Estos conceptos son: qué es la conducta social, la desviación conductual, carácter, personalidad, grupo de pares o iguales, polarización,

A continuación, se ha realizado una búsqueda bibliográfica y un análisis de los datos obtenidos a partir de la indagación de la información y sobre las variables que se han mencionado en el primer párrafo.

Se ha abordado la desviación social desde los tres grupos de edad principales en este tipo de conductas: a) infantil; b) juvenil; c) adulta.

Para finalizar, se ha hecho una revisión de las tipologías delictivas más frecuentes, una clasificación de los crímenes y se ha abordador el tema del control social y sus dos vertientes, formal e informal.

Los motores de búsqueda que se han utilizado son Google Académico, Scopus y Sirius. Las palabras clave que se han usado han sido desviación conductual, crimen, conducta, personalidad, grupo de pares, grupo de iguales y polarización. En cuanto a los criterios de selección se ha optado por referenciar a los autores más importantes que han aportado al saber científico acerca de alguno de los temas que se ha pretendido abordar. También se ha referenciado a algunas instituciones públicas y privadas que han aportado sobre el tema así como a periódicos de tirada nacional.

2. REVISIÓN

En los últimos años, las diferentes tipologías de crimen que existen han hecho que las sociedades en las que vivimos se transformen en inseguras y por tanto los gobiernos han incrementado los sistemas de seguridad y el entrenamiento a sus Fuerzas y Cuerpos de Seguridad del Estado.

La desviación conductual se define como el proceso mediante el cual una persona o grupo de personas se aparta del cumplimiento de las normas que están establecidas socialmente.

La globalización y la diversidad, con ayuda de internet, están permitiendo, por un lado, que vivamos en comunidades conectadas y por tanto podamos establecer un vínculo en poco espacio de tiempo y por otro lado, que existan delitos en dos esferas, *online* y *offline*. La vertiente *online* ha nacido en las últimas décadas gracias al desarrollo de las nuevas tecnologías y de figuras como el *hacker* y *cracker* que han comenzado a darle sentido a los ciberdelitos. A día de hoy, cualquier persona puede acceder a un ordenador y ser objetivo de este tipo de personas. En cuanto a la vertiente *offline* o presencial se ha visto agudizada en algunas áreas como el crimen organizado o las bandas, pero reducida en otras como los secuestros.

Expertos de la psicología, criminología y la sociología aconsejan que se debe dar una educación diferencial a los niños desde que son pequeños, sin olvidar la adolescencia y hasta llegar a la mayoría de edad. Durante el desarrollo de este estudio se podrán observar las diferencias entre educar un hijo de manera cercana o aislada, el ejemplo de los padres y los grupos de pares o iguales, la importancia de la formación del carácter y la personalidad, lo significativo de una educación en valores… entre otras características.

¿En qué momento la persona deja de cumplir las normas socialmente aceptadas y decide quebrantarlas? ¿Qué importancia tiene la familia, los amigos o la educación en este tipo de decisiones? En la actualidad, ¿qué papel tiene internet y las nuevas tecnologías en los crímenes?

3. APROXIMACIÓN CONCEPTUAL

Ya conocemos que una conducta es la manera en que las personas se comportan en su vida e interaccionan con los demás ciudadanos.

El diccionario de la Real Academia de la legua Española, dice que una conducta desviada es, según criminología y sociología, una "conducta o comportamiento que se desvía o se aparta de las normas y usos sociales dominantes o mayoritarios, y que por ello debe ser objeto de control social".

En palabras de Becker, "la desviación no es una cualidad intrínseca al comportamiento en sí, sino la interacción entre la persona que actúa y aquellos que responden a su accionar" (Becker, 2009).

Un delito tiene que ver con lo que la sociedad cree que es un delito. Es un fenómeno social y por tanto es la sociedad y las instituciones quienes marcan lo que es y lo que no un acto ilegal. El delito es cambiante dependiendo del lugar del mundo en el que vivas, la forma de gobernar, la economía y la religión. Por ejemplo, en muchos países del mundo el adulterio no está previsto como sancionable en los Códigos Penales, sin embargo en otros países no solo es punible económicamente sino en ocasiones con privación de libertar o en otros, si lo realiza una mujer, la lapidación. Si nos centramos en occidente un delito sería el paso anterior al crimen.

El crimen es un concepto para referirse a un delito de extrema gravedad, a un delito ofensivo contra las personas, como el asesinato o la tortura. Un crimen implica una voluntad consciente de matar o de herir gravemente a otra persona. Algunos son tan graves, que son considerados por la Comunidad Internacional como crímenes Internacionales (Velasco, 2017).

Con estas definiciones, podemos inferir que una de las maneras de desvío social es a través de los delitos y crímenes.

En cuanto al carácter, la Real Academia de la lengua Española, en su acepción número seis lo define como "un conjunto de cualidades o circunstancias propias de una cosa, de una persona o de una colectividad, que se las distingue, por su modo de ser u obrar, de las demás.

Ernest Kretschmer afirmó que "Resulta del conjunto de las características biológicas fundamentales basadas en los sustratos anatómico-fisiológicos de la constitución individual y de las características que se desarrollan bajo la influencia del ambiente y de especiales experiencias individuales".

La Real Academia de la lengua Española, en su acepción primera, define la personalidad como la "diferencia individual que constituye a cada persona y la diferencia de otra" y en su acepción octava, "conjunto de cualidades que constituyen a la persona o sujeto inteligente".

Según Estaire, 2011, la personalidad es el conjunto de rasgos psicológicos que define todo el universo de sentimientos y cogniciones, que configura los comportamientos y la manera habitual en que el individuo se relaciona consigo mismo y con los demás (Estaire, 2011).

Los grupos de iguales o de pares son lo que tradicionalmente llamamos "los amigos de mi hijo". Son niños o adolescentes de las mismas edades y que se relacionan en los mismos ámbitos, escuela, parque, equipo deportivo...

Por último, polarización es el fenómeno por el cual la opinión de los ciudadanos se divide en dos conversaciones completamente opuestas. En el caso de estudio que estamos analizando, la polarización ciudadana se daría cuando el individuo pasa de aceptar las normas sociales y cumplirlas a comenzar a quebrantar las normas.

4. DESVIACIÓN SOCIAL

Para Macionnis y Plumer, 1999, "Es lo que la gente entiende o define como tal a la vista de que alguien está violando o transgrediendo una norma cultural".

Según *Giddens*, es la no conformidad a una norma o una serie de normas dadas, que son aceptadas por un número significativo de personas de una comunidad o sociedad.

Robert K. Merton, distingue tres clases de desviación social: a) desviación aberrante: el individuo acepta las normas sociales pero infringe las leyes; b) desviación rebelde: infringe las normas, no asume los fines sociales y no ofrece alternativas; c) desviación no conformista: rechaza los fines sociales, infringe la norma, pero al mismo tiempo trata de reformar el sistema.

4.1. Algunos factores que influyen en la desviación

Tiempo: La desviación gira en torno a unas normas sociales que han sido aceptadas por la mayor parte de los ciudadanos. Pero, estas normas no son estáticas, se van modificando con el paso del tiempo.

Lugar: La desviación siempre ocurre en un determinado espacio. Las acciones que se consideran desviadas o no suceden en un lugar determinado.

Sociedad: Lo que para un país es una norma social determinada y válida, para otros puede no serlo. Depende de en qué lugar residas y en qué parte del mundo para determinar que una norma social es desviada o no lo es.

Grupo social: Las normas también tiene su variación de un grupo social a otro dentro de una misma sociedad. Lo que puede ser aceptado en un grupo, no tiene por qué serlo en otro.

4.2. Algunos tipos de conducta desviada

Delincuencia juvenil: En el año 2020, fueron condenados, en España, por sentencia firme un total de 11.238 menores de edad, de los cuales 9.082 fueron hombres y 2.156 mujeres. Del 2017 al 2019 se condenó a una media de 14.000 jóvenes por año, lo que supone un descenso del 20,4% en las condenas a menores de edad (INE, 2021).

Delitos estandarizados: Un delito es cuando una persona o grupo de personas realiza una acción delictiva, (victimario), otra persona la sufre, (víctima) y existe un objeto sobre el que recae la acción delictiva y que está jurídicamente protegido. Algunos de estos delitos son: a) homicidio; b) robo; c) asalto; d) violación; e) delitos informáticos; f) malos tratos.

Delitos de guante blanco: Los delitos de guante blanco los suelen cometer personas de clase media o alta y que estén en una situación idónea para realizar este tipo de acciones. Algunos de estos delitos son: a) evasión de impuestos; b) violaciones antimonopolio; c) fraude; d) malversación de fondos públicos; e) falsificación documental…

4.3. Teorías de la desviación centradas en la sociedad

Freud ofreció una explicación psicológica acerca de los individuos socialmente desviados. “La identidad pone de relieve que el superyó interioriza valores sociales y el ego racional proporciona una exploración posible de desviación. El individuo desviado podría ser una persona que nunca ha interiorizado adecuadamente los valores sociales del grupo; por la inexistencia de autocontrol, haciendo que la identidad del yo genere un desalojo cognitivo direccionándose hacia la desviación”.

A continuación se van a desarrollar algunas de las teorías sobre la desviación que se admiten sociológica y criminológicamente.

4.3.1. Teoría de la asociación diferencial

La teoría de la asociación diferencial fue acuñada por el sociólogo americano Edwin H. Sutherland en el año 1939. Esta teoría viene a demostrar como el comportamiento de las personas puede variar dependiendo de la compañía con la que se relaciona. Si una persona recibe una educación en valores con su familia, se relaciona con personas que tienen metas en la vida y su grupo de pares está alineado con su forma de pensar y actuar, es muy probable que esta persona sea un ser social. Sin embargo, si en su hogar ha estado aislado, ha tenido padres patológicos y su grupo de pares no está conectado a las normas sociales, es muy probable que este individuo se salga del sistema y sea un ser asocial o antisocial.

García-Pablos en su “Manual de Criminología. Introducción y teorías de la criminalidad” menciona los postulados de esta teoría. Son los siguientes:

> a) el comportamiento criminal se aprende; b) el comportamiento criminal se aprende en contacto con otras personas mediante un proceso de comunicación; c) se aprende sobre todo en el interior de un grupo restringido de relaciones personales; d) cuando se ha adquirido la formación criminal esta se comprende: 1) la enseñanza de técnicas para cometer infracciones que son unas veces muy complejas y otras muy simples y 2) la orientación de móviles, de tendencias impulsivas, de razonamientos y de actitudes; e) la orientación de los móviles y de las tendencias impulsivas está en función de la interpretación favorable o desfavorable de las disposiciones legales; f) un individuo se convierte en delincuente cuando las interpretaciones desfavorables relativas a la ley prevalecen sobre las interpretaciones favorables; g) las asociaciones diferenciales pueden variar en lo relatico a la frecuencia, la duración, la anterioridad y la intensidad; h) la formación criminal mediante asociación con modelos criminales o anti-criminales pone en juego los mismos mecanismos que los que se ven implicados en cualquier otra formación; i) mientras que el comportamiento criminal es la manifestación de un conjunto de necesidades y de valores, no se explica por esas necesidades y esos valores puesto que el comportamiento no criminal es la expresión de las mismas necesidades y los mismos valores generales, los motivos y necesidades generales no explican el comportamiento criminal.

4.3.2. Teoría del etiquetaje

Esta teoría fue elaborada por *Howard Becker* en los años 60. El autor, realizó varias investigaciones sobre interacciones en grupos sociales y concluyó que la desviación de la norma no es una cualidad que se le atribuya a la conducta sino que viene dada por la mayoría social. El fundamento de la teoría del etiquetaje, etiquetamiento o *Labeling Theory*, es que "la desviación de la norma no iría aparejada al acto en sí mismo, sino a que la persona que lo efectúa pertenece a una minoría" (Martínez-Casasola, 2020). Si analizamos esta observación, se puede intuir que la mayoría social etiqueta a las personas que son diferentes a ellos para que la norma social establecida, en algunas ocasiones, hace mucho tiempo sea asimilada por todas las personas que convivan en esa sociedad. Los ciudadanos de otros países que se trasladan al nuestro, por necesidad u otras situaciones, y que tiene otras costumbres y normas asimiladas, se encuentran desplazados y marcados con una etiqueta desde su llegada. El estigma, de *Erving Goffman*, es otro de los conceptos que entrarían en este apartado y en el que una población cataloga a los individuos que provienen de fuera con una connotación negativa.

4.3.3. Teoría de la anomia

Víctor Reyes en su trabajo *Anomia y criminalidad: un recorrido a través del desarrollo conceptual del término Anomia*, menciona que *Emile Durckeim* introdujo este concepto y lo desarrolló la sociología americana para estudios de control social, desviación, delitos y criminalidad. Su significado tiene que ver con una ausencia total y permanente de todo tipo de normas (Reyes, 2008). *Durckeim*, sociólogo funcionalista, trabajó con este concepto en dos de sus libros *La división del trabajo en sociedad* y *El suicidio*. Por otro lado, el sociólogo estructuralista *Robert Merton* mencionó en su libro, *Teoría social y estructura social*, que "las estructuras sociales ejercen una presión definitiva en ciertas personas de la sociedad, de tal manera que producen una conducta inconformista en vez de una conformista".

4.3.4. Teoría de las subculturas criminales

El fundador de la teoría de las subculturas criminales fue el sociólogo Albert Cohen en 1956. Realizó una obra de gran calado para la delincuencia juvenil y las subculturas, *Delinquent boys. The culture of the gang*. Javier Sanz menciona que "la base de esta teoría parte de que toda acción humana responde al resultado de una serie de esfuerzos realizados para solucionar problemas de adaptación". Y Cohen enfatizaba en que "la mayoría de los problemas de adaptación se solucionan de forma natural, pero en algunos casos, las personas eligen soluciones desviadas".

Este es el caso de las personas que tienen problemas de adaptación y que no encuentran a nadie, instituciones, amigos, ambiente social... que les pueda ayudar. Es entonces cuando estas personas se juntan y se crea una subcultura. Cuando están en ese grupo, todos piensan de la misma forma, están aislados socialmente y creen que su forma de mirar la sociedad es la socialmente aceptada.

5. DESVIACIÓN SOCIAL INFANTIL, JUVENIL Y ADULTA

5.1. Desviación social infantil

Una de las principales causas de la desviación social infantil, tiene que ver con el abuso físico de los padres a los hijos. *Finkelhor y Korbin* (1988), realizaron un informe para UNICEF en el que mencionaban los conceptos más relevantes dentro de esta tipología delictiva, los abusos a menores. Las definiciones a tener en cuenta son las siguientes: a) maltrato físico; b) negligencia física; c) abuso sexual; d) maltrato y negligencia emocional o psicológica.

La premisa básica del modelo sociocultural de familia, "se apoya en la idea de que el contexto social y económico de marginación y pobreza, junto a los valores culturales permisivos del castigo corporal, constituirían las variables determinantes de las prácticas educativas agresivas y/o negligentes" (*Gelles*, 1973; *Garbarino y Stocking*, 1980).

Las características de las familias en riesgo vendrían definidas por las siguientes condiciones de estrés social: a) pobreza; b) aislamiento o ausencia de apoyo social; c) desempleo; d) insatisfacción laboral; e) paternidad prematura; e) elevado número de hijos; f) hacinamiento y precariedad en el hogar; g) divorcio/separación; h) paternidad única; i) tolerancia social del castigo; j) rol de la mujer en la familia y la sociedad (Garrido y Marín, 1991).

Por último, *Hawkins, Jenson y Catalano*, 1988, mencionan los principales factores de riesgo de la delincuencia en menores. Son los siguientes: a) modelos delictivos por parte de padres y hermanos; b) prácticas de socialización inadecuadas (escasa supervisión, disciplina punitiva e inconsistente); c) conflicto familiar; d) deprivación social y económica de la familia (aislamiento social, pobreza, desempleo, alcoholismo, etc.); e) fracaso escolar y poca vinculación y participación en actividades escolares; f) grupo de pares que actúa como modelo antisocial; g) actitudes y creencias anti-convencionales (alienación de los valores socialmente dominantes); h) desorganización social en el lugar de residencia.

Por tanto, se puede observar que depende mucho del modelo familiar que tenga el niño y el ambiente familiar en su hogar, para que la conducta del menor no se desvíe y tome el rumbo correcto hacia lo que llamamos socialización.

5.2. Desviación social juvenil

Investigaciones internacionales recientes sitúan la prevalencia delictiva, o proporción de jóvenes sobre el conjunto de la población juvenil de un territorio que cometen una infracción, en torno al 80% de los menores (*Farrington, 2008; Howell, 2009; McMurran y Hollin, 1993*).

Del mismo modo, en España se ha puesto de relieve, mediante estudios de auto-informe sobre el comportamiento delictivo de los jóvenes, que alrededor de un 98,8% de los adolescentes han cometido una conducta ilícita leve en algún momento de su vida (*Rechea,* 2008*; Rechea et al.,* 1995).

Otra conclusión general que se obtiene en este tipo de estudios es que el porcentaje de chicas infractoras es inferior al de varones en todos los comportamientos ilícitos y antisociales analizados, con la excepción de la conducta de consumo de alcohol y cannabis, y el robo en tiendas (*Farrington,* 1992, 2008; *Rechea,* 2008*; Redondo y Garrido,* 2013; *Sampson y Laub,* 2005).

A parte de todo lo mencionado en el punto de desviación social infantil, los adolescentes y jóvenes tienen que luchar con su personalidad y elegir bien su grupo de pares o iguales.

Uno de los ejemplos claros de desviación social juvenil lo estamos viviendo en estos momentos. Los adolescentes, que han tenido una infancia difícil y con alguno de los padres patológico, con 11-12 años deciden dejar los estudios y buscar algo que les ayude a rellenar ese vacío que tienen. Desgraciadamente, muchos de ellos lo encuentran en las bandas juveniles. Ellos les dan protección y un sentimiento de pertenencia a un grupo que ni la sociedad, ni la familia les pueden ofrecer. Al final, los adolescentes y jóvenes desean vivir una vida de acuerdo a unos principios y este tipo de pandillas les ofrecen todo eso. De hecho en la infancia es muy fácil que los hijos sean como los padres, se dice que son como "esponjas", que lo aprenden todo por imitación. Naturalmente, la culpa de que los hijos se desvíen no es de los hijos, sino de los padres. En la pubertad o adolescencia, es mucho más complicado. Ellos están formando su personalidad y solo desean buscar algo que les "ayude" o que ellos piensan que les va a ayudar, y sentirse protegidos.

Algunas bandas juveniles tienen una "biblia" o código de leyes del grupo que realmente engancha a los jóvenes. Si se lee detenidamente incluso puede llegar a enganchar a adultos, ya que es todo lo que queremos para nuestros hijos. Pero no nos dejemos engañar, son principios de una organización que está estructurada para hacer el mal a otras bandas y personas inocentes.

Afortunadamente, hay instituciones y personas que se están dedicando al control social de este tipo de organizaciones. María Torres Oliver, ex Reina Latin Queen y ahora doctoranda en la Universidad Pompeu Fabra (UPF), menciona en una entrevista a un diario de tirada nacional que "se puede separar al grupo de la violencia y que haga una labor social". Los adolescentes, en estas edades, son capaces de dar lo mejor y lo peor de sí mismos. De nuevo el papel de los padres, los grupos de pares y los profesores su torna fundamental para que no pierdas los valores que han ganado, no justifiquen la violencia y se integren en la sociedad haciendo actividades legales.

Según el Instituto Nacional de Estadística (INE), en el año 2020, que es el último año que se han recogido datos de menores condenados, se condenaron 11.238 menores de los cuales 9.082 fueron varones y 2.156 mujeres.

Montse Riat, escribió en septiembre de 2022 para un diario local que "las agresiones y abusos sexuales entre menores se han triplicado en la última década. La Fiscalía apunta a la pornografía, la sexualización de los menores y la banalización de las relaciones a esta edad para explicar el incremento".

5.3. Desviación social en personas adultas

La desviación social en la edad adulta se puede ver de dos maneras: 1) desviación social por carrera criminal; 2) desviación social por causas externas.

La desviación social por carrera criminal, tiene que ver con la educación que el niño ha recibido desde su infancia hasta la edad adulta. El que el niño esté aislado socialmente, que los padres no le dejen salir a la calle y socializarse, que hay un abandono explicito por parte de sus parientes, que haya habido maltrato físico o psicológico por parte de su familia... son puntos clave a la hora de determinar si un niño puede comenzar una carrera criminal o no. Por otro lado, en la adolescencia y juventud, que el individuo se aleje de las normas socialmente establecidas o que elija un grupo de pares o iguales que no le ayude a evolucionar, son elementos del inicio de una carrera criminal.

Una vez llega a la edad adulta, comenzaría el segundo de los puntos, la desviación social por causar externas. Uno de los motivos que más desvío social ha producido en los últimos años, ha sido el consumo de alcohol y drogas. Las drogas nublan la mente de los sujetos y les hacen tomar decisiones en base a una personalidad que no es la suya. Es debido a ello que muchos de los crímenes que se cometen se realizan bajo los efectos de las drogas. Otro de los elementos clave es la falta de objetivos y metas laborales o educacionales. El no tener una ocupación, hace que la persona vaya en contra de las normas socialmente establecidas y que piense que la sociedad no está hecha para ellos. Por último, el no tener una familia que le apoye, ya sea porque esté lejos de la ciudad de residencia o por otros motivos, o un grupo de iguales, amigos, que le ayuden en sus momentos más bajos, puede ser definitivo para comenzar a delinquir para ganarse la vida con la excusa de que la sociedad no ayuda en la evolución social de las personas.

6. TIPOLOGÍAS DELICTIVAS MÁS FRECUENTES

6.1. Violencia

Hay decenas de definiciones del concepto de violencia. Algunas instituciones y autores que lo han abordado son los siguientes:

La Organización Mundial de la Salud, (OMS), define la violencia como "el uso deliberado de la fuerza física o el poder, ya sea en grado de amenaza o efectivo, contra uno mismo, otra persona o un grupo o comunidad, que cause o tenga muchas probabilidades, de causar lesiones, muerte, daños psicológicos, trastorno del desarrollo o privaciones".

Para el sociólogo *Johan Galtung* (1998), "la violencia es el uso la fuerza física en contra de un semejante con el propósito de herir, abusar, robar, humillar, ultrajar, dominar, torturar, destruir o causar la muerte". Del mismo modo estructura la violencia en tres categorías: Violencia directa, estructural y cultural.

Elsa Blair Trujillo, menciona el abordaje de la violencia que realizó *Jean Claude Chesnais,* en el que menciona que "La violencia en sentido estricto, la única violencia medible e incontestable es la violencia física. Es el ataque directo, corporal contra las personas. Ella reviste un triple carácter: brutal, exterior y doloroso. Lo que la define es el uso material de la fuerza, la rudeza voluntariamente cometida en detrimento de alguien".

Jean-Marie Domenach, define la violencia de la siguiente manera: "Yo llamaría violencia al uso de una fuerza abierta o escondida, con el fin de obtener de un individuo o un grupo eso que ellos no quieren consentir libremente".

Hay varios tipos de violencia. Algunos de ellos son los siguientes: a) violencia física; b) violencia verbal; c) violencia sexual; d) violencia auto infligida; e) violencia colectiva; f) violencia económica; g) violencia cultural; y h) ciberviolencia.

6.2. Robo

La Real Academia de la legua Española (RAE), en su acepción cuarta, menciona que el robo es "Delito que se comete apoderándose con ánimo de lucro de una cosa mueble ajena, empleándose violencia o intimidación sobre las personas, o fuerza en las cosas".

El artículo 242 del Código Penal en su acepción primera menciona que "El culpable de robo con violencia o intimidación en las personas será castigado con la pena de prisión de dos a cinco años, sin prejuicios de la que pudiera corresponder a los actos de violencia física que realizase".

"Si el acto se comente en casa habitada, edificio o local abiertos al público o en cualquiera de sus dependencias, se impondrá la pena de prisión de tres años y seis meses a cinco años".

La enciclopedia jurídica menciona que el robo es:

> "Un hecho punible por el que una persona, con ánimo de lucro, toma cosas ajenas utilizando fuerza en las cosas o violencia e intimidación en las personas. Existen, por tanto, dos tipos de robo: 1) robo con fuerza en las cosas, y 2) robo con violencia e intimidación en las personas. El robo con fuerza en las cosas se produce cuando el apoderamiento de bienes ajenos se realiza concurriendo algunas de las siguientes circunstancias: a) escalamiento; b) rompimiento de pared, techo, suelo o fractura de puerta o ventana; c) rotura de armarios, arcas o muebles cerrados o sellados, forzamiento de sus cerraduras o descubrimiento de sus claves para poder sustraer su contenido; d) utilización de llaves falsas, y é) inutilización de sistemas de alarma o guarda. Este hecho delictivo puede cualificarse, además de por el valor o cualidades de la cosa sustraída o situación en la que queda la víctima, porque se efectúe en casa habitada o edificios o locales abiertos al público. Por su parte, el robo con violencia o intimidación en las personas se produce cuando sustrae bienes ajenos utilizando fuerza física o coaccionando subjetivamente a la víctima".

6.3. Hurto

La Real Academia de la lengua Española (RAE), en su acepción cuarta, menciona que el hurto es: "Delito consistente en tomar con ánimo de lucro cosas muebles ajenas contra la voluntad de su dueño, sin que concurran las circunstancias que caracterizan el delito de robo".

En el artículo 234.1 del Código Penal, en su acepción primera, menciona que "el que, con ánimo de lucro, tomare las cosas muebles ajenas sin la voluntad de su dueño será castigado, como reo de hurto, con la pena de prisión de seis a dieciocho meses si la cuantía de los sustraído excediese de 400 euros".

El delito leve de hurto se daría cuando, en las mismas condiciones que el texto anterior, la cuantía de lo sustraído no excediera los 400 euros, a no ser que se diera alguna de las causas del artículo 235 que agravaría el delito de hurto.

La enciclopedia jurídica menciona que un hurto es:

> Hecho delictivo contra el patrimonio consistente en tomar cosas ajenas, sin la voluntad del dueño y con ánimo de lucro. A diferencia del robo, en la realización de este he-

cho punible no se utiliza violencia ni intimidación en las personas ni fuerza en las cosas. El bien jurídico protegido admitido generalmente por la doctrina es la posesión, así pues será castigado con multa de tres a 12 meses el que, siendo dueño de una cosa mueble o actuando con el consentimiento de éste, la sustrajere de quien la tenga legítimamente en su poder, con perjuicio del mismo o de un tercero, siempre que el valor de aquélla excediere de 400 euros. Puede realizarse también en grado de tentativa, es decir, cuando éste no llega a consumarse (por no llegar a palpar el objeto, cuando es sorprendido in fraganti o seguida su acción ininterrumpidamente por otras personas que lo detienen). Este tipo delictivo se agrava cuando: 1) sustrae cosas de valor artístico, histórico, cultural o científico; 2) sustrae cosas destinadas al servicio público o de primera necesidad, o 3) hay grave situación económica de la víctima o su familia o abuso de circunstancias personales. La concurrencia de dos agravantes lo convierte en un tipo cualificado. Sólo será delito si el valor de lo sustraído excede de 400 euros.

6.4. Bandas juveniles

Las bandas juveniles tienen su origen en algunos países de latino América. Como norma general, los miembros de estos grupos, eran arrestados por las acciones ilícitas que realizaban en sus países y eran deportados a otros, o emigraban, generalmente a los Estados Unidos. Una vez allí, estas personas se juntaban por afinidad, países de nacimiento, creencias etc... y reformulaban el concepto de banda latina.

En los comienzos, muchas de ellas servían para protegerse del resto de bandas, pero con el paso del tiempo comenzaron a meterse en tipologías delictivas relacionadas con el tráfico de drogas. Cuando llegan a España, lo hacen en las mismas condiciones, deportados o emigrando a Europa en busca de oportunidades. Una vez instalados en su nuevo país, no tienen muchas oportunidades laborales, ni educacionales y por tanto piensan que la sociedad está en contra de ellos. Es ahí cuando, por estos y otros motivos, falta de control social formal e informal, infancia difícil, padres patológicos... deciden unirse a las bandas juveniles ya que les prometen protección y sentimiento de pertenencia al grupo, que es lo que necesitan en ese momento. Una vez dentro de las bandas comienza su radicalización.

Desde que el joven decide introducirse en este tipo de grupos tiene que pasar por una serie de pruebas que le admitirán o denegarán el paso al mismo. Estas pruebas son hurtar, robar, agredir o matar a personas inocentes o miembros de otras bandas rivales con el fin de demostrar a su líder que son capaces de todo con tal de entrar en este tipo de organizaciones.

Actualmente, las bandas juveniles que más problemas están dando en España son: Dominican Don't Play (DDP), Trinitarios y Ñetas. Pero hay otras minoritarias, en cuanto a número, que también crean desvelos a las Fuerzas y Cuerpos de Seguridad del Estado a nivel de seguridad.

6.5. Crimen organizado

La Real Academia de la lengua Española y el diccionario Panhispánico mencionan que es la "Delincuencia desarrollada por tres o más personas, unidas por vínculos jerárquicos o de relación personal, que permite a sus dirigentes obtener beneficios o controlar territorios o mercados, nacionales o extranjeros, mediante la violencia, la intimidación o la corrupción, tanto al servicio de la actividad delictiva como con fines de infiltrarse en la economía legítima".

La Convención de las Naciones Unidas contra el Crimen Organizado Transnacional (UNTOC), en el artículo 2(a) se específica que un "grupo criminal organizado" es: a) un grupo de tres o más personas que no fue formado de manera aleatoria; b) que ha existido por un periodo de tiempo; c) actuando de manera premeditada con el objetivo de cometer un delito punible con, al menos, 4 años de encarcelamiento; d) con el fin de obtener, directa o indirectamente, un beneficio financiero o material.

Por otro lado, firmada en el año 2000 y entrada en vigor en 2003, la misma Convención de las Naciones Unidas dice:

> *"Un grupo estructurado (no formado de manera puntual para la comisión inmediata de un crimen), de tres o más personas, que existe durante un periodo continuado de tiempo, y actúa en concierto con el objetivo de cometer uno o más crímenes (sujetas a privación de libertad de al menos cuatro años), establecidas de acuerdo a esta Convención, y con el objetivo de obtener directa o indirectamente un beneficio material o de otro tipo".*

En nuestro Código Penal, en su título XXI, capítulo IV, sección I, artículo 515 menciona que:

> *"Son punibles las asociaciones ilícitas, teniendo tal consideración las que tengan por objeto cometer algún delito o, después de constituidas, promuevan su comisión, así como las que tengan por objeto cometer o promover la comisión de faltas de forma organizada, coordinada y reiterada".*

La Organización Internacional de Policía Criminal (INTERPOL), menciona que "los miembros de grupo de delincuencia organizada a menudo tienen vínculos comunes como, por ejemplo, lazos geográficos, étnicos o incluso de sangre".

Por otro lado, menciona que:

> "es un negocio mundial con ganancias estimadas en miles de millones, sus negocios criminales se parecen mucho a los negocios legítimos internacionales. Cuentan con modelos operativos, estrategias a largo plazo, jerarquías, e incluso, alianzas estratégicas, todo con el propósito de generar un máximo de beneficios con un mínimo de riesgo".

La Real Academia de la lengua Española, en su acepción tercera, menciona que el homicidio es "Delito consistente en matar a alguien sin que concurran las circunstancias de alevosía, precio o ensañamiento".

La enciclopedia jurídica menciona que el homicidio es:

> Hecho delictivo consistente en acabar con la vida de otra persona. Puede ser cometido por acción (realizar activamente el hecho delictivo) u omisión (no evitar la muerte de otra persona estando obligado a ello por ley o contrato) o no llegar a consumarse, realizándose en grado de tentativa. El homicidio puede ser doloso o imprudente, Interesante es el caso del denominado «homicidio preterintencional», que es aquel en el que, como consecuencia de unas lesiones, se produce la muerte de la víctima, en cuyo caso se penaría por un concurso ideal de delitos entre lesiones dolosas y homicidio imprudente.

El Código Penal, en la Ley Orgánica 10/1995, del 23 de noviembre, en el Libro II, Título I, en su artículo 138, en las acepciones 1ª y 2ª, menciona que:

> **1.** El que matare a otro será castigado, como reo de homicidio, con la pena de prisión de diez a quince años.
>
> **2.** Los hechos serán castigados con la pena superior en grado en los siguientes casos: a) cuando concurra en su comisión alguna de las circunstancias del apartado 1 del artículo 140 o b) cuando los hechos sean además constitutivos de un delito de atentado del artículo 550.

Mientras que en el artículo 139 dice que:

Será castigado con la pena de prisión de quince a veinticinco años, como reo de asesinato, el que matare a otro concurriendo alguna de las circunstancias siguientes: a) con alevosía; b) por precio, recompensa o promesa; c) con ensañamiento, aumentando deliberada e inhumanamente el dolor del ofendido; d) para facilitar la comisión de otro delito o para evitar que se descubra.

7. CLASIFICACIÓN DE LOS CRÍMENES

7.1. Crimen Convencional

Se entiende por criminalidad convencional, aquellos comportamientos que son ejecutados por gran parte de la población, considerados cotidianos y denunciados en la mayoría de los casos (Pérez, 1994).

7.2. Crimen contra la propiedad

En el Código Penal, en el artículo 453 menciona que: "Todo el que se apodere de algún objeto mueble, perteneciente a otro para aprovecharse de él, quitándolo, sin el consentimiento de su dueño, del lugar donde se hallaba, será penado con prisión de seis meses a tres años".

7.3. Crimen político

Según Abello, 2004:

> "Los delitos políticos son aquellas conductas, establecidas en el capítulo XVII del Código Penal, que amenazan la existencia del ordenamiento jurídico vigente y las instituciones que representan al Estado, y cuyos autores se encuentran motivados por fines altruistas, como son liberar al pueblo de un gobierno tirano y reformar un régimen legal injusto. En otras palabras, podríamos decir que los delitos políticos son aquellos que establecen un castigo para quienes se enfrenten con el Gobierno de turno con el propósito de derrocarlo y de cambiar el régimen legal vigente buscando mayor justicia social".

7.4. Crimen internacional

El diccionario Panhispánico junto con la Real Academia de la lengua Española, en su acepción primera, menciona que un crimen internacionales "Violación grave de una obligación de importancia esencial para la comunidad internacional en su conjunto, frente a la que todos los Estados deben cooperar para ponerle fin". Y en su acepción segunda "Delito de especial gravedad y trascendencia para la comunidad internacional en su conjunto sobre el que la Corte Penal Internacional ejerce su competencia".

7.5. Cibercrimen

Por cibercrimen se entienden los delitos o crímenes que se cometen a través de la red. Algunos crímenes a través de internet son los siguientes: a) fraude por correo electrónico (*Phishing*); b) fraude de identidad; c) robo de datos financieros; d) ciberextorsión; e) ataques *ramsonware*; f) ciberespionaje… entre otros.

8. DEFINICIÓN DE CONTROL SOCIAL Y TIPOS

Para comenzar, cabe destacar el papel de la socialización en las relaciones humanas. Según el diccionario de sociología de la Universidad de Zaragoza la socialización es:

> "Mecanismo por el cual una comunidad enseña a descubrir a sus nuevos integrantes, las normas, los valores y las creencias que ellos mismos guardan en lo más profundo de su ser, como signo de su individualidad, y que invariablemente coinciden con las normas, valores y creencias que profesa la comunidad en que habitan. Cuando por al-

gún extraño accidente el aprendiz no logra descubrir tales correspondencias, entran en funcionamiento otros mecanismos que le enseñan la conveniencia de seguir buscando. En la literatura sociológica se denominan control social".

En cuanto a la definición de control social Cohen mencionaba lo siguiente:

"Aquella respuesta colectiva al crimen y otras formas de acciones derivadas y comportamientos sociales problemáticos, los cuales son concebidos como tal, tanto en un sentido negativo (después de un acto ha sido localizado o un individuo localizado) como en sentido positivo de prevenir el acto".

El control social también sirve para la prevención de actos criminales y la concienciación de los sujetos que se hayan planteado realizar cualquier tipología delictiva. Los tipos de control social básicos son dos: control social informal y formal.

El **control social informal** es el que tiene que ver con las personas que están permanentemente a nuestro alrededor y nos disuaden de cometer hechos ilícitos.

El ejemplo más significativo es la familia. Cuando somos niños o adolescentes se está formando nuestro carácter y personalidad, es por ello que son muy influenciables y aprenden muy rápido a ser un ser social y también asocial. La familia es la primera educadora de los niños y es la encargada de promover en el entorno familiar ciertos valores y conciencia social sobre las normas y reglas a cumplir.

Por otro lado, el grupo de iguales ejerce mucha influencia en los adolescentes de 11-15 años de edad. Es por ello, que si los niños y adolescentes han recibido una buena educación en su hogar, no tienen padres patológicos, alcohólicos o drogadictos y no ha estado aislado socialmente, el joven va a tomar las decisiones de manera correcta.

La escuela y el entorno laboral son otros tipos de control social informal. Los profesores y los jefes, en las escuelas y trabajos respectivamente, son los líderes en los que se tienen que ver reflejados.

Por último, la religión o tener ciertas creencias que lleven a la persona a pertenecer a una comunidad con propósito es, sin duda, una de las mejores acciones que pueda realizar cualquier ser social. En este tipo de comunidades hacen florecer los valores y cualidades intrínsecas en todo ser humano y, por tanto, hace que no tenga la necesidad de incumplir las normas sociales establecidas.

El **control social formal** se refiere a las herramientas que ha creado un Estado para frenar este tipo de conductas asociales. Un ejemplo de ello son las Fuerzas y Cuerpos de Seguridad del Estado. Cuando alguien comete cualquier tipo de delito, las FFCCSE son las que primero llegan a la escena del crimen.

Los trabajadores de la seguridad privada son los encargados de que no suceda ninguna tipología delictiva en los locales que están protegiendo.

Los abogados y jueces, son los encargados de llevar ante la justicia a los seres asociales que han cometido uno o varios delitos.

9. CONCLUSIONES

- La definición de Becker concluye muy bien qué es desviación "la desviación no es una cualidad intrínseca al comportamiento en sí, sino la interacción entre la persona que actúa y aquellos que responden a su accionar".
- La desviación social es la no conformidad a una norma o una serie de normas dadas, que son aceptadas por un número significativo de personas de una comunidad o sociedad.
- Por un lado, la educación en el hogar contribuye a que los niños y adolescentes no se desvíen y cumplan las normas socialmente establecidas. Por otro lado, los profesores en los centros educativos y los líderes en los centros laborales y el ambiente que se genera son fundamentales para el correcto cumplimiento de las normas.
- La pertenencia a una comunidad con propósito es vital para que la persona no se desvíe ya que cumple con dos propósitos fundamentales: 1) sentirse protegido; 2) darle sentido a su vida.
- El control social formal son las herramientas que el Estado utiliza para que las personas que deciden desviarse de las normas socialmente establecidas redirijan su camino hacia la socialización.
- Se puede concluir que el hombre es noble por naturaleza y que son los agentes externos, grupo de pares, falta de oportunidades laborales o educativas y, por tanto, falta de economía, los que le influencian a las personas a ser seres asociales.

XVII. SOCIOLOGÍA DE LA COMUNICACIÓN: CLAVES PARA COMPRENDER EL VÍNCULO ENTRE SOCIEDAD, MEDIOS Y CULTURA

ALFONSO VÁZQUEZ ATOCHERO
Universidad de Extremadura

CARLOS JUQUERA RUBIO
Universidad Complutense de Madrid

La comunicación, entendida en su sentido más amplio, constituye uno de los ejes vertebradores de la vida social: no solo transmite información, sino que moldea percepciones, configura identidades colectivas y establece las bases de la convivencia. Desde los primeros medios impresos hasta las actuales plataformas digitales, cada transformación tecnológica ha implicado también un cambio profundo en la manera en que las sociedades se piensan a sí mismas y en cómo se articulan las relaciones de poder. La sociología de la comunicación, como disciplina, se enfrenta al desafío de desentrañar estas dinámicas, de revelar los mecanismos que subyacen a la producción y circulación de discursos y de iluminar las tensiones entre libertad y control, inclusión y exclusión, participación y manipulación. Este capítulo propone un recorrido que no se limita a describir la evolución de los medios, sino que busca situarla en un marco crítico: desde la esfera pública de Habermas hasta las críticas de Chomsky, desde la *agenda-setting* hasta el capitalismo de la vigilancia, desde la hegemonía cultural gramsciana hasta la irrupción de nuevas subjetividades en un mundo posmediático. El objetivo es ofrecer al lector una mirada que, sin ser exhaustiva, permita comprender cómo la comunicación actúa como campo de disputa simbólica y espacio de transformación social. Más allá de los dispositivos técnicos o de las modas discursivas, lo que está en juego es la posibilidad de construir sociedades más justas y democráticas, donde el acceso al conocimiento, la capacidad de discernir y la participación activa en los procesos comunicativos no sean privilegios de unos pocos, sino derechos fundamentales de todos.

1. ¿QUÉ ES LA COMUNICACIÓN? DIMENSIONES, FUNCIONES Y ELEMENTOS CLAVE

Hablar de comunicación es hablar de uno de los procesos más esenciales y definitorios de la vida humana. Desde el gesto más simple hasta las formas más sofisticadas de expresión cultural, comunicar es compartir significados, establecer vínculos, construir sentido en común. Aunque a menudo se piensa la comunicación como una simple transmisión de información, su riqueza va mucho más allá: implica la creación simbólica de la realidad que habitamos. En su forma más general, el proceso comunicativo puede entenderse como una secuencia dinámica en la que intervienen varios elementos: un emisor, que produce y codifica un mensaje; un receptor, que lo recibe y decodifica; un mensaje, que es el contenido simbólico que se transmite; un canal, que actúa como medio físico o digital de transmisión; un código, que es el sistema compartido de signos que hace posible la comprensión (como el lenguaje verbal, visual, gestual...); y, finalmente, la retroalimentación, que permite saber si la comunicación ha sido efectiva y favorece la interacción continua (Shannon & Weaver, 1949). Estos componentes no deben entenderse como piezas estáticas, sino como partes de un circuito vivo que se adapta al contexto, la intención, la cultura y la relación entre los interlocutores. La comunicación, en este sentido, no es solo un medio para transmitir datos, sino una forma de habitar el mundo con otros. Nos permite coordinar acciones, expresar emociones, negociar significados, conservar la memoria colectiva y proyectar futuros compartidos. Es, en definitiva, un tejido invisible pero poderoso que sostiene la vida social.

La comunicación no es patrimonio exclusivo de los seres humanos. En el mundo animal, abundan formas complejas de intercambio de señales: las abejas trazan danzas que indican la ubicación del néctar, los elefantes emiten infrasonidos para alertar a la manada, los pájaros construyen cantos que definen territorio o atraen pareja. Sin embargo, lo que diferencia radicalmente la comunicación humana no es su sofisticación técnica, sino su capacidad simbólica. Los seres humanos no solo reaccionan al entorno, sino que interpretan, elaboran y resignifican. Nuestra comunicación puede referirse a realidades ausentes, a mundos posibles, a emociones complejas o a conceptos abstractos. Esa potencia simbólica se expresa, sobre todo, en el lenguaje verbal: un sistema articulado y estructurado que permite no solo describir el mundo, sino imaginarlo, discutirlo, recrearlo. Pero no todo en la comunicación humana se reduce a las palabras. Nuestra manera de estar con otros se sostiene también en lo no verbal: los gestos, la mirada, el tono de voz, el silencio, la postura corporal. A menudo, lo que decimos sin palabras comunica más que el contenido explícito de nuestros enunciados. Un suspiro puede encerrar ternura o agotamiento; un cruce de brazos puede sugerir distancia o incomodidad. La comunicación no verbal es tan omnipresente como el aire que respiramos: no puede no emitirse, no puede no interpretarse. Así, la riqueza de la comunicación humana reside en su capacidad para entrelazar lo verbal y lo no verbal, lo racional y lo emocional, lo consciente y lo implícito, en una coreografía continua que nos permite construir sociedad.

La comunicación cumple un abanico de funciones sociales que trascienden lo meramente instrumental y que resultan esenciales para la vida colectiva. En primer lugar, tiene una función informativa, al permitirnos compartir datos, hechos, experiencias y conocimientos: desde advertir de un peligro hasta narrar un descubrimiento científico, comunicar es abrir ventanas al mundo del otro. Pero la comunicación también es expresiva, porque vehicula emociones, estados de ánimo, necesidades internas; cuando alguien ríe, llora, grita o guarda silencio con intención, está dejando una huella emocional en los demás. La función reguladora se manifiesta en nuestra capacidad de influir en el comportamiento ajeno: toda norma, mandato, persuasión o acuerdo social se construye sobre una red de intercambios comunicativos que guían y modulan nuestras acciones. Y, de modo más profundo, la comunicación desempeña una función cultural, pues es el medio por el cual se transmite y transforma el legado simbólico de una comunidad: sus lenguas, mitos, costumbres, relatos y valores. Sin comunicación no hay tradición, ni historia, ni memoria colectiva. Estas funciones, aunque diferenciables analíticamente, no operan de forma aislada: en una conversación cotidiana pueden coexistir datos, emociones, normas e imaginarios culturales, entrelazados de manera orgánica. Así, la comunicación no solo hace posible que vivamos juntos, sino que nos permite comprendernos, cohesionarnos y, también, transformarnos. Es el vehículo por el cual una sociedad se piensa, se siente y se organiza (Jakobson, 1960).

Aunque a primera vista la comunicación puede parecer un acto entre dos individuos, su verdadera naturaleza es profundamente social. Comunicar no es solo emitir y recibir mensajes, sino formar parte de un entramado compartido de significados, normas y expectativas que nos trasciende. Desde que nacemos, aprendemos a comunicarnos no en el vacío, sino dentro de una cultura, un idioma, una comunidad. Cada palabra que pronunciamos, cada gesto que hacemos, cada silencio que elegimos, está cargado de convenciones sociales que le otorgan sentido. Incluso cuando hablamos "a solas" —cuando pensamos, recordamos o imaginamos— lo hacemos con las herramientas que la sociedad nos ha dado: el lenguaje, los símbolos, las narrativas que hemos interiorizado (Vygotski, 1995). La comunicación, por tanto, no es un simple puente entre conciencias individuales, sino el tejido que configura nuestra vida en común. Es a través de ella como se construyen consensos, se legitiman jerarquías, se resuelven conflictos o se crean identidades. En este sentido, no existe comunicación neutra: todo acto comunicativo participa de relaciones sociales, refleja una posición en el mundo y puede reproducir —o cuestionar— estructuras de poder. Así entendida, la comunicación no es un accesorio del vínculo social, sino su propia condición de posibilidad. Nos comunicamos porque somos seres sociales, y somos seres sociales porque nos comunicamos. Es ese vaivén incesante entre el yo y el nosotros el que da forma a la experiencia humana.

2. NACIMIENTO DE LA SOCIOLOGÍA DE LA COMUNICACIÓN: ORÍGENES Y ENFOQUES CLÁSICOS

Aunque la sociología de la comunicación como disciplina específica es relativamente reciente, sus fundamentos pueden rastrearse en las obras fundacionales de la sociología clásica. Émile Durkheim, por ejemplo, entendía que la cohesión social no se sostiene solo por estructuras externas o normas jurídicas, sino por la existencia de una conciencia colectiva compartida, tejida a través de símbolos, rituales y prácticas comunicativas. Para él, la comunicación no era solo un intercambio de información, sino un mecanismo esencial para la integración social (Durkheim, 1982). Max Weber (2002), por su parte, aportó una mirada más interpretativa: al analizar la acción social, subrayó que toda interacción humana implica significados subjetivos que deben ser comprendidos desde el punto de vista del actor. En ese sentido, comunicar no es simplemente emitir un mensaje, sino actuar en función de un sentido, de una intención, de un horizonte de comprensión compartido. Y fue George Herbert Mead (1968), desde la tradición pragmatista, quien dio un paso decisivo al colocar la interacción simbólica en el centro de la vida social: para él, el yo se constituye a través del diálogo con los otros, en una suerte de conversación continua donde los gestos, las palabras y las respuestas mutuas configuran la identidad. Así, la comunicación no es un añadido a lo social, sino su núcleo generador. Estos tres enfoques —la cohesión simbólica durkheimiana, la comprensión weberiana del sentido y la interacción simbólica mediana— ofrecen una base sólida para entender cómo la comunicación vertebra la experiencia social, y por qué merece ser estudiada como un fenómeno central de la vida en común.

A comienzos del siglo XX, un grupo de pensadores agrupados en torno al Instituto de Investigación Social de Frankfurt abrió una nueva senda en el estudio de la comunicación, marcada por una mirada crítica y profundamente comprometida con la transformación de la sociedad. Filósofos como Theodor W. Adorno y Max Horkheimer (1947) y más tarde Herbert Marcuse (1964), observaron con preocupación cómo los medios de comunicación masiva —en particular el cine, la radio y la publicidad— comenzaban a desempeñar un papel central en la producción cultural bajo el capitalismo avanzado. Para ellos, la llamada “industria cultural” no era un simple instrumento de entretenimiento, sino un sistema sofisticado de estandarización simbólica que promovía la conformidad, adormecía el pensamiento crítico y moldeaba los deseos de las masas en función de la lógica del consumo. Esta crítica se articulaba en un contexto marcado por el ascenso del fascismo, el poder de la propaganda y el crecimiento de una cultura popular aparentemente libre, pero profundamente instrumentalizada. La Escuela de Frankfurt no concebía la comunicación como un proceso neutro, sino como un campo atravesado por relaciones de poder, ideología y dominación. Al analizar la forma en que los medios simplificaban los mensajes, aplanaban las diferencias y ofrecían productos culturales intercambiables, estos autores advertían que la homogeneización simbólica podía convertirse en una forma sutil —y eficaz— de control social. Su legado sigue siendo fundamental para quienes se preguntan no solo qué se comunica, sino quién lo hace, con qué intereses y con qué efectos sobre la conciencia colectiva.

En paralelo a las críticas de la Escuela de Frankfurt, surgió en Estados Unidos una perspectiva más pragmática y empírica sobre la comunicación, enmarcada en el paradigma funcionalista. En un contexto marcado por la expansión de los medios, la consolidación de la democracia liberal y la preocupación por la eficacia de la propaganda —especialmente durante la Segunda Guerra Mundial—, investigadores como Harold D. Lasswell (1948) propusieron modelos analíticos destinados a estudiar el impacto social de la comunicación de masas. Su célebre fórmula: "¿quién dice qué, a quién, por qué canal y con qué efecto?" ofrece un esquema sencillo pero poderoso para descomponer el proceso comunicativo en sus elementos fundamentales. Esta mirada permitía evaluar, por ejemplo, la influencia de un discurso político en distintos públicos, o el alcance de una campaña publicitaria según el medio empleado. Desde esta óptica, los medios no eran necesariamente instrumentos de alienación, sino engranajes que cumplían funciones específicas dentro del sistema social: informar, entretener, educar, reforzar la cohesión y facilitar la adaptación al entorno. La comunicación era vista, así, como una herramienta para mantener el equilibrio social, reducir tensiones y asegurar la integración colectiva. Aunque esta visión ha sido cuestionada por su tendencia a ignorar las asimetrías de poder y su fe excesiva en la neutralidad de los medios, su influencia perdura en numerosos estudios actuales sobre audiencias, efectos y políticas comunicativas. El modelo de Lasswell, con su claridad estructural, sigue siendo una puerta de entrada útil para quienes desean comprender cómo circulan los mensajes en una sociedad compleja.

A mediados del siglo XX, el pensador canadiense Marshall McLuhan revolucionó la forma de entender la comunicación al desplazar el foco del contenido hacia el soporte. Su célebre afirmación "el medio es el mensaje" condensaba una intuición profunda: no importa tanto lo que se dice, sino cómo se dice, y a través de qué canal (1964). Para McLuhan, cada medio —la escritura, la imprenta, la radio, la televisión— transforma la percepción, el pensamiento y la organización social de modos invisibles pero decisivos. Un mensaje televisivo no tiene el mismo impacto que uno impreso, no por lo que dice, sino por cómo el formato condiciona la experiencia del receptor. Así, el medio no es un simple conducto neutral, sino un agente activo en la configuración de la realidad. McLuhan distingue entre medios calientes (como el cine o la radio), que requieren poca participación sensorial del receptor, y medios fríos (como el teléfono o la televisión), que exigen mayor implicación e interpretación. Su pensamiento, aunque a veces enigmático y provocador, anticipó con asombrosa lucidez muchas de las transformaciones que hoy vivimos en la era digital. Al advertir que las tecnologías de la comunicación no solo amplían nuestras capacidades, sino que también modifican nuestras formas de ver, sentir y relacionarnos, nos obliga a pensar en los medios no como herramientas pasivas, sino como extensiones de nuestro cuerpo, nuestra mente y nuestra cultura. En este sentido, McLuhan no solo describió una época, sino que abrió un campo de reflexión que aún interpela con fuerza a la sociología de la comunicación contemporánea.

3. COMUNICACIÓN, SOCIALIZACIÓN Y CONSTRUCCIÓN DE LA REALIDAD

La comunicación es mucho más que el vehículo mediante el cual las personas intercambian información: es el proceso a través del cual se hacen humanos en sociedad. Desde los primeros balbuceos hasta las conversaciones adultas, comunicar es, en esencia, aprender a habitar un mundo común. En la socialización primaria, que tiene lugar durante la infancia en el núcleo familiar o afectivo, el lenguaje cumple una función formativa y estructurante: es en el diálogo cotidiano donde el niño incorpora no solo palabras, sino también significados, emociones, normas y expectativas. Aquí no solo aprende a hablar, sino a ser. En la socialización secundaria, que se desarrolla en contextos más amplios como la escuela, el grupo de pares o los medios de comunicación, la comunicación adquiere un matiz más normativo: se trata de interiorizar los códigos propios de distintos entornos sociales, adaptarse a sus reglas, interpretar sus símbolos. Finalmente, en la socialización terciaria —más difusa y continua a lo largo de la vida— las personas se enfrentan a procesos de reeducación simbólica: cambios de rol, migraciones, rupturas vitales o nuevas pertenencias que exigen reconfigurar su manera de comunicar y comprender el mundo. En cada una de estas etapas, la comunicación no es un simple medio, sino el corazón mismo del proceso: no solo transmite cultura, sino que la encarna. Así, ser parte de una sociedad no es solo obedecer sus reglas, sino hablar su idioma, compartir sus relatos, comprender sus gestos y, en ocasiones, aprender a traducirlos o transformarlos (Berger y Luckmann, 1966).

Uno de los mecanismos más poderosos por los que una sociedad se perpetúa —y a la vez se transforma— es la internalización de sus normas, valores y roles a través de la comunicación. Lejos de ser un proceso mecánico o impuesto desde fuera, esta apropiación de lo social ocurre, casi siempre, de manera cotidiana, implícita y afectiva. Aprendemos a comportarnos como "niños", "alumnos", "hermanos" o "ciudadanos" no porque alguien nos lo dicte de forma explícita, sino porque observamos, imitamos, escuchamos y dialogamos con los demás. En ese proceso, las normas (lo que se espera de nosotros), los valores (lo que se considera deseable o digno) y los roles sociales (las funciones y comportamientos asociados a una posición determinada) se incorporan como parte de nuestra identidad. No nacemos sabiendo lo que significa "ser educado", "respetar una fila" o "opinar en público", pero lo aprendemos al interactuar con otros y al captar, casi sin darnos cuenta, las respuestas que esas conductas provocan. La comunicación es el medio privilegiado por el cual esos aprendizajes se producen: a través del lenguaje, los gestos, las miradas o los silencios, vamos descubriendo los márgenes de lo aceptable, lo correcto, lo posible. Y con ello, no solo nos adaptamos a un orden social dado, sino que participamos activamente en su reproducción. La internalización no es una simple obediencia; es una forma de inscripción simbólica que nos permite actuar en el mundo como miembros de una colectividad. Es en este proceso —lento, profundo y casi siempre invisible— donde se forja la base de la convivencia social (Parsons, 1951; Parsons y Shils 1968).

En las sociedades contemporáneas, los medios de comunicación —en todas sus formas, desde la televisión tradicional hasta los medios sociales digitales— se han consolidado como agentes fundamentales de socialización. Si en otros tiempos la familia, la escuela o la comunidad local ocupaban el centro del proceso socializador, hoy los medios desempeñan un papel cada vez más determinante en la formación de identidades, la transmisión de valores y la definición de lo que es "normal", "deseable" o "posible". Desde la infancia, millones de personas aprenden a ver el mundo a través de pantallas que ofrecen relatos, modelos de conducta, estéticas dominantes y discursos que moldean la percepción de la realidad. Los medios no solo informan, entretienen o educan: también enseñan —de forma sutil o explícita— cómo hablar, cómo vestir, a quién admirar o de qué reírse. En ellos se reproducen normas de género, esquemas de clase, representaciones de lo bueno y lo malo, lo exitoso y lo marginal. Y lo hacen de manera constante, masiva, envolvente. Con la irrupción de internet y la cultura digital, este proceso se ha intensificado: ya no solo consumimos contenidos, sino que también los producimos, los compartimos, los comentamos. Los medios sociales, en particular, han introducido nuevas formas de socialización en las que el reconocimiento, la pertenencia y la visibilidad operan como fuerzas estructurantes. Así, los medios no son ya simples espejos de la sociedad, sino escenarios activos donde se negocian los significados colectivos. Son, en definitiva, una escuela paralela —y en muchos casos, predominante— donde aprendemos a ser alguien en el mundo (Goffman,1959).

Dentro de las corrientes sociológicas que han puesto el foco en la comunicación como núcleo de la vida social, el interaccionismo simbólico ofrece una de las perspectivas más lúcidas y cercanas a la experiencia cotidiana. Desde esta óptica, la sociedad no es una estructura impuesta desde fuera, sino una construcción constante que se actualiza en cada interacción. Autores como Erving Goffman observaron que cada situación comunicativa se parece a una representación teatral: las personas actuamos frente a los demás, controlamos nuestras expresiones, adaptamos nuestro “personaje” al contexto, y esperamos determinadas respuestas del “público”. Comunicar es, en este sentido, gestionar impresiones, negociar significados, sostener una cierta “definición de la situación”. Por su parte, Peter Berger y Thomas Luckmann (1966), en su influyente obra La construcción social de la realidad, explicaron cómo los mundos sociales se construyen a través de rutinas compartidas, lenguaje y legitimación. Según ellos, la realidad no es algo que simplemente “está ahí”, sino el resultado de un proceso comunicativo en el que los significados se sedimentan, se institucionalizan y terminan siendo percibidos como naturales. Así, tanto los roles sociales como las normas o las jerarquías se sostienen en acuerdos tácitos que se reproducen diariamente en la interacción (Castells, 1997). La comunicación, desde este enfoque, no es solo el medio por el que vivimos en sociedad, sino el proceso mismo por el cual la sociedad se hace real, creíble y habitable. En cada gesto, palabra o silencio, no solo decimos algo: también estamos, sin saberlo, recreando el mundo (Geertz, 1973).

La idea de la comunicación como escenario activo donde se negocian significados colectivos ha sido abordada desde distintas tradiciones sociológicas y antropológicas. Mientras Erving Goffman puso el acento en la interacción cara a cara como representación teatral en la que se gestionan impresiones, Berger y Luckmann explicaron cómo la vida cotidiana es el espacio privilegiado donde los individuos interiorizan normas, valores y roles. Por su parte, Clifford Geertz interpretó la cultura como un sistema simbólico que requiere ser descifrado a través de la “descripción densa”, situando los rituales y prácticas culturales como escenarios de disputa y reinterpretación de sentidos. En un plano más contemporáneo, Manuel Castells subrayó que la era digital ha desplazado estos procesos a redes globales interactivas, donde los significados se producen, circulan y reconfiguran constantemente. El cuadro que sigue sintetiza estas aportaciones, mostrando la continuidad y la evolución de una misma preocupación: cómo los sujetos, en distintos contextos históricos, construyen colectivamente la realidad a través de la comunicación.

Tabla X: Escenarios activos de negociación de significados colectivos: principales aportes teóricos

Autor	Obra clave	Idea central	Aportación al concepto de “escenarios activos”
Erving Goffman	*La presentación de la persona en la vida cotidiana* (1959)	La interacción social se organiza como una representación teatral: escenario, actores, público y roles.	Muestra cómo cada encuentro cara a cara es un escenario en el que se negocian significados y se gestionan impresiones.
Peter L. Berger & Thomas Luckmann	*La construcción social de la realidad* (1966)	La realidad se construye intersubjetivamente mediante socialización y comunicación.	La interacción cotidiana es el escenario donde los individuos interiorizan y reinterpretan normas, valores y roles.

Autor	Obra clave	Idea central	Aportación al concepto de "escenarios activos"
Clifford Geertz	*La interpretación de las culturas* (1973)	La cultura es un sistema de símbolos compartidos; su estudio requiere una "descripción densa".	Sitúa la cultura como escenario activo en el que los significados se producen, se disputan y se reinterpretan.
Manuel Castells	*La sociedad red* (*La era de la información*, Vol. 1), (1996/1997)	En la era digital, los significados circulan y se negocian en redes globales interactivas.	Destaca el papel de internet y las redes como escenarios contemporáneos de disputa simbólica y poder comunicativo.

En conjunto, estas perspectivas muestran que la comunicación no es un simple canal de transmisión, sino un proceso vivo en el que se disputan y reafirman los sentidos compartidos. Con esta base teórica, resulta posible comprender cómo los medios de comunicación tradicionales asumieron, a lo largo del siglo XX, un papel decisivo en la configuración de la esfera pública y en la formación de la opinión colectiva.

4. MEDIOS TRADICIONALES Y TRANSFORMACIÓN DE LA ESFERA PÚBLICA

Durante el siglo XX, la prensa, la radio y la televisión se convirtieron en los grandes pilares de la vida pública moderna. Más allá de su función informativa, estos medios fueron moldeando las formas de percibir el mundo, de imaginar la política, de experimentar lo cotidiano. La prensa escrita, con su capacidad de análisis y su rol en la consolidación de las democracias liberales, permitió la emergencia de una opinión pública crítica, al tiempo que generó espacios de debate y vigilancia social. La radio, con su inmediatez y su alcance masivo, introdujo una nueva intimidad sonora: voces que llegaban a todos los rincones, que acompañaban en el trabajo, que narraban guerras, partidos y discursos como si estuvieran sucediendo en el salón de casa. Y luego, la televisión, verdadero fenómeno cultural del siglo, integró imagen y sonido para ofrecer una experiencia envolvente que cambió para siempre la relación con la información, el entretenimiento y la política. A través de ella, lo lejano se volvió próximo, lo abstracto tomó forma, y el hogar se transformó en una ventana al mundo. Estos medios no solo transmitieron contenidos, sino que crearon estilos de vida, rutinas, modelos de comportamiento. Fueron, en gran medida, los arquitectos invisibles del imaginario colectivo del siglo XX. En su apogeo, constituyeron un sistema de referencia compartido, una suerte de gramática simbólica común que hizo posible una conversación social a gran escala. Comprender su centralidad no es un ejercicio de nostalgia, sino una clave para interpretar cómo la esfera pública

—y con ella, la democracia misma— se reconfiguró al calor de sus pantallas, sus voces y sus titulares (Williams, 1974; Curran y Seaton, 2018).

En las sociedades modernas, los medios de comunicación han desempeñado un papel decisivo en la formación de la opinión pública, ese espacio simbólico donde se expresan, negocian y confrontan las ideas colectivas sobre lo que sucede en el mundo. Lejos de ser un simple "espejo" de la realidad, los medios seleccionan, jerarquizan y presentan los hechos según determinados encuadres, prioridades e intereses. De este modo, no solo informan, sino que orientan la atención social, determinando qué temas merecen ser discutidos, bajo qué términos y con qué urgencia. Esta capacidad de definir la agenda pública —lo que se conoce como agenda-setting (McCombs, 2004)— convierte a los medios en auténticos mediadores del vínculo entre ciudadanía y poder. Cuando una noticia ocupa la portada de un periódico, el horario central de un telediario o se viraliza en la radio, no solo adquiere visibilidad, sino también legitimidad. A través de estos procesos, los medios contribuyen a construir una versión compartida de la realidad, una cartografía simbólica desde la cual interpretamos lo que está bien o mal, lo que es justo o injusto, lo que debe preocuparnos o puede ser ignorado. Por ello, la opinión pública no es simplemente la suma de opiniones individuales, sino un producto social complejo, profundamente influido por los relatos, las imágenes y las narrativas que circulan en los medios. Entender este proceso es clave para comprender cómo se forman los consensos, cómo emergen los debates y por qué ciertas voces logran hacerse oír mientras otras quedan en la sombra.

No todo lo que ocurre en el mundo se convierte en noticia, y no todo lo que se convierte en noticia recibe el mismo trato. La noticiabilidad —es decir, los criterios que determinan si un hecho merece ser contado— responde a una lógica selectiva en la que influyen factores como la novedad, la cercanía, la relevancia social, el conflicto o la carga emocional del suceso. Pero además de decidir qué se comunica, los medios también eligen cómo lo hacen. Aquí entra en juego el concepto de encuadre (framing), que se refiere a la forma en que una noticia es narrada: los términos que se emplean, los actores que se destacan, las causas que se atribuyen, las soluciones que se sugieren. Un mismo hecho puede parecer una tragedia inevitable, una injusticia flagrante o un caso aislado según el encuadre que adopte el medio. Sobre esta base, la teoría de la agenda-setting, formulada por McCombs y Shaw (1972), sostiene que los medios no nos dicen qué pensar, pero sí influyen decisivamente en sobre qué pensar. Al priorizar ciertos temas y silenciar otros, al repetir titulares o posicionar imágenes en lugares prominentes, los medios orientan la conversación pública, condicionan las preocupaciones colectivas y, en muchos casos, afectan incluso la toma de decisiones políticas. Así, la visibilidad mediática se convierte en una forma de poder: lo que se muestra existe socialmente; lo que se oculta, se desvanece. Entender estos mecanismos resulta fundamental para descifrar cómo se configura nuestra percepción del mundo y por qué la comunicación no es nunca neutral (Muñoz Joven, 2023).

La idea de esfera pública, formulada por Jürgen Habermas (1962), evoca un espacio intermedio entre el Estado y la vida privada donde los ciudadanos deliberan libremente sobre asuntos comunes, generando opinión pública en condiciones de igualdad y racionalidad. Inspirado en los cafés ilustrados del siglo XVIII, este modelo normativo ha sido clave para pensar la democracia moderna, pero también ha sido objeto de crítica: ¿existe realmente tal espacio neutral? ¿quiénes tienen voz y quiénes quedan fuera? En este punto, las aportaciones de John B. Thompson (1995) enriquecen el debate al mostrar cómo los medios de comunicación no solo transmiten información, sino que transforman la visibilidad pública, alterando la forma en que se configuran las relaciones de poder y la interacción social en las sociedades modernas. Más incisivas aún resultan las reflexiones de Noam Chomsky, quien junto a Edward S. Herman en Manufacturing Consent (1988) sostiene que los medios —lejos de ser foros imparciales— funcionan como mecanismos ideológicos al servicio de intereses económicos y políticos dominantes. A través de filtros como la propiedad de los medios, la publicidad o la selección de fuentes, los grandes conglomerados informativos no solo encuadran la realidad: la fabrican. Así, mientras Habermas apunta al ideal democrático de una razón comunicativa, Thompson analiza las mediaciones estructurales que reconfiguran ese ideal, y Chomsky alerta sobre su captura por el poder corporativo. Sus modelos, pese a sus diferencias, nos invitan a cuestionar la aparente neutralidad de los medios y a reflexionar sobre el papel que juegan en la construcción de consensos, el silenciamiento de conflictos o la legitimación de discursos. En un mundo donde la información circula a velocidad vertiginosa, comprender estas tensiones es clave para formar ciudadanos críticos y conscientes del terreno comunicativo que pisan.

5. LA ERA DIGITAL: MEDIOS SOCIALES, ALGORITMOS Y NUEVAS FORMAS DE COMUNICACIÓN

Desde finales del siglo XX, el ecosistema mediático ha experimentado una transformación radical con la irrupción de los medios digitales, marcando un punto de inflexión respecto a los formatos tradicionales como la prensa escrita, la radio o la televisión. Las diferencias no se limitan a lo tecnológico: suponen una auténtica mutación en los modos de producir, distribuir y consumir información. Mientras que los medios tradicionales operan bajo una lógica unidireccional —del emisor al receptor— y están condicionados por tiempos y espacios específicos, los medios digitales se caracterizan por su interactividad, inmediatez y ubicuidad. En la red, los usuarios no son meros receptores pasivos, sino participantes activos que comentan, comparten, crean y reconfiguran contenidos. Además, el entorno digital permite una personalización sin precedentes gracias al uso de algoritmos, que filtran la información según los hábitos de consumo del individuo, configurando burbujas informativas a medida. Este nuevo paradigma no solo descentraliza la emisión de mensajes, sino que debilita las jerarquías clásicas del saber y de la autoridad periodística: cualquier persona con acceso a internet puede convertirse en fuente, cronista o analista. No obstante, esta aparente democratización no está exenta de riesgos, como la sobreabundancia de datos, la desinformación o la dificultad para contrastar fuentes. En suma, los medios digitales han alterado las reglas del juego comunicativo, desdibujando las fronteras entre lo público y lo privado, entre lo profesional y lo amateur, entre la información y la opinión. Comprender estas diferencias es fundamental para leer con espíritu crítico el mundo en que vivimos y para formar ciudadanos capaces de orientarse en este nuevo y complejo paisaje mediático (Vázquez-Atochero, 2025).

La comunicación contemporánea se despliega en un entorno cada vez más dominado por plataformas digitales, dando lugar a lo que muchos analistas denominan la plataformización de la comunicación. Este fenómeno no se limita a una simple migración de contenidos a espacios virtuales; implica una reconfiguración profunda de las lógicas comunicativas, guiada por estructuras algorítmicas que determinan qué vemos, cuándo lo vemos y con qué frecuencia. Plataformas como Facebook, YouTube, X (antes Twitter), Instagram o TikTok no solo canalizan la información, sino que la ordenan, priorizan y filtran en función de intereses comerciales y comportamientos de los usuarios (Vázquez-Atochero, 2024). El algoritmo, lejos de ser un agente neutral, actúa como una suerte de editor invisible que optimiza la visibilidad de ciertos contenidos, refuerza sesgos cognitivos y modela el consumo mediático de millones de personas. Esta lógica algorítmica introduce una tensión permanente entre personalización y fragmentación: aunque permite una experiencia de usuario adaptada y eficiente, también puede generar burbujas informativas, fomentar la polarización y dificultar el acceso a puntos de vista divergentes. Además, en este ecosistema, la lógica del engagement (me gusta, compartidos, comentarios) se impone a menudo sobre la calidad o el rigor del contenido, desplazando el centro de gravedad desde la veracidad hacia la viralidad. La plataformización, por tanto, no solo transforma la forma en que nos informamos, sino también la manera en que nos relacionamos, opinamos y construimos la realidad social. Entender el papel de los algoritmos en este nuevo orden comunicativo es esencial para ejercer una ciudadanía crítica y activa en la era digital (Van Dijck et al. 2018).

En la era digital, la figura del emisor tradicional ha sido desplazada por una nueva constelación de actores comunicativos que transitan entre la celebridad, la ciudadanía y la marca personal. Surgen así los influencers, verdaderos microcentros de poder simbólico que, desde sus plataformas, configuran tendencias, prescriben consumos y moldean opiniones. Su autoridad no se basa en una acreditación institucional, sino en la cercanía percibida, la autenticidad escenificada y la capacidad para generar comunidad (Ardèvol y Márquez, 2017; Abidi, 2018, por poner dos ejemplos). Junto a ellos emerge el fenómeno del prosumidor, término que fusiona las nociones de productor y consumidor, y que alude a ese usuario que ya no se limita a recibir información, sino que la crea, remezcla y redistribuye. Esta participación activa da lugar a una desintermediación de los discursos, donde los filtros editoriales tradicionales (medios, académicos, instituciones) pierden terreno frente a canales directos, más inmediatos pero también más volátiles y, en ocasiones, menos contrastados. El resultado es un ecosistema en el que las narrativas se multiplican y fragmentan, y donde la autoridad comunicativa se redefine en función del carisma digital, la capacidad de engagement y la gestión emocional del contenido. Este nuevo escenario plantea oportunidades para la pluralidad de voces, pero también desafíos en términos de calidad informativa, responsabilidad y manipulación. En manos de influencers o prosumidores, los discursos ya no siguen los cauces habituales de legitimación, sino que circulan por vías informales, a menudo regidas por algoritmos y métricas de popularidad. Comprender estas dinámicas es clave para analizar el presente comunicativo, en el que los mensajes ya no solo se emiten: se negocian, se performan y se viralizan (Jenkins et al., 2013; Scolari, 2013).

En el corazón de la era digital late un modelo económico que transforma la experiencia comunicativa en una fuente inagotable de extracción de valor: el capitalismo de la vigilancia, concepto acuñado por Shoshana Zuboff (2019). En este paradigma, las interacciones cotidianas —una búsqueda en internet, un clic, una ubicación compartida, una reacción en redes— se convierten en materia prima para sofisticadas infraestructuras de datos que no solo registran nuestro comportamiento, sino que lo predicen y, en última instancia, lo moldean. Las grandes plataformas tecnológicas han erigido un sistema basado en la captura masiva y opaca de información personal, con el fin de anticipar decisiones y condicionar hábitos de consumo, opinión o incluso voto. Este mecanismo se entrelaza con otra lógica profundamente arraigada en el entorno digital: la economía de la atención (Simon, 1971). En un ecosistema sobresaturado de estímulos, el bien más escaso y disputado es nuestra capacidad de prestar atención. Así, los contenidos se diseñan no tanto para informar o dialogar, sino para retener al usuario, captar su mirada, provocar su emoción o alimentar su permanencia (Davenport y Beck, 2001). Algoritmos optimizados para el clic y la dopamina dictan qué se muestra y qué se oculta, en una carrera por convertir el tiempo de pantalla en capital publicitario. Esta doble lógica —vigilancia y atención— configura un entorno en el que la comunicación ya no es solo intercambio simbólico, sino también instrumento de extracción económica y control conductual. Frente a esta realidad, se impone la necesidad de una mirada crítica que no pierda de vista que cada gesto digital deja un rastro, y que ese rastro, acumulado, es el combustible de un nuevo orden sociotecnológico global.

Esta mercantilización de la atención ha sido explorada en profundidad por Tim Wu (2017), quien en Los mercaderes de atención recorre la historia de los medios para mostrar cómo periódicos, radio, televisión y, finalmente, las plataformas digitales han convertido nuestra capacidad de concentración en un recurso transable, explotado con sofisticadas técnicas de captación. En la misma línea crítica, Matthew Crawford (2015) advierte en La edad de la distracción que la atención constituye hoy un bien común asediado por intereses comerciales, cuya colonización erosiona la autonomía individual y la posibilidad misma de una vida reflexiva. Ambas perspectivas subrayan que la disputa por la atención no es un fenómeno accesorio, sino uno de los ejes centrales para comprender la comunicación en el capitalismo contemporáneo.

6. COMUNICACIÓN, PODER Y CONTROL SOCIAL

La comunicación no es un simple vehículo neutro para transmitir información, sino un espacio donde se libra una batalla constante por el sentido. En este terreno simbólico, la producción de significados se convierte en una forma de poder, tal como intuyeron pensadores como Antonio Gramsci y Pierre Bourdieu. Gramsci (1975), al hablar de hegemonía cultural, subrayó cómo las clases dominantes no solo imponen su dominio por medios coercitivos, sino, sobre todo, mediante la construcción de un consenso que naturaliza sus valores, ideas y visiones del mundo. Ese consenso no se impone desde la fuerza, sino que se teje cotidianamente a través de las instituciones, la educación, los medios y los productos culturales, generando una adhesión que parece espontánea. Bourdieu, por su parte, profundiza en esta lógica con el concepto de campo simbólico (1979), donde distintos actores pugnan por imponer su autoridad legítima para definir qué es válido, bello, verdadero o deseable. En este juego, quienes detentan el capital cultural —esto es, el dominio sobre los códigos, lenguajes y formas de legitimación— logran imponer su visión como universal. Así, la comunicación se revela como un dispositivo estratégico de reproducción social: no todos los discursos tienen la misma fuerza, ni todas las voces resuenan con igual volumen. La hegemonía no significa ausencia de conflicto, sino más bien un equilibrio inestable en el que ciertos marcos de interpretación se imponen como sentido común. Comprender este entramado implica desvelar las estructuras invisibles que regulan qué se dice, quién lo dice y desde dónde se dice, y nos invita a sospechar de la aparente neutralidad de los relatos dominantes.

El discurso no es una mera forma de decir, sino una manera de construir la realidad, de ordenar lo visible y lo pensable, de marcar lo legítimo y lo marginal (Van Dijk, 1991). A través del discurso se vehiculan ideologías, es decir, sistemas de creencias que, aunque aparentan ser naturales o evidentes, en realidad responden a intereses concretos y reproducen relaciones de poder. En este contexto, los medios de comunicación desempeñan un papel crucial como grandes arquitectos de sentido común. No solo informan, sino que seleccionan, jerarquizan y encuadran la información según determinados marcos interpretativos que favorecen ciertas lecturas del mundo sobre otras (Serrano Maillo, 2023). Esta capacidad de orientar la percepción colectiva —a menudo de forma sutil, incluso inadvertida— constituye una de las formas más eficaces de manipulación mediática. No se trata, necesariamente, de mentir o tergiversar, sino de elegir qué se dice, qué se omite y cómo se dice. Así, la manipulación opera por silencios, por repeticiones, por adjetivos aparentemente inocentes que cargan de connotaciones un hecho. El lenguaje no solo nombra: actúa, condiciona, legitima (Austin, 1962; Searle, 1969). En este sentido, analizar el discurso mediático implica descubrir las huellas ideológicas que lo atraviesan, los intereses que lo sustentan y las estrategias retóricas que lo hacen verosímil. La ideología no se presenta como doctrina, sino como atmósfera cultural, como marco interpretativo que parece espontáneo. Por ello, cultivar una mirada crítica frente al discurso dominante es un acto de resistencia simbólica: implica desnaturalizar lo que se presenta como sentido común y abrir el horizonte a otras voces, otros relatos y otras formas posibles de entender el mundo (Bourdieu, 1982).

La representación del "otro" en los medios de comunicación no es un acto neutro ni casual, sino un proceso profundamente político y simbólicamente cargado. Desde las portadas de los periódicos hasta los encuadres noticiosos o las narrativas audiovisuales, los medios construyen imágenes del otro —entendido como lo distinto, lo ajeno, lo foráneo, lo minoritario— que no solo informan, sino que configuran imaginarios sociales (Elouizi, 2020). Esta construcción mediática suele estar atravesada por estereotipos, simplificaciones y sesgos que tienden a reforzar jerarquías culturales y divisiones sociales. Así, el inmigrante, el pobre, el disidente, la mujer racializada o el joven de barrio son figuras mediáticas que raramente hablan por sí mismas, sino que son habladas desde un discurso dominante que las sitúa en los márgenes, muchas veces asociadas al conflicto, la amenaza o la alteridad incomprensible (Rabazo Ortega & Vázquez Atochero, 2021). En este marco, la comunicación se convierte en una herramienta de exclusión simbólica, al tiempo que refuerza identidades mayoritarias como normativas y deseables. El "nosotros" se define en oposición al "ellos", y esa operación discursiva consolida un orden social en el que algunas voces gozan de legitimidad mientras otras son silenciadas, exotizadas o criminalizadas. Comprender cómo se construye al otro en los medios permite detectar los mecanismos de estigmatización y de invisibilización que alimentan prejuicios y consolidan desigualdades. Y, al mismo tiempo, abre la posibilidad de imaginar una comunicación más justa, en la que la diversidad no sea una excepción exótica ni un problema a gestionar, sino una riqueza narrativa y humana que reclama su espacio en la conversación pública (Halls, 1997; Van Dijk 2003).

En cualquier sociedad, la comunicación desempeña un papel esencial en los procesos de control social, pero la forma en que se ejerce ese control varía notablemente según el régimen político. En contextos democráticos, la comunicación suele presentarse como garante del pluralismo, la transparencia y la deliberación pública. Sin embargo, incluso bajo estas condiciones ideales, los medios y plataformas pueden servir como herramientas de regulación del pensamiento, moldeando la opinión pública a través de narrativas dominantes, criterios de noticiabilidad sesgados o marcos ideológicos sutiles pero persistentes. El consenso se construye, muchas veces, más por omisión que por imposición: lo que no se dice, lo que no se muestra, también organiza el mundo simbólico. Por el contrario, en regímenes autoritarios, el control comunicativo tiende a ejercerse de forma explícita, mediante censura, propaganda, vigilancia masiva y represión de voces disidentes. La comunicación se convierte aquí en una extensión directa del aparato estatal, encargada de legitimar el poder y desactivar el pensamiento crítico. No obstante, incluso en estos escenarios, las grietas existen: los medios alternativos, el humor subversivo o las redes clandestinas de información funcionan como espacios de resistencia simbólica. Así, la comunicación no es solo instrumento de control, sino también terreno de disputa y posibilidad emancipadora. En ambos modelos, lo comunicativo es inseparable del poder: ya sea para reproducirlo o para desafiarlo, para disciplinar o para imaginar otras formas de vida en común. Entender este doble filo es esencial para una sociología crítica de la comunicación, capaz de ir más allá de las apariencias institucionales y explorar las complejas formas en que se construyen, negocian y resisten las normas que rigen lo decible y lo pensable en nuestras sociedades.

7. DESIGUALDADES COMUNICATIVAS: ACCESO, ALFABETIZACIÓN Y BRECHAS DIGITALES COMUNICACIÓN, PODER Y CONTROL SOCIAL

La brecha digital (Norris, 2001), lejos de ser un fenómeno uniforme, se manifiesta en diferentes niveles o "órdenes" que revelan con crudeza las desigualdades comunicativas del mundo contemporáneo. En su primer orden, esta brecha alude a la desigualdad más evidente: el acceso físico a la infraestructura tecnológica —dispositivos, conectividad, redes estables— que aún hoy resulta esquiva para amplios sectores de la población, especialmente en zonas rurales, regiones empobrecidas o países del Sur global. Sin embargo, contar con un ordenador o un móvil no garantiza la inclusión digital. Aquí emerge la brecha de segundo orden, referida a las competencias y habilidades necesarias para un uso significativo de las tecnologías. No se trata solo de saber "manejar" un aparato, sino de poder buscar, interpretar y producir información de manera crítica. Esta dimensión, más sutil pero igual de excluyente, afecta sobre todo a personas con menor nivel educativo, mayores o desvinculadas del entorno digital. Finalmente, la brecha de tercer orden nos remite a los beneficios reales que las tecnologías reportan a distintos grupos sociales. ¿Quién capitaliza el potencial de la red para mejorar su calidad de vida, ampliar su horizonte laboral o participar políticamente? ¿Quién queda atrapado en usos pasivos, consumistas o desinformados? Este último nivel de desigualdad es quizás el más invisible, pero también el más profundo, pues perpetúa formas estructurales de exclusión bajo la apariencia de universalidad tecnológica. Así, la brecha digital no se agota en la mera presencia o ausencia de dispositivos: es un fenómeno multidimensional que atraviesa el acceso, el uso y los resultados, y que exige políticas públicas sensibles a la complejidad del ecosistema digital y a las múltiples capas de vulnerabilidad social que lo atraviesan (Van Dijk, 2005).

La comunicación no solo se ve atravesada por desigualdades en el acceso tecnológico, sino también —y de forma aún más profunda— en la producción y recepción de los mensajes. En un mundo saturado de información, no todas las voces tienen el mismo poder para emitir discursos que circulen, sean escuchados o influyan en la agenda pública (Couldry, 2010). La capacidad de producir contenidos con impacto sigue concentrada en manos de grandes conglomerados mediáticos, instituciones hegemónicas o creadores con capital simbólico y digital acumulado. Mientras tanto, amplios sectores de la sociedad —pueblos indígenas, clases populares, minorías étnicas, disidencias sexuales— ven limitadas sus posibilidades de representación, quedando muchas veces reducidos al silencio o al estereotipo (Halls, 1997; Morley. 2006). Del otro lado del proceso comunicativo, la recepción tampoco es neutral ni igualitaria. Las competencias para decodificar críticamente los mensajes, identificar sesgos, verificar fuentes o contextualizar discursos no están distribuidas homogéneamente. La alfabetización mediática —esa capacidad de leer el mundo a través de las pantallas con mirada activa— sigue siendo un privilegio en muchas latitudes. Esta asimetría genera una estructura de comunicación en la que unos pocos emiten contenidos que muchos otros consumen sin poder intervenir en su construcción ni cuestionar su lógica. Así, la desigualdad comunicativa se manifiesta tanto en quién tiene los medios para hablar como en quién tiene las herramientas para comprender, resistir o transformar lo que se dice. Superarla implica democratizar no solo el acceso a las tecnologías, sino también las competencias para usarlas de forma crítica y los espacios donde se decide qué merece ser dicho y escuchado.

En la era de la información, la alfabetización mediática y digital no puede entenderse como una mera habilidad técnica, sino como un derecho ciudadano fundamental (Buckingham, 2003). No se trata solo de saber utilizar dispositivos o navegar por plataformas, sino de comprender críticamente los mensajes que nos rodean, distinguir entre información veraz y manipulación, reconocer los intereses detrás de los contenidos y ejercer activamente la participación en la esfera pública digital. Este derecho es clave para una ciudadanía plena y para el fortalecimiento de las democracias contemporáneas, pues sin herramientas para interpretar, cuestionar y producir mensajes, la participación informada se convierte en una ficción. La alfabetización mediática empodera al individuo para no ser un receptor pasivo, sino un sujeto activo en la construcción del sentido común, capaz de identificar discursos de odio, noticias falsas, sesgos ideológicos o estrategias de persuasión emocional (Aparici, 2010). Por su parte, la alfabetización digital no solo habilita el acceso a herramientas tecnológicas, sino que abre la puerta a nuevas formas de organización, creatividad y resistencia. Sin embargo, este derecho aún se distribuye de manera profundamente desigual, tanto dentro de las sociedades como entre países, perpetuando exclusiones y reproduciendo jerarquías simbólicas. La escuela, los medios de comunicación públicos y las políticas educativas tienen aquí un papel crucial: deben garantizar que todas las personas, sin importar su edad, origen o nivel socioeconómico, puedan desarrollar una mirada crítica frente al ecosistema mediático. Solo así será posible hablar de una ciudadanía comunicacional consciente, capaz de habitar los entornos digitales con autonomía, responsabilidad y espíritu democrático.

Las desigualdades comunicativas tienen un impacto profundo y silencioso en la calidad de la participación democrática. Cuando el acceso a la información, a los dispositivos digitales o a las competencias necesarias para comprender y producir mensajes no está garantizado para todos por igual, se distorsiona la idea misma de ciudadanía. La democracia se sustenta en el principio de que todas las voces pueden ser escuchadas y que todos los sujetos cuentan con la capacidad de deliberar, decidir y actuar en el espacio público. Sin embargo, en contextos marcados por brechas digitales y carencias en alfabetización mediática, amplios sectores de la población quedan excluidos de los circuitos de comunicación y poder. Esta exclusión no solo afecta su derecho a informarse, sino también su posibilidad de expresarse, incidir y formar parte de los debates colectivos. En una sociedad mediada por algoritmos, plataformas digitales y narrativas cada vez más sofisticadas, quienes carecen de herramientas críticas para navegar estos entornos quedan más expuestos a la desinformación, la manipulación emocional y la invisibilización de sus problemáticas. Al mismo tiempo, las élites comunicativas concentran los recursos, los canales y los saberes, reproduciendo una esfera pública fragmentada y asimétrica. Por eso, combatir las desigualdades comunicativas no es un mero desafío tecnológico, sino una tarea política de primer orden.

Garantizar una participación democrática real exige políticas inclusivas que promuevan el acceso equitativo, la formación crítica y la pluralidad de voces, reconociendo que el derecho a la comunicación es, en esencia, el derecho a formar parte del relato común de una sociedad (Pérez López, 2021).

8. RETOS CONTEMPORÁNEOS DE LA SOCIOLOGÍA DE LA COMUNICACIÓN

Uno de los grandes desafíos contemporáneos para la sociología de la comunicación es la creciente circulación de noticias falsas, la desinformación sistemática y la erosión de la confianza en los medios y en las instituciones que median el conocimiento (Wardle y Derakhshan, 2017). Las llamadas fake news no son simples errores informativos ni meras exageraciones virales: constituyen artefactos cuidadosamente diseñados para sembrar confusión, polarizar a la opinión pública y manipular emocionalmente a las audiencias. En un ecosistema digital donde la velocidad prima sobre la veracidad, y donde los algoritmos premian lo espectacular frente a lo verificado, los contenidos falsos pueden alcanzar niveles de difusión mucho mayores que las informaciones contrastadas (McIntyre, 2018; Ireton y Posetti, 2018). Esta dinámica genera una crisis de credibilidad que va más allá de los medios: afecta a la propia idea de verdad compartida y de realidad consensuada, pilares esenciales para la deliberación democrática. La desinformación (Wardle y Derakhshan, 2017), además, no se distribuye de forma inocente: suele dirigirse estratégicamente hacia grupos vulnerables, reforzando prejuicios, alimentando teorías conspirativas o deslegitimando instituciones públicas. Frente a este fenómeno, la sociología de la comunicación está llamada no solo a diagnosticar sus causas y consecuencias, sino también a repensar el lugar del conocimiento, la ética profesional y el rol pedagógico de los medios en la sociedad digital. No se trata únicamente de desmontar bulos, sino de comprender cómo se producen, circulan y arraigan en determinados climas sociales y políticos. En última instancia, el combate contra la desinformación requiere fortalecer la alfabetización mediática, la confianza en el periodismo riguroso y los vínculos entre ciudadanía e instituciones que sean capaces de ofrecer relatos veraces, matizados y significativos en tiempos de sobreabundancia informativa y posverdad (Lewandowsky et al. 2017; Posetti y Matthews, 2018).

La irrupción de la inteligencia artificial en el ámbito comunicativo representa uno de los retos más complejos y fascinantes para la sociología contemporánea (Diakopoulos, 2019; Crawford, 2021). Desde los asistentes virtuales hasta los algoritmos que seleccionan contenidos en medios sociales o redactan textos de forma autónoma, la comunicación se ha vuelto cada vez más mediada —y, en ocasiones, generada— por sistemas no humanos. Esta automatización no solo redefine los procesos tradicionales de producción, circulación y recepción del mensaje, sino que plantea interrogantes éticos, políticos y epistemológicos de gran calado: ¿quién controla los sistemas que determinan qué vemos, leemos o creemos? ¿Qué ocurre con la autoría, la intencionalidad y la responsabilidad cuando la voz comunicativa es algorítmica? La IA, lejos de ser una herramienta neutra, encarna las lógicas, sesgos y prioridades de quienes la diseñan y entrenan, lo que puede dar lugar a formas de reproducción de desigualdades o manipulación sutil e invisible del discurso público (Noble, 2018). Al mismo tiempo, estos sistemas amplían las posibilidades expresivas, permiten personalizaciones inéditas y generan nuevas formas de interacción social y cultural (O'Neil, 2016). La sociología de la comunicación debe, por tanto, analizar no solo el impacto tecnológico de la IA, sino también sus implicaciones simbólicas y estructurales: cómo transforma los modos de relación, los circuitos de poder informativo y la configuración de identidades en una era de mensajes automáticos pero profundamente influyentes. Frente a esta nueva frontera, es urgente desarrollar marcos críticos que combinen la alfabetización digital con una mirada ética y reflexiva, capaz de poner en diálogo a la innovación tecnológica con las necesidades democráticas de transparencia, pluralismo y participación.

Las transformaciones comunicativas del presente han abierto el espacio a la emergencia de nuevas subjetividades, moldeadas en gran medida por la interacción constante con entornos digitales que reconfiguran la manera en que nos percibimos y nos vinculamos con los demás. La identidad ya no se construye únicamente en el ámbito de la experiencia directa, sino también en la exposición y autorrepresentación que ofrecen las plataformas digitales: perfiles, imágenes, historias y publicaciones que funcionan como vitrinas del yo y, al mismo tiempo, como filtros a través de los cuales los otros nos interpretan (Turkle, 1995). En este escenario, las relaciones sociales dejan de estar mediadas únicamente por la proximidad física o por la tradición, y se ven atravesadas por lógicas de conexión permanente, visibilidad selectiva y reconocimiento simbólico. Así, fenómenos como la búsqueda de validación a través de "me gusta" o la construcción de comunidades en torno a intereses compartidos ponen de manifiesto que lo afectivo y lo social se entrelazan con lo mediático en un grado sin precedentes (Marwick, 2013). Estas dinámicas generan oportunidades inéditas para la creación de vínculos, pero también tensiones: la autoexplotación vinculada a la necesidad de mostrarse, la fragmentación de la atención y la precariedad de la intimidad en un mundo donde lo privado se difumina. En suma, las subjetividades contemporáneas se configuran en un delicado equilibrio entre autonomía y dependencia de las plataformas, entre nuevas posibilidades de expresión y nuevas formas de control. La sociología de la comunicación se enfrenta, por tanto, al reto de comprender cómo estas mediaciones tecnológicas transforman la textura misma de la vida social, dando lugar a vínculos más líquidos, identidades más móviles y comunidades que, aunque virtuales, poseen un peso real en la experiencia cotidiana de millones de personas.

Pensar la comunicación en un mundo posmediático supone aceptar que hemos cruzado un umbral histórico en el que las viejas categorías —prensa, radio, televisión, incluso internet como espacio separado— ya no bastan para explicar la compleja ecología de interacciones que vivimos. El prefijo "pos" no significa desaparición, sino integración y superposición: los medios tradicionales conviven con plataformas digitales, algoritmos inteligentes y prácticas sociales híbridas que diluyen las fronteras entre emisor y receptor, entre lo público y lo privado, entre información y entretenimiento. En este nuevo paisaje, la comunicación no puede entenderse como un simple canal de transmisión, sino como un entramado dinámico en el que se negocian significados, se disputan hegemonías y se reconfiguran sensibilidades colectivas. La posmediatización implica reconocer que los discursos circulan en múltiples niveles simultáneamente, que los sujetos son a la vez productores y consumidores, y que los dispositivos tecnológicos actúan como mediadores invisibles que condicionan la experiencia social. Desde esta perspectiva, el reto para la sociología de la comunicación no es tanto analizar los medios como instituciones aisladas, sino comprender el tejido relacional que emerge cuando todo es potencialmente comunicativo: desde un tuit hasta un gesto en videollamada, desde un algoritmo de recomendación hasta un meme que se viraliza. En un mundo posmediático, lo simbólico adquiere una centralidad absoluta, pues la realidad misma se construye y legitima en función de cómo se narra, se comparte y se representa. Ello exige una mirada crítica capaz de captar la simultaneidad de voces, la saturación informativa y la fragilidad de la verdad en un entorno donde la comunicación ya no se limita a mediar, sino que se convierte en el espacio constitutivo de lo social.

9. A MODO DE CONCLUSIÓN...

En un mundo atravesado por la inmediatez y la sobreabundancia de mensajes, la comunicación se revela como un terreno decisivo donde se negocian significados, se legitiman poderes y se proyectan horizontes colectivos. A lo largo del recorrido planteado hemos visto cómo los medios tradicionales sentaron las bases de la esfera pública moderna, cómo la digitalización abrió nuevas posibilidades y fracturas, y cómo las desigualdades comunicativas persisten bajo formas renovadas. Frente a estos desafíos, la sociología de la comunicación no puede limitarse a ser una observadora pasiva: su misión es ofrecer marcos críticos que ayuden a comprender los mecanismos de influencia y a desenmascarar las lógicas de control, pero también a identificar las grietas por donde emergen nuevas voces y formas de participación. En la era del capitalismo de la vigilancia y de la atención fragmentada, pensar la comunicación exige reconocer que lo tecnológico nunca es neutro, que detrás de cada plataforma laten intereses económicos, culturales y políticos. Al mismo tiempo, la multiplicación de subjetividades y el carácter posmediático de la sociedad contemporánea muestran que no todo está escrito: la comunicación sigue siendo un espacio abierto, en disputa, donde conviven la manipulación y la emancipación, la exclusión y la resistencia. La gran tarea, por tanto, consiste en reforzar la alfabetización crítica, garantizar derechos comunicativos y concebir la comunicación no como un mero flujo de datos, sino como un bien común indispensable para la democracia. Solo así será posible articular una esfera pública más plural, capaz de hacer frente a la desinformación, de cuestionar las hegemonías y de imaginar colectivamente un futuro más justo.

XVIII. SOCIOLOGÍA DE LA GLOBALIZACIÓN

ESTHER CLAVERO MIRA
Universidad de Alicante

BRAN BARRAL BUCETA
Universidad de Santiago de Compostela

FRANCISCO EDUARDO HAZ-GÓMEZ
Universidad de Santiago de Compostela

1. INTRODUCCIÓN A LA GLOBALIZACIÓN

1.1. Concepto de globalización

La globalización es un proceso complejo de interdependencia a escala planetaria, impulsado por factores clave como el desarrollo de las Tecnologías de la Información y la Comunicación (TICs), la mejora de los medios de transporte y la creciente movilidad de recursos materiales y humanos. Castells (2009) la define como una transformación de la capacidad organizativa, tecnológica e institucional que permite a los sistemas sociales operar en tiempo real a escala planetaria, destacando el papel central de las redes digitales y la conectividad global. Giddens (2000), por su parte, subraya la intensificación de las relaciones sociales a nivel mundial, en las que lugares distantes se enlazan de tal manera que los acontecimientos locales están configurados por dinámicas que ocurren a muchos kilómetros de distancia, reflejando una creciente interdependencia entre lo global y lo local. Desde una perspectiva más crítica, Beck (2004) sostiene que la globalización implica una ruptura con las estructuras tradicionales del Estado-nación, la sociedad industrial y el capitalismo nacional, creando un nuevo escenario político deslimitado y desestatalizado, en el que emergen actores inéditos, reglas desconocidas y conflictos emergentes. Estas definiciones coinciden en que la globalización no solo transforma las formas de organización social y económica, sino que también reconfigura profundamente las relaciones de poder, los marcos institucionales y las experiencias cotidianas en un mundo cada vez más interconectado.

1.2. Globalización y riesgo

La globalización y la sociedad del riesgo son dos fenómenos que se entrecruzan en la configuración de las sociedades contemporáneas, especialmente en el marco de las transformaciones postindustriales. Beck, en su teoría de la *Risikogesellschaft,* sostiene que la sociedad del riesgo comienza donde termina la naturaleza (Beck, 1992), es decir, cuando los peligros ya no provienen exclusivamente del entorno natural, sino de las propias decisiones humanas, especialmente aquellas vinculadas al desarrollo científico y tecnológico. En este sentido, la globalización, al expandir las capacidades organizativas, tecnológicas e institucionales a escala planetaria, intensifica la producción y distribución de riesgos que trascienden fronteras, afectando a poblaciones enteras sin distinción geográfica. Beck también señala la emergencia de esta sociedad al desvanecerse certezas tradicionales (familia o clase social), que obliga a los individuos a tomar decisiones en contextos de alta incertidumbre y con consecuencias potencialmente globales.

Por otra parte, ciencia y técnica, lejos de eliminar los riesgos, son fuentes de nuevas y más complejas amenazas —energía nuclear, cambio climático...— amplificadas en un mundo interconectado. Luhmann distingue entre peligro (daños externos e inciertos) y riesgo (consecuencia de decisiones humanas), lo que permite entender cómo la globalización no solo multiplica los riesgos, sino que los vincula a decisiones políticas, económicas y tecnológicas, redefiniendo su gestión en un contexto de incertidumbre y desregulación.

2. GLOBALIZACIÓN ECONÓMICA

La globalización económica puede abordarse desde múltiples perspectivas teóricas. En términos generales, se trata de un proceso complejo de expansión, interconexión y transformación de las economías, culturas e instituciones a escala planetaria. Desde las teorías del conflicto, es una consecuencia lógica de la expansión del capital hacia nuevos territorios y fronteras. La globalización, como la cultura, no es un objetivo deliberado, sino epifenoménico: un resultado no buscado directamente, pero inevitable, derivado de la dinámica estructural del capital y de las relaciones sociales que este condiciona y por las que, a su vez, se ve condicionado.

Desde el interaccionismo, se analiza como un proceso de intercambio de bienes, personas y culturas. Este enfoque se centra en cómo el acceso globalizado a productos, símbolos y prácticas culturales ha transformado las formas en que las sociedades se relacionan entre sí. Fenómenos como la integración y apropiación cultural o simbólica, la mercantilización del patrimonio o la turistificación de espacios urbanos son manifestaciones de este proceso, que también afecta a las identidades colectivas y sociales.

Por su parte, desde el funcionalismo, se interpreta como un proceso de creciente interdependencia que requiere de estructuras institucionales para su gestión, destacando tanto corporaciones transnacionales como organismos multilaterales —Organización Mundial del Comercio (OMC), Fondo Monetario Internacional (FMI) o mercados financieros internacionales— que actúan como reguladores, estabilizadores y legitimadores del orden económico global. Además, Estados y entidades públicas siguen desempeñando un papel crucial en cuestiones como la deslocalización industrial, la regulación ambiental, la protección de derechos laborales y el cumplimiento de los derechos humanos, mostrando que la globalización no elimina al Estado, sino que lo reconfigura.

En síntesis, la globalización económica puede definirse como un proceso de penetración, expansión y reorganización del capitalismo a escala internacional, que transforma simultáneamente estructuras económicas, relaciones sociales e instituciones políticas.

2.1. Internacionalización productiva y organizaciones transnacionales

El mercado internacional se construye como un proceso estructurado por redes de empresas transnacionales que operan a escala global, reconfigurando las dinámicas económicas, políticas y sociales. Estas redes articulan cadenas de valor complejas, creando una sociedad de megaorganizaciones que dominan sectores estratégicos como automoción, aeronáutica, telecomunicaciones, electrónica, textil, química, minería y servicios personales, configurando una nueva geopolítica corporativa (Sassen, 2007).

La expansión transfronteriza de las corporaciones, de la mano del transporte, las telecomunicaciones y especialmente internet, es un eje central de la internacionalización productiva. Entre 1997 y 2004 el número de filiales extranjeras se duplicó, superando el millón (Sassen, 2007), y según datos más recientes la concentración y acumulación es el patrón de la estrategia empresarial. El informe económico de PwC (2024) adelantaba que el número total de fusiones y adquisiciones globales cayó en términos generales un 17% en 2024, pero su valor agregado creció un 5%, lo que indica una reorientación hacia menos transacciones, pero más grandes y selectivas. Esta información se conecta con los datos recientes publicados por UNCTAD (2025), que muestran que las cinco principales empresas digitales representan el 48% de las ventas globales, frente al 21% en 2017.

La identificación nacional de las empresas globales se debilita. Las sedes corporativas se ubican según criterios de eficiencia y conveniencia, contribuyendo a la desnacionalización de la economía. Las élites empresariales comparten estilos de vida y espacios transnacionales, distanciándose de las clases medias de sus países de origen, aunque siguen dependiendo de trabajadores de bajos salarios para sostener sus operaciones, generando una fragmentación social que refuerza las desigualdades estructurales desafiando la cohesión democrática (Colomer & Beale, 2021). Sin embargo, este poder sigue enraizado en estructuras estatales, que proporcionan marcos legales, garantías contractuales y desregulaciones necesarias para su funcionamiento. Esta paradoja — dependencia entre capital global y Estado— es central para comprender la arquitectura institucional de la globalización (Sassen, 2007).

2.2. *Mercados financieros globales y la hipermovilidad del capital*

Los mercados financieros actuales han alcanzado niveles de velocidad, complejidad y alcance sin precedentes, impulsados por las TIC. Ello implica una hipermovilidad del capital, donde las transacciones se ejecutan digitalmente y cruzan fronteras en tiempo real. Sin embargo, esta dispersión técnica convive con una concentración geográfica notable: los flujos financieros globales se articulan desde unos pocos centros urbanos estratégicos.

En este contexto, resulta fundamental el concepto de capitalismo de plataformas de Srnicek (2016). En esta nueva fase del capitalismo, las plataformas digitales se convierten en infraestructuras esenciales para la producción, distribución y control económico. Empresas como Amazon, Google, Uber o Facebook/Meta no solo intermedian entre usuarios, sino que extraen valor de los datos, reorganizan el trabajo y consolidan posiciones monopólicas mediante efectos de red. Srnicek identifica cinco tipologías: publicitarias, de la nube, industriales, de producto y austeras. Estas últimas, como Uber, operan con mínimos activos físicos, externalizan el trabajo y reducen costos laborales mediante la subcontratación y la desregulación. Este modelo representa una forma extrema de internacionalización productiva, donde el capital se deslocaliza y el trabajo se precariza.

A pesar de la dispersión geográfica de sus actividades, las corporaciones requieren una coordinación centralizada cada vez más sofisticada. Facilitado por las TIC, se afianza el control remoto de operaciones globales. Las funciones centrales —financieras, legales, contables y de consultoría— se vuelven más complejas, generando una demanda de servicios concentrados en ciertos nodos urbanos (Sassen, 2007).

2.3. *El papel de las ciudades globales: Sitios estratégicos*

Las ciudades han adquirido un protagonismo renovado como espacios estratégicos donde se articula y se concentra el poder económico. Sassen (2007, 2015) las define como centros donde se produce y se administra la infraestructura operativa del capital transnacional, espacios donde la economía global se hace tangible. La necesidad de coordinar redes productivas, financieras y logísticas distribuidas por todo el planeta impulsa la concentración de sedes corporativas en un número reducido de ciudades capaces de ofrecer servicios especializados, talento profesional y conectividad global. Castells (1996) describe estas ciudades como nodos esenciales en una economía informacional y en red, donde el conocimiento y la tecnología se convierten en recursos estructurales.

La evidencia empírica refuerza esta lógica. Más de la mitad de las empresas del ranking Fortune Global 500 (254 de 500) están concentradas en solo 34 ciudades, mientras que se requieren 209 ciudades adicionales para completar el resto del listado. La siguiente figura, realizada a partir del ranking Fortune y de los datos de Global Financial Centres Index —GFCI, que clasifica los principales centros financieros del mundo combinando indicadores cuantitativos y cualitativos evaluando: entorno de negocios, capital humano, infraestructura, desarrollo del sector financiero y reputación institucional— sirve de ejemplo.

Tabla 1. Principales ciudades y centros económicos globales y posición en ranking Fortune y GFCI

Ciudad	País	Nº Empresas en Fortune 500	GFCI Ranking
Beijing	China	47	20
Tokio	Japón	26	22
Nueva York	EE. UU.	14	1
London	Reino Unido	12	2
Shanghai	China	12	8
París	Francia	10	17
Seoul	Corea del Sur	10	10
Hangzhou	China	9	63
Shenzhen	China	9	9
Houston	EE. UU.	7	—
Mumbai	India	7	52
Toronto	Canadá	7	23
Guangzhou	China	6	34
Zurich	Suiza	6	21
Hong Kong	China (SAR)	5	3
Madrid	España	5	53
Munich	Alemania	5	48
Osaka	Japón	5	40
Amsterdam	Países Bajos	4	18
Atlanta	EE. UU.	4	42
Moscow	Rusia	4	115
San Francisco	EE. UU.	4	5
Basel	Suiza	3	—
Chicago	EE. UU.	3	6
Dublin	Irlanda	3	14
Arlington	EE. UU.	3	—
Calgary	Canadá	3	44
Chengdu	China	3	39
Cuorbevoie	Francia	3	—
Dallas	EE. UU.	3	—
Jinan	China	3	—
Mexico City	México	3	110
Singapore	Singapur	3	4
Xiamen	China	3	—

Fuente: elaboración propia a partir de Fortune y GFCI

Sassen subraya que esta densidad responde a criterios de eficiencia, pero también refleja estructuras de poder. En estos, se materializa el dominio del capital en zonas específicas: aeropuertos internacionales, distritos financieros, hoteles de lujo y restaurantes exclusivos. Son las llamadas "zonas de glamour" del capitalismo avanzado, donde la centralidad ya no se define por la geografía nacional, sino por la capacidad de conectar, interpretar y administrar flujos globales. Este paisaje urbano oculta una diversidad de especializaciones que son clave para la economía global y trae aparejado un elevado costo social: se concentran riqueza y poder, pero también desigualdad y exclusión, creando espacios de agudas contradicciones. Conviven actores corporativos dominantes con poblaciones vulnerables que sostienen economías informales invisibles pero esenciales. En consecuencia, las ciudades globales son también terrenos estratégicos para nuevas formas de política. En ellas se gestan y reivindican identidades transnacionales, demandas de derechos urbanos —derecho a la ciudad vs. lógicas excluyentes del capital global (gentrificación)—, y redes de ciudades como plataformas para enfrentar desafíos globales desde lo local.

2.4. La "desnacionalización" de funciones económicas estatales

Otra cuestión central de la globalización es la pugna entre poderes locales, nacionales e internacionales. Muchos países se encuentran inscritos en marcos estatales internacionales (MERCOSUR, Unión Europea, OTAN, OPEP, Unión Africana, Banco Mundial, FMI, Banco Asiático de Inversión en Infraestructura, Organización de los Estados Americanos...), en un intento de respuesta a estas de pérdida de poder, posición y capacidad de influencia derivadas del cambio de statu quo. Las grandes corporaciones han logrado de desvincularse de los territorios, tanto de forma literal (deslocalización) como figurada (tributación en terceros países). Por ello, los Estados buscan mecanismos para recuperar posiciones en un juego donde las burocracias estatales weberianas clásicas han cedido terreno ante la burocracia de la empresa capitalista. Para entender la magnitud de la que se está hablando pueden compararse sus ingresos anuales con el PIB de los países (Figura 1).

Figura 1. Comparación entre los ingresos empresariales y el PIB de los países en miles de millones (2024) y Top-20 empresas

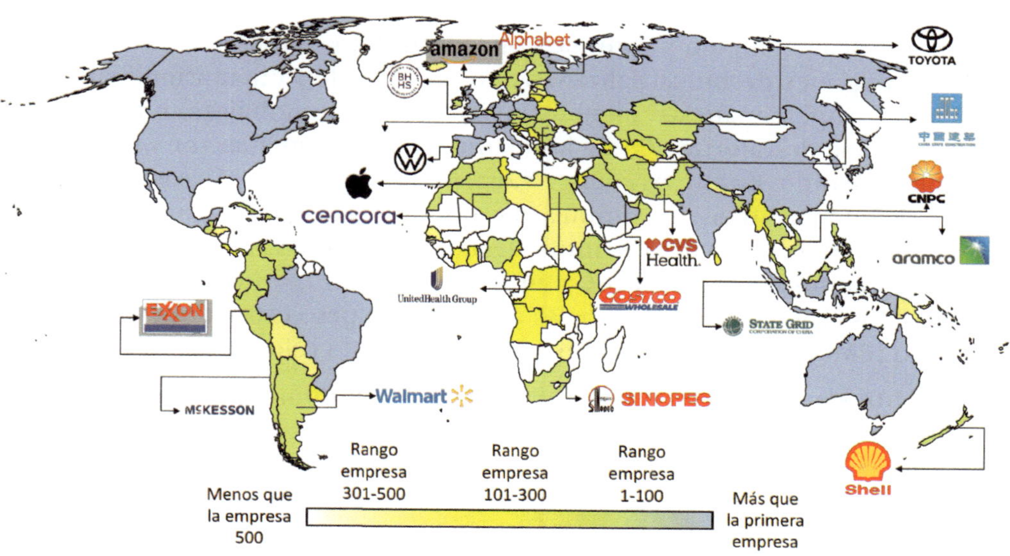

Fuente: elaboración propia a partir de datos de Fortune y Banco Mundial

El mapa revela un cambio estructural donde las grandes corporaciones superan en sus ingresos a buena parte de los países del mundo. En concreto, Walmart o Amazon cuentan con más PIB que 190 países, mientras que gigantes estatales chinos como State Grid, Sinopec y China National Petroleum alcanzan cifras que exceden el PIB de prácticamente todas las naciones del mundo. Esta concentración de ingresos en sectores estratégicos —energía, comercio minorista, salud y tecnología—, junto con el predominio de empresas originarias de China y Estados Unidos, pone de manifiesto una creciente asimetría entre el poder corporativo y el estatal.

Por ende, existe una doble cesión de soberanía desde los estados: a las empresas y su predominancia en determinados sectores; pero también hacia esas organizaciones internacionales. Este hecho se relaciona de forma directa con el surgimiento de movimientos políticos nacionalistas que reclaman el retorno de sus competencias e incluso, cuentan con posturas antiglobalistas enmarcadas en los argumentos anteriores.

2.5. Desigualdad y "expulsiones"

En la lógica desigual de la globalización, los mayores beneficios se concentran en el norte, mientras la brecha tecnológica, de ingresos y de bienestar se amplía frente al sur global. Siguiendo a Sassen se da una fase de "selección salvaje", produciéndose dinámicas de expulsión de personas de economía y sociedad, programadas como parte del funcionamiento normal del sistema. Se polarizan, según Colomer y Beale, empleo y riqueza, concentrándolos en las grandes ciudades, mientras regiones desindustrializadas y rurales pierden dinamismo. capacidad de obtener "superganancias" en el sector financiero, inmobiliario o tecnológico contribuye a la desvalorización de las manufacturas, primer sector y servicios de bajo valor añadido. Empresas como Nvidia, Meta Platforms y Microsoft han escalado posiciones rápidamente, impulsadas por la expansión de la inteligencia artificial, los servicios digitales y la infraestructura de datos. En el ámbito sanitario, compañías como UnitedHealth Group y CVS Health consolidan su presencia. Mientras, los grandes bancos globales refuerzan su peso estructural, con entidades como JPMorgan Chase y Goldman Sachs ganando relevancia.

En contraste, sectores como la energía fósil y la automoción tradicional pierden protagonismo (Sinopec, BP o Stellantis), afectadas por la transición energética, la presión regulatoria y la competencia de nuevas empresas alineadas con estas cuestiones (Tesla, BYD o Chery Holding). Esta reconfiguración sectorial se acompaña de una polarización entre empresas consolidadas (Walmart, ExxonMobil o Siemens, con más de tres décadas en el ranking de Fortune) y firmas emergentes en sectores como el comercio electrónico —PDD Holdings (Temu)— o los semiconductores —Broadcom—.

Como contraparte de la desregulación en la cima del sistema, la informalización (y la economía sumergida) resurge como una estrategia para mantener operaciones de baja rentabilidad en ciudades globales de alto costo. Introduce flexibilidad, reduce cargas regulatorias y disminuye costos laborales, siendo consecuencia de las crecientes desigualdades, especialmente para grupos como personas mayores, mujeres e inmigrantes.

Así, las ciudades globales también aglutinan a estos grupos vulnerables, quienes adquieren "presencia" en un proceso político más amplio que trasciende las fronteras de la política formal. La inmigración se concibe como un proceso constitutivo de la globalización, formando mercados internacionales de mano de obra, así como la condición de las personas sin hogar en las grandes ciudades globales, vinculada a la necesidad de los actores globales de desarrollar el espacio urbano.

3. GLOBALIZACIÓN POLÍTICA

El impacto de globalización también ha transformado profundamente las estructuras políticas desde finales del siglo XX, los espacios y tiempos de la política, diluyendo fronteras tradicionales y alterando las formas convencionales de soberanía estatal (Robertson, 1992; Giddens, 2000; Castells, 1997). A su vez, ha generado interdependencia entre estados, regiones y actores no estatales, impulsando estructuras supranacionales que desafían la soberanía y statu quo global (Ohmae, 1997; Held & McGrew, 2007), provocando tensiones vinculadas al proteccionismo, el nacionalismo y la pérdida de control sobre los flujos económicos, informativos y migratorios.

Autores como Lechner, Gramsci y Harvey han enfatizado que la política no puede desvincularse de su contexto, puesto que las relaciones de poder y los procesos de articulación social se desarrollan en "espacios-tiempo" concretos, que influyen directamente en la capacidad de acción de los actores políticos. Esta perspectiva se complementa con la concepción foucaultiana del poder, donde el espacio no constituye un mero contenedor pasivo, sino que representa un producto social atravesado por relaciones de poder (Delgadillo, 2012; Lefebvre, 1991). Así pues, la globalización también constituye una disputa por el control simbólico y material de dichos espacios.

Por ende, comprender la globalización desde la óptica política requiere abordar su carácter ambivalente, pues posibilita flujos inéditos de información, comercio y cooperación; pero acentúa asimetrías y genera procesos de exclusión.

3.1. Dos visiones opuestas en el contexto internacional: Globalismo y soberanismo

La globalización ha reconfigurado el papel del Estado, dando lugar a dos lecturas contrapuestas y extensamente debatidas: el globalismo y el soberanismo.

Por un lado, la perspectiva globalista, interpreta la interconexión planetaria como una oportunidad histórica para articular un sistema de gobernanza multinivel, capaz de gestionar de forma eficaz problemas que trascienden las fronteras nacionales como el cambio climático, la regulación financiera, los fenómenos migratorios o la seguridad internacional (Held & McGrew, 2007; Fraser, 2009). Este enfoque redefine la soberanía como una titularidad de competencias compartidas, ejercidas en cooperación con organizaciones internacionales y regímenes transnacionales, con el objetivo estratégico de lograr respuestas coordinadas y efectivas. En la era de la *sociedad red* Giddens (1990) y Castells (2009) subrayan que el poder político se mide menos por el control territorial que por la capacidad de gestionar los flujos globales de información, capital y conocimiento.

En el polo opuesto, la perspectiva soberanista interpreta que el Estado-nación sigue siendo el núcleo de legitimidad política y que ceder competencias a instancias supranacionales erosiona la capacidad de autodeterminación nacional y la legitimidad democracia. Este enfoque enfatiza el control de fronteras, la preservación de la identidad cultural y la autonomía decisoria. Ohmae (1997) describió la erosión de la soberanía como un efecto inevitable de la globalización, pero la doctrina crítica, argumenta que la soberanía representa un principio irrenunciable que garantiza la capacidad de los pueblos para determinar autónomamente su destino político, económico y social.

Las crisis recientes ilustran esta tensión. El Brexit defendió recuperar autonomía frente a la integración europea. La pandemia de COVID-19 mostró simultáneamente la necesidad de coordinación global y la tendencia a cerrar fronteras para proteger recursos nacionales. La guerra en Ucrania reactivó políticas de seguridad y defensa centradas en el Estado, pero también reforzó alianzas internacionales como la OTAN o la UE.

En última instancia, el debate globalismo-soberanismo refleja la tensión estructural entre integración y autonomía, entre un cosmopolitismo que promueve la dispersión de poder como garantía de derechos individuales y un modelo estatal que reivindica la centralidad de la soberanía. Quizá, la clave no está en proclamar la muerte del Estado, sino en reconocer que su soberanía se ha transformado: ya no es un poder absoluto, sino una capacidad modulada por la interdependencia, que sigue siendo indispensable mientras no exista una autoridad política global legítima.

3.2. El rol cambiante del Estado-nación

En el marco de la modernidad, el Estado-nación, configurado a partir de la Paz de Westfalia (1648), se consolidó como la unidad política central basada en la soberanía territorial, entendida como la autoridad suprema para ejercer el poder político dentro de fronteras definidas. Este modelo permitió articular economías nacionales, consolidar identidades colectivas y establecer estructuras administrativas centralizadas, siendo el núcleo de un sistema interestatal en el que el Estado actuaba como garante de seguridad, promotor de desarrollo y mediador de relaciones sociales internas (Giddens, 1990; Murillo, 2012).

Desde una perspectiva realista, Morgenthau (1972, 1985) y Waltz (1979) han defendido que, incluso en contextos de cambio, el Estado sigue siendo el actor principal del sistema internacional, guiado por intereses de poder y seguridad. No obstante, la globalización ha introducido tensiones profundas en este modelo. La intensificación de los flujos transnacionales de capital, bienes, información y personas, así como la compresión espacio-temporal descrita por Harvey (1989), han reducido la capacidad del Estado para ejercer control (Sassen, 2001; Castells, 2009). Ohmae (1990, 1995, 1997) proclamó "el fin del Estado-nación" como actor económico autosuficiente, mientras que Giddens (1990) advirtió que la interdependencia global "destapona" los Estados, debilitando sus resortes de control frente a estructuras supranacionales.

Pero, lejos de desaparecer, el Estado se reconfigura en el marco de lo que Keohane y Nye (1989) denominaron interdependencia compleja. Sassen (2001) subraya que su rol muta al de gestor estratégico dentro de redes globales, manteniendo competencias clave en regulación financiera, control migratorio, seguridad interior, diplomacia climática o cibercrimen, que se relaciona con lo postulado por Beck (1999). Robertson (1992) añade que este proceso implica una simultánea globalización y localización (*glocalización*), que obliga a los Estados a gestionar identidades y políticas en múltiples escalas.

Corporaciones transnacionales, organizaciones internacionales, redes de ONG y comunidades digitales ejercen una influencia que a veces rivaliza con la de los gobiernos (Rosenau, 2012; Castells, 2009). Esta redistribución del poder se refleja en estructuras híbridas de gobernanza donde empresas tecnológicas, foros multilaterales y alianzas público-privadas definen agendas globales sin los contrapesos tradicionales de la política nacional. Las TIC han acelerado esta dinámica, como se evidenció en movilizaciones como las revueltas árabes, el movimiento Fridays for Future o campañas globales como #BlackLivesMatter y #NiUnaMenos.

La gobernanza global actual se articula en torno a instituciones creadas tras la Segunda Guerra Mundial (ONU, FMI, Banco Mundial, OMC) que siguen siendo pilares de gobernanza, aunque con fuertes limitaciones y tensiones internas (Keohane, 1984). Desde perspectivas críticas, Foucault (1978, 2004) y Agamben (2005) han mostrado que el Estado contemporáneo gestiona poblaciones mediante dispositivos de control y, en situaciones de crisis, puede recurrir al estado de excepción para suspender el orden jurídico. Este enfoque biopolítico se complementa con la noción de necropolítica de Mbembe (2011), que revela cómo las relaciones de poder global implican decisiones sobre la vida y la muerte.

En última instancia, como plantea Wendt (1999), el sistema internacional es una construcción social: la transformación del Estado en la globalización depende tanto de factores materiales como de normas, identidades y percepciones compartidas. El reto contemporáneo reside en encontrar un equilibrio entre eficacia en la toma de decisiones y legitimidad democrática en un sistema interconectado donde las fronteras estatales han dejado de ser límites definitivos del poder político.

3.3. ¿Bipolaridad, unipolaridad o multipolaridad? Transformaciones en la autoridad y la gobernanza global

La configuración del sistema internacional ha transitado, desde mediados del siglo XX, por diferentes equilibrios de poder que han redefinido tanto las dinámicas de autoridad como los mecanismos de gobernanza global. Tras la Segunda

Guerra Mundial, se consolidó un orden bipolar (1945-1991) en torno a la rivalidad entre Estados Unidos y la Unión Soviética. Kaplan (1957) caracterizó este sistema por la rigidez de sus alianzas y por la estabilidad relativa que confería la distribución simétrica del poder. Desde el realismo estructural, Waltz (1979) y Mearsheimer (2001) interpretaron esta configuración como un equilibrio sostenido por la disuasión nuclear y la delimitación de zonas de influencia militar, política y económica. La ausencia de enfrentamiento directo entre superpotencias no impidió la proliferación de conflictos periféricos, como Corea o Vietnam, ni la institucionalización de bloques militares como la OTAN y el Pacto de Varsovia.

El colapso del bloque soviético y la disolución de la URSS inauguraron una hegemonía unipolar (1991-2008) liderada por Estados Unidos. En esta fase, descrita por Washington dispuso de un elevado margen de maniobra, respaldado por su superioridad militar global, el dominio financiero del dólar y el control de instituciones multilaterales (Nye, 2004; Ikenberry, 2011). La expansión del modelo neoliberal, las intervenciones militares selectivas (Kosovo, Irak, Afganistán) y la integración de cadenas globales de valor reforzaron su centralidad. Sin embargo, la crisis financiera mundial de 2008 evidenció vulnerabilidades estructurales y abrió paso a un reacomodo del poder.

En la actualidad, se configura una multipolaridad emergente (Acharya, 2014). China se proyecta como potencia económica y tecnológica; Rusia se reafirma como actor militar y energético; India incrementa su influencia como mercado y potencia regional; y coaliciones como los BRICS ampliados (2024) promueven mecanismos alternativos en comercio, finanzas y gobernanza. Amézquita (2024) enfatiza que esta transición no supone la sustitución inmediata del liderazgo estadounidense, sino una fase intermedia donde ninguna potencia dispone de capacidad para instaurar un orden estable. Este panorama incluye el papel creciente de potencias como Turquía, Brasil o Sudáfrica capaces de inclinar equilibrios regionales y de mediar en foros multilaterales.

Kissinger (2011) advierte que la gestión estratégica de la competencia, particularmente entre Estados Unidos y China, es fundamental para evitar una confrontación abierta, tomando como referencia el espíritu del Comunicado de Shanghái para preservar la estabilidad mediante el diálogo y la contención mutua. No obstante, la multipolaridad no garantiza mayor previsibilidad, pues puede generar vacíos de autoridad y competencia desregulada en regiones y sectores clave.

En este contexto, la gobernanza global adopta una forma fragmentada y sectorializada, articulándose en regímenes internacionales especializados (clima, comercio, ciberseguridad, salud global) más que en un orden jerárquico único. Proliferan alianzas ad hoc y mecanismos de "minilateralismo" que reúnen a un número reducido de actores para alcanzar acuerdos operativos en áreas concretas. Esta dinámica refleja lo que Held y McGrew (2002) denominan gobernanza global compleja, caracterizada por la interdependencia multinivel, la negociación constante y la participación simultánea de actores estatales y no estatales.

En síntesis, el paso de la bipolaridad a la unipolaridad y, posteriormente, hacia una multipolaridad no solo modifica la distribución material del poder, sino que transforma la lógica de su ejercicio y los espacios de autoridad. El sistema internacional actual combina rivalidad estratégica, vulnerabilidad compartida y capacidad de acción distribuida, obligando a repensar las funciones y mecanismos de coordinación para dar solución a los problemas globales transfronterizos.

4. GLOBALIZACIÓN CAMBIO SOCIAL Y TECNOLÓGICO

El desarrollo tecnológico —especialmente en el ámbito digital— ha actuado como catalizador de la globalización en todos sus frentes, modificando formas de comunicación, producción, trabajo y organización social. La convergencia entre ambos procesos plantea desafíos cruciales para la comprensión sociológica del presente, al tiempo que abre interrogantes sobre el futuro de la cohesión social, la ciudadanía y la justicia global. Este contexto exige una mirada crítica y multidimensional que permita analizar cómo estos procesos se entrelazan y configuran nuevas formas de vida social en un mundo cada vez más complejo y desigual.

4.1. Migraciones y flujos poblacionales: composición y estructura de los espacios urbanos

Los movimientos de población en la era de la globalización configuran un nuevo tipo de organización urbana, ciudad postmoderna. Como describe Indovina (2006), la ciudad posmoderna se configura como un espacio fragmentado, descentralizado y en constante transformación. En este contexto, migración internacional, entendida como el desplazamiento de personas a través de fronteras con intención de residencia temporal o permanente, ha experimentado un notable incremento en las últimas décadas, favorecido por la globalización y el desarrollo de nuevas formas de movilidad. Estas incluyen migraciones circulares y temporales, migraciones cualificadas —como la llamada "fuga de cerebros"—, así como el desplazamiento forzoso de refugiados y el turismo migratorio vinculado a estudios o trabajo, así como, inciden en procesos de desplazamiento poblacional por presiones sociales y económicas (turistificación y gentrificación).

Este aumento de la movilidad humana impacta directamente en la composición urbana, generando una diversificación étnica, cultural y lingüística, así como transformaciones en la pirámide de edad y en las estructuras familiares. Las ciudades deben responder a nuevas demandas de servicios públicos, vivienda y políticas de integración. Alguacil y Camacho (2013) señalan que estas transformaciones se producen en un marco de creciente incertidumbre, donde la ciudad se convierte en un espacio de riesgo social, marcado por la desigualdad y la precarización.

Wacquant (2001; 2014) aporta el concepto de marginalidad avanzada para describir cómo, en este nuevo orden urbano, se consolidan enclaves de exclusión social, caracterizados por la concentración de pobreza, el debilitamiento de redes comunitarias y la estigmatización territorial. Estos enclaves, muchas veces habitados por población migrante, se ven afectados por procesos como la gentrificación, que desplaza a los sectores vulnerables hacia periferias urbanas o asentamientos informales. Así, la reconfiguración del espacio urbano en la ciudad postmoderna no solo refleja las tensiones de la globalización, sino también las contradicciones de un modelo que produce simultáneamente movilidad y exclusión.

4.2. Tecnología y redes

Las TIC han sido fundamentales en la aceleración de la globalización, actuando como catalizadores de profundas transformaciones sociales, económicas y culturales. Estas han reducido las barreras espacio-temporales y han impulsado la digitalización de la economía, la educación y la cultura, generando nuevas dinámicas de producción y consumo. Desde la invención del ordenador electrónico en 1945 (ENIAC), pasando por la creación de ARPANET en 1969 —precursora de internet—, hasta la apertura de la World Wide Web en 1991 por Tim Berners-Lee, cada hito ha contribuido a la construcción de redes digitales que hoy constituyen infraestructuras clave del mundo global. La expansión de la telefonía móvil en los años 90 y el lanzamiento del iPhone en 2007 consolidaron la conectividad permanente, mientras que el surgimiento de plataformas sociales como Facebook (2004), YouTube (2005), X/Twitter (2006), Instagram (2010) y TikTok (2016) transformó radicalmente las formas de interacción, permitiendo la circulación instantánea de información, imágenes y discursos, y fomentando la formación de comunidades virtuales transnacionales. El lanzamiento de ChatGPT en 2022 marcó un nuevo punto de inflexión, introduciendo la inteligencia artificial generativa en la vida cotidiana, con implicaciones en la educación, el trabajo y la comunicación.

Esta hiperconectividad ha favorecido la formación de comunidades virtuales transnacionales. Al mismo tiempo, en este entorno digital, se intensifican procesos de hibridación cultural, entendidos como la mezcla y reinterpretación de prácticas culturales locales y globales. Además, influencers y memes han adquirido un papel central en la configuración de narrativas globales, actuando como agentes de socialización informal que inciden en el consumo, la identidad digital y la percepción de la realidad, especialmente entre adolescentes. Estas figuras y formatos contribuyen a la creación de lenguajes propios de la cultura digital, donde el humor, la crítica social y la viralidad se entrelazan con procesos de identificación y pertenencia. De igual modo, los medios sociales han abierto nuevas formas de activismo digital y movilización social, permitiendo la organización descentralizada de protestas, la visibilización de causas marginadas y la construcción de identidades políticas juveniles.

4.3. Organización civil y movimientos sociales

En las últimas dos décadas, la globalización política ha impulsado identidades y movimientos transnacionales que cuestionan la centralidad del Estado-nación. Movimientos como Fridays for Future o Extinction Rebellion articulan una identidad climática global, uniendo a activistas del Norte y del Sur global. El feminismo global (#NiUnaMenos, #MeToo) teje redes de solidaridad que vinculan justicia de género y justicia económica. También emergen comunidades digitales, desde el criptoanarquismo hasta colectivos de hackers, que reivindican soberanía tecnológica y rechazan la vigilancia masiva.

Las redes digitales desempeñan un papel central en esta configuración. Plataformas como Twitter/X, Telegram o Mastodon permiten la coordinación instantánea de acciones, la circulación de manuales de protesta y la creación de narrativas alternativas que compiten con las de gobiernos y corporaciones. Estos espacios favorecen la descentralización organizativa y la multiplicación de nodos autónomos, planteando desafíos de seguridad, sostenibilidad y veracidad de la información. La capacidad de viralizar mensajes y denunciar violaciones de derechos humanos en tiempo real ha convertido a estos actores en protagonistas de la agenda pública global.

Casos paradigmáticos como WikiLeaks y Anonymous han desafiado abiertamente al orden informacional y diplomático. WikiLeaks, mediante la filtración masiva de documentos clasificados (Cablegate, informes sobre Irak y Afganistán) expuso prácticas ocultas de gobiernos y corporaciones, cuestionando la opacidad de la diplomacia y la legitimidad de la seguridad nacional como justificación para el secreto. Anonymous, como colectivo de hacktivistas, ha llevado a cabo operaciones contra objetivos estatales y empresariales, apoyando causas como la libertad de expresión, la neutralidad de la red o la denuncia de violaciones de derechos humanos. Ambos casos evidencian que el poder en la sociedad red no solo se disputa en parlamentos o foros internacionales, sino también en infraestructuras digitales.

Estas resistencias y ciudadanías transnacionales, aunque heterogéneas, comparten un denominador común: cuestionan el monopolio de Estados y élites sobre la definición de agendas globales, y reivindican más horizontalidad y participación política en la era digital.

XIX. SOCIOLOGÍA DE LA EMPRESA

CORO J-A JUANENA
Universidad Rey Juan Carlos

1. INTRODUCCIÓN

La empresa constituye una de las instituciones centrales de las sociedades contemporáneas. No es únicamente un engranaje económico destinado a producir bienes o servicios: es un espacio social donde se configuran relaciones de poder, se establecen jerarquías, se construyen culturas compartidas y, al mismo tiempo, se expresan conflictos y desigualdades. Observar las empresas desde la sociología es rasgar ese velo de neutralidad que tantas veces las cubre, supone descubrir cómo nos organizan el tiempo, someten los cuerpos y reproducen estructuras de clase, género y territorio. Y, sin embargo, en sus fisuras germinan la cooperación, la innovación y la resistencia. Como advirtió Durkheim (2001), todo *hecho social* debe analizarse en su especificidad. Desde esta perspectiva, la empresa se releva como una arena viva donde la sociedad se refleja, se reinventa y libra sus propias disputas, condensando en su interior las tensiones y transformaciones que marcan nuestro tiempo.

El objetivo de este capítulo es brindarte la oportunidad de acercarte a la sociología de la empresa como un campo especializado, dentro de la sociología general, lo que te permitirá analizar esta institución como una unidad social compleja y contradictoria. A lo largo de las siguientes páginas descubrirás cómo las organizaciones productivas crean relaciones sociales, identidades colectivas y formas de participación que impactan de manera profunda en la vida económica, cultural, territorial y ambiental (Weber, 2014; Schein, 1988). Es más, hoy en día, bajo la lógica de la economía-mundo capitalista, las empresas han dejado de ser actores confinados a un territorio nacional para convertirse en nodos transnacionales donde confluyen dinámicas locales y globales, extendiendo los tentáculos de su influencia sobre otras economías, culturas y políticas (Castells, 1996). Este carácter transfronterizo exige un análisis sociológico crítico y multidimensional capaz de mostrar cómo lo global penetra en la vida cotidiana de las comunidades y, al mismo tiempo, cómo las resistencias locales cuestionan las lógicas del capitalismo global.

Los cambios sociales, culturales y políticos transforman de manera constante la organización empresarial: reconfiguran estructuras, redefinen prácticas de gestión y modifican sus objetivos. Mas este proceso no es unidireccional, ya que las empresas, a su vez, alteran vínculos sociales, valores colectivos y dinámicas comunitarias, generando tanto integración como conflicto. Harriet Martineau (1802-1876), pionera en el análisis de las instituciones sociales, ya advirtió que las instituciones económicas y sociales forman parte de un entramado interdependiente en el que la vida cotidiana y el trabajo reflejan y reproducen estructuras más amplias (Martineau, H. 2022). En continuidad con esta mirada, Boltanski, L. y Chiapello, E. (2002) han mostrado cómo el capitalismo contemporáneo se legitima a través de discursos de creatividad, flexibilidad y responsabilidad social, que no solo orientan la producción, sino que moldean subjetividades y definen valores compartidos en la esfera global.

Desde esta perspectiva, la empresa emerge como un actor social atravesado por múltiples tensiones: modela la sociedad al mismo tiempo que es moldeada por ella; reproduce estructuras de poder, pero también abre espacios de resistencia; integra valores culturales y, a la vez, impone lógicas económicas que transforman territorios y comunidades. La sociología de la empresa es, en definitiva, una herramienta crítica imprescindible que permite a las personas estudiantes adentrase en la complejidad de estas organizaciones, más allá de las interpretaciones centradas exclusivamente en los mercados o en los marcos jurídico-laborales. De este modo, proporciona elementos para comprender, cuestionar y transformar colectivamente las formas de producción y convivencia que marcan nuestro tiempo.

2. MÉTODOS DE ANÁLISIS SOCIOLÓGICO DE LA EMPRESA

Los métodos de la sociología de la empresa forman parte del repertorio general de la disciplina, aunque adaptados a un objeto de estudio muy particular: la empresa como organización social. A diferencia de la sociología general, que se ocupa de procesos amplios de la vida social —clases, instituciones, movimientos, culturas—, este subcampo centra la mirada en un espacio aparentemente más acotado: el ámbito de las organizaciones productivas, aunque ello no signifique aislarlas. Por el contrario, la sociología de la empresa ha mostrado que lo que ocurre en su interior está íntimamente vinculado tanto con la sociedad en su conjunto como con las dinámicas globales.

De ahí que articule distintos niveles de análisis. En el nivel micro se han desarrollado, por ejemplo, *etnografías organizacionales* aplicadas en contextos europeos para estudiar la burocracia y el poder en oficinas públicas (Crozier, 1969). En el nivel meso, destacan los estudios comparativos de sistemas empresariales que analizaron las diferencias entre modelos de gestión en Europa y Asia (Whitley, 1992). Y en el nivel macro, se incluyen los análisis de las ciudades globales y del poder de las corporaciones financieras (Sassen, 2001). En conjunto, esta articulación de niveles permite combinar herramientas cualitativas y cuantitativas para mostrar a la empresa en toda su complejidad: un espacio local de interacción cotidiana que, al mismo tiempo, actúa como actor global decisivo en la sociedad contemporánea. A continuación, os mostramos un cuadro con los métodos más representativos, junto con algunos ejemplos de investigaciones realizadas dentro de la sociología de la empresa.

TIPO DE MÉTODO	MÉTODO	DESCRIPCIÓN	EJEMPLO / REFERENCIA
CUALITATIVOS	Etnografía organizacional	Observación participante para captar vida cotidiana, jerarquías y cultura corporativa.	Crozier (1969) sobre burocracias francesas.
	Estudios de caso	Investigación profunda de una empresa o sector para analizar dinámicas internas y compararlas.	Woodward (1965) y la teoría de la contingencia tecnológica.
	Entrevistas en profundidad	Recogen percepciones de directivos, trabajadores o colectivos específicos.	Hochschild (2008) con azafatas de aerolíneas
	Grupos de discusión	Analizan consensos y tensiones sobre cultura organizacional o procesos de cambio.	Thompson & Smith (2009) con trabajadores británicos.
CUANTITATIVOS	Encuestas	Evalúan clima laboral, satisfacción, participación o valores compartidos.	Encuesta Europea de Empresas (ECS) (Eurofound, 2019).
	Análisis estadístico comparativo	Comparaciones entre sectores, países o modelos empresariales.	Whitley (1992) sobre sistemas empresariales nacionales.
	Redes sociales organizacionales (SNA)	Estudio de flujos de comunicación, liderazgo informal y poder mediante análisis de redes.	Burt (2005) en Huecos estructurales.
MIXTOS	Encuestas + etnografía	Contrasta percepciones generales con observaciones profundas.	Schein (1988) sobre cultura organizacional.
	Estudios experimentales + entrevistas	Combina experimentos, encuestas y observación.	Mayo (1972), estudios de Hawthorne.
	Investigación-Acción Participativa (IAP)	Combina investigación y transformación con métodos cualitativos y cuantitativos.	Esteva (2009) en cooperativas latinoamericanas.

Tal y como se puede observar, en el ámbito cualitativo, destacan sobre todo las etnografías, los estudios de caso, las entrevistas en profundidad y los grupos de discusión, útiles para captar la vida cotidiana de la empresa, las percepciones de sus miembros y los conflictos que atraviesan a las organizaciones. En el plano cuantitativo, se emplean encuestas, análisis estadísticos comparativos y estudios de medios sociales organizativos; que permiten obtener datos generales y mapear estructuras de comunicación y poder dentro y fuera de las empresas. Finalmente, los métodos mixtos integran ambos enfoques, como en las investigaciones sobre cultura corporativa, donde se combinan cuestionarios, entrevistas y observación directa. Conviene subrayar, sin embargo, que los métodos presentados en el cuadro no agotan ni mucho menos el repertorio disponible. La sociología de la empresa, al igual que la sociología en general, es un campo abierto e innovador que incorpora constantemente nuevas herramientas —desde el análisis digital de big data hasta la *etnografía virtual* en entornos de teletrabajo—. Lo esencial es que la elección metodológica responda siempre a las preguntas de investigación y a la voluntad de comprender cómo las empresas, en sus múltiples formas, se insertan y actúan en la vida social.

3. DE AYER A HOY: CLAVES PARA COMPRENDER EL ESTUDIO DE LA EMPRESA EN SOCIOLOGÍA

3.1. La empresa en los orígenes del pensamiento sociológico

La sociología de la empresa es un campo especializado relativamente reciente, pero su historia está entrelazada con los grandes debates que dieron forma a la propia disciplina sociológica. Entender su desarrollo no es un ejercicio erudito, sino una manera de descubrir cómo las preguntas sobre el trabajo, el poder y la organización nos han acompañado desde el inicio de la modernidad capitalista.

Ya en el siglo XIX, cuando la industrialización transformaba radicalmente la vida social, Harriet Martineau, la primera socióloga moderna, advirtió que la economía no podía comprenderse aislada, sino en conexión con la moral y las costumbres. En otras palabras, que la fábrica no era solo un lugar de producción, sino un espejo de la sociedad entera (Martineau, H., 2022). Años más tarde, Karl Marx (2011), situó a la empresa capitalista en el centro de su análisis entendiéndola como un espacio de explotación del trabajo y escenario del conflicto de clases. Desde otra perspectiva, aunque atento a las consecuencias sociales de la producción, Émile Durkheim (2001), fundador de la tradición sociológica francesa, vinculó la organización productiva con la división del trabajo, subrayando que esta era fuente de nuevas formas de solidaridad, pero también con capacidad de provocar fragilidades y tensiones capaces de debilitar el tejido social, fenómeno que denominó anomia. Un par de décadas más tarde, Beatrice Webb (2004), reformadora social británica, imaginaba un horizonte distinto: el cooperativismo y el sindicalismo como alternativas capaces de disputar el poder a la empresa capitalista. Bajo una óptica diferente, Max Weber (2014) abordó la racionalización y la burocracia como rasgos definitorios de la modernidad organizativa, y con ello consolidó una mirada que sigue siendo imprescindible para entender la empresa como un espacio social atravesado por poder, reglas y significados donde se juegan los fundamentos mismos de la vida contemporánea. A través de la diversidad de sus enfoques, las y los pensadores clásicos nos mostraron a la empresa como uno de los entornos donde se disputan tensiones vitales de nuestro tiempo; su herencia nos desafía hoy a mirar con sentido crítico capaz de transformar nuestras prácticas.

3.2. Del fordismo a la globalización: la consolidación de la sociología de la empresa en el siglo XX

El siglo XX marcó un punto de inflexión en el estudio sociológico de la empresa. En diálogo constante con las aportaciones de los clásicos, la disciplina se consolidó al calor de las profundas transformaciones históricas que acontecieron: el fordismo y la producción en masa, la creación del Estado del bienestar, el auge de los sindicatos, la irrupción de los movimientos sociales y, finalmente, la globalización neoliberal. En este escenario comenzaron a cobrar fuerza investigaciones que cuestionaban la visión de la empresa como una simple máquina productiva.

Entre 1924 y 1932 se llevaron a cabo los experimentos de Hawthorne, dirigidos por Elton Mayo (1972), los cuales sentarían las bases de la *teoría de las relaciones humanas*, mostrando que aspectos como el ánimo, la interacción y el sentimiento de pertenecía a un grupo influyen tanto en el rendimiento laboral como el uso de la tecnología. En paralelo, Mary Parker Follett (1960), pionera del *management* participativo en Estados Unidos, defendió que la autoridad debía transformarse en cooperación y que el liderazgo auténtico surgía del diálogo. En plena era del taylorismo y la jerarquía de Fayol, visibilizaron un entramado humano de vínculos y relaciones sociales cuya importancia sigue resonando en los debates organizacionales contemporáneos.

El periodo de posguerra (1950-1970), marcado por el fordismo y el Estado de bienestar, fue un laboratorio donde se ensayaron nuevas formas de entender la empresa. Tras la guerra, el mundo demandaba productividad y estabilidad, las ciencias sociales empezaron a ofrecer sus primeras respuestas. En 1954, la Pirámide de Maslow inauguró el debate con su célebre jerarquía de necesidades —una imagen especular de la sociedad de su tiempo— y el deseo innato de las personas de autorealización (Maslow, A. H.,1991). Pocos años más tarde, Herzberg, Mausner y Snyderman (1959) formularon la teoría de los *factores higiénicos y motivacionales*. Su propuesta supuso un giro importante en la manera de pensar el trabajo: mostraron que la verdadera satisfacción laboral nace de factores internos, como el reconocimiento, la responsabilidad, la autonomía o las posibilidades de desarrollo personal; subrayando que el trabajo no se entiende únicamente como un medio de subsistencia, sino también como una fuente de sentido y motivación.

Casi en paralelo, la sociología industrial en Europa exploraba otros caminos. Joan Woodward (1965), socióloga británica, se convirtió en una figura clave al cuestionar las recetas universales de gestión. A partir de un extenso estudio de empresas manufactureras, formuló la llamada *teoría de la contingencia tecnológica*, según la cual la estructura de una organización empresarial no podía diseñarse siguiendo un único modelo válido para todos los casos. Mostró que la manera de organizarse dependía en gran medida de la tecnología utilizada, así como del contexto social e histórico en el que operaba la empresa. Con ello, Woodward abrió una línea de investigación que ponía en el centro la relación entre tecnología, estructura social y eficiencia organizativa.

En este debate se inscribe Michel Crozier, sociólogo francés, quien en su conocida obra *El fenómeno burocrático* (1969) puso en entredicho la idea de que la burocracia equivalía a orden y estabilidad. Al contrario, mostró que las reglas, lejos de eliminar los conflictos, los reconfiguran haciéndolos inevitables. Su análisis revelaba que la burocracia no es un mecanismo neutral, sino un campo de poder donde los actores negocian, resisten y reproducen desigualdades. De este modo, los trabajos de Woodward y Crozier, aunque diferentes, se entrelazan en un mismo giro: dejar atrás la metáfora de la máquina perfecta y reconocerla como un espacio palpitante donde laten tensiones sociales, históricas y tecnológicas.

Los años ochenta marcaron un giro decisivo. La globalización neoliberal, la deslocalización y la financiarización convirtieron a las empresas transnacionales en actores con un poder que desbordaba fronteras, influyendo no solo en la economía; sino también en la cultura, la política y la vida cotidiana. En este escenario, Edgar H. Schein (1988), pionero del análisis de la cultura en las empresas, introdujo el influyente concepto de *cultura organizacional*. Para él, una empresa no era solo un esquema jerárquico ni un conjunto de procedimientos, sino una comunidad de significados compartidos. Su célebre modelo distinguía tres niveles: los *artefactos visibles* (símbolos, logos, uniformes, rituales), los *valores declarados* (principios que la organización dice defender, como la innovación o el trabajo en equipo) y los *supuestos básicos subyacentes*, esas creencias invisibles que realmente guían la conducta —por ejemplo, si se confía en la autonomía de las personas o si se valora más la obediencia que la creatividad—Con ello, Schein subrayaba que el liderazgo auténtico no consiste solo en dar órdenes, sino en crear, mantener y transformar esta cultura, que explica tanto la estabilidad como el cambio en las organizaciones (Schein, E. H., 1988).

A comienzos de los años noventa, las críticas hacia las empresas transnacionales se intensificaron. Vandana Shiva (2005), física y ecofeminista india, denunció cómo corporaciones de la agroindustria y la biotecnología estaban patentando semillas y apropiándose del agua; es decir, convirtiendo en mercancía lo que siempre habían sido bienes comunes. En paralelo, Immanuel Wallerstein, desde su teoría del sistema-mundo, recordaba que estas corporaciones no eran simples negocios: eran actores clave en la desigualdad global entre países del centro (ricos) y la periferia (dependientes), reproduciendo relaciones de dominación que se remontaban al nacimiento de la economía-mundo capitalista haya por el siglo XVI, cuando se inició la expansión mercantil, la colonización y el comercio de esclavos (Wallerstein, I., 2005).

Durante este periodo, Manuel Castells (1996) puso el foco en las empresas tecnológicas, exponiendo cómo compañías como Microsoft o Apple estaban en el centro de una nueva *sociedad red*, donde la información se convierte en la base de la economía global. Pero faltaba aún una pregunta clave: ¿cómo era posible que el capitalismo sobreviviera a tantas críticas? Luc Boltanski y Ève Chiapello (2002) ofrecieron una respuesta sugerente: el sistema absorbía y transformaba las críticas en nuevas ideas de gestión, como la creatividad, la flexibilidad o la Responsabilidad Social Corporativa (RSC). En otras palabras, muchas empresas empezaron a incorporar estos discursos —campañas de RSC, trabajo colaborativo, etc.— para reforzar su legitimidad y seguir ejerciendo poder en un mundo que exigía "humanizar" al capitalismo: en suma, cambiar para que nada cambie.

La crítica sociológica a la empresa también se adentró en territorios menos visibles, como las emociones y la vida cotidiana. La socióloga estadounidense Arlie Hochschild (2008) mostró que las compañías no solo organizan tareas y horarios, sino también sentimientos. En su célebre estudio sobre las azafatas de aerolíneas acuñó el concepto de *trabajo emocional*, evidenciando cómo se exigía a las trabajadoras sonreír y transmitir calma como parte del servicio, convirtiendo las emociones en mercancía. Incluso su análisis fue más allá del lugar de trabajo, al revelar que muchas mujeres vivían una *doble jornada*, pues al terminar su empleo remunerado asumían las tareas domésticas invisibilizadas que sostenían tanto a sus familias como al propio sistema laboral (Hochschild, A. R., & Machung, A., 2003). De este modo, se inaugura el en que analítico que va a considerar a las empresas como espacios donde se mercantilizan aspectos de la vida íntima.

Ese énfasis en lo invisible y lo cotidiano se conectaba con miradas que ampliaban la escala hacia lo global. La socióloga Saskia Sassen (2001) mostró que ciudades como Nueva york, Londres y Tokio se habían consolidado, donde bancos y multinacionales coordinaban decisiones capaces de reorganizar la economía mundial. A su vez, una de las pioneras de los estudios de género y tecnología, la socióloga australiana Judy Wajcman (2006), advertía que la innovación empresarial nunca es neutral: en Silicon Valley y en la industria del software, los sesgos de género se traducían en productos y estructuras laborales que reforzaban desigualdades. Esta misma lógica de poder, en un plano más próximo, fue señalada por la canadiense Dorothy Smith (1987), quien demostró que incluso oficinas, fábricas o despachos supuestamente neutrales estaban atravesados por jerarquías de género y relaciones de poder que moldeaban la vida cotidiana. En conjunto, estas autoras evidenciaron que las empresas, lejos de ser espacios técnicos y asépticos, son escenarios donde se mercantilizan emociones, se concentran poderes globales, se reproducen sesgos tecnológicos perpetuando desigualdades de género y otras.

Desde los primeros enfoques mecanicistas, que veían a la empresa como una máquina perfectamente engranada y regida por jerarquías rígidas, hasta las corrientes críticas de finales del siglo XX, el estudio sociológico de la empresa ha experimentado una profunda transformación. Hemos recorrido, así, un camino que nos permite comprender que las empresas no son simples estructuras económicas, sino escenarios vivos de la sociedad. En el próximo epígrafe nos adentraremos en las corrientes actuales de la sociología de la empresa, para analizar cómo este campo continúa evolucionando frente a los retos del siglo XXI.

4. LA EMPRESA A DEBATE: ENFOQUES EMERGENTES Y DESAFÍOS GLOBALES

Hoy, la sociología de la empresa atraviesa una etapa de expansión hacia la pluralidad y la innovación metodológica, visibilizando aportes desde regiones históricamente ignoradas. No obstante, la hegemonía de enfoques clásicos y las resistencias institucionales ralentizan el surgimiento de una investigación crítica y global. Frente a estos obstáculos, la disciplina está llamada a transformar sus fundamentos y abrirse a la diversidad conceptual que exige la realidad del siglo XXI.

4.1. Enfoque institucional y del campo organizativo

El enfoque institucional en la sociología de la empresa se consolidó en los años setenta y ochenta con el *new institutionalism*, el cual subrayó que las organizaciones no responden solo a la eficiencia económica, sino a un entramado de normas y expectativas sociales (DiMaggio & Powell, 2013). Desde entonces, la *legitimidad organizacional* se ha convertido en categoría central: las empresas deben demostrar que sus prácticas son aceptables y culturalmente coherentes (Suchman, 1995). El concepto de *lógicas institucionales* amplió esta mirada, mostrando cómo más allá de las lógicas del mercado, coexisten otras lógicas familiar, comunitaria, estatal, etc que orientan la acción empresarial (Friedland & Alford, 2013; Thornton, Ocasio & Lounsbury, 2012).

En su evolución más contemporánea, el enfoque institucional se ha abierto a una mirada más crítica y global, incorporando las configuraciones transnacionales en las que operan las empresas. Organismos internacionales o certificaciones de compromiso con la sostenibilidad ambiental, la responsabilidad social y la gobernanza ética han pasado a formar parte de los marcos institucionales que definen qué prácticas son consideradas legítimas y cuáles no (Meyer, Boli, Thomas, & Ramírez, 1997). De esta forma, la empresa se concibe como un actor inmerso en un campo donde interactúan Estados, ONGs, inversores, comunidades y foros internacionales. Hoy, el institucionalismo pone el foco en cómo la *legitimidad organizacional* se construye como estrategia y se disputa en escenarios atravesados por la desigualdad global, las luchas de poder y las presiones sociales, las demandas en torno a la sostenibilidad, la diversidad, la inclusión o la gobernanza ética.

4.2. Redes, digitalización e inteligencia artificial en la sociología de la empresa

La teoría de redes muestra que las empresas ya no actúan de manera aislada, sino que forman parte de ecosistemas donde circulan información, alianzas y capital de forma constante (Uriarte & Acevedo, 2020; Castroviejo, 2018). Un ejemplo es el análisis de los *interlocking directorates*: la práctica de que directivos ocupen varios cargos en diferentes consejos de administración, lo que refuerza la influencia de las élites económicas (Cárdenas, 2012). Una obra clave en este ámbito es *Spiderweb Capitalism* de Kimberly Kay Hoang (2022), donde la autora describe cómo las élites globales tejen "telas de araña" de relaciones personales y empresariales para acceder a mercados emergentes, aprovechando vacíos legales y desigualdades locales, mostrándonos el papel de los entramados invisibles en el capitalismo contemporáneo.

Al mismo tiempo, la digitalización y la inteligencia artificial están transformando las empresas desde dentro. Los algoritmos y la automatización cambian jerarquías y procesos de decisión, sustituyen tareas rutinarias y generan nuevas formas de control y precariedad laboral (Roy, 2023). La economía de plataformas, el teletrabajo y la gestión basada en datos crean organizaciones más flexibles, pero también más desiguales y con riesgos para la salud y la seguridad social de las personas trabajadoras (Research in the Sociology of Organizations, Emerald, 2022-2025). La sociología de la empresa nos recuerda que detrás de cada red digital y cada algoritmo hay decisiones humanas que definen quién gana poder y quién queda en los márgenes.

4.3. La empresa sostenible: entre el compromiso real y el discurso ESG

La corriente de sostenibilidad y ESG (Environmental, Social, and Governance) se ha consolidado como uno de los grandes referentes discursivos y regulatorios en la gestión empresarial global. Estos discursos engloban tanto los compromisos ambientales —reducción del impacto ecológico, transición energética, acción climática— como las políticas sociales —equidad, diversidad, calidad del empleo, derechos humanos— y la gobernanza ética —transparencia, participación y control democrático en la empresa— (BBVA, 2025; Fundación Exit, 2024). Esta narrativa orienta la toma de decisiones, la reputación y la atracción de inversiones, y se mide mediante informes e indicadores no financieros cada vez más exigidos por reguladores, inversores y la propia sociedad.

Sin embargo, la investigación crítica reciente advierte que en muchos casos la adopción del discurso ESG responde más a estrategias simbólicas, como el *greenwashing* y el *socialwashing*, que a transformaciones reales y profundas en modelos de negocio o relaciones laborales. Políticas simbólicas, marketing verde y promesas incumplidas revelan la brecha entre el relato y la verdadera transformación (Aitamurto & Augustine, 2023; Prasad, 2022). Así, la sociología actual investiga el impacto genuino de la empresa sostenible.

4.4. Movilidad social: ¿realmente existe la igualdad de oportunidades?

El estudio de las trayectorias profesionales y la movilidad laboral ha sido una constante en la sociología de la empresa, evidenciando que la igualdad de oportunidades es la excepción. Los enfoques contemporáneos, desde una mirada más crítica, van a incorporar dimensiones de clase, origen étnico y género. Autoras como Courtney L. McCluney (2019) han mostrado cómo el relato meritocrático no explica el acceso a posiciones de liderazgo, pues factores como el origen social, el género y la procedencia étnica-cultural condicionan decididamente el ascenso profesional. Ante esta situación, la socióloga McCluney nos habla de la necesidad de practicar *codeswitching*, —es decir, ajustar la propia identidad racial para encajar en entornos empresariales dominados por normas blancas— por parte de las mujeres negras americanas. Estas experiencias limitan el reconocimiento y el avance de mujeres y minorías en los espacios organizativos, incluso allí donde existen políticas de inclusión formal (McCluney, 2019).

4.5. Bienestar, salud laboral y trabajo de cuidados: una visión crítica contemporánea

En la investigación contemporánea, el bienestar y la salud laboral se han convertido en ejes centrales, en diálogo con los estudios feministas sobre el trabajo de los cuidados y la justicia de género (Federici, 2018; Carrasco, 2013; Fraser, 2015). Este enfoque no se limita al estrés o al *burnout*; sino que examina cómo la precarización, la intensificación del trabajo y la desigualdad atraviesan tanto el empleo formal como el ámbito doméstico, siendo los cuidados —ejercidos en su mayoría por mujeres— un punto ciego de la gestión empresarial y de las políticas públicas. Como plantea Comas d'Argemir (2017), la organización social de los cuidados repercute negativamente en las trayectorias y derechos de las mujeres, y su reconocimiento y redistribución es clave para una ciudadanía más igualitaria.

Los datos de la Organización Internacional del Trabajo (OIT) confirman la magnitud de este problema: más de 649 millones de mujeres carecen de protección laboral mínima en licencias de maternidad, y la corresponsabilidad en los cuidados continúa mal remunerada y relegada (OIT, 2022). De ahí la urgencia de transformar la gestión empresarial y pública. Desde la sociología de la empresa se va a dar a conocer el trasfondo de esta situación y a plantear la reorganización de nuevos modelos productivos situando la sostenibilidad de la vida —y no la económica— en el centro. Democratizar los cuidados o asumir la corresponsabilidad colectiva se presentan como condiciones imprescindibles para un bienestar laboral real y una salud social duradera (Fraser, 2015; Federici, 2018; OIT, 2022).

4.6. Más allá del patriarcado: género y diversidad en la empresa

La reflexión sobre los cuidados enlaza directamente con la sociología feminista, que históricamente ha mostrado cómo los cambios económicos afectan de forma desigual a mujeres y hombres, manteniendo la desigualdad de género como tema constante en la disciplina.

En el nuevo siglo XXI ha quedado claro que la empresa no es un espacio neutral. Numerosas académicas han manifestado cómo el género atraviesa la organización del trabajo y condiciona quién puede ascender y quién permanece en posiciones secundarias. Desde Europa, Jill Rubery (2019) constató que las políticas laborales dentro de las empresas refuerzan las brechas salariales y de promoción entre mujeres y hombres. Por su parte, Sylvia Walby (2009) advirtió que la globalización y las crisis económicas no solo reconfiguran mercados, también profundizan desigualdades de género en la vida empresarial. Y Helena Hirata (2015) reveló una verdad incómoda: la rentabilidad de muchas empresas se apoya en trabajos feminizados, precarios y en gran parte invisibilizados.

Centrar el análisis solo en las mujeres dejaría incompleta la mirada. Investigadores como Connell (2005) y Hearn & Collinson (2005) han mostrado cómo la masculinidad hegemónica atraviesa la gestión, el liderazgo y las jerarquías en las empresas. Al mismo tiempo, estudios sobre diversidad sexual, como los realizados por Rumens (2017) o Colgan y McKearney (2012), han examinado la inclusión de personas LGBTIQA2+ en los entornos laborales, señalando tanto los avances como las resistencias. En conjunto, estos trabajos han abierto un campo de investigación todavía en desarrollo, que ofrece un enorme potencial para comprender y transformar las dinámicas en las empresas del presente y del futuro.

4.7. El enfoque decolonial

El análisis crítico contemporáneo en la sociología de la empresa ha puesto en cuestión las raíces eurocéntricas de la teoría organizacional. Referentes como Quijano (2014) y Grosfoguel (2022) evidencian como la modernidad capitalista se construyó sobre estructuras coloniales de poder que aún persisten en la gestión empresarial, encarnándose en prácticas como el extractivismo, la jerarquía laboral o la imposición de modelos procedentes del Norte Global sobre contexto del Sur.

Frente a este panorama, surge la necesidad de reconocer la pluralidad epistémica y de recuperar formas organizativas productivas sustentadas en el comunitarismo y la sostenibilidad. Autor@s como Misoczky, Klimeck y Mazotti han señalado que la producción dominante de conocimiento organizacional reproduce una visión eurocéntrica, lo que perpetúa la colonialidad del saber y relega las epistemologías y prácticas propias de América Latina (Klimeck, 2019; Misoczky, 2017; Mazzotti, 2021). Con el fin de combatir estas circunstancias proponen rupturas y desobediencias epistémicas que partan de las realidades subalternas y de la diversidad geopolítica; formas de gestión alternativa que dialoguen directamente con los movimientos sociales y el pensamiento emancipatorio del Sur Global y una investigación colaborativa y situada, que reconozca y valide saberes alternativos. (Klimeck, 2019; Misoczky, 2017; Mazzotti, 2021). Así, esta corriente de pensamiento promueve una sociología de la empresa orientada a deconstruir las jerarquías epistémicas y abrir caminos a nuevas formas de acción organizacional afines a la pluralidad, la justicia y la transformación social.

5. CONCLUSIÓN: HACIA UNA SOCIOLOGÍA CRÍTICA Y SITUADA DE LA EMPRESA

A lo largo de estas páginas hemos examinado cómo la sociología de la empresa, en dialogo con la sociología del trabajo, la sociología industrial y la sociología de las organizaciones, ha evolucionado hasta consolidarse como un campo específico de estudio. Esta especialización, que alcanzó su reconocimiento académico durante las décadas de 1970 y 1980 en Europa, incorporándose plenamente a los programas universitarios en España, se ha configurado como herramienta indispensable para entender cómo se organiza, se modifica y se disputa la sociedad en el marco de las organizaciones productivas.

El recorrido presentado en este capítulo no pretende ser exhaustivo: es solo una aproximación a la diversidad de enfoques que, desde la sociología, han puesto de relieve la complejidad de la empresa. Ahora bien, este repaso deja en evidencia una urgencia: repensar la empresa desde perspectivas críticas, feministas, ecológicas, poscoloniales y decoloniales, que no solo cuestionen las lógicas dominantes, sino que también abran espacios para imaginar alternativas.

La sociología de la empresa ha demostrado que la organización productiva no es un hecho natural ni inmutable, sino una construcción social cargada de poder, desigualdades y conflictos. En este sentido, se convierte en un área de conocimiento de enorme potencial para pensar otras formas de organizar el trabajo y la producción, más democráticas, cooperativas, solidarias y vinculadas al cuidado de la vida y de los territorios.

Lejos de limitarse a describir la realidad existente, la sociología crítica de la empresa llama a realizar un análisis situado y a comprometerse activamente con la construcción de la sociedad que aspiramos a forjar. No cabe duda de que las organizaciones productivas del siglo XXI continúan operando como engranajes fundamentales de la lógica de acumulación del capitalismo global; pero también es cierto que en su interior se configuran —de modo velado o en confrontación explícita— debates que cuestionan el sentido del trabajo, la distribución del poder y la apropiación del valor. Y es justamente en esta segunda dimensión donde conviene situar el acento analítico y conceptual: en su potencial para convertirse en escenarios capaces de interpelar las estructuras del sistema-mundo capitalista y abrir la posibilidad de imaginar horizontes más justos, tanto social como ecológicamente.

XX. SOCIOLOGÍA DEL TRABAJO

FRANCISCO DE LOS COBOS ARTEAGA
Universidad de Castilla-La Mancha

1. INTRODUCCIÓN. TRABAJO: UNA APROXIMACIÓN A SUS ELEMENTOS

Trabajo es cualquier actividad humana, remunerada o no, productora de bienes o servicios para uso de terceros o propio, con objeto de satisfacer necesidades materiales y de proteger los vínculos sociales. Esta aproximación conceptual, desde el enunciado de la Organización Internacional del Trabajo (2013), implica que la sociología tendrá que analizar dos tipos de trabajos, deseados o no, en los que discurre la mayor parte de la existencia humana: uno sujeto a remuneraciones y, de forma inseparable, el dedicado a mantener la vida o de reproducción social. Mientras el primero es bien conocido, el segundo se rehúye en algunos análisis. En este trabajo velado, a través de los vínculos sociales, debe procurarse el bienestar material y afectivo de menores o mayores y de las amistades o pareja.

Hecha esta aclaración sobre el trabajo, es preciso advertir de perspectivas que enfatizan u ocultan aspectos de este. De forma tradicional, las escuelas de negocios han identificado trabajo y empleo, aunque se trata de dos conceptos diferentes. Asimismo, focalizan su atención en cómo los llamados expertos pueden lograr mayores rendimientos de quienes están ocupados. Con pretensiones holísticas, los análisis de la sociología buscan hacer comprensibles los motivos de los tres protagonistas: trabajadores, empresarios y Estado, cuya función de regulador formal de las relaciones laborales resulta clave. Los intereses de unos y otros pueden concretarse en cinco puntos: 1) remuneraciones, 2) tiempo de trabajo, 3) intensidad comprometida en las tareas, 4) empleo estable con miras a plantear un proyecto de vida futura y 5) un sistema de protección social adecuado para afrontar las contingencias vitales y, además, disponer de compensaciones económicas en el tiempo en el que no se puede trabajar de forma remunerada. Para valorar estos cinco elementos se dispone de sistemas y herramientas de medida contradictorios, que, en algunos estudios, por no confrontar las distintas fuentes disponibles o por eludir de forma deliberada problemas relacionados con el trabajo, contienen sesgos.

Si las remuneraciones laborales son o no suficientes para afrontar las necesidades de las personas que conviven en una casa, en los países de la Unión Europea (U. E.), se determina a través del indicador At-Risk-Of Poverty or social Exclusion (AROPE). Según este instrumento, una persona se encuentra en riesgo de pobreza o exclusión social, sin observar el significado diferente de estos dos conceptos en sociología, cuando un hogar ha de afrontar al menos uno de estos tres problemas: 1) escasez de ingresos económicos, 2) incapacidad para adquirir bienes necesarios, hacer frente a gastos inesperados o acceder a elementos de integración social deseables, o 3) residencia en una casa con insuficiente dedicación temporal al trabajo remunerado.

Este último elemento del indicador AROPE introduce como variable el tiempo valorado mínimo a ser dedicado al empleo, con la advertencia de que elude contemplar el trabajo no remunerado de reproducción social. A este respecto, el Sistema Europeo de Cuentas (SEC-2010), impulsado por el Banco Central Europeo y reglamentado por la U. E., define a los hogares como individuos o grupos cuya "función principal es el consumo" y como "productores de mercado", pero no incluye los trabajos realizados en lo doméstico. En similar dirección, el útil más conocido acerca de la distribución de las tareas comprendidas en el término trabajo es la Encuesta de Empleo del Tiempo, del Instituto Nacional de Estadística, cuyos últimos datos corresponden a 2010. Dicho instrumento engloba los cuidados a otras personas en un apartado denominado "hogar y familia", sin ser considerados trabajo. Como alternativa a estas medidas parciales, se desarrollaron las "cuentas satélites" de la producción doméstica que contemplan los trabajos no pagados en el mercado, cuyo valor se mide por el coste de sustitución u oportunidad como alojamiento, comida, ropa o cuidados a miembros de la casa, menores o mayores. Además, para indagar la distribución de las labores productivas y reproductivas, la Encuesta Nacional de Condiciones de Trabajo (2015) distingue entre las horas de trabajo remuneradas y no remuneradas y evidencia la desigualdad de género en el reparto de las cargas. Los hombres dedican más tiempo al empleo, las mujeres a los cuidados, educación de menores y trabajo doméstico.

Como tendremos ocasión de examinar, la intensidad del trabajo es el nuevo elemento de litigio en buena parte de los empleos. Mientras que el salario se mide como ingresos monetarios para los trabajadores, como costes para los empresarios, y la jornada anual en horas y días, es más difícil o se elude contemplar los umbrales soportables de carga de trabajo físico y mental. Es cierto que se dispone de instrumentos validados para determinar la carga laboral, pero, sin hacer uso de ellos, desde los círculos empresariales se destaca la escasa productividad de los trabajadores.

Sin duda, disponer de un contrato a tiempo completo, empleo de por vida con remuneraciones suficientes, horarios estables, intensidad de trabajo asumible, cargas deseadas en el hogar y protección social adecuada para ellas y sus cercanos son aspiraciones comunes de las personas. Pero, en la actualidad, el papel integrador que se adjudica a las tareas retribuidas en el mercado, según el citado criterio AROPE, únicamente se limita a que el conjunto de los miembros del hogar dedique al empleo más del 20 por ciento del tiempo que pudieran dedicar a esta actividad.

Junto a los integrados por el empleo, en el llamado estado de bienestar las administraciones públicas asumieron proteger a quienes no pueden ser ocupados, porque su situación inactiva es "legítima": estudiantes, enfermos, jubilados y ciertas categorías de desempleados (Castel, 2002). Sin embargo, como señaló Lenoir (1974), las vulnerabilidades sin relación con la pobreza, aquellas vinculadas con la exclusión social, no son reconocidas o acogen insuficientes protecciones. Es más, en las últimas décadas se abrió paso la evidencia que, en ocasiones, son eludidas de forma deliberada por las administraciones públicas, al someter a las personas a pruebas disuasorias sobre sus circunstancias. Esta desviación interesada a la hora de proteger a la ciudadanía, denominada en los textos especializados "non take-up", se debe a que la exclusión social no forma parte de las inquietudes de la ideología economicista (Warin y Lucas, 2020).

Las próximas páginas están dedicadas a analizar, de manera sintética, cómo se organizó la producción de bienes y servicios y, de forma asociada al trabajo, también los sistemas de protección social. Las fases se presentan de forma cronológica, con la advertencia de que los desarrollos resultan distintos en cada país como consecuencia de las diferentes relaciones de poder entre trabajadores, empresarios y estados. Aunque, se considera que las formas de trabajo productivo y reproductivo han sido hegemónicas según qué periodo, todas, sin embargo, han coexistido —y coexisten— en las actuales sociedades, como luego se verá.

Asimismo, se analizará el conflicto en el trabajo. De forma tradicional, los teóricos del consenso han presentado las relaciones laborales como el acuerdo entre dos partes libres, empresario y trabajador, pero, con todo, la sociología evidencia que el trabajo ha sido siempre y es conflictivo. Históricamente se han identificado las resistencias latentes contra el empleo, las luchas obreras organizadas contra la propiedad, las estrategias de los capitalistas para controlar a los empleados y, por último, los debates de hoy día sobre quién es el sujeto opuesto a los trabajadores. Sin que pueda obviarse que, en el hogar, pueden existir desacuerdos por la asignación de trabajos y por la oportunidad de asumirlos o no en detrimento de ser empleada, formarse o disponer de tiempo de ocio. Por otra parte, las empresas despliegan estrategias diversas frente a los asalariados. Estas comprenden desde la vigilancia y represión directa a mecanismos sofisticados de adoctrinamiento para inculcar a los trabajadores que se enfrenten al reto de ser "sí mismos", de ser quienes emprenden la jornada, intensidad y logros a conseguir. El estudio finalizará con la recapitulación de las condiciones laborales en la actualidad y un intento de prospectiva sobre el trabajo.

2. LOS COMIENZOS DEL TRABAJO ASALARIADO

2.1. El trabajo en el tránsito del Antiguo Régimen a las sociedades industriales

La sociedad del Antiguo Régimen o preindustrial se caracterizó por la baja producción de alimentos y una reducida actividad artesanal y comercial, en asentamientos rurales fuera del dominio de los señores. Como regla general, las mujeres, hombres y menores recolectaban sus cosechas en aprovechamientos comunales, donde se practicaba la rotación de cultivos y se disponía de pastos para la cabaña ganadera. En pequeños talleres o en los domicilios transformaban materias primas del mismo lugar, con herramientas propias, y los apenas excedentes solían comercializarse en tiendas localizadas en las viviendas o en mercados locales. En estos núcleos del agro, el tiempo del trabajo y el de la vida estaban integrados. Se distribuía entre las faenas estacionales, las actividades comunitarias y familiares, sin que faltaran las fiestas religiosas y el ocio.

En Inglaterra, esto cambió de forma radical con la industrialización. A partir de la segunda mitad del siglo XVIII, un conjunto de leyes permitió el acercamiento de los campos y que los terratenientes se apropiaran de las tierras comunales, lo que desmontó los viejos equilibrios de la sociedad. Quedó consolidada una minoría de señores que, ahora pasaron a ser capitalistas en búsqueda de incrementar sus rentas agrícolas, mientras la mayoría de los pequeños campesinos y siervos emigraban a las ciudades donde se multiplicaban las fábricas. El acercamiento de las parcelas agrarias por la oligarquía delimitó la, ahora, propiedad privada de los suelos y facilitó, pues, su explotación intensiva. Como señalaron Polanyi (1997) y Thompson (2012), el incremento de la productividad por área liberó tierras de labranza para pasto de ovejas y, así, pudo suministrarse lana a los telares de la creciente manufactura textil. Como otros fenómenos que se analizarán, la industrialización fue disimilar en Inglaterra respecto a otros territorios europeos. Con acusado retraso, en España los gobiernos progresistas impulsaron, entre 1854 y 1856, una normativa incentivadora de la actividad industrial. Así, se promulgaron las leyes de desamortización del suelo, de ferrocarriles, banca, sociedades de crédito y explotación minera para facilitar el despegue económico. Un objetivo conseguido solo de forma parcial, cuyo estudio sobrepasa este breve análisis.

En la primera revolución industrial inglesa, implantar el trabajo asalariado tuvo como requisito necesario expulsar a las familias campesinas de sus medios habituales de vida. Por tanto, la obligación de vender la fuerza de trabajo no fue una suerte deseada. Cuando se precisaba mano de obra, con el único límite de la luz solar, para determinar el fin y comienzo de la jornada, el patrón ofrecía un salario al empleado, siempre en menor medida que los beneficios a ser obtenidos, que podía aceptarlo o no. Pero, en esta libertad de vender la fuerza de trabajo al mejor postor había diferencias con relación a las sociedades agrarias.

El primer cambio radicó en el hecho que el salario era individual por día completo y, en consecuencia, el esfuerzo del trabajador debía ser superior al ofrecido en las sociedades agrarias. Esto es debido a que, en el campo, con el fin de satisfacer las necesidades de un hogar, sus miembros repartían las actividades a lo largo del año. La segunda alteración fue introducir la temporalidad y la movilidad forzada de quienes trabajaban, porque el capitalista solo ofertaba empleo cuando lo exigía su negocio. Por este motivo, tuvieron que formarse cuadrillas, que se desplazaban a las recolecciones agrarias y a las obras públicas. Dentro de estos contratos de duración determinada, en los años treinta del XIX en las obras civiles inglesas se reclutaron cuadrillas de hombres fornidos, a los que se pagaba por los metros explanados, excavados, edificados o perforados que terminaban. En ocasiones, los empresarios, en su afán de asegurarse la plena entrega de esta fuerza obrera, facilitaban los elementos vitales en tiendas y barracones de la empresa, previo descuento en los jornales. Este tipo de retribución en especie denominada "truck system", a juicio de Lucassen (2018) convertía a los trabajadores de facto en esclavos.

Pronto se introdujo la idea que lo decisivo es la intensidad entregada al trabajo, para concluirlo, y no el tiempo ofrecido al mismo. En este sentido, relató Engels (2020) que, los infantes solo acogían la estimación de obreros consumados cuando alcanzaban una elevada manufactura de clavos. Hay que advertir que los destajos contenían una trampa. Al acabar el día, se conseguía recibir más dinero, pero, en general, a medio y largo plazo, los obreros perdían. Ejecutaban el trabajo rápido y cumplían menos jornadas. Por lo demás, su salud se deterioraba al fatigarse en demasía y, en pocos años, resultaba desgastado su físico. No podían emplearse o al asumir esfuerzos intensos tenían más posibilidades de verse envueltos en accidentes laborales y quedar inválidos o morir. Ya, en el siglo XIX, el desgaste físico de algunas profesiones pudo determinarse por el número de años trabajados antes de fallecer, de ser separado por inútil o degradado en el empleo.

Esta búsqueda de empleo nómada supuso que los hogares dejaran de existir como unidad productiva básica de la sociedad, pero los exiguos e intermitentes salarios de los varones precisaron que las mujeres se afanaran en los hogares. Una práctica de subcontratación laboral conocida como industria a domicilio o "putting out", en la que el empresario facilitaba las materias primas y utensilios, sobre todo en el hilado, confección textil y calzado, y remuneraba a las mujeres y menores por cada pieza elaborada. Esta incipiente forma de destajo ofrecía bajas producciones, porque, como precisaron Hobsbawm y Scott (1980), las mujeres debían simultanear la manufactura con los trabajos temporales del agro y los domésticos.

2.2. *La fábrica. Vigilar e intensificar los ritmos asociados a una máquina*

Mediado el siglo XIX se produjo la transición de un modo productivo basado en la fuerza y destreza de quienes utilizaban herramientas artesanales, a otro fabril, de manufactura, caracterizado por el uso intensivo de capital fijo e innovaciones tecnológicas. Bajo la promesa de un empleo todos los meses, se movilizaron ingentes masas de campesinos, a los que, en el recinto de la fábrica, se les adiestró para que respetaran los horarios y espacios asignados a cada tarea. Además, se prohibieron actividades consolidadas en el trabajo agrario como hablar, comer, beber o fumar, porque distraían del quehacer obrero. Todo ello, acompañado de una vigilancia constante para castigar a quienes transgredieran las reglas del patrón. Con frecuencia, se recurría a la fuerza física.

Para generalizar el empleo de maquinaria en la industria se precisaron grandes inversiones. Con el propósito de mantener la tasa de ganancia, la relación entre el beneficio y los costes del capital fijo y variable, se decidió amortizar el valor de las máquinas en un plazo muy reducido. Al efecto, entre otras medidas, los empresarios debían lograr que los trabajadores siguieran el ritmo impuesto con una fatiga asumible. Pero, esto no resultó así. Conforme con Mumford (1992), el uso del reloj permitió fijar el número de operaciones que debían ejecutarse en unidades temporales menores al día que, desde la aparición del trabajo asalariado, había sido la medida del esfuerzo a ser pagado. Se incrementaron los ritmos a seguir por quienes trabajaban y, para optimizar el uso de las máquinas, quedaron establecidos multiplicidad de reglamentos sobre los procedimientos de trabajo.

A la hora de implementar esta disciplina industrial, con el objetivo de que el patrón acumulara plusvalías, los gerentes presentaron las normas como alejadas de sus intereses, racionales y legítimas, pero sin renunciar a los salarios bajos y las jornadas interminables de trabajo hasta la extenuación y a la ausencia total de mecanismos de protección contra la adversidad y la vejez. Por tanto, en numerosas ocasiones, los obreros juzgaron las órdenes empresariales como arbitrarias y opusieron luchas individuales y colectivas no manifiestas. Entre estas expresiones de conflicto se encontraban el boicot, la huelga de celo, el obstruccionismo, o el sabotaje. Unas resistencias incipientes limitadas a quienes, todavía, carecían de posibilidades de plantear demandas colectivas en público.

En todo caso, las máquinas todavía eran imperfectas y los capitalistas dependían de las habilidades de ciertas categorías laborales, de las que no podían prescindir sin que se produjeran alteraciones graves para sus intereses. Con esta advertencia, los asalariados quedaron segmentados en un mercado primario compuesto por empleados y obreros cualificados y, por otra parte, el mercado secundario de los obreros sin oficio. A los primeros se los consideraba esenciales para que pudieran funcionar las empresas y, por ello, contaban con remuneraciones suficientes, estabilidad en el empleo y la oportunidad de ascender (Hobsbawm, 1979). El último y más numeroso grupo de los obreros sin oficio padecían bajas retribuciones, acompañadas de la valoración que había otros dispuestos a asumir sus labores y, en consecuencia, podían ser sustituidos con facilidad. Lo eran. Constituían el llamado por Marx (2009) ejército de reserva, y entraban y salían del trabajo, según los necesitara el patrón.

2.3. *La división sexual del trabajo y el salario familiar*

Además de segmentar los mercados laborales respecto a las cualificaciones obreras en primario y secundario, los empresarios implantaron una división sexual del trabajo, que separó de forma estricta y jerárquica los espacios de trabajo. Primero, en el ámbito público, a los hombres se les encomendó producir y ser remunerados y, luego, en lo privado, las mujeres debían ocuparse de sus "labores naturales". Una segregación asentida porque, de acuerdo con el código moral del siglo XIX, las burguesas y, por extensión todas las mujeres, no necesitaban ser empleadas. Debían ejercer de esposas y madres y asumir las tareas de reproducción social en el hogar. Ya que, según el juicio de la época, dada su languidez intelectual, física y moral, las mujeres ayudaban más a la sociedad en casa que como empleadas. Se valoraba que solo, en situaciones excepcionales, como las de viudedad y orfandad, tenían que encontrar un trabajo para sobrevivir, cuya retribución no debía ser la de los hombres. Como opciones a este destino de miseria, ser subyugadas en el matrimonio o prostituidas. De todas maneras, como muestra del androcentrismo de la ciencia, es muy poco lo que aún conocemos de los trabajos femeninos, salvo algunas excepciones en las conserveras o en las manufacturas de tabaco, calzado o textil. Centros con elevado volumen de empleo compuesto en su casi totalidad por mujeres.

Mediado el siglo XIX, en Francia volvió a plantease la idea que la población laboriosa sin cualificaciones debía ser pagada mediante un conjunto de ingresos anuales, con los que satisfacer las necesidades de quienes vivían en un hogar (Scott, 2008). Con este objetivo, al menos en sectores como el ferroviario y el minero, se reclutaron familias obreras para establecer un vínculo de sangre en el trabajo. En primer lugar, se ocupó a varones con salarios bajos, que eran acompañados por sus hijos como aprendices o dedicados a faenas temporales, con el requisito de que, si demostraban aptitud y docilidad, entonces, heredarían el lugar de sus padres. Con estas condiciones, de acuerdo con los análisis de Martínez Vara y Ramos (2016) para el caso ferroviario, se formaron los primeros mercados internos de trabajo basados en el reclutamiento familiar, la enseñanza escolar y formación en un oficio, con los medios dispuestos por las compañías. Al concluir estas fases, se ingresaba como aprendiz y podía promocionarse por el mérito y la lealtad que se demostrara durante años a la empresa. En un segundo peldaño, las esposas, las hijas o las hermanas quedaban a cargo de trabajos mal pagados para complementar, con sus manos baratas, los salarios de los hombres. Además, aunque no fueran recogidas en las estadísticas laborales de la época, hay suficientes evidencias acerca de numerosas mujeres que lograban ingresos de las empresas, por trabajos facilitados o consentidos en su seno. Entre ellos, por la limpieza de las instalaciones, la venta de alimentos o la confección de ropa y zapatos para las tiendas patronales.

Ahora bien, el conjunto de estos ingresos podía ser insuficiente para que una familia viviera con dignidad. Con objeto de evitar la fuga de trabajadores mal retribuidos, en los sectores que sus brazos se precisaban continuamente, de forma singular en los ferrocarriles, hubo que plantearse cómo retenerlos. Así, desde la segunda mitad del siglo XIX, en países europeos, algunas compañías ferroviarias otorgaron pagos en especie —vivienda, tiendas de alimentos baratos, escuelas para los hijos de los obreros, compensaciones por no poder trabajar, servicios sanitarios, pensiones de vejez, etc...—. Unos favores con fines disciplinarios, porque se perdían ante cualquier desobediencia a las normas de la empresa. Por su parte, el patrón presentaba estas medidas sobre los obreros como concesiones ex gratia, ajenas a la lógica de la ganancia, por deber acoger la misión moral de ser el benefactor de sus productores. En correspondencia, el capitán de la empresa esperaba que el obrero respondiera ante él como un hijo, sin regatear esfuerzos en el trabajo y, al tiempo, que ejerciera su rol de varón para custodiar la casa. Cheysson, sobre las bases teóricas de Le Play, su maestro, fue el pensador que divulgó esta forma de organizar la empresa y la sociedad. Quedó denominada patronaje en la Europa Continental y paternalismo en los países anglosajones (Elwitt, 1980).

Como resultado de la explotación laboral y social, pensadores sociales de la época identificaron como características de la clase obrera, la desnutrición, el hacinamiento en barrios segregados y la esperanza de vida breve, acompañada de carencia endémica de salud (Thompson, 2000). Acerca de la causalidad de estos problemas, el capital no interpretó las condiciones laborales como determinantes de los hábitos de los trabajadores. Se arguyó su falta de recursos morales para decidir sobre sus vidas. Por eso, había que disuadirles de acudir a las tabernas donde se embriagaban o conspiraban contra el patrón, y al día siguiente, cansados, no rendían. Mantenerlos alejados de los juegos de azar, porque perdían y luego exigían más salarios para sobrevivir. Por no hablar de apartarles de frecuentar la prostitución, debido a que las enfermedades venéreas diezmaban la fuerza laboral. Como mecanismos sancionadores, se dictaron normas que negaban la atención médica o despedían del empleo a aquellos cuyas pérdidas de salud resultaran como consecuencia de intemperancia, vicio, peleas o de asumir riesgos no relacionados con el trabajo.

Más allá de constatar la llamada debilidad moral de los trabajadores, los patrones se plantearon cómo corregirla y, para ello, confiaron a los higienistas instruir a los trabajadores en hábitos saludables. Una dieta adecuada, descanso, aseo personal y limpieza de la casa formaron parte del programa médico sobre la vida doméstica como preparación para entregar la fuerza obrera a beneficio de la empresa. Se consideró de suma importancia fomentar el prototipo de un varón, joven y cultivado por el ejercicio gimnástico, que dormía en casa y llegaba descansado al trabajo. Con este propósito, el tiempo libre de los asalariados debía ocuparse con actividades que potenciaran su vigor físico sin desatender lo moral, a través de inculcar valores personales de sacrificio y autocontrol. Entre ellos, una masculinidad, que no rehuyera el esfuerzo y el riesgo. Asegurarse una conducta correcta de los trabajadores en diferentes espacios sociales (trabajo-hogar-ocio) se convirtió en la clave de la gestión empresarial paternalista (Cobos, 2022).

Junto a este tipo de proteccionismo patronal, en Alemania y en países de su influencia, a partir del último quinto del siglo XIX se forjó una política corporativa en las relaciones laborales. Con ella, el canciller Bismarck pretendió resolver las tensiones sociales y soldar los intereses entre el capital y los obreros. Por medio de las cuotas de empresarios, trabajadores y la intervención del Estado, como regulador y garante del sistema, quienes estaban ocupados contaron con protección económica ante la muerte, los accidentes laborales y las enfermedades comunes.

3. LAS ORGANIZACIONES CIENTÍFICAS DEL TRABAJO

3.1. Taylorismo y fordismo

Desde el último cuarto del siglo XIX, con el instrumento de asociaciones de oficio y, después, con sindicatos de clase los trabajadores tuvieron capacidad de adquirir conciencia y articular demandas acerca de las condiciones laborales. Las herramientas de resistencia evolucionaron de una pluralidad de protestas cuasi espontáneas y semiocultas al conflicto organizado en abierto, que pretendía expresarse como la lucha de clases entre obreros y propietarios. Las manifestaciones y las huelgas permitieron reconocer a los trabajadores como interlocutores ante los empresarios y la administración pública.

Siempre con la fórmula que los obreros pretendían derribar el orden social con violencia, los liberales y aquellos que afirmaban guiarse por creencias religiosas convergieron para desplegar sus mecanismos de castigo: despidos, jubilaciones forzadas, destierros, rompehuelgas, pérdida de pensiones, etc. Del mismo modo, ambas ideologías apelaron a que el Estado ejerciera el monopolio de la violencia para reprimir a los huelguistas (Cobos y Martínez Vara, 2019). A la conflictividad endémica de fines del siglo XIX y principios del XX, motivada por la negativa del capital y del Estado a negociar los elementos básicos que configuran el trabajo, durante la I Guerra Mundial, se unieron otros elementos de desestabilización de las relaciones laborales. En Europa, la inflación disparada por la Gran Guerra (1914-1918) deterioró la capacidad adquisitiva de los asalariados y, sobre todo, cundió el temor entre las élites que los movimientos obreros pudieran alcanzar el poder. Estas circunstancias motivaron que, entre las cláusulas incluidas en el Tratado de Versalles de 1919, se encontrara limitar la jornada laboral a ocho horas y fijar un día de descanso semanal. Generalizado, al menos en ley, el tiempo de trabajo a cumplir, los temas de las retribuciones, la intensidad del trabajo, la protección social y de la dureza patronal quedaron pendientes.

En la segunda década del siglo XX, el ingeniero mecánico Frederick Winslow Taylor realizó una contribución decisiva para organizar los procesos productivos e intentar terminar con las reivindicaciones obreras. En el primer capítulo de Administración Científica, Taylor (1986) sostuvo que el interés de patrones y asalariados no era otro que asegurar la máxima prosperidad para el empleador y conceder la máxima prosperidad al sujeto a jornal. Aunque para alcanzar este fin, en ocasiones, Taylor utilizó el término cooperar, en su obra insistió que, corresponde al técnico de la industria concretar un método científico de organizar el trabajo para solucionar las disfunciones clásicas. A su juicio, los problemas principales eran el mal aprendizaje de las tareas a través del conocimiento vulgar que transmitían los maestros y la desaceleración de los ritmos productivos, fruto de estrategias para reducir la fatiga o de la proverbial pereza del obrero. Por este motivo, a criterio de Taylor, el capital tenía que delegar en expertos que descompusieran los procesos de trabajo en fragmentos mínimos de tareas, con los movimientos corporales y tiempos más reducidos, a ser ejecutados por cualquiera. A esta única forma de implementar los procesos productivos la denominó Taylor “one best way”, un autoritarismo tecnocientífico cuyo único fin consistía en incrementar la productividad y, por lo tanto, elevar los beneficios del patrón. En la praxis taylorista reclutar la mano de obra resulta, sencillo y barato y, lo mismo, reemplazarla, porque el asalariado no requiere más que ejecutar órdenes determinadas por los expertos. Lo importante es obedecer y seguir los ritmos “objetivos” de trabajo, cuyo límite debe ser una fatiga soportable. Acatados estos sencillos principios, el obrero recibe una paga que estimula su esfuerzo e interés.

El fordismo constituyó la máxima expresión del ideario taylorista. Para ofertar un automóvil barato que fuera consumido de forma masiva, Henry Ford diseñó un solo modelo y en un único color. Estandarizado el vehículo, lo descompuso en piezas y mecanizó su ensamblado en una cadena de montaje. En cambio, durante los primeros años, los ritmos intensos y monótonos de acoplar fragmentos de un vehículo en serie, sin descanso, y la autoridad despótica de los supervisores motivaron el abandono masivo de los puestos de trabajo. Con las plantas detenidas, es conocido que el magnate del motor debió elevar los jornales para evitar el absentismo y la fuga de obreros reacios a someterse al ritmo fortísimo de las cadenas de montaje y, asimismo, que inculcó el hábito del ahorro para convertir a los asalariados en consumidores de, entre otros bienes, los automóviles Ford. Menos difusión tuvieron sus prácticas antisindicales y su paternalismo exacerbado. Obligó a los operarios acatar una vida ordenada en la fábrica, en el hogar y en la sociedad, con el fin de entregarla a la empresa. Un orden impuesto con la constante presencia de vigilantes en el puesto de trabajo, a los que se sumaban otros contratados para acechar la vida particular de quienes recibían la nómina de Ford (Coriat, 2011).

3.2. La construcción del estado de bienestar

Las reivindicaciones obreras de salarios y protección social solo se lograron en los "treinta años gloriosos" comprendidos entre el fin de la Segunda Guerra Mundial y la crisis del petróleo de comienzos de la década de los setenta del siglo XX. Se ha presentado este periodo, con razón, como el de la consolidación del "estado de bienestar" en los países centrales del capitalismo y socialismo. Durante estas décadas, los obreros se entregaron a las tediosas cadenas de montaje y, en contrapartida, para proveer de bienes a los hogares, recibieron de los empleadores remuneraciones suficientes en el contexto de un empleo estable. Ahora bien, de acuerdo con Fraser y Jaeggi (2019), el fordismo reforzó el modelo de dominación masculina a través de la figura del varón proveedor de bienes y, a su vez, transfirió los trabajos de reproducción social a las mujeres, sin ser remunerados y sin disponer de apoyos públicos para realizarlos. De este modo, el estado y los empleadores no asumían este gasto y los hombres eludían el coste de la oportunidad de cuidar. En este periodo, amplios sectores sociales estimaron la distribución inequitativa de las cargas para mantener la vida, como consustancial al género femenino. Autores como Becker (1987), reconocido en los noventa del XX con el premio nobel de economía por sus contribuciones sobre el "capital humano", valoraron que el trabajo no remunerado en la casa formaba parte de las "decisiones racionales" adoptadas para maximizar las utilidades en la unidad de convivencia. Un espacio privado en el que, según el pensamiento de la época, se actuaba por motivos personales y, en consecuencia, que los adultos de un hogar —en su casi totalidad mujeres— optimizaran o no sus posibilidades vitales, al deber asumir los trabajos domésticos, era un asunto sin importancia para el conjunto social.

En algunos estados europeos, la conmoción por los desastres de la II Guerra Mundial sobre civiles y combatientes motivó garantizar la salud, la educación y los servicios sociales públicos, como medios imprescindibles para reproducir la mano de obra. De cualquier modo, los desiguales caminos hacia el llamado "estado de bienestar" quedaron conformados en cada país como el resultado de las tensiones entre los actores sociales y, por este motivo, no puede hablarse de protecciones homogéneas en los Estados centrales del capitalismo. En el norte de Europa, las luchas de los partidos obreros, de los sindicatos de clase y del feminismo de la igualdad lograron en la segunda parte del siglo XX un sistema de protección avanzado, denominado Beveridge. Cuyos objetivos declarados son ofrecer servicios públicos para facilitar afrontar vulnerabilidades en el ciclo de vida de las personas, "desde la cuna hasta la tumba", y compensar a los grupos desfavorecidos. En el sur de Europa, sometido a largos períodos dictatoriales, la represión contra los movimientos sociales consolidó un orden tradicional en la política, economía y religión. El bienestar social llegó con notable retraso y de una forma limitada, referida en los textos especializados como familiarista o de beneficencia. Al instaurase, se asumió como principio que las vulnerabilidades de la vida debían ser afrontadas en la familia, por las mujeres con menos recursos económicos, y, de forma complementaria por instituciones benéficas y la caridad de la Iglesia Católica (Moreno, 2000).

3.3. La tecnocracia

En todo caso, conflictos latentes y abiertos alteraban el objetivo empresarial de incrementar el beneficio. Por eso, al menos en las empresas con fuerte capitalización bursátil y métodos productivos complejos, ya en el siglo XIX, la autoridad tradicional de los capitalistas, según Chandler (1987), quedó delegada en gerentes profesionales. Sobre esta separación de propiedad y control en las corporaciones norteamericanas, Berle y Means (1932) observaron que el criterio para seleccionar a esta clase directiva podía ser el mérito. Con ello —así lo señaló Weber (2002)— se esperaba que, dadas sus capacidades, los managers ejercieran una burocracia racional respecto a fines y que su autoridad racional-legal, por su condición de expertos, fuera legítima sobre los procesos de trabajo. En otro orden de ideas, Berle y Means evidenciaron que, como estrategia del capital para diversificar riesgos, las grandes empresas entrecruzaron paquetes de acciones, un hecho que potenció el enlace entre los gerentes de tan diversas y poderosas compañías y, asimismo, les permitió formar y consolidar relaciones con autoridades políticas de los diferentes estados.

Autores como Gurvitch (1966), Touraine (1973) o Habermas (2009), entre otros, calificaron de tecnocracia al poder ejercido por la segunda generación de esta élite. Comisionados por el capital o el poder político, y en ocasiones por ambos, los llamados tecnócratas advierten, para justificar la legitimidad de sus acciones, que su acceso a decidir es adeudado a su mérito. Lo que los ha llevado a arrogarse el papel de encarnadores de la racionalidad económica y política instrumental, para lo que utilizan un discurso en el que se presentan como defensores y ejecutores del interés general. Una conjetura acompañada con el juicio que, los beneficios obtenidos de sus conocimientos se distribuyen de forma homogénea entre todas las personas.

Con el argumentario del mérito, el interés general y el beneficio común, los defensores de la tecnocracia proclamaron el fin de las ideologías subjetivas de las personas y el triunfo de la capacidad objetiva de la técnica, que debe ser aplicada burocráticamente para administrar las cosas. De acuerdo con Habermas (2016), con esta identificación pretenden aplicar su perspectiva singular, porque la ciencia y la técnica se convierten ellas mismas en ideológicas frente al mandato de la democracia. Convertidos en tecnobúrocratas, estos gerentes fundamentan sus juicios positivistas con informes de las agencias globales y los think tanks neoliberales y conservadores y, pese al sesgo de estas fuentes, exigen que no haya lugar para el disenso y el conflicto. Tampoco, conforme con Touraine (1973), la tecnoburocracia promueve confortar su credo con científicos o la voluntad democrática. La crisis fiscal y la de legitimidad del Estado aportaron otro elemento ideológico a los tecnócratas. Así, con frecuencia, recurren a modelos explicativos, como la Nueva Gestión Pública, que identifican beneficio mercantilizado e interés general como criterio para asignar recursos a los servicios que prestan las administraciones públicas a la ciudadanía.

Aunque, Bell (1991) sostiene que el conocimiento experto está subordinado al poder, los burócratas constituyen un grupo dotado de conciencia y organizado. Comparten intereses comunes y despliegan mecanismos de cierre social para mantener y transmitir sus privilegios, ante quienes pretenden ascender en la estratificación social. Al efecto, pueden restringir el acceso al mérito credencialista y, sobre todo, desarrollar estrategias de reclutamiento a gracia de un círculo de elegidos por lazos familiares, de amistad, vecindad o correligionarios (Parkin, 1984). Esta élite dispone de datos privilegiados, que pueden manipular ante la opinión pública, con objeto de adaptarse a las expectativas del capital financiero y de los territorios, lobbies y grupos políticos centrales en el sistema. Sin que pueda obviarse que, desde su situación de ventaja, pueden adoptar decisiones orientadas por criterios particularistas, bien analizados por Tilly (2000), a beneficio personal, del grupo o clientelistas.

3.4. La sociedad postindustrial

A fines de la década de los sesenta del siglo XX, en la industria de occidente, irrumpieron las máquinas herramientas de control numérico, los robots y los primeros ordenadores, que redujeron de forma drástica el número de horas de trabajo sometidas a operaciones repetitivas. Estos cambios se tradujeron en desempleo masculino, cuestionamiento de los contratos a jornada completa y estables y bajaron los salarios. Para caracterizar el ocaso de la producción de bienes y el ascenso del sector servicios en los países centrales del capitalismo, Touraine (1973) y Bell (1991) acuñaron el término sociedad postindustrial. Por otra parte, desde distintas perspectivas, se proclamó la pérdida de la función de integración social del empleo Offe, (1992), el advenimiento de un modo productivo hegemónico caracterizado por actividades inmateriales basadas en el conocimiento Gorz (1995) o el fin del trabajo Rifkin (1997).

Además de la sustitución masiva de empleo por máquinas, en la búsqueda de incrementar la tasa de ganancia, después de la crisis del petróleo de 1973, se apeló a deslocalizar la industria occidental a los llamados países en desarrollo. Con la apertura global de los mercados se buscaban menores salarios, jornadas laborales más dilatadas, eludir la prevención de riesgos laborales, desposeer a los países colonizados de recursos medioambientales, no asumir las externalidades y eludir los costes dirigidos a financiar sistemas de protección social públicos. Es cierto que las corporaciones multinacionales generaban empleo y pagaban impuestos en los países receptores de las industrias occidentales, aspectos enfatizados por los defensores de la deslocalización. Pero, en otra dirección, transformaron las condiciones laborales, la fiscalidad y, en última instancia, hicieron virar las políticas públicas de los Estados donde se ubican las sedes centrales de las empresas.

Mientras el capitalismo global incrementó sus beneficios, los estados occidentales entraron en crisis. Recaudaban menos al haberse evaporado la actividad industrial y, al tiempo, las empresas monopolistas pretendieron, con éxito, que las administraciones públicas sufragaran los costes sociales del desempleo ocasionado por la deslocalización y, en su caso, socializaran los déficits derivados de reconvertir las empresas. También, en este proceso de cambios, los Estados debieron afrontar mayores gastos para promover la acumulación de capital (infraestructuras, educación e investigación) y, al mismo tiempo, mantener la legitimidad que se adjudican por ser los garantes del bienestar a través de las partidas destinadas a protección social. En este momento, junto a un paro estructural, cayeron los salarios para que, en el criterio de los capitalistas, los obreros occidentales compitieran con los de otros países y, por tanto, los hogares tuvieron que intentar obtener dobles ingresos. Con objeto de amortiguar el descenso generalizado de la capacidad adquisitiva de las personas, algunos Estados decidieron expansionar el bienestar social y, para ello, reclamaron mayores esfuerzos impositivos a los ciudadanos. Como consecuencia de estas medidas, se produjo la denominada "crisis fiscal" del Estado (O'Connor, 1981). Por otra parte, en este tiempo, al no cumplirse las expectativas de los ciudadanos de recibir una protección adecuada a las incertidumbres, de acuerdo con Habermas (1999), comenzó una crisis de legitimación del Estado, que se prolonga hasta el presente.

Reducidos los costes laborales y obtenidos beneficios copiosos por el capitalismo global, ante el déficit económico de los Estados, grupos de presión conservadores centraron su discurso en la insostenibilidad de lo público. Sin renunciar a que el Estado continuara su función de acumulación de capital, se cuestionó su capacidad como gestor y reasignador de recursos entre la generación intermedia y la infancia y vejez y, del mismo modo, entre los grupos integrados y los vulnerables (Fraser y Jaeggi, 2019).

3.5. La empresa y la sociedad flexible

El modelo fordista de producción y consumo masivo de bienes (ambas dimensiones tienen que estar unidas) se evidenció rígido. Requería fortísimos costes iniciales en capital fijo y, para obtener una tasa de ganancia aceptable, producir bienes homogéneos y venderlos sin cesar. Como los ritmos impuestos en la cadena disponen de baja elasticidad existen desajustes entre la oferta y la demanda y, de forma imperativa, la sobreproducción solo puede solventarse con la parada de las máquinas y el desempleo obrero. En la industria automovilística se precisaban elevados inmovilizados en almacenes de piezas y productos finales. Sin que pueda obviarse que, en ciertos sectores, el ciclo de vida del bien era inferior al plazo de amortización del capital fijo. Por último, el fordismo carecía de la posibilidad de adecuarse a las demandas de los consumidores, porque los modelos estaban estandarizados hasta el último detalle.

Pensar al revés el fordismo es lo que identifica al toyotismo (Coriat, 2000). En un mercado global fragmentado, con elevada competencia entre empresas, se gira de la oferta masiva de bienes a buscar satisfacer el deseo personal del cliente, que es el juez de la calidad de todo el proceso. Para adaptarse a los cambios del mercado, defensores del toyotismo, como Ohno (1988), propugnan valorizar las capacidades de pequeños equipos de trabajadores en "círculos de calidad", en cuyo seno deben responsabilizarse de definir y cumplir los objetivos empresariales. Equipos que, además, a través del método "kaizen" o de "mejora continua" adquieren el compromiso de terminar los productos con "calidad total". Valores de autodisciplina, que la literatura dirigida a instruir a directivos enfatiza como positivos y exhibe como fundamentos del toyotismo (Imai, 2001).

Pensar al revés el toyotismo es lo que caracteriza las relaciones laborales y sociales en el presente. Como divisa de gestión, se exhibe una sede localizada en un país central del capitalismo con un número reducido de técnicos, a la que denomina "manufactura esbelta". Esta es la empresa cliente respecto a los trabajadores, que busca satisfacer su deseo particular y, por su condición de cliente, es la jueza de la calidad de todo el proceso. Por tanto, para el capital las nuevas formas de producción requieren la respuesta de un individuo, que atienda los deseos empresariales. Individualización y flexibilidad, flexiseguridad en los textos destinados a managers, definen al mundo laboral toyotista y, asimismo, son los principios por implementar en las restantes esferas sociales. En la lógica de este credo, cada uno es el responsable máximo de su rendimiento para lograr ingresos y, con ellos, acceder al consumo deseable y exhibirlo ante los otros como signo de estatus (Bauman, 2000). En este sentido, el sociólogo francés Ehrenberg (2000) propuso analizar cómo, a partir de la década de los ochenta se sustituyó la sociedad fordista, fundamentada en el control autoritario de los técnicos, por el énfasis en la libertad, la autonomía y la iniciativa del individuo. El conflicto colectivo de los trabajadores se trasladó a la persona. Cada uno está obligado a elegir su propia vida, a ser responsable de su éxito, pero también de su fracaso y derrota. Este mandato de "ser uno mismo", causa ansiedad y, en última instancia, inhibe la acción y fatiga. La imposición de ambicionar más y de superarse a uno mismo aumenta el riesgo de frustrarse y deprimirse.

La flexibilidad se convirtió en la característica definitoria de los empleos que participan en la competencia global. En un escenario de inseguridades, se acuñó la proposición que el conocimiento pasado es obsoleto, el del presente efímero y debe valorarse positivamente al sujeto capaz de adaptarse a un futuro indeterminado (Sennett 2006). De este modo, la siempre buscada descualificación de los trabajadores alcanza el cénit. Ya no se disponen desaberes en el empleo. Deben adquirirse día a día a través del "aprendizaje a lo largo de toda la vida". En el núcleo de las empresas toyotistas hay un reducido número de empleados cualificados, con remuneraciones atractivas que, en correspondencia a su situación, deben adaptarse a las necesidades de la empresa. Para ello, tienen que modificar su jornada e intensidad de trabajo, a coste cero para el patrón privado o público, o estar dispuestos a prestar los servicios que se les demanda. Al universalizarse las tecnologías de la comunicación, se encuentran abiertos al trabajo en red, todos los días y horas y abiertos en todos los espacios. Incluso en el hogar y el ocio. Sin embargo, la generalidad de los empleos toyotistas son eventuales, localizados en subcontratas de producción y en la logística global y de última milla. Trabajadores cuya remuneración suele consistir en pago por pieza, que ejecutan faenas fordistas fragmentadas y, en consecuencia, pueden ser reemplazados con facilidad. Constituyen el nuevo ejército de reserva —flexible— del capitalismo.

4. PERSPECTIVAS SOBRE EL TRABAJO

Caracterizada por empleo estable y remuneraciones suficientes en el contexto del estado de bienestar, la sociedad asalariada del fordismo entró en crisis irreversible en el periodo finisecular. Sus causas son conocidas. La producción deslocalizada de bienes y servicios para competir en un mercado global e inestable, donde es difícil establecer normas sobre las condiciones de trabajo. A lo que se suma la evasiva de los grandes capitales a contribuir a los Estados nacionales y la ofensiva neoliberal tecnocrática reacia a definir, y a que se financie, un sistema público de protección social adecuado a las necesidades de los ciudadanos.

Flexibilidad es la palabra clave de la actual organización del trabajo y de la vida. El llamado cálculo racional instrumental respecto a fines ha encontrado en el toyotismo el sistema más adecuado para responder a las demandas del cliente y, al mismo tiempo, que el trabajador responda a los deseos del capital. En sí, el toyotismo no es otra cosa que adoptar, en cada caso, la solución más favorable para la empresa, entre las distintas formas de organizar el trabajo revisadas en este texto. Cualquier forma es válida. La flexibilidad se acompaña de la disposición a aceptar las demandas empresariales en tareas en las que las remuneraciones dependen, en gran medida o en todo, de la productividad. Es decir, del pago por pieza o destajo. Asimismo, desde principios del siglo XXI, para la mayoría de las personas los ingresos vuelven a ser un conjunto irregular de entregas monetarias o de otra especie, a las que sumar las ayudas de las administraciones, en los que deben participar todas las personas adultas del hogar.

En el ámbito de la convivencia, como analizaron Beck y Beck-Gernsheim (2003), en las últimas décadas se han cuestionado los pilares de las relaciones patriarcales entre hombres y mujeres y los vínculos de filiación autoritaria entre adultos y menores. Se abrió paso una diversidad de concepciones en el amor, la vida íntima y la división sexual del trabajo en la casa y, aunque permanezca en el imaginario colectivo, la familia tradicional dejó de ser hegemónica en número y valores. Sin embargo, de acuerdo con Esping-Andersen (2009), los nuevos hogares presentan una fuerte polarización respecto a la variable clase social. Aquellos compuestos por miembros con cualificaciones elevadas consiguen dobles ingresos y, con los excedentes, disponen de capacidad para adquirir en el mercado trabajos domésticos o de cuidados. Estos son ofertados por una nueva "clase de servidumbre" global, formada por mujeres, inmigrantes, con jornales ínfimos y vidas precarias (Sassen, 2003). Por añadido, quienes dependen del conjunto de ingresos anuales o padecen inseguras o escasas remuneraciones no pueden asumir el coste de sustitución de externalizar el trabajo doméstico. En consecuencia, deben realizarlo y, además, a diferencia de los hogares más acomodados, renunciar al coste de oportunidad.

Conquistar las ocho horas en el empleo costó luchas contra los patronos y el Estado, que actuó en connivencia con el capital para reprimir a los trabajadores. Entre los hitos más conocidos el de los Mártires de Chicago (1886), tan resaltado por la prensa obrera de la época y, en España, la huelga de La Canadiense (1919). Logros muy conocidos por la literatura social, pero —y esto debe ser remarcado— estos conflictos carecen de sentido para el actual empleador. No es tan importante, como en el pasado, cuantificar los días y horas. Lo decisivo es intensificar el volumen y el ritmo del trabajo y, como suplemento, conseguir que el empleado esté dispuesto a ejecutar tareas con flexibilidad. A lo que se suma el recuerdo insistente de los encargados de la producción de un principio de calidad total. Servidumbre que somete a los trabajadores a niveles altos de estrés y de agotamiento físico y psíquico.

Por tanto, si no se asumen los ritmos laborales que, en muchos sectores cada vez son mayores o deben ser definidos por el mismo trabajador para lograr sus remuneraciones; de esta incapacidad es responsable quien no los soporta o alcanza. Circunstancia justificada, por algunos técnicos, por el déficit de recursos del trabajador para adaptarse a las demandas de las organizaciones. A más de esto, junto al tema clásico de la fatiga, se han caracterizado síndromes específicos, sin ser aceptados como patologías laborales en los círculos de empresa y, del mismo modo, los empleadores eluden aplicar herramientas validadas para medir y evaluar los riesgos psicosociales. Por otra parte, no es necesario insistir que la llamada conciliación es resultado de compartir cuidados, entre quienes pueden hacerse cargo de ellos. Pero, sobre todo, como evidenció Fraser (2012), de intensificar los ritmos vitales para hacer compatible empleo precario y convivencia. Logro que, para los paladines de la flexibilidad, ha servido para legitimar el empleo precario de las mujeres pobres en el capitalismo.

En la actualidad, la segmentación entre trabajadores cualificados y no cualificados alcanza la supremacía. Por una parte, una mano de obra estable, con suficientes remuneraciones, experimentada y a fidelizar por la empresa con el propósito de adaptarla a las incertidumbres. Para ello, es asumido su empleo en tiempos de fluctuaciones de la demanda y se invierte en su formación continua. En contrapartida a estas ventajas, el trabajador debe ofrecer flexibilidad interna en el seno de la empresa y, siempre, mayor intensidad cuando lo precisa el mercado o estar dispuesto a ser optimizado en otras tareas relacionadas con sus cualificaciones. Es la denominada especialización flexible por Piore y Sabel (1990). Por otra parte, se encuentran quienes, a juicio del capital, pueden ser reemplazados con facilidad sin costes para la empresa, pero son los Estados nacionales los que deben hacerse cargo de las prestaciones y formación para su regreso al empleo. Esta mayoría, que se encuentra segmentada por las cualificaciones, pero también por la condición de ser mujer, joven o inmigrante, constituye el nuevo ejército de reserva —flexible— del capitalismo.

El papel integrador en la sociedad que se adjudicaba al empleo, con remuneraciones suficientes, jornada laboral e intensidad reguladas, contratos a tiempo completo, cargas deseadas en la convivencia y protección social, es hoy una situación excepcional en las sociedades occidentales. Para la mayoría de la población, los espacios de trabajo se han transformado en inseguros de forma endémica. Mujeres y hombres se ven forzados a combinar el empleo remunerado y protegido, del que entran y salen con asiduidad, con actividades pagadas, pero sumergidas, sin reconocimiento a efectos de paro o pensiones. A lo que se suma el creciente número de personas que, ante las contingencias de la vida, no cuentan con vínculos sociales efectivos facilitados en la convivencia en el hogar, las amistades o por las administraciones que, de forma premeditada o irreflexiva, no reconocen o eluden nuevos derechos o necesidades de protección. En este sentido, no puede obviarse que el hogar más frecuente es el compuesto por una persona y, asimismo, el elevado número de unidades de convivencia monoparentales formadas por una mujer, en su mayoría, e hijos.

Beck (2007) propuso revisar el "contrato social" de las viejas sociedades industriales, para contemplar una organización social, que protegiera a las personas ante la imposibilidad objetiva de ofrecer trabajo estable y remunerado para todos a lo largo de la vida adulta. Por su parte, en su último libro, Castel (2010) insistió en la necesidad que los Estados nacionales defendieran las condiciones de la "sociedad asalariada". A su juicio, la única capaz de mantener el principio de igualdad, que constituyó la base de las democracias modernas. Según el sociólogo francés, el modelo de la sociedad salarial puede salvarse de los efectos de la globalización y del incremento de la productividad, a través de políticas públicas que luchen contra la flexibilización del trabajo, el desempleo masivo, las deslocalizaciones y las nuevas formas de desafiliación social.

A corto plazo, el deterioro del trabajo y de la vida no se traduce en crítica y resistencia colectiva, por el inexorable avance de la jaula de hierro de la racionalidad instrumental sobre las conciencias individuales. No hay alternativa a las políticas neoliberales en los populismos reaccionarios o en la desidia de la mayor parte de la población. Sin embargo, hay suficientes indicios que, a medio plazo los dictámenes tecnoburocráticos pueden conducir al colapso productivo e incluso civilizatorio, como consecuencia de las externalidades que no se asumen en la deslocalización. En primer lugar, por el consumo abusivo de energía, sobre todo de combustibles fósiles, requerido para sincronizar los distintos elementos de la flexibilidad toyotista, que ha convertido este modo de producción en insostenible. En segundo término, debido a que, el deterioro de las condiciones de vida en muchos territorios motivará redistribuir la población en el planeta. Las soluciones están planteadas. Decrecimiento sostenible del consumo y de la producción. Menos intensidad y horas de trabajo. Reparto de la riqueza y de las cargas de reproducción social.

XXI. SOCIOLOGÍA DE LAS ORGANIZACIONES

J. DAVID MORAL-MARTÍN
Universidad de Zaragoza

DAVID PAC SALAS
Universidad de Zaragoza

1. ¿QUÉ ES Y QUÉ ESTUDIA LA SOCIOLOGÍA DE LAS ORGANIZACIONES?

Como ya ha sido adelantado en su capítulo correspondiente, podemos definir la Sociología como la disciplina empírica que, acuñada en 1824 por Comte, como física social, se ha encargado del estudio científico de la sociedad al aplicar sobre los fenómenos sociales el método científico de las ciencias naturales tan en auge en aquellos momentos iniciales y sobre lo que se cimentaron los análisis sobre los cambios que se produjeron en la estructura social, tras la caída del Antiguo Régimen, entre los XVIII y XIX.

A esto hemos de sumarle el hecho evidente de que de somos considerados como una sociedad organizacional, pues casi todas las actividades que desarrollamos, y desarrollaremos, a lo largo de nuestras vidas tendrán lugar en el seno de diferentes organizaciones de diferente tipología: religiosa, laboral, profesional, lúdica, deportiva e incluso sentimental. En este sentido, Perrow (1990) nos ha descrito como una sociedad completamente absorbida por el fenómeno organizacional. Una idea que ha sido recientemente rescatada por Fernández, Ibáñez y Romero (2021). Precisamente, esta concentración corporativa es lo que nos diferencia de nuestros antepasados, quienes vivían en sociedades basadas en el parentesco, la estirpe o la vecindad, frente a nosotros que lo hacemos en entornos denominados organizaciones sociales (Mayntz, 1987).

Sin embargo, el hecho de que reconozcamos a las organizaciones como "una forma social especialmente idónea bajo determinadas condiciones" (Mayntz, 1987, p. 31) parece señalar que su desarrollo no constituye un proceso histórico universal y esta es la razón por la cual no disponemos de un concepto consensuado de estas, históricamente hablando. Es por ello por lo que a continuación lo que procede es conocer ¿qué entendemos por organización?

Para ello comenzamos con recuperar la descripción de Mayntz (1987, p. 26), para quien se tratan de una "estructura diferenciada horizontal y verticalmente, la cual representa un sistema de papeles individualmente asignados" y cuya característica decisiva es la racionalidad[23]. La prudencia ante tan vasta institución ha de prevalecer, por lo que planteamos una definición acotada y que resumimos en el gráfico 1:

Gráfico 1. Características de una organización.

ORGANIZACIÓN

Miembros
- Identificables
- Cualquier relación con la organización

Estructura
- Interna (formal e informal)
- Diferenciación de funciones

Fines / Propósitos
- Específicos
- Logrados mediante la actividad de los miembros

Intercambio Social
- Sistema social con interacción con otras organizaciones

Fuente: Elaboración propia según definición de Giner et al., 2013, p. 621[24].

De aquí se desprenden diversos análisis. A nivel macro, podemos estudiar grandes instituciones como las multilaterales internacionales: la Organización Internacional del Trabajo, la Organización de Nacionales Unidas o nuestra Unión Europea. También podemos acercarnos a un nivel estructural, basado en el análisis de la autoridad y de las tomas de decisiones y al nivel micro de las tareas atribuidas a los diferentes puestos de trabajo y la atribución de distintos roles, por ambos se interesa este capitulo.

En una línea similar incorporamos la siguiente definición:

"un conjunto identificable de miembros (cualquiera que sea su relación con la organización), una estructura interna con diferenciación defunciones (esto es, 'organizada' formal e informalmente e interesada en la propia perpetuación), unos fines o propósitos específicos

---

23 Por racionalidad la citada autora entiende "la manera como una organización persigue su objetivo y no al contenido de este objetivo, el cual puede ser completamente 'irracional' e incluso inmoral o antosocial" (1987, p. 26)

24 Todas las imágenes y esquemas de este capítulo han sido realizadas con la ayuda de Chat GTP en su versión gratuita.

que lograr con la actividad de los miembros, y todo ello en un sistema social en el que las organizaciones mantienen algún tipo de intercambio" (Giner et al., 2013, p. 621).

Así pues, podemos colegir que la sociología de las organizaciones es un campo interdisciplinario que ha crecido entre finales del siglo XIX y, especialmente, la primera mitad del siglo XX, con el que se pretendió iniciar una disciplina científica encargada de estudiar las interacciones humanas (de mantenimiento, cambio y/o afectación) dentro de una enorme variedad de contextos y de formaciones sociales organizadas, estructuradas y orientadas hacia fines específicos que existen en nuestras sociedades contemporáneas —urbanas e industriales, por acotarla en el tiempo— y cuyo interés analítico se basa en sus estructuras existentes, sus comportamientos —internos y externos— relacionados con el contexto en el que se encuentran. También en su eficacia a la hora de conseguir los objetivos y fines propuestos y en su eficiencia a la hora de la utilización de los recursos de los que disponen para alcanzarlos, según el gráfico 2, mapa conceptual.

Gráfico 2. Mapa conceptual Sociología de las Organizaciones.

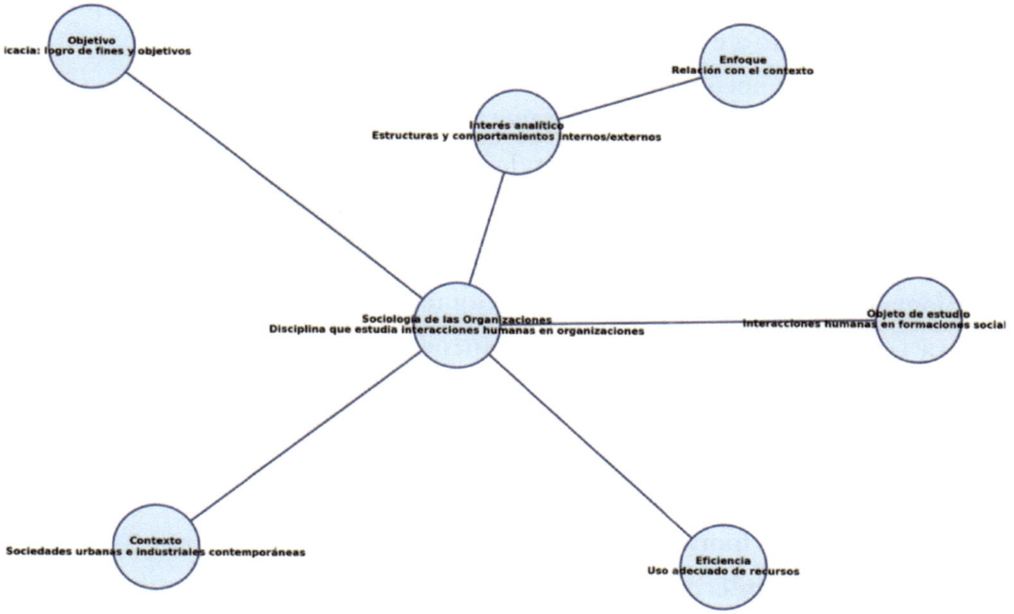

Fuente: elaboración propia

En este sentido, resulta lógico pensar en qué tipo de organizaciones han sido mayoritariamente abordadas de las citada disciplina. Así, y entre ellas, disponemos de empresas industriales y mercantiles, partidos políticos, asociaciones salariales de corte sindical y administraciones públicas. Si bien esta preferencia no agota las interminables investigaciones sobre otras de tipo civil, como las basadas en el parentesco o en entidades religiosas, entre otras muchas.

No obstante, hemos de tener en cuenta las difusas fronteras de esta disciplina pues son varias. Resulta probable pensar en la Sociología de las profesiones como otro forma de referirnos al estudio de las organizaciones. Sin embargo, esta se viene encargando desde sus orígenes del estudio de determinadas actividades profesionales que desde el siglo XIX llamaron la atención de los padres de la Sociología y que fueron, en su mayoría, las conocidas como liberales —abogados y médicos como ejemplos paradigmáticos—, al ser consideradas como cuerpos intermedios entre un sociedad que languidecía, la proveniente del Antiguo Régimen, y otra que florecía, las demócratas parlamentarias liberales.

Su objeto de estudio fueron profesiones que poseyeron un enorme control sobre sus condiciones de trabajo, sus fines y el proceso a desarrollar. En este sentido, nótese cómo se encuentra vinculado a determinadas actividades profesionales y no tanto a las organizaciones. Algo similar pasa con la Sociología del Trabajo y su estudio del trabajo como si de un hecho social se refiriese, por lo que se encarga de analizar las relaciones sociales, económicas, culturales y políticas que surgen en torno a este (Vallejo, 2023).

Sin embargo su peculiariedad ha sido destacada por Brunet y Lucas (2007), para quienes la Sociología de las Organizaciones:

"de una especialidad sociológica en la que no se constata una estructura conceptual clara que la diferencie respecto a otras especialidades sociológicas, como la Sociología del Trabajo, la Sociología Industrial, la Sociología de la Organizaciones, la Sociología de las Relaciones Laborales, la Sociología Económica o la Sociología de la Sociedad Corporativa" (Gómez y Pac: 2020, p. 23)

Para terminar con esta introducción incorporamos el objeto de estudio de esta disciplina, que es el análisis de las organizaciones como sistemas sociales. En este sentido, los elementos que estudian son los siguientes tal como se recoge en el Gráfico 3, objetos de estudio:

- **Su estructura interna**: jerarquías, roles, normas y división del trabajo.
- **Las relaciones humanas y de poder** dentro de ellas.
- **Los procesos internos**: toma de decisiones, coordinación, control, cambio e innovación.
- **Su interacción con el entorno**: adaptación a factores políticos, económicos, sociales, culturales y tecnológicos.
- **La cultura organizacional**: valores, creencias y prácticas que guían el comportamiento de sus miembros.

Gráfico 3. Objeto de estudio de la Sociología de las Organizaciones.

SOCIOLOGÍA DE LAS ORGANIZACIONES

1. LA PROPIA ORGANIZACIÓN COMO SISTEMA SOCIAL
- Naturaleza y tipos de organizaciones (formales, informales, publicas, privadas, sin fines de lucro, etc.)
- Estructura interna: jerarquías, divisiòn del trabajo, normas y roles

2. LOS ACTORES ORGANIZACIONALES
- Miembros, trabajadores, directivos, voluntarios, socios
- Relaciones de poder y liderazgo
- Procesos de motivación, compromíso y conflicto

3. PROCESOS INTERNOS
- Tema de decisiones
- Coordinación y control
- Procesos de camblo e innovación
- Visión rígida y vertical
- Gestíón de recursos (humanos, materiales, financieros)

4. RELACIONES CON EL ENTORNO
- Interacción con otras organizaciones
- Adaptacion a cambios politicos, econõmicos, soias y tecnologícos

Fuente: elaboración propia

2. SUS ORÍGENES. LAS PRIMERAS APROXIMACIONES EN EL SIGLO XIX

2.1. Los paradigmas de la Sociología de las organizaciones

Para centrarnos en nuestro objeto de estudio, comenzamos con apelar a los denominados estudios decimonónicos, pues plantearon algunas de las preguntas claves relacionadas con nuestra cuestión, ¿por qué del estudio de las organizaciones? Es decir, ¿por qué desde comienzos del siglo XIX varios estudiosos se preocuparon, y se inquietaron, por estas figuras intermedias entre el ser humano y las grandes instituciones?

Ante estas cuestiones hemos de recuperar algo de Historia social. Las sucesivas revoluciones que se vinieron sucediendo en la que Europa vivió intensos conflictos religiosos, políticos y militares básicamente entre católicos y protestantes que comenzaron con la Guerra de los Treinta años (1618-1648). En ese mismo siglo también se produjo la Guerra Civil Inglesa (1642-1651), en la que tras la ejecución del monarca Carlos I (1649) se instauró una república bajo Oliver Cromwell, que alumbró un régimen parlamentario, si bien este fue nuevamente derrocado por la reinstauración de la monarquía en la figura de Carlos II (1660).

Todos estos hechos, junto a otros, pusieron las bases para que entre finales del siglo XVIII y todo el XIX se produjeran las mayores revoluciones acaecidas en el territorio europeo, nos referimos a la Revolución francesa y el inicio del fin del *Ancien Règim* (Antiguo Régimen), lo que trajo el triunfo del parlamentarismo burgués y la Revolución Industrial y el advenimiento de un nuevo tipo de capitalismo que superó al anterior, el mercantilismo. Todo ello vino acompañado de cambios filosóficos, políticos y de toda índole. A modo de ejemplo, el triunfo de la razón, ejemplificado en el uso del método científico, frente a las religiones de base teocrática.

Esto supuso el desplome de un régimen socio-político basado en la figura política de Reyes y Emperadores, en la ideológica de la religión cristiana, en la económica de la compra-venta ventajosa y en la estructural de los Estamentos. La pregunta parece recurrente ¿qué mantendrá el orden social para evitar la desaparición de la sociedad humana? Las respuestas ensayadas por autores como Durkheim en *La división del trabajo social* (1893) plantearon que la cohesión social de su sociedad se mantendría gracias al paso desde la solidaridad mecánica, propia de sociedades tradicionales, pequeñas, con baja división del trabajo (tribus, aldeas, por ejemplo) y en las que existió la unión por la semejanza hasta la solidaridad orgánica, vinculada a sociedades modernas, complejas, con alta división del trabajo ensambladas por la existencia de diferencias complementarias.

Otra respuesta, en la misma línea, fue la de Tönnies quien en su obra *Comunidad y sociedad* (*Gemeinschaft und Gesellschaft*, 1887), señaló las dos formas fundamentales de organización social: comunidad propia de sociedades tradicionales del ámbito rural y pequeñas en las que la tradición y la cercanía actúan cómo cemento, frente a la sociedad, presente en sociedades de tipo urbano modernas y complejas, en las que prima el interés mediatizado por los contratos y la aparición de la racionalidad.

Así pues, el siglo XIX fue el del nacimiento de la Sociología. En este sentido, Díez (2025, p. 197) argumenta que se trato de una ciencia que se postuló para tratar de superar el Antiguo Régimen y enfrentarse al "criticismo y el utilitarismo heredados de la Ilustración y contra la absolutización de la política legada por la Revolución" y todo ello en un nuevo contexto socio-político e industrial, el industrialismo y el tipo de sociedad que lo acompañó. En este sentido el conde de Saint-Simon (1760-1825) planteó sus dos principales aspiraciones: la abolición de los político en beneficio de lo social y la jerarquización moralizante de los deberes sociales sobre el utilitarismo de corte hedonista de la filosofía de Bentham.

Así, la pérdida de la racionalidad del Antiguo Régimen dejó a los ciudadanos ante los poderosos estados que se estaban creando, por lo que el estudio de las asociaciones intermedias, como las organizaciones, atrajeron a numerosos investigadores. En esta misma época mientras que otras disciplinas sociales se centraron en el valor del trabajo para la generación de riqueza o en la función del poder o de las instituciones, la Sociología de las Organizaciones se interesó en el análisis de una tipología concreta de institución social que existía con anterioridad pero que estaba transformándose. Nos referimos a las organizaciones económicas, sobre todo industriales.

En este sentido, han sido múltiples a lo largo del tiempo las tradiciones teóricas que ofrecen marcos analíticos con supuestos, métodos y prioridades distintas. Cada escuela destaca ciertos mecanismos explicativos (p. ej., poder, cultura, recursos, estructuras, ambientes) y propone unidades de análisis y herramientas conceptuales específicas. Si establecemos una línea temporal entre los siglos XIX y XX, tres son los modelos básicos en los que podemos, y debemos, situar a nuestra disciplina.

Así, tenemos el primero acerca de la organización concreta, la burocrática de Weber, sobre la que descansan aspectos como la racionalidad de las actividades a emprender, la jerarquía en su interior y la profesionalidad y las condiciones de los participantes en la empresa. A este, le sigue otro más normativo, el de la OCT (Organización Científica del Trabajo) de Frederick Taylor, basado en el estudio de tiempos y movimientos del trabajo para su optimización, junto a cuestiones de índole material como el rol del incentivo salarial en la motivación y satisfacción de los trabajadores.

Por último, añadimos los estudios empíricos llevados a cabo por Elton Mayo en la planta de *Western Electric Company* en Hawthorne (Chicago) y que ha dado lugar a la conocida como Escuela de Relaciones Humanas al tratar de incorporar aspectos no estrictamente materiales a la hora de motivar y satisfacer a los empleados y que bien pudiéramos situarla como la impulsora de la actual disciplina de Salud Laboral denominada Ergonomía y Psicosociología.

2.2. Teorías clásicas

Este conjunto de aportaciones se desarrollaron entre finales del siglo XIX y principios del XX y pretendieron estudiar cómo lograr eficiencia y orden dentro de las organizaciones en un mundo tan cambiante. Las principales ideas que aportaron los citados autores tuvieron que ver con una comprensión especial de las organizaciones, aquella que las consideraba como sistemas totalmente racionales y orientados hacia la obtención de la máxima productividad mediante una alta eficiencia.

Esto supuso la construcción de una serie de trabajadores cuya utilidad lo era como simples apéndices de la maquinaria, al basar su rendimiento y su presencia en una visión instrumentalista, justificada a su vez por el hecho de que su respuesta y motivación se basaba en incentivos económicos, lo que les llevaba a preferir la holganza a la producción, motivo por el que debían ser controlados a través de una rígida supervisión técnica. Esto conllevó a la instauración de cierto "despotismo" laboral, mediante la división y estandarización del trabajo y la imposición de una estricta jerarquía. No obstante, los problemas laborales se sucedían y ante esta situación se instauraron soluciones basadas en la reglamentación del trabajo, a través de la imposición de un conjunto de reglas, procedimientos y especialización.

Entre todos estos autores primigenios de la Sociología de las Organizaciones destacamos a varios. Comenzamos con Max Weber (1864-1920), vinculado a la teoría de la burocracia. Este autor se considera el pionero del estudio de la estructura formal y de las normas en las organizaciones. Además, fue el autor que incorporó el término burocracia a esas nuevas formas organizativas, vinculadas a la Sociedad Industrial, con lo que inició lo que se conoce como las teorías clásicas. En su opinión, la diferencia entre las protofábricas de comienzos del siglo XIX, incluso algunas más antiguas como el caso de las Fábricas reales francesas y también españolas, y el tipo de organizaciones productivas estudiadas por Weber estribaba en la búsqueda de la eficiencia y el orden para enfrentarse ante un sistema económico que se ampliaba y que, por lo tanto, necesitaba de una mayor continuidad en su producciones.[25]

En este sentido, la formación ideal debía basarse en una forma organizativa formal, basada en claras normas de trabajo bajo una estricta obediencia hacia una jerarquía y una división del trabajo bien definida que se encargaba mayoritariamente de ejecutar la división del trabajo propuesta y que buscaba la existencia de cierta impersonalidad en las relaciones formales, lo que se convirtió en un planteamiento aceptado y que no se revisó hasta los trabajos de Elton Mayo en 1930 como veremos con posterioridad.

Así, y como estamos explicando, la idea era la búsqueda de cierta certidumbre, a través del control y de la previsibilidad productiva, en un momento de una gran expansión comercial vinculada a una era de nuevos adelantos técnicos y tecnológicos, entre los que destacaron el barco a vapor o la locomotora que consiguieron reducir las distancias a nivel geográfico y acercar el mundo. Esta cuestión dio lugar a lo que se conoce como el sistema burocrático, si bien se le

---

25 Sirva como referencia, y modo de ejemplo, la Real Fábrica de Paños y Real Fábrica de Sarguetas de San Carlos sita en Guadalajara (España) que duró entre 1719 y 1822 o la actualmente en servicio, la Real Fábrica de Tapices, en Madrid inaugurada en 1721.

criticó por un ejercicio de manifiesta rigidez y de una escasa anticipación y adaptación a los cambios socio-políticos y económicos que se fueron produciendo en un contexto de tantas novedades e innovaciones.

En la misma época, y concretamente a comienzos del siglo XX, se produjo un sucesivo desplazamiento del cetro económico mundial desde Gran Bretaña hacia los EE. UU. de Norteamérica, que se confirmó tras la IGM. Para el estudio del citado traspaso en las organizaciones hemos de presentar a Frederick W. Taylor (1856-1915), quien ha pasado a la historia por su aportación del estudio científico de los procesos de trabajo gracias a su Administración científica (Organización Científica del Trabajo), con la que buscaba el culmen de la eficiencia en el trabajo y que la basó en una estricta separación entre la planificación y la ejecución de los trabajos que ejemplificó en su libro The Principles of Scientific Management (1911).

Para ello se basó en tres principios técnico fundamentales:

- *One best way*. Es decir, solamente existe un camino o un solo diseño para la organización del trabajo. Esta manera pretendía implantarse ante la gran variedad de formas organizativas existentes y en las que los trabajadores conservaban mucho poder sobre el control de la producción.
- Máxima división del trabajo. En este sentido profundiza en los trabajos anteriores de Adam Smith (1778) para llevar al extremo su división del trabajo planteada al descomponer toda actividad en sus movimientos configurativos básicos.
- Nítida separación entre trabajo manual e intelectual. Este principio otorgaba a los ingenieros la tarea de definir la anterior descomposición de las tareas, erigiéndose en los encargados de su difusión y en los vigilantes de su ejecución; por el contrario, a los trabajadores se les reservaba la tarea de realizar los movimientos planificados por la jefatura.

Para llevar a cabo estos principios incorporó ciertos métodos científicos en todas las tareas, como el uso del cronómetro, y el uso de estudios de tiempos y de los movimientos en los que una simple actividad, como la de palear arena con una simple pala, se podía dividir al objeto de que cualquier trabajador de la época pudiese obtener el máximo de rendimiento.

Esto dio lugar a un alto incremento de la productividad, junto a la posibilidad de poder incorporar a numerosa mano de obra extranjera (sin conocimientos básicos del idioma, por ejemplo, debido a su condición de emigrantes de países de habla no inglesa: Italia, Alemania u otros países del este europeo) en el sistema productivo, pues la OCT contemplaba la selección y el entrenamiento de unos trabajadores a los que entendía que solamente se les incentivaba incrementando el número de piezas acabadas que podían realizar. Esto supuso la cosificación del trabajador al equipararlo, y tratarlo, como a una simple máquina, al sobreentener que sus motivaciones laborales eran meramente crematísticas. Es decir, basadas en ganancias salariales.

Esta idea trató de replicarse en los trabajos administrativos. En este sentido, la figura de Henri Fayol (1841-1925) resulta clave, pues fue quien trató de trasladar los principios de la OCT a los trabajos administrativos. Así, pretendió incorporar métodos sistemáticos de análisis de estas tareas creando un sistema basado en catorce puntos que ha sido conocido como los principios universales de administración, que consistieron, a grosso modo, en sistema de planificación, organización, cooordinación y control de los trabajos administrativos y que fueron recogidos en su libro *L'Administration industrielle et générale* (1917).

Sus aportaciones le otorgaron una alta importancia a un trabajo hasta entonces poco valorado a través de identificar la importancia del diseño organizacional y de la especialización, lo que supuso incorporar la importancia de la estructura formal para ganar en eficacia. Para ello propuso las siguientes cinco funciones de la gerencia:

- Predecir y planificar metas lógicas, así como organizarlas a corto y largo plazo.
- Organizar. Para ello la gerencia debe proporcionar los recursos material y humanos para desarrollar el plan y señalar responsabilidades individuales y departamentales.
- Ordenar la gestión del personal para alcanzar objetivos de la organización.
- Coordinar los elementos de la organización y organizarlos.
- Controlar que se plasma en la labores de seguimiento y evaluación de la gestión y del desempeño.

Es decir, implantó una visión global de estas actividades, si bien no logró deshacerse del enfoque rígido, descontextualizado y muy jerarquizado verticalmente de la OCT basado en la instrumentalización —cosificación— del trabajador y en ignorar ciertos aspectos de resistencia entre los que destacan la cultura empresarial, los grupos informales y las motivaciones sociales existentes más allá de las económicas. No obstante, hay que señalar que su esfuerzo nos ha de servir para lograr poner en valor un tipo de trabajo al alza, el administrativo, pues hasta entonces el trabajo fabril parecía ocultar al resto en los estudios sobre organizaciones.

Antes de acabar con esta escuela presentamos, si bien de forma breve pues se estudia en otros capítulos, la figura de Henry Ford, pues hace de bisagra con la II Revolución Industrial. Este autor contribuyó a la aparición del mercado de masas gracias a que logró convertir el automóvil, en concreto el Modelo T, en un bien al alcance de una gran parte de la población como consecuencia del abaratamiento de los costes de producción gracias a la incorporación de la cadena de montaje que hizo su aparición en 1913 en Detroit. Esto produjo una evidente consecuencia: los obreros se podían comprar los coches que ellos mismo fabricaban. Sus idea están plasmadas en su libro autobiográfico *My Life and Work* (1922).

Su aportación se ha de contemplar como el intento por profundizar en el sistema taylorista de la ya citada OCT. Para ello recuperó ciertas ideas como la de la vagancia natural del trabajador por lo que había que luchar contra los tiempos muertos, al tiempo que había que fragmentar las tareas en operaciones sencillas en las que se establecían tiempos objetivos para su realización por parte de una mano de obra intercambiable en las tareas encomendadas y todo ello bajo la diferenciación entre concepción (*Know*) y ejecución (*do*)

Estas aplicaciones supusieron la aparición de ciertas resistencias sindicales y colectivas lo que llevó a comparecer en enero de 1912 ante el Congreso de los EE. UU. No obstante, trató de contestar a sus críticos con un salario inédito en la época, el famoso *five dollars day,* con el que duplicaba los existentes hasta ese momentos en el sector. Esto supuso el comienzo de la integración de la figura del obrero, otrora denostada y marginalizada, en la sociedad de consumo. Todas estas aportaciones se encuentran resumidas en el esquema 1°.

Esquema 1°. La teoría clásica

Autor	Contexto Histórico	Enfoque / Aportes Principales	Críticas / Limitaciones
Max Weber	Europa (Alemania), finales del siglo XIX - principios del XX	– Fundador del enfoque burocrático en las organizaciones. – Propuso una estructura organizativa racional basada en reglas, jerarquía y división del trabajo. – Introduce el concepto de burocracia como modelo ideal para garantizar eficiencia, continuidad y previsibilidad en la producción.	– Modelo criticado por su rigidez y poca capacidad de adaptación a los cambios sociales, políticos y tecnológicos. – Relaciones impersonales.
Frederick W. Taylor	EE. UU., principios del siglo XX	– Creador de la Administración Científica (OCT). – Propuso el estudio de tiempos y movimientos para optimizar tareas. – Principios: "One best way", máxima división del trabajo y separación entre planificación (intelectual) y ejecución (manual).	– Cosificación del trabajador, tratado como máquina. – Ignoró motivaciones sociales y humanas. – Enfoque mecanicista y excesivamente racionalista.
Henri Fayol	Francia, principios del siglo XX	– Aplicó los principios de la OCT a la administración. – Propuso 14 principios universales de administración. – Definió 5 funciones del administrador: planificar, organizar, dirigir, coordinar y controlar. – Valoró el trabajo administrativo y el diseño organizacional formal.	– Visión rígida, jerárquica y descontextualizada. – Ignoró dinámicas informales, cultura organizacional y factores humanos.

Autor	Contexto Histórico	Enfoque / Aportes Principales	Críticas / Limitaciones
Henry Ford	EE. UU., Segunda Revolución Industrial (inicios del s. XX)	– Impulsor de la producción en masa (Fordismo). – Introdujo la cadena de montaje en 1913. – Aplicó y profundizó principios tayloristas. – Aumentó productividad y abarató costes, permitiendo el consumo masivo. – Promovió el "Five Dollar Day" (fidelizar a los obreros).	– Fragmentación extrema del trabajo. – Trabajo repetitivo y alienante. – Resistencias sindicales y conflictos laborales. – Diferenciación rígida entre concebir y ejecutar.

3. LA GRAN TRANSFORMACIÓN EN EL SIGLO XX

Los planteamientos taylorista y fordista tuvieron una gran importancia entre 1900 y 1939 no sin contestaciones como la huelga de los obreros de los obreros franceses de la Renault en 1913. Estas protestas estaban vinculadas a las claras consecuencias negativas de este sistema: la alienación frente a la atenta mirada del ingeniero y la fatiga provocada por los ritmos extenuantes de las cadenas de montaje. No obstante y a pesar de sus externalidades negativas el sistema tuvo un largo declive, pues aún lo encontramos en la II GM y continuó languideciendo hasta la década de 1970.

3.1. La Escuela de las Relaciones Humanas

Hacia el primer cuarto del siglo XX empezaron a aparecer algunos estudios pioneros que se centraron en la figura del trabajador y en sus fuentes de motivación. Estos tuvieron lugar tras la citada contienda militar mundial y sus orígenes hay que situarlos en los estudios llevados a cabo en la planta de Hawthorne de la *Western Electric Company*, una gran empresa dedicada a la fabricación de equipamientos telefónicos y que llegó a emplear a más de 45.000 trabajadores. A este conjunto de estudios liderados por Elton Mayo (1880-1949) los conocemos como La Escuela de las Relaciones Humanas (ERRHH), cuyos resultados finales fueron presentados en el libro *Problemas humanos en una civilización industrial* (1945) y dieron lugar a la incorporación de la Psicología Social en estos estudios. Esta también ha sido denominada como teorías organicistas al centrarse en el comportamiento humano dentro de la organización (Lucas Marín y García Ruiz, 2013)

Esta escuela partió de la crítica del anterior sistema Taylorista-fordista (escuela clásica) por olvidar la existencia de aspectos sociales y psicológicos vinculados a la productividad y que descartaban la simpleza mecánica de vincular la motivación del trabajador a una mera cuestión salarial. Mayo pudo llevar a cabo sus investigaciones en un contexto favorecedor para sus orientaciones, pues en 1924 la Academia Nacional de Ciencias de EEUU se interesó por la relación existente ente la productividad y los aspectos físicos del trabajo tan denunciado por los trabajadores organizados. En concreto, estudiaron la influencia de la iluminación sobre esta. Apenas un trienio más tarde, el Consejo Nacional de Investigaciones norteamericano contribuyó a desarrollar este tipo de estudios al financiar estudios también vinculados con la iluminación.

Como ya sabemos, poco después el *Crack* del 29 supuso un enorme punto de no retorno en el capitalismo popular y un endeudamiento gigantesco de la economía norteamericana lo que conllevó al empobrecimento general de todo tipo de ciudadanos y una enorme presión para las empresas. Este descomunal fallo del sistema capitalista fue tan profundo que tuvo que ser rescatado por el *New Deal* de Roosevelt.

Es en este contexto en el que se iniciaron los experimentos de Mayo, cuyo diseño se centraron en conocer el bienestar y la comunicación de, y entre, los trabajadores. Este hizo hincapié en el estudio de nuevas necesidades laborales para los trabajadores más allá de los meramente económicos. Para ello incorporó las necesidades sociales y psicológicas de los trabajadores. En este sentido, todo el experimento, que se desarrolló en cuatro fases diferenciadas, se basó en identificar la presencia de las relaciones humanas entre los trabajadores, si bien, y a diferencia de la escuela clásica, se les dio participación e implicación, por lo que detectaron que la atención al trabajador, la comunicación y la participación aumentaban su productividad. Esto se conoce como Efecto Hawthorne: los trabajadores cambian su comportamiento por el simple hecho de sentirse (o serlo verdaderamente) observados.

Así, se llegaron a identificar algunas cuestiones hasta entonces no tenidas en cuenta como la existencia de relaciones informales en las empresas, una especie de organización paralela a la estricta y jerarquizada del taylorimos-fordismo y que funcionaba para rellenar los huecos dejada por esta. También descubrió aspectos interesante como la presencia de cierta moral e identidad colectiva entre los trabajadores los que les llevó a reconocer que lo social influía fuertemente en el desempeño.

Esto supuso la entrada de nuevos elementos a la Sociología de las Organizaciones, como valorar la importancia de las necesidades sociales y de pertenencia en el trabajo, lo que supuso la incorporación de los denominados, aún hoy, factores psicosociales y emocionales en el análisis organizacional.

No obstante, la ERRHH tuvo numerosos detractores quienes criticaron sus interpretaciones, pues numerosas veces fueron metodológicamente problemáticas. En paralelo, señalaron que los efectos fueron tratados como universales sin tener en cuenta aspectos como el contexto y el poder, lo que los llevó a subestimar determinado tipo de factores, como los estructurales y los económicos. Disponemos de un resumen en el Esquema 2°.

Esquema 2º. La Escuela de Relaciones Humanas

Aspecto	Descripción
Contexto histórico	– Surge tras la Primera Guerra Mundial y el Crack del 29. – Crisis del taylorismo-fordismo. – Intervención del Estado con el New Deal en EE.UU.
Lugar clave	Planta de Hawthorne, Western Electric Company (Chicago, EE. UU.).
Obra principal	Problemas humanos en una civilización industrial (1945)
Nombre alternativo	Teoría organicista (Lucas Marín y García Ruiz, 2013)
Objetivos	– Superar el mecanicismo de la Escuela Clásica. – Estudiar factores sociales y psicológicos en la productividad. – Introducir la Psicología Social en la organización.
Experimento clave	– Estudios de Hawthorne (1924-1932): – Iluminación y condiciones físicas. – Comunicación, participación y bienestar del trabajador.
Aportes principales	– Importancia de la motivación no económica. – Descubrimiento del Efecto Hawthorne. – Reconocimiento de relaciones informales en la empresa. – Identidad colectiva.
Conceptos introducidos	– Factores psicosociales y emocionales. – Necesidades sociales, pertenencia y clima laboral.
Críticas	– Problemas metodológicos. – Resultados generalizados sin considerar el contexto ni el poder. – Subestimación de factores estructurales y económicos.

3.2. La Escuela de las Neorelaciones Humanas

Esta escuela surgió a mediados del siglo XX y pretendió reoger el testigo de los estudios de Mayo e ir más allá de sus aportaciones, al centrarse en los aspectos socio-emocionales de las organizaciones. Para ello, esta incorporó mayor complejidad en sus análisis basados en una visión más complicada del comportamiento humano, pues a los estudios de la ERRHH les incorpora una serie de factores novedosos: los motivacionales, psicológicos y estructurales para poder hacer frente a algunas de las críticas vertidas sobre la citada Escuela.

En esta nueva Escuela hay dos autores que destacan, Frederick Herzberg y Douglas McGregor, pues fueron lo estudiosos que buscaron nuevas interpretaciones para comprender el papel de la motivación y del liderazgo en las organizaciones y renovar las limitaciones anteriores. En su intención se encontraba superar las limitaciones de los estudios de Elton Mayo al reforzar su vertiente más débil, como la estructura del trabajo, la autonomía o la naturaleza misma de las tareas laborales.

Para ello buscaron integrar en sus esquemas los conocimientos existentes en la psicología industrial con los provenientes del campo de la motivación en auge en aquellos momentos. Esto supuso tratar de sortear la imagen del trabajador como un ser estrictamente social y analizarlo en el complejo campo de sus necesidades, aspiraciones y valores que se encontraban presentes en su comportamiento laboral. Es decir, estudiar la motivación como algo más que un mero producto de las relaciones interpersonales y abordarlas desde una perspectiva multidimensional.

Así, esta Escuela ha representado un avance significativo a la hora de comprender el comportamiento del trabajador en el interior de las organizaciones, al tiempo que ha logrado contribuir a superar el reduccionismo de las teorías vinculadas a la Escuela Clásica e incluso a la de la ERRHH, pues incorporó nuevos conceptos motivacionales y una visión más rica del trabajador.

Una de las primeras, y principales aportaciones, fue la teoría de la motivación de Herzberg, psicólogo, quien en 1959 desarrolló la denominada Teoría de los Dos Factores o teoría de la motivación e higiene. Esta llegó a tratarse como la referencia clave en los estudios de satisfacción y motivación laboral. Para él, todos los factores que tienen algún tipo de influencia en la satisfacción/insatisfacción laboral no se oponen, pues sencillamente pertenece a categorías diferentes. Estas son:

- Factores higiénicos o extrínsecos: Los relacionados con el entorno del trabajo. Entre estos nos encontramos con los materiales: salario, condiciones laborales y seguridad laboral. Estos no generan motivación por sí mismos, si bien su ausencia y/o inexistencia, e incluso su deficiencia, pueden llegar a provocar insatisfacción. Así, si existen evitan el descontento, pero no garantizan un rendimiento superior.
- Factores motivadores o intrínsecos: Los vinculados al contenido del trabajo. Entre estos: posibilidades de desarrollo personal, logros, reconocimientos, responsabilidad y oportunidades de crecimiento. Su especial importancia estriba en que son los que motivan realmente a los trabajadores, pues generan satisfacción y esto consigue aumentar su rendimiento.

En este sentido, las principales conclusiones estribaron en que la mejora de la productividad en las empresas pasaba por la mejora de la motivación de los trabajadores, si bien esta a su vez ha de centrarse tanto el rediseño de la condiciones externas como en las internas. En estos estudios aparecieron algunas estrategias que nos han llegado hasta la actualidad, como es el enriquecimiento del trabajo.

Por la misma época aproximadamente, Douglas McGregor, profesor del MIT, presentó su libro *The Human Side of Enterprise* (1960), en el que se describían su famosa Teoría X e Y. Esta se basaba en dos aproximaciones absolutamente opuestas acerca de los trabajadores, lo que recogía las creencias de los directivos sobre estos. Pasemos a presentarla:

– Teoría X. Esta parte de una visión tradicional, mecanicista y negativa del trabajador. Para los abarcados en esta teoría, los trabajadores eran perezosos (¿herencia del taylorismo-fordismo?) lo que les llevaba a rechazar o eludir el trabajo a la menor ocasión. Así pues, estos empleados necesitan ser controlados y dirigidos sin ahorrarse castigos y otros sistemas para obligarlos a cumplir con sus quehaceres. En opinión de esta teoría X, los trabajadores prefieren que se les dirija pues así evitan sus responsabilidades, ya que su motivación principal es solamente económica. En este sentido, parece evidente que el estilo de dirección ha de ser autoritario y rígido, lo que deja poco espacio a la creatividad en tiempos de innovación.

– Teoría Y. Representa una visión más optimista y participativa del trabajador, pues para estos el trabajo es tan natural como el juego. Es por ello por lo que suelen aceptar responsabilidades de forma activa, lo que les otorga cierta discreccionalidad para autodirigirse. Esto va a favor de la creatividad e innovación, sobre todo si existe un compromiso alineado con los objetivos organizacionales.

En la actualidad estas teorías han tenido un alto impacto en la Sociología de las Organizaciones, pues en los estudios vinculados al liderazgo tansformacional, al enriquecimiento de los puestos de trabajo y a la gestión del talento, se pueden vislumbrar aspectos de la Teoría Y, ya que reconocen la importancia de tratar al trabajador como un ser pensante, creativo y con deseos de desarrollo personal y profesional.

También hay que señalar que en el contexto organizacional cada vez más dinámico y competitivo, estas aportaciones han sido muy utilizadas para la generación de programas de gestión del desempeño, programas de incentivos no monetarios, evaluación del clima laboral y estrategias de fidelización del talento. Es decir, estas teorías invitan a repensar las organizaciones no solo como sistemas productivos, sino como espacios donde las personas pueden crecer, aportar valor y realizarse profesionalmente. Para resumir toda esta información presentamos el Esquema 3º.

Esquema 3º. La Escuela de Neorelaciones Humanas

Categoría	Contenido
Origen	Surge a mediados del siglo XX, superando las aportaciones de Elton Mayo y de la Escuela de Relaciones Humanas.
Enfoque principal	Comprensión del comportamiento organizacional desde una perspectiva **socio-emocional**, **motivacional**, **psicológica** y **estructural**.
Objetivo	Superar la visión reduccionista del trabajador como ser únicamente social. Integrar motivaciones, aspiraciones y valores personales.
Autores destacados	– **Frederick Herzberg** – **Douglas McGregor**

Aportaciones clave	Incorporación de teorías motivacionales más complejas. Estudio multidimensional de la motivación y liderazgo en el entorno laboral.
Teoría de Herzberg (1959)	**Teoría de los Dos Factores (Motivación e Higiene)**
Conclusión de Herzberg	La **productividad mejora** al potenciar la **motivación interna** y rediseñar tanto condiciones externas como internas.
Estrategias derivadas	**Enriquecimiento del trabajo** Programas de motivación y satisfacción laboral.
Teoría de McGregor (1960)	**Teoría X e Y,** *The Human Side of Enterprise.*
Impacto actual	Influencia directa en: Liderazgo transformacional y gestión del talento Diseño de incentivos no monetarios Evaluación del clima laboral y estrategias de fidelización y desarrollo profesional
Visión moderna	La organización no es solo un sistema productivo, sino un espacio para el crecimiento y la **realización profesional.**

4. PRESENTE Y FUTURO DE LA DISCIPLINA EN EL SIGLO XXI

Entre finales del siglo XX y la primera década del XXI, la organización del trabajo ha experimentado profundas transformaciones, tal como se puede comprobar con el paso desde el modelo de producción en masa del fordismo hasta las actuales formas basadas en la flexibilidad y la descentralización características de la denominada Nueva economía o economía digital. Estas transformaciones han afectado a las organizaciones y a las relaciones laborales implicadas al producirse cambios en las estructuras organizativas y las condiciones de vida de millones de trabajadores en todo el mundo.

Entre estos nuevos modelos que pasamos a presentar se encuentran: el posfordismo, el toyotismo, la empresa-red y la gig economy. Comenzamos con el posfordismo. Bajo este término hacemos referencia al conjunto de mutaciones habidas en las empresas como consecuencia de las transformaciones experimentadas por el mundo en los años 70 del siglo XX. Entre estas sobresale, para nuestro campo de estudio, la crisis del petróleo de 1973 y 1979. Así, el sistema imperante, aunque con numerosas contestaciones, como era el fordismo y su producción de masas basado en la estandarización de la oferta y de la demanda, hubo de hacer frente a un incremento repentino de la energía y de la entrada de nuevos competidores internacionales en el mercado globalizado, lo que llevó a dar claras muestras de agotamiento, tal como señalan David Harvey (1990) y Robert Boyer (1986).

Para estos autores, el nuevo modelo que vendría a superar al fordismo se basaría en la presentación de una producción flexible y customizada (personalizada), la cual seria posible a partir de la fragmentación de los procesos productivos favorecidos por la descentralización productiva que daría lugar a procesos de descentralización y subcontratación. Todo ello se beneficiaría de la aplicación de las nuevas tecnologías de información, lo que conllevaría la existencia de mercados laborales intestables en un mundo sometido a una gran incertidumbre. En opinión de los citados autores todos estos cambios organizativos y productivos traerían el fin del empleo estable y del trabajo estándar, lo que supondría un problema para los sistemas de protección social nacidos bajo la égida del fordismo.

Uno de los principales sistemas organizativos que nacieron en este contexto es el Toyotismo, sinónimo de calidad total. Así, y frente a la producción en cadena, el toyotisomo hizo una apuesta por la flexibilidad desde el mismo momento de su aparición, en el Japón de 1950. Su consolidación en 1970 fue el resultado del sistema productivo de la compañía Toyota Motor Corporation. Un modelo difundido por Taiichi Ohno, uno de sus principales arquitectos.

Entre sus características se encuentran las siguientes:

- Just in time. La producción se ajusta a la demanda lo que reduce inventarios en un país siempre necesitado de espacios.
- Círculos de calidad. Esta se basa en la plena participación e implicación de los trabajadores en la mejora continua de los procesos productivos.
- Multifuncionalidad laboral. Los trabajadores están entrenados para la realización de múltiples tareas.
- Kaizen. Una filosofía japonesa basada en la idea del tiempo circular, traducida como la mejora continua.
- Reducción de desperdicios y eficiencia en cada fase de producción.

Todas estas características se han de entender en un marco organizativo en el que el trabajador participa activamente, si bien en un entorno de una alta exigencia en el contexto de un exhaustivo control de calidad. Estas ideas, la mayoría, fueron recogidas por empresas a nivel mundial lo que se conoció como el movimiento de la producción ajustada (*lean production*).

No obstante, su implementación acrítica y acultural fuera de Japón supuso cierto incremento de la precariedad laboral, pues las citadas características fueron traducidas como mayor productividad con menor seguridad, lo que trajo consigo la contrapropuesta europea de la flexiguridad para evitar los aspectos más perniciosos de este sistema productivo.

Tras este sistema, y hacia finales del Siglo XX, se presentó ante la sociedad el modelo denominado Empresa-red, basado en el paradigma organizacional del capitalismo informacional. Manuel Castells (1996) desarrolló su teoría del capitalismo informacional, al tener en cuenta el nivel de las tecnologías de la información y la comunicación (TIC).

En este sentido, la citada empresa-red es descrita como una organización descentralizada, flexible y global, que opera a través de relaciones colaborativas temporales entre nodos autónomos. Esta se caracteriza por presentar una estructura descentralizada y horizontal basada en el trabajo cooperativo sobre la base de los proyectos vinculados a la internacionalización de la producción, lo que reemplaza la estructura jerárquica por un sistema fluido que convierte al capital humano en un recurso estratégico. Para ello se externalizan las funciones no estratégicas y se reclama el *core* de la organización, lo que es posible debido al uso intensivo de las TIC para la coordinación de determinados procesos y proyectos a escala global.

Sin embargo, y ante la promoción de la innovación y la eficiencia, no puede evitar ciertas fórmula de fragmentación del trabajo, desmovilización colectiva, pérdida de vínculos laborales estables y a una presión constante por adaptarse a los cambios tecnológicos.

Si seguimos el curso de las TIC, desde 2008 aproximadamente ha hecho su aparición la gig economy o el trabajo bajo demanda. Esta economía, que comenzó siendo de los pequeños encargos supone una expresión ambivalente de las organizaciones, pues genera muchos puestos de trabajo al tiempo que inestables y precarizados una gran parte de estos. Para su definición podemos señalar que es un modelo económico basado en la prestación de servicios a demanda a través de plataformas digitales mediante una serie de plataformas como Uber o Glovo, entre otros, que utilizan una serie de algoritmos para poner en contacto al cliente, el suministrador (restaurante, supermercado, habitación de hotel) y el trabajador.

Entre sus características podemos señalar que son trabajos realizados a través de la presencia de aplicaciones móviles, lo que generan contrataciones por tareas basada en una escasa vinculación laboral formal, que se paga por trabajo/servicio prestado y que es continuamente evaluado por los clientes. Una serie de autores como De Stefano (2016) y Srnicek (2017) han advertido sobre los problemas de los trabajadores de plataformas y su carencia de derechos a la seguridad y salud, a las vacaciones pagadas, a la indemnización por despido y a la organización salarial. Otros autores como Moral-Martín, Pac y Minguijón (2023) han señalado sus fórmulas de resistencia creativa antes estas situaciones en el cooperativismo de plataformas.

Así pues, estas nuevas fórmulas organizativas, suponen una redefinición de las organizaciones tradicionales, nacidas bajo la égida del Taylorismo y del Fordismo, junto a la profundización de la problemática de los derechos laborales que se arrastra desde la década de 1970. Esto deja una amplio campo de análisis sobre el futuro del trabajo y sus repercusiones a nivel societal. Disponemos de un resumen en el Esquema 4º

Esquema 4º. Presente y futuro de la disciplina en el siglo XXI

Modelo / Concepto	Características Clave	Impacto / Consecuencias
Toyotismo (1950s, Japón)	– Sinónimo de **calidad total** – Alternativa flexible al modelo fordista – Impulsado por **Taiichi Ohno** (Toyota)	– Apuesta por la **eficiencia**, **calidad** y **flexibilidad** – Globalización del modelo como **lean production**
Principios del Toyotismo	– **Just in time**: producción ajustada a la demanda – **Círculos de calidad**: participación activa de los trabajadores – **Multifuncionalidad**: trabajadores con múltiples habilidades – **Kaizen**: mejora continua – Reducción de desperdicios	– Participación activa del trabajador – Alto nivel de exigencia y control – Implantación acrítica fuera de Japón: precariedad laboral
Respuesta europea	**Flexiguridad**: equilibrio entre flexibilidad laboral y seguridad social	Intenta mitigar los efectos negativos del modelo japonés
Empresa-red (1990s en adelante)	– Propuesta por **Manuel Castells** (1996) dentro del **capitalismo informacional** – Organización **descentralizada, flexible y global** – Estructura en **nodos autónomos** y colaboración temporal – Uso intensivo de **TIC** para coordinación global	– Fomenta innovación y eficiencia – Externalización de funciones no estratégicas – Riesgos: fragmentación del trabajo, pérdida de vínculos laborales, presión por adaptarse a cambios
Gig Economy (desde 2008)	– **Trabajo bajo demanda** a través de **plataformas digitales** (Uber, Glovo, etc.) – Uso de algoritmos para conectar cliente, proveedor y trabajador – Trabajo por tarea, sin vínculos formales – Evaluación constante por parte del cliente	– Generación de empleos precarios e inestables – Falta de derechos: salud, vacaciones, indemnizaciones – Denuncias de autores como **De Stefano** y **Srnicek** – **Resistencia creativa**: cooperativismo de plataformas (Moral-Martín, Pac, Minguijón, 2023)
Conclusión general *Gig economy*	Redefinición de las organizaciones tradicionales (Taylorismo y Fordismo)	Nuevos retos para los **derechos laborales** y el **futuro del trabajo**

5. LOS ESTUDIOS CRÍTICOS DEL MANAGEMENT: ORÍGENES, DEBATES Y APORTES

Los denominados estudios críticos de la organización (*Critical Management Studies* —CMS, en inglés—) suponen la revisión de las teorías de la organización, ampliable a la administración, que surgieron en la década de 1980 y que se consolidaron a partir de los años 90 como consecuencia de los efectos de la globalización y del fracaso del sistema taylorista-fordista. A esto se la ha de sumar el auge del neoliberalismo y su repercusión sobre las reformas laborales y la financiarización de la economía que conllevaron la mutación de las relaciones de trabajo y de las organizaciones.

No obstante, si hemos de señalar el momento cero lo podemos situar en la publicación del libro *Critical Management Studies* (1992) editado por Alvesson y Willmott, considerado el punto fundacional del campo como movimiento académico organizado.

A nivel teórico, se opusieron a las teorías imperantes en aquellos momentos, si bien ya cuestionadas, como el funcionalismo, la teoría de sistemas y el gerencialismo vinculado, pues habían consolidado una visión utilitarista de las organizaciones basado en un enfoque instrumental orientado hacia la maximización de la eficiencia y de la productividad, lo que suponía la subsumisión de los trabajadores y otros actores sociales a los objetivos del capital. Para contrarrestar estas aportaciones recuperaron determinadas aproximaciones teóricas, como fueron los estudios de la Escuela de Frankfurt, de tradición marxista, del postestructuralismo foucaultiano y el feminismo, entre otros.

Frente a ello, los estudios críticos plantearon la necesidad de incorporar determinadas relaciones hasta entonces ausentes. Nos referimos a las de poder, de dominación y de explotación, así como las posibilidades de emancipación en el trabajo y en la vida organizativa. Es por esto por lo que estos CMS no se limitan a plantear marcos de análisis alternativos, sino que su intención última es establecer un proyecto político que desafíe a las estructuras de poder que existen en las actuales organizaciones económicas. Para ello proponen una serie de estudios y análisis que contribuyan a la obtención de empresas basadas en valores democráticos, igualitarios y sostenibles medioambientalmente hablando a partir de los que poder organizar la vida social.

Fue en este contexto en el que un grupo de académicos, muchos de ellos vinculados a universidades británicas (Warwick, Manchester, Lancaster) y australianas, se comenzaron a cuestionar el carácter hegemónico de la investigación organizacional. Su crítica se apoyaba en tradiciones intelectuales, entre las cuales señalamos:

- Marxismo. A través del estudio del trabajo como espacio de explotación y acumulación capitalista.
- Teoría crítica de Frankfurt. Establece la crítica a la racionalidad instrumental y al papel ideológico de la ciencia administrativa.
- Postestructuralismo y Foucault. Parte de un análisis del poder como red difusa, junto a las prácticas de control y a la constitución de subjetividades.
- Feminismo. Visibiliza la desigualdad de género en las organizaciones, la división sexual del trabajo y las formas de violencia simbólica y material.

Así, esta amalgama de aproximaciones se articulan sobre una serie de ejes que pretenden cuestionar las bases normativas y epistemológicas de la teoría organizacional dominante. En este sentido, tenemos la crítica a la racionalidad instrumental. Esta supuesta racionalidad se encuentra inspirada en el funcionalismo organizacional e influida, a su vez, por el positivismo que concibe las organizaciones como instrumentos neutrales orientados a la consecución de fines.

Los CMS han criticado esta visión al tachar la citada racionalidad como fruto de una instrumentalidad que subordina los medios a fines económicos y de control social e invisibiliza un sistema que provoca explotación y desigualdades. Esta se encuentra inspirada en la Escuela de Frankfurt y plantea que las ciencias de la administración no son neutrales, sino que están ideologizadas.

También se interesa por la cuestión del poder, el control y la dominación al convertirse en una de sus preocupaciones centrales. Para ello estudian cómo las organizaciones producen y reproducen relaciones de poder e instauran mecanismos de dominación y control, en lugar de seguir a las teorías gerenciales que presentan el poder como un recurso de coordinación. En este sentido, los CMS examinan tanto formas visibles (jerarquías, reglas) como no visibles (discursos, cultura organizacional, evaluaciones de desempeño), en función de las enseñanzas de Foucault sobre la microfísica del poder.

Otro tema de interés es el propio trabajo, su subjetividad y sus resistencias. Para estas cuestiones los citados estudios críticos analizan la prácticas organizativas y cómo estas generan identidades y subjetividades, pues entienden que el modelo del *Management* moldea pensamientos al tiempo que organizan tareas. Este interés se puede ver reflejado en los estudios acerca de la disciplina, la autovigilancia, la cultura corporativa y el control a través del compromiso emocional. En paralelo, analizan formas de resistencia cotidiana: humor, cinismo, microprácticas de sabotaje o resignificación.

A esta cuestión se le suma el aspecto de la emancipación y de la democracia, pues a diferencia del enfoque de las organizaciones estos estudios proponen un proyecto normativo basado en la promoción de fórmulas organizativas justas, democráticas y emancipadoras. Esto implica oponerse al capitalismo neoliberal y a las prácticas gerenciales autoritarias, explorando experiencias de autogestión, cooperativismo, trabajo comunitario o gestión participativa. Finalmente, tenemos la crítica epistemológica que parte del rechazar la idea de una ciencia neutral y objetiva, señalando que todo conocimiento es político.

En la actualidad, los CMS se enfrentan al reto de abordar fenómenos nuevos (Blanco y Pérez Rubio, 2010). como la digitalización del trabajo y el control algorítmico, el capitalismo de plataformas y la precarización del trabajo, la cuestión del género y sus múltiples repercusiones y la crisis ecológica y la creciente desigualdad global. Asimismo, la apertura hacia metodologías participativas, la investigación activista y la co-producción de conocimiento con movimientos sociales representa una vía de renovación. El desafío consiste en mantener la capacidad de crítica radical sin desconectarse de las luchas concretas de trabajadores.

Para finalizar, estos CMS han recibido numerosas críticas. Entre estas recogemos su exceso de elaboración teórica, junto a la presencia de debates abstractos alejados de las prácticas organizativas concretas. En esta línea, añadimos la inexistencia de alternativas prácticas y su eurocentrismo, al centrarse básicamente en organizaciones europeas y norteamericanas. Tampoco convence su fragmentación interna, pues la señalan como una abigarrada conjunción de corrientes tensionadas entre marxistas, foucaultianos, feministas y posmodernos. Y, por último, su escasa incidencia fuera de los confines de la academia, pues se cuestiona su influencia en las práctica de las empresas.

XXII. SOCIOLOGÍA DEL TURISMO

ROCÍO BLANCO-GREGORY
Universidad de Extremadura

1. INTRODUCCIÓN

El turismo es, sin lugar a dudas, uno de los fenómenos sociales más significativos del mundo contemporáneo. No solo representa una de las principales industrias a nivel global en términos económicos, sino que también constituye un campo privilegiado para observar dinámicas sociales, culturales y territoriales. El acto de "ser turista" no es simplemente desplazarse de un lugar a otro por ocio; implica una compleja red de relaciones sociales, de prácticas de consumo, de producción simbólica y de interacción entre culturas. Por ello, resulta imprescindible abordarlo desde una mirada sociológica que permita comprender sus múltiples dimensiones y consecuencias.

Durante décadas, sin embargo, el turismo fue marginado como objeto de estudio en el ámbito académico. Considerado un tema "menor", frívolo o demasiado vinculado a lo económico, tardó en ser reconocido como una realidad social merecedora de análisis riguroso. Esta situación comenzó a cambiar en la segunda mitad del siglo XX, cuando algunos autores pioneros como Dean MacCannell (1999) o Erik Cohen (1979) empezaron a analizar el turismo desde una perspectiva crítica, revelando sus implicaciones en términos de autenticidad, desigualdad, colonialismo simbólico o construcción de identidades. A partir de entonces, la Sociología del Turismo se ha consolidado como un campo específico dentro de las ciencias sociales, aunque con fuertes vínculos con disciplinas como la Antropología, la Geografía o los Estudios Culturales.

El turismo, como hecho social total, en el sentido que le dio Marcel Mauss (1925), implica estructuras económicas, relaciones simbólicas, regulaciones políticas y transformaciones territoriales. La mirada sociológica no solo permite identificar las motivaciones y prácticas de los turistas, sino también los efectos del turismo en las comunidades locales, las desigualdades que reproduce o cuestiona, y los modelos de desarrollo social que promueve o erosiona. Como señala John Urry (1990), "ver" el mundo como turista no es una actividad neutra, sino una forma de mirar mediada por expectativas culturales, imaginarios globales y relaciones de poder.

En las últimas décadas, fenómenos como la globalización, la digitalización, el cambio climático o la reciente pandemia de COVID-19 han alterado profundamente las formas de viajar, de consumir y de relacionarse con el espacio y el tiempo. Estos cambios han renovado el interés por el estudio del turismo desde perspectivas críticas y complejas. Así, conceptos como la movilidad (Sheller y Urry, 2006), el turismo sostenible, la justicia turística (Higgins-Desbiolles, 2008) o la inclusividad, han ganado peso en la investigación social actual.

Este capítulo se propone ofrecer una introducción al campo de la Sociología del Turismo, presentando sus principales corrientes teóricas, temas de investigación y contribuciones. A través de una mirada crítica, se abordarán cuestiones como la relación entre turismo y estructura social, las tensiones entre autenticidad y mercantilización cultural, las transformaciones urbanas y territoriales asociadas al turismo, así como los métodos de investigación que permiten captar estas realidades. El objetivo final es mostrar que el turismo no sólo debe entenderse como una industria o como una práctica de ocio, sino como un fenómeno social total, profundamente inscrito en las dinámicas contemporáneas de poder, identidad y cambio social.

2. ORÍGENES Y DESARROLLO DEL TURISMO DESDE LA PERSPECTIVA SOCIOLÓGICA

2.1. Los inicios del interés sociológico por el turismo

El turismo comenzó a despertar interés entre los científicos sociales a partir de los años 60 y 70 del siglo XX. Fue entonces cuando sociólogos y antropólogos empezaron a observar que, detrás de los viajes de placer, había comportamientos colectivos, normas sociales, desigualdades y representaciones culturales.

Un enfoque muy conocido de esta primera etapa es el del historiador estadounidense Daniel J. Boorstin, quien en *The Image* (1992) criticó el turismo moderno como una experiencia superficial. Según él, los turistas no buscan una conexión real con el mundo, sino una versión prefabricada y cómoda de la realidad, lo que él llamó "pseudoacontecimientos". Para Boorstin, los turistas viajan sin salir realmente de su burbuja cultural, reforzando estereotipos en lugar de abrirse al conocimiento del otro.

Otro de los autores más influyentes en esta etapa fue el estadounidense Dean MacCannell, quien, contraponiéndose a Boorstin, en su libro *The Tourist* (1999) propuso que los turistas modernos no sólo buscan descanso o diversión, sino también experiencias "auténticas". Según él, el turista intenta escapar de la vida rutinaria e industrializada, y por eso busca lugares donde la vida parezca más "real", aunque muchas veces esa autenticidad esté construida artificialmente para los visitantes.

Otro autor clave fue Erik Cohen, quien en 1979 clasificó los distintos tipos de turistas y sus formas de relacionarse con los destinos. Algunos, decía, buscan aventuras o experiencias intensas, mientras que otros prefieren vacaciones organizadas y sin sobresaltos. Su aportación ayudó a entender que el turismo no es igual para todo el mundo, sino que depende de motivaciones, valores culturales y niveles de familiaridad con lo desconocido.

2.2. La mirada del turista: Un fenómeno social

A partir de los años 90, el sociólogo británico John Urry propuso una idea muy influyente: lo que caracteriza al turista es su forma de mirar. En su libro *The Tourist Gaze* (1990), Urry explicó que cuando viajamos como turistas, no miramos los lugares igual que los habitantes locales. Nuestra mirada está condicionada por imágenes, expectativas y estereotipos que hemos visto en revistas, medios sociales, películas o guías de viaje. Esta "mirada turística" transforma los lugares y las personas, muchas veces de forma artificial. Por ejemplo, una comunidad puede cambiar su forma de vestir o de celebrar una fiesta para agradar a los visitantes, aunque eso suponga alejarse de sus costumbres reales.

La idea de la mirada permite entender que el turismo no solo implica movernos en el espacio, sino también construir sentidos culturales sobre lo que vemos, lo que esperamos y lo que valoramos.

2.3. Nuevos enfoques: Globalización, movilidad, consumo, sostenibilidad

En el siglo XXI, el estudio sociológico del turismo ha seguido evolucionando. Hoy se presta atención a temas como la movilidad global, la digitalización, el impacto ambiental y las relaciones de poder entre turistas y comunidades receptoras. Sociólogos como Mimi Sheller y el propio Urry desarrollaron el concepto de "nuevas movilidades", donde el turismo es una forma más de los grandes flujos de personas, ideas y mercancías que recorren el mundo (Sheller y Urry, 2006).

Franklin (2003) propone superar la visión del turismo como una simple actividad de ocio delimitada en el tiempo y el espacio. Desde su perspectiva, el turismo está cada vez más imbricado en la vida cotidiana, hasta el punto de que nuestras prácticas de movilidad, consumo, relaciones sociales y formas de ver el mundo están profundamente turistificadas. Así, el turismo no es solo una experiencia episódica, sino un rasgo estructural de las sociedades contemporáneas.

Por otra parte, también ha crecido el interés por los efectos sociales del turismo en los destinos: ¿quién se beneficia realmente de esta actividad?, ¿qué pasa con las personas que viven en barrios que se transforman por el turismo?, ¿cómo se construye la imagen de un país o una ciudad para atraer turistas?, ¿es posible un turismo más justo y sostenible?

La Sociología también ha incorporado enfoques críticos, como el feminismo, los estudios poscoloniales o la teoría de la justicia social, para analizar el turismo no solo como experiencia de placer, sino también como práctica que puede reproducir desigualdades o contribuir a la exclusión de ciertos grupos.

2.4. Interdisciplinariedad y especificidad del enfoque sociológico

El turismo es un fenómeno que refleja muchas dimensiones de la vida social contemporánea: cómo entendemos el ocio, qué valor damos a la cultura, cómo nos relacionamos con "el otro", cómo gestionamos el tiempo y el espacio, y cómo proyectamos nuestra identidad.

La Sociología del Turismo no se limita a describir viajes o destinos; su función es ayudar a entender lo que significa viajar hoy, en qué condiciones lo hacemos y qué implicaciones tiene para las personas y las sociedades.

Destacamos cómo la Sociología del Turismo se nutre de otras disciplinas (Antropología, Geografía, Estudios Culturales, etc.), pero mantiene una perspectiva propia que se centra en relaciones sociales, estructuras, cambio cultural, etc.

3. ESTRUCTURA SOCIAL, CAMBIO Y DESIGUALDAD EN EL OCIO Y EL TURISMO

Aunque a menudo se presenta como una actividad libre y universal, el turismo está profundamente influido por las estructuras sociales. La Sociología permite ver que no todas las personas tienen el mismo acceso a viajar, ni disfrutan del ocio de la misma forma. Las diferencias de clase, género, etnia o edad influyen en quién puede ser turista, cómo se viaja, a dónde se va, y qué tipo de experiencias se tienen. Asimismo, las sociedades realizan diferentes prácticas de ocio y de turismo al estar condicionadas por una estructura social concreta y sometidas a unos cambios sociales concretos que son de diversa envergadura y se producen a diferentes ritmos (Blanco-Gregory y Martínez Quintana, 2021).

3.1. Turismo y estratificación social: Clase, género, etnia y edad

En las sociedades contemporáneas, el acceso al turismo no es igualitario. Las personas con mayores ingresos y nivel educativo suelen tener más oportunidades para viajar, tanto en frecuencia como en calidad. El turismo, por tanto, refleja y reproduce diferencias de clase social.

Además, existen diferencias de género en cómo se vive el turismo. Por ejemplo, las mujeres viajan en muchos casos con menores presupuestos o asumen más responsabilidades en la planificación de los viajes familiares. También están más expuestas a situaciones de inseguridad durante sus desplazamientos, lo que puede limitar su libertad para viajar solas o explorar ciertos destinos. Como señalan Pritchard y Morgan (2000), el género y la sexualidad están profundamente imbricados en la configuración de los paisajes turísticos, tanto desde el consumo como desde las estructuras laborales del sector. Además, Figueroa-Domecq et al. (2020) amplían esta perspectiva mostrando cómo las jerarquías de género condicionan las oportunidades empresariales dentro del turismo, evidenciando una persistente brecha estructural en el sector.

La variable étnica también es clave: en muchos países, las personas racializadas enfrentan prejuicios o barreras simbólicas para ser reconocidas como "turistas legítimos". En contextos occidentales, por ejemplo, se presupone que los turistas son blancos y de clase media, mientras que otros grupos pueden ser percibidos como trabajadores migrantes o visitantes "sospechosos".

La edad también condiciona las prácticas turísticas. Las personas jóvenes suelen buscar experiencias intensas, viajes económicos o aventuras grupales, mientras que las personas mayores tienden a preferir destinos más tranquilos y seguros. Sin embargo, el envejecimiento activo ha favorecido el desarrollo de un turismo sénior cada vez más dinámico, que aprovecha el tiempo libre tras la jubilación para conocer el mundo.

La Sociología del Turismo ha mostrado que los viajes no son solo un reflejo de los gustos personales, sino también del lugar que se ocupa en la estructura social.

3.2. Quién puede ser turista: Accesibilidad, capital económico y cultural

No todas las personas tienen las mismas oportunidades para ser turistas. En primer lugar, es necesario disponer de capital económico: dinero suficiente para pagar transporte, alojamiento, comidas, entradas y otros gastos asociados. Pero también se necesita un cierto capital cultural, es decir, el conocimiento, las habilidades y la familiaridad con las normas del mundo turístico.

Este concepto fue desarrollado por Pierre Bourdieu, quien explicó que las decisiones de ocio están condicionadas por el nivel educativo, la clase social y los gustos aprendidos (Bourdieu, 2012). Así, incluso cuando dos personas tienen ingresos similares, pueden tener actitudes diferentes hacia el turismo según su historia social y su entorno cultural.

Por ejemplo, algunas personas se sienten más cómodas viajando por su cuenta, explorando lugares desconocidos o participando en actividades culturales, mientras que otras prefieren viajes organizados o más estandarizados. Estas diferencias no son solo de personalidad, sino que reflejan desigualdades sociales más amplias.

Además, la accesibilidad física y legal también son importantes. Las personas con discapacidad enfrentan numerosas barreras arquitectónicas y sociales en muchos destinos turísticos. Y quienes no tienen pasaporte o visados adecuados —como muchos migrantes o personas de países empobrecidos— tienen muchas más dificultades para viajar internacionalmente. Por tanto, el derecho al turismo sigue siendo un privilegio en muchos contextos.

3.3. Empleo turístico: Condiciones laborales, género y migración

El turismo no solo se estudia desde el punto de vista del ocio, sino también desde el trabajo. Se trata de una de las industrias más importantes del mundo en términos de empleo, pero muchas veces las condiciones laborales son precarias: contratos temporales, bajos salarios, jornadas irregulares y escasa protección social.

Las mujeres están sobrerrepresentadas en los trabajos turísticos peor pagados, como camareras de piso, auxiliares de cocina o personal de limpieza. Aunque también hay mujeres emprendedoras y directivas, el techo de cristal sigue presente en muchos subsectores del turismo.

Además, el sector depende en gran medida del trabajo migrante, especialmente en tareas que requieren mucha fuerza física o largas jornadas, como la hostelería, el transporte o el mantenimiento. En muchos destinos, las personas migrantes ocupan puestos que la población local no desea, a menudo en condiciones informales o sin derechos laborales plenos. Siguiendo a Williams y Hall (2000), existe una relación cada vez más estrecha entre las dinámicas de migración y el crecimiento del turismo, lo que obliga a analizar ambos fenómenos de forma conjunta.

Desde una perspectiva sociológica, el turismo puede ser visto como una industria que reproduce desigualdades de clase, género y origen, tanto entre los turistas como entre quienes trabajan para ellos.

Figura 1. Condiciones laborales, género y migración en el empleo turístico

Fuente: https://www.portafolio.co/internacional/turismo-mundial-requiere-mas-personal-ante-aumento-en-la-demanda-de-vuelos-593293; https://www.equaltimes.org/las-condiciones-laborales-del?lang=es; https://www.oficinaempleo.com/blog/turismo-empleo-espana-cifras-record-puestos-trabajo/

3.4. Cambios en el uso del tiempo libre y del ocio en las sociedades modernas

El turismo moderno no puede entenderse sin analizar los cambios en el uso del tiempo libre y la transformación del ocio en las sociedades industriales y postindustriales.

Durante gran parte del siglo XX, la reducción de la jornada laboral y el aumento de los salarios en muchos países permitió a sectores amplios de la población acceder a vacaciones pagadas, lo que impulsó el desarrollo del turismo de masas. En Europa, por ejemplo, las políticas de bienestar social promovieron el derecho al descanso anual como parte del desarrollo humano.

Sin embargo, en las últimas décadas han surgido nuevos retos. La globalización y la digitalización han borrado en parte los límites entre trabajo y ocio. Muchas personas deben estar disponibles 24/7, incluso en vacaciones, y se vive una presión constante por "aprovechar el tiempo". Esto ha llevado al auge de las llamadas escapadas exprés, los microviajes o el turismo de fin de semana, donde la experiencia turística se convierte en un bien de consumo rápido.

Además, la cultura del rendimiento ha transformado el ocio en una actividad productiva. Hoy no se trata solo de descansar, sino de acumular experiencias, coleccionar destinos, mostrar viajes en medios sociales y proyectar una imagen de éxito personal. El turismo se convierte así en una forma de capital simbólico

(Bourdieu, 1979), que permite a los individuos expresar su estatus, estilo de vida o pertenencia cultural.

En este contexto, las emociones y los afectos adquieren un papel central. Germann Molz y Buda (2022) han subrayado que el turismo no puede comprenderse únicamente como desplazamiento físico, sino también como una vivencia emocional y sensorial, cargada de expectativas, significados y vínculos afectivos. El turista no solo observa, sino que siente, recuerda, compara, se identifica o se distancia, todo lo cual influye en la forma en que se relaciona con los lugares y con los otros.

Estos cambios han llevado a algunos autores a hablar de una "mercantilización del tiempo libre", donde incluso las actividades más relajantes son organizadas, programadas y vendidas como productos. En palabras de Urry (2002), el turismo moderno está guiado por una "mirada" estructurada por los medios de comunicación, el consumo y las expectativas sociales.

En esta misma línea crítica, Bauman (2007) sostiene que, en sociedades marcadas por la fluidez y la incertidumbre, el turismo puede entenderse también como una forma de evasión frente a la precariedad cotidiana. Es un consumo de experiencias efímeras que encaja perfectamente en la lógica de la "modernidad líquida", caracterizada por la inestabilidad, la fugacidad y la necesidad constante de reinvención personal.

4. NATURALEZA Y URBES EN LA SOCIOLOGÍA DEL TURISMO

Uno de los grandes aportes de la Sociología del Turismo es su capacidad para analizar cómo las personas se relacionan con los espacios a través del viaje. El turismo no solo implica moverse de un lugar a otro, sino también experimentar, imaginar y transformar esos lugares. En este sentido, la distinción entre turismo en espacios naturales y urbanos resulta clave para comprender los diferentes significados que las sociedades asignan al ocio y al desplazamiento. Naturaleza y ciudad son dos polos simbólicos de la experiencia turística contemporánea: una representa la desconexión, la autenticidad y la paz; la otra, la cultura, el dinamismo y la experiencia colectiva.

Y es que, como han apuntado Martínez Quintana y Blanco-Gregory (2011), el turismo de masas se está diseminando, desde hace casi tres décadas, en las tendencias que marca la sociedad tecnológica e informatizada, que ha fundido lo global y lo local en un turismo diversificado, donde se produce la alternancia de varios turismos en el que se han modificado sustancialmente las leyes de la oferta y de la demanda, las pautas del consumo a través de los medios sociales en Internet, y la exigencia en la calidad del producto a través de procesos de valoración según la satisfacción obtenida por el cliente —nuevo viajero del siglo XXI—.

4.1. Turismo rural y natural: Búsqueda de autenticidad y desconexión

El turismo en espacios naturales ha ganado protagonismo en las últimas décadas como respuesta al ritmo acelerado de la vida urbana y al estrés de las sociedades industrializadas. Muchas personas buscan en el medio rural o en la naturaleza virgen una experiencia de autenticidad, contacto con lo "esencial" y la posibilidad de desconectar del consumo masivo, las pantallas y las obligaciones laborales.

Desde la Sociología, este fenómeno se ha interpretado como una forma de reencantar el mundo, es decir, de encontrar sentido y belleza en lo cotidiano a través de la experiencia directa con el entorno (MacNaghten & Urry, 1998). La naturaleza se convierte en una especie de "escenario terapéutico" donde se restablece un equilibrio emocional y simbólico.

Este tipo de turismo, que incluye el ecoturismo, el agroturismo, el senderismo o el turismo de bienestar, se asocia a valores como la sostenibilidad, la vida sana o el retorno a lo simple. Sin embargo, también puede reproducir desigualdades sociales y territoriales. Por ejemplo, no todas las comunidades rurales se benefician del turismo: algunas sufren una folclorización de su cultura o la apropiación de sus recursos naturales por parte de grandes empresas turísticas.

Además, se ha cuestionado hasta qué punto estas experiencias son realmente "autenticidad" o más bien simulacros preparados para turistas urbanos, que desean ver una naturaleza "ordenada" y segura, sin enfrentarse a sus aspectos más duros o conflictivos.

4.2. Turismo urbano: Patrimonialización, consumo cultural, gentrificación

Por otro lado, las ciudades se han convertido en grandes destinos turísticos, especialmente aquellas que ofrecen patrimonio histórico, oferta cultural y estilos de vida cosmopolitas. Capitales como París, Ciudad de México, Lisboa o Buenos Aires atraen cada año a millones de visitantes en busca de arte, historia, gastronomía, arquitectura o entretenimiento.

Desde una perspectiva sociológica, el turismo urbano puede ser entendido como una forma de consumo simbólico. Los turistas no solo visitan monumentos, sino que consumen una imagen de ciudad que ha sido construida a través de narrativas oficiales, campañas de marketing y procesos de patrimonialización. Se seleccionan ciertos elementos del pasado —castillos, plazas, museos, barrios históricos— y se presentan como lo más valioso o "auténtico", mientras otros aspectos son invisibilizados, como los barrios obreros, los conflictos sociales o las memorias incómodas (García-Hernández et al., 2017).

Uno de los efectos más estudiados es la gentrificación turística, es decir, la transformación de ciertos barrios en zonas de consumo cultural y alojamiento para turistas, lo que provoca la expulsión de residentes locales, el aumento de precios y la pérdida de identidad barrial. En ciudades como Barcelona, Lisboa o Medellín, este fenómeno ha generado protestas sociales y una creciente conciencia crítica sobre los límites del crecimiento turístico.

Algunos autores han hablado de la "turistificación de la vida urbana" (Russo & Scarnato, 2017), que implica no solo la llegada masiva de visitantes, sino también un cambio profundo en el uso del espacio público, en la oferta comercial y en las relaciones sociales cotidianas. Las ciudades empiezan a funcionar más como escenarios para el turismo que como espacios para la vida de sus habitantes.

Figura 2. Turismo en la naturaleza y en las urbes

Fuente: https://www.freepik.es/vector-gratis/ilustracion-concepto-turismo-ecologico_9652983.htm; https://www.freepik.es/vector-premium/grupo-turistas-jovenes-viejos-dibujos-animados-excursion-guia-chica-bandera-fondo-paisaje-urbano_8313182.htm;

4.3. Conflictos sociales y transformaciones espaciales

El crecimiento del turismo genera tensiones entre distintos actores: residentes, turistas, empresas, gobiernos y trabajadores. Estas tensiones se hacen visibles especialmente en el espacio urbano, donde los usos del territorio entran en competencia.

Por ejemplo, la proliferación de alojamientos turísticos en viviendas privadas (como Airbnb) ha provocado una reducción del parque de alquiler residencial en muchos barrios populares, con el consiguiente aumento de precios y la expulsión de las familias locales. Esto ha dado lugar a protestas y demandas de regulación.

También se observan conflictos simbólicos, como la transformación de fiestas tradicionales, mercados o rituales religiosos en espectáculos para turistas, lo que genera malestar en las comunidades que ven cómo se trivializa su cultura o se pierden los significados originales de sus prácticas.

A nivel ambiental, la masificación turística ha producido impactos negativos en espacios naturales protegidos, zonas costeras o patrimonios culturales, que se ven deteriorados por el exceso de visitantes, la presión constructiva o la contaminación. Este fenómeno, conocido como sobrecarga turística (*overtourism*), ha llevado a muchos municipios a establecer límites, tasas turísticas o restricciones de acceso (Blanco-Gregory, 2022).

Desde la Sociología, estos conflictos se interpretan como luchas por el derecho a la ciudad y al territorio, donde el espacio se convierte en un bien disputado entre la lógica del capital, la lógica del ocio y las necesidades de la vida cotidiana.

4.4. Turismo y sostenibilidad socioterritorial

Frente a estos retos, el concepto de sostenibilidad socioterritorial permite pensar el turismo desde una perspectiva integral, que no se limite a los aspectos ecológicos, sino que tenga en cuenta la justicia social, la equidad territorial y la participación ciudadana.

La sostenibilidad no implica sólo reducir emisiones o proteger ecosistemas, sino garantizar que los beneficios del turismo se distribuyan de forma equitativa, que las comunidades locales tengan voz en las decisiones y que se preserve el tejido social y cultural de los destinos (Blanco-Gregory et al., 2019; Enseñat-Soberanis y Blanco-Gregory, 2022).

Algunas ciudades y regiones están adoptando enfoques de turismo responsable, promoviendo iniciativas comunitarias, cooperativas de servicios turísticos o sistemas de planificación participativa. En zonas rurales, se desarrollan proyectos de turismo comunitario que permiten a las poblaciones locales gestionar directamente la oferta y conservar su modo de vida.

Desde la Sociología, estos enfoques pueden ser vistos como intentos de rearticular el vínculo entre personas, territorio y economía, recuperando una lógica del cuidado frente a la lógica de la explotación. Como señalan Hall y Lew (2009), el desarrollo turístico sostenible exige una comprensión profunda de las dinámicas sociales, políticas y culturales que configuran los destinos.

En última instancia, el reto no es eliminar el turismo, sino transformarlo en una práctica más justa, consciente y vinculada a los valores de solidaridad y respeto por los territorios.

5. APROXIMACIÓN A LA INVESTIGACIÓN EN SOCIOLOGÍA DEL TURISMO

La Sociología no solo ofrece teorías para entender el turismo, sino también métodos concretos para estudiarlo en profundidad. A través de técnicas cualitativas y cuantitativas, los y las sociólogas analizan cómo se producen, viven y transforman las prácticas turísticas, quiénes participan en ellas, con qué recursos, qué efectos generan sobre las personas y los territorios, y cómo se relacionan con las desigualdades sociales.

En este sentido, la investigación sociológica aplicada al turismo permite dar voz a distintos actores sociales, identificar problemas invisibilizados, aportar datos para políticas públicas y promover formas más justas y sostenibles de viajar y acoger.

5.1. Perspectiva crítica y participativa: Turismo y comunidades

Una línea de creciente importancia en la Sociología del Turismo es la que adopta una mirada crítica y participativa. Esto significa no sólo estudiar el turismo como objeto, sino también cuestionar sus efectos sociales, sus desigualdades y su lógica de desarrollo. Además, se promueve que las propias comunidades implicadas participen activamente en la investigación. Como parte de lo que se ha denominado el "giro crítico" en los estudios de turismo, Bianchi (2009) subraya la necesidad de analizar el turismo desde perspectivas que incorporen las relaciones de poder, las desigualdades estructurales y los impactos sociales en las comunidades receptoras. Esta mirada crítica abre espacio para enfoques más éticos y participativos, que consideran al turismo no solo como industria, sino como fenómeno social complejo que debe orientarse hacia la justicia social.

Este enfoque está presente en los estudios de turismo comunitario, donde se analiza cómo las poblaciones locales pueden tomar el control de la actividad turística para que esta beneficie realmente a su comunidad, en lugar de ser impuesta desde fuera. De esta forma, resulta muy relevante el papel de las poblaciones locales en la gobernanza del turismo en sus territorios (Blanco-Gregory et al., 2025).

También se emplea en proyectos de investigación acción participativa, en los que se investiga y se interviene al mismo tiempo, junto con los actores sociales. Por ejemplo, se han desarrollado investigaciones en barrios urbanos afectados por la gentrificación turística, donde los investigadores colaboran con asociaciones vecinales para recoger datos, proponer soluciones y defender el derecho a la ciudad. En esta línea, Higgins-Desbiolles (2008) propone el concepto de "turismo de justicia" como alternativa transformadora frente a los modelos turísticos tradicionales, enfatizando la importancia de la equidad social, la participación comunitaria y el respeto a los derechos humanos.

Este tipo de aproximación sociológica tiene una fuerte dimensión ética y política, pues considera que el conocimiento debe servir para mejorar las condiciones de vida y empoderar a las personas, no solo para generar publicaciones académicas.

5.2. Ejemplos de líneas actuales de investigación

Actualmente, la Sociología del Turismo aborda múltiples temas, muchos de ellos vinculados a los retos contemporáneos que presenta el mundo global:

Turismo inclusivo: se investigan las barreras que enfrentan las personas con discapacidad, mayores o con bajos recursos para acceder al turismo, así como las iniciativas que promueven una mayor equidad. Estos estudios combinan análisis de accesibilidad, representaciones culturales y derechos sociales (Richards, 2018).

Turismo post-COVID: tras la pandemia, se han multiplicado los estudios sobre cómo ha cambiado la manera de viajar, la percepción del riesgo, las relaciones entre turistas y residentes, o el futuro de los destinos. La crisis sanitaria también abrió debates sobre la dependencia excesiva del turismo en muchas economías y la necesidad de diversificar y reducir la masificación (Gössling et al., 2021).

Turismo regenerativo: una línea emergente que va más allá de la sostenibilidad, proponiendo que el turismo no solo minimice sus impactos negativos, sino que tenga efectos positivos en los lugares visitados: restauración ecológica, fortalecimiento comunitario, revitalización cultural. Este enfoque parte de una visión holística del territorio y del papel del turismo como agente de transformación social.

Estas líneas de investigación muestran que el turismo no es solo un tema económico o recreativo, sino un fenómeno profundamente social, que revela las tensiones, aspiraciones y contradicciones del mundo en que vivimos.

Figura 3. Líneas actuales de investigación en turismo.

Fuente: https://blogs.uoc.edu/economia-empresa/es/el-nuevo-comportamiento-de-los-turistas-despues-de-la-pandemia-de-covid-19/; https://elsouvenir.com/turismo-incluyente-viajes/; https://kuna.bbk.eus/el-turismo-regenerativo-una-forma-sostenible-de-viajar-y-conocer-mundo/;

6. CONCLUSIONES DEL CAPÍTULO

A lo largo de este capítulo hemos podido constatar que el turismo no es solo un fenómeno económico o una práctica de ocio, sino una realidad profundamente social. Viajar, elegir destinos, acoger visitantes o transformar territorios en espacios turísticos implica siempre relaciones humanas, significados culturales, estructuras de poder y procesos históricos. En este sentido, el turismo es un objeto legítimo, necesario y fértil para el análisis sociológico.

Desde sus primeros enfoques, la Sociología del Turismo ha aportado una mirada crítica y contextualizada que permite entender qué motiva a los turistas, cómo se construyen las experiencias de viaje, qué desigualdades atraviesan el acceso al ocio y cómo los territorios son moldeados por esta actividad. Clásicos como Boorstin, MacCannell, Cohen o Urry abrieron caminos para interpretar las complejidades del turismo en la sociedad moderna y postmoderna, sentando las bases para una comprensión más profunda de la "mirada del turista", de la autenticidad buscada o de la teatralización de los espacios.

El enfoque sociológico ha enriquecido el estudio del turismo al vincularlo con temas clave como la estratificación social, el género, la migración, el trabajo precario, la sostenibilidad y los conflictos territoriales. Además, la aplicación de metodologías cualitativas y cuantitativas ha permitido acercarse tanto a los grandes procesos globales como a las experiencias cotidianas de personas concretas, en contextos urbanos y rurales, del norte y del sur global.

De cara al futuro, la Sociología del Turismo se enfrenta a importantes desafíos. El primero es comprender los efectos del cambio climático y del turismo masivo sobre la sostenibilidad de los destinos. También es urgente seguir profundizando en las desigualdades de acceso y participación, apostando por un turismo más inclusivo, accesible y justo. Por último, se hace necesario un mayor diálogo entre el conocimiento académico y las comunidades locales, fomentando investigaciones participativas que no solo expliquen el turismo, sino que ayuden a transformarlo en beneficio de las personas y del entorno.

Estudiar el turismo desde la Sociología no solo amplía la comprensión de un fenómeno contemporáneo clave, sino que enriquece la mirada sobre la sociedad en su conjunto, aportando herramientas críticas para interpretarla y transformarla.

XXIII. TRANSFORMACIONES EN EL MUNDO DEL TRABAJO Y EN LA ORGANIZACIÓN EMPRESARIAL A PARTIR DE LA DIGITALIZACIÓN

MARGARITA CALLEJA ALDANA
Universidad de Extremadura

MARCELO SÁNCHEZ-ORO SÁNCHEZ
Universidad de Extremadura

1. INTRODUCCIÓN

Vivimos una época de profundas transformaciones en el mundo del trabajo, impulsadas por el avance vertiginoso de la digitalización y la inteligencia artificial (IA). Estas tecnologías no solo están redefiniendo los procesos productivos y las estructuras organizativas, sino que también están alterando las formas de empleo, las relaciones laborales y las percepciones sociales sobre el trabajo. En este contexto, el presente capítulo se propone analizar los cambios que atraviesan las sociedades contemporáneas, con especial atención a los impactos de la digitalización en la organización empresarial y en la configuración del empleo.

Desde una perspectiva sociológica, se abordan las tensiones entre innovación tecnológica y estructura social, destacando cómo las transformaciones laborales no son únicamente el resultado de avances técnicos, sino también de negociaciones sociales, culturales y políticas. El trabajo, entendido como una construcción social[26], se ve interpelado por nuevas formas de producción, por la emergencia de valores laborales distintos entre generaciones y por la creciente centralidad del conocimiento como motor económico.

---

[26] Jeremy Rifkin, Manuel Castells, o Lucas Marín, citados en este capítulo.

Esquema 1. Transformaciones en el mundo del trabajo

Transformaciones en el mundo del trabajo

Impulsados por

Digitalización, IA

Redefinición de:

Procesos productivos
Estructuras organizativas

Alteración de:

Formas de empleo
Relaciones laborales
Percepciones sociales del trabajo

Perspectiva Sociológica

El trabajo como construcción social

Innovación tecnológica VS Estructura social
Negociaciones culturales, sociales y políticas
Nuevos valores laborales generacionales
Centralidad del conocimiento

Fuente: Elaboración propia

Este análisis se articula en torno a varios ejes: la transición hacia una sociedad informacional, el auge del teletrabajo y las formas híbridas, la precarización y el surgimiento del "precariado", así como los desafíos éticos y organizativos que plantea la IA. Se busca comprender no solo los cambios en curso, sino también las oportunidades y riesgos que estos conllevan para el futuro del trabajo y de las organizaciones.

2. TRABAJO Y SOCIEDAD INFORMACIONAL

Nuestro punto de partida es Rifkin (1996), quien propone una reflexión sobre la transformación del trabajo tradicional, como consecuencia de la aparición de las nuevas tecnologías, en especial las relativas a las de la información y comunicación. Los cambios en el trabajo no va a depender tanto de los avances tecnológicos y del mercado, como de la compleja red de mediación de los procesos organizativos, la mayor parte de los cuales están ligados a negociaciones entre partes interesadas. Pese al catastrofismo con el que suelen tratarse estos temas, las visiones más prudentes confían en la interacción entre tecnologías y mercados, con tecnologías de coste reducido desplazando a sus antecesoras más caras, pero sólo dentro de los límites de la demanda del mercado.

Frente a los que consideran que hemos llegado al fin del trabajo humano, se plantea que es posible que asistamos a cambios de una organización social concreta y compleja, cuya realidad es producto de una historia con influencia de muchos intereses hasta lograr el equilibro. Esta realidad laboral tiene dos características; por un lado, la forma ordinaria de añadir valor en la sociedad tiene que ver con el conocimiento y la investigación, esto es con la producción y tratamiento de la información; por otro, las nuevas formas de trabajo y empleo en expansión se enmarcan en el sector servicios.

La información se ha transformado en el principio productivo de las sociedades más avanzadas. La formación y el conocimiento son las variables decisivas en la productividad y en la competitividad, el capital también cuenta; pero conocimiento y tecnología sin capital, puede generar capital (p.e. Bill Gates); sin embargo, capital, sin tecnología ni conocimiento, es malograr el capital. En otros momentos de la historia la información tal vez no ha sido tan importante para la economía y para la sociedad. La tecnología siempre ha implicado poder; sin embargo, lo que cambia hoy, es la fuerza que tienen las tecnologías de la información y la importancia que se acrecienta porque estas tienen un papel decisivo para procesar, y transmitir muy deprisa y con gran flexibilidad enormes cantidad de contenidos, lo que incrementa la utilidad potencial (Castells Oliván, 2004).

El trabajo en red es otro elemento fundamental de las sociedades informacionales, según Castells (2004), quien no se refiere a las redes de empresas presentes a principios del siglo XX, con la producción en serie y el aumento y mejora de las comunicaciones; sino al referido a ensamblar varios elementos, varias personas, varias partes de la empresa o varias empresas, para hacer algo juntos. Lo cual tiene la ventaja de la flexibilidad y de la adaptación rápida a la demanda, cuando ésta presiona a la organización; pero cuando no hay demanda, la red se disuelve. El gran problema es la coordinación. Es difícil coordinar diferentes empresas y segmentos de empresas, y a muchos cientos de personas en espacios laborales diversos; pero las nuevas tecnologías de la información (TIC) permiten la flexibilidad de la red, la coordinación y la unidad del proyecto para decidir las tareas a realizar. Lucas Marín (2002) pone como ejemplos de éxito de la empresa red la recuperación de IBM, el éxito de Benetton, o la enorme expansión de Cisco. La existencia de elementos nucleares de la red puede dar lugar a tipos de empleos más o menos estables.

La globalización es una de las principales características de las sociedades informacionales. Más allá de los planteamientos míticos, globalización significa que una parte nuclear de la economía funciona como una unidad en tiempo real a escala planetaria. O sea, que las actividades económicas centrales trabajan de forma simultánea, coordinadas, a través de una red de interconexiones mundiales. Esto ocurre en el mercado de capitales y hoy se puede decir lo mismo respecto al flujo de información; pero no ocurre en todos los campos de la producción y desde luego no en los servicios personales. Eso es lo que hacen las mayores corporaciones multinacionales: con sus empresas y relaciones auxiliares constituyen el corazón mundial de la producción industrial y de servicios. Este elemento de la globalización hace que, aunque la gran parte de la fuerza de trabajo y la mayoría de las empresas no estén para nada globalizadas, la dinámica y la situación y el funcionamiento de las economías de todos los países dependan de la conexión de este núcleo central (Lucas Marín & García Ruiz, 2002).

Los cambios en la producción global no se producen solo respecto a cómo se fabrican los productos sino también a dónde se lleva a cabo esta fabricación. Durante buena parte del siglo XX, las más importantes organizaciones empresariales eran grandes compañías manufactureras, que controlaban tanto la producción de bienes como su venta. Por ejemplo, las empresas automovilísticas gigantescas como la Ford con la General Motors, en Estados Unidos, son un buen ejemplo de este tipo de organización. Empleaban a decenas de miles de obreros en sus fábricas, que producían desde los componentes individuales hasta los vehículos finales que se ponían a la venta en los expositores de la propia empresa. Los procesos de producción estaban dominados por grandes burocracias a menudo controlados por una única empresa. Pero, durante los últimos 20 o 30 años, ha cobrado importancia otra forma de producción controlada por las grandes empresas minoristas. En este modelo, compañías como la estadounidense Wal-Mart (que en 2000 era la segunda mayor empresa del mundo), compran productos a los fabricantes, que a su vez se los encargan a otras compañías independientes. Los sociólogos estadounidenses Edna Bonacich y Richard Appelbaum (2000) indican que, en realidad, la mayor parte de los fabricantes de prendas de vestir no emplean a ningún trabajador textil, sino que se basan en miles de empresas de todo el mundo para fabricar sus productos, que luego venden en grandes almacenes y todo tipo de tiendas de moda. Los fabricantes de ropa no son propietarios de ninguna de estas fábricas por lo que no son responsables de las condiciones de trabajo. Dos tercios de toda la ropa que se vende en EEUU se fabrica fuera del país, donde se les paga a los obreros y obreras una pequeña fracción de los salarios estadounidenses. En China, por ejemplo, son afortunados si reciben 40 $ al mes. Estos autores sostienen que dicha competencia ha producido una "carrera a muerte" global, en la que minoristas y fabricantes están dispuestos a desplazarse a cualquier lugar del mundo con el fin de pagar los salarios más bajos posibles. Como resultado de ello, probablemente, gran parte de la ropa que compramos en la actualidad ha sido confeccionada en maquilas por jóvenes trabajadores (la mayoría muchachas adolescentes) que reciben unos centavos por fabricar artículos de vestir o zapatillas deportivas que se venden luego por decenas, a veces por cientos de euros (Giddens, 2010).

2.1. La influencia de la nueva infraestructura tecnológica digitalización e inteligencia artificial (IA)

En consecuencia, desde esta perspectiva de la organización, cabe diferenciar también unos trabajos más autónomos, creativos, que exigen innovación de otros más genéricos. Los primeros consisten en aquellas tareas que Castells denomina "autoprogramables". Son las que desarrolla el trabajador que tiene una capacidad de definir sus habilidades, conforme va cambiando la tecnología y conforme cambia su puesto de trabajo. Aquí hay que diferenciar entre el nivel de educación y las cualificaciones. Lo que importa más que unas cualificaciones, es una cultura básica que incluye capacidad de asociación, de saber cuáles son los conocimientos que se necesitan para las tareas que hay que hacer, donde buscarlas, como aprenderlas y como aplicarlas. Se necesita un nivel intelectual general, lo cual implica toda una redefinición del sistema de educación. Junto a esto hay lo que puede llamarse el trabajo genérico, que realiza gente con un nivel educación más o menos elemental, simplemente recibe instrucciones y ejecuta órdenes, e incluso no le dejan hacer más que eso. Este tipo de trabajo genérico, efectivamente, puede ser eliminado fácilmente al ser sustituido por máquina suficientemente sofisticadas o por el traslado de la producción de un país a otro, con salarios inferiores, por ello es claro que, en las sociedades avanzadas, la forma de trabajo genérico compite cada vez más con máquinas y con el trabajo genérico en otros países que forman parte de nuestro mismo mercado de trabajo.

Esquema 2. Trabajos autónomos y Trabajos genéricos

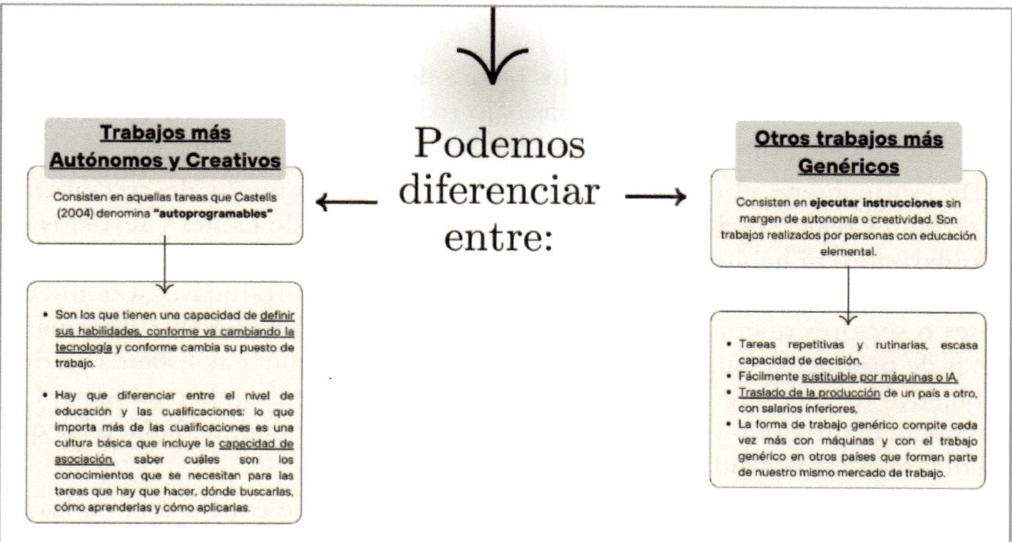

Fuente: Elaboración propia a partir de Castells (2004)

De esta manera se puede afirmar que el trabajo genérico ha dejado de ser central en las sociedades informacionales. Si la primera revolución industrial en el siglo XVIII inicia un proceso de desaparición del trabajo agrícola, con la consiguiente multiplicación de las tareas industriales, los nuevos cambios que supone la aparición de las sociedades informacionales dan lugar, no solo al aumento creciente del sector del sector servicios, sino principalmente dentro de este sector, a un tipo de tarea relacionada íntimamente con la creación y manejo de información (Lucas Marín & García Ruiz, 2002).

La economía "basada en el conocimiento" describe la tendencia de los países de economías avanzadas hacia una gran dependencia del conocimiento, la información y altos niveles de instrucción. Solo las personas con buena formación son capaces de acceder a los nuevos puestos de trabajo que crea este tipo de economía. De esta manera se confirma la expresión de que la información es poder, pero solo para los que tienen capacidad de transformarla en conocimiento (información organizada), por eso únicamente la información bien interpretada, veraz y relacionada con otras informaciones relevantes, puede ser utilizada con eficacia. Pero para esto es necesaria una educación previa. En esta economía basada en el conocimiento, se considera al propio conocimiento como un bien objeto de consumo. Es necesario tener presente algunas características que lo convierten en un bien o un objeto diferente a los otros, por ejemplo:

- El uso del conocimiento genera retornos crecientes, a diferencia de la inversión en activos físicos convencionales.
- El conocimiento crea obsolescencia de otro conocimiento anterior de una manera automática, de acuerdo con el proceso denominado Schumpeter (1942) "destrucción creativa".
- Su empleo es diferente al de los bienes de capital, pues no se intenta producir más bienes a un coste más bajo (como en el caso de los procesos de innovación pura), sino producir bienes que aún no existen.

De esta manera, el empleo, que podría servir como motor de crecimiento en términos reales, está relacionado con la producción de bienes y servicios no estandarizados ni habituales, frente a la idea tradicional precisamente basada en la estandarizar lo que se produce y rutinizar los procesos productivos. Los nuevos países o sectores que quedan fuera de la nueva economía deben conformarse con ir de productos simples a productos complejos aunque sean estandarizados. El objetivo de esta nueva economía es albergar el aprendizaje tecnológico. Los que pueden aprender a hacerlo más rápido para una calidad de dada, o los que pueden mejorar la calidad, son competitivos.

La experiencia muestra que las pérdidas de empleo se concentran en las industrias manufactureras que producen bienes estandarizados, susceptibles de mecanización y de ser realizados en áreas de bajos salarios. Estos empleos de bajos salarios se concentran sobre todo en ciertas ocupaciones que producen artículos y servicios de gran consumo. El crecimiento de empleos de salarios altos se localiza, en cambio, en aquellas ocupaciones que realizan una tarea intelectual, distribuida en diferentes sectores, pero sobre todo en productos avanzados y servicios financieros intensivos en tecnologías y diseños, o en servicios de consumo de un alto valor de un alto valor añadido. En cualquier caso la emergencia de una nueva economía basada en el conocimiento, el aumento de la globalización y la expansión de las TIC, generan posibilidades de crecimiento económico al tiempo que hace necesario afrontar importantes desafíos en especial comprender los cambios en los que estamos inmersos (Castells Oliván, 2004).

Estudios recientes sobre la relación entre desempleo y nuevas tecnologías invitan a la prudencia y a considerar la tecnología más bien como creadora de empleos de calidad que como productora de paro. El desempleo es un problema social de gran envergadura, más relacionado (como la propia consideración del trabajo) con problemas sociales que con los avances tecnológicos. De todas maneras, debemos hacer dos precisiones sobre los niveles de desempleo que caracterizan a cada tipo de sociedad:

I. La primera es que la evolución del desempleo tiene que ver con la capacidad de adaptación a los cambios en la estructura productiva lo que está muy unido al momento del proceso de desarrollo,

II. La segunda es que hay variables muy importantes vinculadas con este fenómeno de tipo político, cultural e histórico, que van a tener como consecuencia un resultado diferente en la lucha contra el desempleo.

Esquema 3. Tecnología y Desempleo

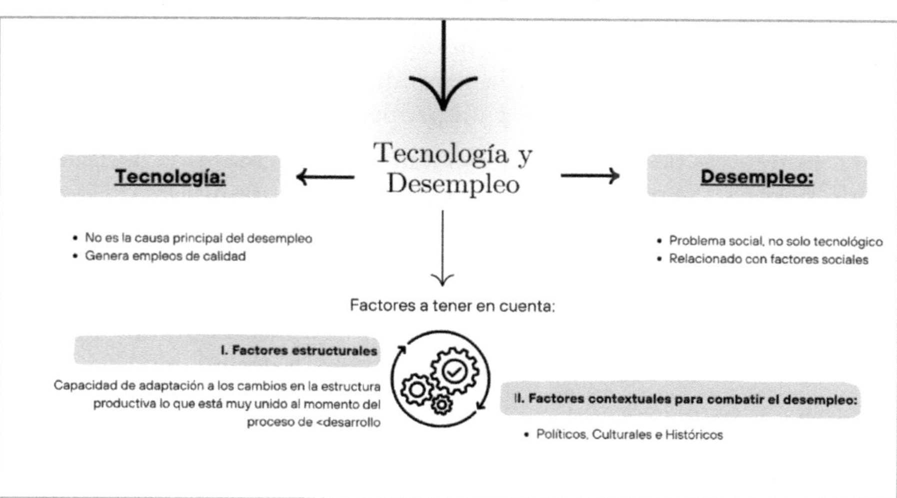

Fuente: Elaboración propia a partir de Castells (2004)

2.2. *La organización y percepciones sobre el trabajo*

La evolución del mercado de trabajo caracterizado por las deslocalizaciones industriales y la robotización, junto con la concentración de rentas y la reducción del empleo público y unido al deterioro de la protección social de las personas asalariadas en los últimos años, en lo que se denomina "precarización del mercado laboral", manifiesta una situación de persistencia en la tasa de pobreza, incluso para las personas trabajadoras, con un 12,5% (INE, 2022).Tras un periodo de crecimiento, auspiciado por las democracias occidentales del bienestar, de solidez en las relaciones laborales, con amplios niveles de aceptación de obligaciones y derechos, el sistema está dando muestras de saturación (Gorjón, 2019). John Maynard Keynes (1930) predijo que en unos 100 años vista el sistema habría alcanzado una bonanza económica, gracias a la implementación de un sistema de redistribución de la riqueza y de un sistema productivo eficiente. Vaticinaba que, llegados a este punto, no sería necesario trabajar o, de hacerlo, bastarían tres horas diarias. Predijo distintos fenómenos que se avecinaban, como la automatización del trabajo (a la que denominó "desempleo tecnológico"). Pero creía que esos cambios eran síntomas de progreso hacia una sociedad mejor, hacia la liberación colectiva del trabajo.

Actualmente, el sistema parece estar a punto de transformarse, pero no como Keynes esperaba. Se suponía que el destino de la Generación Z sería una vida de no-trabajo, ocio y creatividad. En cambio, se enfrenta a una etapa de salarios estancados y de crisis ecológica. Las nuevas generaciones cuestionan la cultura de la productividad a costa del bienestar y se destaca la importancia de recuperar el control del tiempo para dedicarlo a actividades que realmente contribuyen a una vida plena y significativa. ¿Vivir para trabajar o trabajar para vivir?, se preguntan las nuevas generaciones. Mientras que las generaciones *Baby Boomers* y Generación X se decantan por la primera, las nuevas generaciones Millennials y Generación Z, parecen optar por la segunda, en la búsqueda de un equilibrio entre la vida personal y profesional y un propósito en el empleo.

Existen evidencias de que la ecuación a más trabajo más prosperidad no arroja un saldo positivo. Según el Instituto de Política Económica (2022) mientras la productividad de los trabajadores aumentó en Estados Unidos un 69,6% entre 1979 y 2019, el salario por hora solo subió un 11,6%. Los ingresos, los salarios y la riqueza generados en las últimas cuatro décadas no han llegado a la gran mayoría, en gran parte porque las decisiones políticas tomadas en nombre de aquellos con más ingresos, riqueza y poder han exacerbado la desigualdad.

Esta situación ha provocado percepciones muy negativas sobre la concepción del trabajo. Estados Unidos vivió la Gran Renuncia o Gran Dimisión en la primavera de 2021, unido a la 'vuelta a la oficina' tras el fin de las medidas más restrictivas asociadas a la pandemia por Covid-19. Este fenómeno está protagonizado por un porcentaje importante de empleados y empleadas dispuestos a abandonar su puesto de trabajo en busca de un modelo laboral que se amolde en mayor medida a sus necesidades vitales. Según Klotz (2022) se trata de un patrón de comportamiento que ha llevado a millones de empleados y empleadas a abandonar sus puestos de trabajo de forma masiva. En concreto, entre los meses de marzo y julio del 2021, casi 4 millones de personas renunciaron a sus empleos en Estados Unidos cada mes, dejando un balance global de 12 millones de renuncias tan solo en ese periodo. Si bien este comportamiento no se ha mantenido en el tiempo, lo que se evidencia son síntomas consistentes de una crisis profunda de la legitimidad del modelo laboral en las sociedad más desarrolladas (McQueen, 2023).

Factores como el daño a la salud mental causado por la pandemia, la pérdida de familiares, la necesidad de alcanzar un equilibrio mayor en materia de conciliación, la normalización del teletrabajo, una revalorización de las redes humanas de apoyo y solidaridad, el uso del tiempo libre durante la pandemia para replantear prioridades vitales… o tendencias como el *smart working* (Wolters Kluwer, 2025), cada vez más generalizadas, han sido el caldo de cultivo para este movimiento que ha llevado a miles de personas a replantearse sus vidas de una forma más holística y, paralelamente, a las empresas a analizar cómo retener talento y mantener motivados a sus empleados en un escenario cambiante.

Por tanto, las percepciones acerca del trabajo a lo largo del curso de la vida en las generaciones más jóvenes están cambiando, en la línea que tan plásticamente describió Bauman (2000) con el concepto de 'modernidad líquida'. Bauman utiliza esta teoría para explicar cómo al verse agitados los principios y las costumbres sólidas, también ha cambiado la forma de trabajar, vivir y hasta de comportarse de las personas. Sofía Rodríguez Blázquez, citada en (Cuevas Vega, 2023), asegura que esta sociedad líquida, a pesar de que trae consigo "una mayor libertad de actuación y de pensamiento", también tiene una parte negativa, y es que "se perdieron los puntos de orientación por estar en constante cambio". En su teoría expone que uno de los ámbitos más afectados por esta modernidad líquida es, justamente, el laboral.

El trabajo para "toda la vida" que han tenido las anteriores generaciones se tambalea y ha repercutido de manera determinante en la percepción del valor social del trabajo en las nuevas generaciones. La revista Emprendedores (Ramos Martínez, 2024) analiza las nuevas actitudes de los jóvenes ante el trabajo, y afirma que el mercado laboral se encuentra en una encrucijada, ya que vivimos un momento en el que la generación del *Baby Boom* está empezando a jubilarse, a la par que la Generación Z empieza a llegar como reemplazo. Esta fuente advierte que la transición no será sencilla. Por un lado, la cantidad de jóvenes que ahora acceden al mercado laboral no permite el reemplazo, en términos numéricos, de los *boomers* que se retiran. Y, por otra parte, la manera de entender la vida, el trabajo y las prioridades de unos y otros son muy distintas.

Abundando sobre esta nueva realidad socio-laboral, Henkel Ibérica (2024) afirma que los cambios sociales han jugado un papel decisivo en la evolución de las expectativas laborales. La igualdad de género, la diversidad e inclusión y el equilibrio entre la vida laboral y personal son temas que han ganado prominencia con el tiempo. La generación *Baby Boomers* y la Generación X vivieron épocas donde la estructura organizacional era más jerárquica y rígida, y donde las largas jornadas trabajo eran la norma para avanzar profesionalmente. En contraste, los *Millennials* y la Generación Z valoran la igualdad y la diversidad en el lugar de trabajo. Buscan empleadores que promuevan un entorno inclusivo y que ofrezcan oportunidades equitativas para todos y todas, independientemente de su género, raza u orientación sexual.

Tabla 1. Percepciones del Trabajo por Generación

Generación	Lealtad	Flexibilidad	Tecnología	Liderazgo deseado	Motivación clave
Baby boomers	Alta	Baja	Adaptados	Democrático	Estatus y deber
Generación X	Media	Alta	Competentes	Delegador y competente	Reconocimiento
Millennials	Baja	Muy alta	Nativos	Coach colaborativo	Desarrollo personal
Generación Z	Muy baja	Extremadamente alta	Expertos	Guía horizontal	Bienestar + sentido

Fuente: elaboración propia a partir de (Imperial, Mondelli, & Rivera, 2023)

La digitalización de la vida organizativa e la irrupción de la inteligencia artificial (IA) han acelerado estas percepciones. Los cambios no se limitan a los sistemas económicos, sino que remodelan profundamente las estructuras sociales, la naturaleza del trabajo y las vidas de las personas.

2.3. El trabajo en el futuro

Hester & Srnicek (2024, pp. 12 y ss) analizan el reciente resurgimiento de las perspectivas del "postrabajo", una respuesta a la idea de sociedades basadas en el trabajo. Sin embargo, critican la tendencia a centrarse casi exclusivamente en el trabajo asalariado, particularmente en industrias y empleos dominados por hombres, dejando de lado un aspecto crucial: el trabajo de reproducción social, que abarca la crianza de futuras generaciones, la regeneración de la fuerza laboral actual y el sustento de quienes no pueden trabajar, es fundamental para el funcionamiento de las sociedades. Irónicamente, este aspecto vital se ignora en gran medida en las especulaciones sobre el "fin del trabajo", que a menudo visualizan robots reemplazando trabajos en fábricas y oficinas, pero no en hospitales, hogares de ancianos o guarderías.

El trabajo reproductivo, forma ya parte del "postrabajo" y suele ser ignorado por considerarse que no es "trabajo real", especialmente cuando no es remunerado o se realiza en el ámbito familiar. Hester & Srnicek citan a André Gorz, quien propone que el objetivo del postrabajo no debería ser simplemente liberar a la mujer de las tareas domésticas, sino ampliar la racionalidad no económica de estas actividades más allá del hogar. Hay, por tanto, una necesidad de una visión más amplia e inclusiva del trabajo, que vaya más allá del trabajo asalariado y reconozca la importancia del trabajo reproductivo, a menudo feminizado y no remunerado. El "fin del trabajo" omite un sector esencial de la actividad humana. La aportación de Hester & Srnicek nos conduce a considerar la complejidad del mundo del trabajo y la necesidad de una perspectiva crítica, abierta a todas sus dimensiones: económicas y sociales. La relación entre el trabajo reproductivo (enseñanza, cuidado de niños, enfermería) y las ambiciones del postrabajo tienen un punto de partida: la tendencia a considerar el trabajo reproductivo como una vocación separada del beneficio económico, naturalizándolo como una expresión de cualidades femeninas innatas y un acto de afecto autónomo, incluso como una forma de resistencia postcapitalista. La familia se presenta como un espacio de respiro frente a las presiones del mundo externo, un modelo idealizado para un mundo mejor, una imagen que las empresas buscan replicar para fomentar la lealtad de sus empleados. Pero, sostienen Hester & Srnicek, los intentos de reducir o rechazar el trabajo reproductivo a lo largo de las últimas décadas se han considerado arrogantes, mal planteados e incluso poco éticos. La automatización, aunque viable en sectores como la industria manufacturera, resulta problemática en el ámbito del trabajo reproductivo. Si bien la idea de reemplazar humanos por máquinas para liberar tiempo es atractiva, la automatización de tareas reproductivas resulta, en muchos casos, imposible o indeseable. Un rasgo distintivo de gran parte del trabajo reproductivo es su resistencia a los incrementos de productividad. La reducción de la jornada laboral no implicaría simplemente una disminución del tiempo dedicado al cuidado de otros, sino que podría perpetuar y profundizar las desigualdades existentes. No todos los trabajos van a ser reemplazados por máquinas. Según Erik Brynjolfsson y Andrew McAfee (2016) todavía tendremos ventaja en tareas que requieren creatividad (como el arte o la ciencia), inteligencia emocional (como cuidar o comunicarse con otras personas), o habilidades manuales delicadas. Esto representa una buena oportunidad para las mujeres, dice la economista del FMI Era Dabla-Norris, porque muchas de ellas ya trabajan en sectores donde se necesita ese tipo de habilidades: salud, cuidado de niños y mayores, y atención al cliente. Además, Dabla-Norris (2018) señala que hay otros avances importantes: hoy en día, las mujeres tienen más posibilidades de llegar a puestos de liderazgo que en el pasado. Aunque todavía hay desigualdades, cada vez más mujeres están entrando en carreras científicas, tecnológicas y matemáticas.

Zárate dice que hablar sobre el trabajo del futuro es como abrir una caja llena de esperanzas y miedos. Por un lado, está la imagen idealizada de alguien que trabaja por su cuenta desde la playa, con su móvil y su portátil. Por otro lado, está la realidad dura de personas como los repartidores, que tienen que seguir reglas impuestas por algoritmos, sin acceso a prestaciones como el paro, la baja médica o la jubilación. Cómo será realmente ese futuro depende de muchos factores, como el país donde vivas, tu nivel de estudios o tu género. Y eso hace que sea muy difícil predecirlo con exactitud. Entonces, la pregunta es: ¿en qué momento dejamos de hacer predicciones y empezamos a analizar las fuerzas reales que ya están cambiando la forma en que trabajamos hoy? Según Prithwiraj Choudhury, citado por (Zárate, 2021), profesor en Harvard, tecnologías como "Twin Model"[27] o "modelo gemelo" harán posible que el teletrabajo llegue a sectores donde antes era impensable, como fábricas o incluso quirófanos. Él cree que el trabajo a distancia, que se hizo común durante la pandemia, va a seguir creciendo y traerá beneficios tanto para trabajadores como para empresas. Para los trabajadores, el teletrabajo tiene muchas ventajas. Por ejemplo, pueden mudarse a lugares más agradables, más baratos o más cerca de su familia. Esto les permite aprovechar mejor su sueldo. Además, según Choudhury, esto puede beneficiar especialmente a las mujeres, aunque su planteamiento diste del que formulan Hester & Srnicek. Choudhury cree que si una familia tiene que mudarse, ahora es más fácil que ambos miembros de la pareja mantengan sus trabajos. Antes, muchas mujeres perdían oportunidades laborales porque no podían mudarse cuando sus parejas no querían cambiar de ciudad. Choudhury ha estudiado el teletrabajo durante varios años. Participó en un experimento en la oficina de patentes de EE. UU., donde primero dejaron que algunos empleados trabajaran desde casa, y luego desde cualquier lugar del mundo. ¿El resultado? Aumentó la productividad, los empleados estaban más contentos y se redujeron los gastos en oficinas.

Algunas personas se preguntan si trabajando desde casa seremos igual de creativos, ya que no tendremos esas charlas informales que surgen en la oficina, como las conversaciones junto a la máquina de café. También preocupa cómo podremos

[27] El "Twin Model" o "modelo gemelo" es una tecnología que se usa mucho en la industria del petróleo. Consiste en crear una copia digital de una planta petrolera real. Esta copia permite controlar la planta desde lejos. ¿Cómo funciona? Se colocan sensores en la planta real que envían información en tiempo real a su gemelo digital, que se ve en una pantalla. Así, desde cualquier lugar, se puede saber si algo necesita mantenimiento, cuánta capacidad tienen los tanques, o cualquier otro dato importante. Incluso, algunas tareas se pueden hacer a distancia.

ser considerados para ascensos si no estamos físicamente presentes. Pero según Choudhury, esto no debería ser un problema. Menciona estudios del MIT que se hacen desde 1977, los cuales muestran que esas interacciones informales en la oficina solo ocurren cuando las personas están muy cerca físicamente, a menos de 25 metros. Si hay una pared entre ellos, la probabilidad de que hablen baja mucho, y si están en edificios distintos, casi no se comunican. Incluso en la oficina, esas charlas espontáneas no son tan comunes como pensamos, y el trabajo remoto no tiene por qué impedir la creatividad ni las oportunidades de crecimiento.

En sus investigaciones, Choudhury (2021) propone una idea para reemplazar las charlas informales que ocurren en la oficina, como cuando la gente se encuentra junto al dispensador de agua. A esto lo llama "dispensadores de agua virtuales". A diferencia de las típicas reuniones sociales por Zoom (como los "happy hours" virtuales), estos encuentros serían entre empleados seleccionados al azar, pero mezclando personas de distintos niveles dentro de la empresa (por ejemplo, becarios con directivos). En un experimento, se vio que los becarios que participaron en estas reuniones con jefes de alto nivel mejoraron su rendimiento en las semanas siguientes y tuvieron más posibilidades de que les ofrecieran un puesto en la empresa.

La oficina no solo es un lugar para trabajar, también es un espacio importante para socializar. Según Choudhury, eso no se perderá si seguimos yendo de vez en cuando. Por ejemplo, podríamos trabajar un 80% del tiempo desde casa y solo un 20% en la oficina, o el porcentaje que cada empresa decida. En ese modelo, la oficina ya no sería un sitio lleno de cubículos, sino un lugar pensado para el encuentro: con cocinas compartidas, salas de música, espacios para colaborar y reunirse. Sin embargo, este futuro tan ideal tiene riesgos. Algunas empresas podrían aprovechar el trabajo remoto para ahorrar costes: por ejemplo, contratando trabajadores como autónomos (sin pagar Seguridad Social) o buscando empleados en países donde los sueldos son más bajos (Muñoz Rodríguez & Santos Ortega, 2017).

También existe el peligro de que se exija trabajar más horas sin pagarlas, algo que ya ocurrió durante la pandemia. Para evitar estos problemas, Choudhury propone dos soluciones:

1. Proteger mejor los derechos laborales.
2. Cambiar la forma de medir el trabajo: en lugar de contar las horas trabajadas, evaluar lo que realmente se produce. Aunque no siempre es fácil, siempre hay alguna forma de medir resultados, como por ejemplo la satisfacción de los clientes.

Zárate (2021) explica que en muchos informes sobre el futuro del trabajo, hechos por bancos o consultoras, se habla de un mundo ideal lleno de oportunidades gracias a la tecnología. Pero lo que no suelen decir es que muchas personas perderán sus empleos antes de llegar a ese futuro prometedor. No solo los conductores de camiones están en riesgo por los vehículos autónomos. También profesiones como abogados que buscan jurisprudencia o analistas de riesgo financiero pueden ser reemplazadas por la inteligencia artificial. Según Erik Brynjolfsson, las personas deben dejar cuanto antes los trabajos que las máquinas hacen mejor y enfocarse en tareas creativas o que requieren habilidades humanas, como la empatía.

Para lograrlo, él dice que:

- Los ciudadanos deben aprender nuevas habilidades.
- Las empresas deben invertir en sectores con futuro.
- Los gobiernos deben cambiar sus sistemas de impuestos, porque hoy en día es más barato para las empresas usar máquinas que contratar personas.

Brynjolfsson reconoce que subir los impuestos al capital (como a las máquinas o robots) es difícil en un mundo globalizado, donde las empresas pueden mudarse a países con menos impuestos. Por eso propone subir otros tipos de impuestos, como:

- Impuestos a la contaminación.
- Impuestos al dióxido de carbono.
- Impuestos al tráfico.
- Impuestos al valor añadido (IVA), que no afecten directamente ni al capital ni al empleo.

Nosotros decidimos cómo usar la tecnología: si para crear una sociedad más justa y próspera, o para que unos pocos concentren aún más riqueza.

3. NUEVAS ACTITUDES, NUEVOS VALORES HACIA EL TRABAJO

3.1. Teletrabajo y formas hibridas

Está cambiando el mundo del trabajo y las preocupaciones que eso genera. Zárate (2021) se pregunta si en el futuro los trabajadores estarán protegidos frente a despidos o enfermedades, o si todos acabaremos trabajando con contratos temporales o como autónomos sin derechos laborales. Las respuestas las encontramos en el economista británico Guy Standing (2013) que sostiene que está creciendo una nueva clase social llamada “precariado”. Esta clase incluye a personas con trabajos inestables, mal pagados y sin beneficios como vacaciones, bajas médicas o pensiones. Por ejemplo, jóvenes con contratos temporales, repartidores o conductores que trabajan para plataformas digitales y que, aunque parecen ser sus propios jefes, en realidad siguen órdenes de un algoritmo.

Standing propone que, para mejorar esta situación, deberíamos reconocer como "trabajo" también las tareas que se hacen en casa, como cuidar a los hijos o a los padres mayores. Pero no basta con reconocerlo: también propone una renta básica universal, es decir, un ingreso garantizado para todas las personas, que les permita vivir con dignidad y elegir en qué quieren trabajar, incluso si ese trabajo no es remunerado. Durante la pandemia, esta idea ha ganado mucho interés. Su organización ha recibido muchas consultas y actualmente hay unos 80 experimentos de renta básica en el mundo. En uno de ellos, en la India, se vio que las personas mejoraron su salud, educación, alimentación y que las mujeres estuvieron en mejor situación. Además, no se trabajó menos, sino más. Standing concluye que, si queremos un futuro donde podamos hacer trabajos más creativos, cuidar a nuestros seres queridos y enfrentar los retos ecológicos, necesitamos que las personas tengan seguridad económica.

En cuanto la situación actual, durante 2024 aproximadamente el 7,5% de los trabajadores en España teletrabajan más de la mitad de los días, lo que supone que unos 3,2 millones de personas teletrabajan de forma habitual u ocasional (Cabaleiro, 2025). Por otro lado, según los datos de la Encuesta de Población Activa (EPA), 1.648.100 ocupados declararon trabajar desde su propio domicilio más de la mitad de los días, lo que supone 80.400 o un 5% más que en el último periodo de 2023. Además, la EPA muestra que los trabajadores que disponían de modalidad híbrida (teletrabajo y presencial) su nivel de satisfacción era mayor, sintiéndose mejor valorados y con un mayor nivel de compromiso (Cabaleiro, 2025).

A continuación, se comentan algunos datos obtenidos del Centro de Investigación Sociológica (CIS)[28]. Sobre la diferente valoración de las nuevas formas de trabajo, de las empresas y de los empleados y empleadas.

Tabla 2. Valoración de las empresas del teletrabajo

Valoración de las empresas del teletrabajo	Nº casos	Total
Cree que es positivo para las empresas	1.874	62,2
Cree que es perjudicial para las empresas	261	8,6
(no leer) en unas cosas es positivo y en otras negativo	375	12,4
No lo sabe, está en duda	499	16,5
N.c.	6	0,2
(n)	3.014	100

Fuente: (CIS, 2021)

---

28 Tendencias Digitales durante la Pandemia. Estudio del CIS de 2021.

En cuanto a la valoración por parte de las empresas del teletrabajo más de la mitad con un 62,2% piensa que es positivo para la empresa, tan solo un 8,6% cree que es perjudicial y el 16,5% está en duda.

Tabla 3. Valoración del teletrabajo para los empleados/trabajadores

Valoración del teletrabajo para los empleados/trabajadores	Nº casos	Total
Cree que es positivo para los/as empleados/as/trabajadores/as	1.504	49,9
Cree que es perjudicial para los/as empleados/as/trabajadores/as	579	19,2
(no leer) en unas cosas es positivo y en otras negativo	667	22,1
N.s.	254	8,4
N.c.	11	0,4
(n)	3.014	100

Fuente: (CIS, 2021)

Como se puede apreciar, casi la mitad de los teletrabajadores (49,9%) creen que es positivo para ellos la modalidad del teletrabajo, siendo cercano al 20% los empleados que creen que es perjudicial para los teletrabajadores. El 22,1% piensan que en unos aspectos es positivo y en otros negativos. En ámbito global tanto las empresas como los empleados tienen un porcentaje mayor de personas que piensan que la modalidad de empleo a remoto es más positiva (Pérez, 2024).

3.2. El nuevo paradigma laboral

La inteligencia artificial ha cambiado el paradigma laboral. Los *humanoides* ganan peso frente a la mano de obra humana, y algunos expertos pronostican un 'sorpasso' tan inmediato como inevitable.

Gorka R. Pérez (2024) aborda la transformación que está experimentando el mercado de trabajo debido a la revolución tecnológica y la irrupción de la inteligencia artificial (IA). A pesar de las oportunidades que brinda la IA, también genera incertidumbre y temor entre los trabajadores. La automatización y la digitalización están cambiando radicalmente la manera en que se realizan las tareas, lo cual plantea desafíos significativos para las y los trabajadores. La IA no solo está reemplazando trabajos, sino que también está creando nuevas formas de empleo que requieren habilidades diferentes. Esto implica que trabajadores y trabajadoras deben adaptarse a un entorno laboral en constante evolución, lo que puede ser una tarea difícil para muchos. La necesidad de capacitación y educación continua se convierte en un tema crucial, ya que los empleados deben adquirir nuevas competencias para tratar de seguir siendo relevantes en el mercado. Pérez (2024) señala que las empresas deberían ser proactivas en la adopción de estas tecnologías y en la implementación de estrategias que no solo se centren en la eficiencia, sino también en el bienestar de sus empleados. La colaboración entre humanos y máquinas puede llevar a un aumento en la productividad, pero solo si se manejan adecuadamente los cambios que conlleva. La importancia de prepararse para una economía laboral que está siendo redefinida por la tecnología, y la necesidad de adaptarse y evolucionar en un mundo cada vez más digital y automatizado, son imperativos. La IA no solo puede mejorar la capacidad de análisis y procesamiento de datos, sino que también abre nuevas oportunidades en la automatización y optimización de procesos. Pérez (2024) pone como ejemplo la Universidad de Málaga, que es un referente en la implementación de estas tecnologías, lo que ha permitido a los estudiantes y profesores involucrarse en proyectos de vanguardia. Este avance no ha sido un camino fácil; ha requerido un esfuerzo constante y la superación de desafíos técnicos y éticos, así como la colaboración entre distintas disciplinas para maximizar el potencial de la IA y garantizar su uso responsable. La investigación en este ámbito sigue avanzando, con un enfoque en la mejora continua de las herramientas y su aplicación en la vida cotidiana, lo que promete un futuro donde la inteligencia artificial jugará un papel aún más destacado en la sociedad. Otro ejemplo es el modelo organizativo de las empresas y su capacidad para producir y desarrollar productos y servicios. Xavier Gangnell, citado Pérez (2024), director general de una empresa, menciona que la situación en España ha mejorado, con un aumento en la productividad de entre un 30% y un 40%. Sin embargo, también destaca que este progreso enfrenta un gran desafío debido a la necesidad de adaptar la tecnología de manera más rápida. Pérez (2024) hace referencia a la obra de Isaac Asimov, "Yo, robot", donde se plantea la relación entre la ciencia ficción y el avance de la inteligencia artificial. Y se menciona que la influencia de líderes en tecnología, como Elon Musk, es fundamental para entender el contexto actual y los riesgos asociados.

La importancia de ser cuidadosos con la inteligencia artificial se debe a sus implicaciones potencialmente peligrosas. La adaptación tecnológica y la gestión de la inteligencia artificial son temas clave en debate actual sobre el futuro de las empresas.

La gestión responsable en el contexto de la Unión Europea, debe también considerar las distintas dimensiones del desarrollo sostenible[29]. La responsabilidad es un principio fundamental que guía las políticas y acciones en este ámbito. El desarrollo sostenible, que busca satisfacer las necesidades del presente sin comprometer la capacidad de las futuras generaciones para satisfacer las suyas,

---

[29] Puede consultarse https://www.mckinsey.com/featured-insights/destacados/ia-generativa-como-afectara-a-los-empleos-y-flujos-de-trabajo-del-futuro/es. Y https://abalia.com/informe-anual-mckinsey-global-2023-estado-de-la-ia-generativa/

en la Unión Europea, enfrenta retos, como la necesidad de equilibrar el crecimiento económico con la protección del medio ambiente y el bienestar social. Es esencial promover prácticas que aseguren un uso ético y sostenible de los recursos, lo que incluye la implementación de regulaciones y políticas que fomenten la responsabilidad en todos los actores. La colaboración entre gobiernos, empresas y ciudadanos son un elemento clave de esta gobernanza, ya que el compromiso con un uso responsable no solo beneficia al medio ambiente, sino que también contribuye al bienestar social y económico, creando un futuro más equilibrado y justo para todos (Pérez, 2024).

4. CONCLUSIONES

La digitalización y la inteligencia artificial (IA) están cambiando radicalmente el trabajo, no solo en lo técnico, sino también en lo social, cultural y político. El conocimiento y la información son ahora los principales motores de la economía. El trabajo en red y la globalización han transformado la producción y el empleo. El empleo estable y tradicional está siendo reemplazado por formas más flexibles, pero también más precarias. Surge el "precariado": personas con empleos inestables, mal pagados y sin derechos laborales. A partir de lo cual cabe cuestionarse el modelo laboral tradicional y se propone reconocer también el trabajo no remunerado (como el cuidado) como parte del sistema económico. A su vez, las generaciones más jóvenes (*Millennials* y Gen Z) valoran más el equilibrio entre vida personal y profesional y se alejan del modelo de "vivir para trabajar" y buscan un propósito en el empleo.

En medio de lo cual el teletrabajo y modelos híbridos ganan terreno, especialmente tras la pandemia. Tanto empresas como empleados valoran positivamente esta modalidad, aunque con matices, por ello es necesario avanzar en un modelo mixto que combine presencialidad y trabajo remoto.

La IA puede contribuir a estos nuevos modelos, pero también presenta serios desafíos. Puede reemplazar trabajos, pero también crear nuevos empleos que requieren habilidades distintas. Es clave la formación continua y la adaptación a un entorno cambiante si queremos que el futuro del trabajo sea justo, inclusivo y sostenible, por ello se necesita una gobernanza responsable que equilibre desarrollo económico, bienestar social y protección ambiental.

XXIV. SOCIOLOGÍA DE LA EDUCACIÓN

NATALIA SIMÓN MEDINA
Universidad Castilla-La Mancha

1. INTRODUCCIÓN

La educación es una práctica social que está íntimamente ligada con la sociedad. La educación, por lo tanto, es estudiada desde la sociología, desde las teorías que la sustentan hasta aspectos más específicos como las desigualdades, las interacciones, la organización escolar o el contexto familiar.

Estos aspectos serán abordados en este capítulo. Pero antes es necesario adentrarse en los motivos por los que la educación es un fenómeno social de interés para la sociología a modo de introducción.

Tal y como apunta Giddens (2000) la sociología sería el estudio de la vida social humana, de los grupos y sociedades, que tiene como objeto nuestro propio comportamiento como seres humanos. Su ámbito de estudio sería entonces muy amplio, desde los análisis de los encuentros efímeros entre individuos en la calle hasta la investigación de los procesos sociales globales.

Por lo tanto, la sociología no se muestra interesada en los individuos en sí mismos sino en las relaciones entre ellos, en los grupos sociales que crean al interactuar y relacionarse, como la familia, la escuela o los grupos de iguales. Sin embargo, en este sentido, cabe destacar que lo que une a las personas no son tanto las relaciones que mantienen sino los roles sociales que desempeñan en esas relaciones o el tipo de relación, por ejemplo, de poder, de solidaridad, de conflicto…

Así, podría concluirse que la sociología estudia los hechos sociales entendidos estos como las maneras de actuar, de pensar y sentir, que son exteriores al individuo y que están dotadas de un poder coercitivo (presiones del grupo compartido) a partir del cual se imponen (Durkheim, 2001). Pero también pueden ser analizados como acción y actividad del sujeto, en interacción (Weber, 1987) o teniendo en cuenta las diferencias entre las clases sociales y los conflictos generados a partir de las desigualdades (Marx, 2008).

La sociología se caracterizaría por cinco aspectos (Macionis & Plummer, 2011) que parten sin duda del desarrollo de una mirada especial, una mirada sociológica que implica una actitud de conciencia crítica con el fenómeno social que se observa, con la realidad de la que formamos parte, por lo que, sin duda, la sociología parte a la vez del sentido común.

El primer aspecto se refiere al hecho de ver lo general en lo particular. Peter Berger (1963) estableció que los sociólogos debían ser capaces de identificar las pautas sociales mediante la observación de situaciones específicas y concretas. En este sentido se reconoce que el individuo es único y es la sociedad la que actúa de manera diferente según el tipo de categoría de personas (niños/adultos; mujeres/hombres; ricos/pobres...).

En segundo lugar, y muy relacionado con el primer aspecto, se considera que las cosas no son lo que parecen. Observar sociológicamente exigiría abandonar la idea de que la conducta humana depende únicamente de las decisiones de las personas para hacer una u otra cosa y aceptar que es la sociedad la que regiría tanto lo que pensamos como lo que hacemos. Así, se mostrarían las pautas y los procesos por los cuales la sociedad nos impone lo que hacemos.

Un tercer aspecto considera la individualidad en el contexto social. Cabe destacar el estudio sobre el suicidio (Durkheim, 1928), que demostró que las fuerzas sociales afectan a la conducta humana. Este estudio que se llevó a cabo en Francia concluyó que unas personas tenían más probabilidad que otras de suicidarse y que esas diferencias se correspondían a diferentes grados de integración social de las personas, así, los hombres, los protestantes, los ricos y los solteros, mostraban una tasa de suicidio más alta que las mujeres, los católicos o judíos, los pobres y las personas casadas respectivamente.

La perspectiva sociológica en la vida cotidiana, entendiendo que para desarrollarla es necesario dar un paso hacia atrás, para despegarnos de nuestras rutinas cotidianas con una nueva conciencia y curiosidad, siendo importante cuestionarnos todo aquello que damos por supuesto sería el cuarto aspecto, y la relación entre la sociología y las crisis sociales entendiendo que el pensamiento sociológico provoca a menudo cambios sociales como si a medida que más aprendiéramos acerca del funcionamiento del sistema, más deseáramos cambiarlo, serían el quinto aspecto.

La perspectiva sociológica contempla a su vez, beneficios y problemas. Mientras que los beneficios apuntarían a la posibilidad de evaluar las oportunidades y limitaciones de nuestras vidas, ya que siempre se estaría poniendo en duda todo lo que nos rodea, todo aquello que solemos dar por supuesto, y en este sentido, desarrollar la imaginación sociológica nos ayudaría a convertirnos en ciudadanos más activos (Wright Mills, 1961). Los problemas resultarían del hecho de que la sociología forma parte de un mundo en continua transformación, de que los mismos sociólogos forman parte de su objeto de estudio y, por tanto, el conocimiento sociológico termina inevitablemente siendo parte de la sociedad, ejerciendo un impacto sobre la misma.

La educación, al ser una realidad propia de todos los grupos sociales, desde las sociedades más primitivas hasta las más avanzadas, es un tema de interés a lo largo de la historia ya que la educación, junto a la familia, es considerada uno de los mecanismos más importantes de socialización de los individuos y por tanto objeto de estudio de la sociología.

En este sentido, la sociología de la educación, a través de los enfoques teóricos y analíticos propios de la sociología, estudiaría la realidad educativa y su complejidad, enmarcando a esta en el sistema educativo y la sociedad y en la relación bidireccional entre ellas. Y considerando todas y cada una de las características comentadas anteriormente, pero tomadas en cuenta en el ámbito propio de la educación.

2. BREVE REPASO A LAS PRINCIPALES TEORÍAS DE LA SOCIOLOGÍA DE LA EDUCACIÓN

2.1. Funcionalismo

En términos generales, el funcionalismo sugiere que la sociedad es un sistema complejo formado por distintas partes que colaboran entre sí para fomentar la solidaridad y la estabilidad reconociendo así que las personas se guían por esta estructura social (sociedad) y sus funciones sociales, lo que implica aceptar y desarrollar unas pautas de comportamiento social relativamente estables.

La teoría técnico-funcionalista de la educación parte de la consideración de la estratificación social como requisito indispensable para el funcionamiento de la sociedad así, las desigualdades sociales de origen no afectarían a los méritos personales. La modernización de la sociedad haría necesaria una progresiva mayor especialización de la mano de obra y el sistema educativo sería el encargado de proporcionarla (Durkheim, 2012), en este sentido, los puestos más valorados serían aquellos para los que se requiere mayor preparación, estableciéndose una jerarquía en la remuneración, prestigio y valoración social de los diferentes puestos de trabajo que, a su vez, atrae a las personas más adecuadas, es decir, a las formadas para tal fin.

La influencia del funcionalismo en los sistemas educativos no se realiza solamente a través de la formación de la mano de obra, sino que la educación, además, contribuye psicológicamente al crecimiento a través de la promoción de valores racionales y de la inculcación de la motivación por el rendimiento, políticamente en la medida que la educación tiene un efecto de demostración, abriendo la sociedad a la modernidad y mostrando las virtudes de las instituciones especializadas y las ventajas de la racionalidad técnica sobre la tradicional, e ideológicamente ya que la teoría de la modernización tendería a oponer crecimiento a desarrollo, en favor del crecimiento, como símbolo de la primacía de lo cuantitativo sobre lo cualitativo.

Sin embargo, no toda inversión en educación es productiva, sino sólo aquella que supone realmente conocimiento, habilidades y determinadas particularidades capaces de incrementar la capacidad de las personas para trabajar.

A la vez, cabe destacar la teoría de la igualdad de oportunidades, produciéndose el paso del principio ideológico al modelo político y entendiendo que, si la educación es un bien en sí misma se deberían remover todos los obstáculos para que todas las personas pudieran beneficiarse de ella. La teoría del capital humano de Becker (1983), sostiene que la inversión más rentable de un sistema económico es la que se centra en la mejora de su capital humano, la que dedica a la formación de los recursos humanos, a la tecnología, a mejorar la organización del trabajo y de los métodos de gestión y a la educación de las personas. El valor de la educación residiría por entero en los efectos de los conocimientos adquiridos en la escuela.

Y la teoría de la privación cultural, a partir de la cual se buscaría una explicación causal a la desigualdad de salida entre clases, géneros o etnias. Esta teoría se centra en los rasgos culturales de las familias de clase obrera o inmigrantes en los que existen unas carencias o déficits debidos a la socialización primaria, carencias de tipo lingüístico, afectivo o intelectual que chocarían con las necesidades de las escuelas. Así, la responsabilidad de un previsible fracaso se retira del sistema educativo y se coloca sobre el origen cultural y social del propio alumnado.

Aparece entonces la educación compensatoria como solución a los problemas carenciales de ciertos grupos sociales, mediante la provisión de educación "extra" para el alumnado que ha carecido de las ventajas educativas que otros han disfrutado entre sus familias o comunidades, y los planes de igualdad de acceso a la educación.

2.2. Funcionalismo crítico

La investigación de James Coleman en 1966 (Coleman et al., 1966) sobre las desigualdades educativas se lleva a cabo para analizar si estás eran debidas a motivos económicos o étnicos. En este estudio, se analizaba, mediante un test de habilidades verbales y no verbales y niveles de lectura y de cálculo, a más de un millón de alumnos y alumnas de todos los Estados Unidos, siendo encuestados a la vez más de sesenta mil profesores y profesoras pertenecientes a cuatro mil colegios. La conclusión a la que llegó este autor fue que la definitiva influencia en el rendimiento escolar estaba en el origen social del alumnado en el que se desenvuelve (su familia, su grupo de amigos, su barrio), puesto que los recursos materiales existentes en las escuelas producían escasos efectos en dicho rendimiento, y así, la educación por sí sola era incapaz de conseguir mayor igualdad social.

Al poco tiempo, Charles Jencks (Jencks et al., 1981) confirma que la escuela no es responsable de las desigualdades sociales y tampoco las cambia. El origen y el entorno familiar serían los factores principales de éxito escolar y laboral. Y las reformas educativas solamente aportarían variaciones menores a las desigualdades de partida.

2.3. Teoría Credencialista

En 1986, Randall Collins mantiene la crítica al funcionalismo a partir de la teoría conflictual de la estratificación. La teoría técnico-funcionalista de la educación no explicaría de forma suficiente los datos económicos, es decir, la educación no contribuye claramente al desarrollo económico más allá de la provisión de una alfabetización masiva y no tendría nada que ver con la productividad en los puestos de trabajo. Incluso podría llegar a ser contraproductiva. La formación profesional se obtendría más de la experiencia adquirida en el propio puesto de trabajo que de la formación en la escuela (Collins, 1986).

Se acrecenta el uso de la mercadotecnia en las universidades que comienzan a hacer para captar más alumnos y alumnas y más prestigio, con la proliferación de cursos "no reglados", pero caros y con "numerus clausus" (Másters principalmente) y la batalla de imagen de los cursos de verano. En definitiva, el hecho de que sean los méritos lo que se argumentan como el fundamento de la estratificación, de la lucha entre los grupos de status, sirve para bautizar a esta sociedad como una sociedad meritocrática.

2.4. Teorías de la Reproducción

Para las teorías de la reproducción, la principal contribución de la educación es la reproducción de la estructura social. Mientras Bowles y Gintis (1976) consideran la existencia de una correspondencia entre el currículo oculto y la organización de la empresa, Althusser (1974) concibe la escuela como un aparato ideológico del estado y Bourdieu (1973) se centra en la reproducción de la cultura. En cualquier caso, se considera que, se relega a los seres humanos a un modelo pasivo de socialización, que se sobrevalora la dominación de las estructuras sociales sobre la acción humana, y que se ignora las contradicciones y las formas de resistencia, tanto individual como grupal, que todo poder o coacción generan.

A su vez, Bourdieu junto a Passeron (1996) consideraron que los principales obstáculos que los estudiantes de clase baja encontraban en su trayectoria escolar eran más de tipo cultural que económico, que la institución escolar valoraba un tipo de actitudes y aptitudes que correspondería a la clase alta, y que lo que se presupone la cultura es un tipo de actitud hacia la enseñanza, un lenguaje, que es patrimonio de las clases altas por lo que los alumnos de estas clases se desenvolverían con más seguridad en la escuela, no debiéndose distinguir entre sociología de la educación y sociología de la cultura. Los contenidos y prácticas educativas no son neutros, sino el resultado de la dominación de unas clases sobre las otras que se expresa a través de la imposición cultural.

2.5. Teoría de la Resistencia

Aparece una crítica a la reproducción cultural de la educación con la teoría de la resistencia de Henry Giroux (Giroux, 2004).

Este autor muestra un inconformismo con la idea de considerar que la escuela solamente tiene una única posibilidad y es la de reproducir las condiciones inherentes a quienes estudian en ellas. Si esto fuera realmente así, las posibilidades de participación y de acción de este alumnado se verían anuladas. Por ello, propone un enfoque basado en las instituciones educativas y en los roles desempeñados por el profesorado y el alumnado, siendo de éstos de los que dependería sobremanera el éxito o el fracaso escolar.

Su propuesta, entonces, sería la de una pedagogía radical, crítica, basada en la teoría social crítica desarrollada principalmente por algunos de los teóricos de la Escuela de Frankfurt, como son Theodor Adorno, Max Horkheimer, Jürgen Habermas o Erich Fromm, y asumiendo también aspectos determinantes de Antonio Gramsci y Anthony Giddens.

En definitiva, Giroux parte de la consideración de una vinculación estrecha entre la escolarización y la emancipación ya que las instituciones educativas tienen una relación particular con la sociedad. Así, apuesta por una escuela que habilite a su alumnado para el desarrollo de un pensamiento reflexivo y una comprensión crítica de ellos mismos ya que entiende que solamente así es posible que luchen contra las desigualdades sociales existentes.

3. EDUCACIÓN, ESTRUCTURA Y DIFERENCIAS SOCIALES

La relación que mantiene la sociología y la cultura permite entender que de la misma manera que ninguna cultura podría existir sin sociedad, no podría existir una sociedad sin cultura. La cultura para la sociología sería como diseños de formas de vida en la que confluyen cinco elementos: 1) símbolos; 2) normas; 3) lenguaje; 4) valores y creencias; 5) cultura material.

Así, si las sociedades comparten determinada cultura, esta diversidad cultural presenta desigualdades y diferencias sociales que influyen también en el ámbito educativo. En la medida en que las diferencias de grupo comienzan a ser socialmente significativas es cuando la sociología las estudia como desigualdades sociales.

Aparece así el concepto de estratificación social (o desigualdad) como sistema por el que una sociedad clasifica a los grupos de personas de una manera jerárquica (Macionis & Plummer, 2011).

3.1. Diferencias sociales en el ámbito educativo

Entre las formas de estratificación social y los procesos de desigualdad, la desigualdad se puede dar por razones sociales y económicas, por cuestión de género, por motivos étnicos, raciales y culturales, por edad o por discapacidad, entre otros. Y todas estas desigualdades sociales se vinculan al sistema educativo.

3.1.1. Diferencias culturales

Las desigualdades culturales se identifican con procesos de discriminación hacia las denominadas minorías sociales, en este caso, en relación con la inmigración y la etnicidad. Todas las minorías sociales tienen una identidad propia y ocupan una posición social subordinada siendo aisladas o segregadas por una mayoría social.

Además de los cambios de lugar, las migraciones implican cambios relacionados con la lengua, los valores o las tradiciones, aspectos característicos de las estructuras sociales y culturales de las sociedades. Así, nos podemos encontrar con sociedades pluralistas en las que todas las personas son consideradas igual, independientemente de sus diferencias culturales, sin embargo, en muchos espacios la convivencia entre ellas sigue siendo motivo de conflicto, desigualdad y segregación, tal y como puede ocurrir en el ámbito educativo.

Teniendo en cuenta que en las escuelas se suele reforzar la cultura dominante de la sociedad, el estudiantado procedente de minorías sociales tiene que conciliar continuamente las diferencias existentes entre su cultura y la de la sociedad en la que vive y estudia, pudiéndose enfrentar a conductas estereotipadas, prejuicios e incluso discriminación y racismo. Sin embargo, según Bogardus (1968), los prejuicios están extendidos en toda la sociedad y por lo tanto todas las personas seríamos intolerantes y lo que nos diferenciaría sería el grado de intolerancia.

En cualquier caso, en el ámbito educativo, esta desigualdad también pudiera deberse al efecto situacional de la escuela en el sentido de que la escuela a la que el alumnado asiste pudiera definir en mayor medida su futuro escolar y no tanto el grupo étnico al que pertenece (Smith & Tomlinson, 1989).

3.1.2. Diferencias sociales y económicas

Las desigualdades por razones sociales y económicas emergen de las teorías del conflicto, entendiendo que las escuelas han mantenido y perpetuado las desigualdades sociales al ajustar los requisitos académicos al origen social de su alumnado. En este sentido destacan Bowles y Gintis (1976) los cuales concluirían que la educación pública había surgido a finales del sigo XIX demandada por la necesidad que tenían las élites capitalistas de una fuerza laboral que estuviera formada con una educación básica y que a la vez, fuera dócil y disciplinada.

Muchos autores y distintos recorridos para explicar cómo la desigualdad social y económica penetra en la educación y por ende en el éxito o fracaso escolar. Mientras unos autores como Herrnstein y Murray (1994) abogan porque la capacidad intelectual tiene un origen genético y es éste el que determinaría el éxito o el fracaso educativo, implicando que el alumnado de clase social más baja tendría menos capacidades intelectuales y por eso menos competencias para competir con el alumnado de clase más alta con más capacidad intelectual según esta lógica.

Sin embargo, otros autores han considerado cómo el éxito o el fracaso escolar estarían íntimamente relacionados con la inversión de los gobiernos en los colegios públicos destacando que en éstos la inversión es menor; con la falta de fomento del éxito escolar entre las familias con peor situación socioeconómica que hace que los menores crezcan en un entorno desfavorable (Willis, 1977); y con el vocabulario propio de las clases sociales haciendo que la terminología y los dialectos asociados a las clases medias y altas presenten un rango superior al de la clase baja (Bernstein, 1977).

3.1.3. Diferencias de género

En primer lugar, es importante distinguir entre sexo y género. Mientras el sexo hace referencia a las diferencias biológicas entre hombres y mujeres, el género las haría por los aspectos sociales adscritos a sus diferencias sexuales.

En segundo lugar, es necesario contemplar algunos conceptos relacionados con el género. La identidad de género (experiencia que una persona tiene de su propio género al margen de sus características sexuales biológicas), pudiéndose distinguir distintas identidades de género como el cisgénero (la identidad de género coincide con la asignada biológicamente), transgénero (la identidad de género no coincide con la asignada biológicamente), transexual (personas transgénero que desean modificar o modifican su cuerpo para que coincida con su identidad de género), no binarios (la identidad de género no coincide en su totalidad con el género masculino o femenino).

Otro concepto es el rol de género, a partir del cual se perciben como masculinos o femeninos determinados modos de comportamientos y sentimientos que son aprendidos socialmente. El travestismo sería una forma concreta a partir de la cual una persona transita entre lo femenino y lo masculino, por ejemplo, en su forma de vestir, contradiciendo su identidad de género con su rol de género. Cuando el travestismo adopta una imagen performativa, creativa o artística se denomina drag (drag queen o drag King).

Finalmente, el concepto representación de género referido a la manera en que el individuo expresa su masculinidad o feminidad, constituyéndose como elaboraciones simbólicas visuales o discursivas.

En el ámbito educativo debemos partir del concepto de masculinidad como producto histórico (Connell, 1995) a partir del cual se considera que las mujeres son diferentes a los hombres y por tanto presentan diferentes maneras de ser en la sociedad y del comportamiento esperado de ellos y ellas según los estereotipos de género.

Por un lado, es importante analizar cómo las escuelas, a través de las relaciones interpersonales y profesionales entre sus agentes, como por ejemplo del profesorado, construyen las identidades de género, masculinas y femeninas, y cómo éstas a su vez, se representan en los libros de texto y otros materiales educativos utilizados. Por otro lado, tener en cuenta los cambios acaecidos en las últimas décadas en relación con el acceso de las mujeres a la educación formal (Alberdi & Alberdi, 1984) ya que tradicionalmente se ha considerado que la educación de los hombres era más importante y necesaria que la educación de las mujeres y, en el caso de las mujeres, la educación ha estado centrada en el desempeño de su futuro doméstico y exclusivo en el ámbito privado.

Y, aunque en las últimas décadas se han producido grandes cambios en materia de educación y en beneficio de las mujeres, todavía existen muchas diferencias entre, por ejemplo, la preferencia en los estudios. Mientras que los hombres suelen decantarse por estudios relacionados con la informática, la electrónica o la fabricación mecánica, las mujeres se suelen decantar por estudios relacionados con la danza, la imagen personal o los servicios sociales y a la comunidad, en el caso de estudios no universitarios. Y en el caso de los estudios universitarios, si bien las mujeres superan a los hombres en volumen de matriculación sigue habiendo diferencias en cuanto a la elección de los estudios a realizar. Mientras que los hombres, en este caso, se decantan por las ciencias, la informática o la ingeniería, las mujeres suelen elegir los estudios relacionados con las ciencias sociales, la educación y la salud.

3.1.4. Diferencias por discapacidad

Tradicionalmente, las personas con discapacidad han sido excluidas de la vida social, conllevando desigualdades sociales por el mero hecho de tener una discapacidad, y agravándose en el caso de las mujeres con discapacidad.

La discapacidad aparece como una categoría social y como significado emergente. A lo largo de las últimas décadas se han producido cambios importantes que han permitido pasar de un modelo médico-rehabilitador de la discapacidad, a partir del cual se alude a la discapacidad en términos de enfermedad o como ausencia de salud, y por lo tanto una persona con discapacidad solo podría aportar algo a la sociedad en la medida en que fuera rehabilitada, a un modelo social que entendería que las causas que originan la discapacidad son sociales, entendiendo que son las limitaciones de la sociedad para prestar los servicios apropiados y garantizar las necesidades de estas personas. Mientras el enfoque médico-rehabilitador es un enfoque paternalista y caritativo, el enfoque social no supone negar el aspecto individual de la discapacidad, sino que lo enmarca en un contexto social y de derechos.

En el ámbito educativo, se aboga por un modelo inclusivo a partir del cual no solo se enseñe juntos a todo el alumnado con y sin discapacidad (modelo integrador) sino que, además de enseñar, permita que todo el alumnado sentir que pertenece y progresa académicamente. La educación inclusiva se conoce como las tres "p" —presencia, participación y progreso— (Ainscow, Booth, & Dyson, 2006). La presencia implica el derecho y oportunidad de estudiar en las aulas ordinarias y compartir con el resto de los compañeros y compañeras el currículum común, adaptado, y dando respuestas a cada necesidad, por lo que lleva implícita la pertenencia al grupo. La participación implica contar con un currículum flexible que permita adaptarse y dar respuesta a las necesidades educativas de todo el alumnado, ya que la simple presencia del alumnado con discapacidad si bien es indispensable para poder progresar en el modelo inclusivo, no es suficiente. El progreso (aprendizaje) implica que la participación en las aulas, con sus compañeros y compañeras debe conducir necesariamente al aprendizaje, a aprender al máximo de sus posibilidades.

"La educación inclusiva, más que un tema marginal que trata sobre cómo integrar a ciertos estudiantes a la enseñanza convencional, representa una perspectiva que debe servir para analizar cómo transformar los sistemas educativos y otros entornos de aprendizaje, con el fin de responder a la diversidad del estudiantado. El propósito de la educación inclusiva es permitir que todos, profesorado y alumnado se sientan cómodos ante la diversidad y la perciban no como un problema, sino como un desafío y una oportunidad para enriquecer las formas de enseñar y aprender" (Unesco, 2005).

El artículo 24, sobre Educación, de la Convención sobre los derechos de las Personas con Discapacidad (Organización de Naciones Unidas, 2006), establece el derecho de las personas con discapacidad a la educación sin discriminación y en igualdad de oportunidades. Los Estados Partes firmante como España (BOE, núm. 96, 2008), tienen por tanto la responsabilidad de asegurar un sistema de educación inclusivo a todos los niveles, en el que ninguna personas con discapacidad se quede excluida del sistema general de educación, haciendo posible su acceso en igualdad de condiciones y prestándoles el apoyo que sea necesario para facilitar su formación efectiva.

3.1.5. Brecha digital

Con la incorporación de las Tecnologías de la Información y la Comunicación (TIC) y su creciente desarrollo en el ámbito educativo, se consolida la denominada brecha digital o lo que es lo mismo, no todo el alumnado puede acceder a Internet ni lo hacen en las mismas condiciones, produciéndose así una señalada desigualdad social. Y esto se pudo comprobar con la llegada de la Covid-19 a nuestras vidas, que conllevó entre otros problemas, al cierre de las escuelas durante unos meses y el abordaje de la enseñanza a través de una pantalla de ordenador, Tablet o teléfono móvil. Esta situación demostró, también, que la propia escuela, el profesorado, las familias e incluso la Administración Pública, tampoco estaban preparados para asumir tales cambios y de forma inmediata e inesperada como aconteció todo.

Un estudio llevado a cabo por el Comisionado de Infancia concluyó que uno de cada cinco niños del primer cuartil de renta vivía en un hogar sin ordenador, es decir que la falta de acceso a un ordenador es casi 20 veces mayor en los hogares más pobres.

Pero esta brecha digital no está solamente relacionada con el acceso a Internet o a la pertenencia de dispositivos digitales por motivos económicos, sino que hace también referencia a una brecha cognitiva, es decir, incluso pudiendo acceder a Internet no todo el mundo interactúa de la misma manera con este medio.

Y el acceso tampoco está delimitado solamente por el hecho de tener o no un dispositivo digital, sino que otras veces son las dificultades de acceso debido a la situación geográfica las que lo dificultan o impiden, es decir, hay determinadas zonas y localidades que no tienen acceso a Internet por dónde están ubicadas.

Como puede apreciarse, todavía existe un largo camino por recorrer en cuanto a la digitalización de la educación y el uso de dispositivos digitales como medio de aprendizaje.

4. ORGANIZACIÓN ESCOLAR

Otro de los temas de estudio de la Sociología de la Educación es el relacionado con la organización escolar y lo que ocurre dentro de las escuelas, desde su proyecto educativo y el currículo (el manifiesto y el oculto) hasta las interacciones que se producen entre los agentes implicados (profesorado, alumnado, familias…).

Si bien la sociología de la educación ha estado dominada durante mucho tiempo por la investigación interesada en la relación entre el origen social y el rendimiento académico, en los últimos años se ha producido un giro hacia el interés de la organización escolar como una dimensión central en el análisis sociológico en el ámbito educativo, y siendo considerada como un hecho social (Durkheim, 2003) en la medida en que la organización escolar es una realidad objetiva que proporciona a la sociedad integración social y como una relación social con arreglo a fines (Weber, 1987) en la medida en que la organización escolar es una relación social racional con arreglo a fines.

Así, la escuela sería una organización social, un sistema social que cuenta con un círculo preciso de miembros, configurados racionalmente siguiendo el modelo burocrático, y enfocada en la búsqueda de la socialización moral y técnica de las jóvenes generaciones (Guerrero, 2003).

El estudio sociológico de la organización escolar abarcaría estas cinco dimensiones: 1) Los objetivos y propósitos fijados y orientados a los centros escolares como organizaciones, es decir, la contextualización específica del currículo a través de las leyes y decretos que regulan los sistemas educativos, y considerando a su vez la socialización cultural en la medida que crea una conciencia común, una solidaridad mecánica (Durkheim, 2002) a partir de las materias de matemáticas, lengua o historia, y una socialización técnica a partir de la cual se forma a las nuevas generaciones a partir de las materias de especialización de la escuela postobligatoria dando lugar a la solidaridad orgánica (Durkheim, 2002); 2) Los órganos unipersonales (dirección, jefatura de estudios y secretaría) y colegiados (consejos escolares, claustro de profesores y otros como la tutorización y coordinación) que conforman su estructura de gestión y participación; 3) La organización espacial y temporal del aprendizaje a través del programación y el calendario escolar periodos lectivos, vacacionales y horario; 4) El agrupamiento de alumnado a través de un proceso de asignación en grupos que puede ser en grupos heterogéneos y por tanto, con independencia de las características del alumnado, o en grupos homogéneos tomando como referencia el sexo del alumnado o sus habilidades; 5) El clima escolar, que implica un contexto emocional y físico adecuado para desarrollar la labor docente y el aprendizaje del alumnado.

4.1. Clima escolar

En términos generales, el clima escolar es la manera en que la escuela es vivida por la comunidad educativa e incide en las actitudes de todos los individuos y grupos implicados, son las condiciones organizativas y culturales de todo un centro educativo.

El clima escolar estaría influenciado a su vez por el denominado currículo oculto del cual forman parte la cultura escolar a partir de la arquitectura escolar, sus ceremonias, valores y creencias; la morfología tanto del profesorado, en cuanto a su género, edad, ideología, origen social, antigüedad en el centro, etc., como del alumnado, en cuanto a las subculturas escolares, la actitud que mantienen de mayor o menor resistencia al currículum oficial y la violencia simbólica, que será mayor cuanto mayor sea la diferencia entre la cultura de la escuela y de la familia; y el entorno social que supone la apertura de la escuela al medio social.

El clima escolar se compone principalmente de dos dimensiones, de una dimensión estructural relacionada con la organización de los roles, las expectativas de los estudiantes en las clases y el hecho de compartir como grupo normas de conducta, y de una dimensión afectiva relacionada con las formas concretas mediante las que cada personalidad satisface sus necesidades. Sin embargo, también cuenta con una dimensión física, relacionada con los aspectos físicos y materiales y su mantenimiento y una social, relacionada con la comunicación y la interacción.

A su vez, nos encontramos con dos tipos de clima escolar que se encuentran íntimamente relacionados y son interdependientes, el clima institucional, a nivel macro y el clima escolar a nivel micro. Pudiendo, además, considerar otros microclimas como el que se da entre el alumnado, entre el profesorado, el de las familias…

4.2. Influencia del contexto familiar

Finalmente, considerar la influencia de la familia, y los cambios que en ella se han ido sucediendo a lo largo de las últimas décadas.

Según el análisis clásico de la familia, desde el paradigma funcionalista el parentesco beneficiaría a la sociedad ya que la familia, además de tener un papel muy relevante en la socialización primaria del individuo, proporciona una posición social a sus miembros, que pasaría de padres a hijos, transmitiéndoles así determinado estatus social. Por otro lado, la familia garantizaría protección física, emocional y económica, y sería necesaria para la reproducción biológica. Sin embargo, una evaluación crítica a este análisis de la familia desde el paradigma funcionalista concluye que se pasaría por alto las muy distintas formas de familias que existen por todo el mundo, restando a su vez importancia a la existencia de la violencia en el ámbito familiar, y se prestaría poca atención al grado en que otras instituciones sociales satisfacen al menos algunas de las necesidades cubiertas por la familia.

En términos conceptuales, hemos pasado de un tipo de familia de orientación y/o procreación a un tipo de familia de afinidad o elección (Weston, 1991), caracterizada por personas con o sin vínculos legales o de sangre, que se sienten unidas entre sí y desean autodefinirse como una familia, suscitando un debate acerca de los valores familiares.

La Ley del divorcio de 1981, la incorporación de la mujer al mundo laboral, el uso de anticonceptivos, la baja natalidad, las técnicas de reproducción asistida, el aumento de la esperanza de vida..., son aspectos clave en esos cambios. El informe FOESSA (2019) manifiesta que en 2033, 1 de cada 4 personas en España tendrá más de 65 años, que ya hay casi dos millones de hogares monoparentales y que el promedio de hijos por mujer no es suficiente para asegurar el relevo generacional. Estos hechos traen consigo nuevas realidades que necesitan nuevas políticas para abordar dichos cambios. Políticas relacionadas con la conciliación familiar y laboral, y que apoyen la crianza y la dependencia, políticas migratorias que tengan presente el envejecimiento de la población, etc.

La familia ha sido y es junto con la escuela, la principal promotora de la socialización del individuo, y está en ella, por ejemplo, la toma de decisiones en torno a la elección del tipo de centro en el que estudian sus hijos e hijas, si público concertado o privado. Por supuesto, el cambio de tipología familiar influye en las relaciones que se mantienen con la escuela y el tipo de apoyo que reciben sus hijos e hijas en su desarrollo académico, social y emocional.

4.3. Un ejemplo de relación familia-escuela a partir de las Comunidades de Aprendizaje

Actualmente existe un nuevo enfoque de relación entre las familias y la escuela que considera un paso más allá de la participación. La implicación de las familias en la escuela supone una nueva forma de relacionarse con la misma.

La colaboración con las familias contribuye a transformar las relaciones dentro de la escuela, incluso mejorando las desigualdades sociales a través de la mejora de los resultados académicos, mostrando así los beneficios de la participación de las familias y la comunidad en la educación (Weiss, 2005).

El proyecto INCLUD-ED identifica cinco tipos de participación de la comunidad en los centros educativos: 1) informativa; 2) consultiva; 3) decisoria; 4) evaluativa y 5) educativa, siendo las participaciones decisorias evaluativas y educativas las que demuestran generar un impacto positivo en el éxito escolar del alumnado (INCLUD-ED Consortium, 2009).

A partir de la participación informativa, las familias recibirían información de la escuela, pero no participarían en la toma de decisiones por lo que su participación se reduciría a la recepción de información sobre actividades escolares, funcionamiento de la escuela y las decisiones que ya se hayan tomado por lo que es de esperar que la probabilidad de que este tipo de participación consiga el éxito escolar y la participación de las familias es prácticamente nula. Lo mismo ocurriría con la participación de tipo consultivo, a partir de la cual las familias tendrían un poder de decisión muy limitado basado solamente en su consulta canalizada a través de los órganos de gobierno del centro.

Por su parte, la participación decisoria, la evaluativa, y la educativa sí tendrían más probabilidad de conseguir el éxito escolar y la participación de las familias como se ha comentado anteriormente, así, mientras que la participación decisoria permitiría la participación representativa en los procesos de toma de decisiones a partir de los órganos de toma de decisión y se llegaría incluso a supervisar el rendimiento de cuentas de la escuela en relación con los resultado educativos que obtienen, la participación evaluativa ayudaría en la evaluación del progreso educativo del alumnado y en la evaluación general de la escuela, y a partir de la participación educativa las familias y otros miembros de la comunidad participarían en las actividades de aprendizaje del alumnado, tanto en horario escolar como extraescolar, y en los programas educativos (INCLUD-ED Consortium, 2009).

XXV. PSICOLOGÍA SOCIAL

JUAN ANTONIO ILLÁN FRUTOS
Universidad Carlos III de Madrid

MARÍA SILVERIA AGULLÓ TOMÁS
Universidad Carlos III de Madrid

A nuestros Maestros/as de Psicología Social (desde la Psicología y la Sociología), varios de ellos/as mencionados en las referencias o anexo digital. Gracias por sus enseñanzas, ejemplo y entusiasmo por la Psicología Social, tanto desde la Sociología como desde la Psicología. A Rubén Tamboleo, profesor y compañero, agradecemos su invitación a participar en este manual y reconocer, aquí y en otros contextos, la relevancia de "lo Psicosocial". A todo el alumnado, para que nuestras áreas compartidas les sirvan de inspiración y les aporte a distintos niveles vitales. A nuestras familias y amistades, pues sin ellas no hubiésemos podido preparar este capítulo ni escritos previos, ni experiencias, ni emociones, ni ilusiones, ni relaciones que son un pilar clave psicosocial también. Gracias a todxs por ser/componer la Psicología Social.

1. INTRODUCCIÓN: INVITACIÓN AL "BALCÓN" DE LA PSICOLOGÍA SOCIAL.

Por favor, antes que nada, desde nuestras áreas (Psicología y Sociología) nos gustaría invitarte a que te levantaras y situaras en una ventana o balcón. ¿Estás mirando hacia el exterior, o hacia dentro? Según tu mirada pondrás el foco hacia afuera, a lo macro, social; o hacia el interior, lo personal, individual.

Desde cualquier posición que tomes será interesante y hay que reconocer que el acercarse a la Psicología Social requiere ser consciente de la particularidad de una disciplina (científica) que se ha construido y se construye de la mano de dos grandes disciplinas de las ciencias sociales, hacia dentro y hacia afuera desde ese balcón, como son la Psicología y la Sociología.

En este sentido, observamos como la Psicología Social es un campo específico incluido, doblemente, en la clasificación y Nomenclatura Internacional de UNESCO para los campos de Ciencia y Tecnología: el código 6114, para la Psicología, y el 6302.02 para la Sociología (UNESCO, 1988).

Este capítulo podría cerrar este manual de Sociología, pero abre, hace de puente o frontera natural, y conecta (como un hilo invisible pero fuerte) hacia otro manual de Psicología Social, o Psicología. Desde este balcón o mirador privilegiado, se pretende responder a las siguientes preguntas: 1. ¿Qué es la Psicología Social? Conceptos, definiciones y retos. 2. ¿Desde cuándo se puede hablar de Psicología Social? Aproximación histórica y teórica /epistemología a la Psicología Social. 3. ¿En qué áreas y aplicaciones trabaja y aporta la Psicología Social en la actualidad?

Adentrarse en conocer la Psicología Social, es asomarse al balcón o puente que une Psicología y Sociología, desde su historia, sus desarrollos (y sus crisis) y su análisis hoy. Es una tarea que hereda décadas de conflicto/reto cultural, ideológico y corporativo, entre grupos de científicos/as de ambas disciplinas, de distintas épocas, lugares y corrientes teóricas de referencia.

Ambas disciplinas han ido desarrollando su propia identidad y reconocimiento, y como señalaron Operario y Fiske (1999), la Psicología Social es el lugar de encuentro, y el lugar desde poder comprender la complejidad de la relación persona y sociedad.

Figura 1: Ejes de atención científica a los procesos individuales y sociales.

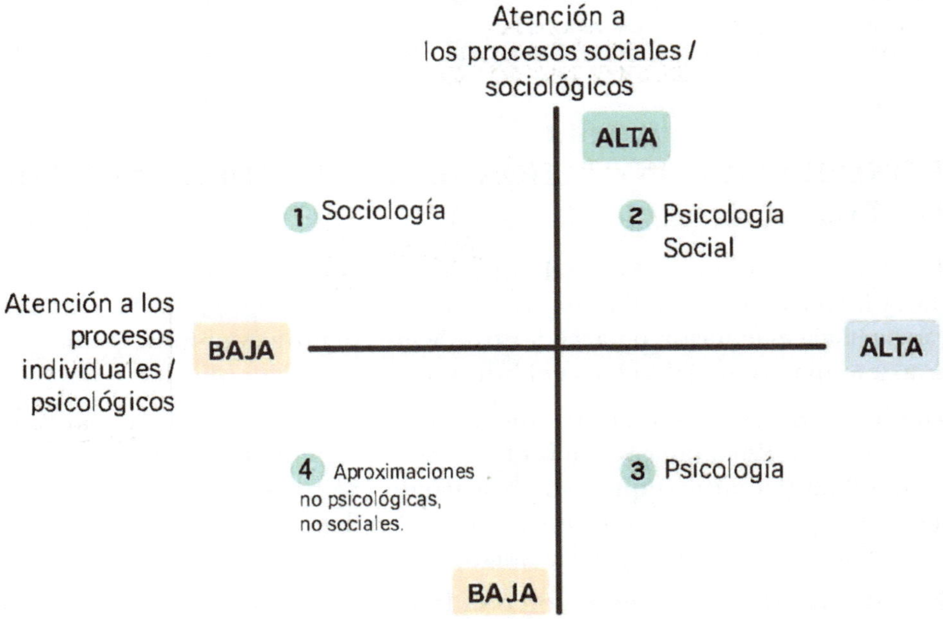

Adaptado de la propuesta de Operario y Fiske (1999) (IA Copilot, Microsoft, 2025).

Como comprobaremos a lo largo del capítulo, la Psicología Social tiene un papel decisivo donde la Psicología no llega o no puede explicar suficientemente (porque se limita al plano más individual, a veces cae en el psicologismo), o para acotar los análisis macrosociológicos y demasiado globales en los que a veces puede perderse la Sociología (riesgo de caer en el sociologismo).

2. UNA ACTUALIZACIÓN DE LA DEFINICIÓN DE PSICOLOGÍA SOCIAL

Para Ibáñez (2011, p. 30) hay una multitud de definiciones sobre el objeto de estudio de la Psicología Social: *"algunas enfatizan la necesidad de buscar las causas del comportamiento y del pensamiento de los individuos en situaciones sociales concretas, otras plantean que la materia es la ciencia del conflicto entre el individuo y la sociedad, y también las hay que postulan que el objeto de la psicología social está en los fenómenos relacionados con la ideología y la comunicación".*

En los inicios de la andadura de la Psicología Social, McDougall (1908) (en el reconocido como primer manual de psicología social, desde la psicología, junto al de Ross, también en 1908, desde el ámbito de la sociología) plantea que la psicología social es la ciencia que estudia los motivos que movilizan a las personas en las relaciones sociales.

Kelman, (1965, p. 22), hoy más conocido por sus importantes trabajos y compromiso con los procesos de Paz en Oriente Próximo, en su primera etapa como Psicólogo Social, señalaba que *"la Psicología Social —que es un subcampo tanto de la psicología como de la sociología— centra su interés en la intersección de la conducta individual y de los procesos socio-institucionales. De aquí se desprende que el objeto de atención fundamental es la interacción social, que es por excelencia el área en que los procesos individuales y sociales intersectan".*

Una de las definiciones de psicología social con mayor tradición se la debemos a Gordon Allport, en su histórico e influyente Hanbook of Social psychology (1968), donde propuso a la Psicología Social como intento científico de explicar cómo los pensamientos, sentimientos y comportamientos de los individuos se ven influenciados por la presencia real, imaginaria o implícita de otros seres humanos.

En esta concepción, partimos de la premisa: las personas influyen en otras. Un análisis detallado de esta definición nos proporciona un preciso resumen del recorrido de esta ciencia, principalmente en la psicología (Fiske, 2018): Un primer elemento, las personas se ven influenciadas por otras personas. Un segundo elemento, la alusión a real (la significativa influencia de la presencia real de otras personas), imaginaria (la imaginación, nuestros pensamientos...sobre otras personas), e implícita (los artefactos sociales o la presencia de los otros, sus intereses, objetos hechos por personas...). En tercer lugar, la referencia y distinción entre tres componentes: cognición, afecto y comportamiento, que permite una mejor y más profunda comprensión. Y, en cuarto lugar, la definición de causa (la presencia de las otras personas), verbo (influencia) y efecto (pensamiento, sentimiento y comportamiento).

Aunque esta definición ha podido recibir críticas importantes por su carácter individualista y, para algunos, reduccionista del objeto de la Psicología Social (Sabucedo y Morales, 2015), es una de las definiciones de referencia y que convoca un amplio consenso de la comunidad de psicólogos y psicólogas sociales, principalmente en el ámbito de la psicología.

En otra línea de definición de la psicología social, más desde la perspectiva de la sociología, observamos como se desarrolla una concepción muy alejada de la previa de Gordon Allport, o la tradición en la concepción teórica sobre la psicología social que instaura su hermano Floy H. Allport. Desde el ámbito de la sociología, con especial influencia por la Escuela de Chicago, se recoge la aportación relevante de autores como Tarde, Dewey y Mead, determinantes para su definición de la psicología social, poniendo especial foco en el contexto social y en los determinantes sociales y simbólicos del comportamiento.

Hay muchas definiciones y pueden organizarse según: autores (psicólogos/as, psicólogos sociales, sociólogos/as), teoría (énfasis en un punto u otro), etapa histórica de la psicología social (en la actualidad, un concepto más abierto), enfoque ("psicologista" o "sociologista"). En suma, se tome una u otra, lo básico es poder situarnos en ese "balcón" desde donde vemos que: 1) El objeto de estudio de Psicología social son los procesos entre el individuo y lo social. 2) Es el estudio de la forma en que sentimos, pensamos, somos afectados/as actuamos con relación a ellos. 3) Análisis de cómo los procesos psicológicos (individuales) afectan al orden social y, como a la vez, este orden social condiciona al individuo en un contexto concreto. 4) Estudio de la influencia del grupo sobre el comportamiento, principalmente.

Desde nuestro punto de vista, la Psicología social es un área científica transdisciplinar y plural cuyo objeto(s) de estudio es analizar la interacción y la realidad psicosocial, a través de distintos caminos (método, técnicas, teorías…) que le son propios, pero que también comparte con otras ciencias. Considerando el contexto histórico y cultural, su fin último es alcanzar una comprensión y explicación mayores/mejores desde un punto de vista transcultural, intergeneracional, intergénero, más inclusivo, sensible y trans-moderno… que permita las aplicaciones e intervenciones sin olvidar los enfoques teóricos (Agulló, 2003, 2016).

En la misma línea, proponer una Psicología Social:

1) Plural, tanto a nivel conceptual, teórico como metodológico (multiteórica y multimetodológica).
2) Histórica, contextual, transversal.
3) Más intergeneracional, intergénero, transcultural… eminentemente social, integradora, que tenga en cuenta estos factores.

4) Post-post-moderna o transmoderna, más allá de la modernidad y post-modernidad.
5) Teórica, investigadora y aplicada.
6) Más consciente socialmente, más autocrítica, emancipadora, y siendo exigentes, solidaria, adaptable, implicada o participativa, transformadora y liberadora de la sociedad e individuos de hoy.

Al margen de la dificultad de definir su objeto, de lo que no cabe duda es que ya desde los clásicos, el ámbito para el análisis psicosocial es complejo y plural. Desde sus orígenes se ha tratado de combinar constructos como mente/sociedad, personalidad/cultura, objetividad/subjetividad, naturaleza/historia. Casi siempre se le ha venido atribuyendo un carácter "híbrido" (Tolman, 1952), "interdisciplinar" (Allport, 1968), "intersticial" (Torregrosa, 1974), "articulador" (Doise et al., 1980), etc. El campo de esta especie de ciencia-bisagra suele ser denominado como una "zona neutral" e incluso con una tierra "de nadie" en particular, y "de todos" en general.

Pero ¿cómo y cuán social es y debe ser la Psicología Social? Recordando a Carlson (1984) y su artículo, "*What's social about Social Psychology?...*"extraemos que la palabra clave puede ser "Pluralismo": pluralismo teórico, metodológico, de nivel de explicación, en relación al objeto, a las aplicaciones. Y a esta palabra maestra, acompañarla con otras quizás aún más difíciles como son: una Psicología Social comprometida, implicada, liberadora, solidaria...Por una ciencia y sociedad más emancipadora, intergeneracional, intergénero, transcultural, sostenible, principalmente. Una Psicología Social más social, pero también más personal en cuanto a la sensibilidad hacia estos aspectos mencionados.

3. UN BREVE RECORRIDO POR LA HISTORIA/EPISTEMOLOGÍA DE LA PSICOLOGÍA SOCIAL

Para algunos autores/as, podríamos asistir, al desarrollo de dos psicologías sociales. Aunque mantuvieron orígenes compartidos, e influencias significativas en los desarrollos de ambas, podría afirmarse que ha existido el desarrollo de una psicología social, en psicología, y el desarrollo de otra psicología social, en sociología (Torregrosa, 2001). Sin embargo, el mayor desarrollo reciente (no en primeras fases) en la psicología social ha ocurrido desde la psicología. Siendo, la psicología social, para muchos autores, una disciplina de la psicología. Y ante esta tesitura, surge la duda de si siguen conviviendo dos psicologías sociales diferenciadas, tal como observamos en la tabla 1.

Algunos elementos/etapas determinantes para la comprensión histórica de la Psicología Social, podrían resumirse:

1°). El inicio de la psicología social sucede cuando se consolidan la sociología y la psicología como ciencias independientes de la filosofía. Una vez establecidas, ambas, comienzan sus desarrollos en el ámbito de la psicología social y, en los inicios, quizás, con mayor aportación y relevancia desde el ámbito de la sociología que desde la psicología.

2°). El desarrollo de la psicología social mostró un carácter plural en su etapa inicial, no sólo porque se fue desarrollando en el ámbito de las dos disciplinas, sino también por la gran variedad de líneas de trabajo diferentes que se han ido articulando, según escuela, ciudad, autores/as, continentes... Por ello, el origen histórico de la psicología social debe conceptualizarse como una construcción desde diversos autores/as, pertenecientes a diversas corrientes teóricas y metodológicas, y vinculados, en mayor o menor grado, a dos ciencias diferentes.

3°). El desarrollo de la sociología y la psicología, inicialmente se articula en Europa, pero es importado desde Estados Unidos, e influye en los inicios de las disciplinas allí. Esta influencia es breve, surgiendo mayores desarrollos en Estados Unidos, y el alcance en Europa (y otros lugares del mundo) era reducido.

4°). Cabe destacar que, aunque inicialmente se mantendrá el impulso de la psicología social en ambas disciplinas, a partir de 1930, y de una forma más agudizada, a partir de 1960, el desarrollo es, principalmente, en la disciplina de la psicología, y, menor en la sociología. Esta mayor vinculación, parece estar provocado, mayoritariamente, por la influencia y la relevancia del positivismo en la ciencia en estas décadas iniciales del S.XX y posteriores. La psicología se ajustó de forma más palpable que la sociología a los cánones de ciencia establecidos por el paradigma positivista preponderante en Estados Unidos. En este contexto, los psicólogos sociales, que querían demostrar el carácter científico de la Psicología Social, se vincularon y guiaron por el modelo propuesto por la Psicología.

Los considerados primeros manuales de Psicología Social (McDougall, 1908; Ross, 1908) cumplen ahora 115 años. Si bien con estas raíces tan claras y europeas, no será hasta los años 40-50 cuando se consolida nuestra disciplina, sobre todo en EEUU. Aquí, en España, apenas ha cumplido los 50 años de vida; aún sorprende que es coetánea a nosotros, los que escribimos este capítulo.

Llama la atención como muchos de nuestros maestros/as pueden ser considerados "psicólogos sociales de primera generación" (los más mayores), de segunda (los adultos) o de tercera generación (los más jóvenes). Se ha avanzado un buen trecho, pero aún nos queda mucho por caminar. Al menos, de momento, se propone poder transmitir una Psicología Social abierta y esperanzadora para esa tercera y cuarta generación, esos nietos y bisnietos de la Psicología Social española, que apenas ha cumplido su 50 aniversario.

A partir de las sistematizaciones realizadas por autores/as como Garrido y Álvaro (2007), Sabucedo y Morales (2015), o Cabrera et al. (2022), identificamos cuatro grandes periodos en el desarrollo histórico de la psicología social, con aportaciones de la sociología y la psicología que, algún momento, parecieran converger, pero que han presentado, en general, itinerarios diferenciados. La tabla siguiente recoge los principales hitos de la historia de la psicología social:

Tabla 1: Etapas, Hitos y Autores y Teorías relevantes en la Historia de la Psicología Social

Etapa / Hito	Psicología	Sociología
I. El origen de la Psicología Social (Segunda mitad del siglo xix).	**Wilhelm Wundt,** Alemania, propicia el surgimiento de la psicología experimental, y también, de la Psicología "La Volkerpsychologie".	**Émile Durkheim:** sociología francesa, hito clave en la emancipación de la Sociología como ciencia.
⇒ Consolidación de la Psicología y la Sociología, disciplinas independientes de la Filosofía. ⇒ **Charles Darwin:** Las teorías evolucionistas, y su influencia en la sociología y la psicología.	**Gustave Le Bon** (1895), ***Psicología de las Masas***	**Gabriel Tarde** (1898), ***Estudios de Psicología Social":*** trabajos sobre la imitación, causa del comportamiento social.
	Binet y Henri: Experimento sobre sugestión en niños.	**1892,** Departamento de Sociología, Universidad de Chicago. **Escuela de Chicago,** propiciada por la corriente Pragmática de la Filosofía.
	Triplett (1898): Experimentos sobre facilitación social.	
II. La Consolidación de la psicología social, disciplina independiente (1900-1930)	**William McDougall** (1908), ***Introduction to Social Psychology.***	**Edward Alsworth Ross** (1908), ***Social Psychology.***
	Charles Ellwood (1901), ***Algunos prolegómenos a la Psicología Social.***	Otros manuales relevantes: **Emory Bogardus** (1918), ***Essentials of Social Psychology*** **Florian Znaniecki** (1925), ***The laws of Social Psychology)***
	Floyd H. Allport (1924), *Social Pscyhology:* Introduce los principios del conductismo en la Psicología Social.	Universidad de Chicago: inicios del S. XX, **John Dewey, Robert Park, William I. Thomas o George Herbert Mead,** bases de una psicología social centrada en el análisis de la interacción social
		Georges H. Mead (1863-1931), principal línea de estudio de la sociología en la Psicología Social: **El Interaccionismo Simbólico.**

Etapa / Hito	Psicología	Sociología
III. La Evolución de la Psicología Social, disciplina independiente (1931-1970) ⇛ Vinculación, cada vez mayor, con la psicología; la presencia de la disciplina dentro de la sociología fue disminuyendo. ⇛ Relevantes Científicos/Académicos de las ciencias sociales europeos, con motivo de la 2ª guerra mundial, llegan a EEUU. ⇛ Continuidad del predominio del Positivismo Lógico, hasta la crisis de paradigmas científicos.	**Leonard Hull** (1884-1952) y **Burrhus Frederick Skinner** (1904-1990): Teorías del aprendizaje, con influencia en la Psicología Social.	La Escuela de Frankfurt: **Theodor W. Adorno y cols.** (1950), ***La Personalidad Autoritaria***
	Dollard y Cols. (1939), ***Frustration and agression:*** Primera formulación de la hipótesis de la frustración-agresión.	**George Homans:** Las teorías del intercambio en la psicología social sociológica:
	Neal E. Miller y John Dollard (1941), **Social learning and imitation**: Elaboran Modelo de aprendizaje por imitación	**Peter Blau** (1964): La teoría del emergentismo social
	Psicología de la Gestalt: Base conceptual para la principal línea de desarrollo teórico de la psicología social	**Desarrollo del Interaccionismo Simbólico,** con aportaciones relevantes de autores: **Herbert Blumer** (1900-1987). **Manford Kuhn** (1911-1963).
	Kurt Lewin: Teoría de Campo, y su gran aportación sobre el comportamiento de los grupos	**Erving Goffman:** El análisis de la interacción social
	Frederic Bartlett: Teoría de los esquemas	**Alfred Schutz:** sociología fenomenológica y psicología social:
	Lev Vygotski: el estudio de los procesos cognitivos.	Desarrollo de la etnometodología. **Harold Garfinkel,** uno de los principales autores.
	Aportaciones teóricas de los psicólogos sociales **gestaltistas**, en torno a tres líneas temáticas: **Percepción Social:** **Heider:** La psicología ingenua **Solomon Asch:** Los estudios sobre la formación de impresiones **Influencia Social:** **Solomon Asch:** Los experimentos en Psicología social sobre las normas e influencia mayoritaria. **Stanley Milgram:** La obediencia a la autoridad. **Consistencia cognitiva:** **Fritz Heider:** La teoría del equilibrio de **Leon Festinger:** La teoría de la comparación social y La teoría de la disonancia cognitiva	
	Persuasión Social: **Robert Zajonc**: Teoría de la facilitación social **John Thibaut y Harold Kelley:** Teoría del intercambio social	
	Bandura y Walters (1963): Modelo del aprendizaje social.	
	Martin Seligman: Teoría de la indefensión aprendida	

Etapa / Hito	Psicología	Sociología
IV. Psicología social postmoderna o actual y/o la Crisis de la Psicología Social como disciplina (1970 - Actualidad), ⇒ Importantes cambios políticos, sociales y culturales, que también se concretan en la psicología social: Comienzan las críticas a ciertas formas de hacer disciplina. ⇒ ¿Cambio de paradigma científico? ⇒ Suceden desarrollos teóricos que promueven enfoques y líneas de investigación significativamente diferentes.	Surgen las **teorías de la atribución social**: **Jones y Davis** (1965): Teoría de la inferencia correspondiente **Harold Kelley** (1967): Modelo de covariación **Weiner** (1972, 1986): Atribución causal del éxito y el fracaso	**El interaccionismo simbólico:** principal marco teórico en el desarrollo de la psicología social en el ámbito de la sociología.
	Desarrollo de la psicología social cognitiva, favorecida por la revolución cognitiva y el paradigma del procesamiento de la información.	**Sheldon Stryker:** La concepción estructural
	Albert Bandura (1997): Reorientación cognitivista de las teorías del Aprendizaje Social. Autoeficacia.	**Anthony Giddens:** Teoría de la estructuración
	Emergencia y desarrollo de la psicología social europea, cobrando mayor protagonismo, frente a la tradicional psicología social en EEUU.	**Norbert Elias:** Sociología figurativa
	Fishbein y Ajzen, 1975; **Ajzen y Fishbein,** 1980: De la teoría de la acción razonada a la teoría de la acción planificada.	**Pierre Bourdieu:** Constructivismo estructuralista
	Henri Tajfel: Teoría de la identidad social	
	Muzafer Sherif: Estudios sobre grupos, normas y relaciones intergrupales.	
	Serge Moscovici, Principales aportaciones: Teoría de las representaciones sociales. Influencia de las minorías	
	Desarrollos de la psicología social en Latinoamérica. **Ignacio Martín Baró,** autor clave.	
	Desarrollo de la **Psicología Social Comunitaria**	
	La psicología social postmoderna: **Kenneth Gergen** (1982, 2001): El construccionismo social **Rom Harré** (Harré y Secord, 1972; Harré, Clarke y De Carlo, 1985), El enfoque etogénico. **Michael Billig** (1987, 1991), El Enfoque Retórico **Sacks** (1992); **Heritage** (1990); y **Antaki y Díaz** (2001): El análisis de las conversaciones **Jonathan Potter y Mar garet Wetherell** (1987; 1996): El análisis del discurso.	**Autores/as españoles/as** desde mediados de los 70, primeros psicólogos/as sociales (desde la Sociología y Psicología). Desde los años 70 hasta 2025 podemos citar decenas de obras y autores/as del Estado español, de América Latina y de otros países. Véanse referencias y anexos virtuales.

Fuente: Elaboración propia a partir de: Proyecto Docente (Agulló, 2003, 2016), Garrido y Álvaro (2007), Sabucedo y Morales (2015), y Cabrera et al. (2022), entre otros manuales clave.

4. PSICOLOGÍA SOCIAL INSTITUCIONAL: ENSEÑANZA, DIVULGACIÓN, INVESTIGACIÓN Y APLICACIONES PRÁCTICAS

La psicología social, hoy, tiene una especial relevancia en el ámbito universitario (en las enseñanzas de grado, máster y doctorado), en la divulgación (manuales), en la investigación (un% significativo de revistas de investigación) y en la aplicación a los problemas sociales, mercado laboral, asociativo y en entidades públicas y privadas. En este bloque, analizamos algunos de estos aspectos.

4.1. Psicología Social: enseñanza universitaria, y divulgación/impacto

La Psicología Social está presente en muchos y muy diferentes estudios universitarios, de grado, pero también en Máster o Doctorado. Y, aunque su docencia fundamentalmente es en los estudios de Sociología y Psicología, también la encontramos en Antropología, Trabajo Social, Ciencias Políticas, y otros estudios no sociales.

Se han analizado los planes de estudios y guías docentes de estudios de grado en Sociología y Psicología de las universidades (públicas y privadas) españolas. Como se observa en la Tabla 3, el conjunto de las 66 universidades con grado en Psicología, en sus planes de estudios, incorporan la asignatura de "Psicología Social". Generalmente aparece como materia básica u obligatoria, con variedad sobre el curso en que se imparte, pero con prevalencia por los cursos iniciales.

Sobre las 17 universidades españolas que la imparten el Grado en Sociología, se puede destacar: 1. Confirmamos que, en todos los planes, exceptuando uno de ellos, la materia "Psicología Social" corresponde a una asignatura, generalmente, de formación básica, aunque en algún centro tiene carácter de obligatoria, y 2. Se imparte en los primeros años de estudios. Solo una universidad no incorpora esta materia en sus planes de estudios, y otra de ellas (UC3M), imparte esta materia desde 2018, solo como optativa, en 4ª curso (hasta 2017 era obligatoria/troncal de 1º curso). Al contrario, en otras universidades, aparecen varias (no solo una) optativas relacionadas con la Psicología Social Aplicada, sea psicología social psicológica o sociológica (tanto a nivel de Grado, como de postgrado, especialidad o Doctorado).

Se confirma la indudable relevancia de la disciplina de la Psicología Social en la formación académica en Sociología. Y nos encontramos ante dos situaciones concretas que podrían ser reflejo de la complejidad y heterogeneidad en la visión de la psicología social en la actualidad de la sociología. Los programas en universidades a nivel internacional, que ahora no procede detallar, confirman esta relevancia (véase anexo digital referenciado al final de este capítulo).

Tabla 3. Indicadores sobre nº de Universidades Españolas

	Sociología	Psicología
Universidades que Imparten Estudios de Grado	**17**	**66**
Universidades que imparten Estudios de Doble Grado, con otras titulaciones	9	13
Asignatura: Psicología Social, en planes de estudios	16	66
Asignatura: Psicología Social, Básica u Obligatoria	15	66

Fuente: Elaboración propia, a partir de datos del Ministerio de Ciencia, Innovación y Universidades, y las propias Universidades.

El análisis de los contenidos de las guías docentes de la asignatura de Psicología Social en las principales universidades españolas proporciona una visión comprensiva de cuáles son los aspectos que suscitan mayor interés y valoración entre los académicos/as en España para la formación del alumnado en esta materia.

Se constata un amplio consenso en los principales temas abordados. Sin embargo, aparecen también, con frecuencias muy bajas, una amplia variedad de constructos reflejados en las guías docentes que, en general, solo se incluyen en una o dos universidades como máximo. Tal vez estos constructos se encuentren integrados, dentro de conceptos más amplios o denominaciones diferentes. En cualquier caso, resulta significativo que hayan sido visibilizados en los planes de estudio.

Es común en todas las guías analizadas la presencia de un primer bloque de contenidos centrado en la Psicología Social como disciplina: una introducción general que aborda los principales aspectos teóricos y conceptuales de esta área del conocimiento y, en un número importante, la presencia de un contenido específico sobre Investigación o Métodos de Investigación en Psicología Social.

En segundo lugar, como continuidad del trabajo realizado por Collier, Minton y Reynolds (1996) en su manual de Historia de la Psicología Social, donde realizan un análisis detallado de los manuales de psicología social publicados hasta 1996, en nuestro caso, hemos tratado de actualizar desde una búsqueda exhaustiva de publicaciones de manuales en psicología social en castellano, entre los años 2000 y 2025. La búsqueda se realiza con fuentes como Google Académico, Dialnet, Psicodoc y la IA (OpenAI, 2025) detectando un total de 46 manuales de referencia de psicología social. El análisis de los manuales subraya el valor de las perspectivas relevantes e influyentes de cualquier disciplina, y en este caso, de la Psicología Social.

Sólo cinco publicaciones, de las 46 analizadas, son lideradas por autores/as que provienen del ámbito de la sociología o incorporan un significativo análisis de la psicología social desde la sociología; el resto, 41, se vinculan a autores del ámbito de la psicología (aunque los/as autores/as en ambos pueden ser de distinto perfil). Para un mayor detalle y consultar los manuales de psicología social analizados, puede consultarse el Anexo a este capítulo.

Tabla 2. Nº de Manuales de Psicología Social Publicados desde 2020, según disciplina de origen

Periodo	Psicología	Sociología
2000 - 2009	20	4
2010 - 2019	16	1
2020 - 2025	5	

Fuente: Elaboración propia a partir de búsqueda bibliográfica

Además, en este análisis de manuales de psicología social, se ha estudiado los principales temas abordados en la psicología social, y sus principales hallazgos.

En la tabla 4 se recoge, ordenados según su frecuencia de aparición, los diez aspectos más destacados en ambos análisis, los manuales de psicología social, y la planificación docente de la asignatura de Psicología Social:

Tabla 4. Análisis Contenido Manuales y Guías Docentes de Psicología Social

Manuales de "Psicología Social"		Programaciones Docentes, Asignatura "Psicología Social", Universidades Españolas	
Frecuencia	**Aspecto**	**Frecuencia**	**Aspecto**
1º	Psicología Social Aplicada	1º	Actitudes
2º	Actitudes	2º	Influencia Social
3º	Agresividad	3º	Identidad Social
4º	Prejuicios	4º	Grupos
5º	Grupos	5º	Prejuicios
6º	Comportamiento Prosocial	6º	Relaciones Interpersonales
7º	Identidad Social	7º	Agresividad
8º	Influencia Social	8º	Atracción
9º	Estereotipos	9º	Cognición Social
10º	Cognición Social	10º	Comportamiento Prosocial

Fuente: Elaboración propia a partir de manuales de referencia y guías docentes.

Como puede observarse, existe una fuerte coincidencia entre los diez temas más recurrentes, tanto en los manuales específicos de Psicología Social como en las guías docentes universitarias. Ocho de los diez temas se repiten en ambos contextos, y solo dos, en cada ámbito (marcados en otro tono), no coinciden entre los diez más frecuentes del otro bloque, aunque están presentes en posiciones más retrasadas.

Por otro lado, existen otros temas que, aunque aparecen con baja frecuencia, una o dos menciones en más de veinte guías docentes analizadas, merecen ser destacados simplemente por su presencia en los planes de estudio y, además, por su relevancia clásica y/o actual. Entre ellos se encuentran:

Tabla 5. Otros contenidos relevantes en Manuales y Guías Docentes

Amor	Inclusión
Biología	Intervención Social
Conflicto	Liderazgo
Cultura	Medios de Comunicación Social
Dilemas Sociales	Memoria
Diversidad	Movimientos Sociales
Estigma Social	Normas Sociales
Felicidad	Poder
Género	Protección Social
Gobierno	Psicología Social Crítica
Hacinamiento	Toma de decisiones

Fuente: Elaboración propia a partir de manuales de referencia y guías docentes.

Es especialmente llamativo el amplio consenso en los contenidos de esta asignatura en los estudios de grado en sociología y psicología. Exceptuando una planificación docente, el resto, presentan un muy alto nivel de concordancia en los temas objeto de docencia. Las trayectorias diferentes de ambas disciplinas en relación a la psicología social, con postulados teóricos y metodologías, diferentes en muchos de los casos, puede haber generado importantes divergencias en los temas objeto de investigación y abordaje, pero no así en los temas básicos de investigación y de interés académico tan cruciales desde sus orígenes (siglo XIX a nivel internacional, y años 70 en España), hasta hoy.

Como se observa en la Tabla 6, los principales temas de estudio en la Psicología Social, actuales y pasados, podrían organizarse en torno a cuatro áreas o modelos comprensivos:

Tabla 6. Modelos y Aspectos de estudio en psicología Social

Modelo	Aspectos de estudio
Historia, ontología, epistemología, metodología, fuentes clave de la Psicología Social	Antecedentes, historia, concepto y definiciones, enfoques teóricos clásicos y recientes, métodos y técnicas, fuentes clave (revistas, webs, etc.)
Procesos psicosociales básicos	Percepción, Cognición Social, Atribución social, Actitudes, Prejuicios, Estereotipos, Emociones, motivación, inteligencias múltiples y social...
Procesos comunicacionales e Interacción con el contexto social	Grupos y relaciones intergrupales, Identidad Social, comunicación, lenguaje, socialización, intercambio social.
Conducta que desarrollan los individuos	Influencia Social, Comportamiento Prosocial, Agresividad/violencias, Relaciones Interpersonales (atracción, amor, altruismo...)

Fuente: elaboración propia a partir de Tona (2023) y manuales previos.

4.2. Psicología Social: Investigación y Aplicaciones Actuales

Al igual que en otras disciplinas, la Psicología Social ha experimentado en las últimas décadas un crecimiento exponencial en el número de trabajos académicos, investigaciones empíricas, evaluaciones, revisiones y desarrollos teóricos sobre múltiples aspectos del comportamiento humano en su dimensión social.

Desde el análisis de las revistas incorporadas en el índice SJR (Scimago Journal and Country Rank), con datos de 2024, observamos los siguientes resultados:

Tabla 7. Fuentes Bibliográficas en Psicología Social

	Disciplina	
	Sociology and Political Science	**Psychology**
Revistas en categoría "Social Psychology"	63 (4,31%)	312 (21,93%)
Total Revistas	1.461	1.423

Fuente: Elaboración propia a partir de datos en web de Journal Citation Reports.

Estos datos confirman la relevancia desigual de la psicología social en las disciplinas de la psicología y la sociología en las últimas décadas.

El análisis de los contenidos de las publicaciones internacionales en Psicología Social con mayor impacto (Véase anexo), en los últimos cinco años, muestra una disciplina caracterizada por una gran diversidad temática que, en línea con su tradición, continúa siendo uno de sus rasgos definitorios como disciplina científica. De ello se desprenden varias conclusiones:

1) Algunos de los temas clásicos en Psicología Social siguen ocupando un lugar relevante en la investigación contemporánea: los grupos, las relaciones interpersonales, la identidad social, los prejuicios, los estereotipos, las relaciones intergrupales o la violencia. No obstante, se percibe un reordenamiento en la frecuencia con que aparecen estos temas, de modo que algunos que históricamente fueron centrales ya no encabezan las prioridades actuales.

2) Emergen con fuerza otros temas que, si bien ya habían sido estudiados, adquieren ahora mayor relevancia, como la cultura, la percepción social o la emoción. Estos tres ámbitos, tradicionalmente menos presentes, se encuentran actualmente entre los aspectos que más investigación suscitan.

3) Aparecen temas que históricamente habían tenido poca visibilidad, pero que hoy cobran una relevancia creciente: enfoques de género y feminismos, grupos vulnerables o desfavorecidos (mayores, menores, mujeres...), marginación, los valores, el comportamiento moral, el apego, la interacción social, el bienestar (psicosocial, mental, emocional...), las minorías, la planificación social y la comunidad, entre otros.

La realidad de la pobreza y la exclusión social (entre otras temáticas), en cambio, sigue teniendo una presencia limitada en la producción científica de la Psicología Social. Tradicionalmente, las publicaciones de relevancia sobre este ámbito han sido escasas.

No obstante, una búsqueda en las bases de datos sobre ciencias sociales a través de EBSCOhost (Sociology Source Ultimate, APA PsyInfo...) con el descriptor "Psicología Social", en los últimos cinco años, muestra que los temas relacionados con minorías étnicas y marginación se encuentran entre las quince categorías con mayor producción científica. Las principales materias de investigación son: discriminación social, grupos étnicos, actitudes, violencia, política, salud mental, adolescencia y psicología social comunitaria, junto con los temas propios de la disciplina y de la investigación en sí misma.

La agenda de investigación actual en psicología social, parece dar respuesta a las demandas crecientes de un conjunto de profesionales de la psicología social que, hoy reclaman marcos de comprensión y estrategias para afrontar los principales problemas sociales. En este sentido, observamos como las más relevantes asociaciones profesionales, de sociología y psicología, cuentan con una sección de psicología social que convocan a un número importante de socios/as, y presumen de una importante productividad profesional y científica. Tal es el caso de las asociaciones en Estados Unidos, American Sociological Association, y American Psychological Association, pero también en otros países del contexto europeo, o en nuestro propio país, donde constatamos como el Consejo General de la Psicología o la Federación Española de Sociología, cuentan con una sección, división o comité de Psicología Social (para un mayor detalle, véase el Anexo digital).

También, la Psicología Social tiene una relevancia significativa en países del Sur o Centro América (y en otras latitudes), en sus universidades, en la ciudadanía, y en los movimientos socio-políticos que promovieron y promueven significativos procesos de cambio psicosocial, laboral, educativo y socio-político.

5. A MODO DE CONCLUSIÓN: UNA MIRADA AL HORIZONTE DE LA PSICOLOGÍA SOCIAL

La psicología social tiene el reto de construir, desde ese balcón o puente, la comprensión y reflexión sobre los aspectos que preocupan a las personas y a la sociedad. La relevancia social de sus temas de investigación será el determinante de su papel en las ciencias sociales actuales.

I. Aquí radica el primero de los escenarios clave para la psicología social en nuestro contexto social: la relevancia de sus temas de estudio. Parece existir una demanda/crítica importante que reclama una revisión e incorporación de temas clave para la vida de las personas y de la sociedad como objeto de estudio de la Psicología Social. La experiencia de la pobreza y la exclusión social; también el abordaje de otras crisis humanitarias, y conflictos armados, algunos de aterradora actualidad; la crisis de sostenibilidad y cambio climático; el impacto de la IA y otros temas de candente vigencia… Aspectos de la vida social que requieren del compromiso y el foco de la Psicología Social.

Se apuesta por una Psicología Social preocupada y sensible a las diferencias personales, pero sobre todo por los problemas sociales. Al decir "sociales" nos referimos a una mayor preocupación por el contexto social en el que se incluyen aspectos económicos, políticos e ideológicos que han sido bastante descuidados tal como critican algunos autores (Torregrosa, 1982; Ovejero, 2013). Investigaciones recientes demuestran la línea de la Psicología Social que aquí proponemos. No hace falta recurrir siempre al extranjero para ver estos cambios y tendencias (véase Anexo). Por ejemplo, en España podemos encontrar estudios sobre el trabajo y las organizaciones (Peiró, 2023; Salanova et al., 2019) sobre el desempleo (Álvaro, 2001; Blanch, 2011), la salud mental (Sánchez, Garrido y Álvaro, 2003), jubilación y envejecimiento (Agulló et al., 2002; Zorrilla et al., 2018), género, mayores, medio ambiente o IA (Agulló y Garrido, 2002; Moyano et al., 2024; Zorrilla et al, 2024, EncageS-CM, 2025), inmigración (Gutiérrez et al., 2004) y otras temáticas vinculadas (ver Anexo), Son referentes para seguir vertebrando una psicología social comprometida con la realidad de las personas.

II. Un segundo gran reto para la psicología social, es la diversidad social y cultural en las sociedades actuales, que nos pone ante el reto de construir marcos de comprensión que favorezcan el desarrollo social desde el respeto a los derechos humanos. La realidad de la diversidad, con especial foco en las cuestiones de inmigración, generaciones y de género, supone un reto para las sociedades actuales, para las relaciones interpersonales e intergrupales, y la convivencia. La psicología social puede, está convocada a ello, ayudar a comprender qué procesos y qué factores convierten a la diversidad en motor de crecimiento, personal y social (de inteligencias múltiples, emocional y psicosocial, junto con la IA), para el conjunto de personas que formamos parte de la sociedad.

III. En tercer lugar, destacamos el reto de generar metodología de investigación y evaluación que posibilite la comprensión de la influencia social, sus factores, en los diferentes niveles de análisis, consolidando modelos más complejos y comprensivos, que eviten las propuestas reduccionistas (cualitativas o cuantitativas, psicologistas o sociologistas), o la tentación de ellas. Sigue siendo central el poder impulsar procesos de conocimiento que integren los diferentes niveles de análisis micro/meso/macro: individual, interpersonal, grupal y social.

Aquí, parecen tener un importante punto de encuentro las tradiciones de la psicología y la sociología en psicología social: la actualización en la definición de objeto de estudio, acompañada de un encuentro en metodologías de investigación, diferenciadas, pero complementarias (cualitativas y cuantitativas; experimentales y narrativas o experienciales; evaluativas, y de diferentes niveles de análisis).

Cerramos este capítulo con una pregunta que suele realizarnos el estudiantado: ¿cómo intuimos su futuro psicosocial? Sin ser demagogos y reconociendo las limitaciones, se puede constatar que las aplicaciones que ofrece nuestra disciplina son evidentes en toda situación relacionada con la interacción entre personas: en el ámbito académico (docencia e investigación, y evaluación de programas y políticas), en organizaciones de diversa índole (recursos humanos, estudios de mercado, ONG's o Tercer Sector, etc.), en servicios sociales, socio-sanitarios, en crisis/retos actuales diversos, etc. Hay claras oportunidades de trabajo para los/as psicólogos sociales en gran variedad de lugares y en una gama igualmente diversa de temas y problemas/desafíos. Pensemos en ámbitos que nos rodean (sistema educativo, sanitario, socio-político, TICs e IA,...). En todos ellos ha tenido, puede y debería tener cabida este balcón o área compartida, fronteriza, mestiza e interesante como es la Psicología Social.

Nota: El Anexo Digital a este capítulo, citado en el texto, se puede encontrar en el siguiente enlace, https://acortar.link/shorten.

XXVI. SOCIOLOGÍA DEL CONOCIMIENTO

FRANCISCO DE LOS COBOS ARTEAGA
Universidad de Castilla-La Mancha

1. INTRODUCCIÓN

Este texto, presentado a quienes estudiamos las ciencias sociales, tiene por propósito examinar los principales aspectos de la sociología del conocimiento. Un ámbito científico que analiza las condiciones en las que los saberes se producen, transmiten y legitiman. A diferencia de otras disciplinas enfocadas a demostrar la validez epistemológica de las ideas, se parte de la esencia fundacional de la sociología: todo conocimiento es una construcción colectiva. Incluso las formas de saber proclamadas universales u objetivas se inscriben en contextos históricos, culturales, políticos y económicos interrelacionados. Por esta razón, uno de los ejes medulares de la sociología del conocimiento consiste en explicar con qué fines son elaboradas las narrativas que pretenden alcanzar el estatus de verdad en la sociedad, los medios para facilitar su difusión y las estrategias que emplean para adquirir legitimidad. Desde esta perspectiva, el poder actúa como el elemento esencial en la configuración del saber.

Asimismo, este capítulo sitúa el cambio social entre los temas fundacionales de la sociología e incorpora el ámbito del "ser", vinculado al análisis de la realidad social, y el del "deber ser", porque toda teoría del conocimiento incluye una propuesta de mejora o transformación de la sociedad. Este binomio, conduce a una pregunta clave: ¿Debe la sociología limitarse a describir la producción, los fines y la legitimidad de las ideas o incorporar además el examen de sus efectos en la sociedad? A partir de este interrogante, emerge la necesidad de indagar acerca de quiénes pueden cuestionar el conocimiento dominante y proponer nuevas formas de pensar. Esta capacidad incluye a los intelectuales, los movimientos sociales y los grupos subalternos, sin descartar que ciertos sectores puedan mostrarse contrarios a modificar lo que consideran pilares fundamentales de la sociedad. Con intención de responder a estos temas, cada línea de análisis concluirá con un breve apartado en que se explicitarán las aspiraciones que la guían.

Para delimitar el alcance de la sociología del conocimiento, resulta necesario reconocer que su objeto es amplio, complejo y, en ocasiones, esquivo. Más allá de analizar los saberes presentes en la sociedad, esta disciplina debe explorar los contextos institucionalizados productores de conocimiento en comunidades académicas o científicas, universidades y laboratorios. Esta área, denominada sociología de la ciencia o del conocimiento científico, entre otros temas, recoge la pugna entre las denominadas ciencias duras, hoy agrupadas bajo el acrónimo *STEM*, y las ciencias sociales por los criterios de validez, las jerarquías del saber y el control de recursos. Dada la extensión limitada del texto, estos aspectos se contemplarán de manera sintética en el cuerpo del trabajo. Si bien, desde esta introducción se anticipa que, cuando las tecnologías carecen de un análisis sobre los medios y fines sociales, ya sea por desconocimiento o por decisión deliberada, tienden a adoptar una retórica positivista y dirigen sus esfuerzos hacia formar competencias funcionales al servicio de la ideología dominante.

En las páginas siguientes se retoma la distinción de Merton (2023) entre dos tradiciones sociológicas que, aunque comparten el interés por los nexos entre las ideas y la estructura social, difieren en su origen y en sus métodos. La sociología del conocimiento, de raíces europeas, se centra en analizar los conceptos elaborados por las élites intelectuales y a promover un ideal acerca de cómo debería ser la sociedad. En contraste, la sociología de la comunicación colectiva, desarrollada en Estados Unidos, privilegia los estudios empíricos sobre la difusión de los productos culturales y la conformación de la opinión pública que, en la mayoría de los casos, se examina con el propósito de influir en ella. A partir de esta propuesta y de reconocer los límites que implica simplificar las corrientes de la sociología que aquí se presentan, este trabajo sigue una secuencia cronológica. El análisis se inicia con las teorías europeas del conocimiento formuladas en las sociedades industriales, donde el conflicto actuaba como eje explicativo y punto de partida para las alternativas de mejora o transformación social. El recorrido culmina en las sociedades postindustriales, con el estudio de las nuevas formas de pensamiento que pretenden conseguir la igualdad en el nuevo contexto. Por otro lado, se dará cuenta de aquellas estrategias discursivas dirigidas a que el sujeto interiorice la ideología dominante, junto al principio de cuestionarse modificar el consenso que garantiza a las élites el control del orden social.

Por último, el texto no queda cerrado. En su lugar, este preámbulo sugiere interrogantes a ser considerados, replanteados o resueltos a través de la reflexión crítica. En esta misma línea, se subraya la necesidad de revisar nuestra comprensión sobre cómo interviene la inteligencia artificial en las ciencias sociales, porque su uso podría favorecer la producción de un conocimiento homogéneo y reforzar la hegemonía cultural de las élites.

2. LAS TEORÍAS CLÁSICAS DEL CONOCIMIENTO EN LAS SOCIEDADES INDUSTRIALES

2.1. *Marx. El determinismo de la infraestructura de las relaciones de producción*

La concepción materialista de la historia del marxismo concibe que la conciencia humana se forma como resultado de las condiciones materiales de existencia. De modo que la estructura económica, entendida como infraestructura, determina las formas jurídicas, políticas, culturales e ideológicas que configuran la superestructura de la sociedad. Marx desarrollaba esta idea en el Primero de los *Manuscritos económico-filosóficos de 1844,* donde sostenía que el objetivo último era que "la dominación del propietario, desprovista de todo matiz político, aparezca como dominación pura de la propiedad privada, del capital, desprovista de todo tinte político; que la relación entre propietario y obrero sea reducida a la relación económica de explotador y explotado" (Marx, 1980, 99).

A partir de esta afirmación, en *La ideología alemana* redactada en 1845-46, Marx y Engels examinaban como la burguesía utilizaba los conceptos espirituales y el pensamiento como instrumentos de dominación. De acuerdo con los análisis marxistas, los amos de los medios productivos habían conseguido crear, difundir e imponer a toda la sociedad una visión particular de sus intereses que, en torno a los valores de la propiedad privada, la religión, el dinero, el salario y el estado se presentaban como naturales, universales e inalterables —en última instancia sagrados e incuestionables— con objeto de enmascarar la explotación. Con este artificio ideológico se pretendía impedir que los individuos reconocieran el carácter histórico y transformable de las condiciones de la existencia. Marx y Engels (2014, 21) sintetizaban esta tesis al afirmar: "No es la conciencia la que determina la vida, sino la vida la que determina la conciencia".

Ahora bien, acerca de la integración de la vida en la conciencia, en *Miseria de la filosofía* (1846-1847), Marx reconocía una doble dimensión en las clases sociales. Distinguía entre la clase "en sí", que designa al grupo social que comparte una misma posición objetiva dentro de las relaciones de producción, y la clase "para sí", que surge cuando sus integrantes adquieren conciencia de su situación material y de los intereses antagónicos entre las clases. En el caso de "la clase dominante tienen [...] la conciencia de ello y piensan a tono con ello" (Marx 1987, 91). En cambio, el proletariado adquiere conciencia de su situación cuando reconoce sus intereses comunes y se organiza políticamente para actuar como sujeto histórico. Por ello, para poner fin a la explotación de los propietarios sobre quienes trabajan, el conflicto manifiesto se erige como elemento clave en el marxismo.

Otra de las aportaciones clave de Marx a la sociología del conocimiento es el concepto de reificación. Esta categoría enlaza la diferencia entre "valor de uso" o capacidad de un objeto para satisfacer necesidades humanas concretas y el "valor de cambio" o precio que alcanza un producto en el mercado, con independencia del trabajo humano invertido en su manufactura. En los *Grundrisse,* redactados entre 1857 y 1858 como borradores de *El capital,* Marx sostenía que los vínculos sociales "se objetivan en el dinero, una cosa sobre la que se establece relaciones reificadas entre las personas" (Marx, 2007, 87-88). En *El capital,* (Marx 2008, I, 87-102), en la sección titulada El carácter fetichista de la mercancía y su secreto, afirmaba que el modo de producción capitalista oculta el trabajo humano contenido en los bienes manufacturados bajo el valor que estos adoptan en el mercado. Así, la mercancía aparece con un valor propio, el valor de cambio, separado del trabajo de quienes la producen.

Acerca de lo imprescindible para llevar a cabo el programa del marxismo, en la XI *Tesis sobre Feuerbach* (1845), Marx sostenía: "Los filósofos no han hecho más que interpretar el mundo de diversos modos; de lo que se trata, sin embargo, es de transformarlo". En sintonía con esta idea central del marxismo, en *El Manifiesto del Partido Comunista,* Marx y Engels (1978, 111) aseguraban: "La historia de todas las sociedades hasta nuestros días es la historia de las luchas de clases". Con esta aseveración subrayaban un fenómeno social que consideraban objetivo y fundamental para comprender las relaciones humanas: los intereses materiales de la burguesía y del proletariado son, por naturaleza, antagónicos. Ahora bien, mientras los opulentos poseían conciencia de sus intereses, lo que le permitía ejercer la explotación, la clase obrera, por el contrario, debía adquirir conciencia de clase "en sí" para reconocer su situación y convertirse en el agente transformador colectivo. En definitiva, esta lógica culminaba en la proclama de Marx y Engels (1978, 140): ¡Proletarios de todos los países, uníos!

2.2. Durkheim. La conciencia colectiva en el homo dúplex

Émile Durkheim (1910) estableció algunos fundamentos de la sociología del conocimiento en *Le problème sociologique de la connaissance,* un artículo en respuesta a Wilhelm Jerusalem, quien, un año antes, había introducido el concepto de *Soziologie des Erkennens.* En este texto, Durkheim sistematizó las ideas que había apuntado en anteriores obras, articuladas en torno a la primacía de la conciencia colectiva. Desde la perspectiva del sociólogo de Épinal, las categorías cognitivas, los valores morales y las representaciones simbólicas que estructuran el juicio humano, incluidas sus expresiones más racionales y científicas, se organizaban desde la conciencia colectiva.

Ya en *La división del trabajo social* (1893), Durkheim (2012, 141) había definido la conciencia colectiva como "el conjunto de las creencias y de los sentimientos comunes al término medio de los miembros de una misma sociedad". Un sistema que determina el pensamiento y la acción humana a través de rituales, narrativas y códigos morales y, asimismo, transmite los valores y tradiciones que sostienen la identidad comunitaria y refuerzan la cohesión y la continuidad de las sociedades. En *Las formas elementales de la vida religiosa,* Durkheim (1912) reclamaba renovar la teoría del conocimiento a partir de dos evidencias que, a su juicio, debían sustentar toda forma de saber. En primer lugar, planteaba que las categorías esenciales del pensamiento —tiempo, espacio, género, causa y personalidad— se originan en la vida colectiva. En segundo lugar, destacaba que la sociedad encarna una racionalidad superior, porque es capaz de integrar y trascender las perspectivas individuales. Como señalaba Durkheim (1982, 412), "la conciencia colectiva es la forma más elevada de la vida psíquica, pues es una conciencia de conciencias. Situada por fuera y por encima de las contingencias individuales y locales, no ve las cosas más que en su aspecto permanente y esencial que ella fija en nociones comunicables".

Quizás, la formulación más clara —y, a su vez, paradójica— de la propuesta de reforma social en Durkheim se localiza en *La dualidad de la naturaleza humana y sus condiciones sociales* (1914). En este ensayo, distinguía dos niveles de conciencia. Uno individual, vinculado con lo profano, la experiencia sensible y los intereses particulares y, en un grado superior. Otro social, basado en la razón, en la moral y en los ideales compartidos. Acerca de estas dimensiones en las personas, Durkheim señalaba la coexistencia de ambas en el *homo duplex*, cuya vida interior se organiza en torno a dos polos en tensión:

> *Lejos de ser simple, nuestra vida interior tiene como un doble centro de gravedad. Existe de un lado, nuestra individualidad, y más especialmente, el cuerpo que la funda; por otro, todo aquello que, en nosotros, expresa algo distinto de nosotros mismos [...] no estamos jamás completamente de acuerdo con nosotros mismos, porque no podemos seguir una de nuestras dos naturalezas sin que la otra sufra [...] Este desacuerdo, esta perpetua división en nosotros mismos es la que produce, a la vez, nuestra grandeza y nuestra miseria: nuestra miseria, ya que estamos condenados a vivir en el sufrimiento; nuestra grandeza, dado que es por ella que nos singularizamos entre todos los demás seres [...] sólo el hombre está obligado a hacerle normalmente al sufrimiento un lugar en la vida* (Durkheim, 2011, 191-193).

"Toda sociedad es una sociedad moral" (Durkheim, 2012, 270). A partir de esta declaración, concebía la vida social como el resultado de la necesidad de forjar acuerdos estables entre los individuos, sustentados en vínculos morales sólidos y perdurables. Pese a ello, Durkheim observaba que las sociedades modernas se enfrentaban al riesgo de la anomia, el mal que aparece cuando la división del trabajo no genera lazos éticos. Cuando la anomia se manifiesta en la sociedad, lo colectivo pierde fuerza frente a lo individual y, como resultado, se introduce el desorden, el sufrimiento y se agravan las desigualdades.

Para reconducir este proceso de deterioro moral, Durkheim otorgaba el rol nuclear a las estructuras sociales como mecanismos capaces de restablecer los lazos entre los individuos. En particular, intentaba poner en valor los grupos profesionales, entidades intermedias entre el Estado y los ciudadanos que, mediante crear normas, rituales y sentimientos compartidos, podían fortalecer la vida colectiva. En definitiva, Durkheim propone restaurar la armonía social. Con este fin, afirmaba que "nuestro primer deber [...] es hacernos una moral" y subrayaba que esta tarea debía surgir de la reflexión individual y desarrollarse "poco a poco, bajo la presión de causas internas que la hacen necesaria" (Durkheim, 2012, 430).

2.2.1. Mauss. "Hechos sociales totales"

Dentro de la tradición francesa de la sociología del conocimiento, Marcel Mauss ocupa un lugar destacado. Entre 1901 y 1902 colaboró con su tío Durkheim en *Sobre algunas formas primitivas de clasificación*, un estudio pionero sobre el origen y la lógica de las categorías mentales como creaciones colectivas ligadas a la estructura social. En 1924 publicaba *Ensayo sobre los dones*, su obra más influyente, donde elaboró el concepto de prestación social, entendido como los intercambios que instituyen la reciprocidad obligatoria de dar, recibir y devolver y que, conforme con Mauss (1979, 204-211), se erige como principio básico de los vínculos sociales. Esta idea adquirió sentido para la teoría del conocimiento cuando Mauss caracterizó los dones como "hechos sociales totales", pues en los intercambios convergen dimensiones religiosas, jurídicas, económicas, afectivas y simbólicas de la vida colectiva. Sin embargo, estos intercambios, aunque aparentan voluntariedad, responden para Mauss a una lógica de dominación: dar implica superioridad, mientras que recibir sin devolver significa subordinarse.

Inspirados en el concepto de "hechos sociales totales", Pierre Bourdieu y Georges Gurvitch, cuyas aportaciones aquí solo pueden esbozarse, destacaron que ciertas manifestaciones sociales exigen aglutinar múltiples niveles de análisis y, por tanto, se requiere considerarlos como unidades indivisibles. Aunque las menciones a Mauss aparecen de forma marginal en Bourdieu, resulta imposible comprender su obra sin las reinterpretaciones que realiza de este concepto como herramienta metodológica para explicar que la acción humana surge de las relaciones dialécticas entre el habitus —estructuras internalizadas que determinan la percepción y la acción—, el campo —espacio de luchas entre grupos sociales— y los diversos tipos de capital (económico, cultural, social y simbólico). En *Las estructuras sociales de la economía*, Bourdieu reivindicaba la noción de *embeddedness* de Karl Polanyi para subrayar que toda práctica económica, constituye un hecho social total en el sentido formulado por Mauss (Bourdieu, 2002, 15). Por su parte, Gurvitch definía el objeto de la sociología como la totalidad de los niveles que integran una sociedad: estructuras, costumbres, signos, valores e ideas colectivas. Aunque la relevancia de cada nivel varía según el contexto social, el grupo o el momento histórico, todos ellos interactúan como un conjunto indisoluble para formar, según la "feliz expresión" de Mauss, "fenómenos sociales totales" (Gurvitch, 1946, 411).

2.2.2. Halbwachs. Memoria colectiva

Otra aportación de la escuela francesa del conocimiento corresponde a Maurice Halbwachs, discípulo de Durkheim y colaborador de Mauss. En *Los marcos sociales de la memoria* (1925), Halbwachs (2004a) reemplazó el concepto de "conciencia colectiva" por el de "memoria colectiva", definida como el proceso que selecciona y descarta recuerdos. De acuerdo con el sociólogo de Reims, la memoria configura marcos sociales en los que se integran lenguaje, rituales, espacios y acontecimientos colectivos. A través de estos marcos, los integrantes de grupos reducidos, como los que conforman una familia, una comunidad religiosa o una clase social, experimentan pertenecer a una red de vínculos estables sustentada en torno a ideas compartidas.

Halbwachs también asoció la memoria con espacios concretos —monumentos, paisajes, archivos— que actúan como soportes materiales de valores colectivos y tienden un puente entre el pasado y presente. Sin embargo, crear los universos simbólicos y los espacios de memoria representa un campo de disputa permanente. Halbwachs advirtió que los grupos dominantes controlan los medios de producción de la memoria e imponen narrativas que desplazan las experiencias de los sectores subalternos. Esta estrategia transforma la memoria colectiva en un recurso destinado a reforzar las jerarquías y a preservar las formas de dominación. En *La memoria colectiva*, obra póstuma publicada en 1950 tras su asesinato en el campo de concentración de Buchenwald, precisaba Halbwachs (2004b, 36), "podemos hablar de memoria colectiva cuando evocamos un hecho que ocupaba un lugar en la vida de nuestro grupo y [...] desde el punto de vista de este grupo". Con esta afirmación, establecía que recordar implicaba un acto atravesado por el poder y por la pertenencia a un grupo social.

2.2.3. Berger y Thomas Luckmann. La construcción social de la realidad

En *La construcción social de la realidad*, una obra de referencia en la sociología del conocimiento, Peter L. Berger y Thomas Luckmann se presentan como continuadores de las grandes tradiciones sociológicas. Ellos mismos señalaban: "Nuestra visión de la naturaleza de la realidad social debe mucho a Durkheim [...], aunque hemos modificado la teoría de aquél sobre la sociedad mediante la introducción de una perspectiva dialéctica derivada de Marx y un énfasis en la constitución de la realidad social por medio de significados subjetivos, derivado de Weber" (Berger y Luckmann, 2003, 30-31). A partir de estos referentes, sostenían que las acciones con sentido para las personas se institucionalizan y quedan convertidas en estructuras estables, las cuales, a su vez, predisponen las interpretaciones y conductas posteriores. Así, la sociología del conocimiento se ocupa de examinar este doble proceso, en el que significado y objetividad se generan y se reproducen de manera inseparable. Como propuesta, en este caso metodológica, en las conclusiones de su estudio reivindicaban el "hecho social total" de Mauss. Al respecto, aseveraban que solo su comprensión "protegerá al sociólogo de las reificaciones propias del sociologismo y el psicologismo" (Berger y Luckmann, 2003, 228-229).

2.3. Weber. Ética en los medios y racionalidad respecto a fines

Redactada entre 1904 y 1905, *La ética protestante y el espíritu del capitalismo* desarrollaba la tesis de Weber según la cual el origen del capitalismo moderno guarda estrecho nexo con la doctrina calvinista de la predestinación. Al dividir a los fieles entre los elegidos para la salvación y los réprobos, esta creencia impulsaba a exhibir los logros económicos como señal visible de la gracia divina, mientras que la pobreza se interpretaba como falta de compromiso con el orden moral establecido. Bajo esta doctrina, la acumulación de riqueza exigía racionalizar y planificar de forma metódica las actividades productivas y, al mismo tiempo, para cumplir el designio de gloria, el trabajo requería una vida ordenada, austera y una vigilancia constante de la propia conducta. De acuerdo con Weber (2004, 145), cuando el individuo elegido interiorizaba estas normas, se producía "una ruptura interior de los vínculos que le unían a la comunidad por un sentimiento 'natural'".

El puritano [...] ayudó a construir ese poderoso mundo del sistema económico moderno, vinculado a condiciones técnicas y económicas en su producción mecánico-maquinista, que determina hoy, con una fuerza irresistible, el estilo de vida de todos los individuos que nacen dentro de esta máquina —y no sólo de los que participan directamente en la actividad económica— y que, quizá, lo determinará hasta que se consuma el último quintal de combustible fósil (Weber, 2004, 233).

Centrado en explicar la acción social, Weber señalaba que ésta podía ser tradicional, afectiva, racional con arreglo a valores o, en su forma más desarrollada, racional con arreglo a fines. Sobre estos "tipos ideales", Weber (2002, 21) precisaba que "la absoluta racionalidad en la acción con arreglo a fines es, sin embargo, un caso límite, de carácter esencialmente constructivo". Además, el sociólogo alemán matizaba que la dominación —probabilidad de obtener obediencia dentro de un grupo determinado para mandatos específicos, o para toda clase de mandato— no siempre persigue fines económicos ni responde a un único motivo. En cualquier caso, y esto es lo esencial para que pueda lograrse ante otros, la dominación tiene que fundamentarse en la creencia en la legitimidad de quien aspira a ejercerla (Weber, 2002, 170).

En *La ciencia como vocación*, conferencia pronunciada en 1917 en la Universidad de *Múnich* Weber sostenía que la racionalidad inherente a la ciencia permite sustituir las explicaciones mágicas y religiosas por un conocimiento sistemático basado en la lógica técnica y científica. Más allá de valorar la ciencia como medio —es decir, los principios que conducen a la acción— Weber (2007, 88) se interrogaba si "tiene algún sentido que trascienda lo puramente práctico y técnico". El autor atribuía al científico la responsabilidad de evaluar, conforme a su conciencia, si los medios empleados en su labor son adecuados para los fines de la sociedad. Sin embargo, Weber (2007, 93) advertía que "la ciencia carece de sentido, puesto que no tiene respuesta para las únicas cuestiones que nos importan: qué debemos hacer y cómo debemos vivir. Esta desconexión con los asuntos vitales se acentúa en los técnicos, quienes reciben los fines de antemano, mientras que el científico debe enfrentarse a los problemas últimos sin respuestas predeterminadas. De acuerdo con Weber, la racionalización conduce al "desencanto del mundo", concepto con el que caracterizaba cómo, en una época racionalizada, intelectualizada y despojada de mitos, "los valores últimos y más excelsos se encuentran ausentes de la vida pública, retirados ya sea al reino ultraterreno de la vida mística o a la fraternidad de las relaciones humanas inmediatas" (Weber, 2007, 108-109). En consecuencia, Weber proponía que el científico seleccionara problemas relevantes para la humanidad y los analizara mediante medios éticos. Esta elección, afirmaba, surgía de una decisión interior: "Esto es algo simple y sencillo si cada quien da con el demonio que maneja los hilos de su existencia y se dedica a obedecerle" (Weber, 2007, 111).

Weber redactó en 1920 una serie de escritos, como parte de un proyecto destinado a comprender los fundamentos del capitalismo moderno, que quedaron recogidos a su muerte con el nombre de *Sociología de la religión*. En esta obra, estableció la distinción entre los conceptos de estatus y clase social. De tal suerte, Weber (1987, 54) definió el estatus como "la probabilidad de que a ciertos grupos sociales les sea concedido un honor social positivo o negativo". El sociólogo argumentaba que el prestigio —o su inverso, el descrédito social— opera con cierta autonomía respecto a las oportunidades materiales asociadas a la clase, entendida esta última en términos de acceso a recursos económicos y posiciones en el mercado. Como él mismo señalaba: "Es posible que una 'situación de status' sea causa, o consecuencia, de una 'situación de clase', pero no es necesario que deba ser lo uno o lo otro. A su vez las situaciones de clase pueden estar determinadas de manera predominantemente por el mercado, de trabajo y de mercancía" (Weber, 1987, 55). Bajo esta perspectiva, asociaba el estatus con la capacidad de ciertos grupos para alcanzar legitimidad en la acción social y, en última instancia, de ejercer el dominio sobre otros.

2.4. Mannheim: la ideología como punto de partida de la sociología del conocimiento

Karl Mannheim es identificado como el pionero de la sociología del conocimiento por su obra *Ideología y utopía* (1929). Influenciado por Marx y Weber, manifestaba que todas las formas de conocimiento —científicas, políticas o de otro tipo— están condicionadas por la situación de los sujetos en la sociedad. Lo que creemos "verdad" refleja, de modo necesario, las relaciones de poder y los intereses colectivos y personales. Todo es ideología y para conceptualizarla, el sociólogo nacido en Budapest diferenciaba entre ideología particular y total. La primera designa la elaboración singular de la realidad que efectúan los actores para ajustarla a sus intereses. Con el concepto total de ideología se refería a la estructura de sentido constituida por las maneras de pensamiento y de experimentar la realidad que caracterizaban a una época o a un grupo histórico-social concreto y que adquirían la entidad de ser una "conciencia en sí". Aquí, según Mannheim, está el objeto de estudio de la sociología del conocimiento. Se trata de reconstruir el marco de experiencia de la época o grupo a partir de la premisa de que todos los integrantes comparten una estructura común de sentido. Para Mannheim (2010, 106), nos encontramos ante "un concepto que varía con los períodos históricos, las naciones y las clases sociales". A él, debemos aproximarnos sin el a priori de que otros grupos han adquirido una "conciencia falsa", pues si se asume este supuesto es incomprensible la continua reorganización de los procesos mentales que estructuran nuestros mundos (Mannheim, 2010, 135). Acerca de esto, indicaba que "el conocimiento no debe entenderse como subjetivo o arbitrario, sino que las aseveraciones solo pueden formularse en términos de la perspectiva de una situación determinada" (Mannheim, 2010, 339).

En *Ensayos de sociología de la cultura*, Mannheim (2024, 93-163) retomaba de Alfred Weber el término *intelligentsia* para designar a un grupo social que, según sus análisis, oscila entre la alienación frente al poder y el ejercicio crítico para transformar la conciencia social. Una labor que, en su planteamiento, podía actuar como mediadora entre las clases para adquirir un conocimiento común. Más adelante, en *Ideología y Utopía*, el autor precisaba el papel a ejercer por los intelectuales. Desde su perspectiva, deben transcender sus puntos de vista particulares y elaborar una síntesis de las estructuras sociales propias de cada época, con el fin de facilitar, en palabras de Mannheim (2010, 207-208) "una sociología política [...] capaz de comprender relaciones que, en el campo de la política, apenas se han advertido hasta ahora".

2.5. Gramsci. La lucha por las hegemonías políticas

Convencido marxista, Antonio Gramsci, a diferencia de Marx, afirmaba que es en el ámbito de la superestructura donde se inculcan los valores, narrativas y representaciones que, al naturalizarse en el sentido común, contribuyen a reproducir el orden social existente y a consolidar las relaciones de explotación inherentes al sistema productivo. Es importante recordar que la obra del pensador italiano quedó redactada entre las décadas de 1920 y 1930, aunque permaneció inédita por causa de la persecución fascista de Mussolini. En este contexto, en *El materialismo histórico*, Gramsci (1971, 7) afirmaba que los seres humanos construyen su propio sentido común, moldeado por la religión, la tradición y el folclore, elementos que integran la ideología a través de la cual la clase dominante presenta sus intereses particulares como universales para obtener el consentimiento de las clases subalternas Sin renunciar, claro está, a ejercer la coerción física.

Gramsci (1971, 16) planteaba que debía alcanzarse una conciencia de cómo obrar y esa comprensión se "logra a través de una lucha de "hegemonías" políticas [...] primero en el campo de la ética, luego en el de la política, para arribar finalmente a una elaboración superior de la propia concepción de la realidad". Para este objetivo había que emancipar a los dominados y, como instrumento, reclamaba el compromiso de los intelectuales para transformar la conciencia moral y cultural de las clases subalternas. En los *Cuadernos de la cárcel*, Gramsci (2000, VI, 181) examinaba el lugar de estas clases —mujeres, esclavos, pueblos colonizados y comunidades religiosas minoritarias— que ocupaban los márgenes de la historia y de la vida social. Lo relevante sobre quienes eran considerados subalternos es que debían ser los agentes que llevaran a la práctica las utopías formuladas por "intelectuales independientes", que habían reflejado "inconscientemente las aspiraciones más elementales y profundas de los grupos sociales subalternos" (Gramsci, 2000, VI, 184).

2.6. *Wright Mills. Adaptarse o ser inadaptado según la racionalidad práctica liberal*

Difícil de adscribir a una escuela dentro de las ciencias sociales, Charles Wright Mills sostenía en uno de sus primeros escritos, *Methodological Consequences of the Sociology of Knowledge*, que la sociología del conocimiento desempeñaba una función metodológica medular para el análisis crítico de las estructuras sociales. Entre otros argumentos, pretendía evidenciar que la objetividad está condicionada por la posición social del investigador, la estructura de las élites intelectuales y las categorías lingüísticas empleadas (Mills, 1940, 317-318). Desde esta perspectiva, para el sociólogo norteamericano, resultaba pertinente examinar de qué manera los valores influyen en la selección de los objetos de estudio y en construir criterios de evidencia destinados a mitigar las distorsiones ideológicas (Mills, 1940, 322-323).

En su esfuerzo por esclarecer los dispositivos que sostienen las estructuras de dominación, Mills indagaba en *La Élite del Poder* (1956) las relaciones entre las cúpulas políticas, económicas y militares. Mills prolongaba estas pesquisas en *La imaginación sociológica*, donde subrayaba que la noción de legitimidad constituía la idea medular de la ciencia política, sobre todo cuando esta disciplina se ocupa de los vínculos entre ideología y opinión pública. En atención a lo cual, el sociólogo tejano explicaba que quienes asumían los supuestos de la economía clásica como "principal ideología del capitalismo como sistema de poder [...] se han adherido tenazmente a la metafísica de la ley natural y a la filosofía moral del utilitarismo" (Mills, 2009, 74-75). Una vez sentados estos criterios de verdad, cuando la sociología identificaba problemas prácticos para ser resueltos, se suponía que cometía un acto valorativo. En este contexto, las nociones de "adaptación" e "inadaptación" revelan, de acuerdo con Mills (2009, 81), el núcleo de la racionalidad práctica liberal. Estas categorías, lejos de ser neutrales, operan como dispositivos normativos que definen los márgenes de lo aceptable dentro del orden social vigente.

Con relación a las prácticas académicas, Mills advirtió del avance de un ethos burocrático caracterizado por la especialización excesiva, la dependencia creciente de las instituciones y pretender ser neutros en política, aspectos que consolidaban el orden establecido. Desde su perspectiva, este modelo había mudado al científico en un técnico obediente, más enfocado a la administración de datos que a analizar los problemas sociales (Mills, 2009, 89-103). En contraste con estas prácticas, Mills delineaba la figura del artesano intelectual significado por la capacidad de "aprender a usar vuestra experiencia de la vida en vuestro trabajo intelectual, examinarla e interpretarla sin cesar" (Mills, 2009, 164).

2.7. La Escuela de Frankfurt y la crítica a la racionalidad instrumental

La Escuela de Frankfurt, fundada en 1923 en la Universidad Goethe y reconstituida durante el exilio nazi en la Universidad de Columbia, reformuló el marxismo clásico. En una línea afín a la de Gramsci, desplazó el foco de análisis desde el determinismo de la infraestructura —la primacía de las relaciones de explotación en el modo de producción capitalista— hacia comprender la superestructura como el ámbito donde se construye y disputa la ideología, entendida como "conciencia falsa". Sobre esta base, Horkheimer (2003, 19) afirmaba: "Son ideológicas todas las formas de la conducta humana que ocultan la verdadera naturaleza de la sociedad, erigida sobre antagonismos". La *Teoría Crítica* —denominación que él mismo acuñó en un artículo publicado en 1937— asumía el propósito de desvelar la "conciencia falsa que de sí mismo tiene el científico burgués en la era del liberalismo" (Horkheimer, 2003, 231). En esta perspectiva, advertía que valores como el mérito, la justicia o la armonía eran expuestos por la ideología como naturales, aunque en realidad encubrían desigualdades estructurales profundas. Con el recurso al término marxista de cosificación, precisaba que tales valores perseguían impedir que el proletariado, aun en su condición objetiva de miseria, adquiriera la conciencia crítica para impulsar la praxis liberadora.

Para designar al mecanismo con el que se inculcaba la ideología, Horkheimer y Adorno (1994) acuñaron el concepto de "industria cultural" en 1944. Además, denunciaban que los aparatos de comunicación de masas estandarizaban la experiencia humana, la subordinaban a la lógica del capital y convertían el ocio en prolongación del trabajo. En la misma línea, Marcuse señalaba en *El hombre unidimensional* (1964) que el adoctrinamiento ejercido por los *mass media* cumplía la función ideológica de moldear cómo debíamos comprender el mundo mediante prácticas cotidianas que generan una apariencia de igualdad entre las clases, tanto en el consumo como en el ocio compartido. Marcuse contribuyó a la sociología del conocimiento al designar como racionalidad tecnológica a la ideología que, bajo la apariencia de ser neutra en valores, instauraba una lógica de dominación legitimada por la eficiencia económica, el cálculo y el utilitarismo. Este dispositivo de control, sutil y eficaz, operaba como complemento de las formas clásicas de coerción ejercidas por el Estado. Al respecto, prevenía Marcuse (1993, 39) que, "los controles tecnológicos parecen ser la misma encarnación de la razón en beneficio de todos los grupos e intereses sociales, hasta el punto que toda contradicción parece irracional y toda oposición imposible". En esta misma línea, Horkheimer, en *Crítica de la razón instrumental* (1967), argumentaba que la racionalidad moderna había perdido su dimensión ética y precisaba que "la verdadera esencia de la razón consiste en hallar medios para lograr los objetivos propuestos en cada caso" (Horkheimer, 1973, 7). Poco después, Habermas, en *Ciencia y técnica como ideología* (1968), precisaba que la racionalidad instrumental mudó de ser una herramienta de progreso a respaldar el sometimiento. En este sentido, el sociólogo alemán reflexionaba que "la política no se orienta a la realización de fines prácticos, sino a la resolución de cuestiones técnicas" (Habermas, 1994, 32).

En cuanto a los actores capaces de impulsar transformaciones sociales, Horkheimer advertía en los movimientos populares una tendencia antiintelectualista y una inclinación hacia satisfacer sus propios intereses y, como medio para alcanzarlos, el culto fetichista a personas e ideas. Para revertir esta falsa conciencia, sostenía que la razón crítica constituía el medio capaz para guiar la práctica hacia la emancipación. Un cometido que Horkheimer (2003, 250) encargaba a la vanguardia política dotada de poseer la lucidez estratégica para aplicar con rigor las categorías marxistas —clase, explotación, plusvalía, ganancia, pauperización y crisis—. Eso si, esa claridad requería un ejercicio reflexivo constante. Por ello, Horkheimer prevenía que la Teoría Crítica debía rechazar la pretensión de imponer una verdad única respaldada por un concepto abstracto y elitista de *intelligentsia*. Más aún, criticaba que esta última asumiera un "rol misionero", pues tal actitud contradecía el espíritu dialéctico y emancipador que debía guiar el análisis social (Horkheimer, 2003, 254).

Con el tiempo, la Teoría Crítica se dirigió a denunciar el fracaso de los ideales ilustrados. Un proyecto concebido como emancipador que, a juicio de los sociólogos de Frankfurt derivó, en la práctica, en nuevas formas de dominación. En coherencia, dedicaron sus esfuerzos a desenmascarar las contradicciones internas del capitalismo, aquellas que, en lugar de materializar las promesas de liberación humanas, generaron desencanto y frustración. A pesar de todo, Marcuse en *El hombre unidimensional* situaba la esperanza en la capacidad de reconocer el sufrimiento. Para expresar su convicción recurrió a Walter Benjamin: "Sólo gracias a aquellos sin esperanza nos es dada la esperanza" (Marcuse, 1993, 286).

Aun así, al reflexionar sobre las posibilidades de una acción social transformadora, Horkheimer (1973) destacaba que la racionalidad moderna había perdido su vínculo con los valores fundamentales. Por efecto de esta falta, la acción social se dirigía solo a conseguir fines, sin examinar la legitimidad de los medios empleados. En este contexto, Horkheimer (1973, 26) responsabilizaba a los estudiosos de perpetuar el orden establecido: "según la filosofía del intelectual moderno promedio, existe una sola autoridad, es decir, la ciencia, concebida como clasificación de hechos y cálculo de probabilidades".

3. LAS SOCIEDADES POSTINDUSTRIALES Y LOS CONOCIMIENTOS HEGEMÓNICOS

3.1. El feminismo crítico de la igualdad como teoría del conocimiento

En las sociedades postindustriales, las ideologías dominantes buscan legitimarse a través de las llamadas "teorías de la justicia", presentadas como universales y objetivas. Dichas teorías apelan a un consenso que coloca la autonomía individual como condición fundamental para satisfacer las necesidades materiales. Bajo este principio, las grandes corrientes políticas en Occidente se distinguen por los medios propuestos para alcanzar ese fin: el mercado, en el libertarismo (Nozick, 1991); la meritocracia, en el liberalismo (Rawls, 2006); y el acuerdo racional en el espacio público, en el progresismo deliberativo (Habermas, 1989).

Como respuesta a estas ideologías, en los últimos años diversos sectores de las ciencias sociales subrayan su ausencia de neutralidad. Señalan que el sujeto de referencia para definir y resolver los problemas sociales sigue alineado con los intereses de un varón adulto, autónomo, burgués, heterosexual y blanco occidental. Ante este sesgo, el feminismo crítico de la igualdad plantea una relectura de lo social a partir de tres componentes estructurales de la experiencia humana: 1) la interdependencia, concebida como las redes de apoyo que sostienen la vida entre iguales; 2) la dependencia biológica en etapas de la infancia, vejez o enfermedad; y 3) la condición inherente a hombres y mujeres, durante el ciclo vital, de vulnerabilidad. Una vez evidenciado que la mayor parte de la existencia humana transcurre en estos escenarios, el feminismo sostiene que los cuidados, el trabajo de reproducir la vida y la sociedad, constituyen el principio del conocimiento. En esta línea, investigadoras como Tronto (2013), entre otras, denuncian que la carga de los cuidados recae sobre las mujeres y que las ideologías dominantes evalúan el vínculo con los demás como una elección individual circunscrita al ámbito doméstico.

Frente a la invisibilidad deliberada de los trabajos de cuidados, el feminismo reivindica que a estas actividades se les atribuya un "valor de uso" social equiparable al trabajo productor de bienes. Por eso, desde una perspectiva marxista, Dalla Costa y James (1977) y Federici (2013) demandaron remunerar el trabajo doméstico como forma de reconocer su centralidad en la reproducción social. Por su parte, Tronto (2013) definió la ciudadanía, como la práctica de cuidar a otros y cuidar la democracia. Esta práctica, que denomina "cuidar con", en su criterio, exige cambiar los valores de la sociedad y repartir con justicia los recursos materiales e inmateriales.

A partir de las evidencias que sitúan los trabajos de cuidados en el núcleo de la experiencia humana, diversas autoras elaboraron un marco teórico sustentado en el concepto de interseccionalidad enunciado por Crenshaw (1989). Este enfoque analiza cómo al converger en un grupo social categorías de desigualdad como raza, género, clase, sexualidad y nacionalidad, se generan formas más complejas de subyugación, que si se considera una categoría de forma aislada —por ejemplo, ser mujer—. Para explicar esta dinámica, a través de estudiar la experiencia de mujeres negras y pobres, Collins (2000) introdujo como instrumento de análisis la idea "matriz de dominación". Un sistema donde el poder se organiza y se reproduce a través de las interacciones entre opresión y privilegio en cuatro niveles: estructural (instituciones), el interpersonal (relaciones cotidianas), el disciplinario (mecanismos de control) y el hegemónico (producción ideológica y cultural). Collins explica que el enfoque de la "matriz de dominación" facilita comprender cómo los grupos racializados se enfrentan a desigualdades persistentes en la educación, el hogar, el empleo y los servicios públicos. En estos escenarios los discursos hegemónicos y ciertas narrativas alternativas omiten reconocer de forma plena las singularidades, lo que provoca la exclusión simbólica de los grupos subalternos y limita sus posibilidades de participar en la sociedad. A partir de esta dinámica, las experiencias de las personas no caucásicas pobres se sitúan en una zona de marginalidad simbólica que Collins (2000, 268) define mediante la expresión "estar, pero no estar" (*outsider within status*), la cual alude a colectivos que, aunque permanecen presentes, son desprovistos de visibilidad.

La propuesta de transformar la sociedad de Collins (2015,) aparece de forma explícita en el epílogo del libro, *Intersectionality as Critical Social Theory*. En este apartado, la socióloga afronorteamericana sostiene que la interseccionalidad debe configurarse como una teoría social crítica que aúne el análisis y la acción transformadora. Ahora bien, aclara, "solo puede hacerlo si sus practicantes comprenden y cultivan simultáneamente la interseccionalidad como una teoría social crítica" (Collins, 2015, 2).

3.2. Reconocimiento y redistribución: ejes analíticos en la sociología del conocimiento contemporánea

Hoy, el debate entre reconocimiento e igualdad material se encuentra en el centro de la sociología. De una parte, el reconocimiento valora las identidades y la diversidad cultural. Por otra, la redistribución pretende garantizar la equidad. Aun cuando estas perspectivas parecen divergentes, comparten vínculos intelectuales que pueden conciliarlas. Sin embargo, más allá del plano teórico, el neoliberalismo irrumpe en esta aparente dicotomía y transforma el reconocimiento en una herramienta ideológica. Al efecto, exalta la identidad individual y la excluyente sobre los grupos subalternos y, de forma paralela, estigmatiza el conflicto acerca de las desigualdades estructurales para que sean arrojadas del ámbito de la política.

En esta controversia, la teoría del reconocimiento está representada por Honneth (1999), quien identifica tres esferas interrelacionadas de la vida social: 1) amor (sustrato afectivo regido por lógicas particularistas en las parejas y amistades), 2) sociedad civil (basado en el derecho, que facilita un respeto legal universalista) y 3) Estado (proveedor de solidaridad y, en consecuencia, de respeto moral para todas las personas). Además, Honneth (2007) reactualizaba el concepto marxista de reificación para afirmar que tratar a otra persona como objeto constituye una expresión del desprecio, que caracteriza las dinámicas sociales en la actualidad. Como desarrollo de esta idea, Honneth (2011, 58) recurría al concepto weberiano de reprobación y sostenía que el menosprecio asigna un valor inferior a quienes se apartan de la norma hegemónica de inclusión, lo que afecta las emociones, restringe derechos y limita la participación comunitaria (Honneth, 2011, 58).

Por contraste, Iris Marion Young situaba el análisis en la opresión. Entendida como "las desventajas e injusticias que sufre alguna gente no porque un poder tiránico la coaccione, sino por las prácticas cotidianas de una bien intencionada sociedad liberal" (Young, 2000, 74). Para explicar este fenómeno, identificaba cinco dimensiones que reproducen la exclusión y consolidan las desigualdades: 1) la explotación transfiere recursos desde los grupos subordinados hacia las élites; 2) la marginación aparta a los colectivos considerados improductivos y les niega el reconocimiento y la posibilidad de participar en la sociedad; 3) la falta de poder restringe la autonomía y bloquea la acción individual; 4) el imperialismo cultural impone valores y lenguajes dominantes y excluye las identidades subalternas; 5) la violencia sistémica legitima las agresiones contra ciertos grupos y utiliza las instituciones para justificar los daños.

Con relación a los ejes de diferencia e igualdad, Fraser intervino en dos debates. En *New Left Review* (2000) polemizaba con Judith Butler al sostener que las luchas por el reconocimiento habían adquirido un papel central en la política contemporánea, mientras que las demandas de redistribución perdían protagonismo. Para Fraser (2016, 23), en estos conflictos "postsocialistas" la identidad de grupo sustituía al interés de clase como motor de movilización. Por su parte, Butler cuestionaba la separación entre lo económico y lo cultural e introdujo una crítica marxista que integraba género, sexualidad y economía como dimensiones interdependientes. Desde esta perspectiva dirigía sus críticas a los dispositivos institucionales, responsables de configurar subjetividades en torno a género, sexualidad y precariedad, y de reproducir estructuras que sostienen el capitalismo sin garantizar una distribución justa. En su respuesta a Fraser, Butler enfatizaba la diferencia como constitutiva de cualquier lucha. "Este rechazo a subordinarse a una unidad que caricaturiza, desprecia y domestica la diferencia se convierte en la base a partir de la cual desarrollar un impulso político más expansivo y dinámico" (Butler, 2016, 87).

En *¿Redistribución o reconocimiento?* (2003), Fraser, al dialogar con Honneth, distinguía entre víctimas de injusticia y clases sociales. Señalaba que, en el paradigma del reconocimiento, las víctimas se asemejan más a grupos de estatus weberianos que a clases marxianas (Fraser, 2006, 24). Honneth objetaba esta lectura para destacar la dimensión afectiva del reconocimiento. A su juicio, los movimientos de identidad cumplían una función que excede lo cultural, como en el pasado las luchas no se limitaron a demandar aspectos jurídicos y materiales (Honneth, 2006, 99). En síntesis, Fraser proponía considerar la redistribución económica y el reconocimiento cultural como formas complementarias de justicia. En cambio, Honneth interpretaba toda injusticia como carencia de reconocimiento, pues las luchas sociales expresan tanto la oposición a la desigualdad material como la búsqueda de visibilidad y respeto en las relaciones interpersonales.

3.3. El psico capitalismo afectivo y la ideología de hacerse a "sí mismo"

Dentro de los mecanismos de dominación, el relato ideológico del capitalismo neoliberal culmina en la figura del emprendedor. Este arquetipo opera como modelo para transmitir los valores que cada sujeto debe asumir para lograr integrarse de forma plena en la sociedad. En la nueva retórica, el éxito es resultado de la actitud interior —empoderamiento—, que espolea la voluntad hacia la autosuperación. Bajo esta lógica, la meritocracia se presenta como fundamento del triunfo, al situar el esfuerzo individual como única vía legítima para alcanzar prestigio. Como explicaban Boltanski y Chiapello (2002, 355), el nuevo espíritu del capitalismo, fundamentado en la flexibilidad y adaptabilidad, "tiende a hacer a cada individuo único responsable total de sus éxitos y fracasos".

Eva Illouz (2007) sitúa las emociones en el núcleo de la lógica productiva del capitalismo contemporáneo, que denomina emocional, examinándolas como el elemento estructural de la dominación. Señala que la acción instrumental se conecta con la vida afectiva mediante relatos de desarrollo personal y discursos de autoayuda, mientras los vínculos emocionales se racionalizan hasta ser transformados en "objetos mensurables y comparables, que pueden traducirse en datos cuantificables" (Illouz, 2007, 78). Se interroga, asimismo, acerca de cómo las tecnologías terapéuticas y "categorías inventadas por los psicólogos" —intimidad, la autoayuda, la autorrealización o la inteligencia emocional— definen estados personales deseables, convertidos en sinónimo de salud. Esta construcción simbólica recibe el respaldo de actores como la industria farmacéutica y el *DSM*, manual de referencia en el diagnóstico psiquiátrico, que "en última instancia están de acuerdo en definir la vida emocional como necesitada de dirección y control" (Illouz, 2007, 138).

Una tesis similar es expuesta en *La sociedad del cansancio.* Byung-Chul Han analiza la transición de las sociedades productoras de bienes materiales, que Foucault describía como disciplinarias, a las fundamentadas en elaborar "valor de cambio" inmaterial. En este nuevo contexto, el individuo interioriza las exigencias del principio de libertad, que se presenta como absoluto, e incorpora la autoexplotación psíquica como parte de su fuerza para producir. Han (2010, 11) reflexiona al respecto que "esta es mucho más eficaz que la explotación por otros, pues va acompañada de un sentimiento de libertad". El sujeto se impone como ideal de vida el trabajo, pero es incapaz de alcanzar, en todos los aspectos en los que se demanda, el éxito y, por tanto, se enfrenta de manera inevitable a su propio fracaso, "hasta quemarse del todo (*burnout*)" (Han, 2010, 44). En *Psicopolítica*, Han (2017) subrayaba que el neoliberalismo produce una configuración del yo, mediante mecanismos que estimulan la participación del individuo en su propio sometimiento. La ideología "no se enfrenta al sujeto, le da facilidades" (Han, 2017, 17). Es más, las consignas afirmativas, la seducción por el éxito y la aparente libertad del individuo tienen su envés en relegar la vulnerabilidad a una cuestión privada, para así neutralizar las reclamaciones de justicia social. Otra de las herramientas psicopolíticas es el Big Data que permite anticipar comportamientos y condicionar las decisiones de las personas. Sobre el imperio de este dispositivo de control, sentencia Han (2017, 47) "cuando hay suficientes datos, la teoría sobra".

En este momento, el capitalismo refuerza su legitimidad mediante aparatos de dominio afectivo con los que erosiona los vínculos comunitarios y, al mismo tiempo, inspira el sometimiento voluntario. Como respuesta a los nuevos aparatos disciplinarios, Han presenta el "idiotismo" como estrategia de resistencia. Este concepto invita a asumir una ignorancia radical y renunciar a verdades absolutas para activar la conciencia crítica frente a la psicopolítica neoliberal (Han, 2017, 64). En sintonía con esta búsqueda de alternativas, el *Manifiesto Convivialista* reunió a diversos pensadores en torno a la idea de un arte de convivir basado en el cuidado mutuo y el respeto por la naturaleza. Esta propuesta reconoce el conflicto como motor de transformación y fuente de creatividad, sin considerarlo un obstáculo para sentar vínculos sociales sostenibles.

La defensa de los derechos del hombre y de la mujer, del ciudadano, del trabajador, del parado, o de los niños; la economía social y solidaria con todos sus componentes: las cooperativas de producción o de consumo, el mutualismo, el comercio equitativo, las monedas paralelas o complementarias, los sistemas de intercambio local, las múltiples asociaciones de ayuda mutua; la economía de la contribución numérica (cf. Linux, Wikipedia, etc.); el crecimiento decreciente y el post-desarrollo; los movimientos slow food, slow town, slow science; la reivindicación del buen vivir, la afirmación de los derechos de la naturaleza y el elogio de la pachamama; el altermundialismo, la ecología política y la democracia radical, los indignados, Occupy Wall Street; la búsqueda de indicadores de riqueza alternativos, los movimientos de la transformación personal, de la sobriedad voluntaria, de la abundancia frugal, de la agrobiología, del diálogo de civilizaciones, las teorías del care, los nuevos pensamientos de lo común, etc. (VV.AA., 2016, 22-23).

3.4. La guerra cultural y la manipulación de la opinión pública

Como se examinará, en el campo de la opinión pública la ideología neoliberal favorece abandonar los criterios éticos para producir y validar la información. En definitiva, pretende imponer su "verdad". Esto es debido a que entiende los discursos en los medios como simples herramientas para inculcar valores culturales a servicio de legitimar y reforzar la hegemonía de las clases dominantes. Dentro de este marco analítico, la noción de "fabricar consentimiento", formulada por Walter Lippmann en *Public Opinion* en los veinte del siglo XIX, puso de relieve el interés de las élites por modelar la percepción social mediante estrategias que presentan sus intereses como información objetiva. Asimismo, en esta misma línea argumentativa, Hunter (1991) señala que, en las sociedades postindustriales, el conocimiento popular se genera de manera deliberada a través de mecanismos mediáticos que estructuran y legitiman el poder sobre las concurrencias acríticas. En *Culture Wars: The Struggle to Define America* caracteriza como guerra cultural la pugna por la autoridad moral y el sentido común en la vida pública entre cosmovisiones polarizadas sin posibilidad de reconciliarse, porque la disputa gira en torno a los principios éticos que deben configurar la sociedad. Al respecto, Hunter (1991, 131) recurre a Gramsci para interpretar esta lucha por el poder político como una contienda por la hegemonía simbólica entre quienes desde el conservadurismo esgrimen —no actúan a la defensiva— una moralidad ortodoxa trascendental, revelada e inmutable, frente a la razón y a la justicia social, valores definitorios de quienes se definen como progresistas.

Similares argumentos emplean Chomsky y Herman (2000) al caracterizar, a través del "modelo de propaganda", que los medios de comunicación funcionan como herramientas que promueven los intereses de las élites económicas y políticas, difunden valores y normas que legitiman jerarquías y favorecen el consenso, sin basarse en el pluralismo ni en la neutralidad. Los autores identifican cinco filtros que organizan cómo circula la información. Los tres primeros son estructurales en el capitalismo: la concentración de la propiedad, la dependencia de la publicidad y mostrarse subordinados a las fuentes oficiales. Sin embargo, hay dos elementos nuevos —añaden— en la manipulación mediática. En primer lugar, quienes son reclutados para opinar en los medios desempeñan un papel clave como legitimadores del discurso dominante, ya que reproducen un conocimiento deformado por los *think tanks* empresariales y fundaciones conservadoras. En segundo lugar, la recurrente oposición al comunismo, que, en el caso norteamericano, actúa "como religión nacional y mecanismo de control" (Chomsky y Herman, 2000, 22).

En *Manufacturing Consensus: Understanding Propaganda in the Era of Automation,* Samuel Woolley (2023) propone actualizar el modelo de los cinco filtros de Chomsky y Herman e incorporar un sexto elemento: el uso de tecnologías con acceso a internet que posibilitan que cualquier usuario pueda actuar como propagandista. No obstante, el autor advierte que la capacidad de "fabricar consenso" se encuentra restringida a quienes disponen de herramientas capaces de simular apoyo mediante bots, amplificar contenidos polarizados a través de algoritmos y favorecer la circulación de narrativas manipuladas (Woolley, 2023, 55-56). Estas tecnologías, señala, confieren a los propietarios de las plataformas digitales el poder de construir una "verdad" guiada a crear la percepción pública de los asuntos sociales. Mediante exaltar los valores neoliberales y propagar discursos simples y sesgados, dichas plataformas consolidan una visión polarizada de la realidad. En el caso de los jóvenes, y no tan jóvenes, los medios sociales sustituyen a los medios tradicionales como principales inculcadoras de ideología. Woolley (2023, 19) documenta que, junto con el uso de las clásicas tácticas de hostigamiento hacia periodistas y críticos, Donald Trump utilizó los medios sociales como un mecanismo para imponer un debate público en consonancia con sus objetivos políticos. Recurrió a bots tanto para difundir contenidos favorables a su candidatura como para amplificar las críticas contra Hillary Clinton. Otro elemento de su estrategia consistió en presentar "sus métricas de *Twitter* como evidencia de que contaba con un respaldo no captado por las encuestas tradicionales", aun, como aclara (Woolley, 2023, 59), dichas métricas eran generadas por bots. Asimismo, el autor subraya que parte del éxito del candidato se apoyó en explotar datos personales para microsegmentar mensajes personalizados dirigidos a votantes potenciales (Woolley, 2023, 164).

Entre las propuestas presentadas para evitar la manipulación, Hunter sostiene en el capítulo *Practical Steps* que, para evitar la retórica extremista, se precisan debates directos, en los que pueda haber réplicas inmediatas en presencia de la audiencia. Chomsky y Herman (2000, 356) destacan el valor de una prensa alternativa y "el activismo y la articulación de redes de comunicación" como elementos fundamentales para avanzar hacia democratizar la vida social. Por su parte, Woolley (2023, 174) plantea la urgente necesidad de legislar para proteger datos personales —en especial los de geolocalización y de comportamiento en redes— y, asimismo, limitar el uso de los algoritmos que facilitan extremar las ideas.

XXVII. LA ALIENACIÓN EN LA ERA DE LA TELEMÁTICA

RAFAEL FRAGUAS

1. INTRODUCCIÓN

La alienación es una forma extrema de enajenación. La abordaremos como concepto psicosocial y político. Concierne a determinado tipo de escisión surgido en el interior esencial del sujeto, con efectos conductuales externos. Adopta numerosas formas y abduce transversalmente a distintos sectores de la sociedad. Obedece a causas y efectos que, para conocer su impacto señaladamente sobre el mundo adolescente-juvenil, este capítulo se propone tratar. Y lo hace con el objeto de brindar una intelección descriptiva y una comprensión significativa de este fenómeno. La alienación adquiere su máxima expresión en nuestra actualidad, determinada por la supremacía tecnológica, motor de arrastre, hoy hegemónico, de la demografía, las instituciones y el medio ambiente a los que impulsa y determina. Más precisamente, por la primacía derivada de la telemática, conjunción de la telefonía y la informática, principal causa de su despliegue. La Psicología Social posee herramientas metodológicas para su estudio, objeto de este capítulo

2. AXIOMAS

La subjetividad encuentra su fundamento en la identidad, entendida como apropiación consciente y a priori del sí mismo. Parte pues de un punto de arranque fijo, integrado en el individuo desde su origen consciente. Coexiste con el sustrato no consciente y con el deseo, forma que adquiere el futuro ideado. La subjetividad se desenvuelve en un proceso de avance en la autopercepción, mediante la paulatina incorporación de componentes conceptuales y espacio-temporales suministrados por el aparato sensorial y por el lenguaje, como expresión del universo cultural heredado. Esta es la primera propuesta axiomática desde la que se desarrolla aquí el tema de la alienación en la era telemática.

La alienación es un concepto polisémico cuyos múltiples significados, que abarcan ámbitos tan dispares como religioso, el de la enfermedad mental o el cultural, en sentido amplio, se unifican en torno a la ajenidad como principal componente común a todos. Ajenidad contrapuesta a la propiedad del sí mismo, la identidad, a la que hegemoniza y enajena en su relación *necesaria*. Verifica esta enajenación expropiándola y apropiándose de aquella. Tal es el segundo axioma de mi exposición.

Nos interesa estudiar el tipo de alienación característico de la denominada era de la telemática, constructo epocal tecnológico que aúna telefonía e informática. La mixtura de ambos dispositivos genera una energía potencial alienante, así como un tipo propio de conocimiento que da pie a una subcultura o neocultura coexistente con formas culturales consolidadas.

Esta capacidad enajenante de la telemática coexiste con elementos propiamente técnicos de utilidad, velocidad, aceleración y seducción que se erigen en una polaridad a cuya atracción, determinados sectores de la población se muestran especialmente sensibles, remarcablemente el sector de la juventud con acceso a mecanismos telemáticos, segmento social éste que no abarca a toda la juventud. El otro sector juvenil sin acceso telemático directo, al que la información al respecto le ha llegado en su proceso de socialización, la anhela pues la tecnosubcultura o tecnoneocultura así creada genera en torno suyo un círculo discriminante de gran poder seductor para quienes quedan fuera de él y de fuerte arraigo en quien dentro de éste permanece. Tal hecho determina la presencia de un sector social juvenil subalterno, pero dispuesto siempre a acceder a tal círculo.

3. CONSUNCIÓN ESPACIO-TEMPORAL

Aparte de sus evidentes utilidades prácticas, así como sus aportaciones a la vida cotidiana en distintos ámbitos, el mensaje ínsito en la telemática es resultado de la consunción del espacio y del tiempo, binomio conceptual sobre el que se ha desplegado la Cultura humana desde sus orígenes hasta nuestra actualidad. Ambos vectores pasan a diluirse en un magma virtual deslocalizado y deshistorizado, para ocupar un ámbito de no-espacio y no-tiempo, asemejable a la acronía y atopía que caracteriza la escena literaria donde se ubican lo mítico, lo fantástico y lo legendario. En esa atemporalidad deslocalizada, apartada de la usura incesante del tiempo y de la erosión de los espacios tangibles, radica la atracción con la que, al modo de la propuesta literaria incluida en una novela de ficción, la telemática seduce a sus usuarios. Son ellos los que idealizan la propia fuerza alienante de la telemática, por la que son poseídos, en un proceso de abducción devota cuyos efectos psicosociales solo han comenzado a aflorar a la superficie.

4. ÁMBITO DE SEDUCCIÓN

La Cultura espacio-temporal secular, que tradicionalmente hemos empleado para acercarnos a la intelección y la comprensión del mundo, se torna así forzosamente adentrada en una fronda signada por la irrupción de otra cultura, en este caso, rival y telemática, que desplaza a aquella y que, en sí misma, incorpora parámetros técnicos inasibles para las gentes de a pie que encuentran en esta inaccesibilidad de los nuevos códigos, matematizados por algoritmos —esta es su singularidad—, un ámbito propio de seducción que facilita la disposición a la inserción de aquellas gentes, señaladamente jóvenes educados en la digitalización, bajo la férula de las nuevas formas de alienación. Quizás el rasgo más característico de esta emergente cultura tecno-telemática sea su rectoría mediante códigos matematizados a los que, echando mano de categorías de la cultura espacio-temporal, como por ejemplo, los paradigmas que han presidido buena parte del despliegue de las Ciencias empíricas, contribuyeron a sacralizar disciplinas como las Matemáticas identificándola con una Ciencia pura, argumentación que sirvió de pretexto para desocializar, por ejemplo, la Ciencia Económica que, convenientemente desprovista de su condición de Ciencia social, quedaría convertida en otra Ciencia empírica más, cuando no, asimismo, exacta.

5. RITUALES, RUTINAS Y ADICCIONES

Los componentes míticos suelen determinar conductas rituales que, entre los usuarios de la telemática, adquieren la forma de rutinas estresantes. Son las rutinas rituales que cristalizan en tipos específicos de adicciones. Partimos de considerar el denominado estrés como un tipo de fatiga con componentes morales, es decir, un tipo de cansancio mental erosivo espoleado por un deber-ser incumplido; sin este componente moral el estrés quedaría reducido a mera fatiga física. El proceso que siguen las adicciones telemáticas, se ve acentuado exponencialmente durante los centenares de horas anuales que, por ejemplo, un adolescente pasa frente a su ordenador, su teléfono móvil o en su inmersión en las redes. Notemos que a las redes se las adjetiva de *sociales*, cuando el efecto resultante de su empleo viene a ser, salvo excepciones, un proceso de creciente individuación del usuario adscrito a aquellas: a lo largo de su paulatina fijación al dispositivo telemático elegido, el usuario va paulatinamente interactuando con una máquina que solo le tributa información cosificada, parcialmente deshumanizada para, generalmente, permitirle huir de sí mismo. Este anhelo de escape, que implica una escisión esencial en su subjetividad, muestra el aspecto patológico de su adicción basado en una moralidad mórbida herida por un tipo específico de insatisfacción. Este proceso de vaciamiento o desarraigo del sí mismo suele acarrear un vértigo que únicamente la entrega total y sumisa al poder alienante le permitirá, provisionalmente, estabilizar.

6. INFORMACIÓN/ COMUNICACIÓN

Es preciso subrayar la identidad que se atribuye a la Información y a la Comunicación, cuando se trata de procesos distintos. Si bien la información podría ser considerada como el conjunto de todo aquello que despeja la incertidumbre y se configura en un mensaje, la Comunicación vendría a ser el proceso mediante el cual esa información configurada en un mensaje, información entendida como la base factual de la realidad, se socializa y se valida mediante procesos dialógicos, de contraste y objetivación de lo informado con otros individuos. Solo de esta manera la información, convenientemente validada mediante el despliegue de su comunicabilidad, permite cristalizar en conocimiento. La información seguiría un circuito desde la exterioridad real hacia la interioridad individual, mientras la Comunicación discurriría por una trayectoria que partiría de la interioridad hacia la exterioridad de la realidad circundante. Por ello, la alienación suele coincidir con un proceso acumulativo de información que no trasciende su propia esfera hacia la Comunicación, de tal modo que incomunica a quien resulta ser por ella poseído. No solo le incomunica sino que, pese a verse informado, se vea impedido de acceder al rango de conocimiento, reproduciendo un des-conocer atrapado en sus propios límites.

7. AZAR, SECRETO Y PODER

El azar, el secreto y el poder han sido históricamente tres de los universos alienantes más significativos. La telemática se percibe como la gran gestora y amplificadora de estos tres vectores, que esconden interconexiones que nos proponemos descubrir.

El azar, "medida de nuestra ignorancia", en frase de Henri Poincaré planea sobre vectores tan característicos como el deporte o el juego, entre muchos otros. Ambos encuadran a verdaderas legiones de individuos alienados. Se configuran como dispositivos, hoy tecnológicamente colonizados, que presentan una cierta estructura elemental que cumple eficazmente su función como campo inicialmente delimitado por una serie finita de componentes. En el deporte del fútbol, por ejemplo, el estadio; el terreno de juego; su césped verde; las porterías con sus receptivas redes; los integrantes de los equipos rivales, en su movediza cinética; los colores distintivos de sus atuendos; el curso errático del balón y la energía mutua desplegada para domeñar y encauzar su curso… Todas estas, entre otras particularidades, se configuran y adquieren la forma de una fascinación anhelante en busca de un resultado apetecido tras el choque entre los dos grupos en escena. Choque signado siempre por el azar incierto. Pero, la variabilidad, combinatoria y permutabilidad de tales elementos resulta ser tan enorme, que abre una amplia brecha por donde se perfila una infinitud vertiginosa de desenlaces.

Es precisamente esa infinitud la que genera un tipo de inseguridad en el individuo, de insatisfacción, que le disuade de acometer cualquier tipo de exploración y le retrae mentalmente hacia una escena acotada, manejable, a buen recaudo, que se erige en una especie de prisión mental, paraje-término al cual la alienación inexorablemente conduce. Es ese paraje-término un receptáculo gozoso donde la insatisfacción se satisface mediante la cancelación del problema que, ya ubicado en y reducido a tal ámbito acrítico, se desvanece.

La mente del individuo alienable queda así varada intramuros del estadio, estadio real o virtual, telemáticamente representado, devenido en metáfora irresoluta pero asimismo garantía protectora de su autoconciencia de intrascendencia vital, temporal o permanente, voluntaria o involuntariamente admitida, en todo caso personal, que pasan a ocupar un papel relevante en las prioridades de aquel, abducido ya por la alienación.

Desde esta abducción alienante, desde esta entrega plena al constructo azaroso del fútbol, cebada y mediada por consistentes dispositivos telemáticos, solo hay un paso a la sacralización idolátrica del llamado *deporte rey*. Todas las reconvenciones autocríticas al respecto del deslizamiento del individuo hacia la trampa alienante desaparecen y todo aquello que, amparado en el crédito social del deporte —alimentado por los medios de información y retroalimentado por su propio poder alienante— sale al paso es legitimado y admitido, como, por ejemplo, las retribuciones astronómicas que perciben los futbolistas, garantes del proceso alienador, aunque más bien se trataría de la mera agilidad de sus piernas. Los obvios perfiles desigualitarios de tan desproporcionadas remuneraciones desaparecen en la esfera de la sanción moral, mucho más fácilmente en el éter virtual que la telemática, hoy, impone. El artefacto alienante así creado es de tanta contundencia, que recorre transversalmente las estructuras sociales y penetra hondamente en casi todas sus capas, dañando a las más vulnerables y desprotegidas. Lo peor es que suspende toda forma de percepción distinta, crítica o no, de intelección y comprensión del fenómeno porque, a la postre, gratifica al alienado mediante un ahuyentamiento eficaz del malestar que aquel vértigo de infinitud le procuraba. La alienación cicatriza en falso la escisión psicosocial del alienado.

8. JUEGOS TECNOLOGIZADOS, APUESTAS

El caso de los juegos de azar, hoy ávidamente tecnologizados, presenta características comunes. Pero su singularidad reside en la hondura subjetiva del proceso alienante, que penetra hasta el hondón intrapsíquico del jugador, por ejemplo, de naipes, y que él plantea como un verdadero combate contra el azar en el que de una forma pretendidamente consciente se involucra. No faltará una escena recreada para el despliegue propicio del dispositivo mental del jugador así excitado: pantallas destellantes con tapetes de franela verde; dados ebúrneos o naipes relucientes y también marfileños; fichas brillantes que parecen pregonar seguras ganancias de dinero…, todo un ritual en la acción de barajar y distribuir las cartas, convenientemente invertidas para permitir fascinarse por su descubrimiento en una anhelada víspera de gozo posible, siempre de sorpresa.

Mientras el alienado por el fútbol adoptaba una actitud receptiva, pasiva y de repliegue ante la inseguridad abierta a sus pies por las inciertas posibilidades de desenlace, el tahúr se enfrenta al azar directamente, tratando de domeñarlo. Hay una cierta semejanza entre esa actitud y la que adopta una persona religiosa cuando se enfrenta, por ejemplo, a la idea de la muerte, culmen supremo del azar, aferrado a su propia fe en la trascendencia. El rezo, la invocación de protección divina, la demanda de amparo espiritual son valladares supuestamente lógicos como expresiones de autodefensa contra la adversidad, contra el sufrimiento, el dolor y la muerte, signados todos ellos por el azar inconmensurable.

En base a todo ello, el sentido común suele considerar el juego de azar devenido en ludopatía, como uno de los mecanismos más enajenantes y difíciles de abandonar, por generar asimismo un tipo de idolatría fascinadora y adictiva hacia el designio insondable de la disposición que en su emisión hacia la mesa de juego o la pantalla de plasma adquirirán los naipes, la bola metálica de la ruleta en su errático rodar y cuyo curso y detención el jugador se propone controlar.

Culturas como la islámica prohíben taxativamente los juegos de azar y, por extensión, los de magia. Ello explicaría la prohibición de filmes vinculados a la magia, como ha sido, en Irán, el caso de la serie infanto-adolescente sobre Harry Potter. En la cultura cristiana, se condenaba el juego como actividad generadora de vicio, concepto que alude abiertamente a la dimensión potencialmente adictiva de determinadas prácticas, como tales, consideradas pecaminosas y asociadas al ocio, como elemento causante y desencadenante del vicio. No hay juego sin ocio, sin suspensión de la continuidad de la vida cotidiana, sin paréntesis cancelante de toda otra actividad. La idea de un no-tiempo y un no-espacio reaparece como un recurrente *rittornello*.

Bajo todas estas apariencias se esconde esa lucha, percibida por el alienable como titánica, por cabalgar sobre el azar, limando las esquinas de adversidad que puede proyectar contra el jugador, que sucumbirá, casi siempre, a ritos ideados para yugular el capricho azaroso del flujo de los naipes. Destaca el rigor de atención y la unción que tantos jugadores observan hacia sus propios rituales, convirtiéndolos en verdaderas prácticas supersticiosas.

Conviene destacar una dimensión nueva sobre la telematización como mecanismo alienante. Es la referida a los sistemas de apuestas por vía telemática que han desembarcado de modo rotundo en el mundo deportivo. A las primitivas y tradicionales quinielas, versadas oficialmente en España hacia la beneficencia, se añaden ahora las apuestas virtuales sobre el desenlace de encuentros de fútbol, que se han convertido en verdaderas factorías de creación de ludópatas, señaladamente entre sectores jóvenes de la población. Asimismo, juegos como el *póker,* convenientemente telematizados, encuentran una enorme cantidad de adictos, que suelen observar rituales supersticiosos en demanda de éxito, lo cual no impide la pérdida del dinero de sus apuestas de casi todos los que a tal lid concurren.

En este sentido, se dio un precedente en el Madrid de principios del siglo XX. La ciudad contaba entonces con una veintena de frontones, donde las apuestas, fallidas, con fuertes cantidades de dinero no solo arruinaron a numerosos hombres de empresa y a sus familias, sino también pervirtieron la deportividad. Y ello, por convertir los encuentros entre pelotaris y cestistas en vulnerables, ante postores que comprometían grandes sumas en apuestas según el desenlace de los partidos por lo cual, surgieron reiterados episodios de ruina y corrupción por compra previa de los jugadores y equipos. Aquel frenesí desencadenó una crisis que acabaría en apenas unos años con los frontones madrileños, de gran tradición capitalina heredada del País Vasco y allegada a Madrid por empresarios norteños, algunas de cuyas prácticas fueron denunciadas como corruptas y ruinosas desde los púlpitos, denuncias formuladas con gran y eficaz denuedo.

A propósito de la superstición, es reseñable el arraigo que determinadas prácticas supersticiosas han encontrado a lo largo de la Historia en medios rurales, señaladamente agricultores; y ello por verse sometidos a inesperados y, sobre todo, imprevisibles, cambios meteorológicos, de los cuales depende la viabilidad de las cosechas y, por ende, la de la vida de la comunidad campesina. Así lo destacó en su día el pensador Eloy Terrón, él mismo oriundo del León berceño y de extracción rural. Existe la creencia según la cual, la observación de determinados ritos, como el consistente en impetrar la lluvia, práctica religiosa ésta aún usual en determinados contextos rurales de Italia y España, genera efectos meteorológicos favorables que acarrean la llegada, tan anhelada, del agua a los campos. Prácticas religiosas fácilmente mutables en supersticiones alienantes.

9. JUEGOS DE ROL, UN PRECEDENTE

Los denominados *juegos de rol,* muy extendidos hace algunas décadas, registraron una serie de sucesos en los cuales figuraban como vehículos criminales ceñidos a unos pocos, pero significativos, casos. Concretamente, causó un enorme impacto social, como precedente, el llamado *crimen del rol,* suceso en el cual, el 30 de abril de 1994, dos jóvenes asaltaron a Carlos Moreno, un trabajador de un servicio de limpieza de 52 años, que se hallaba a la espera de un autobús en la calle de Becares, en el madrileño barrio de Hortaleza. El juego de rol en el que competían Javier Rosado, estudiante de Ciencias Químicas, y el menor Félix Martínez, les obligaba a asesinar a una persona aleatoriamente designada por ellos. El ensañamiento con el que Carlos Moreno fue asesinado, con una veintena de puñaladas, incluida su decapitación, sin que entre él y sus asesinos existiera el menor vínculo, pudo ser comprobado por el autor de este texto mediante la lectura del informe policial redactado al respecto, y contemplado dentro de una investigación periodística posterior al crimen, llevada a efecto desde el diario El País. Tras distintas consultas con especialistas, se sugirió la hipótesis explicativa según la cual, en un muy reducido número de casos, la estructura del juego de rol en sí misma, por su disposición temática, provoca en un tipo de jugador específico, no por minoritario menos real, una contradicción insoluble, insalvable e insuperable que resuena en sintonía con la contradicción existencial y vital del jugador singular quien, ante la imposibilidad de superar el trance metafóricamente explícito en el esquema del juego, adopta una especie de escape incontrolado y extraordinariamente violento que puede guiarle a la comisión de un crimen, como fue el caso. Algunos psicoanalistas consultados entonces señalaron que esa estructura del juego, convertida en metáfora de la contradicción insalvable del individuo específico, podía activar en él algo muy semejante a un brote psicótico encriptado en determinadas mentes, muchas de las cuales retienen ese potencial sin exteriorización alguna hasta el fin de sus vidas. Desde luego, el crimen del juego del rol se trató de un caso, no de una serie de casos que podría permitir una generalización, si bien la propia disposición estructural y metafórica que aquel hecho mostró si permitió ver fragmentos de su reflejo en otros casos ulteriores de otra naturaleza pero de semejante estructura.

10. LAS DROGAS, UNIVERSO ALIENANTE

Otra forma de alienación pertenece apropiadamente al mundo de las drogas, cuyas adicciones son expresión culminante de enajenación, acrecentada en la actualidad por llevar impuesto un proceso de inducción e introyección accionado por vía expresiva, plástica y hoy telemática, señaladamente audiovisual e intencionalmente planificada, como pretendo desarrollar. En la adolescencia, la edad más vulnerable a las influencias exteriores, suele surgir entonces, de forma natural y colateralmente como antídoto de rebeldía ante influencias, por ejemplo, familiares o educativas, un despliegue de la autoconciencia del adolescente. Paralelamente, la paulatina toma de posesión de los sentidos despierta en el joven una serie de pasiones, emociones y sentimientos desconocidos, desde el placer corporal hasta los que derivan de los primeros escarceos, seducciones y amoríos.

La conciencia de la muerte comparece asimismo en esa fase. La indagación interior hace aflorar una dimensión, desconocida hasta entonces, por la que la introspección comienza a transitar. Surge un desconcierto sensorial y existencial activado por la efusión hormonal. Sobreviene una percepción de víspera gozosa, escoltada por un sentimiento de muerte.

10.1. Introspección

El emprendimiento del adolescente cursa en clave de introspección autoconstructiva; se da una percepción de ese descubrimiento como si se tratara de una aventura, si bien suele registrar ciertos episodios traumáticos, porque las dudas no resueltas, desatadas por las nuevas percepciones, se acumulan y la zozobra suele adensarse ante la habitual incapacidad del adolescente para, a su edad, gestionarla con desenvoltura. La adolescencia es una fase de transición y, como tal, presenta contradicciones, difícilmente solubles a corto, incluso medio plazo. El adolescente acostumbra carecer del grado de abstracción necesario para tomar distancia de lo que le acontece.

Vivencialmente, todo el proceso de autoconstrucción recae sobre sus hombros, eso si ha conseguido emanciparse de la tutela plena de progenitores o tutores, proceso alienante que muestra una casuística específica: el hecho de que de no culminar la rotura simbólica del cordón umbilical con la madre por parte del adolescente se ha querido ver una de las concausas del origen del maltrato contra las mujeres, habida cuenta de que tal continuidad tutelar, entendida como enorme obstáculo e impedimento de la libertad que el amor requiere, puede verse asociada a una mitificación de la madre como dadora de vida, entendida mecánicamente ésta como demandante de un precio que el adolescente no emancipado creerá imposible de pagar; y ello porque la vida es un don, hecho del cual, su concepción mecánica, subalterna y sumisa de la relación materno-filial, le impedirá conocer. Ante la insolvencia del individuo no emancipado, en casos donde coexiste con desequilibrios, señaladamente relacionados con la esfera psicótica, la figura materna en particular y femenina en general, puede llegar a ser paulatinamente percibida como la de una acreedora implacable dispuesta a cobrar un precio imposible de satisfacer, contra lo cual, la propia conciencia de insolvencia, desencadenaría la agresión en forma de acción criminal por parte del individuo adulto.

Volviendo al mundo de las drogas, el caso es que en medio de las zozobras anteriormente descritas, en pleno desconcierto psicofísico, a través del potente *narco-aparato* del que dispone, le es presentado al adolescente como aquella vía que puede propiciarle un atajo hacia una especie de limbo placentero, tan intenso como inmediato, donde aquel batallar incierto hacia el hallazgo de la propia identidad se esfuma mediante una especie de anestesia de la autoconciencia crítica. Y le propone conseguir ese acceso gozoso con una serie de sustancias químicas cuyas tipologías resultan conocidas superficialmente pero que le son presentadas como deslumbrantes vehículos hacia la satisfacción instantánea capaz de disipar el agónico combate contra la incertidumbre en pos de la identidad, acortando el largo camino sensorial hacia un placer que se le ofrece como perenne.

10.2. El narco-aparato

Para acreditar el consumo de drogas ante el adolescente, el *narco-aparato*, entendido como la organización que obtiene, financia la adquisición de materias primas, refina, distribuye y vende los estupefacientes, planifica una táctica de aproximación a aquél, táctica que va a implicar una drástica obstrucción del proceso de introspección natural iniciado por el adolescente. Comoquiera que se trata de impedir el tránsito hacia el sí mismo por vías distintas de la que le ofrece la propia droga, será preciso inhibir de modo artificial la búsqueda natural de plenitud que se verificaría mediante el disfrute de los sentidos. Es ahí donde irrumpen apabullantemente los elementos sonoros, visuales, táctiles, incluso olorosos y remarcablemente químicos, que, intencionadamente provistos por el narco-aparato, van a cortocircuitar el acceso del adolescente a su identidad sensorial por la vía natural, cortocircuito que será consumado merced a un rotundo corte o desarraigo de las percepciones posibles: surgirá así un premeditado e insuperable zafarrancho de sonidos programados de elevadísimo voltaje lejos de toda normativa; de imágenes ultacromáticas, en su día, psicodélicas, indescodificables, signadas por un aluvión de gamas de colores; de composiciones musicales asentadas en textos incomprensibles en forma de *mantras*, con estribillos eternos, repetidos miles y miles de veces; más percusiones atronadoras; flashes hirientes; movedizas luces destellantes y toda una serie de potentes incitaciones a insertarse obligatoriamente en el mensaje abrumador que se emite desde los recintos de la droga, generalmente discotecas, clubes, salas, incluso vehículos donde la música acostumbra ser sustituida por el ruido, el sonido por el impacto percutor, la luz por el destello cegador…

10.3. Incomunicación

En ese tipo de ámbito, aún en los grandes espectáculos musicales de masas, resulta habitualmente imposible la comunicación interpersonal. Se trata de impedir que cualquier atisbo de socialización dialógica, el menor vestigio de criticismo o autocrítica, salgan a la superficie, donde solo el frenesí gestual del baile y el grito gutural parecen resultar permisibles. Una parte de las opciones discográficas, permanentemente acompañadas por soportes audiovisuales, videos o filmaciones, o bien desde las redes, se empeña en reproducir el discurso ideado en el *narco-aparato* para truncar la delectación sensorial natural e incitar al seguimiento del consumo de drogas a los adolescentes, cuya insolvencia económica suele saldarse en muchas ocasiones mediante la integración del adolescente, ya adicto, en las propias redes de distribución de los estupefacientes.

Desde luego, este es un supuesto que, sin abarcar, ni mucho menos, a toda la actividad vital del adolescente, susceptible de ser categorizada según la extracción social de la que proceda, en los escenarios descritos adopta la condición de probabilidad típica, observable, reiterada y previsible, confirmada por la experiencia; lo cual dota a estos supuestos de una cualidad cercana a la que se acredita como conocimiento científico. El constructo lógico aquí propuesto no contempla ni invalida lo que ocurre en otros escenarios del universo adolescente, aparte de los ya descritos, señaladamente tan ciertos como los de tipo ético. El libre albedrío del adolescente no se pone en cuestión, mas resulta evidente que no se halla configurado del todo y como tal en esa edad, en la que se encuentra en fase de formación; por lo cual, si no mediante el rechazable paternalismo y otras formas de dirigismo o moralismo, sí a través de una pedagogía de pautas regladas, puede proponérsele orientar su conducta de manera que se vea eficazmente guarecida de injerencias externas que le sobrevienen por su vulnerabilidad psicofísica; empero, será preciso aleccionarle en el disfrute natural de sus sentidos, sin recortar en modo alguno las necesarias y creativas pulsiones de autoexpresión, introspección y libertad personal que surgen, asimismo, en la adolescencia.

11. EL PODER Y EL SECRETO, ÁMBITOS ALIENANTES

El poder, en su dimensión política, es otro de los vectores alienantes por doquier. Está conformado por una ecuación entre una eticidad y una fuerza, un *ethos* y un *cratos*. Si esta ecuación, configurada por sus dos componentes, se equilibra, la acción política, el despliegue del poder, fructifica en actos con contenido social. Si la ecuación se desequilibra, surgen distintas formas de alienación.

En este desequilibrio juega un papel decisivo la tecnologización telemática de la acción política, señaladamente si se ve mediada por el empleo masivo de datos, proceso que conocemos bajo el nombre *bigdata*. Esta técnica de gobierno consiste en el acopio de indicadores de conducta gestionado mediante proyecciones estadísticas basadas en algoritmos capaces de predecir comportamientos electorales, políticos o de tipo comercial, económico o de otra naturaleza. Y lo hace induciendo sesgos determinados. Complemento de esta técnica puede y suele ser la diseminación de bulos (*fake*), elementos de desinformación, esto es, mensajes aparentemente veraces que contienen altas dosis de falsedad.

Una vez desequilibrado tal tándem entre ética y fuerza, su función alienante se manifiesta al abdicar el poder político de su entidad en sí; es decir, de su proyección organizativa como constructo social de la comunidad política y al adoptar una lógica para sí, desconectada de toda condición o categoría social. Se trata de un momento en el cual el poder político deviene en sujeto y objeto de sí mismo, inhibiendo de esta manera cualquier atisbo de socialidad en su despliegue. La acción política se repliega sobre sí, se auto-aliena.

Ante tal repliegue, el individuo político queda o bien fascinado y abducido por el poder o bien en suspenso, al albur de unas leyes del poder que generalmente desconoce y cuyo despliegue puede llegar a causar su propia consunción, su caída en desgracia. Es entonces cuando el individuo/actor político se enajena en el poder y pasa a depender de una mecánica irracional que no le pertenece sino que se yergue ante él como incontrolable, capaz de saltar por encima de la Moral y el Derecho, desprovista de todo refreno legal, ilegítima pues, dinámica ésta en la que acaba por involucrarle. Mecánica capaz, desde luego, de eliminarle a él si no se deja seducir por ella así como a cualquier otro tipo de actor ajeno al actor estatal concernido en su propia razón.

Una de las principales manifestaciones de este proceso es perceptible en la vigencia de la razón de Estado, designio de un Estado cualquiera, entendido como actor racional, versado hacia la permanencia en el espacio territorial y en el tiempo histórico por encima de cualquier tipo de impedimento legal o moral, es decir, social. Tal sería pues su designio.

Sin lugar a dudas, la definición de la razón de Estado y su ulterior e incesante aplicación como designio estatal resultan inconcebibles sin el recurso estatal al secreto, otro de los vectores propiamente enajenantes propulsor de numerosas formas de alienación. El secreto de Estado, que dota de sentido propio y posibilita el despliegue de la acción estatal para sí, la enajena a ésta e, igualmente, aliena a quien desde la acción política se propone su racionalización y control. El secreto cancela la percepción de la realidad política, a la que silencia y menoscaba, fomentando la desmemoria y quebrando cualquier capacidad de control sobre el poder político concernido por la práctica del secreto. Su práctica implica la alienación de sus definidores, muñidores y gestores, consejeros áulicos, agentes de Inteligencia e integrantes de servicios de Información que se mueven obligadamente en el secreto o en su forma suprema de disposición, la clandestinidad. A medida que el secreto estatal se amplía, más se reduce la democraticidad de un sistema político.

El azar, el poder y el secreto, componen la tríada alienante por excelencia. La experiencia histórica nos permite ver el alcance de sus efectos, hoy exponencialmente acentuados por una tecnologización que ha mostrado fuertes pulsiones hacia el descontrol.

XXVIII. SOCIOLOGÍA DE LA SALUD Y LA ENFERMEDAD

ENRIQUE FERNÁNDEZ-VILAS
Universidad de Valladolid

JUAN JOSÉ LABORA-GONZÁLEZ
Universidad de Santiago de Compostela

1. INTRODUCCIÓN

La sociología de la salud puede ser definida como aquella parte de la Sociología que "reclama la salud y el malestar como campos de estudio legítimos" (Grau i Muñoz y Faus-Bertomeu, 2022: 13). Canguilhem (1989) ya dejó claro que lo "normal" y lo "patológico" no son categorías descriptivas, sino categorías políticas que construyen la realidad. Así, pues, asumiendo este punto de partida, podemos decir que la Sociología de la salud "es el estudio de las estructuras y procesos sociales, de la acción social y de la interacción social que afectan y son afectados por los hechos de la salud y el malestar" (Williams, 2003, p. 76).

Ahora bien, la Organización Mundial de la Salud (OMS) en 1946, en su acta de constitución definió la salud como: "el estado de completo bienestar físico, psíquico y social, y no sólo la ausencia de enfermedad" (OMS, citada a través de Miranda Aranda, 2015, p. 16). En 1957, el Comité de expertos de la OMS número 137 completa la definición que hemos visto, considerando la salud como el grado de conformidad que no exceda de los límites de variación tolerables con las normas establecidas para determinadas características teniendo en cuenta la edad, el sexo, la colectividad y la región geográfica (OMS, citada a través de Miranda Aranda y Garcés Trullenque, 2015, p. 17). Miranda Aranda y Garcés Trullenque, comentan, que "El propio director general de la OMS expresaba entonces que la definición de la constitución de la organización es un concepto idealizado de la salud que encintaba su fundamento en la moralidad social. Reconocía que la salud así concebida era algo inalcanzable" (2015: 17).

Si en vez de intentar definir la salud, se intenta definir la enfermedad, la situación no mejora demasiado. Lisón Tolosana (1981, p. 189) se pregunta, qué es la enfermedad y llega a la conclusión de que "la respuesta parece obvia, pero no lo es. Ni siquiera en el interior de nuestra propia cultura". Este antropólogo explica que la enfermedad es una construcción social, de ahí, situaciones como las originadas por el hecho de que, a principios del siglo XX, en Mississippi, la malaria fuera tan común que ni siquiera se considerara una enfermedad. Así, desde un enfoque sociológico es evidente la necesidad de introducir distintas dimensiones en el concepto de enfermedad y no reducir esta a una serie de alteraciones biológicas asentadas en un cuerpo entendido como algo meramente físico.

Se entiende, así, la enfermad como un constructo que ha pasado, a lo largo del tiempo, por distintos procesos como el de secularización y medicalización. Por otro lado, esta consideración de la enfermedad como una realidad social, se vuelve aún más llamativa en el caso de la enfermedad mental. De hecho, algunas culturas incluyeron a las personas con enfermedad mental en los imaginarios sociales del chamanismo o de la iluminación, mientras que la cultura occidental tendió —y tiende— a la estigmatización, marginación y exclusión de las personas enfermas y con trastornos mentales, sean del tipo que sean. Estos son los elementos que se irán desgranando a lo largo de este capítulo a fin de que, la persona lectora, acabe teniendo una visión amplia de los fundamentos de estos fenómenos sociales para la comprensión de la salud, la enfermedad y los malestares desde un punto de vista sociológico.

1.1. La enfermedad como fenómeno social

Para facilitar la comprensión de la complejidad que encierra la comprensión de la enfermedad como fenómeno social, y aprovechando la particularidad de que el inglés tiene distintos términos para referirse a la misma, Kleinman *et al.* (1978) diferenciaron tres categorías que son clave en el estudio sociológico de la salud, a saber: 1.- *Disease*: definiéndolo como la enfermedad que tiene su origen en las anormalidades en la estructura o en la función de los órganos o del sistema orgánico (cuerpo), 2.- *Illness:* incluiría la experiencia de los cambios incapacitantes tanto en la parte orgánica como en la función social. 3.- *Sickness:* que incluiría "la experiencia humana de la enfermedad *(sickness)*" (Kleinman *et al.*, 1978, p.251). Posteriormente, el propio Kleinman (1988a) afinaría esta clasificación.

En primer lugar, la enfermedad como experiencia *(Illness,* se ha traducido como *dolencia)*: vendría definida a través del sentido común, por los procesos corporales que implica la enfermedad, la manera en la que la familia —y la red social— lo percibe, cómo lo vive y, además, de por cómo se da repuesta a los síntomas que incapacitan a la propia persona (e. g. sentimientos de vergüenza por la enfermedad, pérdida de esperanza en mejorar, bajada de autoestima, etc.).

En segundo, la enfermedad como alteración biológica *(Disease,* traducido como *malestar)*: si la enfermedad como experiencia (*Illness*) se basa en lo que la persona enferma y su familia le "llevan" a la consulta de un médico/a, la enfermedad biológica *(Disease)* "es lo que los médicos fueron formados para ver a través de los lentes teóricos de su particular forma de práctica profesional (...) *Disease* es el problema desde la perspectiva del médico [que] es reconfigurado solamente como alteración de una estructura biológica o funcional" (Kleinman, 1988a, pp. 5-6). Este tipo de reduccionismos implica que, como dice Kleinman (1988b) se facilita la capacidad de la medicina para alcanzar el éxito (la curación), ya que en un caso concreto, se puede curar con relativa facilidad una neumonía, pero quizás se dejaron de lado algunos fenómenos conexos o concurrentes (e. g. los sentimientos de impotencia que esta causó en la persona que la padece, la impotencia sexual que generó debido a la intensa preocupación que pasó el/la enfermo/a, los problemas económicos que padece la familia debido al posible despido de la persona por la prolongada baja laboral que debió coger, etc.).

Finalmente, la enfermedad como realidad social *(Sickness,* traducida como *enfermedad*): vendría definida por la comprensión de la enfermedad a partir de los procesos e influencias macrosociales, esto es, la dimensión económica, la dimensión política y la dimensión institucional.

Como se comentaba anteriormente, la comprensión de la enfermedad como algo complejo y que incluye factores biológicos, psicológicos y sociales fue simplificada a lo largo del tiempo. Así, si tenemos en cuenta la historia de la medicina, a partir del siglo XVII comienza a perfilarse el modelo médico de la enfermedad a partir de la realización en la práctica médica de diagnósticos basados en la observación que permita establecer las causas (etiología) según el modelo de Sydenham (Beato *et al.*, 2015). Este proceso de reducción del concepto de la enfermedad a su dimensión biológica, vehiculada a través de la desequilibrada relación médico/paciente, continúa en el siglo XVIII con las aportaciones de Morgagni al establecer el principio de correlación anatomoclínica[30]. Estas dinámicas condujeron al desarrollo de dos modelos utilizados para la comprensión de lo que es la enfermedad y la salud.

1.2. El modelo biomédico y el modelo biopsicosocial

El modelo dominante o hegemónico hoy día dentro de las profesiones de la salud a la hora de entender, y explicar, qué es esta es el llamado modelo médico o biomédico (Cockerham, 2020). Se pueden encontrar intensas críticas a este predominio, argumentando que el modelo médico, además de negar en su práctica cotidiana las múltiples dimensiones humanas (psicológicas, sociales y culturales), sigue "empeñado en explicar la enfermedad y el malestar con la genética y poco más, al tiempo que la farmacopea se convirtió en la caja de los

---

[30] Se entiende por correlación anatomoclínica "la habilidad para establecer vínculos (en un contexto de causalidad) entre las alteraciones morfológicas, los cambios fisiopatológicos y las manifestaciones clínicas de un proceso patológico" (Rodríguez-Velasco y González, 2005, p. 541).

milagros para gloria y beneficio de la farmaindustria" (Miranda Aranda y Garcés Trullenque, 2015, p. 25).

Pero ¿cómo afecta esto a las disciplinas de las que nos venimos ocupando en este trabajo? Hacia finales del siglo XIX y principios del XX el dispositivo hospitalario estaba funcionando como entidad social simbólicamente justificada, lo que legitimaba, a su vez, a la profesión médica. El discurso científico habría sido reacio a la inclusión de la variable cultural en los análisis biomédicos, en tanto sostenía el intento de imposición de este como modelo universal. Frente a la definición estrecha y limitada del imaginario biomédico, desde la perspectiva socioantropológica se defiende una concepción de la enfermedad amplia y que incluye la experiencia de la enfermedad, entendiendo a su vez por esta, las "sensaciones, creencias, actitudes y emociones que contribuyen a la conciencia de la gente de que algo va mal y no es deseable para ellos" (Hahn, 1995: 29). A esto habría que sumar el hecho de que no en todas las culturas se definió de igual modo la relación entre la mente y el cuerpo. Gondar (1994), por ejemplo, viene a decir que el imaginario occidental mantuvo una diferenciación clara entre la mente y el cuerpo, algo que no caracteriza los modelos de sanación de todas las culturas.

Hay que partir de la base de que no es posible alcanzar un ideal de salud total, puesto que existirán diferentes tipos de factores que nos lo impiden, en tanto que estos "no están aislados ni son independientes, sino que se imbrican unos con otros, por lo que la salud depende en último término de la capacidad de controlar la interacción entre el medio físico, el espiritual, el biológico y el económico y social" (Alcántara Moreno, 2008, p. 95).

En este sentido, el modelo biomédico dedica sus esfuerzos al entendimiento, y tratamiento, de las enfermedades, descuidando la atención a las personas enfermas debido a la falta de perspectivas holísticas en la atención sanitaria. Aquí encajaría lo que se ha entendido como la crítica al *paradigma tecnológico*, en tanto que la tecnología ni es, ni debe ser, la forma hegemónica en la resolución de problemas o dolencias, sobre todo cuando estos se refieren al ser humano y su conciencia, conductas, cognición y/o emociones. De forma alternativa, y desde diferentes perspectivas se han ido proponiendo a lo largo del tiempo el enfoque biopsicosocial, la autoatención, la medicina "tradicional" o las medicinas paralelas (Labora González y Fernández-Vilas, 2022).

Así pues, ante esta consideración hegemónica del determinismo biológico-organicista, desde la sociología y la antropología cabe apostar por un modelo biopsicosocial y cultural partiendo de un enfoque holista, que tenga en cuenta todo el conjunto de elementos que influyen y determinan la salud, con objetivo de ser capaces de analizar, proponer y construir —desde una perspectiva hermenéutica— políticas públicas que vayan enfocadas a la mejora del bienestar humano.

2. LA MEDICALIZACIÓN COMO PROCESO: CONTROL SOCIAL DESVIACIÓN, DIAGNÓSTICO Y RELACIÓN MÉDICO-PACIENTE

Uno de los grandes temas de estudio en la historia de la sociología es el control social, el cual también cabe analizar en la sociología de la salud. Dentro de la teoría social contemporánea, cabría señalar la importancia de Michel Foucault en este aspecto y su concepción de *biopoder*. Esto sería, a grandes rasgos, el control social mediante el moldeo, modificación y control de los cuerpos y la población. El biopoder, conforma —como lo hace cualquier otro sistema de dominación— un sistema cultural.

En este sentido, a lo largo de la historia, este control de las profesiones de la salud sobre la población se ha ido asentando a través de lo que se ha denominado el proceso de medicalización. Este proceso social se produce cuando fenómenos que, en principio, no se consideran que sean objeto de la medicina son considerados como tales. Y de ahí que sean los/las profesionales de la salud (médicos/as, enfermeras/os, etc.) los/las profesionales que deban tratar esos fenómenos o situaciones. Entonces, la medicalización se puede definir, también, como el "proceso mediante el cual las cuestiones relacionadas con los estilos de vida, como el peso, el tabaquismo o las prácticas sexuales, se transforman en cuestiones médicas que deben de ser tratadas por profesionales médicos" (Giddens y Sutton, 2014, p. 242). El problema de todo esto es que determinadas categorías médicas se han vuelto muy elásticas. Al respecto, Peter Conrad diría que "mientras algunas categorías son estrechas y circunspectas, otras se pueden expandir e incorporar otros problemas" (1992, p. 221). Es decir, la medicina ha ampliado su campo de acción a lo largo del tiempo convirtiendo, paulatinamente, problemas individuales y/o de la vida cotidiana en problemas médicos. De este modo, se puede entender que estamos ante un ejemplo de medicalización cuando una determinada sociedad piensa/cree/opina que cuando un fenómeno ocurre la persona a la que le sucede debe ir a su médico/a y debe seguir su criterio profesional.

El propio Conrad ha señalado que hace tiempo que se viene produciendo una transformación progresiva en la asignación de significados sociales en la sociedad americana de significados de maldad a la consideración de esta como una enfermedad. Así la medicalización es un proceso que corre paralelo a procesos de criminalización de determinadas personas o sectores de población. Se puede argumentar que se ha producido una "transformación desde designaciones religiosas y criminales a designaciones médicas y de desviación del control" (Conrad y Schneider, 1980, p. XI). A resultas de esto, se puede decir que no sería descabellado llegar a considerar a la profesión médica como fuente de etiquetas de desviación social. En este sentido, Castel (1980) ha señalado que cuando la medicina alcanza la cumbre de su medicalización cientificista, valga la redundancia, asumiendo esta disciplina como un saber riguroso que debe estar presidido por una racionalidad calculativa y organicista, la beneficencia asumirá el poder de control de las personas en situación de pobreza que quedan excluidas del control del sistema hospitalario. Frente al encierro, se propone como medida de control la asistencia. Una asistencia que mantiene a las personas constantemente cronificadas en los márgenes de la sociedad, ya que permite la supervivencia pero no la reinserción social o la recuperación de la persona. Es el surgimiento de lo que Robert Castel llama las *disciplinas Psy* (Castel *et al.*, 1982), es decir, aquellas ciencias/profesiones que entran en el ámbito de los cuidados de las personas ejerciendo sobre ellas determinado nivel de control social.

Por otro lado, desde el punto de vista constructivista, el proceso social de la enfermedad comienza en el diagnóstico. Este se puede concebir como la función de un sistema sanitario que, a través de sus profesionales, definen realidades que funcionan como etiquetas que, a su vez, pueden implicar, y generar, un estigma hacia las personas a las que se aplica. Todo esto, a su vez, podría provocar que el diagnóstico se convierta en un proceso generador de aspectos negativos a tener en cuenta. Desde esta óptica, el diagnóstico puede ser definido como un proceso de tanteo de la realidad (Boscolo y Bertrando, 2022). Si lo entendemos así, esto permite superar la dicotomía que se origina en la aplicación del diagnóstico como proceso que origina etiquetas (nivel ontológico), y que puede funcionar como una hendidura que permita la introducción de la subjetividad del propio profesional que lleva a cabo el diagnóstico, y que en la terminología usada por el modelo del *Mental Research Institute* (MRI), puede derivar en la *profecía que se autocumple.* Para el constructivismo, el diagnóstico es un proceso significativo y que determina la construcción de la realidad interna y externa del ser humano. Esto implica que estará mediatizado por las visiones del mundo que lo enmarquen, además de estar influido por el aspecto cronológico y geográfico (Gelo *et al.*, 2015).

En este sentido, la persona enferma adquiere el estatus de tal a partir del momento en que un profesional médico realiza un diagnóstico (Brown, 1995; Goldstein Jutel, 2011). El médico/a, al terminar sus estudios, adquiere un rol que le capacita para legitimar la enfermedad. A partir del diagnóstico, este rol (médico/a) se complementa con otro socialmente construido: el rol de enfermo (Macionis y Plummer, 2011; Parsons, 1999). Esto ocurre en una importante relación simbólica médico-paciente, ya que, en gran parte del mundo, la bata blanca es símbolo de gran reconocimiento social y de estatus (Becker *et al.*, 2005). La bata blanca supone, por tanto, el reconocimiento del rol, ergo, la legitimidad para emitir el diagnóstico de una enfermedad, puesto que "estar enfermo" implica salirse de un modelo "deseado" de salud, lo que daría paso, según el funcionalista Talcott Parsons (1999), a una forma de desviación. Se desvía, digamos, del comportamiento socialmente esperado.

En resumen, se puede entender que el proceso diagnóstico es un proceso médico que genera un correlato social. Este vendría a organizarse alrededor de las dimensiones de la enfermedad definidas por Kleinman (1988a). A esto habría que sumar el que, como apuntó Susan Nettleton, existen síntomas médicamente inexplicables, que se ven afectados por las valoraciones morales, el caos y la ambivalencia. Esto encubre un importante peligro ya que: "uno no puede estar anormalmente enfermo (*Ill*). La sociedad no da fácilmente permiso a la gente para estar enferma en ausencia de una anormalidad patológica o fisiológica aceptada" (Nettleton, 2006, p. 1176).

Así pues, las personas potencialmente enfermas, pero que no son capaces de acceder a un diagnóstico, sus familias y entornos más cercanos, se pueden enfrentar a la titánica lucha por "encajar" en las etiquetas fijadas dentro de las clasificaciones biológicas establecidas por la institución médica a fin de acceder a sus beneficios: la construcción de una identidad simbólica estable y la posibilidad de restablecer la coherencia (Comaroff, 1982). En otras palabras, como se mencionó con anterioridad, la posibilidad de acceder al rol de enfermo tal y como lo definió Parsons (1999). Además, en ocasiones, la construcción social de la enfermedad asume formas conflictivas (Brown, 1995). Los diagnósticos no conflictivos serían aquellos en los que las personas no se ven en la obligación de "convencer" al sistema médico o a instituciones sociales de cierta relevancia de la realidad de su dolencia. En cualquier caso, para que una persona sea reconocida como enferma, esta debe ser primero identificada como tal por un profesional médico/a. Sin ese acto de poder simbólico la persona, aunque presente síntomas, no puede acceder al rol de enfermo. Esto puede significar el que no pueda solicitar una ayuda, una prestación, el uso de algún tipo de servicio, etc. La etiqueta diagnóstica debe de ser creada, aceptada, validada y difundida para su conocimiento mediante la emisión de un informe médico, un certificado de discapacidad, un peritaje, etc. Lo que, en ocasiones, se complica mucho como ocurre en los casos de las ER o de la llamada "enfermedad mental".

3. LA CONSTRUCCIÓN DE LA ENFERMEDAD MENTAL: EL MODELO BIOMÉDICO DE LA «LOCURA»

El modelo biomédico de interpretación, comprensión y explicación de los trastornos mentales también sería el mayoritario, hoy en día, tanto en la investigación, como en el tratamiento de la enfermedad mental.

En este caso, el modelo biomédico (véase Figura 1) implica que se definen los trastornos mentales a partir de causas de tipo fisiológico, bioquímico y genético (Cockerham, 2021); asimilando la enfermedad mental al resto de enfermedades y, aplicando como procedimientos terapéuticos principales los tratamientos farmacológicos, aunque también la terapia electroconvulsiva desde la década de 1930 (Rudorfer *et al.*, 2003), principalmente para casos de depresión mayor (Lucarelli *et al.*, 2022); o la psicocirugía, ciertamente neurodeterminista, la cual busca modificar las bases neurobiológicas de la conducta humana.

Figura 1. Principales características del modelo médico frente al sociológico

Modelo médico	Modelo sociológico
La enfermedad se define como la consecuencia de cierto mal funcionamiento del cuerpo humano	Los conceptos médicos se ven como construcciones de la ciencia médica. Se prima la complejidad en las explicaciones teniendo en cuenta todas las dimensiones que afectan a la enfermedad a analizar, tanto la orgánica como la inorgánica (psicológica, social y/o simbólica).
Toda disfunción podría reducirse a causas mecánicas localizadas en el organismo. Incluso la enfermedad mental sería causada por cambios bioquímicos	El marco interpretativo de la enfermedad no se puede apelar a una sola dimensión, sino que debe aplicarse la interpretación macro (causal, histórica, etc.) y la micro (social y cultural del individuo)
El modelo médico es esencialmente reduccionista. Toda enfermedad (*illness*) o trastorno (*disease*) debe ser explicado por un número específico de causas, interpretadas como mecanismos bioquímicos	El modelo sociológico es de carácter holístico en la explicación de la enfermedad, sea del tipo que sea. No tiende a explicaciones mecánicas ni de carácter exclusivamente orgánico.
El modelo médico es un modelo exclusivista. Tiende a calificar las explicaciones alternativas a la suya como no válidas; y por lo tanto rechazables	El modelo sociológico es inclusivo. Hay que tener en cuenta la situación estructural, pero también la particular. La perspectiva orgánica, social, cultural e histórica.
El cuerpo humano como una máquina bioquímica totalmente separado de la mente	Se niega la separación entre cuerpo y mente a través del concepto de incorporación (*embodiment*).
La enfermedad mental estaría provocada por disfunciones bioquímicas producidas en el cerebro	La enfermedad mental se entiende desde una perspectiva interaccional y se conceptualiza como problemas de la vida de la persona inscrita en su entorno en un momento concreto.
Se prima el tratamiento exclusivamente médico	Se prima el tratamiento multidisciplinar
La enfermedad mental como entidad de carácter natural	La enfermedad mental como construcción social.

Fuente: adaptado de Labora González (2018).

Cockerham (2021) aduce tres razones para explicar que el modelo biomédico sea hoy en día el modelo dominante, en relación a la enfermedad mental:

La primera, partiría del hecho de que los/as psiquiatras sean formados como médicos/as, es decir, socializados a través de la mirada médica. Esto provocaría que los/as profesionales de la disciplina psiquiátrica son formados para ver los problemas de salud, únicamente como problemas médicos/orgánicos. El propio Cockerham explica esto mismo diciendo que "todos los psiquiatras son formados como doctores en medicina y son socializados para adoptar una perspectiva médica. La profesión médica, lo que no es sorprendente, ve la formación médica como la preparación óptima para trabajar con personas mentalmente trastornadas" (2021, p. 81).

En segundo lugar, aunque el nivel de coherencia lógica del modelo médico sea bajo y no se pueda demostrar que los trastornos mentales son como el resto de las enfermedades, lo importante sería que el modelo funcione y demuestre su utilidad. Así, aunque estas entidades no sean enfermedades, pueden ser consideradas trastornos tratables mediante los procedimientos que delimita el modelo médico.

Finalmente, encontramos la puesta en funcionamiento partir de los años 60 del siglo XX de los tratamientos con medicamentos psiquiátricos: antidepresivos, ansiolíticos o antipsicóticos (Davies, 2022). Esto es, la medicalización de la vida cotidiana y el progresivo proceso de mercantilización de la salud.

En torno a ello, Foucault (2007a) dedicaría una de sus más afamadas obras al análisis de la genealogía de la categoría de locura en la sociedad occidental moderna, aunque él mismo la corrige un poco más adelante en un curso impartido en el *Collège de France* en el curso 1973-74. En ella distingue tres grandes épocas en la historia de la locura: el Renacimiento, la Época Clásica y la Modernidad. Durante el Renacimiento la locura estaría ligada a la experiencia de otro mundo, y, por lo tanto, permanece ligada a lo sagrado.

Posteriormente, en la Época Clásica se inicia la separación de dos esferas: la de la razón y la de la sinrazón. La locura se vincula a la pobreza, a personas con comportamientos sexuales distintos, y evoluciona de estar ligada a lo sagrado a estar ligada a la moral; es el momento de los grandes centros de internamiento como lugares que fomentan el control social sobre lo distinto, lo otro. Surge entonces lo que Foucault (2005a) denomina el poder disciplinario, que se caracteriza por una aplicación del tipo de poder que el ejército venía utilizando desde el siglo XVII a los "locos" a partir del siglo XVIII.

Finalmente, durante la Modernidad predomina el proyecto diagnóstico ligado a un proceso de objetivación del cuerpo mediante el uso de la llamada mirada médica (Foucault, 2007b). Es la época en la que la psiquiatría inicia su lento nacimiento a través de figuras como Jean-Étienne Dominique Esquirol, Philippe Pinel o Daniel H. Tuke. Foucault argumenta que nace una nueva ética del trabajo que no permite seguir ejerciendo el control con los métodos usados hasta entonces (el encierro), naciendo, al mismo tiempo, una nueva concepción de la necesidad de asistencia a las personas pobres que no existía hasta entonces, al mudar el tipo de percepción que dominaba de las personas en situación de pobreza (Geremek, 1991). Así, acaba de hacer aparición el poder psiquiátrico que "es el complemento de poder en virtud del cual lo real se impuso a la locura en el nombre de una verdad poseída de una vez por todas por ese poder con el nombre de una ciencia médica, psiquiatría" (Foucault, 2005, p. 137).

Cabe finalizar, esta sección de este capítulo, resaltando que últimamente existe, en términos generales, una mayor preocupación por la salud mental, al menos en lo que entendemos por esta en Occidente. Ahora bien, el proceso de desistitucionalización llevado a cabo en España, y otros países, amparándose en el movimiento de la antipsiquiatría y la necesidad de implantación de un modelo comunitario de atención a la salud mental, no ha hecho más que dejar a la vista las grietas del sistema sanitario en lo que se refiere a la atención a las personas con enfermedad mental. Así pues, dado el aumento de los diagnósticos psiquiátricos (véase, Holmes *et al.*, 2020; Pappa, *et al.*, 2020, para la ansiedad y depresión; Huete Cordova, 2022, para los trastornos de la conducta alimentaria; Lopes *et al.*, 2022, en lo referente al Trastorno por Déficit de Atención e Hiperactividad y CIS, 2021, para los problemas de insomnio y constante miedo a la muerte), —que la pandemia de COVID-19 (2020-2023) no hizo hecho más que agravar— se hace necesario prestar atención a la situación en que pueden verse las poblaciones más vulnerables si la desigualdad social sigue aumentando y las instituciones públicas no toman conciencia de esta verdadera pandemia del siglo XXI en que se ha convertido la enfermedad mental.

5. DESIGUALDAD, BIENESTAR Y POLÍTICAS SANITARIAS EN LA SOCIEDAD DEL RIESGO

En las sociedades posindustriales, o *Sociedades del Riesgo* (Beck, 1992), vemos como cada vez existe mayor preocupación por la seguridad y la salud. La globalización ha hecho, si cabe, más difícil este escenario. Se habla de que el riesgo es inevitable en nuestras sociedades contemporáneas ya que permea todas nuestras decisiones, hasta construir lo que Luhmann (2006) llamará un concepto universal. Así pues, el riesgo habría invadido todas las esferas de la sociedad en la actualidad. Entonces no debe sorprendernos el que se haya aplicado al análisis de la salud. Cuando una persona es etiquetada con un diagnóstico por un/a profesional médico/a, debido al poder simbólico que le ha cedido la sociedad para hacerlo, como decíamos antes, se puede decir que se pone en juego la categoría de riesgo.

En los últimos años la sociedad occidental ha evolucionado desde la sociedad de consumo a la sociedad del hiperconsumo (Lipovetsky, 2010). Este cambio, a su vez, trajo el cambio del materialismo típico de la sociedad de consumo por el hiperconsumidor demandante de confort psíquico, de armonía interior y plenitud subjetiva. La sociedad del hiperconsumo sería la típica de una “civilización del deseo” en la que el capitalismo usa como instrumentos para su autoperpetuación la estimulación eterna e infinita de las necesidades y la comercialización de las mismas. Ello generó un tipo de consumo emocional, es decir, se fomenta el consumo no por el deseo de acumulación de bienes, sino por la experiencia subjetiva de bienestar que puede producir el hecho de la compra. De ahí que se haya llevado a cabo toda una reorganización de los grandes centros comerciales para convertirlos en verdaderos templos dedicados al goce y bienestar individual de las personas que pasan prácticamente días enteros en su interior: cines, cafeterías, tiendas de ropa o tiendas de alimentación, entre otras.

Una de las consecuencias de este tipo de sociedad, según el filósofo francés, sería el potente desarrollo de la autoayuda y la "expansión del mercado del alma" (Lipovetsky, 2010) que provocó la extrema difusión de las farmacopeas de la felicidad.

Dando un paso más, Lipovetsky nos pone sobre aviso de que todo esto generó un proceso que estaría influyendo en que, en los últimos tiempos, se está disparando el gasto sanitario en las sociedades occidentales. Aumenta tanto el gasto generado por el consumo de medicamentos, como el generado por las pruebas e intervenciones médicas (análisis, operaciones quirúrgicas, hospitalizaciones, etc.). A esto vendría a sumarse la preocupación por el cuidado de la salud o la prevención de las enfermedades. A su vez, esta situación dispara el consumo de programas televisivos sobre la salud, libros de divulgación sobre asuntos relacionados con las enfermedades y el mantenimiento del bienestar. No basta con curar las enfermedades, hay que adelantarse a su aparición y prevenir lo que pueda pasar.

Vivimos, pues, en sociedades, con bajo nivel de tolerancia al dolor, en la que todo debe ser positivo y signo de disfrute (Han, 2020). Pero, al mismo tiempo, el consumo de medicamentos psiquiátricos se dispara (Davies, 2022). El número de categorías nosográficas de carácter psiquiátrico también aumenta en las últimas ediciones de los manuales diagnósticos.

Como hemos venido anunciando, el deterioro de la situación sanitaria puede estar influido por variables que son de carácter social y no puramente biológicas. Una de estas variables son las condiciones materiales, como expresaron, entre otros, Wilkinson y Marmot (2003). Otras variables a tener en cuenta serían: la posición en la sociedad, la cohesión social o la participación. En gran parte, porque todos estos elementos están íntimamente relacionados con el estrés, tal y como lo ha demostrado la literatura al respecto (Wiley y Allen, 2012).

Junto con el sistema educativo, la sanidad pública conforma uno de los pilares del *welfare* o sociedades del bienestar. En ellas, el estado ejerce como principal proveedor de recursos a una ciudadanía que lo legitima mediante su participación política, directa o indirecta.

El concepto de Estado de Bienestar alcanzó gran consenso en los "años dorados" del pasado siglo, en tensión con las teorías venidas del neoliberalismo. En este marco, la socialdemocracia europea vio mermada su capacidad ya desde los gobiernos de Margaret Thatcher y Ronald Reagan, en Reino Unido y Estados Unidos, respectivamente, con idearios iluminados bajo el amparo de Friedrich Hayek en la lógica del *laissez-faire.* Pese al intento de "renovación socialdemócrata", con la aparición de la denominada *Third Way* [Tercera Vía], el neoliberalismo se ha impuesto como forma económica dominante. En este sentido, tiene lugar lo que algunos autores han considerado el «complejo industrial de la medicina», en tanto que el uso de la profesión médica para fines comerciales. De esta forma, en un plano ideológico, "el neoliberalismo se instala como pensamiento único, y en salud implica la transformación del sentido común para que la salud deje de ser un derecho que el estado debe garantizar y se transforme en un bien de mercado que los individuos deben adquirir" (Iriart, 2008: 1621).

Recuperando la idea de *sindemia*[31], en términos de salud, la pandemia de COVID-19 puso de manifiesto las desigualdades en el acceso a servicios de sanitarios y la atención médica. Las personas con bajos ingresos, y comunidades en situación de marginación, se han visto especialmente afectadas debido a una mayor vulnerabilidad a la enfermedad y a las dificultades para acceder a servicios de salud. Además, la pandemia aumentó la carga de trabajo en los servicios de atención en todo el mundo, lo que llevó a una falta de personal y a una sobrecarga en los centros hospitalarios que se mantiene a día de hoy.

En este sentido, el personal sociosanitario estuvo expuesto a una gran cantidad de estrés en el trabajo debido a su naturaleza. Se han enfrentado a situaciones de emergencia, a pacientes enfermos/as y a la posibilidad de contraer enfermedades. Esto puede tener un impacto significativo en su salud mental, ya que se ha demostrado que los trabajadores/as de la salud tienen un mayor riesgo de desarrollar trastornos como la depresión, los cuadros de ansiedad generalizada y trastornos de estrés postraumático.

Finalmente, cabe señalar la necesidad por parte de las instituciones públicas de creación de políticas públicas en salud que palíen las desigualdades sociales entre los distintos colectivos existentes en la sociedad. Devolviéndole, así, el sentido original al Estado de Bienestar como garante de la igualdad y, en concreto, de que esta se garantice cuando hablamos de la salud de las personas.

---

31 Merrill Singer (2009) acuñó el concepto Sindemia para refererirse a acercamientos complejos, y holísticos, a la enfermedad. Así: "Al hablar de "sindemia" ("*syndemics*" en inglés) sugiere una interacción entre agentes causales, procesos sociales, estados patológicos, que llevan a una patoplastía compleja. Si hay enfermedades, su presentación es proteica, multiforme. También sus consecuencias. Sindemia puede entenderse como sinergia y epidemia." (Lolas Stepke, 2020, p. 8).

6. NUEVOS OBJETOS, NUEVAS TENDENCIAS

La sociología de la salud ha experimentado en las últimas décadas un proceso de gran transformación, vinculado tanto a los cambios estructurales de las sociedades contemporáneas como a la emergencia de nuevas problemáticas sanitarias y tecnológicas. Desde sus orígenes, la disciplina se ocupó de analizar las relaciones entre sociedad, enfermedad y sistemas médicos, pero en el siglo XXI ha ampliado su campo de observación hacia fenómenos globales, digitales, ambientales y subjetivos que reconfiguran la experiencia de la salud. Las nuevas tendencias se inscriben en un contexto de complejidad social (véase Figura 2), donde la biomedicina, la economía política, la cultura y la tecnología convergen en la producción del binomio bienestar/malestar (Cockerham, 2021).

Uno de los ejes fundamentales de este cambio es la reconsideración de los determinantes estructurales de la salud. Si bien el paradigma biomédico continúa predominando, la sociología de la salud ha insistido en la necesidad de incorporar dimensiones como la clase social, el género, la etnicidad y las condiciones materiales de vida en la explicación de las desigualdades en los procesos salud-enfermedad y de atención sanitaria (Solar & Irwin, 2010). Esta perspectiva, heredera del pensamiento marxista y de la sociología crítica, busca comprender cómo las estructuras de poder y las políticas neoliberales inciden en los patrones de morbilidad y mortalidad. Autores como Bourdieu (1986) han contribuido a este enfoque al destacar la relación entre el capital social, cultural y económico, y el acceso a recursos. Así, los determinantes sociales se entienden, de un lado, como factores externos al individuo y, de otro, como condiciones estructurales que configuran la posibilidad misma de estar sano o enfermo.

Otro ámbito de creciente interés es la multimorbilidad y el envejecimiento poblacional, fenómenos asociados al aumento de la esperanza de vida y a la cronificación de múltiples enfermedades. Desde una perspectiva sociológica, la vejez deja de ser vista exclusivamente como una etapa biológica y se convierte en una construcción social mediada por políticas, discursos y representaciones sobre el cuerpo y la dependencia (Estes & Binney, 1989). Las sociedades contemporáneas, entretanto, deben de gestionar la coexistencia de varias enfermedades crónicas en individuos mayores, lo que implica redefinir la atención sanitaria y los vínculos entre medicina, familia y comunidad. Esta tendencia ha puesto de relieve la necesidad de pensar la salud desde el ciclo vital y de justicia intergeneracional, en el marco de sistemas de cuidado sostenibles.

Figura 2. Tendencias contemporáneas en Sociología de la Salud

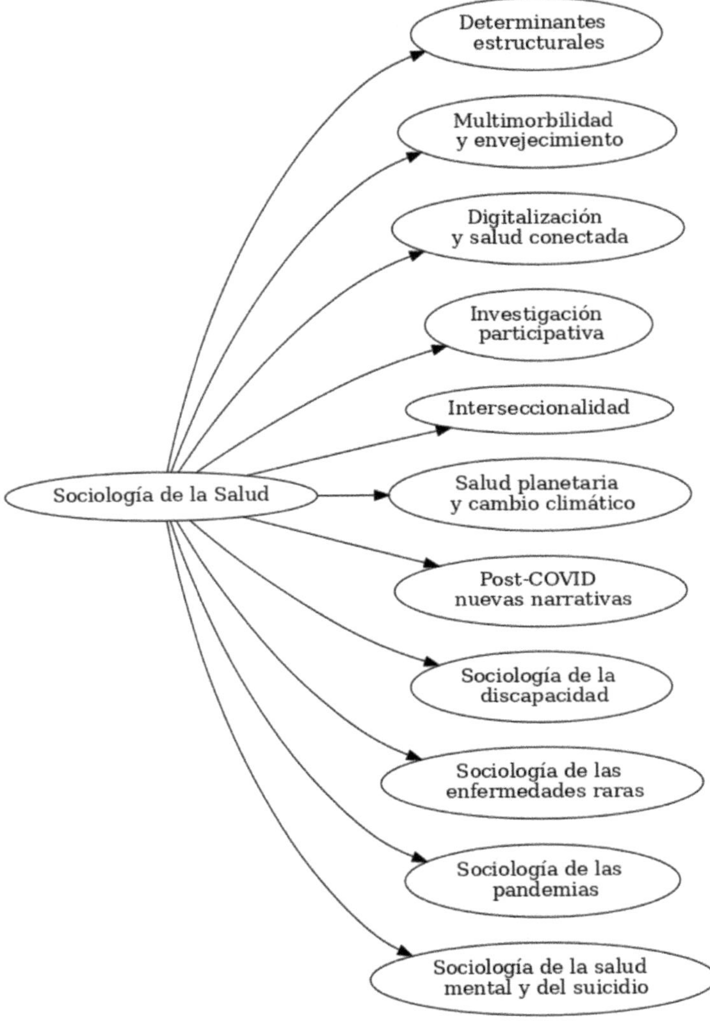

Fuente: elaboración propia.

En paralelo, la digitalización y la salud conectada han abierto un campo emergente de reflexión. La introducción de tecnologías digitales —como aplicaciones móviles, telemedicina, inteligencia artificial y *big data*— está modificando la relación entre pacientes, profesionales y sistemas de salud (Lupton, 2016). La sociología analiza estas transformaciones desde la noción de "biopoder" *foucaultiano,* al considerar que la tecnología amplía los mecanismos de vigilancia, control y autogestión del cuerpo (Foucault, 1976). De igual forma, surgen nuevas formas de subjetividad en torno al autocuidado, la cuantificación del bienestar y la exposición/protección de datos personales. La salud conectada reconfigura los límites entre lo público y lo privado, y plantea interrogantes éticos sobre la autonomía del paciente y la mercantilización de la información biomédica.

Una cuarta tendencia destacada es la investigación participativa y el giro hacia modelos colaborativos de producción del conocimiento, propios del trabajo antropológico. Frente a la distancia tradicional entre investigadores y sujetos de estudio (relación sujeto-objeto), la sociología de la salud promueve metodologías inclusivas donde los propios pacientes, comunidades y/o movimientos sociales intervienen activamente en el diseño, ejecución e interpretación de los estudios (Cornwall & Jewkes, 1995). Este enfoque busca democratizar la ciencia y reconocer los saberes locales, desafiando la hegemonía del conocimiento experto. Además, se inscribe en una ética del reconocimiento y de la justicia epistémica, donde las voces marginadas adquieren centralidad en la comprensión de los fenómenos de salud.

Por su parte, la interseccionalidad, propuesta inicialmente desde los estudios feministas y de raza (Crenshaw, 1989), se ha incorporado como marco analítico para examinar cómo las desigualdades múltiples —género, clase, etnicidad, orientación sexual, discapacidad— se entrecruzan en la experiencia de la salud y la enfermedad. Esto permite superar las explicaciones unidimensionales y evidenciar las formas estructurales de discriminación en el acceso a los servicios sanitarios. En la actualidad, la interseccionalidad se aplica a temas como la salud reproductiva, la violencia obstétrica, las políticas de género y las condiciones laborales del personal sanitario. Desde la sociología, se plantea que solo comprendiendo estas interacciones se pueden diseñar políticas verdaderamente equitativas y sensibles a la diversidad social.

Otra línea emergente es la de la salud planetaria y el cambio climático, que sitúa la salud humana en el contexto ecológico global (i.e., ecología humana). Esta perspectiva amplía el horizonte tradicional de la sociología médica al incluir las relaciones entre sistemas sociales, ecosistemas y sostenibilidad. Trabajos como los de Horton et al. (2014) argumentan que el cambio climático constituye la mayor amenaza para la salud pública del siglo XXI, afectando especialmente a las poblaciones más vulnerables, tales como las sociedades indígenas. Por ende, se analizan las implicaciones políticas y culturales de esta crisis. Esto incluye las narrativas sobre responsabilidad ambiental, justicia climática y modelos de desarrollo. El concepto de salud planetaria invita a repensar el bienestar como una relación de co-dependencia entre el ser humano y el medio, superando la dicotomía sociedad-naturaleza que ha dominado la modernidad.

De otra parte, el contexto post-COVID ha generado también nuevas narrativas sociológicas sobre la salud, la incertidumbre y la gestión del riesgo. La pandemia de COVID-19 expuso las desigualdades estructurales y la fragilidad de los sistemas sanitarios, revalorizando el papel del Estado y de las instituciones públicas.

Beck (1992) ya había anticipado la emergencia de una "sociedad del riesgo" donde los peligros globales, como las pandemias o el cambio climático, reconfiguran las relaciones entre ciencia, política y ciudadanía. En la Era Post-COVID-19, la sociología explora cómo se transformaron las percepciones del cuerpo, la comunidad y la biopolítica, así como la proliferación de discursos sobre resiliencia, vulnerabilidad y control social. El análisis de las "nuevas narrativas post-pandemia" permite comprender los cambios culturales y emocionales en torno al miedo y la confianza institucional.

En lo referido a la diversidad corporal y funcional, la sociología de la discapacidad ha adquirido mayor relevancia al desplazar la mirada del modelo médico hacia el modelo social. Siguiendo a Oliver (1990), la discapacidad no reside en el cuerpo individual, sino en las barreras estructurales que impiden la participación plena en la sociedad. Este enfoque ha influido en la formulación de políticas inclusivas y en la promoción de derechos humanos, subrayando la importancia de eliminar la discriminación y garantizar la accesibilidad. Desde la sociología, se han examinado las experiencias de las personas con discapacidad en los sistemas de atención, las prácticas de cuidado y las representaciones mediáticas, buscando visibilizar las múltiples formas de exclusión y agencia.

En relación a lo anterior, una de las nuevas tendencias es la sociología de las enfermedades raras (*Rare Diseases*, RD), que pone en cuestión la hegemonía del conocimiento centrado en patologías comunes. Las RD, al afectar a un número reducido de personas, generan dinámicas sociales específicas en torno a la identidad, la organización colectiva y la búsqueda de reconocimiento (véase Coca et al., 2025). Los movimientos de pacientes han desempeñado un papel central en la producción de conocimiento, impulsando políticas de investigación y acceso a tratamientos. Este fenómeno revela la dimensión política de la enfermedad y la interdependencia entre ciencia, mercado y ciudadanía sanitaria.

Asimismo, la sociología de las pandemias se consolida como un campo propio a partir de la experiencia global de la COVID-19, aunque sus raíces se remontan a estudios sobre el VIH/SIDA y otras crisis epidemiológicas. Desde este enfoque, las pandemias son entendidas, por un lado, como eventos biológicos, pero también como procesos sociales complejos que involucran desigualdades, estigmas, narrativas mediáticas y dinámicas de control estatal (Labora González y Fernández-Vilas, 2024).

Finalmente, la sociología de la salud mental y del suicidio emerge como un área de creciente interés, impulsada por la visibilización del malestar biopsicosocial en las sociedades contemporáneas. La salud mental se ha convertido en un campo de disputa entre el enfoque clínico y las interpretaciones socioculturales del sufrimiento. Parte de la literatura (e. g., Rose, 2007) plantea que el gobierno de las emociones y la psicologización de la vida cotidiana son expresiones del biopoder en el capitalismo tardío. Entretanto, se analizan las condiciones sociales que influyen en la depresión, la ansiedad y el suicidio, como la precarización laboral, la soledad urbana o las transformaciones en los vínculos afectivos (Fernández-Vilas et al., 2025). Este enfoque amplía la comprensión del sufrimiento psíquico como fenómeno social, producto de las tensiones estructurales y culturales de la Tardomodernidad.

En conjunto, estas tendencias configuran un nuevo paradigma en la sociología de la salud, caracterizado por la interdisciplinariedad, la sensibilidad hacia la diversidad y la apertura hacia lo global. La salud deja de ser concebida únicamente como estado individual para entenderse como proceso social, relacional y ecológico. La sociología contemporánea aporta capacidad comprehensiva de cómo los contextos sociales producen y distribuyen el bienestar/malestar, y cómo las tecnologías, los discursos y las políticas moldean la experiencia del cuerpo y la salud/enfermedad.

7. REFLEXIONES FINALES

A lo largo del capítulo, se ha ido exponiendo la necesidad de una defensa por parte de las ciencias sociales en general, y de la sociología en particular, de un concepto de salud de carácter holístico y complejo; ya que este respondería mejor de la situación de las personas enfermas y, por otro lado, permite huir de los reduccionismos que el modelo biomédico ha impuesto a lo largo del tiempo en la interpretación de la salud/enfermedad y de su tratamiento.

Sería, por otro lado, también importante recordar que la profesión médica ejerce determinado nivel de control social a través de la manera en que construye lo que es la enfermedad y cómo vehicula esto a los/las pacientes a través del proceso de diagnóstico. Ya que, como hemos visto, se puede llegar a definir un correlato social en relación al proceso estrictamente sanitario de diagnóstico. Mediante él se puede validar, y legitimar, las quejas y malestares de una persona, o se puede conducir a la misma a un proceso de desconfirmación de su vivencia personal, dejándola sin acceso a su rol de enferma.

Se han señalado, también, los efectos del proceso de medicalización que ha provocado que el campo de acción de la ciencia médica se haya ampliado con el tiempo, teniendo efecto, especialmente, en el área de la salud mental por las características de esta y por la construcción biomédica que se viene haciendo de la enfermedad mental; que ha conducido a estas sociedades nuestras a utilizar la medicación psiquiátrica como único medio de tratar, tanto los trastornos mentales, como los problemas y devenires que nos suscita la vida cotidiana a todos y todas.

Las transformaciones recientes, como la digitalización de los sistemas sanitarios, el envejecimiento poblacional o las crisis ambientales, plantean nuevos desafíos a la sociología de la salud. La incorporación de tecnologías de la información y la comunicación ha modificado la relación entre pacientes y profesionales, así como las formas de acceso y gestión de la atención sanitaria. A su vez, el cambio climático y la degradación ambiental han puesto de relieve la necesidad de abordar la salud humana en conexión con los ecosistemas, dando lugar a enfoques integrados como la salud planetaria. Estos cambios evidencian que la sociología de la salud debe continuar adaptándose para analizar fenómenos emergentes y ofrecer marcos interpretativos que orienten las políticas y las prácticas en salud pública.

En conjunto, las reflexiones desarrolladas en este capítulo confirman el papel de la sociología de la salud como disciplina fundamental para comprender la relación entre sociedad y bienestar. Su aportación reside en la posibilidad de vincular los aspectos estructurales con las experiencias individuales, integrando niveles de análisis macro y micro. A través de su enfoque multidisciplinario, la sociología contribuye a una comprensión más completa de los procesos de salud y enfermedad, favoreciendo el diseño de estrategias más equitativas y eficaces.

XXIX. SOCIOLOGÍA DE LA DIVERSIDAD

FRANCISCO JAVIER AROCA CIFUENTES
Universidad de Castilla-La Mancha

1. INTRODUCCIÓN

En este capítulo vamos a sumergirnos en el fascinante y complejo mundo de la diversidad. En primer lugar, partimos con una apertura en esta introducción que sirve a modo de toma de contacto con el tema en cuestión. En segundo lugar, se abordan dos conceptos esenciales y que están vinculados, desviación y diversidad. En detalle, se profundiza en los tipos de desviación y seguidamente se define la diversidad. En tercer lugar, atendemos a la transición desde la diversidad hacia determinados comportamientos reaccionarios que se están generando en los últimos tiempos. En cuarto y último lugar, centramos el foco en el colectivo LGTBIQ+.

Nuestras sociedades son cada vez más complejas y diversas. La diversidad es una virtud que, si bien ha existido siempre, parece que se está incrementando y complejizando. Este efecto se ha amplificado conforme hemos pasado de unos entornos sociales más homogéneos a otros que son más heterogéneos. A modo ilustrativo, algunos factores como son las migraciones, las orientaciones sexuales, los nacionalismos, el envejecimiento poblacional, el auge de nuevos estilos de vida y otras circunstancias, han contribuido al incremento de la diversidad. En tan solo unas décadas se ha transitado en muchos países desde una notoria homegeneidad compartida dentro de los territorios, hacia una heterogeneidad que ha desarrollado mayor protagonismo por esos factores señalados y otros adicionales.

A modo de ejemplo, en un pais como España, gracias a los procesos migratorios externos de las últimas décadas hemos transitado hacia una sociedad más multicultural en la última generación. Hoy en día, es frecuente que al caminar por ciudades o municipios no necesariamente grandes podamos cruzarnos con personas de muy diferentes nacionalidades, etnias y credos religiosos. En línea con esta matización y teniendo en consideración otros tipos de diversidades, Bauman (2001) estima que en estos tiempos, la vida social es una especie de entramado en la que coexisten múltiples identificaciones.

Para comprender realmente el origen de la diversidad es necesario hacer referencia a los comportamientos humanos. Bajo este supuesto, se deben diferenciar aquellas formas de pensar y actuar que se entienden como normalizadas y que son extendidas —compartidas por una mayoría que las considera como "buenas, deseables y aceptadas"; puesto que generan estabilidad y un consenso frente a las que se salen de la normatividad. Estas últimas conductas son las que escapan de la tendencia mayoritaria. A modo ilustrativo, en los entornos rurales se observa en mayor medida que en los urbanos que, al salirse algunos comportamientos de los "caminos preestablecidos" por una mayoría abstracta, se genera un nivel de atención sobre esas conductas y se habla sobre ellas, haciendo alusión a la/s persona/s y sus actos. Se trata de algún modo de un mecanismo de control. Es a través de la interacción verbal de las personas que reprochan esas conductas supuestamente inadecuadas como se desarrolla una acción supervisora y crítica. Aunque no incida sobre el comportamiento ya realizado ni sobre posibles futuras actividades encaminadas en esa dirección.

En otros escenarios más complejos, aquellas acciones más controvertidas o violentas se pueden traducir en ciertos peligros para el equilibrio de la comunidad o la cohesión social. En estos últimos parajes se genera un problema identificable al que se le aplica un mayor nivel de atención que el expuesto anteriormente. A este respecto, una referencia prácticamente obligada son los pánicos morales y los demonios populares de Cohen (2017), quien de forma tan acertada explicó el efecto y las repercusiones de las luchas entre mods y rockers en los años 60 del siglo pasado. Este autor, ante la evidencia de un acto desviado, plasmó la relevancia que tiene la maquinaria mediática —generadores de opinión— y las respuestas sociales devenidas ante unos sucesos puntuales que fueron magnificados por un compendio adicional de circunstancias fortuitas ajenas a lo acontecido.

Para terminar, este preámbulo, matizar que la sociología de la diversidad tiene su antesala en la sociología de las desviaciones, tratándose este de un enfoque que contribuye en parte a sentar algunas de las bases del desarrollo de la criminología como disciplina. En paralelo a la sociología de la diversidad se encuentra la sociología de las identidades, que se centra más bien en los procesos socioculturales y atiende a una identidad personal y a otra colectiva.

2. LOS CONCEPTOS DE DESVIACIÓN Y DIVERSIDAD

Antes de continuar es conveniente aclarar de entrada dos conceptos esenciales, estos son desviación y diversidad. Ambos configuran un espectro de comportamientos en el cual nos movemos las personas. El planteamiento de Erving Goffman (1981), mediante su explicación del enfoque dramatúrgico, hace referencia a que somos actores sociales y nos desenvolvemos en diferentes escenarios en nuestro día a día. En dichos escenarios actuamos frente a unas personas u otras casi constantemente, interpretando distintos papeles —roles—. Adicionalmente, lo hacemos manejando las impresiones que ofrecemos a los demás en función de las audiencias ante las que representamos nuestro papel. Ya que, nos preocupa lo que puedan pensar de nosotros/as las demás personas en esas interacciones cotidianas que efectuamos en diferentes espacios sociales. Como ejemplo de esto, no nos comportamos igual con algunos familiares cercanos o amistades íntimas que con personas que acabamos de conocer o con quienes tenemos escaso nivel de confianza. Por tanto, en relación con el manejo de impresiones, mostramos algunas de nuestras facetas mientras que otras las ocultamos según nuestros intereses en cada momento.

2.1. Desviación y estigma

La desviación ha captado la atención de diversas corrientes de pensamiento y su estudio ha sido importante desde diferentes enfoques sociológicos teóricos (Sánchez y Díaz, 2018). De forma habitual, la mayoría respetamos las normas sociales porque de no hacerlo tendría efectos perniciosos para el conjunto social y para la persona, sobre todo en los casos más graves. Todo esto se aprende inicialmente a través del proceso de socialización desde que somos pequeños/as y nos acompaña de por vida mediante ese influjo adaptativo inherente.

El término de desviación nace en la Modernidad. Desde entonces, numerosas autorías sociológicas han aportado varias definiciones al concepto de desviación. En este caso, atendemos a la que ofrecen Giddens y Sutton (2018: 964), quienes plantean la siguiente:

> La desviación puede definirse como la falta de conformidad con una serie de normas dadas, que sí son aceptadas por un numero significativo de personas de una comunidad o sociedad. Ninguna sociedad puede dividirse sin más entre los que se desvían de las normas y los que las aceptan. De forma generalizada cumplimos con las normas sociales porque, como resultado de la socialización, estamos acostumbrados a hacerlo. Sin embargo, la mayoría de nosotros transgredimos a veces las reglas del comportamiento generalmente aceptadas (nos desviamos).

¿Por qué la elección de esta definición y no otra? Por varios motivos que a continuación se exponen. En primer lugar, se explicita el factor diferencial entre la aceptación —sumisión— y el rechazo —rebeldía— con respecto a las normas sociales, tratándose de un elemento fundamental en la explicación del comportamiento humano en relación con los demás, sus semejantes. En segundo lugar, incorpora una matización importante, no se trata de estar en un posicionamiento u otro. Ya que en realidad no existe una dualidad extrema y antagónica entre comportamientos de personas desviadas y normalizadas, aunque siempre se haya pretendido que fuese así.

Según esta lógica, no se trata de que todo sea blanco o negro. Existe una amplia escala de grises en la que algunas personas pueden aceptar unas normas y rechazar otras o bien desviarse puntualmente, como veremos a continuación. En tercer lugar, se hace referencia al proceso de socialización y de cómo mayoritariamente cumplimos con un amplio número de normas. En cuarto lugar se incluye una especificación importante, que puntualmente o de forma esporádica efectuamos algún tipo de acto desviado en algún momento de nuestra vida. En este último caso suelen ser acciones que no implican grandes repercusiones y son desviaciones de carácter menor. Como ejemplo de esto, podríamos señalar el no cumplir con alguna norma de tráfico sin que tenga consecuencias. Si nos saltamos una señal de "STOP/ALTO" porque no pasan coches lo estaríamos haciendo mal ya que tenemos obligación de parar, pero no supondría un peligro.

De manera genérica, la noción de desviación aporta una línea divisoria que establece unos límites, más o menos claros, dependiendo del tipo de sociedad y de su nivel de evolución alcanzado. Las desviaciones pueden llegar a generar respuestas colectivas de distintos calibres ante un comportamiento desviado, dependiendo de cuál sea la afrenta realizada al grupo social mayoritario (referente principal). Aunque, en ese tránsito subyace una idea importante, que existen unos sujetos "centrados" que reaccionan ante los "desviados", en un juego de jerarquización de conductas que se superponen (Nieto, 2011). Este es un matiz de gran relevancia y que tiene que ver con posicionamientos sociales más o menos aventajados. Sobre esta cuestión, se haría referencia a legislación, cuerpos y fuerzas de seguridad del Estado, prisiones, etc. Esto daría pie a un jugoso debate el por qué unas personas en concreto son las que establecen las normas y por qué otras no tienen esa capacidad, teniendo únicamente la obligación de aceptarlas a nivel formal y de no hacerlo atenerse a las consecuencias.

Sea como fuere, las conductas desviadas pueden ser y de hecho lo son muy variadas y presentan más bien pocos elementos en común (Nieto, 2011). Sin embargo, sí que existe un mecanismo compartido. Aquí entra en escena otro concepto altamente relevante, el estigma. Siguiendo a este autor, algunas culturas de la antigüedad hacían marcas físicas y visibles a determinadas personas para que el resto las pudiese identificar al verlas. Como ejemplo de esto, se marcaba a esclavos, a ladrones o a personas que habían cometido otros delitos. Estos estigmas, que podrían ser una determinada marca a fuego candente con un hierro o determinados cortes en la piel o de miembros indicaban el hecho de que ese sujeto había transgredido alguna norma importante o bien era una seña identitaria, que venía a significar la vinculación a alguna categoría o grupo social en concreto. Esas marcas corporales son los primigenios estigmas, que con el paso del tiempo no serían tan visibles pero sí seguirían siendo igualmente efectivos. Goffman (2008) plantea que a la persona estigmatizada se la margina por parte de otros y ese acto puede constituir un punto de no retorno, dañando su autopercepción.

Figura 1. Título: Señalado. Exposición: "Fotografía de lo invisible. Imagen y voz sobre salud mental", bajo la coordinación artística del fotógrafo Jesús Herráiz Chafé

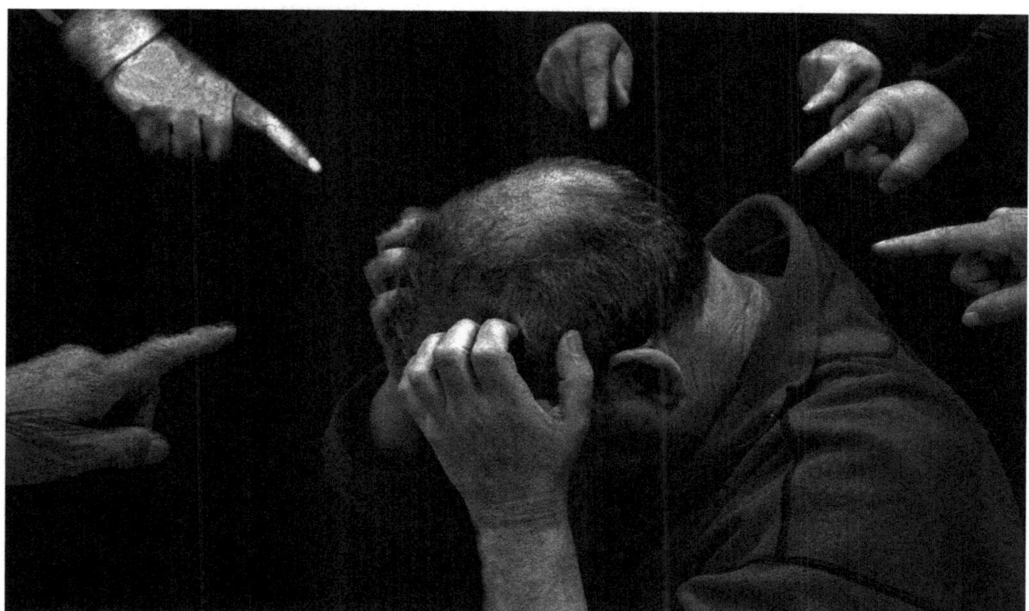

Fuente: CRPSL. Proyecto realizado por personas usuarias del Centro de Rehabilitación Psicosocial y Laboral de la Asociación de Salud Mental Vivir, subvencionado con cargo a la convocatoria de la Fundación Sociosanitaria de Castilla-La Mancha.

Por su parte, Becker (2014) constató que las identidades desviadas se consolidan a través del etiquetamiento, no necesariamente mediante las tendencias desviadas. Puesto que se pueden desarrollar comportamientos desviados y que estos no sean detectados, pasando por alto en el conjunto de la sociedad. Por tanto, no siendo identificados, ni etiquetados, ni tampoco sancionados.

Para poder establecer una diferenciación más específica y clarificadora sobre el término desviación, vamos a distinguir en tres subgrupos la desviación, atendiendo a sus implicaciones sociales —desviación primaria o secundaria—, a los efectos que ejerce sobre la persona que la realiza —desviación positiva o negativa— y a cómo se efectúa el acto desviado —de manera individual o grupal. Estos tres esquemas básicos y consensuados académicamente (Giddens y Sutton 2018; Sánchez y Díaz, 2018) van a servir para entender mejor la complejidad que esconde el concepto.

2.1.1. Desviación primaria o secundaria

Como hemos adelantado previamente, la desviación es considerada como algo frecuente y muchas personas la practican sin que existan grandes implicaciones —desviaciones leves—. En ese caso se trata de una desviación primaria y no ocupa un posicionamiento imperante en la identidad del individuo ni implica una repercusión trascendente en la sociedad. Para ilustrar este tipo, podríamos pensar en un sujeto que sustrae un objeto de escaso valor.

En contraste, se encuentra la desviación secundaria, más relacionada con un comportamiento asocial, con todo lo que eso implica. Es en los casos de desviación secundaria cuando el sujeto se identifica con la etiqueta que le ha sido asignada (Lemert, 1972), cuestión que puede acarrearle futuros problemas debido a esa nueva identidad desviada. Como ejemplo de esto, una persona que ha pasado por una institución total como es la prisión, puede que asuma una nueva identidad y al salir de ella actúe de ese modo.

2.1.2. Desviación positiva o negativa

En determinadas situaciones, un comportamiento desviado puede ser de algún modo una respuesta rebelde ante una injusticia instaurada socialmente. Aquí, la desviación puede constituir un contrapunto en el que se produzca un cambio relevante. En este caso, la desviación positiva constituye un beneficio social e implica la idea de progreso. Como ejemplo de este tipo de desviación, podemos atender al caso de Rosa Parks. Esta mujer era una modista negra nacida en 1913 en Alabama —estado sureño de EEUU— y llevó a cabo un acto puntual de desviación en 1955, al sentarse en la zona reservada para personas blancas en un autobús urbano por estar cansada. Ese hecho le supuso ser detenida, juzgada y condenada a pagar una multa (Bimbi, 2019). Sin embargo, su actuación tuvo unos efectos colectivos beneficiosos aunque no fuesen buscados. A raíz de este incidente se generó una protesta que contribuiría posteriormente a la abolición de las leyes Jim Crow. Dichas leyes separaban los espacios públicos —escuelas, transportes, fuentes, aseos, etc.— para blancos y personas de color como mecanismo de segregación del espacio público.

En contraposición, también existen ejemplos de desviaciones negativas que suponen un perjuicio para la sociedad y son perseguidas y castigadas. Cualquier afrenta que implique un problema de calado para el conjunto de la sociedad tenderá a ser perseguida y castigada. A mayor nivel de ofensa, se aplicará en consecuencia un castigo más consistente. Durkheim hacía referencia a que la desviación ha existido en todas las sociedades y que ella misma corrige las conductas desviadas a través del control social. De hecho, en línea con su planteamiento funcionalista, existe un contrapunto positivo en esa respuesta que da la sociedad a los comportamientos desviados, provoca cohesión social. Puesto que une a la mayoría de sus miembros en contra de la acción realizada.

2.1.3. Desviación individual o grupal

Las desviaciones pueden fraccionarse también en función del número de personas que estén implicadas en su ejecución, diferenciándose estas entre las individuales y las grupales. Desde la criminología también se aborda la desviación, siguiendo diferentes teorías sociológicas precedentes. Como ejemplos de este tipo de desviaciones y por vincularlo con la dicha disciplina señalada, vamos a hacer referencia a quienes perpetran actos delictivos de forma autónoma. Se ejemplificaría en el primer caso con los terroristas que actúan de forma independiente, denominados como "lobo/s solitario/s", quienes perpetran sus acciones solos. Mientras que, en un segundo caso, podemos poner como ejemplo de desviación grupal la que llevan a cabo las organizaciones criminales internacionales, donde existe todo un entramado de individuos que operan en distintos países e incluso continentes y contribuyen a alcanzar los objetivos finales que plantee la élite que la dirige. El tráfico de drogas internacional podría encajar aquí como ejemplo perfectamente.

2.2. Diversidad

Tamboleo (2022) sostiene que en nuestras sociedades existe una masa de individuos que está subdividida en otras partes más pequeñas que desean separarse de algún modo de esa masa y se están rebelando frente al control social impuesto. En cierto modo, esto conecta con la diversidad tal y como exponemos a continuación.

Actualmente existe una mayor variedad de escenarios sociales, donde nuevas voces o emergentes formas de expresión se suman a las ya existentes. Los rasgos que definen la diversidad y sus conductas desaconsejan y no ayudan a confeccionar un criterio de unidad conductual. La abundancia, la variedad, la diferencia, la disimilitud, la divergencia, la pluralidad, son rasgos que evidencian la presencia de ese "cajón de sastre" al que llamamos diversidad.

Según Nieto (2011), al introducirnos en el campo de la sociología de la diversidad, debemos partir desde una perspectiva inicial que relaciona la historia natural con la historia social. Por tanto, se ha transitado en la evolución del planeta desde la biodiversidad hacia la sociodiversidad. Este autor sostiene que en el marco de la noción de sociodiversidad tienen cabida un amplio elenco de diversidades, que quedan reflejadas en diferentes ámbitos: culturales, sexuales, de discapacidad, etc. A estas podríamos incorporar inclusive el factor edad.

En relación con esta última alusión, vamos a puntualizar algunos matices específicos. Debido al incremento de la esperanza de vida en diferentes partes del planeta, esta circunstancia puede contribuir a la amplificación de una diversidad etaria que está en transformación, al diferir de unos tipos de vejez y envejecimiento que antes eran más homogéneos. Las franjas etarias también pueden verse imbuidas según esta lógica tanto por arriba como por abajo, en función de las cohortes de edad. Es decir, ni todas las personas mayores ni todas las jóvenes atienden a los mismos patrones de comportamiento diferenciados, ya que se han ampliado las formas de ser "mayor" y de ser "joven". En consonancia con este enfoque, relativo a la juventud, Ibáñez y Rubio (2017) hacen referencia a que, precisamente debido a la diversidad no se deben establecer generalizaciones que aglutinen a toda la juventud. Del mismo modo, este fenómeno se puede localizar en otros ámbitos. En conexión con esto, podemos establecer una relación con el argumento de Bauman (2006a), que atiende a una diferenciación entre la identidad personal frente a la identidad colectiva.

En otro orden de cosas y con el afán de aportar un nuevo paradigma, se incluye otra perspectiva adicional. En el contexto de unos enfoques que en su momento supusieron un momento de cambio, cabe destacar a la Escuela de Chicago, que centró en la ciudad —no exclusivamente Chicago, pero sí en primera instancia— su campo de estudio. Según esta escuela, que surge en 1920 y parte de enfoques ecológicos, la conducta de los sujetos que difieren de la mayoría no es necesariamente desviación. Puesto que, desde este prisma se atiende a una forma de comportamiento que no necesariamente encaja con los valores de la clase media, tratándose por tanto de pautas culturales. Esta orientación ambiental en el estudio de la desviación es novedosa en ese momento y constituye un antes y un después en dichos análisis.

3. DE LA DIVERSIDAD A LA INTOLERANCIA EN LA ACTUALIDAD

Este apartado se centra en atender a la diversidad existente en las sociedades avanzadas frente al desarrollo de nuevas formas represivas que están cobrando relevancia. Los individuos pertenecemos a diferentes grupos sociales y comunidades, en ocasiones de forma simultánea, no necesariamente excluyentes sino complementarios. Aunque en determinadas circunstancias, la pertenencia a un grupo en ocasiones sí que está supeditada a la imposibilidad de formar parte de otros grupos. Ya que, de algún modo puede existir una confrontación, bien sea ideológica o planteada en otros términos de oposición. Aun así, las vertientes en que hemos evolucionado hacia la pluralidad son evidentes. Se podría afirmar por tanto, que la diversidad se ha intensificado y crecido tanto cuantitativa como cualitativamente. Tanto es así que, durante dicho proceso, en el seno de las sociedades multiculturales se había desarrollado un discurso tendente a la tolerancia a finales del siglo XX como medio de reducción de posibles conflictividades culturales (Martínez, 2001).

Sin embargo, en el desarrollo de las primeras décadas del siglo XXI, algunas transformaciones se están extendiendo justo en el sentido opuesto. No se puede pasar por alto que actualmente vivimos tiempos convulsos en los que el odio ha incrementado su presencia en diferentes esferas. De forma contundente, el rechazo a lo diferente ha sido una constante más o menos evidente en las formas sociales de organización a lo largo de la historia de los pueblos. Desde ese enfoque, la persona extranjera era la extraña —un "no nosotros"—, la que no compartía la misma cultura y se la tildaba de "bárbara" (Ortega y Gasset, 1988). Gracias a este planteamiento damos paso al término de "alteridad", que hace referencia a los otros, a aquellos que no pertenecen a nuestros grupos de referencia.

Este planteamiento, traído a nuestros días se traduce en el cuestionamiento o rechazo de algunos tipos de diversidades. Tanto en la calle como especialmente en los medios digitales es donde se desarrolla una disputa abierta. Y es que son principalmente los medios sociales y otros vehículos auspiciados por Internet —foros, por ejemplo— los motores de un fenómeno que sirven de elemento amplificador, difusor y ofrecen cobijo a determinados comportamientos, comentarios y opiniones que denigran a quienes son diferentes. Como arquetipo específico, se puede hacer referencia al fenómeno que se ha denominado como la manosfera, que reivindica una masculinidad hegemónica que se enfrenta a los auges del feminismo actual (Del Pino, 2022). Pero también existen propagaciones de discursos del odio hacia otros colectivos minoritarios. Estas cuestiones tienen relación con las luchas de competencia que confrontan posiciones antagónicas, tal y como planteaba Bourdieu (2000).

Frente a esto, Busquet et al. (2020: 48) definen el civismo como un comportamiento vinculado a la sociabilidad, la educación y la cordialidad, que es compartido por los miembros de una comunidad. Este enfoque se relaciona con un respeto hacia las normas de convivencia pública. Sin embargo, a medida que la multitud urbana se va haciendo más diversa, las probabilidades de tropezar con equivalentes modernos de las marcas al hierro aumentan proporcionalmente (Bauman, 2006b: 144). Estas problemáticas enlazan con las luchas identitarias. Appadurai, en correspondencia con esta cuestión, plantea lo siguiente: "las identidades predatorias emanan de forma periódica, de pares de identidades o de conjuntos numéricos superiores y su construcción social implica la extensión de categorías sociales próximas, entendidas como amenazas a un nosotros" (Appadurai, 2007: 69).

4. EL COLECTIVO LGTBIQ+

La diversidad sexual y de género se ha visibilizado en las últimas décadas. El grupo que nos ocupa es de tal relevancia que merece un apartado específico. No obstante, en este epígrafe vamos a realizar una división que atiende a tratar de esclarecer cuestiones clave como son conceptos específicos, determinar la evolución del movimiento, conocer cómo se ha gestado un momento clave a nivel histórico y prestar atención sobre cómo está evolucionando en consonancia con el desarrollo de la sociedad.

En primera instancia, podemos definir la identidad sexual como la autopercepción del individuo sobre su propia sexualidad, en función de varios factores: identidad de género, roles de género y orientación sexual (Nieto, 2011; Giddens y Sutton, 2018). Sin embargo, tanto la sexualidad como la identidad de género son procesos demasiado complejos como para ceñirse a unas diferencias biológicas.

4.1. *Aproximaciones iniciales y conceptos básicos*

De entrada, vamos a realizar una aproximación genérica respecto a los términos de sexo y género. Por un lado, al referirnos al sexo se atiende a una cuestión puramente biológica. Mientras que, en relación con el género, existe un constructo social. Así, el diccionario de la Real Academia Española define el término género como "construcción social, dividiendo a los seres humanos de cada sexo, desde un punto de vista sociocultural y no exclusivamente biológico" (Real Academia Española, 2025). Por tanto, el género hace referencia a distinciones no biológicas. En la medida en que el género es una construcción social, algo que aprendemos.

Socialmente, al establecer una vinculación con las diferentes culturas persiste un elemento compartido, pues han existido tradicionalmente y perduran unas expectativas diferenciadas para hombres y mujeres en cuanto a comportamientos y roles en las esferas pública y la privada. Dicha separación es también algo interiorizado. Además, están en línea con unas masculinidades hegemónicas que han desempeñado un papel estructurante (Pérez, 2025). Aunque distintos enfoques tienden a cuestionar los roles de género y las barreras entre lo masculino y lo femenino (Preciado, 2016).

Mediante el proceso socialización, a través de sus principales agentes (familia, escuela, grupo de iguales, medios de comunicación, etc.) se interioriza ese aprendizaje diferenciado, incluso mediante recompensas y represiones en función de cómo se pretende que sea el comportamiento de la persona en una determinada comunidad. Por tanto, podríamos plantearnos la siguiente pregunta: ¿Qué implica ser hombre o mujer en una determinada sociedad o en otra? Esta cuestión podría incorporar tintes antropológicos y esbozar una interesante variedad de situaciones, generando un rico debate.

En línea con lo anterior, la socialización de género tiene que ver con cómo cada persona asume el género que le ha sido asignado. Es decir, se aprenden los roles sexuales y también las identidades que se vinculan con dichos roles. Puesto que, las identidades también se construyen socialmente y se establece una diferenciación con respecto a las expectativas pautadas. No es algo corpóreo y uniforme, sino que implica la existencia de distintas capas que forman esa identidad específica de cada persona. La noción de identidad implica un determinado nivel de complejidad, que muchas veces va vinculado a una mayor o menor heterogeneidad dentro de esa comunidad. El género es un componente —junto a otros adicionales— que forma parte de la identidad primaria de la persona. Mientras que, son otros elementos los que contribuyen a la creación de la identidad secundaria —formación, empleo, clase social, etc.

4.2. Conceptualizaciones en transformación y orientación sexual

El colectivo de personas LGTBIQ+ es uno de los que mayor visibilidad ha alcanzado en las últimas décadas. El término es complejo y está formado por muchos subgrupos y la orientación sexual es solo una parte identitaria. Puesto que también se incluyen las expresiones de género —cómo comunicamos y mostramos nuestro género a los demás— y la identidad de género —cómo nos relacionamos con nuestro género, que puede coincidir o no con nuestro sexo al nacer— (Amnistía Internacional, 2025).

El movimiento primigenio —previamente LGBT, en alusión a Lesbianas, Gais, Bisexuales y Transexuales— ganó en complejidad conforme fue evolucionando, incorporando nuevas cotas de diversidad. Dicho avance se ve reflejado incluso en el incremento del acrónimo. Posteriomente se incorporaron las siguientes siglas: I —intersexuales—, Q —queer— y + —con este símbolo se incorpora a cualquier otro tipo de identidad/sexualidad no incluida previamente en el acrónimo—.

En relación con la orientación sexual, Giddens y Sutton (2018) señalan que la más frecuente en todas las culturas es la heterosexual —sentir atracción por personas del sexo opuesto—, por tanto normalizada al ser la más extendida. Mientras que, la homosexualidad implica atracción por personas del mismo sexo. No obstante, dicha orientación por diferir de la supuesta normalidad estandarizada ha tendido a ser estudiada desde un enfoque medicalizado según estos autores. Tanto es así que, desde el plano psiquiátrico se ha llegado a considerar como una alteración. De ahí que refieran que muchas personas gais y lesbianas hasta finales de la década de 1960 no hacían saber su condición por diversos temores: pérdida de empleo, distanciamiento de amistades y familiares, así como por ser objeto de discriminación y sufrir delitos de odio. Este último referente no es nuevo, aunque en la actualidad esté cobrando cotas de mayor intensidad por diversos motivos y se articula en torno a nuevas víctimas y victimarios.

En línea con lo anterior, en los orígenes del estudio de la diversidad sexual se hacía referencia esencialmente a gais y lesbianas como a personas con una orientación sexual diferente a la normativa. Pero, más tarde, esa percepción primigenia ha dado cobertura a personas que no se sentían identificadas con ninguno de los géneros predominantes. De manera específica, según Mas (2017), las personas transexuales han sufrido y sufren a día de hoy un mayor nivel de estigmatización. Mientras que, en otro orden de cosas, lo queer implica plantear críticas al uso habitual de etiquetas identitarias, desmoronando el determinismo identitario. De hecho, la teoría queer cuenta con un respaldo académico en 1991 a través de Teresa de Lauretis, mediante un prólogo en la revista *Differences*, sobre sexualidad de gays y lesbianas (Martínez, 2022).

4.3. Luchas por los derechos civiles y el reconocimiento

Los movimientos de activismo de género existentes en la actualidad se fraguan en el marco contextual del feminismo moderno, desarrollado en Europa y Estados Unidos a finales del siglo XVIII. Mientras que la lucha por los derechos trans se inicia a finales del siglos XIX (Hines y Taylor, 2019).

No obstante, el movimiento LGTBIQ+ ha experimentado diferentes momentos clave de reivindicación, normalmente como respuesta a la vulneración de sus derechos civiles esenciales. Aquí hacemos referencia a uno fundamental, vinculado con los disturbios de Stonewall, que aquí se resumen sintéticamente y también su nivel de repercusión. La madrugada del 28 de junio de 1969, la policía irrumpió con violencia en Stonewall, un local neoyorkino frecuentado por homosexuales y transexuales. Como consecuencia del atropello, que venía siendo habitual en este y otros locales similares, se recriminó el abuso policial como un ataque homófobo. De manera que, en esa ocasión se produjo una respuesta colectiva en la ciudad por parte de las personas que venían siendo estigmatizadas por su condición. Ese momento dio lugar al origen del día del orgullo a partir de una manifestación espontánea y un año después se efectuó una marcha que posteriormente sería repetida en otras partes del mundo (Bimbi, 2019).

4.4. De sociedades tradicionales a sociedades plurales y divergentes

Las esferas femenina y masculina se han difuminado con respecto a los valores y comportamientos esperables que imperaban en el siglo XIX en la cultura occidental. Si bien, en Occidente han persistido unos sistemas de género binario —hombre y mujer, diferenciados claramente—, en otras partes del mundo no ha sido así necesariamente. En la India, en 2014 se reconoció legalmente un tercer género a los *hijra* —individuos intersexuales— (Hines y Taylor, 2019). Sin embargo, los efectos del etnocentrismo han dificultado la aceptación de nuevas formas de entender la identidad sexual y de género, un proceso que se ha desarrollado de manera progresiva y lenta. A pesar de ello, y en relación a la influencia de los medios en la socialización de las personas, durante los últimos años, tienen un mayor protagonismo en películas y series televisivas personas que no atienden al modelo binario de identidad sexual. Este fenómeno se podría entender como una herramienta de reconfiguración cultural que aboga por la normalización de este tipo de perfiles o bien por incluir una representantividad ya existente. Estos cambios acaecidos van en paralelo también con unos nuevos tipos de familias más diversas en un sentido amplio y con unos estilos de crianza que en consonancia son más plurales y abiertos.

XXX. SOCIOLOGÍA DEL GÉNERO DESDE LA TEORÍA FEMINISTA

JUAN AGUSTÍN FRANCO MARTÍNEZ
Universidad de Extremadura

1. INTRODUCCIÓN

"La sexualidad es al feminismo lo que el trabajo es al marxismo: lo que es más íntimo a una persona es, sin embargo, lo que le es arrebatado más radicalmente". (MacKinnon, 1982, p. 516).

Cultura de la violación: Concepto que nos ayuda a entender y describir las formas en que la sociedad culpabiliza a las víctimas y disculpa a los agresores, normalizando la violencia sexual, incluyendo la prostitución y la pornografía como formas extremas de violencia sexual. (Atencio *et al.*, 2021, pp. 8 y 10).

Violencia de género: Violación de los derechos humanos y una forma de discriminación contra las mujeres, y designará todos los actos de violencia basados en el género que implican o pueden implicar para las mujeres daños o sufrimientos de naturaleza física, sexual, psicológica o económica, incluidas las amenazas de realizar dichos actos, la coacción o la privación arbitraria de libertad, en la vida pública o privada. (*Convenio de Estambul*, art. 3.a, 2011).

Feminicidio: Asesinato intencional perpetrado por hombres contra las mujeres por ser mujeres. (*Tribunal Internacional de Delitos contra la Mujer*, 1976).

Las desigualdades de género son la base del sistema patriarcal y neoliberal, justifican la inferioridad de las mujeres y la violencia sexual, material y simbólica contra las mujeres por ser mujeres, siendo los feminicidios la punta del iceberg (Russell, 2001; Bermúdez y Meléndez-Domínguez, 2020) de un sistema articulado alrededor de la explotación sexual (prostitución y pornografía) y reproductiva (vientres de alquiler) como tabúes y como negocios globales (Atencio *et al.*, 2021; Cobo, 2021; CAP Internacional, 2019).

Las desigualdades de género se basan en la discriminación y asignación de roles diferenciados según el sexo (MAPA, 2021), impuestas por la fuerza y aceptadas y legitimadas socialmente mediante costumbres, creencias, estereotipos, normas y leyes patriarcales que las normalizan e institucionalizan, garantizando así su reproducción (Tobío *et al.*, 2021). Perpetuando el reparto sexual de poderes y privilegios de forma desigual, ensalzando la masculinidad y denigrando la feminidad.

La socialización patriarcal en roles de género opuestos y jerarquizados, masculino y femenino, tiene efectos negativos tanto sobre hombres como sobre mujeres, así como sobre la calidad de la democracia y sus instituciones. Más aún, "sea cual fuere, la actividad del varón (aun cuando se trate de vestir muñecos para una ceremonia religiosa) es siempre más elevada y prestigiosa que la de la mujer" (Margaret Mead, citado en Millett, 1995, p. 394, nota 215).

Un estudio y revisión sociológica sobre las diversas desigualdades de género se enmarca aquí desde una perspectiva feminista y anticapitalista, en torno a cuatro ejes fundamentales: economía, educación, política y salud. Entendiendo el feminismo como una teoría y una praxis anticapitalista que promueve la igualdad entre hombres y mujeres, luchando por la democracia plena e integral (a nivel político y económico), luchando por dar la batalla cultural frente a la reacción patriarcal y neoliberal (Cabezas y Vega, 2022; Ramos, 2021; Valcárcel, 2018; De Miguel, 2015). Incluyendo en este marco de análisis sociológico los estudios sobre la industria pornográfica (Dale una vuelta, 2022; Hombres por la Abolición, 2022). Y dejando fuera la agenda cuir, que es distinta a la agenda feminista (e.g. Carrasco, 2022; Franco, 2022b; Domingo, 2022; Ky, 2022; Sanín, 2022; Atencio *et al.*, 2021; Merino, 2020; WDI, 2019). Subrayando aquí el creciente papel que juega el capitalismo en su estrategia de expansión mundial mediante la explotación permanente de las mujeres, su sexualidad y su cuerpo. Siguiendo a Benach *et al.* (2017, p. 52):

> *El capitalismo busca controlar todas las fuentes de la fuerza de trabajo, todas las fuentes que producen los trabajadores y tener el control completo de las mentes y cuerpos de todas las personas, y en especial de las mujeres, sobre quien en gran medida ha recaído la reproducción de la vida: la maternidad y la crianza, los vínculos afectivos, la limpieza y las tareas de cuidado.*

El Cuadro 1 resume las sinergias en el estudio de temas comunes entre el feminismo y las corrientes críticas con el capitalismo. No obstante, pese a esta riqueza y sinergias de enfoques feministas y anticapitalistas, que muestran el carácter vivo y dinámico del pensamiento crítico y su influencia sobre los temas de análisis más frecuentes en la academia, en general; y en la sociología, en particular, reflejan todavía de forma mucho más evidente la carencia de una unidad programática (en objetivos, teorías y metodologías) que en última instancia relega a un segundo plano su factibilidad política en un momento de auge de la extrema derecha y de la reacción patriarcal (Ramos, 2021).

> *El actual auge del debate sobre el capitalismo sigue siendo (...) retórico, (...). Gracias a décadas de amnesia social, generaciones enteras de activistas y estudiosos más jóvenes se han convertido en avanzados expertos en análisis del discurso, al tiempo que conservan una completa inocencia en lo referente a las tradiciones de la Kapitalkritik. (...) No han conseguido, a pesar de las buenas intenciones profesadas, incorporar sistemáticamente a sus interpretaciones del capitalismo las ideas aportadas por el feminismo, el poscolonialismo y el pensamiento ecológico. (Fraser, 2014, p. 58).*

Para una visión más sistémica e interdisciplinar de las desigualdades de género se han ido diseñando diversos indicadores y medidas de la brecha de género. En particular, los informes internacionales sobre desigualdad de género se comenzaron a publicar en 1995, siendo pioneros los índices de desigualdad de género que el PNUD publicaba en sus informes de desarrollo humano. Después otras instituciones como el Banco Mundial, el FMI o el Foro Económico Mundial diseñaron sus propios programas "desde una perspectiva neoliberal que no contempla la conexión entre las desigualdades de género y las desigualdades sociales generadas por el sistema capitalista" (Castro, 2016, pp. 178-180). Sin olvidar iniciativas más recientes como la Agenda 2030 que incluye el ODS 5 sobre igualdad de género (IG) (INE, 2025; Aramayona, 2022, Gil-Lafuente *et al.*, 2018).

Cuadro 1. Análisis feminista y anticapitalista sobre las desigualdades de género

Enfoques de análisis	Temas principales de análisis
Análisis feministas básicos	Trabajo doméstico y de cuidados no remunerado. Políticas públicas y representación política.
Crítica a la economía convencional	Trabajo reproductivo vs. trabajo productivo. Debates sobre la prostitución como explotación sexual y como "trabajo" *(ver corto de Pollet-Rouyer, 2013)*.
Enfoques ecológicos	Estudios ecofeministas: Capitalismo e insostenibilidad. Trabajo reproductivo y consumo de materiales y energía.
Enfoques institucionalistas	Estudio de los sesgos de género en el acceso a la educación, la salud, a la participación política y otros temas públicos.
Posmarxistas	Conflictos capital y vida. Violencias sexual y reproductiva.
Enfoques de desarrollo	Análisis de las cadenas globales de cuidados. Industria del sistema prostitucional y pornográfico.
Enfoques postkeynesianos	Estudios de brecha salarial y de segmentación del mercado laboral. Efectos sobre las mujeres de las crisis capitalistas.

Fuente: Adaptación basada en Molero (2016) y Cobo (2021).

En efecto, diversos organismos internacionales y *think tanks* —garantes del neoliberalismo— reconocen el impacto positivo de las mujeres en la sociedad. Así, siguiendo a Carranza (2021), la OCDE estima que el PIB de los países puede crecer hasta un 12% para 2030 si la participación de la mujer en el mercado laboral fuera paritaria. Mientras que un estudio de la consultora Gallup muestra que las empresas con plantillas más equilibradas son también más productivas, más rentables y aportan más satisfacción al cliente. Y hasta el Banco Mundial calcula que la productividad por empleado podría aumentar hasta un 40% si se eliminaran todas las formas de discriminación contra las mujeres, incluidas las de acceso a los cargos de dirección. Inclusive hay estudios que discuten la explosión de la burbuja inmobiliaria de 2008 si las mujeres hubieran dirigido las entidades financieras (Staveren, 2014).

El Cuadro 2 resume para el caso de España algunos de los principales indicadores del Objetivo 5 "Lograr la igualdad de género y empoderar a todas las mujeres y las niñas" de la Agenda 2030 (INE, 2025). Se observa que las mujeres más que duplican el tiempo promedio diario dedicado al hogar y al cuidado de la familia.

Cuadro 2. Principales datos del ODS 5 (igualdad de género) para España

Indicador	Descripción de los indicadores (ODS 5)	*Año*	Dato
5.1.1.	Existencia de marcos jurídicos en IG (%)	*2023*	100
5.2.1.	Mujeres y niñas (16 años o más) que han sufrido violencia psicológica de control por su pareja en los últimos 12 meses (%)	*2019*	7,1
5.2.2.	Nº de mujeres y niñas (16 años o más) que han sufrido violencia sexual en los últimos 12 meses por otros que no es su pareja	2023	11.069
5.4.1.	Tiempo (min.) al hogar y familia. Mujeres	*2010*	247
	Tiempo (min.) al hogar y familia. Hombres	*2010*	114
5.5.1.	Mujeres en parlamentos nacionales. Congreso (%)	*2024*	44,5
	Mujeres en parlamentos nacionales. Senado (%)	*2024*	42,8
	Mujeres en gobiernos autonómicos (%)	*2024*	46,8
	Alcaldesas de gobiernos locales (%)	*2024*	24,8
5.5.2.	Mujeres en cargos directivos (%)	*2024*	34,4
	Mujeres consejeras (%)	*2023*	28,6
	Mujeres empresarias (%)	*2022*	38,4
5.a.1.	Mujeres titulares de explotaciones agrícolas del total de titulares de explotaciones agrícolas (%)	*2023*	29,1
	Mujeres titulares de explotaciones agrícolas del total de trabajadoras en agricultura (%)	*2023*	51,8

Fuente: Selección a partir de INE (2025).

Destaca también la baja representación en puestos directivos tanto en el sector público como en el privado, así como que menos de un tercio son titulares de explotaciones agrarias. Es preocupante además la creciente violencia sexual "en el último año" (indicador 5.2.2), superando las ocho mil víctimas en 2021 y las once mil en 2023.

Y es que "el Derecho es androcéntrico, como todos los saberes, y ese androcentrismo permanece en sus cimientos, al igual que en los de otra disciplina mucho más reciente como es la Victimología, con sus clasificaciones discriminatorias y culpabilizantes de las víctimas, que subyacen aún en nuestro sistema" (Atencio *et al.*, 2021, p. 23).

Para más detalle a nivel autonómico ver el informe de Gil-Lafuente *et al.* (2018). Y el informe del MAPA (2021) para las diferencias en el medio rural.

2. DESIGUALDADES DE GÉNERO EN ECONOMÍA

Casi tres cuartas partes de las personas esclavas en el mundo son mujeres. De los más de 40 millones de esclavos en 2016, alrededor de 25 millones lo eran en trabajos forzosos y más de 15 millones en matrimonios forzosos (GSI, 2018). África lidera el ranking en cuanto a volumen, vulnerabilidad y prevalencia de la esclavitud, concentrando una cuarta parte del total, y destacando entre los más vulnerables a la República Centroafricana y Sudán del Sur, además del Congo, Somalia, Sudán, Yemen, Chad, Eritrea, Burundi y Mauritania.

Es ilustrativo el análisis de Staveren (2014) sobre la "Hipótesis Lehman Sisters" (en referencia a la quiebra del banco Lehman Brothers) que ella acuña para estudiar la crisis financiera de 2008 y plantear las consecuencias económicas y financieras que habría tenido (evitando el crack inmobiliario) si al frente de las empresas y de la banca global hubieran estado preferentemente las mujeres, si bien, "en este caso se trata de empresas occidentales donde, por tanto, las mujeres son más reacias al riesgo" (Smerilli, 2016, online). No obstante, esta actitud diferencial hacia el riesgo no se cumple en otros países, como "en China y Hong Kong, donde parece que el gusto por el riesgo es igual entre hombres y mujeres" (Smerilli, 2016, online), así como en algunas partes de la India y también en Tanzania, donde los hombres muestran una actitud de mayor aversión al riesgo respecto a la de las mujeres.

De gran interés es también el libro de Katrine Marçal titulado "¿Quién le hacía la cena a Adam Smith?", donde la autora expone los sesgos androcéntricos de la visión económica tradicional, en particular del mito del *"homo economicus"*, ese ideal de ser humano 100% racional, egoísta, misógino y varón, que no tiene en cuenta la aportación social y económica del trabajo no remunerado que mayoritariamente realizan las mujeres.

De hecho, estudios recientes muestran que no hay ningún país en el que exista una equidistribución en el tiempo de cuidados no pagados, siendo las mujeres las que realizan el 75% del total, para el periodo comprendido entre 1997-2012 (OIT, 2018). En concreto, las mujeres triplican el tiempo que dedican al trabajo de cuidados no remunerado (casi cuatro horas y media al día) respecto a los hombres (Oxfam, 2020), estimándose que equivale a entre diez y doce meses de trabajo a jornada completa.

Además, según ONU Mujeres (2020), las jóvenes (entre 25 y 34 años) presentan un 25% más de probabilidad de vivir en extrema pobreza, a lo que se une el estancamiento desde comienzos del siglo XXI en la brecha de género en participación laboral (entre los 25 y 54 años de edad se ha mantenido constante en casi un tercio). Lo que contrasta con la incidencia positiva de las mujeres para reducir la pobreza: hasta 1,5 veces superior a la de los hombres.

3. DESIGUALDADES DE GÉNERO EN EDUCACIÓN

"La coeducación, la herramienta feminista clave para luchar desde la escuela contra el patriarcado que persiste a pesar de las leyes que nos declaran iguales, ha sido secuestrada". (Carrasco, 2022).

Actualmente, pese a los avances en igualdad formal, la sociedad en la que vivimos sigue orientando la vida, los estudios y el trabajo en función de estereotipos sexistas (el currículum oculto) que van influyendo y limitando el potencial de crecimiento personal y colectivo de las personas. De manera que se va asumiendo como normal esta orientación sesgada y sexista, llegándose a considerar que la elección de algunas profesiones, trabajos y estudios está determinada por las diferencias biológicas y no por la asignación social de roles. Urruzola (1995, pp. 164-165) es pionera en subrayar los diversos medios concretos que impulsan esta orientación estereotipada de la educación según el sexo (que se reproduce después, por ejemplo, en la publicidad):

- A nivel de actitudes: Juguetes para niñas y niños. Ocupaciones y actividades domésticas diferenciadas según sexo. Expectativas de futuro distintas en el ámbito familiar y en el escolar. Cuidado de la imagen externa diferenciado según el sexo. Espacios sociales diferentes: A ellas se las orienta para el espacio 'de lo privado' y a ellos para el 'de lo público'.
- A nivel de valores: Distintos valores exigidos en el comportamiento de hombres y mujeres. Así como el currículum oculto que transmite la familia, la escuela, la iglesia, los medios de comunicación, etc. Incluidos los estereotipos y visiones sexistas que se transmiten a través de los materiales curriculares.

Así, poco a poco, se van orientando de forma 'natural' las preferencias de chicos y de chicas, incluidas sus elecciones de estudios universitarios y su futura profesión u orientación laboral. En consecuencia, socialmente se va dirigiendo a mujeres y a hombres para que realicen tareas completamente opuestas (Ruiz-Pinto *et al.*, 2018): A ellas, para que se responsabilicen de lo que sucede en el 'espacio privado', para las profesiones que supongan una continuidad de dicha responsabilidad y para el desarrollo de los valores que favorezcan el cumplimiento del rol asignado (la ley del agrado). Mientras que a los hombres se les orienta hacia la responsabilidad de 'lo público', las profesiones ajenas al trabajo doméstico y de cuidados (que se realizan en el 'espacio privado') y al desarrollo de los valores que favorezcan el cumplimiento de este rol (la ley del dominio).

La igualdad de género no supone, por tanto, añadir a los roles femeninos también los masculinos. Eliminar la desigualdad de género no significaría inmediatamente que se elijan otras formas de vida mejores. No se trata, por tanto, de igualar, sino más bien de reconocer la diferencia positiva de cada colectivo humano. En particular, el objetivo que se debe perseguir no es que las mujeres sean iguales a los hombres, porque en una cultura patriarcal donde lo masculino es el polo positivo y lo femenino el polo negativo, igualarse significaría tener que 'ponerse a la altura' de los hombres, ya que lo masculino sería el modelo al que igualarse, el punto de referencia, lo que implicaría que la igualación/imitación sería insuficiente.

4. DESIGUALDADES DE GÉNERO EN POLÍTICA

"Al separar la producción de la reproducción y de la naturaleza, el capitalismo patriarcal creó una esfera de falsa libertad que ignora parámetros biológicos y ecológicos". (Mellor, 1992, p. 51).

Pese a los importantes logros —y quizás por ello— en concienciación social y a los avances en igualdad formal, la sociedad en la que vivimos sigue siendo machista. En particular, la reacción patriarcal está influyendo y provocando un retroceso en los derechos de las mujeres (Cabezas y Vega, 2022; Domingo, 2022). Así, salvo algunas excepciones (como Suecia, México o Sudáfrica), las mujeres parlamentarias representan en promedio un cuarta parte de los parlamentos nacionales, mientras que menos del 5% de las grandes empresas a nivel mundial están dirigidas por mujeres según el índice Fortune 500 (Nogueras, 2021, p. 211).

Las mujeres no son objetos (Badger, 2016) y tratarlas así mina sus opciones y oportunidades en la vida pública. La cosificación de las mujeres aprovecha los factores de vulnerabilidad (como la pobreza y la migración forzosa) que las hacen presa fácil de las redes de trata y de explotación sexual y reproductiva (Muñoz y Serrano, 2025; Franco, 2024; Pedernera, 2021; CAP Internacional, 2019). Además, las leyes migratorias penalizan de forma especial a las mujeres (Vázquez *et al.*, 2023; Giráldez, 2022; Piscitelli, 2008), contribuyendo a desempoderarlas mediante el auge de un sistema prostitucional y pornográfico que vertebra tanto el capitalismo como el patriarcado (Cobo, 2021; Valcárcel, 2018; De Miguel, 2015).

Todavía persiste, no obstante, esa conciencia de divorcio o en el mejor de los casos de 'matrimonio infeliz' entre marxismo y feminismo (Munck, 2017), lo que supone no aprovechar las sinergias de ambas corrientes emancipadoras, junto con el ecologismo y el pensamiento decolonial (e.g. Montañez, 2020; Mies, 2019). En todo caso, es posible subrayar la interconexión entre lo más genuino del análisis de Marx sobre el capitalismo (su teoría laboral del valor y su consiguiente explotación laboral) y la violencia sexual contra las mujeres (Castro Hernández, 2018, p. 77):

> *[Victoria Sau] define el patriarcado como una toma de poder histórica por parte de los hombres sobre las mujeres... Dicha toma de poder 'pasa forzosamente por el sometimiento de las mujeres a la maternidad, la represión de la sexualidad femenina y la apropiación de la fuerza social de trabajo total del grupo dominado, del cual su primer pero no único producto son los hijos' (Sau, 1981: 237).*

Y como reflexiona Castro Hernández (2018, p. 79): "El patriarcado está herido, aunque no por ello es menos peligroso y predecible, recurriendo a nuevas formas de legitimación y sobre todo de control social. Ahí están como ejemplos los debates sobre la legalización de la prostitución o la maternidad subrogada". Incluyendo los ataques a los derechos humanos de las mujeres.

5. DESIGUALDADES DE GÉNERO EN SALUD

"Aún hay profesionales de la salud a los que preguntas si la violencia de género es un problema de salud y te miran atónitos. ¡Pues claro que es un problema de salud! Lo dice la OMS: es un problema de salud pública". (Laura Nuño, Observatorio de Igualdad de la URJC, citado en Gayá, 2018, online).

No tener una visión de género en el diseño de políticas públicas puede ser perjudicial en muchos aspectos (FACME, 2022; Pazos Morán, 2013), incluidos los sanitarios y los relacionados con la planificación familiar, la función reproductiva de las mujeres y las brechas de género en la profesión médica (García Dauder y Pérez Sedeño, 2017). En particular (Almendros, 2017, p. 226):

> *Lo masculino se toma como norma, entorpeciendo la aparición y el desarrollo de una construcción práctico-teórica con perspectiva de género en el estudio de la salud. La infravaloración y escasa presencia de las mujeres como objeto y sujeto de estudio tienen consecuencias en la construcción del conocimiento, su evaluación y evolución. (...) En relación a la salud, supone la prescripción y uso extensivo de fármacos, la patologización de malestares de marcado carácter sociocultural, la aparición de enfermedades y campañas de marketing farmacéutico asociadas al sexo y la sexualidad.*

Mientras que, por el contrario, incorporar una visión de género igualitaria en la adopción de políticas públicas puede representar un gran beneficio en la salud de la población en general y de las mujeres en particular, como demuestra el cambio de prioridades (sin coste adicional) en la limpieza viaria y retirada de nieve en Suecia (Nogueras, 2021, pp. 211-212), donde los desplazamientos a pie o en bicicleta (que realizan mayoritariamente las mujeres) presentan un riesgo mayor de sufrir un accidente que en coche.

Sin bien, una de las históricas y mayores expresiones de violencia de género contra la salud física y mental de las mujeres, invisibilizada y legitimada socialmente y muchas veces también desde los poderes públicos, es el sistema prostitucional y pornográfico (e.g. Franco, 2022a; Towanda Rebels, 2021; Atencio *et al.*, 2021; Pedernera, 2021; Moran, 2015).

A lo anterior se añade el activismo reaccionario ultraconservador de extremistas religiosos para movilizar a las sociedades europeas contra los derechos humanos relacionados con la sexualidad y la salud reproductiva de las mujeres (EPF, 2018 y 2021): Aborto, métodos anticonceptivos, tecnologías de reproducción asistida y orientación sexual, entre los principales. Así, en una década, entre 2009 y 2018, estos grupos ultracatólicos han financiado campañas contra los derechos de las mujeres en Europa que ascienden a 600 millones de euros. Su estrategia de presión se articula en torno a cuatro ejes principales: Utilizar de forma falaz el lenguaje de los derechos, apropiándose de la agenda y de los debates feministas, diseñando una imagen de interlocutor válido y respetado a nivel internacional y desacreditando y minusvalorando a quienes se les oponen mediante la difamación y los bulos.

6. CONCIENCIACIÓN EN IGUALDAD DE GÉNERO

"Hay dos actitudes que siguen teniendo vigencia frente al feminismo, el ya señalado desconocimiento fuera de los círculos feministas y su continua descalificación". (Castro Hernández, 2018, p. 91).

En España la violencia de género se ha más que duplicado entre 2016 y 2021 sólo respecto a los casos activos calificados con al menos 'riesgo medio', pasando de 3.783 a 8.353 casos, según el Sistema VioGén del Ministerio del Interior. Además, no hace mucho también en España la mayoría de las víctimas de los delitos de odio eran mujeres (en el periodo 2011-2015), especialmente por su orientación sexual y en razón de su discapacidad (López Ortega, 2017, p. 32). De hecho en los medios de comunicación el colectivo de personas con discapacidad física está infrarrepresentado y las mujeres aún más. Ellas sólo protagonizan un tercio de las intervenciones en informativos, tertulias y debates de televisión de entre el total de intervenciones de personas con discapacidad (ODF, 2017, p. 10). Mientras que en el cine, de las '12 películas imprescindibles sobre la discapacidad' sólo 2 están protagonizadas por mujeres (Europa Press, 2016): *De óxido y hueso* (2012) y *El milagro de Anna Sullivan* (1962).

Conviene recordar que las religiones monoteístas se encuentran en el origen del patriarcado (Díez y Martínez, 2020). Así, en las sociedades patriarcales la falta de mujeres referentes en todos los ámbitos públicos y de poder ha sido un elemento histórico característico. Por ejemplo, la poetisa Lizzie Doten (1829-1913) tuvo que hacerse pasar por médium porque el machismo de su época excluía a las mujeres de la producción artística y literaria (Gil, 2018, p. 24). Otras artistas, como María Lejárraga, usaron nombres masculinos (RTVE, 2022). La intención era silenciarlas. Hoy esos intentos de silenciamiento se expresan de forma muy evidente en el mundo de los videojuegos (Gómez y Calderón, 2023).

Con el objetivo de impulsar la concienciación en igualdad de género (IG) vamos a mencionar algunas de las principales iniciativas y fuentes con enfoque educativo sobre IG en castellano, sin ánimo de exhaustividad, que pueden ser útiles para educar en el aula en las competencias relacionadas con la igualdad de género, en el marco de la docencia feminista y la coeducación (DoFemCo, 2024).

En este sentido es de interés la web y app "rompe la cadena" que trabaja sobre los estereotipos de género y contribuye a una mayor concienciación juvenil sobre la igualdad entre hombres y mujeres, incluyendo además una Escuela de Empoderamiento Feminista. Una iniciativa que promueve desde 2021 la Asociación de Investigación y Especialización sobre Temas Iberoamericanos (AIETI).

Destaca también la web "dale una vuelta" de la Asociación Stop Porn Start Sex para luchar contra la pornografía y los problemas de salud y adicción que genera, particularmente en la juventud. Entre sus recursos destaca la guía "Dopamina" que recopila diversos materiales publicados en su web entre 2016 y 2021 sobre la influencia de la pornografía en la salud mental.

Y el portal de "Mujeres y patrimonio" (*mujeresypatrimonio.org*) de la Asociación Mujeres para el Diálogo y la Educación que trata de paliar también ese déficit de visibilidad histórica de las mujeres, recuperando las aportaciones y trayectorias vitales de referentes femeninos a lo largo del tiempo, destacando la biografía de las mujeres que han influido en el patrimonio mundial de España, expuesto a través de diferentes recorridos y rutas turísticas.

Además del calendario científico escolar del CSIC (en varios idiomas y formatos), desde 2020, que presta especial atención al fomento de un lenguaje no sexista y al aumento de la visibilidad de las mujeres científicas y tecnólogas (CSIC, 2025).

Así como las iniciativas web de recopilación de biografías de mujeres contemporáneas que han destacado como economistas y como expertas en ciencias sociales que promueven Unicaja Banco desde 2019 o Economistas sin Fronteras.

O el libro de sobre expertas y mujeres referentes en turismo editado por la Universidad de Queensland (Correia y Dolnicar, 2021).

Además de los documentales y recursos disponibles en la web de Mabel Lozano (*elproxeneta.com*) sobre las supervivientes del sistema prostitucional y de la trata con fines de explotación sexual, sobre los puteros y los proxenetas. En este sentido es también de interés el manifiesto contra el proxenetismo promovido por varias organizaciones feministas (Geoviolencia Sexual, 2022).

Igualmente es interesante el trabajo de Pamela Palenciano, particularmente a través de su monólogo teatralizado "no sólo duelen los golpes" (*nosoloduelenlosgolpes.com*), cuyos inicios se remontan a 2003 en formato de exposición fotográfica.

Incluyendo los materiales de la ONGD vasca Mugarik Gabe sobre las Jornadas de Memoria y Reparación frente a las Violencias Machistas celebradas en octubre de 2020 (Mugarik Gabe, 2021, p. 7).

Sin olvidarnos, entre otras, de la plataforma online de la Escuela Abolicionista Internacional que promueven la Asociación La Sur, la web Feminicidio.net y el portal del Observatorio de Geoviolencia Sexual, que trabajan en la difusión y formación sobre la lucha contra el sistema prostitucional y sobre todas las violencias sexuales y reproductivas contra las mujeres.

XXXI. CÓMO HACER UN BUEN TFG DE SOCIOLOGÍA

ROCÍO BLANCO-GREGORY
Universidad de Extremadura

1. INTRODUCCIÓN

Un Trabajo de Fin de Grado (en adelante TFG) es un trabajo de investigación de carácter académico con el que todo estudiante debe culminar sus estudios en la universidad. Dicho trabajo es el resultado de una investigación y su realización sirve para evaluar la capacidad de investigar y reflexionar en profundidad sobre un tema, así como, de estructurar y presentar dicho trabajo y de demostrar interés por la materia de estudio. Su elaboración se debe ajustar a una serie de normas establecidas por las diferentes universidades. Para ello, en general, se han de seguir una serie de pasos que se exponen a continuación en los siguientes epígrafes.

Figura 1. Pasos a seguir para la elaboración de un Trabajo de Fin de Grado

Fuente: Adaptado de Blanco-Gregory y Martínez Quintana (2021).

2. ELECCIÓN Y FORMULACIÓN DEL TEMA

El desarrollo de un TFG lleva un tiempo considerable por lo que es aconsejable elegir un tema atractivo y que motive a quien lo va a realizar. Debe ser visible, acorde a nuestros objetivos y ser lo más concreto posible. Si se ha estudiado Turismo y se quiere realizar el TFG sobre el Turismo Activo o de Naturaleza, ese tema sería demasiado amplio o general. Por ello, es recomendable que el trabajo se centre en algún aspecto concreto de esta tipología o en un espacio concreto, es decir, que sea más específico (P. Ej. La práctica deportiva en entornos naturales de Extremadura).

Una vez elegido el tema, es conveniente definirlo en frases cortas para extraer las palabras clave que van a referenciar el trabajo y que nos ayudarán a buscar las fuentes de información.

Figura 2. Consideraciones para elegir y formular un tema para el TFG.

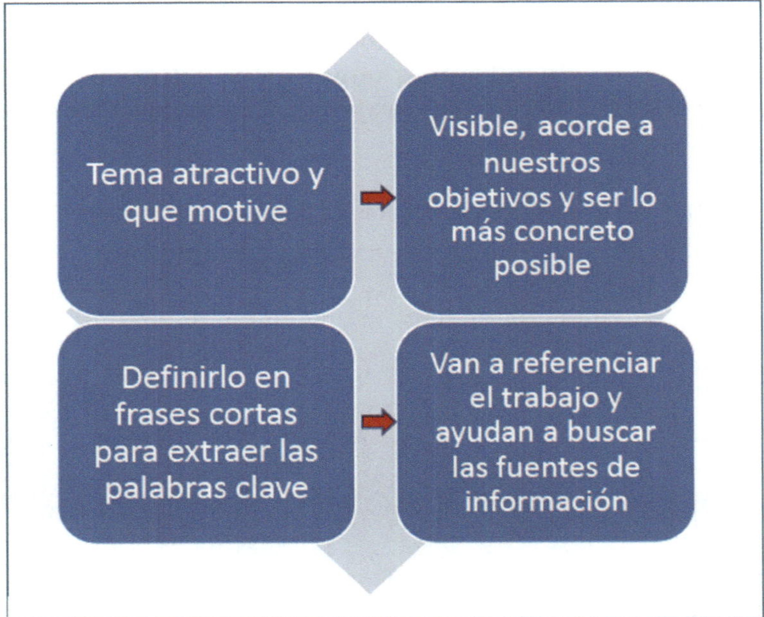

Fuente: Elaboración propia.

3. BÚSQUEDA Y RECOGIDA DE INFORMACIÓN

Se debe realizar una documentación susceptible de análisis para proceder a una búsqueda eficaz de información. Esta tarea se realizará mediante la consulta de fuentes de información que nos van a conducir a una gran variedad de documentos relevantes para la realización de nuestro trabajo. Para ello, consultaremos diferentes bases de datos, revistas electrónicas, páginas web de las bibliotecas, buscadores especializados de Internet: Google Académico, ScIELO, World Wide Science, Dialnet, Redalyc, PDF SB, etc.

Figura 3. Cómo hacer una búsqueda y recogida de información eficaz.

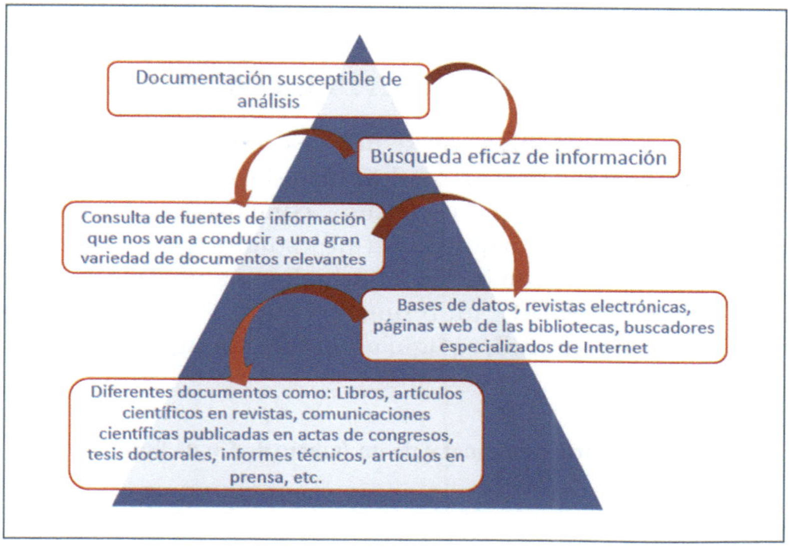

Documentación susceptible de análisis

Búsqueda eficaz de información

Consulta de fuentes de información que nos van a conducir a una gran variedad de documentos relevantes

Bases de datos, revistas electrónicas, páginas web de las bibliotecas, buscadores especializados de Internet

Diferentes documentos como: Libros, artículos científicos en revistas, comunicaciones científicas publicadas en actas de congresos, tesis doctorales, informes técnicos, artículos en prensa, etc.

Fuente: Elaboración propia.

Figura 4. Ejemplos de buscadores especializados de fuentes de información.

Fuente: Elaboración propia.

Como resultado de la búsqueda, encontraremos diferentes documentos como: Libros, artículos científicos en revistas, comunicaciones científicas publicadas en actas de congresos, tesis doctorales, informes técnicos, artículos en prensa, etc. Cuando hemos concluido el proceso de búsqueda, se debe seleccionar objetivamente la información, verificando sus contenidos, así como su procedencia, autoría y actualización, para poder utilizarla en la elaboración del marco teórico o conceptual del trabajo.

4. ORGANIZACIÓN Y ESTRUCTURA DEL TRABAJO

Cualquier trabajo de investigación se debe estructurar, organizando la información en torno a los siguientes apartados: Introducción, marco teórico (fundamentación teórica), metodología, resultados, conclusiones y referencias bibliográficas. En el caso de los trabajos de fin de estudio (puesto que son trabajos más extensos), además, se debe incluir al principio: la portada (ajustándose a la normativa de cada universidad), un resumen y entre 5 o 6 palabras clave, en español e inglés, así como un índice paginado que contenga la estructura de todo el trabajo.

Figura 5. Estructura general de un Trabajo de Fin de Estudios.

Portada
- Índice
- Resumen y palabras claves
- Abstract y keywords

1 Introducción
2 Fundamentación teórica
3 Metodología
4 Resultados
5 Conclusiones
6 Referencias bibliográficas

Fuente: Adaptado de Blanco-Gregory y Martínez Quintana (2021).

4.1. Portada, índice, resumen y palabras clave

4.1.1. La portada

En la portada del TFG han de constar los siguientes elementos y ajustarse al modelo de cada universidad y de cada centro:

La primera página llevará, además de los datos ya indicados en la portada, las siguientes firmas responsabilizándose del trabajo realizado:

- Firma del estudiante
- Visto bueno del tutor o tutora

En la segunda página deben figurar los siguientes elementos:

- Resumen de entre 150 y 200 palabras
- Palabras clave o términos clave de identificación temática

4.1.2. El índice

El índice es una guía esencial para que el lector entienda la estructura del trabajo desde el principio y pueda encontrar con facilidad la parte del trabajo que quiere consultar.

¿Qué debe contener?

- Todos los apartados del TFG con la página donde comienzan (introducción, metodología, conclusiones…).
- Si hay tablas, figuras o anexos, deben estar numerados y ordenados correctamente para hacer un índice específico de cada uno (Índice de tablas, índice de figuras, etc.).
- No incluyas artículos ni conjunciones (por ejemplo, escribe "protección medio ambiente", no "la protección del medio ambiente").

4.1.3. El resumen

El resumen (*abstract*, en inglés) consiste en una breve síntesis de las principales ideas del TFG. Es un nuevo documento representativo del original, que debe incluir todos sus aspectos destacados siguiendo su ordenación. Se trata de la carta de presentación del TFG, por lo que es aconsejable redactarse al final del trabajo, cuando ya se conoce en profundidad el tema y se sabe qué es lo más relevante del mismo.

Figura 6. Consideraciones sobre el resumen de un TFG.

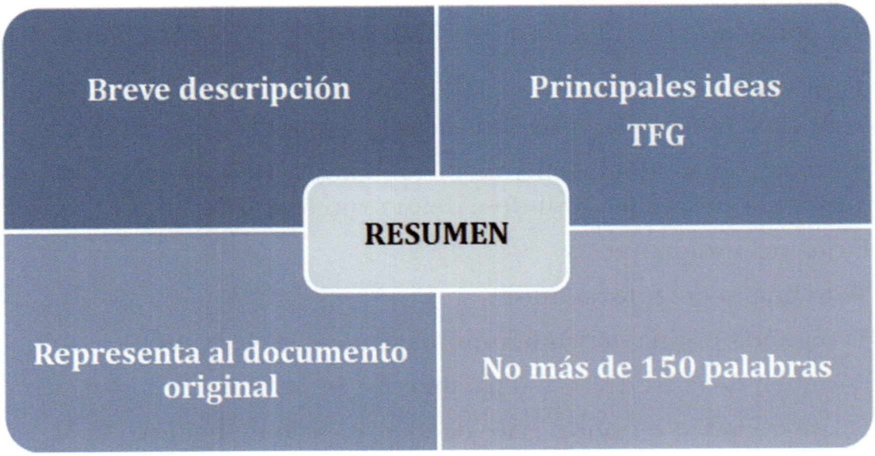

Breve descripción | Principales ideas TFG | RESUMEN | Representa al documento original | No más de 150 palabras

Fuente: Biblioteca de la Universidad de Alicante (s.f.)

El proceso para elaborar un buen resumen consta de dos fases principales: Análisis y Síntesis.

a. El análisis

La etapa de análisis implica una actividad intelectual que consiste en identificar las ideas esenciales que compondrán el resumen. Este paso es la base sobre la que se construirá la síntesis. Para realizar un análisis eficaz, se deben seguir estos pasos:

- Realizar una lectura rápida del texto original para detectar los temas principales y los párrafos clave.
- Tomar notas y subrayar los fragmentos que mejor representen el contenido del trabajo.
- Hacer una lectura detallada de las secciones más importantes.
- Distinguir entre los elementos fundamentales y los accesorios.
- Eliminar información obvia o ampliamente conocida.

b. La síntesis

La síntesis consiste en generar un texto nuevo, conciso y coherente a partir de la información obtenida en el análisis. Para ello, es recomendable seguir estas pautas:

- Reorganizar y reescribir los datos seleccionados respetando la estructura del documento original.
- Leer nuevamente el borrador del resumen con el fin de pulirlo, asegurando que sea autónomo, claro y fiel al trabajo de origen.

Estructura del resumen

El resumen debe ofrecer una visión general completa y objetiva de la investigación realizada, siguiendo la estructura habitual del TFG. Este esquema suele corresponder con el modelo IMRC, que incluye:

a) Introducción

En esta parte se expresan los objetivos del trabajo y su propósito general. También puede incluir:

- La hipótesis o tesis planteada.
- La formulación del problema.
- Antecedentes relevantes.
- Metas, enfoque y tipo de estudio.

b) Metodología

Se describe el diseño de la investigación: cómo se llevó a cabo el estudio, qué métodos o procedimientos se usaron, qué herramientas se emplearon, quiénes participaron y cuál fue el alcance de la investigación.

c) Resultados

En esta sección se sintetizan los datos más significativos obtenidos durante el estudio. También pueden incluirse soluciones propuestas al problema investigado.

d) Conclusiones

Aquí se presentan las ideas finales derivadas del trabajo, las cuales reflejan la esencia del TFG.

"El resumen debe, en primer lugar, señalar los objetivos y el alcance de la investigación; luego, describir los métodos empleados; posteriormente, mostrar los resultados obtenidos; y finalmente, exponer las principales conclusiones."—Robert Day (1994 [2003], p. 28).

Recomendaciones de un buen resumen

Existen normativas internacionales (ISO 214:1976) y nacionales (UNE 50-103:1990) que regulan la forma y estilo de los resúmenes en trabajos académicos. Algunas de las recomendaciones más relevantes son:

a) Contenido

- Comenzar con una frase que represente bien el contenido del texto, sin repetir el título.

- Seguir el orden: introducción/objetivos, metodología, resultados y conclusiones.
- Incluir todos los conceptos clave del trabajo.
- Ser fiel al contenido original, sin reinterpretar ni modificar el sentido.
- Evitar explicaciones innecesarias o redundantes.
- No incluir ejemplos del documento original.

b) Estilo

- El resumen debe ser un texto cohesionado, con sentido completo por sí solo.
- Emplear un lenguaje claro, directo y fluido.
- Evitar fórmulas como "Este trabajo..." o "El autor...".
- No copiar frases literalmente del documento original.
- Utilizar oraciones breves pero completas, evitando el estilo fragmentado.
- Mantener cercanía entre sujeto y verbo.
- Usar siempre la misma forma verbal.
- Escribir en tercera persona, con voz activa y tiempo presente.
- No usar siglas o abreviaturas, salvo si son de uso muy común (como "ONU").
- El resumen debe poder entenderse de forma independiente, sin necesidad de leer el texto completo.

Características fundamentales del resumen

Todo buen resumen debe cumplir con los siguientes principios:

- Objetividad: No debe reflejar opiniones personales.
- Pertinencia: Solo debe incluir información esencial.
- Evitar repeticiones: Eliminar redundancias o reiteraciones.
- Economía del lenguaje: Transmitir el máximo de información con el mínimo de palabras.
- Coherencia: Mantener el orden lógico del contenido del texto original y respetar las normas gramaticales y de estilo.

4.1.4. Las palabras clave

Las palabras clave son términos que describen de forma precisa el tema central de tu trabajo. Son fundamentales porque ayudan a que otros puedan encontrar tu TFG en buscadores académicos.

¿Cómo elegirlas?

- Piensa en los términos que usarías para buscar información sobre tu propio tema.
- No tienen por qué ser exactamente las mismas que aparecen en el título o el resumen, pero sí deben estar relacionadas con el contenido real del trabajo.
- Usa frases compuestas si el término lo requiere (por ejemplo, sociología económica en vez de sociología y economía por separado).
- Si son conceptos generales, ponlos en plural (estudiantes, profesionales).
- Se suelen indicar entre 3 y 6 palabras clave.

Figura 7. Consideraciones sobre las palabras clave (Keywords) de un TFG.

Fuente: Biblioteca de la Universidad de Alicante (s.f.)

4.2. Introducción

La introducción debe partir de la definición o explicación y contextualización del estudio sobre el tema que hemos elegido para investigar. A partir de ahí, debemos incorporar la finalidad o propósito del trabajo, la justificación, las preguntas de investigación o hipótesis y los objetivos que se pretenden alcanzar.

4.2.1. La justificación

Incluye:

- El contexto general y la importancia del tema en el campo sociológico.
- Las motivaciones académicas o sociales que te han llevado a estudiarlo.
- Los objetivos que te propones alcanzar.
- Una descripción muy general de cómo has organizado tu trabajo.

4.2.2. Las preguntas de investigación o hipótesis

Puedes plantear una o varias preguntas de investigación que orienten tu trabajo. Estas preguntas surgen de lo que ya sabes sobre el tema y de lo que quieres descubrir. Asimismo, puedes realizar planteamientos hipotéticos sobre el tema de investigación que después serán verificados a través de las técnicas de investigación utilizadas en la metodología.

4.2.3. Los objetivos

Los objetivos indican qué quieres conseguir con tu Trabajo de Fin de Grado. Se formulan con verbos como describir, analizar, comparar, explicar, etc.

4.3. Marco teórico o fundamentación teórica

A partir de la revisión bibliográfica realizada, hay que proceder a explicar el estado de la cuestión del tema sobre el que se ha decidido trabajar. Para ello, nos vamos a apoyar en la documentación encontrada y seleccionada previamente, a través de las fuentes de información consultadas.

Antes de investigar un tema, es importante conocer qué se ha dicho y publicado sobre él. La ciencia avanza sobre el conocimiento ya existente.

¿Cómo trabajar esta parte?

- Búsqueda de información: recopila fuentes diversas (libros, artículos, informes, documentales, entrevistas, etc.).
- Análisis de la información: clasifica las fuentes, identifica sus ideas clave y haz un resumen con tus propias palabras.
- Consejo práctico: usa fichas para organizar lo que encuentras y anotar desde qué enfoque se trata cada fuente.
- Evita hacer un listado de autores y resúmenes sueltos. Lo importante es mostrar cómo cada fuente aporta algo distinto al tema.

Además, en los antecedentes debes:

- Identificar las principales líneas de investigación previas.
- Mencionar autores relevantes.
- Explicar los conceptos fundamentales.
- Detectar vacíos o aspectos poco explorados en la bibliografía.

4.4. Metodología

En este apartado se debe explicar cómo se ha realizado el trabajo, es decir, qué metodología se ha seguido para la realización del mismo. Por lo tanto, se debe explicar el diseño de la investigación, la población y muestra utilizadas para el estudio, los materiales que se han utilizado, el procedimiento a seguir y el análisis de los datos obtenidos.

Responde a preguntas como:

- ¿Qué tipo de estudio has hecho? (cuantitativo, cualitativo, comparativo...)
- ¿Qué instrumentos usaste? (encuestas, entrevistas, análisis documental, etc.)
- ¿Dónde, cuándo y cómo recogiste los datos?

Este apartado debe estar adaptado a la línea de trabajo que has acordado con tu tutor o tutora. Asegúrate de consensuar con ella o él todos los aspectos metodológicos.

4.5. Resultados

Respecto a los resultados obtenidos, es conveniente señalar que van a justificar el trabajo realizado y que servirán de base para elaborar las conclusiones de éste. Por ello, se deben incluir los hallazgos más importantes del estudio realizado y los que den respuestas a las preguntas de investigación o a las hipótesis planteadas.

Es conveniente que su inclusión en el trabajo se realice dentro del texto, pero, también, mediante la ilustración de tablas, figuras y gráficos que ayuden a visualizarlos y a comprenderlos de forma más adecuada.

Recomendaciones:

- Empieza con un breve recordatorio del objetivo del TFG y del método usado.
- Usa gráficos, tablas o esquemas si es útil.

- Asegúrate de que los datos sean claros, relevantes y bien presentados.
- Señala qué resultados son principales y cuáles son secundarios.
- Ordena los resultados desde los más simples a los más complejos.
- Importante: las figuras o tablas deben estar cerca del texto al que hacen referencia, para facilitar su comprensión.

4.6. Discusión de los resultados

Aquí interpretas los datos que has presentado: ¿qué significan?, ¿cómo se relacionan con tus objetivos?, ¿confirman o contradicen tus hipótesis?

Consejos:

- Compara tus resultados con otros estudios que hayan trabajado temas similares.
- Comenta posibles coincidencias y diferencias con la bibliografía.
- No repitas los resultados, céntrate en analizarlos.
- Sé claro y directo. No hace falta extenderse mucho, pero sí argumentar bien.

Puedes empezar este apartado haciéndote preguntas como:

- ¿Qué revelan mis datos sobre el tema?
- ¿Hay algo inesperado?
- ¿Qué relación tienen con lo que otros autores han dicho?

4.7. Conclusiones

Con el apartado referente a las conclusiones, se trata de cerrar el trabajo presentando de forma resumida el resultado del análisis de los resultados y la interpretación que hemos realizado de éstos. No deben ser demasiado extensas, sino que deben responder a una recopilación de las ideas más significativas de todo el trabajo, después de haber realizado una comparación de los resultados obtenidos.

Llegados a este punto, hay que comprobar si los objetivos que se plantearon en la introducción se han cumplido en su totalidad o sólo en parte y explicar, en este segundo caso, las razones por las que ha sido así, además de las dificultades que han surgido a la hora de llevar a cabo la investigación (es lo que se conoce por las limitaciones de la investigación). Si la totalidad de los objetivos se han cumplido, se puede dar por cerrada la investigación, pero si se pueden plantear otras cuestiones no alcanzadas en el trabajo o realizar otros enfoques diferentes, se pueden incluir, aquí, unas posibles futuras líneas de investigación para la continuidad del trabajo realizado.

Formas de presentar las conclusiones:

Existen dos maneras válidas de redactar las conclusiones de un trabajo académico:

- Opción A: En forma de texto continuo.

  Puedes redactar las conclusiones como un pequeño ensayo, con párrafos bien estructurados, oraciones claras y una conexión lógica entre las ideas. En este formato, es importante que expliques *qué has concluido y cómo has llegado a esas conclusiones*, mostrando el proceso de razonamiento o investigación que te llevó hasta allí.

- Opción B: En forma de lista o enumeración.

  También puedes presentar las conclusiones como una serie de puntos numerados o con viñetas. Si eliges esta modalidad, asegúrate de que cada conclusión sea *clara, breve y directa*, sin perder precisión en lo que quieres comunicar.

Figura 8. Formas de presentar las conclusiones.

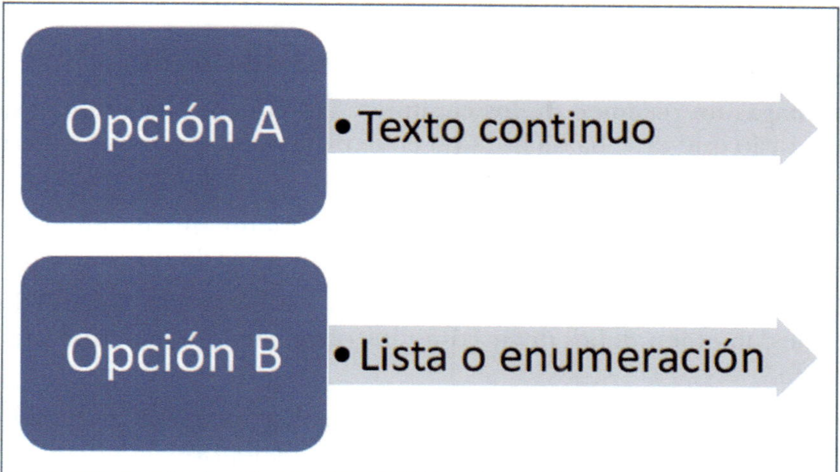

Fuente: Elaboración propia a partir de Biblioteca de la Universidad de Alicante (s.f.)

Ejemplo Opción A: Conclusiones en forma de texto continuo (modo narrativo)

A lo largo de esta investigación se ha podido comprobar que el uso excesivo de medios sociales puede tener efectos negativos en el rendimiento académico de los estudiantes universitarios. A través de encuestas aplicadas a una muestra de 200 alumnos, se observó que aquellos que dedican más de tres horas diarias a medios sociales tienden a obtener calificaciones más bajas, especialmente en épocas de exámenes. Esta conclusión se ha alcanzado al analizar la correlación entre tiempo de uso y resultados académicos, apoyándonos en herramientas estadísticas básicas.

Además, se ha detectado que no todos los tipos de uso afectan por igual: el uso recreativo (como ver vídeos o navegar sin objetivo claro) tiene más impacto negativo que el uso académico (como participar en grupos de estudio o buscar información). Finalmente, aunque el estudio confirma una tendencia general, también muestra que existen factores intermedios como la capacidad de organización personal, que pueden reducir ese impacto.

Ejemplo Opción B: Conclusiones en forma de enumeración (modo listado)

1. El uso excesivo de medios sociales (más de 3 horas al día) se relaciona con un descenso en el rendimiento académico de los estudiantes universitarios.
2. Los estudiantes que hacen un uso recreativo de los medios sociales presentan mayores dificultades para concentrarse durante los periodos de evaluación.
3. El uso académico de medios sociales (como grupos de estudio) no afecta negativamente al rendimiento, e incluso puede tener un efecto positivo.
4. La organización del tiempo y la autodisciplina son factores clave que moderan el impacto de los medios sociales en los resultados académicos.
5. Se recomienda fomentar la educación digital responsable como herramienta preventiva.

Recomendaciones para redactar las conclusiones de tu trabajo:

- **No hagas un resumen de los capítulos.** Las conclusiones no consisten en repetir lo que ya se ha dicho, sino en explicar qué aprendiste o descubriste con tu trabajo.
- **Presenta los resultados principales.** Es importante que indiques claramente qué hallazgos has obtenido a partir del proceso de investigación.
- **Explica cómo llegaste a esos resultados.** No basta con mostrar los datos finales; también debes decir cómo los obtuviste, es decir, qué método seguiste.
- **Incluye una conclusión general.** Si tu investigación partió de una hipótesis (una suposición inicial), aquí debes señalar si lograste confirmarla o no, y qué implica eso.
- **Redacta conclusiones parciales.** Por cada objetivo que te planteaste al inicio del trabajo, deberías tener al menos una conclusión relacionada con él.
- **Destaca tus aportes.** Señala en qué medida tu trabajo contribuye al conocimiento dentro del tema específico que estudiaste.
- **Menciona lo que no pudiste demostrar.** Esto también es útil para otros investigadores que quieran continuar tu línea de trabajo.

- **Conecta la introducción con las conclusiones.** Recuerda que la introducción plantea el problema y las preguntas; las conclusiones deben responderlas mostrando cómo llegaste a esas respuestas.
- **Escribe para que cualquiera lo entienda.** Así como la introducción, las conclusiones deben poder ser comprendidas por personas que no sean expertas en el tema. Si alguien externo no entiende bien lo que has escrito, es señal de que debes revisarlo y hacerlo más claro y sintético.

En definitiva, con la elaboración de todos y cada uno de los apartados del Trabajo de Fin de Grado vistos hasta aquí, y antes de profundizar en la bibliografía utilizada y el uso de las referencias bibliográficas, el objetivo principal del TFG, considerado como una materia más de la carrera universitaria, en cumplimiento de las diferentes competencias especificadas en la titulación se Sociología, es que el estudiante sea capaz de mostrar su propia visión sobre el tema objeto de estudio, a través de argumentos reflexivos con base en su capacidad crítica y analítica, proporcionándoles al trabajo un contenido teórico a raíz de la información obtenida en las diversas fuentes de consulta que se han visto en los apartados anteriores (ver Figura 9):

Figura 9. Objetivos de un Trabajo de Fin de Grado.

Fuente: Elaboración propia.

4.8. Referencias bibliográficas

A pesar de que el contenido teórico del TFG va a estar basado en información que se ha leído en las fuentes de información consultadas antes de iniciar el trabajo, se trata de que el estudiante muestre su propia visión y realice una argumentación reflexiva basada en la capacidad crítica y analítica. El trabajo se ha de redactar con palabras propias, basándonos en la información leída y, también, en la utilización de citas textuales que deben reflejarse en las referencias bibliográficas utilizadas. Por lo tanto, habrá que recoger todas las referencias bibliográficas de las fuentes que se citan en el TFG. De lo contrario, el autor del trabajo (estudiante) podría incurrir en plagio.

De tal manera que todos los libros, artículos y materiales utilizados para la elaboración del TFG, deberán ser convenientemente citados y recogidos en este apartado, ya que citar a otros autores es reconocer los documentos que has utilizado (consultado, leído, extraído ideas…) para la elaboración de los diferentes apartados de tu TFG.

Figura 10. Citación de fuentes bibliográficas.

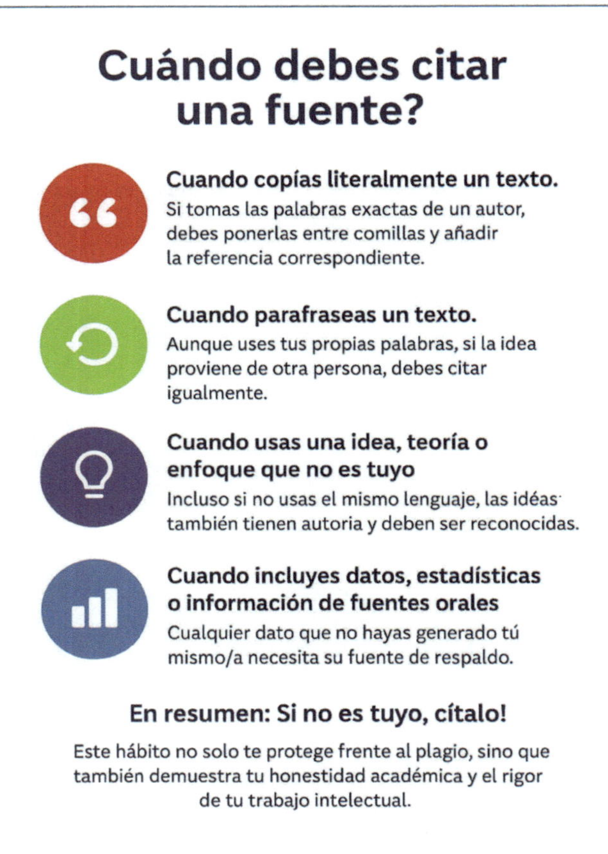

Fuente: Elaboración propia a partir de Biblioteca de la Universidad de Alicante (s.f.)

Estas referencias deben ir ordenadas alfabéticamente al final del trabajo. Normalmente, en ciencias sociales, la forma de escribir la bibliografía es utilizando las normas APA (American Psychological Association) en su edición más actualizada (en todo caso, será necesario ajustarse a la normativa de cada universidad).

5. REDACCIÓN Y ESTILO DEL TRABAJO

Partimos de la idea de que tanta importancia tiene lo que se escribe, como la forma en la cual se escribe. Por ello, hay que poner todo el cuidado a la hora de redactar el trabajo de investigación. El texto tiene que ser comprensible y ha de escribirse, siguiendo la estructura expuesta, en un lenguaje técnico apropiado.

Además de los aspectos lingüísticos, el trabajo debe guardar un estilo académico adecuado en el conjunto de su elaboración (tipo de letra, interlineado, márgenes y espacios entre epígrafes y sub-epígrafes), para facilitar una lectura comprensible y atractiva de su contenido.

Respecto a las abreviaturas, es conveniente que la primera vez que aparezcan en el texto estén bien definidas. Cuando aparecen por segunda vez y sucesivas, no será necesario volverlas a definir. Igualmente, se recomienda hacer poco uso de las notas a pie de página, solamente cuando sea necesario por ampliar las referencias, ciertas observaciones o para indicar la cita en su idioma original o en su traducción.

Por último, el uso de figuras, gráficos y tablas deben guardar homogeneidad en su estilo a lo largo de todo el trabajo, y llevar un título y una fuente para su identificación (estas cuestiones se pueden acordar con el director o tutor del TFG). (Ver Figura 11).

Figura 11. La redacción y el estilo en los trabajos académicos.

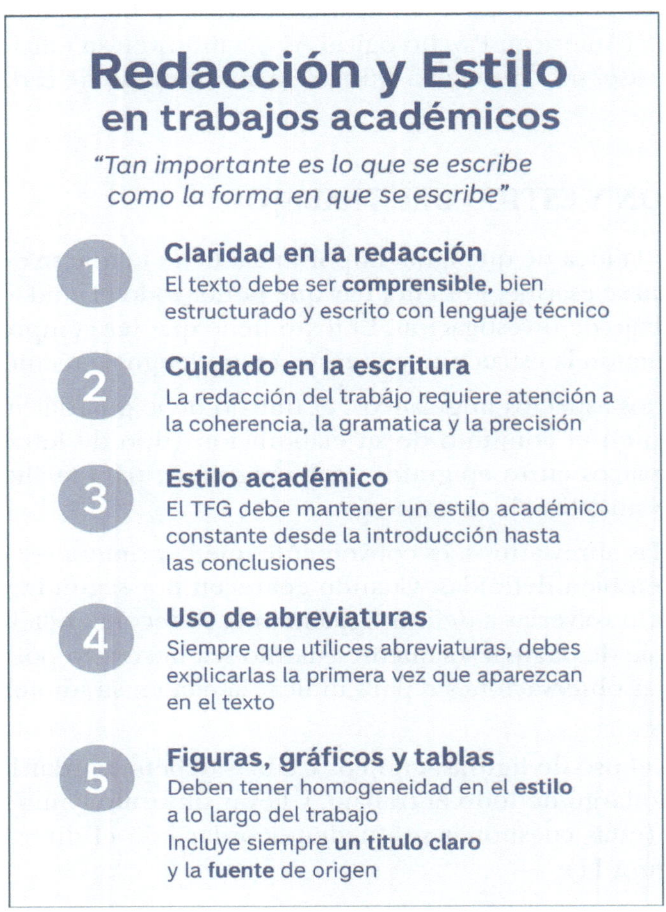

Fuente: Elaboración propia a partir de Biblioteca de la Universidad de Alicante (s.f.)

6. PROPUESTAS TEMÁTICAS PARA UN TRABAJO FIN DE GRADO EN SOCIOLOGÍA

6.1. Introducción

La Sociología es una ciencia social caracterizada por su capacidad de diálogo con múltiples disciplinas. Lejos de encerrarse en una perspectiva única, ha sabido nutrirse de aportes de campos como la Antropología, la Economía, la Psicología, la Ciencia Política, el Derecho, la Filosofía, la Historia o los Estudios Culturales. Esta multidisciplinariedad no es una debilidad, sino una de sus mayores fortalezas, ya que le permite abordar los fenómenos sociales desde una mirada compleja, integradora y crítica.

La realidad social está compuesta por múltiples capas y dimensiones que requieren herramientas teóricas y metodológicas diversas. Así, el sociólogo o la socióloga se convierte en un/a investigador/a con sensibilidad para lo estructural y lo cotidiano, lo macro y lo micro, lo global y lo local. En este sentido, el Trabajo Fin de Grado (TFG) no debe entenderse como un mero trámite académico, sino como una ocasión privilegiada para poner en práctica el pensamiento sociológico y para desarrollar una reflexión rigurosa sobre un problema social concreto.

Elegir un buen tema para el TFG es el primer paso para un proceso formativo significativo. La elección no debe hacerse únicamente por afinidad personal, sino también considerando su actualidad, relevancia social, viabilidad investigadora y valor académico. Un tema bien planteado permite aplicar conceptos aprendidos a lo largo del grado, utilizar adecuadamente metodologías cuantitativas o cualitativas, contrastar hipótesis, elaborar argumentaciones sólidas y, en definitiva, desarrollar competencias analíticas y comunicativas fundamentales para el ejercicio profesional.

Las propuestas de temas que se presentan a continuación no son exhaustivas ni cerradas, sino orientativas y flexibles. Han sido seleccionadas por su pertinencia en el contexto actual, por su potencial para el análisis sociológico y por su conexión con debates públicos y líneas de investigación consolidadas. Además, cada tema va acompañado de una breve justificación, que ayuda a comprender su interés y a situarlo en un marco más amplio.

El objetivo de este listado es estimular la curiosidad intelectual, abrir horizontes posibles y ayudar a construir un TFG que no solo cumpla con los requisitos académicos, sino que también resulte motivador y significativo para quien lo elabora. Porque investigar no es solo cumplir una tarea: es también una forma de mirar el mundo con profundidad, espíritu crítico y compromiso.

6.2. Elenco de temas sugeridos para el TFG en Sociología

A continuación, se propone un elenco de temas sugeridos para realizar un Trabajo Fin de Grado (TFG) en Sociología, acompañado de una breve justificación o motivo para elegir cada uno. Están pensados para ser actuales, relevantes y de interés académico para cualquier estudiante del Grado en Sociología:

a. La soledad no deseada en personas mayores

Motivo: Envejecimiento demográfico y debilitamiento de los medios sociales tradicionales. Es un fenómeno creciente con consecuencias psicosociales y sanitarias.

b. Impacto de las medios sociales en la construcción de la identidad juvenil

Motivo: Los medios sociales son un espacio clave de socialización para los jóvenes. Estudiar cómo configuran sus valores, estética y relaciones permite comprender nuevos procesos identitarios.

c. La precariedad laboral en los jóvenes titulados universitarios

Motivo: Aporta claves sobre la inserción laboral y las expectativas frustradas de una generación altamente formada, lo cual tiene implicaciones sociales y políticas.

d. Migración y relaciones interculturales en barrios periféricos

Motivo: Permite analizar fenómenos como la integración, la discriminación, el conflicto o la solidaridad en contextos de diversidad creciente.

e. Género y corresponsabilidad en el trabajo doméstico

Motivo: Tema relevante en clave de igualdad y justicia social. Visibiliza desigualdades aún persistentes dentro del ámbito familiar.

f. Turismo y transformación del espacio urbano: gentrificación y expulsión

Motivo: Analiza el efecto del turismo sobre la vivienda, los precios y la vida cotidiana de las personas residentes. Alta aplicabilidad local.

g. Uso de las tecnologías digitales en zonas rurales: brecha digital y exclusión

Motivo: Estudiar las desigualdades territoriales en el acceso y uso de TICs permite comprender nuevos tipos de exclusión social.

h. El activismo climático juvenil como nueva forma de participación política

Motivo: Tema emergente que permite reflexionar sobre los cambios en las formas de movilización y conciencia ecológica entre los jóvenes.

i. Cuerpo, estética y presión social: el culto a la imagen en la era digital

Motivo: Aborda las transformaciones culturales relacionadas con el cuerpo, la salud y la autoimagen en contextos mediatizados.

j. Violencia simbólica en medios de comunicación: representación de mujeres y minorías

Motivo: Un enfoque crítico sobre cómo se reproducen desigualdades y estereotipos desde el lenguaje mediático.

k. El fenómeno del 'sinhogarismo': causas, perfiles y políticas públicas

Motivo: Tema con gran impacto social que permite combinar análisis estructural y estudio de trayectorias vitales.

l. Cambios en la estructura familiar: nuevas formas de convivencia y parentalidad

Motivo: Las familias están cambiando: monoparentales, reconstituidas, homoparentales… Tema clásico con fenómenos nuevos.

m. Educación y desigualdad: el papel del capital cultural en el rendimiento escolar

Motivo: Permite aplicar teorías sociológicas clásicas (Bourdieu) y explorar cómo influyen el origen social y cultural en el éxito educativo.

n. El trabajo de cuidados y su invisibilización en la economía

Motivo: Pone el foco en un trabajo esencial pero escasamente valorado. Aporta perspectiva de género y análisis de las políticas sociales.

ñ. Procesos de estigmatización en salud mental: discursos, vivencias y resistencias

Motivo: Aborda el estigma social en torno a la enfermedad mental desde una mirada sociológica y humanista.

REFERENCIAS DE LA OBRA

Abello, J. (2004). "El delito político y la Corte Penal Internacional". Revista de Derecho, Universidad del Norte, "201".

Abidin, C. (2018). "Internet celebrity: Understanding fame online". Emerald Publishing. https://doi.org/10.1108/9781787560765

Abrahamson, P. (1997). Exclusión social en Europa: ¿Vino viejo en odres nuevos? En L. Moreno (Coord.), "Unión Europea y Estado del Bienestar" (pp. 117-142). CSIC.

Acharya, A. (2014). "El fin del orden mundial estadounidense" (Vol. 6). Polity Press.

Acklerley, M. I. (2008). Socialismo utópico, la crítica de C. Marx y F. Engels. Su vigencia en el siglo XXI. "Eikasia, Revista de Filosofía, 3"(16), 151-162.

Adler, P. A., & Adler, P. (1994). Observational techniques. En N. K. Denzin y Y. S. Lincoln (Eds.), "Handbook of qualitative research" (pp. 377-392). Sage.

Adler, P. A., & Adler, P. (1998). "Observational techniques in collecting and interpreting quantitative materials". Sage.

Adorno, T. W., & Horkheimer, M. (2002). "Dialéctica de la Ilustración: Fragmentos filosóficos" (E. Weil, Trad.). Trotta. (Obra original publicada en 1947)

AGROCLM. (2025, 12 de septiembre). Unión de Uniones no ve el relevo generacional en el campo cerca. https://www.agroclm.com/2025/09/12/union-de-uniones-no-ve-el-relevo-generacional-en-el-campo-cerca/

Agulló, E., Llosa, J. A., & Agulló, M. S. (2018). Trabajo indecente, contexto actual e implicaciones. En J. L. Álvaro (Coord.), "La interacción social. Escritos en homenaje a J. R. Torregrosa". CIS.

Agulló, M. S. (2001, 2012). "Mayores, actividad y trabajo en el proceso de envejecimiento y jubilación: Una aproximación psicosociológica". IMSERSO.

Agulló, M. S. (2003). "Proyecto docente sobre Psicología Social" [Documentos no publicados]. Universidad Carlos III de Madrid.

Agulló, M. S. (2016). "Apuntes y materiales de Psicología Social, varios cursos" [Documentos no publicados]. Universidad Carlos III de Madrid.

Agulló, M. S., & Sánchez, E. (2001, 2003). El orden social. En J. L. Álvaro (Comp.), "Fundamentos sociales del comportamiento humano". UOC.

Agulló, M. S., Veira, A., Gómez, M. V., & Agulló, E. (2013). La exclusión silenciosa. Mayores, cuidadoras/es y programas para la inclusión. En E. Vargas et al. (Coords.), "Repensando la inclusión social. Aportes y estrategias frente a la exclusión social" (pp. 209-241). Eikasia.

Agulló, M. S. (2002, 2015). "Mujeres, cuidados y bienestar social: El apoyo informal a la infancia y a la vejez". Instituto de la Mujer.

Aguilar, E. (2008). "Alexis de Tocqueville. Una lectura introductoria". Sudamericana.

Ainscow, M., Booth, T., & Dyson, A. (2006). "Improving schools, developing inclusion". Routledge.

Aitamurto, T., & Augustine, G. (2023). Corporate sustainability and symbolic action: Beyond greenwashing. "Journal of Business Ethics, 189"(2), 481-500. https://doi.org/10.1007/s10551-022-05230-4

Akgemci, E. (2022). Populist authoritarianism as a response to crisis: The case of Brazil. "Uluslararası İlişkiler/International Relations, 19", 37-51. https://www.jstor.org/stable/27130875

Alberdi, I., & Alberdi, I. (1984). Mujer y educación: Un largo camino hacia la igualdad de oportunidades. "Revista de Educación", 5-18.

Alguacil Gómez, J., Camacho Gutiérrez, J., & Hernández Ajá, A. (2013). La vulnerabilidad urbana en España. Identificación y evolución de los barrios vulnerables. "Empiria. Revista de metodología de ciencias sociales, (27)", 73-94. https://doi.org/10.5944/empiria.27.2014.10863

Allport, G.W. (1968). The historical background of modern social psychology. En G. Lindzey & E. Aronson (Eds.), *The handbook of social psychology* (pp. 1-80). Addison-Wesley.

Almendros, L. (2017). "Las 'mentiras' científicas sobre las mujeres" de García Dauder y Pérez Sedeño. [Reseña]. Revista CTS, 36 (12), 223-227.

Almond, G. A., & Verba, S. (1963). "The civic culture: Political attitudes and democracy in five nations". Princeton University Press.

Alonso, L. E. (1999). Sujeto y discurso: El lugar de la entrevista abierta en las prácticas de la sociología cualitativa. En J. M. Delgado y J. Gutiérrez (Coords.), "Métodos y técnicas cualitativas de investigación en ciencias sociales" (3ª reimp., pp. 225-240). Síntesis.

Alonso, L. E. (2021). Siempre nos quedará Bourdieu. En L. E. Alonso (Ed.), "Siempre nos quedará Bourdieu" (pp. 55-95). Círculo de Bellas Artes.

Álvaro, J. L. (2001). Psicología social del desempleo: sus efectos en la salud mental. En González, J. L. *Sociedad y Sucesos Vitales Extremos* (pp. 95-112). Junta de Castilla y León.

Alvesson, M., & Deetz, S. (2000). "Doing critical management research". Sage.

Alvesson, M., & Willmott, H. (Eds.). (1992). "Critical management studies". Sage.

Alvira, F. (2011). "La encuesta: Una perspectiva general metodológica". CIS.

Álvaro, D. (2010). Los conceptos de "comunidad" y "sociedad" de Ferdinand Tönnies. "Papeles del CEIC. International Journal on Collective Identity Research, (1)", 1-24.

Álvarez-Uría, F., & Varela, J. (2004). "Sociología, capitalismo y democracia". Morata.

Ambrose, M. (2022). Moral economy and deservingness in immigration policies. The case of regularisations in Italy. "Ethnicities, 23"(2), 306-330. https://doi.org/10.1177/14687968221117544

American Psychiatric Association. (2014). "Manual diagnóstico y estadístico de los trastornos mentales (DSM-V)" (5ª ed.). Editorial Médica Panamericana.

Amézquita, J. (2024). Transiciones de poder y multipolaridad: Una lectura crítica del orden global. "Revista de Relaciones Internacionales y Ciencia Política, 60"(1), 45-67.

Amnistía Internacional. (2025, 24 de junio). Identidad de género, orientación sexual y expresión de género: Por qué es importante entender la diferencia. https://www.es.amnesty.org/en-que-estamos/blog/historia/articulo/identidad-de-genero-orientacion-sexual-y-expresion-de-genero-por-que-es-importante-entender-la-diferencia/

Anderson, B., Poeschel, F., & Ruhs, M. (2021). Rethinking labour migration: Covid-19, essential work, and systemic resilience. "Comparative Migration Studies, 9", 1-19. https://doi.org/10.1186/s40878-021-00252-2

Anderson, T. (2014). ¿Por qué importa la desigualdad? Del economicismo a la integridad social. "Revista Mexicana de Ciencias Políticas y Sociales, 223", 191-208.

Anduiza Perea, E., Crespo, I., & Méndez, M. (1999). "Metodología de la ciencia política". CIS.

Angrosino, M. (2012). "Etnografía y observación participante en investigación cualitativa". Morata.

Appadurai, A. (2007). El rechazo de las minorías: Ensayo sobre la geografía de la furia. Tusquets.

Arango, J. (2009). Después del gran boom: La inmigración en la bisagra del cambio. En E. Aja, J. Arango, y J. Oliver (Eds.), "La inmigración en tiempos de crisis. Anuario de la Inmigración en España" (pp. 52-73). CIDOB.

Aramayona, B. (2022, 16 de noviembre). ODS5. Igualdad de género. Retos para caminar hacia un futuro feminista [Conferencia]. Niaiá, IUCE-UAM. https://bit.ly/40e8J4P

Arendt, H. (2006). "Los orígenes del totalitarismo". Alianza Editorial.

Ardèvol, E., & Márquez, I. (Eds.). (2017). "#Influencia: Redes sociales, cultura digital y comunicación de la persuasión". Editorial UOC.

Arriba, A. (2002). "El concepto de exclusión en política social". Unidad de Políticas Comparadas, CSIC. http://www.iesam.csic.es/doctrab2/dt-0201.pdf

Arroyo, M., & Sábada, I. (Coords.). (2012). "Metodología de la investigación social: Técnicas innovadoras y sus aplicaciones". Síntesis.

Atencio, G., Blas, A., Daza, M. M., Novo, N., & Pedernera, L. (2021). "¿Qué es la violencia sexual?" Asociación La Sur.

Atkinson, R. (1998). "The life story interview". Sage.

Atkinson, R., & Silverman, D. (1997). Kundera's immortality: The interview society and the invention of self. "Qualitative Inquiry, 3"(3), 304-325.

Atkins, R. (2007). "The future of critical management studies: A paleo-marxist critique of labour process theory". Organization Studies, 28(9), 1313-1345.

Austin, J. L. (1982). "Cómo hacer cosas con palabras" (G. Carrió & E. Rabossi, Trads.; 2ª ed.). Paidós. (Obra original publicada en 1962)

Ayala, L., & Cantó, O. (2022). Radiografía de la desigualdad en España. En L. Ayala (Coord.), "Desigualdad y pacto social" (pp. 9-24). Fundación La Caixa.

Badger, M. (2016, 11 de enero). "Las mujeres no son objetos" [Vídeo]. https://bit.ly/3PhEpBl

Banco de España. (2021). "Informe anual 2020" (Cap. 4: La distribución espacial de la población en España y sus implicaciones económicas). Servicio de Publicaciones del Banco de España. https://futuros.gob.es/tendencias/pueblos-crecimiento

Bañón i Martínez, R & Tamboleo García, R. (2015) "Ideas para la Gobernanza". Editorial Fragua.

Bauman, Z. (1999). "La modernidad líquida". Fondo de Cultura Económica.

Bauman, Z. (2000). "Trabajo, consumismo y nuevos pobres". Gedisa.

Bauman, Z. (2001) El enigma multicultural. Un replanteamiento de las identidades nacionales, étnicas y religiosas. Paidós.

Bauman, Z. (2003). "La globalización: Consecuencias humanas" (1ª ed., 1ª reimp.). Fondo de Cultura Económica.

Bauman, Z. (2006a). Identity. Polity Press.

Bauman, Z. (2006b). Comunidad. En busca de seguridad en un mundo hostil. Siglo XXI.

Bauman, Z. (2007). "Vida de consumo". Fondo de Cultura Económica.

BBVA. (2025, 13 de julio). ¿Qué son los criterios ESG ("environmental, social and governance")? https://www.bbva.com/es/sostenibilidad/que-son-los-criterios-esg-environmental-social-and-governance-y-por-que-son-importantes-para-los-inversores/

Beato, L., Herráiz, M. L., & Rodríguez, T. (2015). ¿A qué nos referimos cuando hablamos de trastornos de la conducta alimentaria? En M. A. Martínez Martín (Dir.), "Todo sobre los trastornos de la conducta alimentaria" (pp. 23-48). Altaria.

Bebchuk, L. A., & Tallarita, R. (2023). BlackRock, Vanguard, and State Street: ESG and proxy voting. "Harvard Law School Forum on Corporate Governance".

Beck, U. (1992). "Risk society: Towards a new modernity". Sage.

Beck, U. (2003). Un nuevo mundo feliz. La precariedad del trabajo en la era de la globalización. Ediciones Paidós Ibérica.

Beck, U. (2004). "Poder y contrapoder en la era global: La nueva economía política mundial". Paidós.

Beck, U. (2007). "Un nuevo mundo feliz: La precariedad del trabajo en la era de la globalización". Paidós.

Becker, G. (1983). "El capital humano". Alianza Editorial.

Becker, G. (1987). "Tratado sobre la familia". Alianza.

Becker, H. (2009). "Outsiders: Hacia una sociología de la desviación". Miríada. (Año 3, No. 6)

Becker, H. S., Geer, B., Hughes, E., & Strauss, A. L. (2005). "Boys in white: Student culture in medical school". University of Chicago Press.

Beck-Gernsheim, E., & Beck, U. (2003). "Individualización: Individualismo institucionalizado y sus consecuencias sociales y políticas". Paidós.

Becker, H. (1963). Outsiders: Studies in the sociology of deviance. New York: Free Press.

Bell, D. (1991). "El advenimiento de la sociedad post-industrial: Un intento de prognosis social". Alianza.

Bellido-Jiménez, V. M., Martín-Martín, D., & Romero, I. (2022). Autoempleo en inmigrantes y supervivencia empresarial de los negocios incubados en Andalucía. "Investigaciones Regionales - Journal of Regional Research, 52"(1), 59-80. https://doi.org/10.38191/iirr-jorr.22.003

Beltrán Villalva, M. (2001). Sobre la noción de estructura social. Revista Internacional De Sociología, 59(30), 7–28. https://doi.org/10.3989/ris.2001.i30.766

Benach, J., Pericàs, J. M., & Martínez, E. (2017). La salud bajo el capitalismo. "Papeles de Relaciones Ecosociales y Cambio Global, 137", 29-56.

Béjar Navarro, R., & Hernández Bringas, H. H. (1993). "Población y desigualdad social en México". Centro Regional de Investigaciones Multidisciplinarias, UNAM.

Berger, P. (1963). "Invitation to sociology". Anchor Books.

Berger, P. L., & Luckmann, T. (1995). "La construcción social de la realidad" (S. Zuleta, Trad.; 18ª ed.). Amorrortu. (Obra original publicada en 1966)

Berger, P. L., & Luckmann, T. (2003). "La construcción social de la realidad". Amorrortu.

Bermúdez, M. P., & Meléndez-Domínguez, M. (2020). Análisis epidemiológico de la violencia de género en la Unión Europea. "Anales de Psicología, 36"(3), 380-385. https://doi.org/10.6018/analesps.428611

Bernabé, S., & Zarco Colón, J. (2007). "Metodología cualitativa en España". CIS.

Bernis, C. L., López, R., & Montero, P. (2009). "Determinantes biológicos psicológicos y sociales de: La maternidad en el siglo XXI: Mitos y realidades". Ediciones UAM.

Bernstein, B. (1977). "Class, codes and control". Routledge.

Bimbi, B. (2019). El fin del armario. Lesbianas, gays, trans y bisexuales en el siglo XXI. Anaconda editions.

Bilbao, A. (2001). La influencia de Newton sobre Smith. "Política y Sociedad, 37", 7-20.

Blanch i Ribas, J. M. (2011). La psicología del trabajo ante la crisis del empleo. *Infocop Online, 55*, 7-13.

BlackRock, Inc. (2025). "Annual report 2024".

Blanco-Gregory, R. (2021). Aplicaciones prácticas y procedimientos para los trabajos de fin de grado. En R. Blanco-Gregory y V. Martínez Quintana, "Planificación y gestión sostenible en los espacios de recreo". Síntesis.

Blanco-Gregory, R., & Pérez Rubio, J. A. (2010). "Presente y futuro de la sociología de la empresa y de las organizaciones: Contribuciones desde el ámbito docente e investigador". Egido.

BOE. (2008, núm. 96). Instrumento de Ratificación de la Convención sobre los derechos de las personas con discapacidad, hecho en Nueva York el 13 de diciembre de 2006.

Bogardus, E. (1968). "The development of social thought". David McKay Company Inc.

Boltanski, L., & Chiapello, E. (2002). "El nuevo espíritu del capitalismo". Akal.

Bonacich, E., & Appelbaum, R. (2000). "Behind the label: Inequality in the Los Angeles garment industry". University of California Press.

Bottomore, T. B. (1980). "La sociología marxista". Alianza.

Bourdieu, P. (1973). Cultural reproduction and social reproduction. En R. Brown, "Knowledge, education and cultural change" (pp. 56-68). Taylor & Francis.

Bourdieu, P. (1979). "La distinction: Critique sociale du jugement". Éditions de Minuit.

Bourdieu, P. (1982). "Ce que parler veut dire: L'économie des échanges linguistiques". Fayard.

Bourdieu, P. (1986). The forms of capital. En J. Richardson (Ed.), "Handbook of theory and research for the sociology of education" (pp. 241-258). Greenwood.

Bourdieu, P. (1988). "La distinción: Criterio y bases sociales del gusto". Taurus.

Bourdieu (2000). Cosas dichas. (8ª edición). Gedisa editorial.

Bourdieu, P. (2011). "Las estrategias de la reproducción social". Siglo XXI.

Bourdieu, P., & Passeron, J. C. (1996). "La reproducción: Elementos para una teoría del sistema de enseñanza". Siglo XXI.

Bourdieu, P., & Passeron, J. C. (2009). "Los herederos: Los estudiantes y la cultura". Siglo XXI.

Bourdieu, P., & Wacquant, L. (2005). "Una invitación a la sociología reflexiva". Siglo XXI.

Bourgois, P. (2012). "Etnografía y observación participante en investigación cualitativa". Morata.

Braverman, H. (1974). "Labor and monopoly capital: The degradation of work in the twentieth century". Monthly Review Press.

Bricker, D., & Ibbitson, J. (2019). "Empty planet: The shock of global".

Brunner, J. J. (2009). Apuntes sobre sociología de la educación superior en contexto internacional, regional y local. "Estudios Pedagógicos (Valdivia), 35"(2), 203-230.

Brynjolfsson, E., & McAfee, A. (2016). "La segunda era de las máquinas: Trabajo, progreso y prosperidad en una época de brillantes tecnologías". Temas.

Buckingham, D. (2003). "Media education: Literacy, learning and contemporary culture". Polity Press.

Burawoy, M. (1979). "Manufacturing consent: Changes in the labor process under monopoly capitalism". University of Chicago Press.

Busquet, J. Calsina, M., Medina, A., Flaquer, Ll. (2020). 262 conceptos claver de sociología. Editorial UOC.

Busquet, J., & Medina, A. (2014). "Invitación a la Sociología de la Comunicación". Editorial UOC.

Cabaleiro, P. (2025, 2 de febrero). El imperio del teletrabajo en España resiste y se mantiene en ascenso con casi 3,2 millones de ocupados. Infobae. https://www.infobae.com/espana/2025/02/02/el-imperio-del-teletrabajo-en-espana-resiste-y-se-mantiene-en-ascenso-con-casi-32-millones-de-ocupados/

Cabrera, P. (1998). "Huéspedes del aire: Sociología de las personas sin hogar en Madrid". Universidad Pontificia Comillas.

Cabrera, P. (2007). Exclusión social: Contextos para un concepto. "RTS: Revista de Treball Social", 9-21.

Cabrera, P. J. (1998). "Huéspedes del aire: Sociología de las personas sin hogar en Madrid". Universidad Pontificia Comillas.

Cabrera, I., Rodríguez-González, D., & Méndez, A. (2022). *Psicología social. Aspectos básicos.* Aula Magna. McGraw-Hill Interamericana.

Cabezas, M., & Vega, C. (Eds.). (2022). "La reacción patriarcal". Bellaterra.

Cabot, J. R., Plaza Gómez, N., Paramá, A., Caramés-Vila, N., Fernández-Vilas, E., Gómez-Redondo, S., & Rodríguez Sánchez, J. A. (2025). Socio-historical understanding of the institutionalization of rare diseases—analysis of Spanish policies in the European context. "Humanities and Social Sciences Communications, 12"(1), 1-13.

Cadenas, H. (2012). La desigualdad de la sociedad. Diferenciación y desigualdad en la sociedad moderna. "Persona y Sociedad, 26"(2), 51-77.

Cae D'Ancona, M. A. (2004). "Métodos de encuesta: Teoría y práctica, errores y mejora". Síntesis.

Cae D'Ancona, M. A. (2009). "Metodología cuantitativa: Estrategias y técnicas de investigación social". Síntesis.

Calhoum, C., Light D. & Keller S. (2000). Sociología. McGraw-Hill.

Cambra Bassols, J. (1982). La teoría crítica y el problema del método en las ciencias sociales. "Revista Española de Investigaciones Sociológicas (REIS), 17", 53-64.

Canguilhem, G. (1989). "The normal and the pathological". Zone Books.

CAP Internacional. (2019, 5 de marzo). "¿Qué es la prostitución?" [Vídeo]. https://bit.ly/3QAlEs8

Carabaña, J. (2004). Educación y movilidad social. En Navarrao, V. (Ed.), El Estado de Bienestar en España. pp. 209-237. Tecnos.

Carlson, R. (1984). *What's social about social psychology? Where's the person in personality research? Journal of Personality and Social Psychology, 47*(6), 1304-1309. https://doi.org/10.1037/0022-3514.47.6.1304

Carranza, S. (2021, 8 de junio). Brecha de género, un buen tema de negocios y finanzas. "El Heraldo de Honduras". https://bit.ly/3h5vzGO

Carrasco, S. (Coord.). (2022). "La coeducación secuestrada: Crítica feminista a la penetración de las ideas transgeneristas en la educación". Octaedro.

Casado, D. (1971). "Introducción a la sociología de la pobreza". Euramerica.

Casado, D. (1976). "La pobreza en la estructura social de España". Ayuso.

Casado, D. (1990). "Sobre la pobreza en España". Hacer.

Castel, R. (1980). "El orden psiquiátrico". Ediciones de La Piqueta.

Castel, R. (2002). "Las metamorfosis de la cuestión social: Una crónica del asalariado". Paidós.

Castel, R., Castel, F., & Lovell, A. (1982). "The psychiatric society". Columbia University Press.

Castells, M. (1997, 26 de febrero). ¿Fin del Estado nación? "El País". https://red.pucp.edu.pe/wp-content/uploads/biblioteca/Manuel%20Castells%20Fin.pdf

Castells, M. (2001). "La era de la información: Fin de milenio". Alianza Editorial.

Castells, M. (2004). "La era de la información: Economía, sociedad y cultura". Siglo XXI Editores.

Castells, M. (2009). "Comunicación y poder". Alianza Editorial.

Castro, C. (2016). Entrevista a Lourdes Benería. "Atlánticas. Revista Internacional de Estudios Feministas, 1"(1), 171-183. http://dx.doi.org/10.17979/arief.2016.1.1.1809

Castro H., P. (2017). Evolución de la Sociología. Futuro e historia. "Revista de Museología Kóot, (7)", 60-87. https://doi.org/10.5377/koot.v0i7.2983

Castro Hernández, T. (2018). "Itinerarios de poder y liderazgo: La voz de las mujeres". Instituto de la Mujer de Extremadura.

Chacón, G., Bustos, C., & Rojas, E. S. (2006). Los procesos de producción y la contabilidad de costos. "Actualidad Contable. FACES, 9"(12), 16-26.

Chandler, A. D. (1987). "La mano visible: La revolución en la empresa norteamericana". Ministerio de Trabajo y Seguridad Social.

Chaves, J. (2004). Desarrollo tecnológico en la primera Revolución Industrial. "Norba. Revista de Historia, 17", 93-109.

Choudhury, P. L. (2021). "Virtual watercoolers: Experimento de campo sobre el papel de las interacciones virtuales en el desempeño de los recién llegados a la organización". Harvard Business School Working Paper.

Chomsky, N., & Herman, E. S. (2000). [Referencia incompleta; asumida como "Manufacturing consent"].

Chuaqui, J. (2012). "Microsociología y estructura social global". LOM Ediciones.

CIS. (2021). "Tendencias digitales durante la pandemia". https://www.cis.es/catalogo-estudios/resultados-definidos/buscador-estudios

Cobo, R. (2021). "La prostitución en el corazón del capitalismo". Los Libros de la Catarata.

Coca, J. R., Plaza Gómez, N., Paramá, A., Caramés-Vila, N., Fernández-Vilas, E., Gómez-Redondo, S., & Rodríguez Sánchez, J. A. (2025). Socio-historical understanding of the institutionalization of rare diseases—analysis of Spanish policies in the European context. "Humanities and Social Sciences Communications, 12"(1), 1-13.

Cockerham, W. C. (2011). Health sociology in a globalizing world. "Política y Sociedad, 48"(2), 235-249.

Cockerham, W. C. (2021). "Sociology of mental disorder" (11ª ed.). Routledge.

Cobos, F. (2022). Los primeros servicios sanitarios de empresa en España. Las prácticas médicas en las compañías ferroviarias 1848-1900. "Asclepio. Revista de Historia de la Medicina y de la Ciencia, 74"(2). https://doi.org/10.3989/asclepio.2022.23

Cobos, F., & Martínez Vara, T. (2019). Sabotage and management of labor conflicts in the Spanish railway companies (1910-1912). "Flux, 118", 23-33.

Cohen, S. (2017) Demonios populares y pánicos morales. Delincuencia juvenil, subculturas, vandalismo, drogas y violencia. Gedisa

Collier, G., Reynolds, G. & Minton, H.L. (1996). *Escenarios y tendencias de la psicología social.*

Colomer, J. M., & Beale, A. L. (2021). "Democracia y globalización: Ira, miedo y esperanza". Anagrama.

Comaroff, J. (1982). Medicine: Symbol and ideology. En P. Wright y A. Treacher (Eds.), "The problem of medical knowledge: Examining the social construction of medicine". Edinburgh University Press.

Comte, A. (1857). "Cours de philosophie positive" [Curso de filosofía positiva]. Bachelier.

Conrad, P. (1992). Medicalization and social control. "Annual Review of Sociology, 18", 209-232.

Conrad, P., & Schneider, J. W. (1980). "Deviance and medicalization: From badness to sickness". Mosby Company.

Contreras Dávila, T. (2016). La Muestra Continua de Vidas Laborales (MCVL) en el estudio del empleo asalariado de la inmigración latinoamericana en España. "Revista del Ministerio de Trabajo, Migraciones y Seguridad Social, 125", 167-189. https://produccioncientifica.ucm.es/documentos/60ee7200b942fb22f714c042

Contreras-Montero, B. (2020). Una revisión del concepto de exclusión social y su aplicación a la sociedad española tras la crisis económica mundial. Una visión de proceso. "Trabajo Social Global - Global Social Work, 10"(19), 3-24.

Corbetta, P. (2003). "Metodología y técnicas de investigación social". McGraw-Hill.

Coriat, B. (2000). "Pensar al revés: Trabajo y organización en la empresa japonesa". Siglo XXI.

Coriat, B. (2011). "El taller y el cronómetro". Siglo XXI.

Correia, A. y Dolnicar, S. (Eds.) (2021). Women's voices in tourism researhc. University of Queensland. https://doi.org/10.14264/817f87d

Crespo, E. (1995). *Introducción a la psicología social*. Editorial Universitas.

CSIC (2025). Calendario científico escolar 2025. Ministerio de Ciencia e Innovación, FECYT. https://tinyurl.com/mr3bx7cy

Cuevas Vega, A. (2023, 9 de diciembre). La modernidad líquida o por qué los trabajos y las parejas ya no duran como antes. Tómatelo con filosofía. "InfoLibre". https://www.infolibre.es/tomatelo-con-filosofia/modernidad-liquida-trabajos-pareja

Dahl, R. A. (1971). "Polyarchy: Participation and opposition". Yale University Press.

Dale una vuelta. (2022). "Dopamina: Información sobre la influencia de la pornografía" [Ebook]. https://daleunavuelta.org

Davenport, T. H., & Beck, J. C. (2001). "The attention economy: Understanding the new currency of business". Harvard Business School Press.

De Miguel, A. (1988). "España oculta: La economía sumergida". Espasa Calpe.

De Miguel, A. (2015). "Neoliberalismo sexual". Ediciones Cátedra.

Deeming, C. (2016). Rethinking social policy and society. "Social Policy and Society, 15"(2), 159-175. https://doi.org/10.1017/S1474746415000147

Delgadillo, J. F. (2012). Foucault y el análisis del poder. "Revista de Educación y Pensamiento, (19)", 160-171.

Diakopoulos, N. (2019). "Automating the news: How algorithms are rewriting the media". Harvard University Press.

Díez, O. y Martínez, V. (Coord.) (2020). Laicismo y feminismo. Cuaderno de Formación III. Europa Laica.

Dobles, C., Zúñiga, M., & García, J. (1998). "Investigación en educación: Procesos, interacciones y construcciones". EUNED.

DoFemCo (2024). Decálogo. Red de Docentes Feministas por la Coeducación. https://tinyurl.com/mrmte4k6

Doise, W., Munné, F., Mugny, G., Deschamps, J-C., & Farré i Miró, J. (1980). *Psicología social experimental*. Editorial Hispano Europea.

Domingo, A. (2022). Por qué no existen las llamadas "TERF". El Común, 27/03/2022. https://bit.ly/3REtBNT

Duverger, M. (1962). "Métodos en las ciencias sociales". Ariel.

Durán, M.A. (1996), "Mujeres y Hombres en la formación de la teoría sociológica". Madrid: CIS

Durand, J. P., & Weil, R. (1989). "Sociologie contemporaine". Vigot.

Durkheim, É. (1893/1984). "The division of labour in society" (W. D. Halls, Trad.). Free Press. (Obra original publicada en 1893)

Durkheim, É. (1895). "Las reglas del método sociológico". Félix Alcan.

Durkheim, É. (1976). "Educación como socialización". Sígueme.

Echevarría J. (2008). La movilidad social. En González, J. J. y Requena, M. (Eds.) Tres décadas de cambio social en España. Alianza Editorial.

Ehrenberg, A. (2000). "La fatiga de ser uno mismo: Depresión y sociedad". Nueva Visión.

Elouizi, M. (2020). Médias & migration: L'image de l'Autre entre représentations et stéréotypes. En R. El Quaroui (Ed.), "Racismo, etnicidad e identidad en el siglo XXI" (pp. 275-295). AnthropiQa 2.0. https://doi.org/10.5281/zenodo.4277720

Elwitt, S. (1980). "Social reform and social order in late nineteenth-"

ENCAGEs-CM (2025), III° Programa de actividades de I+D, de una misma "serie", ENCAGEs-CM (Ref. PHS-2024/PH-HUM-169), "Envejecimiento activo, calidad de vida, género y salud"... Concedido por la Comunidad de Madrid, Dirección General de Investigación e Innovación Tecnológica (Orden 5694/2024). Duración de 10 años: 1° 2015 (2016-2019), 2° (2020-2023), 3° (2025-2027).

EPF (2018). Restaurar el orden natural. [Informe]. Foro Parlamentario Europeo.

EPF (2021). Tip of the iceberg: Religious Extremist Funders against Human Rights for Sexuality and Reproductive Health in Europe 2009-2018. [Informe]. Foro Parlamentario Europeo.

Escudero, A. (2009). "La Revolución Industrial: Una nueva era". Anaya.

Estefanía, J. (2011). "La economía del miedo". Galaxia Gutenberg.

Estivill, J. (2003). "Panorama de lucha contra la exclusión social: Conceptos y estrategias". Oficina Internacional del Trabajo.

Estivill, J. (Comp.). (2004). "Pobreza y exclusión en Europa: Nuevos instrumentos de investigación".

Europa Press (2016). Las 12 películas imprescindibles sobre la discapacidad. [Noticia], 03/12/2016. Europa Press Cultura. https://bit.ly/2RzE5j5

FACME (2022). Mujeres en Medicina en España (WOMEDS). [Informe]. Federación de Asociaciones Científico Médicas Españolas. https://tabsoft.co/40qf0Ld

Feito, R. (1995). Estructura social contemporánea. Las clases sociales en los países industrializados. Siglo XXI de España Editores, S.A.

Fiske, S.T. (2018). *Social beings: Core motives in social psychology* (4th ed.). Wiley.

Fontana, A., & Frey, J. H. (2015). La entrevista. En N. K. Denzin y Y. S. Lincoln (Coords.), "Manual de investigación cualitativa: Métodos y técnicas de recolección de datos" (Vol. 4, pp. 140-202). Gedisa.

Fraguas, R. (1995, 25 de noviembre). Salvar el último frontón. "El País".

Franco, J.A. (2022a). Realismo patriarcal. Aula Magna-McGrawHill.

Franco, J.A. (2022b). La especie en disputa: la extinción de la mujer en la trama cuir. En R. Tamboleo y D. Santos (Coords.), Campos de Sociología bajo presión (pp. 271-288). Dykinson. https://zenodo.org/records/11468964

Franco, J.A. (2024). Explotación reproductiva de las mujeres. El Escéptico, 59, 24-31. https://doi.org/10.5281/zenodo.13376200

Frankl, V. E. (1985). "El hombre en busca de sentido". Herder.

Fraser, N. (2009). "Scales of justice: Reimagining political space in a globalizing world". Columbia University Press.

Fraser, N. (2014). Tras la morada oculta de Marx. Por una concepción ampliada del capitalismo. New Left Review, 86, 57-76.

Fundación FOESSA. (2019). "VIII Informe sobre exclusión y desarrollo social".

García Dauder, S. y Pérez Sedeño, E. (2017). Las ‘mentiras’ científicas sobre las mujeres. Los Libros de la Catarata.

Garrido, A. & Álvaro, J. (2007). *Psicología social. Perspectivas psicológicas y sociológicas.* Madrid: McGraw-Hill.

Gayá, V. (2018). Feministas de carrera: ¿Sirven de algo los estudios de género? El Mundo, 07/03/2018. https://bit.ly/45cbjuK

Geertz, C. (1987). “La interpretación de las culturas”. Gedisa. (Obra original publicada en 1973)

Geertz, C. (2006). “La interpretación de las culturas”. Gedisa.

Geoviolencia Sexual (2022). Adhesión a las propuestas abolicionistas de las supervivientes de la prostitución y asociaciones para la ley contra el proxenetismo en España. [Manifiesto], 07/10/2022. https://bit.ly/3Jy8FHc

Giddens, A. (1990). “The consequences of modernity”. Polity Press.

Giddens, A. (2000). “Sociología”. Alianza Editorial.

Giddens, A. (2000). “Un mundo desbocado”. Taurus.

Giddens, A. y Sutton, P. (2018). Sociología (8ª edición). Alianza.

Gil, J. (2018). Versos desde el más allá. Revista Adiós, 131, 24-26.

Gil-Lafuente, A.M., Torres, A., Boria, S. y Amiguet L. (2018). Índice de Equidad de Género de las Comunidades Autónomas de España: Un análisis multidimensional. Real Academia de Ciencias Económicas y Financieras.

Giráldez, J. (2022). Patera. [Audio]. Radio Pimienta TV, 185, 07/11/2022. https://bit.ly/3ULPITo

Goblot, E. (2003). “La barrera y el nivel”. Centro de Investigaciones Sociológicas.

Goffman, E. (1981) La presentación de la persona en la vida cotidiana. Amorrortu.

Goffman, E. (2008) Estigma: la identidad deteriorada. Amorrortu.

Gómez, A. y Calderón, D. (2023). Videojuegos y jóvenes: lugares, experiencias y tensiones. [Informe]. Centro Reina Sofía de Fad Juventud. https://doi.org/10.5281/zenodo.7970990

Gramsci, A. (1975). “Cuadernos de la cárcel”. Juan Pablo Editor.

GSI (2018). The Global Slavery Index 2018. Organización Internacional de Migraciones, OIT, Walk Free Foundation. https://bit.ly/3BJjv6E

Harvey, D. (1989). “The condition of postmodernity: An enquiry into the origins of cultural change”. Blackwell.

Hilferding, R. (1910). El capital financiero: Un estudio sobre la más reciente evolución del capitalismo. Viena: Wiener Volksbuchhandlung.

Hines, S. y Taylor, M. (2019). ¿Es fluido el género? Blume.

Hombres por la Abolición (2022). Manifiesto Abolicionista del sistema prostitucional en España. Hombres por la Abolición. https://bit.ly/3XR4WZY

Ibáñez, T. (Coord.) (2011). *Introducción a la psicología social.* Editorial UOC.

Ibáñez, Z. y Rubio, C. (2017). De trabajar sin cobrar a aprender ¿cobrando?: Estrategias informales de “empoderamiento” / aut

INE. (1998-2022). “Estadísticas del Padrón continuo”. https://www.ine.es

INE. (2021). “Encuesta continua de la Población”. https://www.ine.es

INE. (2021). “Encuesta de Condiciones de Vida (ECV)”. https://www.ine.es

INE (2025). Objetivo 5. INE. https://bit.ly/3Ya6HBg

INE. (s.f.). “Mujeres y hombres en España”. https://www.ine.es

Kelman, H.C. (1965) Social-psychological approaches to the study of international relations: Definition of scope. In: In H.C. Kelman (Ed.), *International behavior. Holt, Rinehart and Winston* (pp. 3-39).

Kerbo, H. (2003). Estratificación social y desigualdad. El conflicto de clase en perspectiva histórica, comparada y global. McGraw-Hill.

Ky, L. (2022). ¿Por qué preguntarme por los pronombres puede ser ofensivo? [Vídeo]. Contra el borrado de las mujeres, 12/10/2022. https://bit.ly/3FKKZh2

Lahire, B. (2007). Infancia y adolescencia: De los tiempos de socialización sometidos a constricciones múltiples. "Revista de Antropología Social, 16", 21-38.

Lemert, E (1972). Human Deviance, Social Problems and Social control.

Lévi-Strauss, C. (1964). "El pensamiento salvaje". Fondo de Cultura Económica.

Lévi-Strauss, C. (1987). "Antropología estructural". Paidós.

López Ortega, A.I. (2017). Análisis y evolución de los delitos de odio en España (2011-2015). Antropología Experimental, 17 (2), 19-37.

Luhmann, N. (1996). "Introducción a la teoría de los sistemas". Anthropos.

Macionis, J., & Plummer, K. (2011). "Sociología". Pearson.

MacKinnon, C.A. (1982). Feminism, Marxism, Method, and the State: An Agenda for Theory. Signs: Journal of Women in Culture and Society, 7 (3), 515-544.

Malinowski, B. (1981). "Una teoría científica de la cultura". Hispano-América.

Mannheim, K. (2004). "Ideología y utopía: Introducción a la sociología del conocimiento". Fondo de Cultura Económica.

MAPA (2021). Diagnóstico de la igualdad de género en el medio rural. [Informe]. Ministerio de Agricultura, Pesca y Alimentación.

Martínez Ahrens, J., & Hernández, J. A. (1994, 8 de junio). Dos estudiantes matan a un hombre para hacer realidad un juego de mesa. "El País".

Marçal, K. (2019) [2012]. ¿Quién le hacía la cena a Adam Smith? Debate.

Marshall T. H. y Bottomore, T (1998). Ciudadanía y clase social. Alianza Editorial.

Martínez, J. S. (2013). Estructura social y desigualdad en España. Catarata.

Martínez, R. (2022). La cultura de la homofobia y cómo acabar con ella. (8ª edición). Egales editorial.

Martínez de Pisón, J. (2001). Tolerancia y derechos fundamentales en las sociedades multiculturales. Tecnos

Mas Grau, J. (2017). "Del transexualismo a la disforia de género en el DSM. Cambios terminológicos, misma esencia patologizante". Revista Internacional de Sociología 75 (2): e059. doi: http://dx.doi.org/10.3989/ris.2017.75.2.15.63

Mattelart, A. (1993). "La comunicación-mundo: Historia de las ideas y de las estrategias". Fundesco.

Mayntz, R. (1978). "Sociología de las organizaciones". Alianza.

McCombs, M. E. (2004). "Setting the agenda: The mass media and public opinion". Polity Press.

McCombs, M. E., & Shaw, D. L. (1972). The agenda-setting function of mass media. "Public Opinion Quarterly, 36"(2), 176-187. https://doi.org/10.1086/267990

McIntyre, L. (2018). "Post-truth". MIT Press.

Meinecke, F. (1983). "La idea de la razón de Estado en la Edad Moderna". Centro de Estudios Constitucionales. (Prólogo de Luis Díez del Corral)

Mellor, M. (1992). Breaking the Boundaries: Towards a Feminist Green Socialism. Virago.

Merino, P. (2020). Lo no binario, el patriarcado y la banalización de la maternidad. [Conferencia], 30/10/2020. WDI. https://bit.ly/3vNjw8D

Merton, R. K. (1940). Bureaucratic structure and personality. "Social Forces, 18"(4), 560-568.

Metamorfosis: Revista del Centro Reina Sofía sobre Adolescencia y Juventud. 7, 30-49.

Microsoft (2025). Copilot (versión del 10 de noviembre). [Imagen generada por IA]. https://copilot.microsoft.com

Mies, M. (2019). Patriarcado y acumulación a escala mundial. Traficantes de Sueños.

Millett, K. (1995) [1969]. Política sexual. Ediciones Cátedra.

Mintzberg, H. (1979). "The structuring of organizations". Prentice-Hall.

Molero, R. (2016). Corrientes heterodoxas de pensamiento económico. Fundamentos e interrelaciones. En F. García y A. Ruiz (Coord.), Hacia una economía más justa. Una introducción a la economía crítica (pp. 65-87). Economistas Sin Fronteras.

Montañez, D. (2020). Marxismo negro. Akal.

Moral-Martín, J. D., Pac Salas, D., & Minguijón, J. (2023). Resistencia versus destrucción creativa, ¿es posible una alternativa a la actual economía de plataformas? Un estudio de caso de dos cooperativas. "Revista Española de Sociología, 32"(3), a176. https://doi.org/10.22325/fes/res.2023.176

Moran, R. (2015). Salir de la prostitución: Problemas y desafíos. [Conferencia], 05/10/2015. CLES. https://bit.ly/3CGnTqx

Moyano, D.L., Agulló-Tomás, M.S., Arroyo-Menéndez, M. (2024). Public Initiatives to Combat Health Disinformation in Argentina and Spain: A Gender, Social, and Environmental Analysis. *Social Sciences, 13*(12), 640. https://doi.org/10.3390/socsci13120640

Mugarik Gabe (2021). Construir memoria frente a las violencias machistas. Jornadas Memoria Eraikiz, 22-23/10/2020. Bilbao. Mugarik Gabe.

Munck, R. (2017). Marx 2020. Pasado y Presente.

Muñoz, B. y Serrano, M.A. (2025). Trata y prostitución en los grandes eventos deportivos: Hallazgos y barreras en su investigación. V Jornadas del Seminario Permanente de Investigación y Doc Ohno, T. (1988). "Toyota production system: Beyond large-scale production". Productivity Press.

Nieto Piñeroba, J. A. (2011). Sociodiversidad y sexualidad. Talasa Ediciones.

OpenAI. (2025). ChatGPT (versión del 10 de agosto) [Modelo de lenguaje de gran tamaño]. https://chat.openai.com/chat

Operario, D., & Fiske, S. T. (1999). [Referencia a Psicología Social como encuentro entre disciplinas].

Operario, D., & Fiske, S. T. (1999). Integrating social identity and social cognition: A framework for bridging diverse perspectives. In D. Abrams & M. A. Hogg (Eds.), *Social identity and social cognition* (pp. 26-54). Blackwell.

Ortega y Gasset, J. (1930). "La rebelión de las masas". El Sol.

Ortega y Gasset, J. (1988). El hombre y la gente. Alianza editorial.

Orwell, G. (1949). "Nineteen eighty-four". Secker & Warburg.

Ouchi, W. G. (1980). Markets, bureaucracies, and clans. "Administrative Science Quarterly, 25"(1), 129-141.

Ovejero, A. (2013). *Psicología social: algunas claves para entender la conducta humana.* Biblioteca Nueva.

Paulski, J. y Waters, M. (2001). The death of class. In Grusky, D. (Ed.). Social stratification, Class, Race and Gender in sociological perspective. 1st edition.

Peíro, J. M., & Prieto, F. (1996). Tratado de psicología del trabajo. Vo.l I y II. Síntesis.

Perelló, S. (2019). Estructura social contemporánea. Tirant lo Blanch.

Pérez, V. H. (2025). Masculinidad hegemónica y violencia de pareja en Zaragoza: prácticas sociales y narrativas legitimadoras. Tendencias Sociales. Revista de Sociología, 14 , pp.121-141.

Perrow, C. (1990). "Sociología de las organizaciones". McGraw-Hill.

Poincaré, H. (s.f.). El azar. En "Sigma" (Vol. 3, p. 68).

Preciado, B. (2016) Manifiesto Contrasexual. Anagrama.

Putnam, R. (2000). "Bowling alone: The collapse and revival of American community". Simon & Schuster.

Ramírez, M. (2022). Movimientos sociales y cambio social. Argumentos. Estudios Críticos De La Sociedad, (98), 113-133. https://doi.org/10.24275/uamxoc-dcsh/argumentos/202298-05

Real Academia Española (2023). Estructura. En Diccionario de la lengua española. Recuperado el 15 de febrero de 2023, de https://dle.rae.es/estructura?m=form

Real Academia Española (2025). Género. En diccionario de la lengua española. Recuperado el 20 de septiembre de 2025, de https://dle.rae.es/g%C3%A9nero

Requena, M., Salazar, L. y Radl, J. (2013). Estratificación social. McGraw-Hill.

Sabucedo, J. M. y Morales, J. F. (2015). Psicología Social: la ciencia de la persona y la sociedad. En J.M. Sabucedo, & J. F. Morales, *Psicología Social* (pp. 1-19). Médica Panamericana.

Salanova Soria, M., Llorens Gumbau, S., & Martínez Martínez, I. M. (2019). *Organizaciones saludables: una mirada desde la psicología positiva.* Aranzadi.

Sánchez, E., Garrido, A., & Alvaro, J. L. (2003). Un modelo psicosociológico para el estudio de la salud mental. *Journals.Sagepub.Com, 18*(1), 17–33. https://doi.org/10.1174/021347403605217 50

Sánchez Morales, Mª. R. y Díaz, J.A. (2018). Desviación social, delito y control social . En Sánchez Morales, Mª. R. y Díaz, J.A. (Eds.) Introducción a la Sociología, Díaz, J.A y Rodríguez, R.M. (pp.185-206). UNED.

Sennett, R. (1998). "La corrosión del carácter". Anagrama.

Sorokin, P. (1953). Estratificación y movilidad social. Revista mexicana de ciencias sociales, 15: 88-117.

Srnicek, N. (2017). "Platform capitalism". Polity Press.

Rosenfeld, M. J., Thomas, R. J., & Hausen, S. (2019). Disintermediating your friends: How online dating in the United States displaces other ways of meeting. *Proceedings of the National Academy of Sciences of the United States of America,* 116(36), 17753–17758. https://doi.org/10.1073/pnas.1908630116

Tamboleo García, R. (2023). *La nueva extrema derecha en Hungría: cambio cultural y político de una nueva sociedad global.* En R. Tamboleo García & D. Santos González (Eds.), *Las nuevas extremas derechas en el mundo* (pp. 287-298). Tirant lo Blanch.

Tamboleo García, R. (2022). *Ante los nuevos totalitarismos y las nuevas tiranías emergentes.* En R. Tamboleo García & D. Santos González (Eds.), *Campos de sociología bajo presión* (pp. 188-202). Dykinson.

Tamboleo García, R. (2021). *Replanteamiento de la Agenda 2030 ante el escenario de crisis pandémica: mirada desde la sociología. Análisis Jurídico-Político,* 3(6), 75-96. https://doi.org/10.22490/26655489.4805

Tamboleo García, R. (2021). *Medios sociales o redes sociales: conceptualización y metodología para sociología en español. Revista Inclusiones: Revista de Humanidades y Ciencias Sociales,* 8 (Num. esp.), 354-369. https://doi.org/http://dx.doi.org/10.17613/hwfp-yg28

Terron, E. (2002). "La cultura y los hombres". Endymion.

Tezanos, J. F. (2022) La sociedad dividida. Estructuras de clases y desigualdades en las sociedades tecnológicas. Biblioteca Nueva

Thompson, J. D. (1967). "Organizations in action: Social science bases of administrative theory". McGraw-Hill.

Tolman, C.E. (1952) A theoretical analysis of relations between sociology and psychology. *Journal of Abnormal Social Psychology, 47*, 291-298.

Topa, G. (2023). Introducción a la psicología social. En A. Bustillos, C. García, J.A. Moriano & M.P. Silván, M.P. (Coords.), *Psicología Social* Vol. I (pp. 1-50). Sanz y Torres.

Torregrosa, J. R. (2001). La psicología social: ¿social o sociología? En S. D. Campo Urbano, *Perfil de la sociología española* (pp. 337-356). Los Libros de la Catarata.

Torregrosa, J. R., & Crespo, E. (1984). *Estudios básicos de psicología social.* Hora - CIS.

Torregrosa, J.R. (1974). *Teoría e investigación en la psicología social actual.* Barcelona: Instituto de la Opinión Pública.

Vallejo, A. (2023). "La cultura organizacional en España". Tecnos.

Verba, S., Schlozman, K. L., & Brady, H. E. (1995). [Referencia incompleta; asumida como "Voice and equality"].

Weber, M. (1947). "The theory of social and economic organization" (A. M. Henderson & T. Parsons, Trans.). Oxford University Press. (Textos sobre burocracia y acción social)

Willmott, H. (1993). Strength is ignorance; slavery is freedom: Managing culture in modern organizations. "Journal of Management Studies, 30"(4), 515-552.

Woolley, S. (2023). "Manufacturing consensus: Understanding propaganda in the era of automation".

Wright Mills, C. (1959). "La imaginación sociológica". Oxford University Press.

Zorrilla-Muñoz, V., Moyano, D.L., Marcos, C. y Agulló-Tomás, M.S. (2024). Towards Equitable Representations of Ageing: Evaluation of Gender, Territories, Aids and Artificial Intelligence. Land 13(8), 1304. https://doi.org/10.3390/land13081304